정역 중국정사 조선·동이전 2

우|리|국|학|총|서|9

《진서》·《송서》·《남제서》·《위서》·《양서》·
《주서》·《남사》에 기록된 우리고대사의 실상!

正譯 中國正史 朝鮮·東夷傳 2

정역 중국정사

조선·동이전 2

문성재(文盛哉) 역주

우리역사연구재단

〈우리국학총서〉를 펴내며

　국학(國學)은 전통문화의 정수(精粹)입니다. 국학은 과거 우리 조상들의 정신문화적 정화(精華)이자 고전(古典)들의 결집체(結集體)이며, 동아시아 공통의 인문학적 에센스인 문사철(文史哲)의 향훈(香薰) 또한 감지(感知)할 수 있는 열린 장(場)이기도 합니다. 아울러 현대를 살아가는 우리 모두에게 꼭 필요한 전통의 지혜안(智慧眼)과 미래에의 예지를 듬뿍 담고 있는 크나큰 생명양식의 곳간이라 할 수 있습니다.

　21세기 벽두부터 우리에게 불어닥치고 있는 안팎으로의 거센 광풍(狂風)과 갖가지 도전들이 대한민국의 위상을 위태롭게 하고 있는 가운데 특히 인문학(人文學)의 위기는 그간 물질적 풍요만을 추구하고 민족문화의 뿌리인 국학정신을 소홀히 해온 데서 비롯하였다고 봅니다. 이러한 국학정신의 부재는 전반적으로 정신문화계의 질적 저하와 혼란을 초래하고 있습니다.

　그리하여 우리는 다시금 인문부흥(人文復興)의 기치가 필요함을 절감합니다. 우리 국학은 그 대안(代案)입니다. 그간 우리는 국학을 너무 홀대해 왔습니다. 우리역사연구재단은 이에 우리 국학의 소외된 명작들을 새로이 발굴해 내고, 국학의 형성에 상호 영향을 주고받았던 외국의 고전들까지 그 발굴 영역을 확장하여 깊이 있고 폭넓은 열린 국학의 정수를 〈우리국학총서〉에 담아 내고자 합니다.

이번 〈우리국학총서〉 9권은 《정역(正譯) 중국정사 조선·동이전 2》입니다. 이미 펴낸 1권의 《사기》, 《한서》, 《삼국지》, 《후한서》에 실린 조선·동이전 역주에 이어 이번 책에서는 사마염(司馬炎: 236~290)이 삼국시대 이후 중원을 통일하고 세운 진왕조(晉王朝: 265~420)로부터 남북조(南北朝: 420~589) 시대까지를 다룬 《진서(晉書)》, 《송서(宋書)》, 《남제서(南齊書)》, 《위서(魏書)》, 《양서(梁書)》, 《주서(周書)》, 《남사(南史)》 등에 실린 동이전(東夷傳), 즉 우리 고대사 부분을 역주하였습니다.

이 사서(史書)들은 사마씨(司馬氏)의 진(晉: 265~420), 탁발씨(拓拔氏)의 북위(北魏: 386~534)를 제외하고 유송(劉宋: 420~479), 남제(南齊: 479~502), 양(梁: 502~557), 주(周: 557~581) 등 모두 60년도 채우지 못한 단명 왕조들의 역사를 담고 있습니다만 우리에게는 중요한 역사적 의의를 지니고 있습니다. 이들이 진(晉), 송(宋), 제(齊), 위(魏), 양(梁), 주(周) 나라와 300여 년 동안 이루어진 고구려, 백제, 신라, 가야와의 교섭, 책봉 등의 역사를 재구성하고 당시 상황들을 제3자의 시각에서 비교적 객관적으로 반영해 놓은 점은 사료적 가치가 매우 높다고 보겠습니다.

따라서 이번 책 또한 고구려, 백제, 신라, 가야 등 우리 고대사의 역사적 진실들을 재발견함에 있어 대단히 유용한 자료가 되어 줄 것입니다. 특히

1. 448년에 편찬된 《송서(宋書)》에 나오는 "고(구)려가 요동을 공략해 영유하자 백제는 요서지역을 공략해 영유하였다. 백제가 다스린 곳은

진평군 진평현이라 한다."(高麗略有遼東, 百濟略有遼西, 百濟所治 謂之晉平郡晉平縣)라는 기사(記事)의 중요성 문제,《양서》에도 실려 있음.

2. 중국정사《위서(魏書)》와《주서(周書)》등에 기록된 백제 개국군주(시조)의 본명(온조? 비류? 도모? 구태? 고이?) 문제,

3.《양서(梁書)》〈백제전〉의 기사에 나오는 '고마(固麻)'가 곰(熊), 공주(公州)가 아니라, 도성(都城: capital)이라는 해석문제 등이 눈에 띄는 자료들입니다. 또한《남제서》에는 백제의 북위 침공 사실과 역대 정사 중 유일하게 가야와의 교류 사실을 소개한 〈가라국전〉이 실려 있으며,《양서》〈고구려전〉의 관구검 기공비 기사의 주석에서는 일본인의 유물조작설을 제기하고 있습니다.

우리역사재단의《정역 중국정사 조선·동이전》시리즈는 중국정사 역주서로서 그 무게중심을 중국정사 원전(原典)의 내용을 있는 그대로 정확하게 소개하는 데에 두고 있습니다.

앞으로도 이 중국정사 역주 시리즈에 대한 독자 여러분의 지속적인 관심과 격려가 있으시기를 기대합니다.

2021년 12월 30일
우리역사연구재단 이사장 이세용(李世鏞)

서문

　이번 원고를 마무리하던 2021년 11월 11일에 국내에는 역사와 관련하여 한 가지 놀라운 소식이 전해졌다. 독일의 막스 플랑크 인류사연구소가 미국의 저명한 학술 잡지인《네이처(Nature)》에 10개국의 언어학·고고학·유전생물학 분야 학자 41명과 공동연구한 결과 한국어가 9,000여 년 전에 중국의 요서지역에 해당하는 시라무렌 강 유역(랴오허로 보도된 것은 오보임)에서 기원했다는 결론을 내렸다는 것이다. 이는 곧 한국어가 언어적으로 몽골·만주·터키·일본의 언어와 마찬가지로 해당 지역에서 유라시아로 확산된 트랜스유라시아(알타이)어족에 속한다는 뜻이다. 이로써 '한국어는 한반도에서 발생했으며 알타이어족(외적인 요소)과는 무관하다'는 국내 학계의 오랜 정설은 그 설 자리를 잃게 되었다. 아울러 지금의 한국인들의 언어적·역사적·문화적 기원이 한반도 너머의 요서지역에 있음이 과학적으로 입증된 셈이다. 이 소식은 역사를 연구하고 역사적 진실을 탐구하는 데에 있어서 영원불변의 학설이란 존재하지 않는다는 진리를 생생하게 보여 주었다.

　역사학계에서 학설이 오래 가지 못하는 것은 역사 해석이 불완전하기 때문이다. 물론, 역사 해석의 불완전성은 1차 사료에 대한 학자들의 잘못된 이해(오독)나 잘못된 해석(오해)에서 비롯된 경우가 많다. 국내 역사학계의 경우는 더더욱 그러하다. 사실 어느 시대 어느 나라 어느 학계에서나 사서(텍스트)나 고고 유물에 대한 오독은 늘 존재해 왔다. 문제는 1차 사료에 대한 학계의 오독·오해가 심각한 수준이라는 데에 있다. 그 단적인 예를 《위서》〈고구려전〉에서 확인할 수 있다.

"[나라 이름을] 고구려라고 부르는 한편, 그것을 계기로 하여 [고를 자신의] 성씨로 삼았다."
號曰高句麗, 因以爲氏焉.

학자들은 이 기사를 근거로 하여 대부분 고구려를 건국한 개국군주 주몽의 성씨가 '고'라고 철석같이 믿고 있다. 문제는 주몽의 친아들인 유리왕, 그 친손자인 대무신왕, 그 증손자인 민중왕까지 모두 "성은 해씨"라는 데에 있다. 그런데 1차 사료를 오독한 학계 일각에서는 고구려 왕계가 '고씨 ⇒ 해씨'로 대체되었다고 주장한다. 그러나 역자가 이번 책에서도 밝혔듯이, 원래 '해씨'였던 주몽이 고구려 건국을 계기로 '고씨'로 성씨를 바꾼 것이 역사적 진실이다. 고구려에서 왕계의 교체는 발생하지 않았던 것이다.

백제 시조 논란도 이와 비슷한 오독의 사례이다. 《주서》·《북사》 등의 중국 정사들에는 이런 내용이 소개되어 있다.

"'구태'라는 이가 있었는데 처음에 대방의 옛 땅에 나라를 세웠다."
有仇台者, 始國於帶方故[地].

백제의 시조를 구태(구이?)로 소개하고 있는 것이다. 그러나 역자가 해당 주석에서 설명한 것처럼, 중국 정사 기록에 근거할 때 백제 개국군주의 본명은 '구태'이며 '온조'는 그 왕호이거나 시호일 뿐이다. 부르는 방법이 다를 뿐이지 구태와 온조는 사실상 동일한 인물이라는 뜻이다. 이 사실은 남조시대의 중국인들과 백제 사신들의 교차 검증을 통하여 사실관계가 확인되었을 것이다. 김부식의 《삼국사기》가 편찬되기 수백 년 전에 말이다. 그럼에도 불구하고 국내외 학계에서는 1차 사료를 오독하여 지금 이 순간까지도 백제의 시조로 ① 온조, ② 비류, ③ 도모, ④ 구태, ⑤ 고이[왕] 등 다섯 사람을 등장시키는 촌극이 벌어지고 있다.

'고마'에 대한 해석 역시 마찬가지이다. 〈국편위판〉·〈동북아판〉에서도 확인할 수 있듯이, 1차 사료를 오독한 국내외 학계의 오해로 말미암아 '고마 ⇒ 곰 ⇒ 웅진 ⇒ 공주'라는 도식이 만들어지면서 심지어 일반인들조차 백제어 '고마'가 '곰[熊]' 또는 '공주(公州)'를 뜻하는 말이라는 잘못된 인식을 가지게 되었다. 그런데《양서》〈백제전〉에는 이렇게 기술되어 있다.

"[백제 국왕이] 다스리는 도성을 일컬어 '고마'라고 한다."
號所治城曰固麻.

이 기사의 뉘앙스를 제대로 살리자면, 백제어 '고마'는 '곰(bear)'이나 '공주(Gongjyu)' 같은 고유명사가 아니라 '도성(capital)'을 가리키는 일반명사로 이해해야 한다. '웅진(⇒ 고마나루) ⇒ 공주'라는 인식은 틀린 것이 아니지만 '고마'를 '곰'이라는 의미를 내포한 '웅진'이나 '고마나루', 나아가 '공주'와 결부시키는 것은 정확한 해석이라고 보기 어렵다는 뜻이다.

그래도 여기까지는 애교 수준이다. 독해력이 부족해 사료를 잘못 이해한 것뿐 독자와 후학들을 오도하려는 '범의(犯意)'는 보이지 않기 때문이다. 문제는 학계 일각에서는 단순한 오독·오해의 차원을 넘어 아예 역사적 사실의 맥락까지 왜곡하는 경우도 비일비재하다는 데에 있다.

"고려가 요동을 공략해 영유하자 백제는 요서지역을 공략해 영유하였
다. 백제가 다스린 곳은 진평군 진평현이라고 하였다."
高麗略有遼東, 百濟略有遼西. 百濟所治, 謂之晉平郡晉平縣.

이 기사는 488년에 편찬된 《송서》라는 중국의 정사 기록, 특히 5세기 당시에 바로 작성된 기사이다. 5세기 당시에 이미 자국이 그 공신력을 보증하는 '검인정' 정사로 편찬되었고, 그로부터 1,500년 넘은 지금까지도 '25사'의 하나로 그 권위를 인정받는 1차 사료의 기사라는 뜻이다. 심지어 그로부터 200여 년 뒤인 당나라 초기에 편찬된 《남제서》나 《양서》는 물론이고 역시 당나라의 역사가인 두우도 이의를 제기하지 않고 《통전》에서 소개했을 정도이다. 이 같은 사실은 심지어 양나라 당대(547~549)에 그려진 《양 직공도》에서도 확인된다.

"백제는 … 진나라 말엽 고구려가 요동과 낙랑을 공략해 영유하자 역시
요서 진평현을 공략해 영유하였다."
百濟 … 晉末駒麗略有遼東樂浪亦有遼西晉平縣.

이 내용은 5세기부터 6세기를 거쳐 7세기까지, 거의 300년에 걸쳐 편찬 주체를 달리하는 중국 정사들에 지속적으로 소개되었다. 이는 곧 6~7세기 당시의 중국인들은 고구려와 백제의 요동·요서 경영을 기정사실로 보편적으로 받아들이고 있었다는 것을 의미한다. 역사적·논리적으로 전혀 문제가 없는 기록이라는 뜻이다.

그러나 일본 학계에서는 이 기사의 내용을 사실로 인정하지 않으려는

분위기가 역력하다. 이노우에 히데오(井上秀雄)의 표현을 빌면 "일본의 연구자는 '처음부터 잘못 전해진 것'이라고 부정하면서 이 기사를 아예 다루지도 않는다." 미야와키 준코(宮脇淳子) 같은 자는 심지어 "태연하게 역사를 날조하는 한국역사학회에서조차 주류가 아닌 멋대로 학설"(이상 일본 위키백과 "진평군"조)이라며 한국 인문학계를 모독하는 극언을 서슴지 않고 내뱉는다. 그러나 그 같은 역사인식은 역사학자답지 않은 것으로, 대단히 잘못된 것이다. 백제의 요서 경영을 소개한 것은 당시 남조의 왕조들이 그 권위를 보증한 정사들이고, 그 일을 기록한 것은 중국의 역대 역사가들이었다. 그럼에도 불구하고 국내 학자들이 정확한 독해를 통하여 문제를 제기하는 것을 마치 없는 사실을 날조하기라도 한 것처럼 악의적인 공격을 퍼붓는다면 이는 미야와키 개인의 학자적 양심을 넘어 일본 역사학계의 역사인식에 중대한 문제가 있다고 볼 수밖에 없다.

5세기에 중국 정사 《송서》에 최초로 소개된 백제의 요서 경영이 역사적 사실이라는 것은 수백 년 뒤, 나아가 천 년이 넘은 뒤인 청대까지도 이의를 제기한 학자가 없었다는 점을 통해서도 그대로 증명된다. 사안이 사안이다 보니 상식적으로 당시 이해 당사자인 남조와 백제 쌍방이 교차검증을 통하여 진실임을 확인했을 것이라는 뜻이다. 그래서 동일한 내용이 수백 년 동안 정사 기록에 남을 수 있었던 것이다.

그렇다면 그들은 어째서 그 같은 자해행위를 아무렇지 않게 자초하는 것일까? 역자는 그 같은 몰상식한 역사인식의 저변에 도사리고 있는 것이 반도사관 또는 일제 식민사관이라고 생각한다. 그들은 반도사관(식민사관)이라는 '우물' 속에 안주하고 있기에 그 너머에 얼마나 큰 세상이 있는지 상상조차 하지 못한다. 우물 안 개구리에게는 한반도 한 구석의 백제가 요서지역을 경영한다는 것은 절대로 있을 수 없는 일인 것이다. 반도사관이라는 우물 속에 갇혀 있기에 진실의 눈을 감은 채 흰 것을 검다고 하고 말을 사슴이라고 우기면서도 부끄러워 할 줄 모르는 것이다.

문제는 국내 학계 일각에 일본 학자들의 그 같은 몰상식한 극언에 분노하기는커녕 오히려 그들의 논리에 부화뇌동(附和雷同)하는 부류가 적지 않다는 데에 있다. 〈동북아판3〉(제44쪽)에 따르면, 윤용구는 《양 직공도》의 해당 부분을 "百濟 … 晉末駒麗略有遼東, 樂浪亦有遼西晉平縣. …"으로 끊고 다음과 같이 번역하였다.

"[백제는 …] 진나라 말기에 구려가 요동을 경략하고 낙랑 역시 요서 진평현을 영유하였다. …"

〈동북아판3〉 역시 "《양 직공도》에는 '樂浪亦有遼西'로 적혀 있다"고 한 것을 보면 그 같은 주장에 동조하는 것으로 보인다. 그러나 미야자키 준코 같은 일본인들의 구미에나 맞는 그런 식의 해석은 단순히 문법적 오독·오역의 차원을 넘어 역사적 사실에 대한 심각한 왜곡이다. 이 구문은 주어가 여러 개 들어가 있는 다중주어구문(multiple subject constructions)에 해당하기 때문이다.

여기서 ① 백제는 해당 구문 전체를 지배하는 일관된 대주어(大主語)인 반면, ② 고구려는 그중 일부 상황만 지배하는 소주어(小主語)일 뿐이다. "百濟 … [晉末駒麗略有遼東樂浪], 亦有遼西晉平縣"의 수식관계를 이루고 있다는 뜻이다. 그런데 윤용구는 이 같은 문법관계를 무시하고 '駒麗略有遼東, 樂浪亦有遼西晉平縣'로 끊고 위와 같이 전혀 기상천외한 오역을 범한 것이다. ③ 상식적으로 백제의 연혁을 소개하는 기사에서 그와는 아무 상관이 없는 낙랑의 요서 영유를 거론한다는 것 자체가 말이 되지 않는다. ④ 그의 논리대로라면 낙랑군이 독단적으로 자국의 대등한 행정지역인 요서군을 공격해 빼앗았다는 이야기가 된다. 그러나 그 같은 행위는 자국 황제의 권위에 대한 정면 도전, 즉 반역 행위이다. 더욱이 ⑤ 4~6세기에 고구려 국왕이 요동공·낙랑공의 작호를 중원 왕조로부터 받은 것은 주지하는 역사적 사실이다. 여기서 낙랑은 요동과 함께 고구려가 영유한 땅일 뿐이다. 역사적으로 그 같은 사건은 발생한 적이 없거니와 문법적·역사적·지리적으로도 전혀 성립되지 않는다는 뜻이다.

학계에서는 그동안 고대사 연구에서 1차 사료의 중요성을 매번 강조해 왔다. 그러나 이상에서 본 것처럼, 국내외 학계에는 1차 사료를 오독·오해한 데서 비롯된 역사 왜곡의 사례들이 이루 헤아릴 수조차 없을 정도로 많다. 그 많은 역사 왜곡들은 학술적으로 허용할 수 있는 실수의 범주를 넘어선 것으로서, 역사적 사실을 있는 그대로 전달하지 않는 학자적 양심의 문제로 직결된다.

이번 책에서는 중국 역대 왕조의 정사들 중 사마염이 중원을 통일하고 진 왕조를 개창한 때로부터 남북조시대까지를 다룬 《진서》·《송서》·《남제서》·《위서》·《양서》·《주서》·《남사》의 동이전 부분을 다루었다. 이 사서들은 사마씨의 진(265~420), 탁발씨의 북위(386~534)를 제외하고는 유송(420~479), 남제(479~502), 양(502~557), 주(557~581) 모두가 60년도 채우지 못한 단명 왕조들의 역사이다. 그렇다 보니 초기 정사인 '전 4사(前四史)'에 비하여 그 내용들이 단편적이고 소략한 경향이 두드러지게 나타난다. 거기다가 《송서》(488)·《남제서》(514)·《위서》(554)를 제외하면 《양서》·《진서》·《주서》(636), 그리고 《진서》(648)와 《남사》(659)는 모두가 적어도 100년 뒤인 7세기 당나라 중기에 이르러서야 편찬작업이 이루어졌다. 심지어 《진서》는 동진의 멸망으로부터 거의 230년이라는 긴 세월이 지나고 나서야 편찬이 이루어졌다. 4세기로부터 6세기까지의 정치·사회적 양상이나 변화들을 정확하게 파악하는 데에는 상당히 불완전한 사서라고 하지 않을 수 없는 것이다. 그럼에도 불구하고 이 정사들이 사료적으로 중요한 의의를 지니는 것은 진·송·제·위·양·주의 300여 년 동안 이루어진 고구려·백제·신라·가야와 중원 왕조의 교섭·책봉·교류의 연대기를 재구성하고 네 나라의 당시 상황들을 제3자의 시각에서 비교적 객관적으로 반영해 놓았기 때문이다.

우리역사연구재단의 '정역 중국정사 조선·동이전' 시리즈는 중국 정사들에 대한 역주서로 그 무게중심을 중국 정사 원전의 내용을 있는 그대로 정확하게 소개하는 데에 두고 있다. 만약 우리가 반도사관 또는 식민사관이라는 구태가 의연한 우물을 벗어나 진실의 눈을 뜬다면 고구려·백제·가라·신라의 교류사는 물론이고, 교섭·전쟁 등 역사적 진실들을 재발견하는 데에 이번 책도 대단히 유용한 자료가 되어 줄 것이다. 아마 독자들은 앞서의 주몽·구태·고마의 경우처럼 그동안 국내외 학계의 오독이나 오해, 나아가 오역으로 말미암아 우리가 착각하거나 간과했던 고대사 쟁점들에 대하여 진지하게 따져 보고 성찰해 보는 시간을 가지게 될 것이다.

끝으로 여러모로 부족함이 많은 역자가 이번 책 또한 '국학총서'의 이름으로 낼 수 있도록 배려해 주신 우리역사연구재단의 이세용 이사장님께 진심으로 감사의 말씀을 올린다. 아울러 이번 책을 준비하고 원고를 다듬는 과정에서 번뜩이는 혜안으로 많은 영감과 가르침을 주신 정재승 편집이사님과 송강호 선생에게도 감사의 마음을 전한다. 독자들에게 최고의 책을 선보이고자 정성을 다하여 근사한 책을 만들어 주신 배규호 부장님과 배경태 실장님 두 분께도 거듭 감사의 말씀을 드린다.

2021년 12월 24일
서교동 조허헌에서
문성재

일러 두기

1. 본서에서는 진대와 남북조시대의 역대 왕조의 정사인 《진서》·《송서》·《남제서》·《위서》·《양서》·《주서》·《남사》에 수록된 부여·삼한·고구려·백제·가라·신라 관련 열전들을 번역하고 주석을 달았다. 단, 편찬시점으로 따지면 《송서》(488)-《남제서》(514)-《위서》(554)-《양서》·《주서》(636)-《진서》(648)-《남사》(659)의 순서이지만 편의상 역사 시대순으로 배치했음을 밝혀 둔다.

2. 각 정사의 내용에 대한 번역·주석에는 일본의 국립공문서관(國立公文書館)에서 공개한 각 정사의 송원대 백납본(百衲本), 명대 남감본(南監本)·북감본(北監本)·급고각본(汲古閣本), 청대 '사고전서' 무영전본(四庫全書武英殿本) 등을 참조하였다. 또, 국내 역주서로는 국사편찬위원회에서 펴낸 《중국 정사 조선전 역주》(1-2, 이하 '국편위판')와 동북아역사재단에서 펴낸 《역주 중국정사 동이전》(2-4, 이하 '동북아판')을 참조하였다.

3. 각 정사의 본문은 열전마다 일련번호를 매기고 '역문 ⇒ 원문 ⇒ 주석/교감기'의 순서로 배열하되, 역자의 주석은 각주로 분리해 배열하였다.

4. 본서의 번역은 고대 한문(고문)의 문법에 근거하여 현대 한국어에 최대한 가깝게 직역을 하되, 경우에 따라서는 의역을 병행하면서 보다 정확한 의미 전달을 위하여 영어도 활용하였다.

5. 본문에서는 한자나 한자어의 사용을 가급적 최소화하였다. 다만, 인명·지명·관명 등의 고유명사나 각주에서 다루어지지 않은 생소한 표현들의 경우에는 한자를 추가로 병기하였다.

6. 정사 원문의 교열 및 구두(끊어읽기)는 〈국편위판〉 등 기존의 역주서들을 참조하되, 기존의 해석에 오류나 착오가 발견될 경우 역자의 판단에 따라 임

의로 바로잡았다.

7. 정사 원문에는 없더라도 그 의미나 문맥을 분명히 전달하기 위하여 접속사·조사·주어·목적어 등을 위첨자 중괄호('[ ]')로, 같은 의미를 가지는 다른 표현은 소괄호('( )')로 각각 표시하였다.

8. 각주에서 논거의 출처를 표시해야 할 때 중요한 논거들은 출처를 명시하되, 부차적인 논거들은 〈국편위판〉·〈동북아판1~4〉을 참고하여 소략하게 소개하였다.

9. 원문에 등장하는 지명·인명 등에 사용된 한자의 고대음은 북경대학교 중문과의 곽석량(郭錫良) 교수가 펴낸 《한자고음수책(漢字古音手冊)》(1986)을 주로 활용하여 표시하고 한글발음도 병기하였다. 다만, '막(莫)'의 고대음이 '막(mak)'이지만 당대에 '마하(maha)'를 '막하(莫何)'로 표시한 데서도 볼 수 있듯이, 재구된 고대음이 절대적인 것은 아니므로 기존 어원 연구 검증에 참고용으로만 활용할 것을 권한다.

10. 재구된 고대음의 표기는 다소 편차가 발생하더라도 가급적 현행 한글에서 표기할 수 있는 범위 내에서 절충해 반영하였다. 또, 복모음(複母音)이 들어간 고대음의 경우, 연결된 모음일 경우에는 'ㅇ'을 생략하고 표기하였다. 즉, '에이'는 '에'와 '이' 두 개의 독립된 모음의 연속이지만 '에ㅣ'는 '에~이' 식으로 두 모음이 하나로 연결된 발음임을 나타낸다. '더ㅜ', '키ㅑ' 같은 경우도 마찬가지이다.

〈우리국학총서〉를 펴내며 /5
서문 /8

진서-사이전

부여국전(夫餘國傳)
- 001 /29
- 002 /31
- 003 /32
- 004 /33
- 005 /33
- 006 /35
- 007 /35
- 008 /37
- 009 /38
- 010 /38
- 011 /40
- 012 /40
- 013 /41
- 014 /42

마한전(馬韓傳)
- 001 /45
- 002 /48
- 003 /50
- 004 /51
- 005 /52
- 006 /54
- 007 /54
- 008 /56
- 009 /57

진한전(辰韓傳)
- 001 /58
- 002 /59
- 003 /60
- 004 /60
- 005 /62
- 006 /63
- 007 /64

숙신씨전(肅愼氏傳)
- 001 /66
- 002 /68
- 003 /71
- 004 /72
- 005 /73
- 006 /74
- 007 /74
- 008 /75
- 009 /76
- 010 /77
- 011 /78
- 012 /79
- 013 /79
- 014 /81
- 015 /82
- 016 /83
- 017 /84
- 018 /85

•019 /86   •020 /88   •021 /88
•022 /89

송서-이만열전

고구려국전(高句驪國傳)
•001 /95   •002 /98   •003 /101
•004 /103   •005 /105   •006 /105
•007 /108   •008 /108   •009 /109
•010 /111   •011 /112   •012 /114
•013 /114   •014 /115   •015 /116
•016 /116   •017 /117   •018 /117
•019 /119   •020 /120   •021 /121

백제국전(百濟國傳)
•001 /123   •002 /124   •003 /127
•004 /128   •005 /129   •006 /131
•007 /132   •008 /132   •009 /134
•010 /134   •011 /135

남제서-만·동남이열전

고려국전(高麗國傳)
•001 /141   •002 /143   •003 /144
•004 /144   •005 /145   •006 /146
•007 /148   •008 /149   •009 /149
•010 /150   •011 /152   •012 /153
•013 /154

백제국전(百濟國傳)

- 001 /157
- 002 /159
- 003 /160
- 004 /161
- 005 /163
- 006 /164
- 007 /167
- 008 /167
- 009 /168
- 010 /169
- 011 /169
- 012 /169
- 013 /171
- 014 /171
- 015 /171
- 016 /172
- 017 /173
- 018 /174
- 019 /176
- 020 /176
- 021 /177
- 022 /177
- 023 /178
- 024 /179
- 025 /182

가라국전(加羅國傳)

- 001 /183
- 002 /186

위서 – 열전

고구려전(高句麗傳)

- 001 /191
- 002 /192
- 003 /193
- 004 /194
- 005 /194
- 006 /195
- 007 /195
- 008 /196
- 009 /197
- 010 /197
- 011 /199
- 012 /200
- 013 /200
- 014 /201
- 015 /202
- 016 /203
- 017 /204
- 018 /207
- 019 /208
- 020 /209
- 021 /210
- 022 /212
- 023 /213
- 024 /214
- 025 /216
- 026 /218
- 027 /219
- 028 /219
- 029 /220
- 030 /220
- 031 /221
- 032 /222
- 033 /224

- 034 /224
- 035 /226
- 036 /226
- 037 /228
- 038 /229
- 039 /229
- 040 /231
- 041 /232
- 042 /233
- 043 /234
- 044 /235
- 045 /236
- 046 /237
- 047 /238
- 048 /239
- 049 /240
- 050 /241
- 051 /242
- 052 /243
- 053 /243
- 054 /244
- 055 /245

백제국전(百濟國傳)

- 001 /247
- 002 /248
- 003 /249
- 004 /250
- 005 /251
- 006 /252
- 007 /254
- 008 /254
- 009 /255
- 010 /255
- 011 /257
- 012 /258
- 013 /258
- 014 /259
- 015 /261
- 016 /261
- 017 /262
- 018 /264
- 019 /265
- 020 /266
- 021 /267
- 022 /267
- 023 /268
- 024 /268
- 025 /269
- 026 /269
- 027 /270
- 028 /271
- 029 /272
- 030 /273
- 031 /274
- 032 /276
- 033 /276
- 034 /277
- 035 /277
- 036 /278

물길국전(勿吉國傳)

- 001 /281
- 002 /282
- 003 /284
- 004 /285
- 005 /288
- 006 /290
- 007 /290
- 008 /291
- 009 /292
- 010 /293
- 011 /294
- 012 /295
- 013 /297
- 014 /298
- 015 /301

- 016 /302
- 017 /303
- 018 /303
- 019 /307
- 020 /308
- 021 /308
- 022 /309

양서-동이전

서(序)
- 001 /313
- 002 /313
- 003 /314
- 004 /316
- 005 /316

고구려전(高句驪傳)
- 001 /318
- 002 /320
- 003 /320
- 004 /321
- 005 /321
- 006 /322
- 007 /324
- 008 /325
- 009 /326
- 010 /326
- 011 /327
- 012 /331
- 013 /331
- 014 /334
- 015 /335
- 016 /336
- 017 /337
- 018 /338
- 019 /339
- 020 /339
- 021 /340
- 022 /342
- 023 /343
- 024 /343
- 025 /345
- 026 /347
- 027 /349
- 028 /350
- 029 /350
- 030 /352
- 031 /353
- 032 /354
- 033 /355
- 034 /357
- 035 /359
- 036 /361
- 037 /362
- 038 /364
- 039 /368
- 040 /370
- 041 /371
- 042 /371
- 043 /373
- 044 /374
- 045 /375

백제전(百濟傳)
- 001 /377
- 002 /379
- 003 /382

- 004　/383
- 005　/383
- 006　/384
- 007　/385
- 008　/386
- 009　/387
- 010　/387
- 011　/389
- 012　/393
- 013　/395
- 014　/395
- 015　/396

신라전(新羅傳)

- 001　/398
- 002　/399
- 003　/401
- 004　/401
- 005　/402
- 006　/404
- 007　/405
- 008　/408
- 009　/409
- 010　/411
- 011　/412
- 012　/413
- 013　/414

주서-이역열전

고려전(高麗傳)

- 001　/417
- 002　/420
- 003　/421
- 004　/423
- 005　/426
- 006　/427
- 007　/429
- 008　/430
- 009　/431
- 010　/432
- 011　/434

백제전(百濟傳)

- 001　/436
- 002　/437
- 003　/439
- 004　/440
- 005　/443
- 006　/446
- 007　/447
- 008　/450
- 009　/451
- 010　/452
- 011　/454
- 012　/455
- 013　/457
- 014　/458
- 015　/460

남사-동이열전

서(序)
- 001 /465
- 002 /465
- 003 /466

고구려전(高句麗傳)
- 001 /468
- 002 /470
- 003 /471
- 004 /473
- 005 /474
- 006 /475
- 007 /475
- 008 /476
- 009 /476
- 010 /477
- 011 /477
- 012 /478
- 013 /479
- 014 /479
- 015 /480
- 016 /481
- 017 /482
- 018 /482
- 019 /483
- 020 /484
- 021 /485
- 022 /486
- 023 /486
- 024 /487

백제전(百濟傳)
- 001 /488
- 002 /488
- 003 /490
- 004 /491
- 005 /491
- 006 /493
- 007 /494
- 008 /495
- 009 /496
- 010 /496
- 011 /497
- 012 /498
- 013 /499
- 014 /500

신라전(新羅傳)
- 001 /501
- 002 /502
- 003 /503
- 004 /505
- 005 /505
- 006 /507

찾아보기 /509

진서-사이전

이당(李唐) 태종 문황제(太宗文皇帝) 이세민(李世民) 어찬(御撰)

이당(李唐) 사공(司空) 방현령(房玄齡) 감수(監修)

주명(朱明) 국자감 제주(國子監祭酒) 방종철(方從哲) 등교(等校)

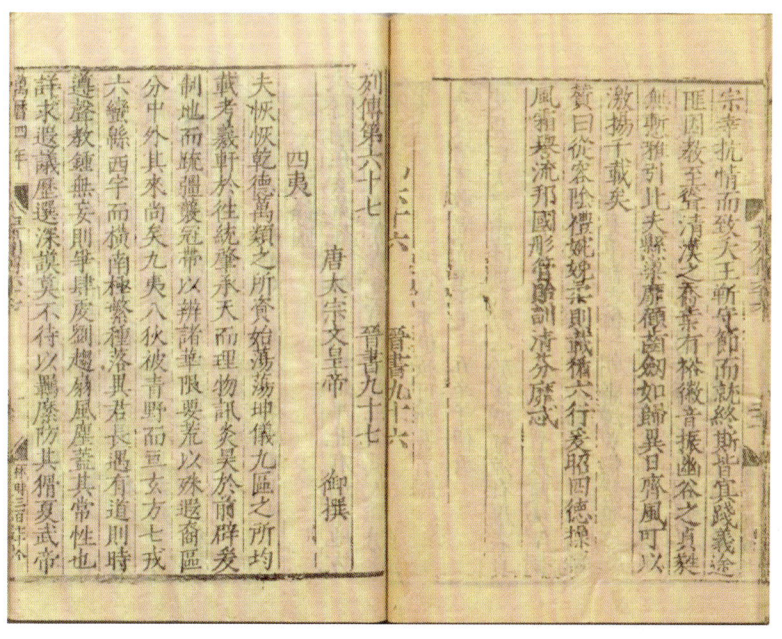

서진(西晉)의 태시(泰始) 원년(265)으로부터 유유(劉裕)가 새 왕조인 유송(劉宋)을 세우는 동진(東晉)의 원희(元熙) 2년(420)까지 156년간의 사마씨(司馬氏) 진(晉) 왕조의 역사를 다룬 기전체(紀傳體) 단대사(斷代史). 〈본기(本紀)〉10권, 〈지(志)〉20권, 〈열전(列傳)〉70권, 〈재기(載記)〉30권 등 총 130권으로 구성되어 있다.
　정관(貞觀) 18년(644)에 당나라 태종(太宗) 이세민(李世民)의 명령에 따라 사공(司空)이던 방현령(房玄齡, 579~648) 등이 연인원 21명이 투입되어 장영서(臧榮緒)의 《진서》를 위주로 기타 사서들과 《십륙국춘추(十六國春秋)》·《세설신어(世說新語)》·《수신기(搜神記)》 등의 소설집들을 참조하여 편찬작업이 진행된 끝에 3년도 되지 않아 완성되었다. 그중에서 북위의 최홍(崔鴻)이 저술한 《십륙국춘추(十六國春秋)》에서 주로 소재를 취한 '재기(載記)'는 역대 중국 정사 '25사'를 통틀어 《진서》에만 보이는 것으로, 위·진·남북조시기에 중원으로 진출한 북방민족의 역사를 기전과는 구분해 다루었다.
　물론, 《진서》가 진 왕조가 멸망하고도 230여 년 뒤인 당대에 편찬되어 시차가 큰 데다가, 당시의 해학·신괴 전설에서 소재를 취하고 논찬(論贊)이 남조의 화려한 문체를 모방하여 '패관체(稗官體)'로 폄하되는 등, 각종 정보들에 대한 사료로서의 진실성·정확성·시의성에 문제가 적지 않다. 그러나 《진서》가 다양한 자료들을 통하여 진대를 입체적으로 이해할 수 있다는 점에서는 긍정적으로 평가할 수 있다.
　주요 판본으로는 원대의 대덕 구로본(大德九路本), 명대의 급고각본(汲古閣本), 청대의 무영전본(武英殿本), 근대의 금릉서국본(金陵書局本), 현대의 중화서국본(中華書局本) 등이 있다.
　《진서》의 〈사이전(四夷傳)〉은 진(晉) 왕조가 존속한 3~5세기 동안 진나라 주변에 존재했던 24개 국의 연혁·지리·풍물·제도 등을 소개한 열전으로, 당시의 이민족 국가들의 역사·문화를 이해하는 데에 유용한 정보들을 제공해 준다. 관련 자료로는 청대 말기에 정겸(丁謙, 1843~1919)이 저술한 《진서사이전 지리고증(晉書四夷傳地理考證)》(1902)이 있다.

부여국전(夫餘國傳)[1]

• 001

부여국[2]은 현토(玄菟)에서 북쪽으로 천 리 넘게 떨어진 곳에 있다. 남으로는 선비(鮮卑)[3]와 이어지고[4] 북으로는 약수(弱水)[5]가 있다.

---

1) 부여국전(夫餘國傳): 세부적인 면에서는 다소 변동이 있지만,《위략(魏略)》·《삼국지(三國志)》·《후한서(後漢書)》등의 선행 사서들에 소개된 부여의 연혁·지리·제도·풍물 관련 정보들을 선별해 수록하는 한편 모용외의 부여 공격 및 노예 무역, 진나라 무제의 대응 조치, 부여의 동천 및 중흥 등, 3세기 후기 진(晉) 왕조 초기의 부여와 진 왕조의 교류사를 소개하였다. 특히, 모용외 관련 기사는 초기 부여의 좌표에 관한 중요한 단서를 제공해 준다. 이를 근거로 할 때 동쪽으로 이동한 부여의 좌표를 두만강 유역 일대로 본 기존의 주장은 재고되어야 할 것 같다.

2) 부여국(夫餘國): 인터넷〈국편위주〉004에 따르면, 학계에서는 진대의 부여가 이웃한 고구려와 모용 선비의 침공에 시달리다가 4세기 말 모용황(慕容皝)에게 북부여가 멸망하고 고구려에 통합되는 한편, "夫餘族의 일파가 건국한 東夫餘만이 高句麗의 보호 속에 5세기까지 존속하다가 文咨王 때에 이르러 勿吉의 흥기로 그 왕실이 高句麗에 투항함으로써 만주지역의 夫餘는 소멸"되었다고 보고 있는 듯하다. … '부여'의 어원에 관한 논의는 문성재,《정역 중국정사 조선·동이전1》, 제134쪽, "부여" 주석을 참조하기 바란다.

3) 선비(鮮卑): 중국 고대의 북방 유목민족의 하나. 원래는 동호(東胡)의 한 갈래로, 전한 초기에 흉노에게 격파되면서 그 세력이 흩어졌는데, 중국 학계에서는 지금의 내몽고 자치구 소오달맹(昭烏達盟)의 아로과이심기(阿魯科爾沁旗) 부근에 있는 오환산(烏桓山)으로 모인 무리를 '오환', 지금의 내몽고 철리목맹(哲里木盟)의 과이심 좌익중기(科爾沁左翼中旗) 서쪽의 선비산(鮮卑山)으로 모인 무리를 '선비'로 구분하고 있다. 인터넷〈국편위주〉016에 따르면, 전한 말기(B.C.1C초)에 그 이름이 처음으로 중국 사서에 등장하고, 중국 사회에서 본격적으로 거론되는 것은 후한 말기부터이다. 말하자면, 전한 말기에 중원으로 진출하고 후한 말기에 이르면 중원에서 상당한 세력을 형성하고 있었다는 의미로 이해할 수 있는 셈이다. 선비족이 중원에 정착하는 과정은 게르만족의 로마제국 정착, 위만의 마한 귀순을 연상하게 한다. 용병(傭兵)의 방식으로 정착이 이루어지고 있는 것이다. 이렇게 중원으로 진출한 선비는 전란이 잦았던 3세기 초기까지 모용(慕容)·단(段)·우문(宇文)·걸복(乞伏)·탁

영토는 사방으로 이천 리이고, 호구는 팔만[회]이다. 성읍(城邑)⁶⁾과 궁실(宮室)이 있으며, 토질은 다섯 가지 곡물⁷⁾이 자라기에 적합하다.

○ 夫餘國, 在玄菟北千餘里, 南接鮮卑, 北有弱水, 地方二千里, 戶八萬。有城邑宮室, 地宜五穀。

발(拓跋, 禿髮) 등의 유력 씨족들을 중심으로 세력을 유지하다가 서진(西晉)의 쇠락과 함께 본격적으로 세력을 확장하고 화북(華北)까지 진출함으로써 중원을 정복하고 일련의 왕조를 개창하게 된다. 5호 16국 시기에는 모용부의 모용황(慕容皝)이 전연(前燕, 337~370)을, 모용수(慕容垂)가 후연(後燕, 384~407)을, 모용홍(慕容泓)이 서연(西燕, 384~394)을, 모용덕(慕容德)이 남연(南燕, 398~410)을 각각 건국했으며, 걸복부에서는 걸복국인(乞伏國仁)이 서진(西秦, 385~431)을, 독발부에서 독발오고(禿髮烏孤)가 남량(南涼, 397~414)을 각각 건국하였다. 그러나 이 중에서 그 명맥이 가장 길었던 것은 탁발부로, 315년에 탁발의로(拓跋猗盧)가 대국(代國)을 건국했고, 376년에 전진(前秦)에게 멸망당하지만 386년에 탁발규(拓跋珪)가 대국을 재건한 뒤에 국호를 위(魏)로 바꾸었다. 중국 역사에서는 이 나라를 조비(曹丕)의 위나라와 구분하기 위하여 '북위(北魏)'라고 부르는데, 386년부터 557년까지 200여 년 동안 중국 북부를 호령하는 중원왕조로 발전하게 된다. 범엽은 여기서 후한대의 선비가 부여의 서쪽에 있었다고 기술하고 있는 바, 만약 부여의 좌표를 기존의 지리고증대로 길림·흑룡강성 일대로 비정하게 되면 그 서쪽 자리는 선비가 채워야 하기 때문에 현토군이 끼어 들 틈이 없게 된다.

4) 남쪽으로는 선비와 이어지고[南接鮮卑]: 이를 통하여 3~4세기 중국인들이 부여가 선비보다 북쪽에 자리 잡고 있었다고 인식하고 있었음을 알 수 있다.《삼국지》와《후한서》의〈부여전〉에는 이 대목이 "서쪽은 선비와 이웃하고 있다.(西與鮮卑)"로 되어 있다. 인터넷〈국편위주〉006에서 그 기사를 근거로 이 대목이 고구려와 모용선비의 세력 확장으로 말미암아 "夫餘의 중심 위치가 변동된 사실을 반영"한다고 보았다. 정인보(鄭寅普)는《조선사연구(朝鮮史研究)》하권, 제300~302에서《자치통감(資治通鑑)》《진기(晉紀)》"영화(永和) 2년(346)"조의 "처음에 부여는 녹산에서 지내다가 백제의 침략을 받아 부락이 시들고 흩어지면서 서쪽으로 이주하여 연 땅으로 다가갔으나 아무 대비도 하지 않았다. 연왕 모용황은 세자 준을 보내 모용군·모용각·모여근 세 장군 및 1만 7천 명의 기병을 거느리고 부여를 습격하였다.(初, 夫餘居于鹿山, 爲百濟所侵, 部落衰散, 西徙近燕, 而不設備, 燕王皝遣世子儁帥慕容軍·慕容恪·慕輿根三將軍·萬七千騎襲夫餘)"라는 기사를 근거로 여기에 등장하는 '백제'를 요서에 진출한 백제〈의 군현〉으로 해석하였다. 반면에 백제의 요서 경략을 부정하는 이병도는 이 '백제'를 고구려의 잘못 쓴 경우로 보았다.

• 002

그 나라 사람들은 굳세고 용감하다. [손님들과] 한 자리에 모일 때 인사를 하거나 겸양하는 예절8)에는 중국과 비슷한 점이 있다. 그 나라에서 [외국에] 사신으로 나갈 때에는 비단이나 모직물로 지은 옷을 입고, 금이나 은으로 허리를 꾸민다.9)

---

5) 북으로는 약수가 있다[北有弱水]: '약수(弱水)'라는 하천 이름은 이미 《상서(商書)》〈우공편(禹貢篇)〉에 처음으로 등장하지만 그 구체적인 위치는 확실하지 않다. 당대의 두우(杜佑)가 저술한 《통전(通典)》에서는 이와 관련하여 "영주의 유성현 동남쪽에 요락수가 있는데 바로 약수이다.(營州柳城縣東南有饒樂水, 卽弱水也)"라고 소개하였다. 한대에 설치된 서부도위(西部都尉)의 치소였던 유성현(柳城縣)의 경우, 그 위치를 ① 국내외 학계에서는 요녕성의 조양시(朝陽市) 일대로 비정하는 경향이 강하다. 그러나 ② 지금의 중국 하북성 창려현(昌黎縣) 서남쪽 발해 연안에 있는 정안진(靖安鎭) 인근으로 비정하기도 한다. 만일 약수의 위치를 유성현 남쪽으로 비정할 경우 하북성 동남쪽에 약수가 있었다는 뜻이 되므로 지리적으로 타당하지 않다. 영주를 학계에서 주장하는 대로 조양시 일대로 보더라도 마찬가지이다. 현재는 이노우에 히데오(井上秀雄, 1924~2008)의 흑룡강(黑龍江)설과 시라토리 구라키치(白鳥庫吉, 1865~1942)의 눈강(嫩江)설이 보편적으로 받아들여지고 있으며, 〈국편위판〉(제1권 제220쪽 주5)에서는 "북쪽 끝에 약수가 있다.(北極弱水)"라는 《진서(晉書)》《숙신씨전(肅愼氏傳)》의 기록을 근거로 흑룡강이 타당하다고 보았다. 그렇다면 두우가 소개한 약수는 부여의 약수와는 별개의 하천이라는 뜻이 된다.

6) 성읍(城邑): 두 글자에 불과하지만 ① 성채(castle)와 읍락(town)을 병렬적으로 나열한 경우, ② 일본 에도시대의 죠카마치(城下町)처럼 성을 중심으로 형성된 읍락을 가리키는 경우의 두 가지 해석이 가능하다. 여기서는 편의상 '성읍'으로 표현하였다.

7) 다섯 가지 곡물[五穀]: 벼[稻]·메기장[黍]·차기장[稷]·보리[麥]·콩[豆]을 가리킨다. '다섯 가지 곡물'의 시대적 변천에 관해서는 국편위판 《진서》 또는 문성재, 《정역 중국정사 조선·동이전1》, 제142쪽과 제494쪽의 해당 주석을 참조하기 바란다.

8) 한 자리에 모일 때 인사를 하거나 겸양하는 예절[會同揖讓之儀]: 〈동북아판1〉(제30쪽)에서는 이 부분을 "회동하거나 읍하고 사양하는 예절"로 번역하여 회동과 읍과 사양의 세 가지 예절을 가리키는 것으로 이해했으나 여기서 편찬 주체가 주목한 예절은 읍과 겸양의 두 가지이며 회동 자체는 예절과 무관하므로 "회동할 때 읍하고 사양하는 예절"로 이해해야 옳다.

9) 금이나 은으로 허리를 꾸민다[以金銀飾腰]: 《삼국지》《부여전》에는 "금이나 은으로 모자를 꾸민다(以金銀飾帽)"로 되어 있다. 《진서》보다 수백 년 앞서 편찬된 《삼국

북방계 허리띠 장식과 신라 금관총 금제 허리띠 장식. 허리띠를 화려하게 꾸미는 것은 북방문화의 산물이다

○ 其人强勇, 會同揖讓之儀有似中國。其出使, 乃衣錦罽, 以金銀飾腰。

• 003

그 나라 법률에는 사람을 죽이면 [당사자는] 사형에 처하고 그 가솔들은 호적을 박탈하고 관청에 편입시키며, 도둑질을 하면 [도둑질한 물건] 하나를 훔치면 열두 갑절로 갚게 한다.

남자이든 여자이든 음란한 짓을 벌이거나 [지아비가 있는] 부녀자가 투기를 하면 한결같이 사형에 처하였다.

지》의 기록이 옳을 것으로 보인다. 다만, 신라의 금제 허리 장식이나 거란의 은제 허리 장식 등의 경우처럼, 허리띠를 화려하게 장식하는 것은 북방민족에게서 자주 볼 수 있는 습속이므로 여기서도 허리를 금제·은제 장신구로 장식하는 것을 가리킬 가능성도 높다.

○ 其法, 殺人者死, 沒入其家, 盜者一責十二, 男女淫, 婦人妬, 皆殺之。

• 004

만약에 전쟁이 일어나면 소를 잡아 하늘에 제사를 드리고, 그 발굽으로 [전쟁의 결과가] 좋을지 나쁠지 점을 친다. 10) [이때] 발굽이 벌어져 있으면 나쁜 징조로 여기고 발굽이 모아져 있으면 좋은 징조로 여긴다.
○ 若有軍事, 殺牛祭天, 以其蹄占吉凶, 蹄解者爲凶, 合者爲吉。

• 005

[그 나라에서는] 사람이 죽으면 산 사람으로 순장(殉葬)을 하는데, 덧널은 쓰지만 속널은 쓰지 않는다. 11)

---

10) 발굽으로 좋을지 나쁠지 점을 친다[觀蹄以占吉凶]: 〈국편위판〉(제1권 제229쪽 주21)에서는 "夫餘의 占卜은 動物占의 한 형식으로 그 方法은 殷의 甲骨占卜과 유사한 것으로 보이며, 三韓의 경우에도 熊川貝塚에서 출토된 卜骨로 미루어 보아 이러한 占卜이 행하여진 것을 알 수 있어 이것이 Shaman에 기반을 둔 한국 고대 사회의 일반적인 巫俗의 한 형태"라고 보았다. 그러나 이 같은 동물 점은 한반도뿐만 아니라 북방의 유목집단에서도 보편적으로 행해졌다고 보는 것이 합리적이다. 부여에서 국가 중대사를 결정할 때마다 이처럼 동물 점이 행해졌다는 것은 어떤 의미에서는 농경에 기반을 둔 것이 아니라 목축 또는 수렵에 기반을 둔 사회였음을 간접적으로 시사한다고 본다.

11) 덧널은 쓰지만 속널은 쓰지 않는다[有槨無棺]: 급고각본(汲古閣本)·무영전본(武英殿本) 등 일부 판본에는 이 부분이 "속널은 써도 덧널은 쓰지 않는다.(有棺無槨)"로 되어 있다. 〈국편위판〉(제1권 제229쪽 주22)에서는 두 판본에서 순서가 뒤바뀐 것이 잘못된 기록이라고 보고 "被殉葬者의 수가 백여 명에 달할 경우 그 墓制는 有棺無槨일 수가 없다."라고 덧붙였다. 그러나 피순장자가 수백 명이나 된다면 속널만 쓰고 덧널은 쓰지 않는 편이 오히려 현명한 방식이다. 그런 경우에 덧널을 쓰려면 피장자와 엄청난 부장품들을 제외하고도 수백 명의 시신을 수용할 만한 공간을 가진 초대형 덧널을 제작해야 하므로 차라리 덧널은 생략하고 속널만 쓴 상태

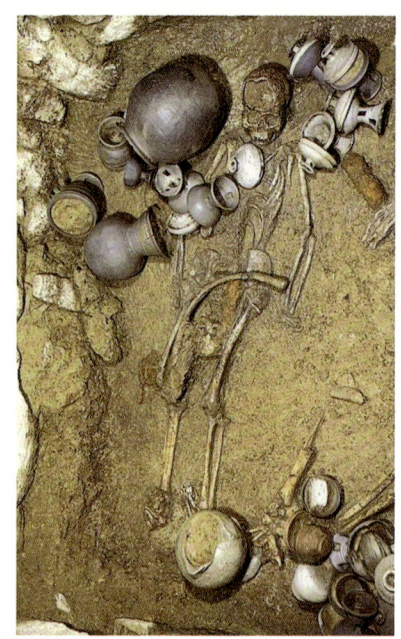

순장 인골. 경남 창녕 송현동 15호분(2012 뉴시스 보도)

그들은 상을 치르는 동안에는 남자도 여자도 한결같이 [아무 꾸밈이 없는] 순전히 흰 옷을 입으며, 부녀자들은 베로 지은 얼굴 가리개12)를 쓰고

에서 수백 명을 묻는 편이 시간적·물질적·공간적으로 훨씬 수월하기 때문이다. 따라서 급고각본이나 전본의 해당 기사가 교열과정에서 순서가 뒤바뀌었을 가능성은 있을지 모르지만 그 일 자체는 잘못되었다고 단정하기 어렵다. 또, 인터넷〈국편위판〉에서는 "이러한 殉葬制의 葬法은 韓國에서는 中國이나 日本의 여타 국가보다는 일찍부터 그 자취를 감추었으니, 주로 3國時代 以前에 행해진 후 소멸된 듯하다."라고 보았다. 그러나 1995년 대가야의 중심지인 경북 고령(高靈)에서 5세기 초 대가야시대의 수직형 순장묘가 발견되고, 2015년 신라의 도성인 경주 황남동에서 순장묘가 발견되는 등, 다수의 순장 사례가 확인되고 있다. 그렇다면 삼국시대가 시작된 뒤로도 한 동안 한반도에 순장 전통이 이어졌음이 고고적으로 증명되는 셈이다.

12) 얼굴 가리개[面衣]: 고대 중국에서 여성들은 외출할 때 어김없이 수건으로 얼굴을 가렸는데 이것을 '면의'라고 불렀다. 이 같은 고대의 습속은 한대를 거쳐 위·진대까지도 그대로 인습되었는데, 올이 성기고 가벼운 검은 색 천으로 만들어 착용했다

옥으로 만든 패물은 벗는다.

○ 死者以生人殉葬, 有槨無棺。其居喪, 男女皆衣純白, 婦人著布面衣, 去玉佩。

얼굴가리개의 예시(중국 청대)

• 006

[그 땅에서는] 좋은 말13)과 담비·족제비14)와 아름다운 구슬이 나는데, 구슬의 경우 크기가 대추만하다.

○ 出善馬及貂豽·美珠, 珠大如酸棗。

• 007

그 나라는 매우 부강하며 선대부터 일찍이 [적에게] 파괴된 일이 없었다.15) 그 [나라] 왕의 도장 글귀에는 '예왕지인(穢王之印)16)'이라고 되어

고 한다.

13) 좋은 말[善馬]: 《삼국지》에는 '이름난 말[名馬]'로 되어 있다.
14) 담비·족제비[貂狖]: 《후한서》에는 '초유(貂狖)'가 '초날(貂豽)'로 되어 있다. 〈국편위판〉(제213쪽)에서는 '유(狖)'를 '원숭이'로 번역하였다. 물론, '유'가 고대에 시대나 지역에 따라 원숭이를 뜻하는 경우도 있었다. 그러나 원숭이는 일반적으로 수풀이 우거진 산지에 사는 것으로 알려져 있다. 반면에, 진수《삼국지》에서 밝힌 바 있듯이, 부여는 동이 지역에서 가장 평탄하고 드넓은 평야지대를 주요한 활동무대로 삼았다는 점에 유념할 필요가 있다. '유(狖)'와 '날(豽)'에 대한 문자학·생태학적 분석에 관해서는 문성재, 《정역 중국정사 조선·동이전1》, 제419~420쪽을 참조하기 바란다.
15) 파괴된 적이 없었다[未嘗被破]: 《삼국지》에 인용된 《위략》 기사에는 "파괴한 적이 없었다.(未嘗破壞)"라고 되어 있다. 전후 맥락을 따져 볼 때 부여는 파괴의 주체가 아니라 객체이므로 《진서》의 표현이 옳다고 본다.
16) 예왕지인(濊王之印): 일본 학자 쿠리하라 토모노부(栗原朋信, 1909~1979)는 《후

있다. 나라 안에는 오래된 예인의 성이 있는데, 본래는 예맥(穢貊)의 성17)이었다.

○ 其國殷富, 自先世以來, 未嘗被破. 其王印文稱穢王之印. 國中有古穢城, 本穢貊之城也.

한서《예전(濊傳)》에 소개된 예족의 군주 남려(南閭)의 일화를 근거로, 여기에 언급된 '예왕지인(濊王之印)'이 사실은 기원전 128년에 한나라 무제가 28만 명의 백성을 거느리고 요동군에 귀순한 남려에게 내린 인장으로 보았다. 그러나 중국 고대사에서 '창해(蒼海)'로 일컬어진 바다는 발해(渤海)가 유일하다. 따라서 〈예전〉에 등장하는 '창해군'의 설치가 역사적 사실이라면 그것은 한대에 발해 연변에 설치되었던 발해군(勃海郡)의 다른 이름일 가능성이 크다. 그런데 '예왕지인'이 확인된 장소는 부여 영토 즉 '현토 북쪽으로 1천 리 지점'이므로, 창해군이나 남려와는 무관한 곳이라고 볼 수밖에 없는 것이다. 이 문제에 대해서는 북한 학자인 리지린도 《고조선연구》에서 ① 창해군의 좌표가 부여의 중심과 어긋나고, ② 부여에서 맥족이 예와 섞여 산 자취가 발견된 데다가 ③ 맥족인 부여왕이 예왕의 인장을 사용한다는 것도 상식적으로 납득할 수 없다고 반박한 바 있다

《삼국사기》《신라본기》 "남해차차웅(南解次次雄) 16년"조에서는 "봄 2월에 북명에 살던 사람이 밭을 갈다가 예왕의 인장을 얻자 그것을 바쳤다.(春二月, 北溟人耕田, 得濊王印, 獻之)"라고 소개하였다. 국편위판 《삼국사기》 해당 대목의 주석에서는 강릉의 옛 이름이 '명주(溟州)'였던 점에 착안하여 '북명'을 "동해안의 강릉 이북 지역"으로 추정하였다. 그러나 ① 이 일이 일어난 남해왕 16년은 서기로는 19년이며, ② 초기 신라의 강역은 경상도를 넘지 않았으며 강릉은 고구려의 영토였다는 것이 통설이다. ③ 강릉지역이 신라의 영토로 편입되고 처음으로 '명주'로 일컬어지게 된 것 역시 그로부터 738년 뒤인 경덕왕(景德王) 16년(757)의 일이다. 연대와 지리적 지점에서부터 양자의 상관관계를 입증하기 어려운 것이다. 게다가 ④ '북명'은 전국시대의 《장자(莊子)》에 처음 등장하는데, 단순히 '북쪽의 바다'를 가리키는 일반명사로 사용되었다. ⑤ 일반명사인 '북명'을 지금의 강릉지역으로 특정하는 고유명사로 해석하는 것은 무리라는 뜻이다. 또, ⑥《삼국사기》에서는 "예왕의 인장을 얻었다."고 했을 뿐 거기에 "예왕지인"이라고 새겨져 있다고 한 적도 없으며, ⑦ 현재의 '예왕지인'의 발견자와 발견지점이 분명하지 않은 것도 납득되지 않는다. 이상의 의문들이 해결되지 않는 한 현존하는 '예왕지인'은 그 진위를 의심할 수밖에 없다고 본다.

17) 예맥의 성[穢貊之城]: 《삼국지》에는 '예맥의 땅[濊貊之地]'으로 되어 있다. 예맥의 '예'의 경우, 《삼국지》에는 '물 깊을 예(濊)'로 되어 있지만 여기에서는 '더러울 예(穢)'로 바뀌어 있다.

•008

[서진의] 무제(武帝)[18] 때에는 자주[19] 와서 입조하고 공물을 바쳤다. [그런데] 태강(太康)[20] 6년(285)에 이르러 모용외(慕容廆)에게 습격을 받아 패하매 그 나라 왕 의려(依慮)는 자결하고[21], [그의] 아들과 동생들은 달아나 옥저(沃沮)에서 목숨을 보전하였다.

진 왕조를 세운 무제 사마염의 초상

○ 武帝時, 頻來朝貢, 至太康六年, 爲慕容廆所襲破, 其王依慮自殺, 子弟走保沃沮。

---

18) 무제(武帝): 서진(西晉) 왕조를 개창한 개국 군주인 사마염(司馬炎, 236~290)을 가리킨다. 사마의(司馬懿)의 손자로, 자는 안세(安世)이며, 하내군(河內郡) 온현(溫縣), 즉 지금의 하남성 온현 서남쪽 사람이다. 함희(咸熙) 2년(265)에 부친인 사마소(司馬昭)를 이어 상국(相國)·진왕(晉王)이 되고 얼마 뒤에 위나라를 대체하고 황제로 즉위하였다. 함녕 6년(280)에 오나라를 멸망시키고 중원을 통일함으로써 태강(太康) 연간(280~289)동안 태평을 구가하였다. 그러나 그의 사후에 황족인 사마씨 사이에서 상잔을 벌이는 '여덟 왕의 난리[八王之亂]'가 벌어지면서 나라가 급격히 쇠락하게 된다.

19) 자주[頻]: 명대에 민간에서 간행된 '급고각본'《진서》에는 '물가 빈(瀕)'으로 되어 있다. 그러나 여기서는 입조의 빈도를 언급하고 있으므로 전후 맥락을 따져 볼 때 '자주 빈(頻)'으로 새겨야 옳다.

20) 태강(太康): 서진의 무제 사마염이 280~289년까지 10년 동안 사용한 세 번째 연호.

21) 그 나라 왕 의려는 자결하고[其王依慮自殺]:《진서》의 〈모용외재기(慕容廆載記)〉에는 이 일과 관련하여 "무리를 이끌고 동쪽으로 부여를 정벌하매 부여왕 의려가 자결하니 모용외는 그 나라의 도읍을 유린하고 만 명이 넘는 사람들을 끌고 귀환하였다.(率衆東伐扶餘, 扶餘王依慮自殺, 廆夷其國城, 驅萬餘人而歸)"라고 기술하고 있다.

날개가 달린 천마(天馬)가 새겨져 있는 초기 선비족의 버클 장식

• 009

[그래서] 무제는 그들을 위하여 다음과 같은 조서를 내렸다.

"부여의 왕은 대대로 충성과 효도를 지키다가 괘씸한 오랑캐[22)]에게 멸망당하고 말았으니 그 일을 몹시 가엾게 여기노라. 만약 그 나라의 남은 무리가 본국을 회복할 수 있다면 응당 그들에게 방책을 모색해 줌으로써 [그들이] 남아서 [나라를] 일으킬 수 있도록 해 줌이 옳다."

○ 帝爲下詔, 曰: 夫餘王世守忠孝, 爲惡虜所滅, 甚愍念之。若其遺類足以復國者, 當爲之方計, 使得存立。

• 010

그래서 해당 [업무를 관장하는] 관서에서 "호동이교위[23)24)]인 선우영(鮮于嬰)[25)]이 부여를 구원하지 않는 바람에 제때에 대응할 기회를 놓치고

---

22) 괘씸한 오랑캐[惡虜]: 이 조서는 태강 6년(285)에 내려진 것이다. 그런데 모용외를 "괘씸한 오랑캐"로 비하한 것을 보면 진(晉) 왕조와 모용씨가 이때까지 적대적인 관계에 있었음을 알 수가 있다. 모용씨는 나중에 부여를 몰아내고 그 공백을 메우면서 진나라 조정에 충성을 맹세하게 되었을 것이다. 모용외가 진나라 황제로부터 작호를 받은 것은 동진 원제(元帝) 때인 태흥(太興) 4년(321)이다.

말았사옵니다."

하고 아뢰니, [무제가] 조서를 내려 [선우]영을 파면시키고 하감(何龕)[26]으

23) 호동이교위(護東夷校尉): 명대에 민간에서 펴낸 급고각본(汲古閣本)에는 '동(東)'자 다음에 '편안히 할 안(安)'자가 붙어서 '동방을 보호하고 오랑캐를 편안히 한다'는 의미의 '호동안이교위'로 나와 있지만 '안'은 잘못 보태진 글자[衍文]이므로 '호동이'가 옳다.

24) 호동이교위(護東夷校尉): 중국 고대의 관직명. 한대 이래로 요동지역의 최고위 군사 장관이던 '동이교위(東夷校尉)'를 말한다. 녹봉은 2천 석으로, 선비족 관련 업무를 위하여 호오환교위(護烏桓校尉)에서 쪼개어 설치한 것이었다.《진서(晉書)》에 따르면, "[후]한대에 동이교위를 설치하여 선비족을 안무하는 일을 담당하였다.(漢置東夷校尉, 以撫鮮卑)" 조위(曹魏) 초기에 양평(襄平)에 잠시 동이교위를 설치하고 요동·창려·현토·대방·낙랑의 5개 군·국을 관할하게 했으며, 공손도(公孫度)가 독자적으로 세력을 구축하고 있던 평주(平州)는 공손씨가 대대로 세습·관리하도록 묵인하였다. 명제(明帝)의 경초(景初) 2년(238)에 공손연(公孫淵)을 멸망시킨 뒤에 '호동이교위'로 개칭했다가 나중에 다시 '동이교위'로 환원되었다. 서진대에도 그대로 인습되어 평주에 주둔했는데 품계는 4품(四品)이었다. … 동진의 태흥(太興) 연간 초기에 마지막 동이교위이던 최비(崔毖)가 모용외의 압박을 견디다 못해 고구려로 도망하였다. 북위의 세조(世祖) 탁발도(拓跋燾)는 연화(延和) 4년(435)에 고구려의 장수왕에게 작호를 부여할 때 '호동이중랑장(護東夷中郞將)'이라는 직함을 포함시켰고 나중에는 역대 고구려 국왕들이 이와 유사한 직함을 부여받았다. 〈동북아판1〉(제038쪽) 주석에서는 동이교위가 "서진에 의해" 설치되었다고 소개했는데 위의《진서》기록에서 보듯이 후한대에 설치되었으므로 착오가 아닌가 싶다. 또, 인터넷〈국편위주〉016과 〈동북아판1〉에서는 양평의 좌표를 지금의 요녕성 요양시(遼陽市)로 비정했으나 재고가 필요하다.

25) 선우영(鮮于嬰, ?~?): 서진의 정치가. 평주자사·동이교위를 지냈다. 태강 6년(285)에 선비족의 지도자이던 모용외가 요서지역으로 세력을 확장해 오자 그를 패퇴시켰다. 결국 동쪽으로 방향을 돌린 모용외가 부여를 공격하는 바람에 그 왕이 자살하고 만 명 넘는 부여인이 포로로 끌려갔다. 부여왕의 죽음을 애석하게 여긴 무제는 그 책임을 물어 선우영을 파면하였다. 이 사건을 계기로 부여는 국운이 급격히 기우는 반면 모용씨가 동북방의 패자로 부상하게 된다.

26) 하감(何龕): 서진의 정치가. 무제 때 동이교위를 맡았고 선비족 모용외가 요동을 공격하자 군사를 보내 부여가 나라를 재건하는 것을 도왔다. 처음에 모용외는 무제에게 선대부터 원수간이던 우문씨 토벌을 허락해 줄 것을 요청하였다. 그러나 그 요청을 거부당하자 분노한 모용외는 요서지역에 침범하여 노략질을 벌이고 많은

로 하여금 그 직무를 대신하게 하였다.
- ○ 有司奏, 護東夷校尉鮮于嬰不救夫餘, 失於機略。詔免嬰, 以何龕代之。

• 011

이듬해에 부여의 다음 왕인 의라(依羅)27)가 하감에게 사자를 보내【교감1】 그때까지 남은 무리를 이끌고 돌아가 예전의 나라를 회복하기를 바라면서 다시 도움을 요청하였다.

- ○ 明年, 夫餘後王依羅遣詣龕【"依羅遣詣龕", 御覽七八一引遣下有使字。】, 求率見人還復舊國, 仍請援。

【교감1】 "의라가 하감에게 사자를 보내"의 경우,《태평어람》권781에 인용된 기사에서는 '보낼 견' 다음에 '시킬 사'자가 있다.

• 012

[해]감은 전열을 정비하고 독우(督郵)28)【교감1】 가침(賈沈)을 파견해 군사 사람을 살상하였다. 이에 무제가 유주의 군사들을 차출해 모용외를 토벌하니 비여(肥如)에서 대패하였다. 그러나 그 뒤로도 창려를 약탈하는 등 해마다 소요를 일으키는가 하면 선우영에게 패하자 급기야 동쪽의 부여를 공격하였다. 당시 동이교위이던 하감은 가침(賈沈)을 파견해 의라의 아들을 왕으로 추대하게 하였다. 모용외는 부하 장수인 손정(孫丁)에게 기병을 이끌고 가서 싸우게 했으나 가침이 손정을 무찌르고 부여를 재건시켜 주었다.

27) 의라(依羅): 부여 국왕의 이름. 북경대학 교수 곽석량의《한자고음수책》에 따르면, '기댈 의(依)'는 '영과 미의 반절[影微, ˀəi]', '비단 라(羅)'는 '래와 가의 반절[來歌切, la]'이어서 '여이라' 정도로 재구된다. 여기서 "이듬해"는 태강 7년, 즉 서기 286년이다.

28) 독우(督郵): 중국 고대의 관직명. 한대에 각 군에 소속된 관속의 하나로, 정식 명칭은 독우서연(督郵書掾) 또는 독우조연(督郵曹掾)이다. 군의 부(部)마다 1명씩 두고 태수를 대표하여 관할 현들을 시찰하고 법령 전달 등의 업무를 담당하였다.

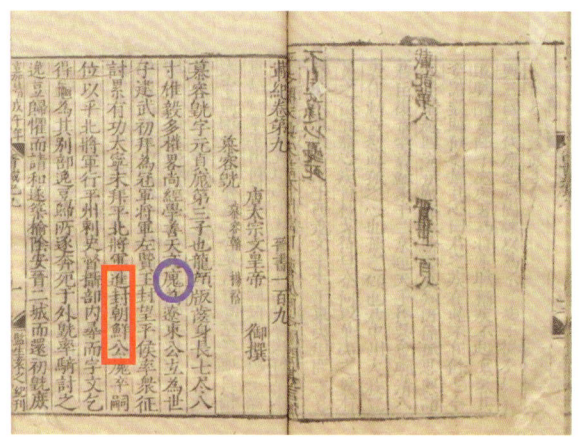

《진서》〈모용황전〉에 보이는 모용외의 봉호 '조선군공'. 이로써 '조선'은 평양이 아님을 확신할 수 있다(일본국립공문서관 소장)

를 거느리고 그들을 호송하게 해 주었다.

○ 龕上列, 遣督郵賈沈以兵送之【"督郵", 周校當照慕容庼載記作督護。按通鑑八一亦作督護。】

【교감1】 "독우"의 경우, 《주서》교감기에서는 "〈모용외 재기〉에 비추어 '독호'로 써야 옳다."고 하였다. 따져 보건대, 《자치통감》 권81에서도 '독호'로 썼다.

• 013

[그러자 모용]외가 이번에도 그들을 도중에 가로막는29) 것이었다. [이에 가

---

29) 그들을 도중에 가로막는 것이었다[要之於路]: '구할 요(要)'는 원래 '허리' 또는 '중간'이라는 의미를 나타내는 글자이다. 그러나 《맹자(孟子)》〈만장 상(萬章上)〉의 "도중에 가로막고 그를 죽이려 하였다.(將要而殺之)"나 《한서》〈반초전(班超傳)〉의 "이에 군사 수백명을 동쪽 지경으로 보내 그를 가로막게 하였다.(乃遣兵數百于東界要之)" 등에서 볼 수 있듯이, 여기서는 '[지나가지 못하도록] 도중에 가로막다'라는 의미로 해석된다.

침이 [모용외와] 싸워 [그를] 대파하고, [모용]외의 무리가 물러가매 [의]라가 나라를 회복할 수 있었다.[30)]

○ 廆又要之於路, 沈與戰, 大敗之, 廆衆退, 羅得復國。

• 014

그 뒤로도 번번이 [모용]외가 [부여의] 백성들을 잡아 가서 중국에 파는 일이 벌어지곤 하였다.[31)] [그러자] 황제는 그들을 가엾게 여기고 다시 조서를 내려 관청의 경비로 그들의 몸값을 치러 [그들을 부여로] 돌려보내게 했

---

30) 의라가 나라를 회복할 수 있었다[依羅復國]: 이와 관련하여 《진서》〈모용외재기〉와 《자치통감》〈진기(晉紀)〉에서는 "모용외가 그 장수 손정을 보내 기병을 이끌고 그들을 요격하게 하매 가침이 힘껏 싸워 손정의 목을 베고 마침내 부여를 회복시켜 주었다.(廆遣其將孫丁率騎邀之, 沈力戰斬丁, 遂復夫餘)"라고 기술하고 있다. 〈동북아 판1〉(제039쪽)에서는 '요'를 "기다리고 있었으나"로 번역했으나 기다린 데서 끝난 것이 아니라 가로막고 공격한 것이므로 사실 관계에 편차가 있다.

31) 모용외가 그 백성들을 잡아 가서 중국에 파는 일이 벌어지곤 하였다[慕容廆掠其種人, 賣於中國]: 이 일과 관련하여 《자치통감》〈진기〉에서는 "연왕 모용황이 세자 모용준을 보내 모용군・모용각・모용근 세 장군과 1만 7천의 기병을 이끌고 부여를 기습하게 하였다. 모용준은 가운데에서 군사 관련 업무를 모두 모용각에게 일임하니 마침내 부여[의 수도]를 함락시키고 그 왕 현과 부락 5만여 구를 포로로 잡아 귀환하였다. 그러자 모용황은 현을 진군장군으로 삼고 딸을 그 아내로 삼게 해 주었다.(燕王皝遣世子儁帥慕容軍・慕容恪・慕容根三將軍・萬七千騎襲夫餘, 儁居中指授軍事皆以任恪, 遂拔夫餘, 虜其王玄及部落五萬餘口而還, 皝以玄爲鎭軍將軍, 妻以女)"라고 기술하고 있다.
　인터넷〈국편위주〉017에서는 "《通鑑》에서는 '麗語謂復舊土爲多勿'이라 하였으니, 豆莫婁라는 國號도 바로 '多勿'을 나타내는 것으로 곧 濊貊人들이 잃어버린 夫餘의 옛 땅을 收復한 나라라는 뜻이다."라고 해석하였다. 옛 땅의 회복을 뜻하는 고구려어인 '다물(多勿)'과 '두막루(豆莫婁)'라는 국호를 동일한 어휘로 인식한 것이다. 그러나 '다물'이 고구려어인 것은 분명하지만 그것을 기록한 기록주체는 중국인(사마광)이므로 '다물'의 발음은 당연히 중국식 발음일 수밖에 없다. '다물(따미읫)'과 '두막루(도우막러우)'는 음운학적으로 대응관계가 성립되지 않는 셈이다. '두막루'에 대한 음운학적 분석은 《위서》의 "두막루" 주석을 참조하기 바란다.

으며, 사주(司州)³²⁾와 기주(冀州)³³⁾ 두 고을에 명령을 내려 부여 노예들을 사고 파는 것을 금하게 하였다.³⁴⁾

---

32) 사주(司州): 중국 고대의 지역명. 〈한대에는 사례교위(司隸校尉)가 설치되어 황제의 직속령인 도읍 주변지역을 관할했는데, 지금의 섬서성 중부, 산서성 서남부, 하남성 서부에 해당하며, 치소는 하남(河南), 즉 지금의 낙양시 동쪽이다. 삼국시대 위나라를 거쳐 서진대에 이르러 '사주'로 개칭되었으며, 태강 연간에는 도읍 주위의 하남·형양(滎陽)·하내(河內)·홍농(弘農)·상락(上洛)·하동(河東)·평양(平陽)·급(汲)·광평(廣平)·양평(陽平)·위(魏)·돈구(頓丘)의 12개 군을 관할하였다. 영가(永嘉) 연간에 동진 조정이 강남으로 천도한 뒤인 대흥(大興) 연간에는 교치(僑治)를 위한 치소를 합비(合肥)에 두었다. 함강(咸康) 연간에 치소를 양양(襄陽, 지금의 호북성 양양현)으로 옮겼으나 영화(永和) 연간에 다시 낙양으로 치소를 옮겼다. 참고로, '교치'나 '교치(僑置)', '교군(僑郡)', '교현(僑縣)'은 북방민족의 중원 정복과 남하로 화북(華北)의 영토를 상실한 동진(東晉) 등 역대 남조에만 해당되는 행정개념들로, 북위 등 북조에는 해당되지 않는다. 따라서 국내 학계 일각에서 313년 이후의 '한사군' 좌표를 구할 때 이같은 개념을 차용하는 것은 잘못된 역사, 지리 고증의 결과로서, 정확한 접근이라고 하기 어렵다.

33) 기주(冀州): 중국 고대의 지역명. 한대의 문헌인 《상서(尙書)》〈우공(禹貢)〉에 등장하는 '한지 9주(漢地九州)'의 하나로, 우(禹) 임금이 천하를 9주로 나누고 가장 먼저 열거한 땅이다. 전한대에는 행정적으로 도읍이 소재한 사례(司隸) 지역과 함께 13주 체제로 개편되었는데, 그중에서 유주(幽州)·병주(并州)는 기주를 쪼개서 새로 설치한 것이었다. 태강 연간에 기주는 조(趙)·거록(巨鹿)·안평(安平)·중산(中山)·악릉(樂陵)·장무(章武)·상산(常山)·고양(高陽)·청하(淸河)·박릉(博陵)·발해(渤海)·하간(河間)의 13개 국을 관할하였다. 중국 학계에서는 "후한 말기의 기주는 그 범위가 적어도 지금의 하북·북경·천진·요녕·산서·섬서의 여섯 성·시의 전 지역 및 내몽고의 일부 지역에 맞먹었다."라고 주장하고 있다. 그러나 《한서》〈지리지〉와 《진서》〈지리지〉는 물론이고 《위서》〈지형지〉와 《수서》〈지리지〉까지 중국 정사의 관련 기록 및 지명들을 대조해 볼 때, 앞서의 유주와 병주의 관할지역도 모두 아우르는 이 지명들 중에서 지금의 요녕·섬서·내몽고에 해당하는 것으로 보이는 군·국은 하나도 보이지 않는다.

34) 사주와 기주 두 고을에는 명령을 내려[下司州冀州]: 후한·삼국을 거쳐 서진(西晉) 때에는 중국의 지방 행정 거점이 '19주(十九州)'로 운영되었는데, 사(司)·연(兗)·예(豫)·서(徐)·청(靑)·기(冀)·유(幽)·평(平)·병(并)·옹(雍)·량(凉)·진(秦)·량(梁)·녕(寧)·익(益)·형(荊)·양(揚)·교(交)·광(廣)의 14개 주가 그것이다. 태강 연간의 경우, 사주는 12개 군, 기주는 13개 국을 각각 관할하였다. (당시 유주는 북평(北平郡)·상곡(上谷)·광녕(廣寧)·대(代)·요서(遼西)의 5개 군과

부여국전(夫餘國傳) 43

서진대의 사주와 기주 위치

○ 爾後每爲廆掠其種人, 賣於中國, 帝愍之, 又發詔, 以官物贖還, 下司·冀二州, 禁市夫餘之口。

범양(范陽)·연(燕)의 2개 국을, 평주는 창려(昌黎)·낙랑(樂浪)·현토(玄菟)·대방(帶方)의 4개 군과 요동(遼東)의 1개 국을 각각 관할하였다.) 여기서 모용씨가 부여에서 끌고 온 백성들을 사주와 기주 두 고을에서 노예로 팔았다는 것은 당시의 부여국이나 모용씨 세력의 거점을 추적하는 데에 중요한 단서를 제공해 준다. 아마 모용씨는 유주 이북에서 부여 사람들을 약탈해서 유주를 지나 기주 및 사주의 동북쪽까지 내려와서 노예 무역을 했을 것이다. 따라서 당시의 부여국이 기존의 학계 주장처럼 만주 쪽에 치우쳐 있었던 것으로 본다면 만주에서 사주까지 거의 만 리에 가까운 먼 곳을 이동했다는 소리가 되므로 현실적으로 설득력이 떨어진다. 지리적으로 훨씬 가까운 평주나 유주를 제쳐 놓고 만 리나 떨어진 중원 깊숙한 곳까지 포로를 끌고 온다는 것 자체가 상식적으로 수긍하기 어렵기 때문이다. 이런 문제들을 종합해 볼 때 부여국의 좌표는 만주 방면이 아닌 사주와 기주의 정북쪽 적봉(赤峰) 방면이었을 가능성이 상대적으로 더 높다.

마한전(馬韓傳)[35]

• 001

한(韓)[36] 땅의 종족은 세 갈래가 있는데, 첫째는 마한(馬韓), 둘째는

---

[35] 마한전(馬韓傳):《삼국지》"마한"조에 소개된 마한의 연혁·풍물 관련 정보들을 축약해 소개하는 한편 3세기 후기 진나라 건국 초기인 함녕(咸寧)·태강(太康)·태희(太熙) 연간의 교류사를 새로 추가해 놓았다.

[36] 한(韓):〈국편위판〉(제1권 제290쪽 주2)에서는 한나라 사람들이 [예·맥과 아울러] 한반도 남부의 우리 민족을 일컫던 이름이라고 보았다. 즉, '한'은 북쪽에 있던 주민들을 일컫는 예·맥과 지리적으로 상대적인 개념으로서의 남쪽에 있던 주민들을 가리킨다는 것이다. 이병도 등의 학자들은 '한'을 기자조선과 대척적인 정치세력으로 상정된 한씨조선(韓氏朝鮮)의 약칭으로, 준왕이 남쪽으로 망명하면서 그같은 명칭과 사회가 등장했다고 보았다. 과거 일본 학자들은 여기서 한 걸음 더 나가 예·맥과 한이 서로 이질적인 문화와 사회를 가지고 있었던 것으로 추정하였다. 그러나 〈국편위판〉의 주장이나 근래의 고고적 발견들을 따져볼 때 "한이라는 사회가 북쪽의 예·맥과 종족적으로나 문화적으로 크게 구별되는 사실로 파악된다면 이것은 잘못을 범하는 것이다." 한국 고대사에 등장하는 다른 나라들의 경우와 마찬가지로, 우리의 고유어로 지어진 나라 이름을 유사한 발음의 한자로 표기한 것으로 이해하는 것이 합리적이다. 여기서의 '한'은 몽골어·만주어에서 '왕·족장'이라는 의미를 지닌 '항(хаан)'이나 '칸(khan)'에서 비롯된 것으로 해석해야 한다는 뜻이다. 실제로, 한대에 공안국(孔安國)이 저술한《상서정의(尙書正義)》의 서문에는 "동쪽 바다[너머]의 구려·부여·한맥의 무리(東海駒驪扶餘駻貊之屬)"라는 표현이 나오는데 고사 연대나 정황으로 볼 때 여기서의 '한맥(駻貊)'은 글자는 다르지만 '[삼]한(韓)'을 가리키는 것이 분명하다. 국내의 기록들 역시 마찬가지이다. 마한·변한·진한의 '삼한(三韓)'은 물론이고 삼국시대 신라의 관직명인 각간(角干)·마립간(麻立干)·거서간(居西干)·거슬한(居瑟邯)·서불한(舒弗邯) 등의 '-간, -한' 등은 모두가 '항'이나 '칸'을 한자로 표기한 경우로, 중국 고대사의 돌궐·몽골계 부족에서 언급되는 '가한(可汗)'과 같은 성격의 존칭으로 해석된다. 원어를 단음절로 표기한 것이 전자라면 2음절로 표기한 것이 후자이다. … 만약 삼한의 '한'이 '항'이나 '칸'의 의미를 한자로 표기한 경우가 확실하다면 이를 통하여 그동안 국내외 학계에서 한반도 남부의 주민들로 분류하고 남방계 문화의 한 갈래로 보는 견해는 고대사의 실제와는 상당한 거리가 있음을 방증하는 셈이다. 또, 이 같

진한(辰韓), 셋째는 변한(弁韓)이다.

진한은 대방(帶方)[근] 남쪽에 있으며37), 동쪽과 서쪽은 바다로 막혀 있

은 추론이 합리적인 것이라면 신라는 언어만 놓고 보더라도 돌궐·몽골 등 북방계 부족집단이 남하해 건설한 나라였음을 짐작할 수 있는 셈이다. 참고로, 곽석량의 《한자고음수책》에 따르면, '나라이름 한(韓)'은 '갑과 원의 반절[匣元切, ɣan]', '말 마(馬)'는 '명과 어의 반절[明魚切, meɑ]', '별이름 진(辰)'은 '선과 문의 반절[禪文切, zǐen]', '고깔 변(弁)'은 '피와 변의 반절[皮變切, bǐɛn]' 등으로 재구된다. 따라서 마한은 '마한', 진한은 '쩬한', 변한은 '볜한' 식으로 읽혀졌을 것으로 보인다.

37) 진한은 대방 남쪽에 있으며[辰韓在帶方南]: 인터넷〈국편위주〉020에서는《진서》 "마한전"의 이 구절에 대하여 "三韓의 位置를 설명한다는 것이 착오를 일으켜 辰韓으로 잘못 表記가 된 것"이라고 보고 "辰韓이 帶方의 남쪽에 있다고 하면 이것은 《三國志》이래로 辰韓이 오늘날 慶尙道 地方이었다는 歷史的인 사실을 否認하는 결과가 된다."라면서 이 "마한전"이 기술되는 과정에서 "어떤 과오"를 범했을 가능성을 제기하였다. … 실제로, 진한의 위치에 대하여 국내외 학계에서는 "慶尙道의 洛東江 東쪽"에서 좌표를 구하는 것이 통설이며 이병도는 "漢江 流域"으로 보았다. 2020년에 출판된〈동북아판1〉(제021쪽)에서도 "한 군현은 422년에 한반도에서 완전히 소멸되고 말았다."는 주석으로 대방 등 한사군의 좌표가 한반도에 있었던 것으로 기정사실화하였다. 그러나 진한 및 신라를 처음 소개한《삼국지》를 위시한《남사》·《북사》·《한원》등의 중국 정사들에서는 그 위치를 "마한의 동쪽(馬韓之東)"으로 명시하고 있다.《양서》의〈신라전〉에서도 "[진한]·마한은 동쪽 지경을 떼어 주고 그들을 살게 해 주었다.(割其東界居之)"라고 하였다.《삼국사기》역시 "흰 비단으로 알을 싸서 보물과 함께 궤 속에 넣어 바다에 띄워서 그것이 이르는 대로 맡겼다. 그러자 처음에는 금관국 바닷가에 이르렀지만 금관국 사람들은 그것을 이상하게 여겨 거두지 않았으며, 이어서 진한의 아진포 어귀에 이르렀다."(〈신라본기〉"탈해니사금"조)라고만 소개했을 뿐이다. "진한(신라)=경상도"라는 지리인식이 등장한 것은 조선시대부터이다. ①《고려사》·《세종실록지리지》에서 "경상도는 삼한의 진한에 해당하는데, 삼국시대에 이르러 신라가 되었다.(慶尙道在三韓, 爲辰韓, 至三國爲新羅)", ②《신증 동국여지승람(新增東國輿地勝覽)》에서는 "경상도는 본래 진한의 땅으로, 나중에 신라가 점유하였다.(慶尙道本辰韓之地, 後爲新羅所有)", ③《팔역지(八域志)》에서는 "경상도는 옛날의 변한·진한이다.(慶尙則古卞韓辰韓地)"라고 하였다. 이를 통하여 조선시대에 이르러 '진한=경상도'로 좌표가 고정되었음을 짐작할 수 있는 것이다. 인터넷〈국편위주〉에서는 "만약에 辰韓이 帶方의 남쪽에 있다고 하면 이것은《三國志》이래로 辰韓이 오늘날 慶尙道 地方이었다는 歷史的인 사실을 否認하는 결과가 된다."라면서 중국 정사의 기록들을 부정하는 입장을 보였다. 그러나 반도사관에서 자유로워진다면 이 대목은 전혀 문제 될

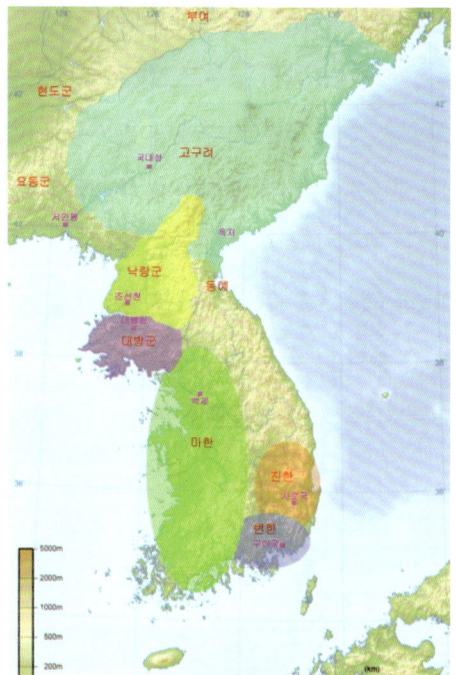
학계에서 비정하는 3세기 대방과 진한의 위치(아틀라스 한국사)

다.[38)]

것이 없다고 본다. 〈동북아판3〉(제021쪽)에서는 대방군이 황해도 사리원 지역에 있었다는 증거로 일제 강점기에 사리원역 부근에서 발견된 '대방태수 장무이(帶方太守張撫夷)' 전돌을 들었으나 그것은 조작된 유물일 가능성이 높다. 이 문제에 대해서는 역자가 《한국고대사와 한중일의 역사왜곡》, 제500~524쪽에서 상세하게 논증하였다.

38) 동쪽과 서쪽은 바다로 막혀 있다[東西以海爲限]: 인터넷《한국민족문화대백과사전》에서는 '진한'에 대하여 "서기전 1세기부터 서기 3세기경까지 지금의 경상도지역에 형성되어 있던 여러 정치집단"으로, '대방군'에 대해서는 "지금의 한강 이북 경기도 지방과 자비령(慈悲嶺) 이남의 황해도 지방"으로 비정하였다. 그러나 그렇게 볼 경우 대방과 진한의 좌표가 어긋나게 된다. 왜냐하면 경상도지역은 동쪽과 남쪽만 바다에 막혀 있고 서쪽은 내륙(충청도)과 연결되어 있기 때문이다. 바꿔서 말하자면 이 설명에 따를 경우 진한은 지금의 경상도일 수 없는 것이다. ① 진한의

○ 韓種有三：一曰馬韓, 二曰辰韓, 三曰弁韓。辰韓在帶方南, 東西以
海爲限。

•002
마한은 산과 바다 사이에 자리 잡고 있는데[39] 성곽이 없다.

자리가 다른 곳에 있든가, ② 대방의 좌표에 문제가 있다는 뜻이다. 이 조건을 충족시키려면 최소한 대방과 진한 둘 중 하나는 다른 곳에 자리 잡은 것으로 좌표를 설정해야 아귀가 맞다. ① 여기서의 '남쪽'에는 정남쪽만 해당되는 것이 아니라 동남쪽도 해당되기 때문이다. 그 자리가 위도상으로 대방보다 남쪽인 경우에는 대방의 좌표가 굳이 황해나 경기 지역일 필요가 없다. ② 그 다음 구절에서 '진한 땅은 동쪽과 서쪽은 바다로 막혀 있다'고 한 그 다음은 대방과 진한의 좌표가 한반도가 아님을 결정적으로 반증한다. 기존 주장대로 진한이 한반도 동남쪽인 경우는 중국 기록에 진한이 동서뿐만 아니라 남쪽으로도 바다에 막혀 있다고 되어 있어야 옳기 때문이다. 기사 속의 진한은 그 좌표를 한반도에서 찾으면 안 되는 것이다. 따라서 동서로만 바다를 접하고 있다는 것은 그 위치가 한반도가 아니라는 뜻이다. ③ 그 위치가 한반도라고 하더라도 남부가 아닌 중부 또는 중북부의 어느 한 지역에서 좌표를 찾아야 옳다. 참고로, 중국에서 동쪽과 서쪽이 바다로 접하고 있는 지역은 북부에서는 지금의 요동반도 쪽뿐이다.

39) 마한은 산과 바다 사이에 자리 잡고 있다[馬韓居山海之間]: 이 구절 역시 마한(또는 삼한)의 좌표를 한반도 남부에서 구하는 것이 온당하냐는 물음에 대해 의문을 제기하고 있다. 《한국민족대백과사전》에서는 '마한'을 "서기전 1세기~서기 3세기 경 한강(漢江) 유역으로부터 충청·전라도 지역에 분포되어 있던 여러 정치 집단"으로 소개하였다. 마한의 영역을 경기 남부 및 충청·전라 지역으로 비정한 셈이다. 그러나 한반도는 전형적인 '동고서저'의 지형에 속한다. 고도가 낮은 이 세 지역에는 고도가 높은 산지가 중첩되어 있는 동부지역과 비교할 때 상대적으로 드넓은 평야지대가 발달되어 있는 것이다. 따라서 이 지역의 지형은 "산과 바다 사이에 분포한다."라는 《진서》의 기술 내용과는 편차가 큰 셈이다. 그런 의미에서 볼 때, 《진서》가 묘사한 지역으로는 오히려 중국에서 산해관 동쪽의 이른바 '요서'로 일컬어지는 지역이 오히려 더 잘 어울리는 것처럼 보인다. 이 지역은 예로부터 위로는 고도가 높은 산지가 대부분을 차지하고 있고 아래에는 발해 바다가 자리 잡고 있어서 예로부터 "산과 바다 사이[山海之間]"라는 비유가 관용적으로 사용될 정도로 독특한 지형적 특징을 가지고 있기 때문이다. '산해관(山海關)'이라는 지명이 이 같은 지형적 특징에서 유래한 것임은 물론이다. 그래서 마한[과 고구려]의 좌표를

모두 쉰여섯 개의 작은 나라가 있는데⁴⁰⁾, 큰 나라는 만 호, 작은 나라

한반도에서 지금의 요서지역으로 옮겨 놓아도《후한서》〈안제기〉나《진서》·《양서》·《남사》의 "한"조의 기사는 전혀 괴리감이 느껴지지 않는다. 조선(낙랑)의 동쪽에 마한이 있고, 마한의 서북쪽에 고구려가 있는 셈이어서 고구려와 마한의 연합이 지리적·역사적·논리적으로 완벽하게 부합되기 때문이다. ③《구당서》〈백제전〉에서 "백제국도 본래는 부여의 또다른 갈래로, 예전에는 마한의 옛 땅이었다. 도읍에서 동쪽으로 6,200리 지점에 있다.(百濟國, 本亦扶餘之別種, 嘗爲馬韓故地, 在京師東六千二百里)"라고 한 것 역시 또 하나의 중요한 근거이다. 한대의 학자로 알려져 있는 신찬(臣瓚)은《한서》〈무제기(武帝紀)〉에서 임둔군과 진번군의 위치에 관하여 다음과 같은 주석을 붙인 바 있다. "《무릉서》에서는 '임둔군의 치소인 동이현은 장안으로부터 6,138리 거리로, 15개 현을 거느리고 있으며, 진번군의 치소인 삽현은 장안으로부터 7,640리 거리로, 15개 현을 거느리고 있다.'라고 하였다." 그렇다면 임둔군의 치소 동이현이 전한대 초기에 장안(지금의 서안시)으로부터 6,138리 떨어져 있었다는 말이 된다. 동이현의 좌표를 2014~2017년에 '임둔태수장' 봉니와 한대 토성이 발견된 요령성 태집둔 소황지촌에 둘 경우, 당대 초기에 역시 장안으로부터 6,200리 떨어져 있었다는 백제의 좌표 역시 소황지촌에서 그다지 멀지 않은 곳에서 구해야 옳다. 백제가 마한의 옛 땅에서 건국되었다고 했으므로 마한의 좌표 역시 자연히 그 주변에서 구할 수밖에 없는 것이다. 임둔군의 좌표 및 관련 발굴조사에 관해서는 문성재,《한사군은 중국에 있었다》, 제356~374쪽을 참조하기 바란다.

40) 쉰여섯 개의 작은 나라가 있는데[凡有小國五十六所]: 마한지역 나라들의 개수와 관련하여 진수의《삼국지》에서는 "모두 50여 국(凡五十餘國)"이라고 소개하였다. 비슷한 시기에 저술된《위략》에는 "54국(五十四國)"으로 나와 있다. 그래서 진수로부터 150여 년 뒤에 편찬된《후한서》나 7세기에 저술된《한원(翰苑)》등에서는《위략》의 기사를 좇아 "54국"으로 소개하였다. 그러나《삼국지》이외의 사서들에 소개된 마한의 나라들은 그 수가 54개를 넘는다. 인터넷〈국편위주〉021에서는 "三韓의 國名은《三國志》《東夷傳》韓條에는 55國으로 기록되어 있다."라고 했으나 착오가 아닌가 싶다. ①《삼국지》〈동이전〉"한"조에서는 삼한에는 삼한을 통틀어 78개국이 있다고 소개하였다. "55國"을 거론하고《후한서》〈한전〉의 '五十四國'을 거론한 것을 보면 마한의 나라를 두고 한 말로 보인다. 그러나 ② 마한의 경우 역시《삼국지》원문에는 "모두 쉰 개 넘는 나라가 있다(凡五十餘國)"으로 나와 있다. 또, 인터넷〈국편위주〉022에 따르면, 일본의 나이토 토라지로(內藤虎次郞, 1866~1934)는 마한의 부미국(不彌國)·지반국(支半國)·구소국(狗素國)은《일본서기》"신공기(神功紀) 49년"조에 열거된 포미지(布彌支)·반고(半古)를 잘못 적은 것이므로 두 읍락을 부미지국(不彌支國)·반구국(半狗國)으로 간주하고, 남는 '소(素)'

무릎을 꿇고 앉은 한대 토용. 고대 중국에서는 두 무릎을 꿇고 앉는 것을 예의바른 자세로 여겼다

도 수천 가(家)⁴¹⁾씩 되며, 저마다 우두머리가 있다.

○ 馬韓居山海之間, 無城郭, 凡有小國五十六所, 大者萬戶, 小者數千家, 各有渠帥.

• 003

[마한의] 풍습은 기강이 없어서, 무릎을 꿇고 절을 하는 예절[같은 짓]은 없다.

는 이어서 나오는 첩로국(捷盧國)에 붙이고 '소첩로국(素捷盧國)'으로 쳐서 53개 국으로 보아야 한다고 주장하였다. 그러나 나랏수는 둘째치고 ①《일본서기》는 서기 720년에 완성된 것으로 알려져 있으니 ② 3세기에 편찬된《삼국지》보다 최소 450년 뒤에 나온 사서이다. ③《일본서기》를 근거로《삼국지》의 기록을 문제 삼는 것은 주객이 전도된 엉터리 고증이라는 뜻이다. 이는 오히려 ④《일본서기》의 기사들이 역대 사서들과 역사 사건들을 멋대로 짜깁기해서 만들어진 엉터리 책임을 보여 주는 증거가 아닐까 싶다.

41) 수천 가[數千家]: 중국 고대의 호구 편제 단위. "10분의 1을 세금으로 걷으면 [백성들이] 칭송하는 소리가 자자해질 것이다.(什一行而頌聲作矣.)"라는《공양전(公羊傳)》〈선공 15년(宣公十五年)〉의 기사에 대하여 후한의 학자 하휴(何休, (129~182)는 "5명이 1가이다.(五口爲一家)"라고 주석을 붙인 바 있다. 하휴의 주장이 동시대 사람들의 인식에 근거한 것이라는 전제하에서 따져 볼 때, "수천 가"라면 1만~4만 정도에 해당하며 "수백 가"는 1천~4천 정도에 해당한다. 그러나 이와는 별도로, '집 가'가 '가문(lineage)'의 개념으로 사용되었을 가능성도 상정해 볼 필요가 있다. ①《수서(隋書)》·《북사(北史)》에서 백제의 어원으로 소개한 "100가를 거느리고 바다를 건넜기 때문에 그 일이 계기가 되어 '백제'라고 일컫게 된 것이다(以百家濟海, 因號百濟)"라는 기사나, ② 양나라 무제 소연(蕭衍)이 귀족들을 등용할 목적으로 엮은 책의 제목이《백가보(百家譜)》였던 점 등을 따져 보면, '가'가 단순히 '세대(home)'보다 규모가 훨씬 큰 '가문(lineage)'의 개념이었을 가능성도 배제할 수 없다. 분명한 사실은 인원 규모를 놓고 볼 때 '가'가 '호'보다 상대적으로 큰 개념이었다는 것이다.

기거하는 곳으로는 흙으로 된 방을 만드는데, [그] 모양은 마치 무덤 같고, [드나드는] 그 문은 위쪽에 나 있다.⁴²⁾ 온 가족이 다 같이 그 안에서 지내며 늙은이와 젊은이, 남자와 여자에 따른 구별은 없다.⁴³⁾

○ 俗少綱紀, 無跪拜之禮。居處作土室, 形如冢, 其戶向上, 擧家共在其中, 無長幼男女之別。

• 004

소나 말을 탈 줄은 모르며, 가축을 기르는 것도 그저 장사 지내는 데 쓰기 위해서일 뿐이다. [그 나라의] 풍속에는 금·은이나 비단·모직물 따위는 귀중하게 여기지 않고, 옥이나 구슬⁴⁴⁾을 귀중하게 여겨서 옷에 꿰기도 하지만 머리를 장식하거나 귀에 달기도 한다. [그 나라] 남자들은 모자를 쓰지 않고 상투를 드러내며⁴⁵⁾, 베 두루마기를 입고 짚신을 신

---

42) 흙으로 된 방을 만드는데[作土室]: 《삼국지》 "한전"에서는 이 부분을 "사는 곳에는 풀을 얹은 집과 흙으로 만든 방을 짓는데 모양이 무덤을 닮았으며 그 집의 문은 위에 있다(居處作草屋土室, 形如冢, 其戶在上)"라고 소개하였다. 인터넷〈국편위주〉 022에서는 이 흙방을 "靑銅器時代 이래의 住居址로 보아 竪穴式 반움집"으로 추정하였다.

43) 온 가족이 다 같이 그 안에서 지내며~[擧家共在其中, 無長幼男女之別]: 인터넷〈국편위판〉에서는 이 부분을 "온 가족이 그 속에 함께 살기 때문에 長幼와 男女의 분별이 없다."라고 하여 "온 가족이 그 속에 함께 산다. ⇒ 그래서 長幼와 男女의 분별이 없다.(무질서하다?)" 식의 인과관계로 해석한 것으로 보인다. 그러나 이 두 구절은 원인과 결과의 관계로 연결된 것이 아니라 서로 별개의 상황을 각자 따로 소개하고 있다. 따라서 병렬관계로 이해하거나 아예 "온 가족이 그 다 같이 그 안에서 지낸다. 늙은이와 젊은이, 남자와 여자에 따른 구별은 없다." 식으로 두 개의 독립된 구문으로 이해하는 편이 합리적이다.

44) 옥이나 구슬[瓔珠]: 첫 글자인 '옥돌 영(瓔)'이 급고각본에는 '갓끈 영(纓)'으로 되어 있다. 그러나 전후 맥락으로 따져 볼 때 전자로 해석해야 옳다.

45) 남자들은 모자를 쓰지 않고 상투를 드러내며[男子科頭露紒]: 인터넷〈국편위주〉 023에서는 이를 "衛滿의 入國時에 '魋結蠻夷服'하였다는 記錄과 상당하는 內容"으

는다.

[그들은] 기질이 용감하고 사납다.

○ 不知乘牛馬, 畜者但以送葬。俗不重金銀錦罽, 而貴瓔珠, 用以綴衣 或飾髮垂耳。其男子科頭露紒, 衣布袍, 履草蹻, 性勇悍。

• 005

나라에서 조정해 부역을 시킬 일이 있거나 성황당을 조성해야 할 때에는⁴⁶⁾ 나이가 젊고 용감하고 건장한 이들은 저마다 그 등가죽을 뚫고 [그 구멍으로] 큰 밧줄을 끼운 다음, 장대로 그 줄을 흔들며 하루 종일 소

로 보았다. 흉노나 퉁구스족의 변발(辮髮)이나 동호족의 곤두(髡頭)와는 다른 것으로 파악한 셈이다. 그러나 위만의 '퇴결(魋結)'은 우리가 통상적으로 떠올리는 상투와는 다른 것으로 오히려 변발에 가까운 헤어스타일이다. 위만의 헤어스타일에 관해서는 문성재,《한사군은 중국에 있었다》, 제37~40쪽을 참조하기 바란다.

46) 나라에서 조정해 부역을 시킬 일이 있거나~[國中有所調役, 及起築城隍]: 이 내용을 처음으로 소개한《삼국지》"한전"에는 이 부분이 "그 나라에서는 무슨 일이 있거나 관가에서 성곽을 쌓게 하기라도 하면(其國中有所爲, 及官家使築城郭)"으로 되어 있다. 인터넷〈국편위주〉024에서는 종속절의 "성황당을 조성해야 할 때에는[及起築城隍]"에 대해서《三國志》의 '築城郭'이라는 기사를 잘못 轉字한 것"으로 보았는데 정확한 판단이다. ①《진서》는《삼국지》보다 400년 뒤에 편찬되었고, ② '성곽 곽(郭)'과 '해자 황(隍)'은 얼핏 보기에 모양이 비슷하며, 무엇보다도 ③ 성황(城隍)신앙은 진대 이후인 남북조시대에 이르러서야 등장한다는 것이 중국 학계의 통설이다. 따라서 ④《삼국지》의 경우는 말할 것도 없고 진대의 역사를 다룬《진서》에도 해당되지 않는 풍속인 것이다. 오기의 결과물이라는 뜻이다. 즉, ⑤ 이 대목에서 '성황[신앙]'이 튀어 나온 것은 위·진대 중국인들의 정서가 아니라 남북조 나아가 당대 중국인들의 정서를 대변하는 어휘인 셈이다. 따라서 ⑥《진서》의 이 '성황당 조성' 대목은 잘못된 것이며《삼국지》에서처럼 '성곽을 쌓는 것'이 되어야 옳다. 또, 주절의 "나라에서 조정해 부역을 시킬 일이 있거나[國中有所調役]"에서 여섯 번째 글자의 경우, 급고각본에는 '고를 조(調)'가 아닌 '일컬을 위(謂)'로 나와 있다. 이 역시 '조'와 '위'가 모양이 비슷한 탓에 판각공이 '위'로 잘못 새긴 결과이다.

리를 지르면서47) 힘껏 일하면서도 [그것을] 고통스러워하지 않는다. 48)
[그 나라 사람들은] 활·방패·장창·큰 방패를 잘 쓰며, 비록 남과 싸우거나 전쟁을 벌이는 일이 있기는 하지만 서로가 굽히고 양보하는 것을 높게 친다. 49)

○ 國中有所調役, 及起築城隍。年少勇健者皆鑿其背皮, 貫以大繩, 以杖搖繩, 終日讙呼力作, 不以爲痛。善用弓楯矛櫓, 雖有鬪爭攻戰, 而貴相屈服。

---

47) 하루 종일 소리를 지르면서[終日讙呼]: 셋째 글자 '시끄럽게 떠들 환(讙)'의 경우, 《삼국지》·《후한서》 등에는 '지껄일 환(嚾)'으로 되어 있는데, 글자가 다르지만 의미상으로는 별 차이가 없다. 다만, 급고각본에는 이 글자가 '삼갈 근(謹)'으로 되어 있는데, 오자이다. 급고각본은 명대에 민간에서 상업적 이익을 목적으로 제작한 판본이다 보니 이런 오독·오기·오각의 사례들이 비교적 많은 편이다.

48) 나이가 젊고 용감하고 건장한 이들은[年少勇健者皆鑿其背皮]~: 이 대목에 소개된 부역의 성격 및 상황에 대해서는 ① 강제노동(백남운), ② 농촌에서 사용하는 지게(이병도), ③ 성년식 통과의례(미시나 쇼에이) 등의 주장이 있다. 인터넷〈국편위주〉026에서는 이 대목이 "築城 등과 관련하여 내용이 이루어지고 있다."는 점에 주목하여 성년식 통과의례는 아니라고 보았다. 그러나 부역의 성격보다는 젊은이들의 행태나 당시 사람들의 가치관 등을 감안한다면 아무래도 성년식 통과의례 또는 또래집단의 힘겨루기(과시)의 일종으로 이해하는 편이 합리적이라고 본다.

49) 서로가 굽히고 양보하는 것을 높게 친다[貴相屈服]: 〈동북아판1〉(제023쪽)에서는 "상대가 굴복하는 것을 귀하게 여긴다."라고 번역했으나 오역이다. '굴복(屈服)'을 글자의 의미대로 풀이하면 [상대방에게] 몸을 낮추고 복종한다'는 뜻이어서 일반적으로 '항복하다(submit)'로 새기는 것이 보통이다. 문제는 여기서 특정한 행위나 상황이 쌍방에게 동시에 적용되는 것을 나타내는 부사인 '서로 상(相)'이 사용되었으며, 고대 한문에서 이 글자가 '상대(counterpart)'라는 의미로 사용된 사례가 전혀 없다는 데에 있다. '상대'가 굴복하는 것이 아니라 '양쪽 모두'가 그렇게 한다는 뜻인 것이다. 따라서 여기서의 '굴복'은 항복이나 굴복과는 거리가 있다. 오히려 자신을 낮추고 양보한다는 뜻의 '겸양(謙讓)'과 비슷한 뜻으로 이해하는 편이 합리적이다. 따라서 해당 부분은 "비록 싸우거나 전쟁을 하더라도 상대가 굴복하는 것을 귀하게 여긴다."가 아니라 "비록 남과 싸우거나 전쟁을 벌이는 일이 있기는 하지만 서로가 굽히고 양보하는 것을 높게 친다."로 번역해야 옳다. 불가피하게 싸우는 경우가 없지는 않지만 평화적인 해결을 원칙으로 여긴다는 뜻이다.

• 006

[마한의] 풍습에는 귀신을 신봉해서 해마다 오월에 밭 갈고50) 씨 뿌리는 농사를 마치고 나면, 떼 지어 노래 부르고 춤추면서 [천지]신명에게 제사를 지낸다. 시월이 되어 농사를 마치고 난 다음에도 마찬가지로 그렇게 한다.

○ 俗信鬼神, 常以五月耕種畢, 群聚歌舞以祭神, 至十月農事畢, 亦如之。

• 007

나라마다 각각 한 사람씩 정해서 천신에 대한 제사를 주재하게 하는데, 그를 '천군(天君)51)'이라고 부른다. 또 [나라마다] 특별한 촌락을 두었

---

50) 해마다 오월에 밭을 갈고[常以五月耕種畢]: 여기서 "오월(五月)"은 양력으로는 6~7월에 해당한다. 현재의 경우 한반도 중부만 해도 양력 4~5월에 밭갈이와 씨 뿌리기가 이루어진다. 남부라면 이보다 더 빨리 작업이 끝난다는 뜻이다. 그런데 6~7월은 씨를 뿌리고 한참 지나 농작물이 한참 쑥쑥 자라고 있을 시점이다. 만일 《진서》의 이 기사가 정확한 것이라면 지금까지 학계가 제안한 마한의 좌표는 위도(緯度)를 북쪽으로 상향 조정해야 하지 않을까 싶다.

51) 천군(天君): 천신에게 제사를 올리는 제사장(shaman)을 가리키는 것으로 보인다. '하늘' 또는 '하늘의 신'의 경우, 몽골어에서는 '텡게르(Тэнгэр)', 튀르크어에서는 '텡기르(Tengir)', 헝가리어에서는 '텡그리(Tengri)', 불가리아어에서는 '탕그라(Тангра)'라고 한다. 미국 학자 주학연은 《진시황은 몽골어를 하는 여진족이었다》(제182~183쪽)에서 한자에서 '하늘'을 뜻하는 '천(天)' 역시 그 어원은 우랄-알타이 어족에서 광범하게 확인되는 '텡게르·텡그리·텡그라'의 '텡'을 한자로 표기한 것으로, 그 말을 옮겨 적는 사람에 따라서는 때로는 '탱(撑)' 또는 '등(騰)' 등으로 표기되기도 한다고 보았다. 진수가 소개한 마한의 '천군'은 아마 하늘의 신을 뜻하는 이 같은 북방의 언어를 한자로 표기한 것이었을 것이다. 《사기》〈흉노열전〉에 '하늘[의 신]'을 뜻하는 흉노어로 소개된 '탱리(撑犁)'는 몽골어의 '텡그리'를 전사하는 과정에서 '-그[g]-' 발음이 탈락된 경우이다. 이런 식으로 특정한 단어를 구성하는 음소[나 음절]이 떨어져 나가는 현상을 언어학에서는 '생략(ellipsis)' 또는 '단축(shortening)'이라고 한다. 이와 함께, '천군'이 '단군'을 비슷한 발음의 다른 한자

는데 그것을 '소도(蘇塗)'52)라고 부른다. [그중에는] 큰 나무를 세우고 방울과 북을 매 단다. 그들이 소도를 세운 취지는 서역(西域)53)의 부도(浮屠)54)와 비슷한 데가 있다. 그러나 [두 종교에서] 지향하는 바가 [한쪽은]

로 표기한 경우일 가능성에 대해서도 생각해 볼 필요가 있다. '천군'의 '하늘 천(天)'은 중고음(수·당대)으로는 '텐(ten)'이며, 우리나라에서도 100년 전까지만 해도 그 발음을 '텬'으로 적었다. '단군'의 '박달나무 단(檀)' 역시 마찬가지이다. 중고 발음으로는 '단(dhɑn)', 근대 발음으로는 '탄(tan)'으로 읽는다. '天君'을 '천군'이라고 적는 것이 현대음으로 표기한 것이라면 '텐군'은 고대음을 반영한 표기이다. 따라서 고대음으로 읽었을 경우에는 '텡[게르]'과 '천'과 '단'이 공통점을 공유하고 있는 셈이다.

52) 소도(蘇塗): 학자에 따라서는 소도를 ① 경계 표시나 ② 성황당(신전)이나 ③ 성역의 일종으로 보기도 한다. 인터넷〈국편위주〉026에서는 "韓國史에서 아주 드문 神殿의 役割을 수행한 것으로 생각된다. 그러므로 蘇塗는 한 곳만 있는 것이 아니고 各處에 散在하여 있으면서 農耕社會의 여러 祭儀를 수행하던 곳이었다."라고 보았다. 그 성격을 일종의 '신전(temple)'으로 이해한 셈이다. 그러나 오히려 신전을 아우르는 '성역(sanctuary)'의 개념이 더 가깝지 않을까 싶다. 근래에 학계에서는 "國邑에는 천군이 있고 諸國의 別邑에는 소도가 있다 하였으므로 이 둘을 구분해 보아야 한다."라는 주장이 지배적이라고 한다.《한국고대사 연구의 새 동향》, 제599쪽) 실제로, 소도를 처음으로 소개한《삼국지》원문을 보더라도 소도와 천군 사이에는 직접적인 상관관계가 존재하지 않는 것으로 보인다. 다만, 양자 사이의 상관관계와 상관없이 소도가 당시 마한 사회에서 일종의 성역으로 간주되었다는 데에는 이론의 여지가 있을 수 없다.

53) 서역(西域): 중국 고대의 지역명. 글자 그대로 풀이하면 '[중국에서] 서쪽 지역'이라는 뜻이다. 한대 이래로 좁은 의미에서는 옥문관(玉門關)·양관(陽關) 이서, 총령(葱嶺) 이동, 발하쉬 호 동쪽, 그리고 남쪽으로는 신강(新疆) 지역까지를 가리킨다. 넓은 의미에서는 중앙아시아는 물론 서아시아와 인도까지 포괄하기도 한다. 8세기에 당나라에서 안록산(安祿山)이 반란을 일으키면서 중국사의 영역에서 벗어났다가 1,000여 년 뒤 청나라의 준가르 정벌과 함께 '새로운 영토[新疆]'로 중국사에 편입되었다.

54) 부도(浮屠): 중국 위·진대에 인도의 성인 석가모니(釋迦牟尼)를 일컫던 이름. 원래는 부처나 불교도를 뜻하는 산스크리트어의 '붓다(Buddha)'를 발음대로 한자로 적은 것으로, 시대나 저자에 따라 경우에 따라서는 '부도(浮圖)·부두(浮頭)·포도(蒲圖)·불도(佛圖)·불타(佛陀)' 등으로 서로 다르게 표기되기도 한다. 나중에는 산스크리트어에서 부처나 승려의 사리가 모셔져 있는 일종의 무덤 건축물을 뜻하

선한 일이고 [한쪽은] 악한 일이라는 점에서 [서로] 차이가 있다.55)

○ 國邑各立一人主祭天神, 謂爲天君。又置別邑, 名曰蘇塗, 立大木, 懸鈴鼓。其蘇塗之義, 有似西域浮屠也, 而所行善惡有異。

• 008

[서진의] 무제 태강56) 원년(280)과 2년에 그 나라의 군주가 수시로 사신을 보내 [중국으로] 입국하여 특산품들을 바쳤고, [태강] 7년 · 8년 · 10년에도 수시로 [찾아]왔다.57)

○ 武帝太康元年 · 二年, 其主頻遣使入貢方物, 七年 · 八年 · 十年, 又頻

는 '스투파(Stupa)'에 어원을 둔 '솔도파(窣堵婆)', 거기서 '스'가 탈락된 '탑파(塔婆)'와 함께 '[불]탑'을 뜻하는 말로 사용되기도 하였다. 여기서는 '[불]탑'의 의미에서 한 걸음 더 나가 불탑이 세워진 거룩한 구역, 즉 성역을 가리키는 말로 이해해야 옳다.

55) 지향하는 바가 선한 일이고 악한 일이라는 점에서 차이가 있다[所行善惡有異]: 이 구문은 부도(불교)와 소도의 가르침을 비교해서 한 말이다. 즉, 부도가 선행을 권장하는 반면 소도는 악행을 조장한다는 뜻인 것이다. 이는 《진서》 편찬주체가 범죄자가 소도로 들어가면 수색이나 체포가 불가능한 관례에 주목해서 한 말로 보인다.

56) 태강(太康): 서진의 무제 사마염(司馬炎)이 280~289년까지 10년 동안 사용한 세 번째 연호. 여기서 "태강 원년, 태강 2년, 태강 7년, 태강 8년, 태강 10년"은 서기로는 각각 280년, 281년, 286년, 287년, 289년이다. 〈백제의 기년으로는 고이왕 47년, 48년, 책계왕 원년, 2년, 4년에 해당한다.〉

57) 수시로 찾아 왔다[頻至]: 〈무제기(武帝紀)〉에는 무제 재위기간(265~290)에 서진이 동이지역의 각국과 교섭한 사실이 다수 소개되어 있다. 그중 태강 7년(286) 기사에서 마한을 앞세워 "이 해에 마한 등 11개국이 사신을 파견해 와서 공물을 바쳤다.(是歲, 馬韓等十一國遣使來獻)"라고 기술한 것을 보면 이때 마한의 사신이 진나라에 조공했을 가능성이 있다. 참고로, 김부식《삼국사기》에서는 마한이 기원후 8년에 온조왕의 백제에 병합되고 다음 해인 9년에 멸망한 것으로 소개하였다. 그러나 고구려의 태조왕이 121년에 현토 · 요동을 공략할 때 마한의 군사를 동원한 것을 보면 2세기에도 그 명맥이 이어지고 있었던 셈이다. 여기서는 함녕 3년(277)의 기사가 태희 원년(290) 기사 다음에 소개되어 있는데 아마 편찬 당시(7세기)의 사관이 착오를 범한 결과로 보인다.

至。

• 009

태희(太熙)58) 원년(290)에는 동이교위59) 하감(何龕)을 찾아와서 공물을 바쳤다. 함녕(咸寧)60) 3년(277)에 또다시 [사신이] 왔으며,【교감1】 이듬해에는 또 내부(內附)61)하기를 요청하기도 하였다.

○ 太熙元年, 詣東夷校尉何龕上獻。咸寧三年復來【"咸寧三年復來", 斠注: 咸寧建元在太康太熙之前, 本傳先後互倒】, 明年又請內附。

【교감1】 "함녕 3년에 또다시 왔으며"의 경우,《진서구주》에서는 "함녕은 태강·태희 이전에 사용된 연호인데 이 열전에서는 순서가 서로 뒤바뀌어 있다."고 하였다.

---

58) 태희(太熙): 무제가 290년 정월~4월까지 5개월 동안 사용한 네 번째 연호. 4월에 무제가 죽자 제2대 황제인 혜제(惠帝) 사마충(司馬衷, 259~307)이 바로 즉위하여 연호를 영희(永熙)로 바꾸었다. "태희 원년"은 백제의 책계왕 5년으로 서기로는 290년에 해당한다.
59) 동이교위(東夷校尉): 앞의 "호동이교위(護東夷校尉)" 주석을 참조하기 바란다.
60) 함녕(咸寧): 무제 사마염이 275~280년까지 6년 동안 사용한 두 번째 연호. 함녕 6년 4월에 '태강'으로 연호를 바꾸었다. "함녕 3년은 백제의 고이왕 44년으로 서기로는 277년에 해당한다.
61) 내부(內附): 중국 고대사 용어. 중원 왕조에 귀순해 붙는 것을 말한다. 전한 무제 당시의 창해군(蒼海郡)의 경우처럼, 처음에는 조정의 속국이던 특정 지역을 격을 낮추고 중국의 행정 범위 내에 포함시켜 중국 내의 새로운 행정단위로 신설하는 것을 가리킨다.

진한전(辰韓傳)[62]

• 001

진한은 마한의 동쪽에 있다.[63]

[그곳의 원로들은] 스스로 말하기를, '진나라에서 망명한 사람들로서[64], [진나라의] 노역을 피하여 [마]한 땅에 들어왔더니, [마한의 왕]이 동쪽 땅을 떼어 그들을 살게 해 주어서[65] 성책을 세웠다.[66]'고 한다.

---

62) 진한전(辰韓傳): 선행 정사인 《삼국지》·《후한서》의 "진한"조에 소개된 진한의 연혁·풍물 관련 정보들을 축약해 소개하는 한편 3세기 후기 진나라 초기(태강 연간)의 진한과 진나라의 교류사를 간략하게 추가해 놓았다.

63) 진한은 마한의 동쪽에 있다[辰韓在馬韓之東]: 앞서 보았듯이, 국내 학계에서는 마한의 영역을 한강 이남 및 충청·전라 지역, 진한은 경상도지역으로 각각 비정하고 있다. 이 같은 기존의 비정이 정확한 것이라면 진한은 경상도와 함께 강원도 지역도 포함시켜야 정상이다. 《진서》에서는 마한의 동남쪽에 진한이 있다고 말하지 않았기 때문이다.

64) 진나라에서 망명한 사람들[秦之亡人]: 인터넷〈국편위주〉030에서는 《삼국지》 "한전"에 근거하여 이 같은 망명자들이 삼한에 유입된 시점을 "桓·靈之末", 즉 백제의 초고왕(肖古王) 재위기간(166~213)으로 추정하였다.

65) 한이 동쪽 땅을 떼어 그들을 살게 해 주어서[韓割東界以居之]: 〈동북아판4〉(제019쪽)에서는 진한을 지금의 경상도 지역으로 비정하고 그 근거로 ① 경기·충청·전라 일대의 유물들은 거의 철기를 반출하지 않는 청동기 위주인 반면 경상도 일대는 북방계의 영향과 철기가 큰 비중을 차지한다는 주장(이현배, 1984)과 ② 건국신화에서 신라가 고구려·백제와 계통이 다르는 주장(조지훈, 1996)을 제시하였다. 고고 유물상의 특성은 논외로 치더라도 신라의 건국신화를 고구려·백제와 다른 계통으로 단정하는 것은 신중할 필요가 있다. 중국계 미국 학자 주학연(朱學淵)은 《진시황은 몽골어를 하는 여진족이었다》(역자 역, 제121~133쪽)에서 중국에서 난생(卵生)모티브(motif)나 새 토템은 주로 만주-퉁구스계 민족에서 관찰된다고 하면서 은(殷)나라, 진(秦)나라의 건국신화와 아메리카 인디언의 새 토템을 그 예로 들었다. 신라/가야 건국신화의 가장 큰 특징은 난생 모티브에서 찾을 수 있다. 물론, 고구려/백제의 경우에는 건국신화에 태양신 숭배 등 이런저런 부차적인 내

언어는 진나라 사람들과 비슷한 데가 있다. 그렇기 때문에 때로는 그들을 '진한(秦韓)⁶⁷⁾'이라고 일컫기도 하였다.

○ 辰韓在馬韓之東, 自言秦之亡人避役入韓, 韓割東界以居之, 立城柵。言語有類秦人, 由是或謂之爲秦韓。

• 002

[진한은] 처음에는 여섯 나라가 있었는데 나중에 차츰 나누어져서 열두 나라가 되었다. 또, '변진(弁辰)⁶⁸⁾'이 있는데, 그곳 역시 열두 나라로, 모두 사오만 호이며, [그 나라들은] 저마다 우두머리⁶⁹⁾가 있는데, 한결같이 진한에 속해 있다.

용들이 추가되기는 했지만 마찬가지로 난생 모티브를 공유하고 있는 것도 엄연한 사실이다.

66) 성책을 세웠다[立城柵]: 〈동북아판4〉(제019쪽)에서는 이 구절을 진한의 언어를 소개한 뒷부분으로 연결시켜 놓았다. 그러나 전후 맥락을 따져 볼 때 이 구절은 앞부분에 붙이거나 독립된 구문으로 처리하는 편이 자연스럽다.

67) 진한(秦韓): 글자 그대로 따지자면 '진나라 사람들의 한국' 정도의 의미로 해석할 수 있을 것이다. 마한에서 동계(東界)의 일부 땅을 떼어서 그들이 살 수 있게 해 주었다고 하니 이로써 원래는 진한(辰韓)이던 것을 '진나라 사람들이 모여 있는(사는) 한 땅'이라는 뜻에서 '진한(秦漢)'으로 부르기도 했음을 알 수 있다.

68) 변진(弁辰): 여기에 소개된 '변진(弁辰)'은 누가 보더라도 '삼한'의 세 번째 갈래인 '변한(弁韓)'을 가리킨다. 진수(陳壽)는 '변한'을 '변진'으로 소개하였다. 그것은 아마 ① 변한에 속한 12개국 중에서 국호에 '변진-'이 들어간 경우가 많다 보니 '변진'을 실제의 변한과 혼동한 탓일 것이다. 그것이 아니라면 ② 마한·진한과는 달리 변한의 주민들은 자신들을 '변한'이 아닌 '변진'으로 일컬었을 가능성도 상정할 수 있을 것이다.

69) 우두머리[渠帥]: '거수(渠帥)'는 중국 고대사에서 주로 북방민족의 지도자나 무장 세력의 수장을 일컫는 호칭으로 자주 등장한다. 그래서 이 호칭을 얼핏 해당 민족의 고유어를 한자로 표기한 경우로 착각하기 쉽다. 그러나 사실은 중국에서 고대에 사용된 한자어의 일종이며, 북방민족의 언어인 알타이계 언어의 특징들은 보이지 않는다.

○ 初有六國, 後稍分爲十二。又有弁辰, 亦十二國, 合四五萬戶, 各有 渠帥, 皆屬於辰韓。

•003

진한에서는 언제나 마한 사람을 써서 군주로 삼았으며, [그 전통이] 비록 대대로 계승하기는 하지만 [진한 사람이] 스스로 왕으로 추대할 수는 없었다.70) 그들이 [외지에서] 떠돌다가 이주해 온 사람들이었기 때문에 마한의 견제를 받는 것이다.

○ 辰韓常用馬韓人作主, 雖世世相承, 而不得自立。明其流移之人, 故爲馬韓所制也。

•004

[진한의] 땅은 다섯 가지 곡물이 자라기에 적합하다. [그곳] 풍속에는 누에와 뽕나무가 많아서 명주 천71)을 짓는 데에 뛰어나며, 소를 부리고 말

---

70) 스스로 왕으로 추대할 수는 없었다[不得自立]:《삼국지》"변진"조에는 이 부분이 "그 열두 나라는 진왕에게 속해 있었다. 진왕은 언제나 마한 사람을 써서 맡게 했으며, [그 전통은] 대대로 계승되어서 진왕의 경우 [변진 사람들이] 스스로 왕을 추대할 수는 없었다.(其十二國屬辰王, 辰王常用馬韓人作之, 世世相繼, 辰王不得自立爲王)" 식으로 소개되어 있다. 인터넷〈국편위주〉032에서도 "辰王은 馬韓人이라야 될 수 있었으니, 三韓 가운데서 馬韓의 勢力이 월등한 단계에 있었다."고 추정하였다. 그러나 이 같은 해석은 원문의 의미와는 다소 거리가 있는 것 같다. 즉, 특정한 씨족으로 하여금 변진의 왕위를 세습하게 한 것이 아니라 마한 사람들이 그 임명권을 행사했고 그 같은 '전통'이 대대로 인습되었다는 말인 것이다. 이 대목의 원문은 "辰王常用馬韓人作之, 世世相繼, 辰王不得自立爲王"으로 되어 있으므로, ① 진왕은 마한 사람들이 맡았고, ② 그 전통이 대대로 인습되었기 때문에, ③ 진왕 자리의 경우만큼은 변진 사람들이 자주적으로 추대할 수 없었다는 의미로 이해하는 것이 합리적이다.

71) 명주 천[縑布]: '겸(縑)'은 두 가지 명주실을 섞어서 짠 올이 가는 견직물을 가리키

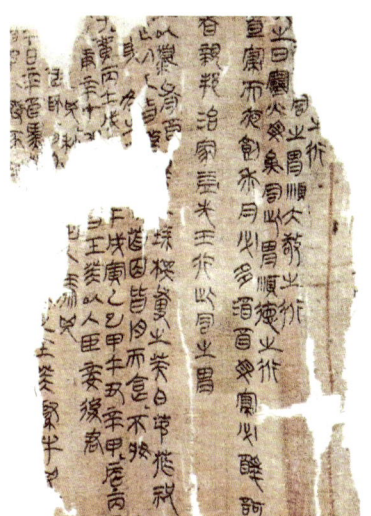

겸백에 작성된 한대 마왕퇴 백서

을 탄다.⁷²⁾ 그곳 풍속은 대체로 마한과 비슷하며⁷³⁾, 병기 역시 마한과

며, 일반적으로 겸포(縑布)·겸백(縑帛)·겸소(縑素) 등의 이름으로 일컬어진다. 즉, 비단과 베의 두 가지 직물이 아니라 혼직으로 짠 한 가지 직물인 것이다. '겸포(縑布)'의 경우, 국편위판《삼국지》"한전"과《진서》"진한전"에서는 '비단과 베' 및 '비단'으로 서로 다르게 번역하였다. 〈동북아판〉의 경우, "《석명》에 '縑은 兼의 뜻으로, 실이 가늘어서 몇 개의 실을 겹쳐서 布나 絹을 짜는 것"이라고 소개하면서도 《진서》에서는 "겸포"(제4권, 제020쪽),《양서》와《남사》에서는 "비단과 베"(제4권, 제045쪽 & 제053쪽) 등으로 번역하였다. 여기서는 "[올이 가는] 명주 천"으로 번역하였다. 참고로, 국내 학계 일각에서 '면(緜)'의 의미를 '무명(cotton)'으로 이해하는 경우가 있다. 문익점이 목면 씨를 한반도로 들여오기 한참 이전인 삼국시대에 이미 한반도에 목면이 재배되고 있었다는 것이다. 그러나 그것은 '명주실 면(緜)'과 '목화 면(棉)'의 의미를 혼동한 데서 비롯된 일종의 착각(錯覺, 오해)이다.

72) 말을 탄다[乘馬]: 이에 앞서 "마한"조에서는 "마한은 소나 말을 탈 줄 모른다.(馬韓不知乘牛馬)"라고 했는데 여기서는 진한은 말을 탈 줄 안다고 소개하고 있다. 이를 통하여 마한 사람들은 농경을 주업으로 하는 토착민인 반면 진한은 기마문화를 가진 북방계 집단으로 종족·습속에서 서로 차이가 있었음을 짐작할 수 있다. 마한 사람들이 말을 타지 않음에도 불구하고 중국 정사 편찬자들이 그 지역명에 '말 마(馬)'를 쓴 것은 글자의 의미를 따거나 종족적 특징에 착안한 것이 아니라 그 이

같다.

○ 地宜五穀, 俗饒蠶桑, 善作縑布, 服牛乘馬。其風俗可類馬韓, 兵器亦與之同。

• 005

막 아이를 낳으면 곧바로 돌로 그 머리를 눌러서 반반해지게 만든다.74)

름을 음차(音借)로 표기하는 과정에서 우연히 '말 마'를 썼을 개연성도 배제할 수 없다.

73) 대체로 마한과 비슷하며[可類馬韓]: 첫 글자 '가(可)'의 경우, 무영전본에는 '있을 유(有)'로 나와 있다. 여기서 '가'는 '대체로·얼추(roughly)'의 의미를 나타내는 부사로 사용되어 "마한과 대체로 비슷하다"로 번역되는데 '유'가 들어가면 "마한과 비슷한 데가 있다"가 되므로 의미상으로는 별 차이가 없다.

74) 그 머리를 눌러서 반반해지게 만든다[便以石押其頭使扁]: 인터넷〈국편위판〉(제000쪽)에서는 '납작하다(flat)', 〈동북아판4〉(제021쪽)에서는 '넓적하게 하다(make wider)'라고 번역했으나 어감상 편차가 크다. 정확하게는 '편평하다' 또는 '고르다(even)' 식으로 이해하는 편이 합리적이라고 본다. 편두의 고고적 증거는 경남 김해시 예안리 85호 고분, 경북 경산시 임당동 고분군 등지에서 확인된 바 있는데, 김해 인골 사진을 보면 편두의 정도가 과도하게 기형적으로 납작하지는 않은 것을 알 수 있다. 최근에도 2021년 7월에 경북 경주시에서 발굴된 역대 최장신(180cm) 신라 인골에서도 편두의 특징이 확인되었다고 한다. 참고로 경산·경주는 신라에 속하지만 김해는 가야에 속한 땅이었으므로 이를 통하여 편두 풍습이 가야·신라에서 공유되었음을 짐작할 수 있다. 다만, 관련 학자들의 연구에 따르면 이 같은 풍습이 현지에서 유행하거나 보편적인 것은 아니었다고 한다. 고영민에 따르면 동아시아에서 가장 이른 편두는 2011~2014년에 중국 길림성 송눈(松嫩) 평원 허우타오무가(後套木嘎)에서 확인된 1만 2,000여 년 전 신석기시대 것이며, 1세기경 아프가니스탄의 틸리야 테페 고분군에서는 화려한 금관을 착용한 채 매장된 편두 여성 인골이 발견되었다. 편두 유골은 연해주·중앙아시아·동유럽 등지에서도 확인되는데, 동유럽의 경우 훈족의 대이동이 이루어지던 4~7세기의 유골에서 다수의 편두가, 훈족의 중심지였던 헝가리·독일·프랑스 등지에서도 수백 기가 확인되었다고 한다. (이상 김해뉴스, 2019년 9월 14일) 그렇다면 편두 풍습은 지리적으로는 초원길로 이어지는 유라시아, 역사적으로는 [가야·신라의 김씨

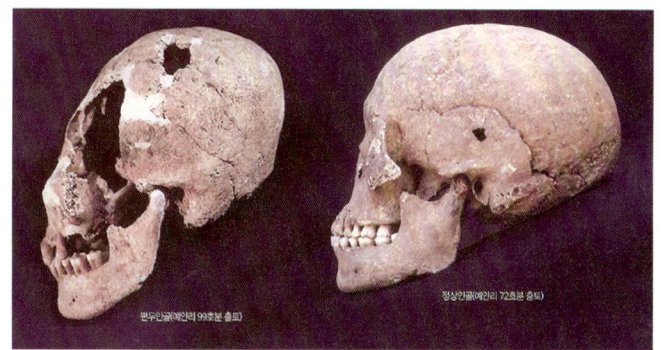

김해 예인리 고분군에서 발굴된 편두 인골과 장상 인골(경남공감 2019년 11월호)

○ 初生子, 便以石押其頭使扁.

• 006

춤추기를 즐기며 슬(瑟)⁷⁵⁾을 잘 연주하는데, 슬은 모양이 [중국의] 축

가 흉노계라는 전제하에서] 훈족과 관련성이 있는 셈이다. 또, 배효민·이하얀 등은 가야·신라 편두 인골의 "무덤 구조나 규모, 부장 양상을 검토해 보면 피장자의 우월성이나 하위성이 두드러지지 않는다."(연합뉴스, 2019년 9월 29일)고 보았다. 이는 종족적 특성(흉노/훈?)은 강하지만 계급적·정치적 특성(지배층)은 드러나지 않는다는 뜻으로 해석된다.

75) 슬을 잘 연주하는데[善彈瑟]: 인터넷〈국편위판〉과〈동북아판〉(제4권, 제021쪽)에서는 이 부분을 "비파 연주를 잘 하는데"라고 번역하였다. '슬(瑟)'을 '비파(琵琶)'와 동일시한 것이다. 그러나 슬은 모두 25개의 현으로 이루어진 현악기로, 일반적으로 우리에게 '거문고'로 알려진 금(琴)과 비슷한 외형을 가졌는데, 이미 춘추시대부터 각종 문헌들에 언급되며 전국시대에는 주로 초(楚) 지역에서 널리 유행했다고 한다. 반면에, '비파'는 실크로드를 통한 서역과의 교류과정에서 전래된 현악기로, 4줄의 현이 달린 자루 한쪽 끝에 둥근 공명통이 달려 있으며, 진·한대에는 '진한자(秦漢子)'로 불렸다. 한대의 유희(劉熙)는《석명(釋名)》〈석악기(釋樂器)〉에서 "비파는 본래 서역에서 유래했는데 말 위에서 연주한다. 손을 밀면서 타는 것을 '비'라 하고 손으로 쓸면서 타는 것을 '파'라고 한다. 그 연주하는 모양을 보고 그에 따라 이름을 붙인 것이다.(批把本出于胡中, 馬上所鼓也. 推手前曰批, 引手却曰把,

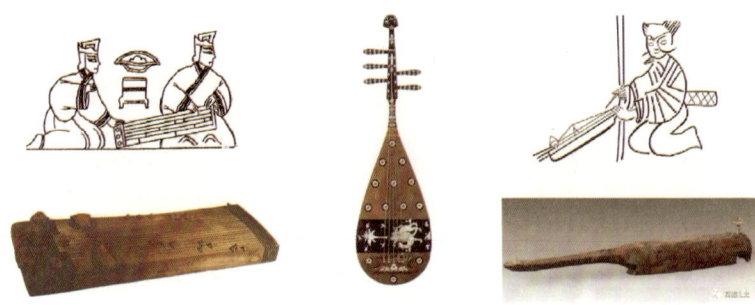

슬과 비파와 축의 예시

(筑)⁷⁶⁾과 비슷하다.

○ 喜舞, 善彈瑟, 瑟形似筑。

• 007

[서진] 무제의 태강 원년(280)에 그곳 왕이 사신을 파견해 특산품들을 바쳤다. [태강] 2년(281)에 또다시 와서 입조하고 공물을 바쳤으며, [태강]

    象其鼓時, 因以爲名也)"라고 소개하기도 하였다. 비파는 슬과는 모양이나 연주법이 전혀 다른 것이다.

76) 슬은 모양이 축과 비슷하다[瑟形似筑]: 중국 고대의 현악기. 인터넷〈국편위판〉에서는 이 부분을 "비파의 모양은 筑과 비슷하다."라고 번역하였다. 그러나 비파와 축은 모양이 서로 판이할 뿐더러 연주법에서도 차이가 많다. 축(筑)은 11줄의 현이 있으며, 모양은 쟁(箏)과 비슷하다.《한서》〈고제기(高帝紀)〉에 따르면, "모양은 거문고와 비슷하면서도 큰데, 울림통 현을 누르면서 대나무[작대기]로 현을 쳐서 [소리를 내서] '축'이라고 불렀다.(狀似琴而大, 頭安弦, 以竹擊之, 故名曰筑)"《사기》〈자객열전(刺客列傳)〉에 따르면, 자객 형가(荊軻, ?~BC227)와 막역한 사이이던 고점리(高漸離)가 아연을 축 안에 부어 무겁게 만든 뒤 그것을 던져 진시황을 암살하려다 미수에 그쳤다는 이야기가 전해진다. 남감본에는 '슬'이 '금(琴)'으로 나와 있는데 오자이다.

7년(286)에도 다시 [찾아]왔다.[77)][78)]

○ 武帝太康元年, 其王遣使獻方物。二年復來朝貢, 七年又來。[78)]

---

77) 태강 원년[太康元年]: 서기로는 280년으로, 신라의 기년으로는 미추왕 19년에 해당한다. "태강 2년"과 "태강 7년"은 서기로는 각각 281년과 286년(유례왕 3년)이다.

78) 7년에도 다시 왔다[七年又來]: "마한"조에서 태강 원년·2년·7년에 동이지역 각 국들과 함께 조공했다는 기사가 소개된 것을 보면 진한도 그때마다 마한의 사신들을 따라 동행했던 것으로 보인다. 〈동북아판〉(제4권, 제022쪽)에서는 이 기사를 "서진 무제의 무공을 현양하기 위해 과장되었다."며 근거가 없다고 한 윤용구(1998)의 주장을 소개하였다. 그러나 ① 당시까지만 해도 신라는 초기 백제처럼 마한의 부용국이었고 ② 기존의 정사 기록들에서도 볼 수 있듯이, 마한의 영향을 적잖이 받고 있었으므로 신라(사로) 사신이 마한의 사신을 따라 조공을 한다는 것이 정황적으로 전혀 불가능한 일은 아니다. 동이지역에서 무제의 재위기간(265~290)에 조공한 일에 관해서는 인터넷〈국편위주〉033을 참조하기 바란다.

숙신씨전(肅愼氏傳)[79]

• 001

숙신[80]씨는 '읍루(挹婁)'[81]라고 부르기도 한다.

---

79) 숙신씨전(肅愼氏傳): 《삼국지》"읍루"조에 소개된 연혁·풍물 관련 정보들을 축약하여 "숙신씨전"이라는 새로운 제목으로 소개해 놓았다. 낙상·식습관 등의 풍물 관련 정보들이 새로 추가되기는 했지만 《삼국지》의 기존 정보들을 그대로 활용했다는 느낌이 강하다. 물론, 진나라 건국 직전인 위나라(3세기 중기) 사마소(司馬昭) 당시와 진나라 건국 후인 3세기 후기(원강 연간), 4세기 초(건무 연간), 그리고 진 왕조가 강남으로 남하한 후로 화북지역을 정복한 후조(後趙) 석호(石虎) 당시의 숙신과 진나라의 교류사가 새로 추가되었다. 인터넷〈국편위주〉034에서는 숙신을 설명하면서 그 본거지와 관련하여 "만주 동북지역의 민족에 대한 기록", "晋代에 이르러 中國人의 東北方지역에 대한 견문이 보다 넓어졌다."라며 숙신의 연고지를 만주(동북지역)으로 기정사실화하였다. 그러나 불함산의 좌표나 와격(瓦鬲) 등 고고유물의 분포 상황, 전대 문헌들에서의 숙신의 위치 등을 종합할 때 그 위치를 중국의 동북(만주)지역으로 단정하는 데에는 신중할 필요가 있다.

80) 숙신(肅愼): 중국 고대사에 등장하는 북방민족의 한 갈래. 그 이름이 중국사에 처음으로 등장하는 것은 춘추시대 노(魯)나라의 역사가인 좌구명(左丘明)이 저술한 《춘추좌전(春秋左傳)》에서부터이다. 이 책의 "소공(昭公) 9년(BC533)"조에 따르면, 춘추시대의 주(周)나라 대부(大夫)이던 첨환백(詹桓伯)은 "무왕께서 상나라를 정벌하실 적에 포고·상엄은 우리나라의 동쪽 땅이며, 숙신·연·박은 우리나라 북쪽의 땅이다.(及武王克商, 蒲姑·商奄 吾東土也. 肅愼·燕·亳, 吾北土也)"라고 하였다. 그 이름은 그 이후에도 《국어(國語)》 등에서 보이며, 《사기》에는 식신(息愼)·직신(稷愼) 등으로 소개되기도 하였다. 고구려 서천왕(西川王, 270~292) 때 그 일부가 고구려에 복속되었으며, 광개토대왕 8년(398)에 이르러 고구려에 완전히 병합되었다. 나중에 일어난 읍루(挹婁)·말갈(靺鞨)은 숙신의 후예로 추정되기도 한다. 당나라 때는 선진(先秦)시대에 중원의 북동 방면에 거주하던 민족들을 두루 일컫는 이름으로 사용되었다. 곽석량《한자고음수책》에 따르면, '엄숙할 숙(肅)'은 '심과 각의 반절[心覺切, sīəuk]', '삼갈 신(愼)'은 '선과 진의 반절[禪眞切, zǐen]'이어서 '슉젠' 정도로 재구된다. 인터넷〈국편위주〉035에서는 주대(周代) 이래의 숙신의 이름들을 소개하고 있다. 물론, 그 설명에는 틀린 내용이 많지만, 그중에서 주신(朱申)·주리진(朱里眞)·여진(女眞)·노아진(奴兒眞)은 모두가 '주[르

주나라 기록에는 숙신-연-박이 중원의 북쪽에 있다고 하였다. 불함산은 숙신 땅에 있다고 했으니 백두산과는 좌표가 맞지 않다. 지도의 좌표는 불함산으로 추정되는 부르항 할둔

○ 肅愼氏, 一名挹婁。

> 첸(Ju[r]chen)'을 발음이 비슷한 서로 다른 한자로 표기한 경우들이다. '숙신'의 경우도 '숙'에서 종성 'ㄱ(g)'이 약화/탈락된다는 전제하에서는 이 이름들과 발음상으로 일치한다. 모두가 음운·어원에서 친연성을 공유하고 있는 것이다. 다만, 요나라 황제의 이름자를 피해 일컬은 여직(女直)의 경우는 논외로 치고, 읍루(挹婁)는 숙신과 음운·어원에서 전혀 별개의 이름임을 짐작할 수 있다. 인터넷〈국편위판〉에서는 숙신이 한대에는 '주신(朱申)', 당대에는 '철아적(徹兒赤)'으로 일컬어졌다고 소개했는데 출처를 확인하지 못했지만 시대를 착각한 것이 아닌가 싶다.

81) 읍루(挹婁): 고대에 부여 동쪽, 북옥저의 북쪽에 살던 퉁구스계 민족의 한 갈래. 이름의 뜻에 대해서는 ① 만주어 여루(葉瑠)·이루(伊魯)처럼 '암굴의 구멍'을 뜻한다는 주장과 ② 퉁구스어 방언의 오로(Oro)·이루(Iru)처럼 '순록'을 뜻한다는 주장이 있다. 《삼국지》에서는 읍루족은 체형이 부여·고구려·옥저·동예('예맥족')와 유사하지만 그 언어·가옥·의복·습속·병기에 있어서는 뚜렷한 차이를 보이며, 오히려 후대의 물길(勿吉)·말갈(靺鞨) 등의 족속과 흡사한 양상을 많이 보인다. 이들이 종족적으로 동일 계통에 속한다는 뜻이다. 중국 학자 능순성(凌純聲)은 《후한서》"읍루전"에서 "[읍루의] 사람들은 생김새가 부여 사람들과 비슷하지만 언어는 서로 다르다(人形似夫餘, 而言語各異)"라고 한 데에 착안하여 읍루가 부여의 한 갈래라고 주장하였다. 그러나 ① 읍루인과 부여인의 외모가 비슷하다는 기술 자체가 다분히 주관적인 묘사인 데다가, ② 언어가 다르다는 것 자체가 서로 다른 족속이라는 뜻인데 어떻게 이를 근거로 ③ 읍루와 부여를 동족으

• 002

[그 나라는] 불함산(不咸山)[82] 북쪽에 있으며, 부여(夫餘)에서 예순 날 정

로 보고 심지어 읍루가 '해부루(解夫婁)'와 어원이 같다는 결론을 도출할 수 있는지 의아스럽다. 인터넷〈국편위주〉036에서는 "穴居는 겨울철에 날씨가 몹시 추웠기 때문이었다. 추위를 막기 위하여 地下式 竪穴居住를 하였을 뿐만 아니라 돼지를 잡아 그 기름을 몸에 발랐던 것"이라고 보고 만주어 '여루(yeru)'를 근거로 읍루라는 이름이 특정 종족에서 비롯된 것이 아니라 사실은 특별한 생활방식(혈거)에서 비롯된 것이라고 보았다. 실제로 《만주원류고(滿洲源流考)》에서도 "지금의 만주어에서는 동굴 구멍의 '구멍'을 '엽로(여루)'와 '이로(이루)'라고 하는데, 발음이 서로 비슷한 것을 보면 당시에 이름을 붙인 의도를 알 수가 있다.(今滿洲語謂巖穴之穴爲葉嚕與伊魯, 音相近, 可知當時命名之義)"라고 하여 이 같은 주장을 뒷받침해 준다. 정인보 역시 《조선사연구》(상권, 제199쪽)에서 '압로(鴨盧)'나 '오루(奧婁)' 역시 읍루의 또 다른 표기의 사례로 보았다. 곽석량《한자고음수책》에 따르면, '뜰 읍(挹)'은 '영과 집의 반절[影緝切, ǐəp]', '별이름 루(婁)'는 '래와 후의 반절[來侯切, lo]'이어서 '엽로' 정도로 재구된다.

82) 불함산(不咸山): 중국 고대사에 등장하는 산 이름. 곽석량《한자고음수책》에 따르면, '아닐 불(不)'은 대체로 '방과 지의 반절[幫之切, pǐwə]', '모두 함(咸)'은 '갑과 침의 반절[匣侵切, ɣeəm]'이어서 '쀡헴' 정도로 재구된다. 《성경통지(盛京通志)》에서는 "불함은 바로 장백산이다(不咸卽長白山)"라고 하였다. '장백산(長白山)'은 글자대로 풀이하면 '늘 흰 산'이라는 뜻이다. 그래서 학계에서는 압록강과 두만강의 발원지로서의 백두산(白頭山)으로 보는 것이 통설이다. 그러나 불함산을 백두산으로 보기에는 여러 면에서 무리가 있다. ① 불함산이 소개된《산해경》대목의 제목이 그 증거의 하나이다. 《산해경》〈대황북경(大荒北經)〉에서는 "대황의 땅에는 '불함'으로 불리는 산이 있는데, 숙신의 나라가 있다.(大荒之中, 有山名曰不咸, 有肅愼之國)"라고 하였다. 중국에서 '대황(大荒)'은 중원에서 아득히 멀리 떨어진 황량한 땅을 일컫는 말로, 불모지인 고원지대나 사막지대를 가리키는 경우가 많다. 또, 여기서의 '북'은 중원지역을 중심축으로 삼았을 때의 북방이므로 적봉시(赤峰市)가 있는 내몽골 방면에 해당한다. ② 앞서 연나라와 함께 주나라 북쪽에 숙신이 있다고 한《춘추좌전》의 기사도 그 증거라고 할 수 있겠다. ③ 또 다른 증거는 합허산(合虛山)의 존재이다. 《산해경》〈대황동경(大荒東經)〉에서는 "대황의 땅에는 '합허'로 불리는 산이 있다.(大荒之中有山, 名曰合虛)"라고 한 것이 그것이다. '대황동경'이라면 아득히 먼 땅의 동쪽 지방의 산천을 소개한 대목이다. 그런데 앞서의 불함산이 '대황북'의 산이라면 여기서의 합허산은 '대황동'의 산이므로 방위가 맞지 않는다. 동쪽으로는 오츠크해와 동해가 펼쳐져 있기 때문에 합허산이 들어갈 자리가 없는 것이다. 불함산을 백두산으로 비정하면서 그 근거를《산해경》의 기록에서

도 가야 한다. 83) 동쪽으로는 큰 바다 가까이에 있고, 서쪽으로는 구만

찾는다면 자가당착이 된다는 뜻이다. ④ 백두산만큼 장엄한 위용은 없지만 언제나 눈이 덮여 있다는 점에 있어서만큼은 부르항 할둔(Бурхан Халдун)도 유력한 후보이다. 몽골공화국 헨티아이막(Хэнтий аймаг)에는 바이칼 호 인근 헨티 산맥에 부르항 할둔(Бурхан Халдун)이라는 산이 있는데 이를 '하늘산' 즉 '천산(天山)'으로 신성시하고 있다. 《원조비사(元朝秘史)》의 '부아한 합둔(不兒罕合敦, Burqan Qaldun)'이 그것이다. "'부르항(Burxan/Burqan)'은 원래 산스크리트어의 '붓다[佛陀]'가 위구르어 등의 튀르크어를 거쳐 몽골어로 굳어진 것으로, '부처'나 '신'을 뜻한다. 또, '할둔'은 일반적으로 몽골어에서는 '외로운 산줄기[孤嶺]'를 뜻한다. 알타이어 권위자인 니콜라스 포페에 따르면 몽골어의 한 갈래인 다고르어에서는 '포플라 나무가 무성하게 덮여 있는 산'을 뜻한다고 한다. 그렇다면 '부르항 할둔'은 '신의 산'을 뜻하는 셈이다."(일본 위키백과) ⑤ 사실 최초로 불함산=장백산(백두산) 가설을 내놓은 것은 건륭(乾隆) 42년(1777)에 황제의 명령에 따라 간행된 《흠정만주원류고(欽定滿洲源流考)》 등 청대 이후의 문헌들부터이다. 명대까지만 해도 불함산과 백두산을 동일시한 적이 없다는 뜻이다. ⑥ 인터넷〈국편위주〉037에서는 불함산의 어원에 관하여 "滿洲語로는 Bulkan으로, Bul은 하늘(天)을, Kan은 임금(汗)을 나타낸다. 그러므로 不咸은 '天神', 곧 하늘을 뜻하며 不咸山은 '天山'을 뜻한다."라고 소개하였다. 그러나 만주어에서 '하늘'은 '압카(abka)'이다. 조선시대의 만주어사전인 《한청문감(漢淸文鑑)》에도 '하늘'을 뜻하는 어휘는 '압카' 이외에는 보이지 않는다. '불(bul)'이라는 만주어는 존재하지 않는 것이다. 중국 정사들에 등장하는 '불함산'이 지금의 헨티 아이맥에 있는 산과 동일한 산인지 검증하기는 어렵다. 그러나 '불함산'이 '부르항 할둔', 즉 '부르항 산'을 한자로 표기한 음차(音借)의 사례이며, '신의 산', 즉 '하느님의 산[天山]'일 가능성은 높은 셈이다. ⑦ 인터넷〈국편위주〉038에서는 "白頭山을 不咸山이라고 기록한 것은 《山海經》"이라고 했으나 그것은 사실이 아니다. 《산해경》은 물론이고 그 이후의 문헌들 어디에도 불함산을 백두산으로 명시한 경우는 없다. 무엇보다 중요한 사실은 정작 《산해경》의 해당 대목에서는 "불함산이 숙신의 땅에 있다."라고 분명하게 명시해 놓았다는 것이다. 《춘추좌전》에서 숙신이 주나라에서 연나라 방향(정북)에 있다고 한 것과 같은 맥락이다. 국내외 학계는 학계대로 숙신의 대체적인 위치를 "만주 동북쪽"(인터넷〈국편위주〉035)으로 비정하는 것이 보통이다. 이와 함께, 《산해경》·《삼국지》·《후한서》 등 복수의 중국 사서·지리서에서 "숙신(읍루)이 부여로부터 동북쪽으로 천 리 넘게 떨어져 있다", 심지어 동시대의 곽박조차 "숙신국이 요동군으로부터 3천 리 넘게 떨어져 있다."라고 증언하고 있다. 그러니 지리적으로 보든 물리적으로 보든 백두산은 불함산일 수가 없는 것이다.

83) 부여에서 예순 날 정도 가야 한다[去夫餘可六十日行]: 이 구절을 통하여 진대의 숙

한국(寇漫汗國)[84)]과 이어지는데, 북쪽으로는 약수(弱水)까지 이른

신이 부여로부터 상당히 멀리 떨어져 있었음을 알 수 있다. ① 진대의 《삼국지》 "읍루"조에서는 "읍루는 부여에서 동북쪽으로 천 리 넘게 떨어진 지점에 있다.(挹婁在夫餘東北千餘里)"라고 소개하였다. ②《삼국지》《부여전》에서 "장성의 북쪽에 있는데, 현토로부터 천 리 정도 떨어져 있다.(在長城之北, 去玄菟千里)"라고 하였다. ③ 역시 진대의 학자인 곽박(郭璞, 276~324)은 《산해경》 《대황북경》에 붙인 주석에서 "숙신의 나라는 요동[군]으로부터 삼천 리 넘게 떨어져 있다."라고 하였다. 그렇다면 ④ 숙신이 부여로부터 1천 리이므로 3~4세기 진대에 부여는 요동군으로부터 2천 리 정도 떨어져 있었던 셈이다. 위 · 진대의 "삼천 리"는 지금의 1,300km(1리 433.56m)에 해당한다. 만약 ⑤ 그 기점인 요동을 지금의 요동반도로 잡으면 동북으로 삼천리의 끝은 러시아의 블라디보스톡을 지나 한참 더 북상해서 아무르강 유역의 코소몰스크(Комсомольск) 인근까지 이른다. 우리가 알고 있는 만주의 범위를 한참 넘어서는 것이다. … 인터넷〈국편위주〉038에서는 《진서》의 기록을 근거로 "夫餘는 松花江 上流지역에 자리 잡고 있었던 것"으로 추정하였다. ⑥ 만약 학계의 주장대로 부여가 지금의 송화강 상류지역에 자리 잡고 있었다고 가정할 경우 그 부여에서 서남쪽으로 3천 리 지점은 요동반도가 아니라 하북성 동북부가 된다.

84) 구만한국(寇漫汗國): 중국 고대의 북방 국가.《진서》《숙신씨전(肅愼氏傳)》에서는 "[숙신은] 서쪽으로 구만한국을 접하고 있다.(西接寇漫汗國)"라고 하였다. 같은 〈사이전〉의 "비리 등 10국(裨離等十國)"조에서는 "비리국은 숙신의 서북쪽에 있는데 말로는 200일 남짓 간다. … 양운국은 비리에서 말로 다시 50일 정도 간다. … 구막한국은 양운국에서 다시 100일을 간다. 일군국은 막한으로부터 다시 150일을 가니 따져 보면 숙신으로부터 5만 리 넘게 떨어져 있는 셈이다.(裨離國在肅愼西北, 馬行可二百日. … 養雲國去裨離馬行又五十日. … 寇莫汗國去養雲國又百日行. … 一群國去莫汗又百五十日, 計去肅愼五萬餘里)"라고 소개하였다. 인터넷〈국편위주〉039에서는 '구만한'과 '구막한'으로 한자가 서로 다른 데다가, 〈숙신씨전〉에서는 구만한국이 숙신과 동서로 맞닿아 있다고 했는데 "비리 등 10국"조에서는 숙신으로부터 350일 정도를 가야 하는 먼 위치에 있다고 한 점에 주목하여 서로 다른 나라로 보았다. 그러나 ① 곽석량《한자고음수책》에 따르면, '도둑 구(寇)'는 '계와 후의 반절(溪候切, kʻo)', '질펀할 만(漫)'은 '명과 원의 반절(明元切, muan)', '없을 막(莫)'은 '명과 탁의 반절(明鐸切, mɑk)', '땀 한(汗)'은 '갑과 원의 반절(匣元切, ɣan)'이어서 '구만한'은 '코꽌간', '구막한'은 '코막간' 정도로 재구되므로 음운상으로는 판이하게 다르다고 할 수 없다. 게다가 ② 두 나라 모두 숙신의 서쪽에 자리 잡고 있는 데다가, ③ "비리 등 10국"조에서 '숙신의 서북쪽'으로 명시한 비리국을 제외한 양운국은 방위가 명시되지 않았으므로 노선을 달리 하면서 숙신 방향(비리국의 동남)에 자리 잡고 있었을 가능성도 배제할 수 없다. … 이와 함께 인터

다.[85)]

○ 在不咸山北, 去夫餘可六十日行。東濱大海, 西接寇漫汗國, 北極弱水。

• 003

그 영토는 면적이 [사방으로] 몇 천 리나 펼쳐져 있다[86)].

넷〈국편위주〉039에서는 '구막한'을 '쿠마한(Kuma汗)'으로 보고 '구막=쿠마'를 "곰[熊]"과 결부시켜 해석하고 "黑龍江 북쪽 Evenki族"이나 "곰 토템 신앙"의 가능성까지 상정하였다. 그러나 ① 우리 고대어에서 '쿠마'가 '곰'을 뜻하는 말로 사용된 사례는 어디에도 존재하지 않는다. ② '곰'은 같은 계열의 언어인 만주어로는 '러푸(lefu)', 몽골어로는 '바우게(баавгай)', 튀르크어로는 '아여(ayı)'이며 ③ '곰'을 '쿠마'라고 하는 언어는 일본어가 유일하다. 일본어에서는 '곰'을 '쿠마(くま)'라고 하기 때문이다. 따라서 ④ 곰을 '쿠마' 또는 '구마', '고마'와 결부시키는 것은 일본어로 우리 고대어와 고대사를 재단하는 격이며, 마찬가지로 ⑤ '쿠마/구마/고마'에서 "곰 토템 신앙"을 유추하거나 그 족속을 "黑龍江 북쪽 Evenki族"으로 단정하는 것 역시 성급한 결론이 아닌가 싶다.

85) 북쪽으로는 약수까지 이른다[北極弱水]: 일본 학자 이케우치 히로시(池內宏)와 와타 세이(和田清)는 약수를 각각 '[하얼빈 인근의] 송화강(松花江)'으로 보았다. 인터넷〈국편위주〉040에서는 "肅慎이 동쪽으로 오츠크 바다에 접해 있었다는 사실로 미루어 보면, 弱水는 오늘날 Amur江이 틀림없다. 그러나 肅慎의 서쪽에 자리 잡고 있었던 夫餘의 북쪽 경계가 弱水에 接하였던 점을 감안하면 이는 松花江을 가리키는 것 같다."라고 보았다.

86) 그 영토는 몇 천 리나 펼쳐져 있다[其土界廣袤數千里]: 인터넷〈국편위주〉041에서도 문제를 제기하고 있는 것처럼,《진서》의 지리고증은 전반적으로 그 이전의 정사인《삼국지》·《후한서》보다 신뢰도가 낮다. 예컨대, ① '읍루'의 경우《삼국지》·《후한서》에는 부여 동북쪽 천 리 지점에 있다고 한 것을 '불함산 북쪽에 있고 부여에서 60리 쯤 간다'고 고친 것, ② 그 서쪽 지경의 경우, 기존 사서에는 없던 '서쪽으로는 구만한국과 이어진다'는 내용을 추가시킨 것, ③ 남쪽 역시《삼국지》·《후한서》에서는 '남쪽으로는 북옥저와 접한다'고 한 것을 누락시킨 것, ④ 북쪽의 경우《삼국지》·《후한서》에서는 '그 북쪽 끝을 알지 못한다'고 되어 있던 것을 '북쪽으로는 약수까지 이른다'고 고친 것 등이 그것이다. ⑤ 그래서 인터넷〈국편위주〉041에서는 "《晋書》의 寇漫汗國이나 弱水는 믿을 수 없는 기록"이라는 결론을 내렸다. ⑥

○ 其土界廣袤數千里。

• 004

[사람들은] 깊은 산 후미진 골짜기에서 사는데, 그 길은 험준하고 막다른 곳에 있다 보니 수레나 말이 오갈 수가 없다. 여름철에는 나무 위에서 살고87) 겨울철에는 움집을 만들어서 지낸다.88)

고대에 나무 위에 짓는 집의 진화 과정 예시

이처럼 《진서》기록의 신뢰도가 낮은 데에는 《진서》가 《삼국지》·《후한서》보다 적어도 200년 이상 지난 뒤에 편찬되어 그 국가·족속의 위치나 습속을 입증할 수 없게 된 것도 결정적인 요인으로 작용했을 것이다.

87) 여름철에는 나무 위에서 살고[夏則巢居]: 《삼국지》·《후한서》에는 "산림지대 사이에서 지낸다.(處山林之間)"라고 소개되어 있다. 어느 쪽이 당시의 실제에 부합되는지는 확인할 길이 없다. 인터넷《국편위주》044에서는 읍루가 여름에 나무 위에서 산 것에 관하여 "狩獵生活이나 또는 放牧生活을 하는 사람들은 그 住居를 계속 옮겨야 하기 때문에 農耕生活에서 나타나는 定着生活의 住居形態가 있을 수가 없었다."라고 설명하였다. 그 이유를 읍루의 수렵·방목에서 찾은 셈이다. 그러나 유목생활을 하는 몽골족이 게르(rəp)에 살고, 수렵생활을 하는 오룬춘족이 춤(chums)에 사는 것을 보면 단순히 수렵·방목이 결정적인 원인은 아닌 셈이다. 따라서 결정적인 이유는 수렵·방목보다는 오히려 가장 원초적인 이유, 즉 맹수들로부터 안전을 확보하고자 한 데서 찾아야 옳다고 본다.

88) 겨울철에는 움집을 만들어서 지낸다[冬則穴處]: 움집을 만들어 지내는 것을 가리킨다. 움집 생활에 관한 상세한 설명은 문성재, 《정역 중국정사 조선·동이전1》, 제271~272쪽의 해당 주석을 참조하기 바란다.

○ 居深山窮谷, 其路險阻, 車馬不通。夏則巢居, 冬則穴處。

• 005
[그 나라에서는] 아버지와 아들이 대대로 [세습을 통하여] 군장이 된다.[89] 글자가 없기 때문에 말로 약속을 한다.[90] 말은 있지만 타지 않고 그저 재산으로 삼을 뿐이다.[91]

---

89) 아버지와 아들이 대대로 군장이 된다[父子世爲君長]: 이 구절을 통하여 진대의 읍루(숙신) 읍락들이 족장을 선출할 때 원칙적으로 부자계승 방식을 따르고 있었음을 알 수가 있다. 다만,《진서》이전의《삼국지》·《후한서》에서는 읍루 읍락에서는 "군장은 없고 읍락에는 저마다 대인이 있다.(無君長, 邑落各有大人)"라고 전한 바 있어서 다소 편차를 보인다. 그래서 인터넷〈국편위주〉045에서는 "당시 肅愼의 社會가 과연 이러한 世襲君長이 나타날 만큼 발달된 단계에 있었던가" 하고 의문을 제기하면서 "《晋書》의 기사는 전혀 믿을 수 없는 기록"이라고 단정하였다.

90) 글자가 없기 때문에 말로 약속을 한다[無文墨, 以言語爲約]: 문자(글자)가 없어서 언어(말)로만 의사를 소통한다는 취지에서 한 말이다. 인터넷〈국편위주〉046에서는 "그들의 법률과 행정에는 따로 글자가 없어서 나무에 새겨서 규약으로 삼는데 이를 '새김글자(각자)'라고 한다. 조세를 관리할 때에는 어김없이 화살에 새겨서 신호로 삼는데 사안이 긴급하면 세 번 새긴다.(其法律吏治, 別無文字, 刻木爲契, 謂之刻字. 賦斂調度, 皆刻箭爲號, 事急者三刻之)"라고 한《삼조북맹회편(三朝北盟會編)》의 기사를 근거로 "金나라 天輔 3년에 처음으로 女眞字를 만들기 전까지는 刻木으로 약속을 하던 이른바 刻字를 사용해 왔다."라고 추정하였다. 그러나 나무에 부호를 새기는 것 역시 엄연히 문자의 한 갈래이다. 이 기사에는 나무에 부호를 새긴다는 말이 어디에도 없으므로 "말로 약속을 한다"를 나무에 부호를 새겨 소통한 것으로 단정하는 것은 실제와는 거리가 있는 확대해석이라고 본다.

91) 말은 있지만 타지 않고 그저 재산으로 삼을 뿐이다[有馬不乘, 但以爲財產而已]: 이 부분을 보면 진대의 읍루 사회에서는 말의 방목이 일상화 되어 있었던 것으로 보인다. 고대사회에서 말은 대단히 중요한 교통수단이었다. 그럼에도 불구하고 말을 타지 않고 재산으로만 인식했다는 것은 당시의 읍루 ① 말을 오로지 운반수단으로만 전용했거나 ② 사회적으로 '말은 [물물교환의] 상품'이라는 공감대가 형성되어 있었다는 뜻으로 해석할 수 있지 않을까 싶다. 그래서 인터넷〈국편위주〉047에서는 "재산으로 여길 만큼 말을 귀중히 여겼기 때문에 평상시에는 말이 있어도 타지 않고 아꼈다."라고 하면서도 "肅愼族이 말을 타지 않았다는 것은 아무래도 그대

○ 父子世爲君長。無文墨, 以言語爲約。有馬不乘, 但以爲財産而已。

• 006

소와 양은 없고 돼지를 기르는 경우가 많은데 92), 그 고기는 먹고 가죽은 옷을 지으며 털은 짜서 베를 만든다.

○ 無牛羊, 多畜猪, 食其肉, 衣其皮, 績毛以爲布。

• 007

'낙상(雒常)'93)이라고 부르는 나무가 있는데, 만약에 중국에 어진 황제

로 믿을 수가 없다."라고 보았다. 《만주원류고》에서는 "따져 보건대 요·금대의 군사제도에서는 적에게 접근할 때가 아니면 전마를 타지 않음으로써 말의 힘을 아꼈다. 숙신씨의 제도도 이와 같았을 것이다.(案遼·金軍制, 非近敵不乘戰馬, 所以惜馬力也. 肅愼氏之制, 當亦如此)"라고 보았다. 그러나 그 경우는 비상시에 전장에서 전투에 동원된 말의 힘을 비축하기 위하여 그 쓰임새를 최소화 하려 한 것이어서 이 경우와는 상황이 다르다. 말과 스텝(steppe)지대 유목민족과의 관계에 대한 루크 콴텐(Luc Kwanten)의 정의에 관해서는 인터넷〈국편위주〉047을 참조하기 바란다.

92) 돼지를 기르는 경우가 많은데[多畜猪]: 인터넷〈국편위주〉049에서는 돼지가 만주 지역에서 가장 주요한 가축으로 사육된 것이 만주의 독특한 자연 환경과 기후 조건 때문이었다고 보았다. 즉, "滿洲의 松花江 下流, 우수리江 일대, 黑龍江 일대는 갈대 늪지대로 모기와 파리 등의 毒虫 때문에 소·말·羊 등의 家畜을 거의 기를 수 없는 지역이다. 그러나 돼지는 비교적 나쁜 자연조건에 잘 견디므로 일찍부터 돼지를 주된 家畜으로 기른 듯하다."라는 것이다. 대체로 일리가 있는 주장이라고 본다. 다만, 돼지고기가 만주족의 주요한 육류 공급원이었다는 시로코고로프(Shirokogoroff)의 조사를 근거로 "農耕民族인 漢族이 淸代에 滿洲族의 統治를 받는 동안 滿洲族의 돼지고기를 먹는 습관과 돼지를 키우는 法을 배운 것"으로 추정한 것은 사실과 거리가 멀다. 중원지역에서의 돼지고기 식용은 문헌적·고고적으로 선진(先秦)시대부터 이미 이루어지고 있었기 때문이다.

93) 낙상(雒常): 중국 고대 신화 속에 등장하는 나무 이름. 《산해경(山海經)》《해외서경(海外西經)》에서는 "숙신의 나라는 백민국 북쪽에 있는데, [그곳에는] '웅상'이라는 이름의 나무가 난다.(肅愼之國, 在白民北, 有樹名曰雄常)"라고 소개하였다. 반

가 [새로] 계승해 옹립되면 그 나무에 가죽[껍질?]이 생겨서 옷을 지을 수 있[게 된]다고 한다.

○ 有樹名雒常, 若中國有聖帝代立, 則其木生皮可衣。

• 008
[그곳에는] 우물이나 부뚜막이 없고, 오지 솥[94]을 만들어 네댓 되를 담아

면에, 《진서(晉書)》〈숙신씨전〉에서는 "숙신씨 땅에는 나무가 나는데 이름이 '낙상'이다. 만약 중국에서 거룩한 제왕이 대대로(대신?) 옹립되면 그 나무에서 가죽이 생겨 옷을 지어 입을 수 있다[고 한다].(肅愼氏有樹, 名雒常, 若中國有聖帝代立, 則其木生皮可衣)"라고 하였다. 문자학적 견지에서 볼 때, '웅(雄)'과 '락(雒)'은 모양이 비슷해서 필사하는 과정에서 혼동할 가능성이 높다. 실제로 진대의 학자인 곽박(郭璞)은 〈해외서경〉에 붙인 주석에서 "'웅'은 '락'으로 쓴 경우도 있다.(雄, 或作雒)"라고 하였다. 이를 통하여 그 나무의 이름이 '웅상'이 아니라 '락(낙)상'일 가능성이 더 높음을 알 수 있다. 인터넷〈국편위주〉050에 따르면 일본 학자 시라토리 구라키치(白鳥庫吉)는 이 나무를 종이 나무 즉 닥나무[栲]로 보았다. 그러나 닥나무로 종이를 만들 수는 있겠지만 그것으로 옷을 지어 입었다는 기록은 보이지 않는다. 만약 나무에서 가죽이 생긴다는 《진서》의 전언이 사실이라면 그 나무는 북방의 대표적인 수종인 자작나무일 가능성도 배제할 수 없다. 악륜춘(鄂倫春, 오로촌), 혁철(赫哲, 나나이), 악온극(鄂溫克, 에벵크) 등 중국의 동북방과 러시아의 남부에 분포하는 퉁구스계 북방민족들은 음력 5~6월 무렵에 자작나무의 겉껍질을 제거하고 그 속의 섬유질을 추출해 물로 찐 다음 의류나 각종 생활도구를 제작해 사용하기 때문이다. 인터넷〈국편위주〉050에서는 ①《만주원류고》의 "'활산'은 한족 말의 '지'에 해당한다.(豁山, 漢語紙也)"에서 만주어 '활산'의 발음이 '호오샨(Hoošan)'임에 착안하여 ② '후샨'을 발음대로 한자로 표기한 것이 '낙상'이라고 보았다. 그러나 ③ 그것은 낙상을 닥나무로 추정한 시라토리의 주장을 토대로 한 해석일 뿐이다. 또, ④ 음운상으로 따져 보더라도 '후샨'과 대응되는 것은 '낙상'이 아니라 '웅상' 쪽이다. 따라서 ⑤ 낙상이 확실히 닥나무인지, 정확하게 어떤 수종인지도 밝혀지지 않은 상황에서는 너무 무리한 해석이 아닌가 싶다.

94) 오지 솥[瓦鬲]: 질그릇으로 빚어 구운 삼발이 솥의 일종. 인터넷〈국편위주〉051에서는 《삼국지》에서 "동이들은 마시고 먹을 때 한결같이 조와 두를 사용하는데 유독 읍루만은 그렇게 하지 않는다.(東夷飮食, 類皆用俎豆, 唯挹婁不)"라고 한 것, 《후한서》에서 "동이나 부여에서는 마시고 먹는 데에 한결같이 조와 두를 사용하지만 유독 읍루만 그것을 쓰는 일이 없다.(東夷夫餘飮食, 類此皆用俎豆, 唯挹婁獨無)"라고

오지 솥의 예시

서 [밥을 지어] 먹는다.

○ 無井竈, 作瓦鬲, 受四五升以食.

• 009
[그곳 사람들은] 앉을 때는 두 다리를 뻗고 앉으며95), 다리로 고기를 낀 채

한 것과 《晉書》 이외에는 瓦鬲과 같은 질그릇을 사용하였다는 記錄이 없다."는 점을 근거로 《진서》의 이 대목을 부정하고 여진족·만주족처럼 목제 용기만 사용한 것으로 보았다.

95) 앉을 때는 두 다리를 뻗고 앉으며[坐則箕踞]: '기거(箕踞)'는 고대 중국의 앉는 방식의 일종. 두 다리를 쭉 뻗고 사이를 벌린 채로 땅바닥에 퍼질러 앉는 것을 말한다. 그 앉은 모습이 겨를 까부는 키[箕]처럼 생겼다고 해서 그렇게 앉은 것을 '기거(箕踞)'라고 하였다. 고대 중국에서는 두 무릎을 꿇고 앉는 것이 상대방에게 예의를 차리는 자세이며, 반대로 두 다리를 뻗고 땅바닥에 퍼질러 앉는 것은 상대방을 무시하는 행동이라고 여겼다. 인터넷〈국편위주〉052에서는 "北方 騎馬民族의 앉는 법으로서 후일 史書에 자주 나오는 胡跪와 서로 관련이 있지 않는가" 하고 추정하였다. 그러나 '호궤(胡跪)'는 한 쪽 무릎을 꿇고 한 쪽 무릎을 세운 채 앉는 자세이므로 '기거'와는 전혀 다르다.

다리를 뻗고 앉은 이민족과 무릎을 꿇고 앉은 한인의 모습

로 [그것을] 씹어 먹는다.[96)] 언 고기가 생기면 그 위에 타고 앉아서 [체온으로] 녹인다.

○ 坐則箕踞, 以足挾肉而啖之, 得凍肉, 坐其上令暖。

• 010

[그곳] 땅에서는 소금과 쇠가 나지 않는다.[97)] 나무를 태워 재를 만들고

---

96) 다리로 고기를 낀 채로 씹어 먹는다[以足挾肉而啖之]: '발 족(足)'은 갑골문(甲骨文)에서는 허벅지와 정강이를 포함하는 하반신을 아울러 뜻하는 글자였다. 그러나 시간이 흐르면서 "다리 전체(허벅지와 정강이) ⇒ 무릎 아래 부분 ⇒ 복숭아뼈 아래 부분(발)"로 그 범위가 축소되었다. 인터넷〈국편위판〉에서는 이 구문을 "발에 고기를 끼워 놓고 씹어 먹는다"라고 번역했는데, 여기서는 '발(foots)'보다는 넓은 의미의 '다리(legs)'로 이해하는 것이 옳다. 게다가 이 구문에서 동사로 '끼울 협(挾)'이 사용되었으므로 후자로 이해하는 편이 더 합리적이라고 본다.

97) 땅에서는 소금과 쇠가 나지 않는다[土無鹽鐵]: 국내의 〈국편위판〉·〈동북아판1〉(제020쪽) 및 중국의 〈대역판〉(제2172쪽)에서는 이 대목의 '土無鹽鐵'과 '燒木作灰, 灌取汁以食之' 두 구문을 일종의 인과관계로 파악하였다. 특히 인터넷〈국편위주〉054에서는 "나무를 태워서 재를 만들고 물을 부어서 汁을 받는 것은 잿물을 만드는 방법인데, 과연 이것을 소금 대신에 먹었는지는 의문이다."라고 의아하게 여겼

숙신씨전(肅愼氏傳) **77**

[물을 많이] 부어 잿물을 받아서 그것을 먹는다.[98]

○ 土無鹽鐵, 燒木作灰, 灌取汁而食之。

• 011

[그곳] 풍속에서는 다들 머리를 땋으며[99], 베로 가리개를 만드는데[100],

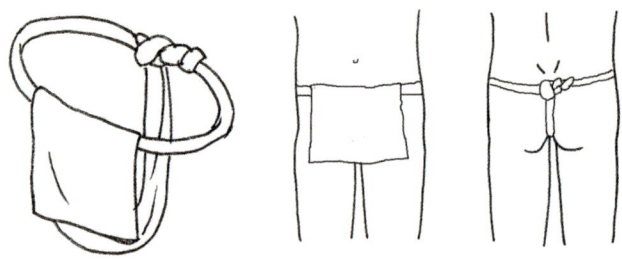

일본의 훈도시 예시

다. 그러나 여기서 앞 구문인 '土無鹽鐵'은 이어지는 '燒木作灰, 灌取汁以食之'와는 맥락상 서로 독립된 별개의 구문들이다. 즉, 주절은 현지의 특산물에 관한 소개이며 종속절은 숙신의 음식 습속에 관한 소개인 것이다. 소금과 쇠가 나지 않아서 잿물을 먹는 것이 아니라는 뜻이다. 따라서 이 둘을 각자 분리해서 번역하고 이해해야 옳다.

98) 재를 만들고 부어 잿물을 받아서 그것을 먹는다[灌取汁而食之]: 〈동북아판1〉(제020쪽)에서는 '관(灌)'을 '적시다'로 해석했으나 이 글자는 전통적으로 대량의 물을 (다른 곳으로) 대거나 붓는 것을 나타낸다. 숙신 땅의 토양이나 수질이 나빠서 물을 화학처리해서 불순물과 세균을 제거한 뒤 그렇게 걸러진 물을 식용으로 사용한다는 뜻으로 해석된다. 글자만으로는 잿물 그대로 마신 것인지 그 잿물을 모래 등의 여과장치로 걸러서 마신 것인지는 알 길이 없지만 후자로 이해하는 편이 합리적이지 않을까 싶다.

99) 머리를 땋으며[編髮]: 머리를 땋는 것은 북방민족의 전형적인 헤어스타일로, 시대에 따라 '편발(編髮)·색발(索髮)·변발(辮髮)' 등으로 달리 부르기도 한다. 이를 통하여 진대의 숙신(읍루)족이 상투를 틀지 않고 북방식으로 머리를 땋고 생활 했음을 확인할 수 있는 셈이다.

지름이 한 자 남짓 되어서, 그것으로 [몸의] 앞뒤를 가린다.

○ 俗皆編髮, 以布作襜, 徑尺餘, 以蔽前後。

• 012

곧 시집을 가거나 장가를 들 경우에는 남자가 [새] 깃털을 여자 머리에 꽂아 준다.101) [이때] 여자는 [남자의 청혼에] 동의하면 [자기 집으로 그 깃털을?] 지니고 돌아가고, 그런 다음에 예의를 갖추어 [여자를] 맞아들인다.

○ 將嫁娶, 男以毛羽挿女頭, 女和則持歸, 然後致禮娉之。

• 013

[그곳의] 부녀자들은 정숙하지만 처녀들은 [성적으로?] 분방하다.102)

---

100) 베로 가리개를 만드는데[以布作襜]~: 선행 사서인《삼국지》(및《후한서》)에서는 이 부분을 "여름에는 알몸을 드러낸 채 한 자 정도의 천으로 앞뒤를 가리고 몸을 덮는다.(夏則裸袒, 以尺布隱其前後, 以蔽形體)"라고 소개하였다. 표현이 달라지기는 했지만《진서》에서도 상황에 큰 변동은 없는 셈이다. 이 사서들의 묘사에 따르면 숙신의 이 여름 복장은 일본의 전통적인 내의의 일종인 훈도시(褌, ふんどし)와 상당히 유사해 보인다. 인터넷〈국편위주〉055에서는 물고기 껍질로 옷을 지어 입은 혁철족(나나이족)의 사례를 연구한 중국 학자 능순성(凌純聲)의 주장을 소개했으나 이 대목과는 관련이 없다.

101) 남자가 깃털을 여자 머리에 꽂아 준다[男以毛羽挿女頭]: 진대 숙신족의 구혼 습속. 인터넷〈국편위주〉056에서는 활쏘기로 자신의 부양능력을 증명해 보이는 송화강 하류 혁철족의 사례를 조사한 능순성의 주장을 근거로 "狩獵社會에서 짐승을 사냥하여 家族을 부양하겠다는 뜻을 나타내는 것"으로 보았다. 그러나 활로 짐승을 쏘는 일과 깃털을 머리에 꽂아 주는 일은 각각 부양능력 입증과 구혼 행위로 간주되기 때문에 양자를 동일시하는 것은 너무 무리한 해석이 아닌가 싶다.

102) 부녀자들은 정숙하지만 처녀들은 분방하며[婦貞而女淫]: '음란할 음(淫)'은,《논어(論語)》〈팔일편(八佾篇)〉의 "즐기되 도를 넘지 않는다(樂而不淫)" 등에서 볼 수 있듯이, 고대 한문에서는 원래 '과도하다(excessive)', '무절제하다(excessive)' 정도의 의미를 나타내었다. 여기서도 단순히 성적으로 방종한 것을 뜻한다기보다는 진대의 숙신의 젊은 여자들이 혼인을 하지 않아 가정과 배우자가 없

[또 그 나라 사람들은] 건장한 것을 귀하게 여기고 늙은 것은 천하게 여긴다.103)

는 상태에서 남자와 교제하는 데에 거리낌 없이 자유분방한 것을 두고 한 말로 이해하는 편이 합리적이다. 인터넷〈국편위주〉058에는 만주-퉁구스계 북방민족들에 대한 풍속 연구의 사례들을 다수 소개하고 있다. 능순성은 골디족(Goldis)의 경우를 예로 들면서 "性關係는 매우 자유스러워 혼인을 하기 이전의 여자는 이른바 貞操라는 것이 없으며, 혼인을 한 이후에도 남편이 집안에 있지 않으면 자유롭게 남과 性關係하는 등 淫亂한 風俗이 매우 심한데 그 연유는 民族이 도덕적으로 墮落한 때문이 아니라 그들의 生活方式으로 말미암은 것"이라고 보았다. 물론, 이 같은 분방한 성풍속은 북방민족에만 국한된 현상은 아니며 운남·귀주·사천 등 남방계 소수민족들 사이에서도 보편적으로 관찰된다. 다만, 그는 골디족에게 "온돌은 곧 음란한 풍속을 발생케 하는 媒介體"라고 주장했는데 그것은 견강부회가 아닌가 싶다. 또, 인터넷〈국편위주〉에서는 "대다수의 Tungus에서 未婚의 處女는 性的 生活이 몹시 문란"하다는 능순성 등의 연구 결과에 근거하여 "古代 肅愼의 처녀들이 몹시 음란하였다는 기록은 틀림없는 사실"이라고 보았는데 이 역시 일반화의 오류이다.

103) 건장한 것을 귀하게 여기고 늙은 것은 천하게 여긴다[貴壯而賤老]: 이 구절을 통하여 진대의 숙신 사회에서 인간에 대한 가치관은 '노동력'에 주안점을 두고 있었음을 알 수 있다. 고대 북방사회에서 "남자는 사냥이나 放牧을 하는 일을 맡았고, 여자는 育兒와 採集 등의 일을 하였다. 그러므로 勞動力이 있다는 점에서 壯丁은 귀하게 여겼으나, 勞動力이 없이 食糧만 소비하는 老人은 賤視하였던 것이다."(인터넷〈국편위주〉059) 물론, 이 같은 노인 천대는 숙신에만 한정된 사회현상이 아니라 열악한 환경 속에서 생활하는 북방민족에게는 보편적인 현상이었다.《사기》〈흉노열전(匈奴列傳)〉에서 한나라 사신이 "흉노의 풍속에는 노인을 천대한다더군요."라고 조롱하자 흉노에 귀화한 한나라 사람 중항열(中行說)은 "흉노는 확실히 싸우고 공격하는 것을 일로 삼으며 그들에게서 늙은이나 약한 이들은 제대로 싸우지 못하지요. 그렇기 때문에 그들의 기름지고 맛있는 음식을 건장한 이들이 마시고 먹게 해 주는 것은 자신을 지키기 위함이올시다. 그렇게 해야 아버지와 아들 두 사람 모두 오랫동안 서로를 지킬 수가 있는 것입니다.(匈奴明以戰攻爲事, 其老弱不能鬪, 故以其肥美飲食壯健者, 蓋以自爲守衛, 如此父子各得久相保.)"라고 대답하고 있다. 흉노의 노인들이 자기 몸을 지키기 위해 건장한 젊은이들에게 맛있는 음식을 양보한다고 한 것은 중항열의 주관적인 판단일 것이다. 그러나 이를 통하여 흉노사회에도 노동력을 제공할 수 있는 젊은이들을 그렇지 못한 노인들보다 우대한 사실은 확인할 수 있다.

[사람이] 죽으면 [죽은] 당일 바로 들판에서 장례를 치러 주는데[104], 나무를 포개서 작은 덧널을 만들고 돼지를 잡아 그 위에 쌓아서 죽은 사람의 양식으로 여긴다.

○ 婦貞而女淫, 貴壯而賤老。死者其日卽葬之於野, 交木作小椁, 殺猪積其上, 以爲死者之糧。

• 014

[그들은] 기질이 거칠고 사나우며, 근심이나 슬픔이 없는 것을 높게 친다.[105] [그래서] 부모가 죽어도 남자는 소리 내어 울지 않으며[106], [오히려]

---

104) 죽으면 그날 곧바로 들판에서 장례를 치러 주는데[死者其日卽葬之於野]: 인터넷 〈국편위주〉060에서는 몇몇 학자의 연구와 일부 만주족의 사례들을 근거로 진대에 숙신 사회에서 구성원이 사망한 당일 장례를 치러 주는 습속이 당시 유행한 샤머니즘의 영향이라고 보았다. 그러나 이 경우는 단순히 샤머니즘의 영향이라기보다는 당일 바로 매장할 수밖에 없는 현실적인 요인들, 즉 현지의 기후나 거주환경, 시신을 상하게 하는 짐승 때문일 가능성이 더 높다. 인터넷〈국편위주〉061에서 숙신의 장례 습속을 설명하면서 《북사》《물길전(勿吉傳)》 기사의 "其父母春夏死, 立埋之" 부분을 "그 父母가 봄·여름철에 죽으면 시체를 세워서 땅에 묻는다."라고 번역했는데 중대한 오역이다. 이 문제에 관한 상세한 설명은 《북사》의 해당 대목에 붙인 주석을 참조하기 바란다. "세워서 묻는다"는 것은 곧 수직으로 2m를 파서 묻었다는 뜻이 되는데 과학기술이 발달하지 않은 고대사회에서 그것은 상식적으로 불가능하다. 여기서 '설 립(立)'은 '세우다(set up)'가 아니라 '[지체 없이] 당장·즉시(immediately)'로 해석해야 옳다. 중국의 한문 문법서인 《조자변략(助字辨略)》에 따르면 "'립'은 '바로'라는 뜻으로, '즉시'와 같은 말이다. 《사기》〈유후열전〉의 '환담(BC23~AD56)《신론》의 '유자준이 내 말을 듣더니 바로 좋다고 하는 것이었다.'(立, 卽也, 猶云卽時也. 史記留侯世家, … 桓譚新論, 劉子駿聞吾言, 乃立稱善焉.)"라고 한 것이 그 예이다.
105) 근심이나 슬픔이 없는 것을 높게 친다[以無憂哀相尙]: 원문의 '상상(相尙)'을 〈국편위판〉에서는 "서로 숭상하므로"로 번역하였다. 그러나 허신《설문해자》에서는 "'상'은 중시한다는 뜻이다.(尙, 曾也)"라고 설명하였다. '중요시하다' 또는 '높게 치다'의 의미로 해석해야 하는 것이다. 여기서도 집안에 우환이 없는 것을 가장 중요하게 여긴다는 의미로 '상'을 사용한 것이다. 〈동북아판2〉(제020쪽)에서는

소리 내어 우는 것을 '씩씩하지 못하다'고 한다.[106]

○ 性凶悍, 以無憂哀相尙。父母死, 男子不哭泣, 哭者謂之不壯。

• 015

도둑질을 했을 경우에는 [훔친 것이] 많고 적음을 따지지 않고 한결같이 죽인다. 그래서 비록 [물건을] 바깥에 놓아두더라도 훔쳐 가지 않는다.[107]

○ 相盜竊, 無多少皆殺之, 故雖野處而不相犯。

"서로 과시한다"라고 번역했는데 거리가 너무 멀다.

106) 부모가 죽어도 남자는 소리 내어 울지 않으며[父母死, 男子不哭泣]: 인터넷〈국편위주〉061에서는 이 부분을 "古代 肅愼은 Shamanism의 意識이 강하여 父母가 죽어도 哭하지 아니하였던 것 같으나, 뒤의 滿洲人은 이러한 Shamanism이 점차 弱化되고 中國 儒敎의 現實主義가 강하게 대두되자, 장례식에서 死者와 生者의 영원한 이별을 슬퍼하며 放聲大哭하였던 것"으로 해석하였다. 다만, 이 구절은 부모상을 당했을 때 남자의 경우만 소개한 것뿐이므로 여자 역시 울지 않았다는 뜻으로 이해하거나, 또 그것을 샤머니즘의 영향으로 해석하는 것은 무리라고 본다.

107) 도둑질을 했을 경우에는 많고 적음을 따지지 않고 한결같이 죽인다[相盜竊, 無多少皆殺之]: 절도나 약탈은 재물의 개인 소유(私有)라는 전제하에서 발생하는 것이다. 도둑질을 했는데 장물이 많고 적고를 가리지 않고 사형에 처한다는 말을 뒤집어서 생각해 보면 도둑을 사형에 처해야 할 정도로 절도·약탈이 일상화되어 있었다는 반증일 수도 있다. 절도·약탈이 빈번하다 보니 형률이 엄격할 수밖에 없고 그렇다 보니 형벌이 가혹할 수밖에 없다. 그처럼 형률과 형벌이 가혹하다 보니 물건을 바깥에 놓아두어도 훔쳐 가지 않는다는 말이 나오게 된 것이다. 《삼국지》에서 "[부여에서는] 하나를 훔치면 열두 배로 갚게 한다.(竊盜一責十二)"거나 "[고구려인들은] 노략질하기를 좋아한다.(喜寇鈔)"라고 한 기사들도 같은 맥락에서 이해할 수 있다고 본다. 원대의 《북풍양사록(北風揚沙錄)》에서도 "하나를 훔치면 열로 갚되 여섯은 주인에게 분배하고 넷은 관청에 귀속시키며, 경중을 두지 않고 일률적으로 등에 매질을 한다.(盜一責十, 以六歸主而四輸官, 無輕重悉笞背)"라고 한 것을 보면 북방 사회에서의 절도·약탈은 삼국시대 이후로 원대까지도 그 같은 양상에 큰 변동이 없었던 셈이다.

청석으로 추정되는 흑요석(강원일보 2014년 2월 19일자)

• 016

[숙신 땅에는] 돌로 만든 살촉108)과, 가죽과 뼈로 지은 갑옷이 있으며, 단궁(檀弓)109)은 석 자 다섯 치, 호시(楛矢)110)는 길이가 한 자 몇 치111)

---

108) 돌로 만든 살촉[石砮]: 숙신이 살촉을 만드는 데에 사용된 돌이 구체적으로 어떤 종류인지는 알 수가 없다. 그러나《삼국지》및《후한서》의 "읍루"조에서는 "청석으로 살촉을 만들었다.(靑石爲鏃)"고 하였다. '청석'의 경우,〈국편위판〉(제273쪽 주7)에서 석영(石英) 계통의 돌일 가능성이 있다고 보았다. 실제로 고대 유적지에서 출토된 유물들을 보면 검은색 석영 재질의 돌촉이 자주 확인되고 있다.《고훈회찬(古訓匯纂)》(제2467쪽)에 따르면,《상서(尙書)》〈우공(禹貢)〉의 "그 땅은 [검]푸르거나 검다.(厥土靑黎)"라는 기록이나 "어떤 데는 희게 만들고 어떤 데는 [검]푸르게 만들었다.(或素或靑)"라는 기록 속의 '푸를 청(靑)'자는 '검을 흑(黑)'의 의미로 해석된다고 한다. 그렇다면《삼국지》·《후한서》에 언급된 '청석' 역시 푸른색의 돌이 아니라 검푸른 색의 돌, 또는 검은 색의 돌을 가리키는 것일 개연성이 있다. 석영의 경우 몇 가지 종류가 있지만 대체로 검은색을 띠면서 푸른빛이 도는 경우가 많으므로 여기서의 돌촉의 소재 역시 검푸른 색의 석영으로 이해할 수 있는 것이다. 염약허(閻若璩) 등 다른 학자들의 고증은 인터넷〈국편위주〉063 및 문성재,《정역 중국정사 조선·동이전1》, 제281~284쪽 본문의 관련 집해 주를 참조하기 바란다.

109) 단궁(檀弓): 진대에 숙신이 사용한 박달나무[檀木] 활.《삼국지》〈예전〉및《후한서》〈고구려전〉에도 같은 내용이 소개되어 있다. 당대 중기의 역사가 장수절(張守節)은《사기정의(史記正義)》에서 "숙신 … 그 나라 활은 네 자에 힘이 센 노궁인데

정도이다.

○ 有石砮, 皮骨之甲, 檀弓三尺五寸, 楛矢長尺有咫。

• 017

그 나라 동북쪽에는 돌이 나는 산이 있다. 그 [돌의] 날카로움은 쇠까지 벨 정도인데, 그것을 캘 때에는 반드시 먼저 신에게 기도를 한다.

○ 其國東北有山出石, 其利入鐵, 將取之, 必先祈神。

화살을 쏘면 400보를 날아간다. 지금의 말갈국에 마침 그런 화살이 있다.(肅愼 … 其弓四尺强勁弩, 射四百步, 今之靺鞨[鞨]國方有此矢)"라고 하였다. 이를 통하여 당대의 중국인들은 숙신의 단궁을 '노궁[弩]'으로 인식하고 있었음을 알 수 있는 셈이다. 《수서》〈말갈전〉과 《북사》〈물길전〉에 이르면 '단궁'은 '각궁(角弓)'으로 바뀌어 소개된다. 인터넷〈국편위주〉065에서는 이를 "肅愼·挹婁 시대에 사용하던 檀弓이 勿吉·靺鞨 시대에 角弓으로 발달하였음을 보여 주는 것"이라고 보았다.

110) 호시(楛矢): 고대에 숙신에서 사용한 화살. 그 살대의 재료와 관련하여 인터넷〈국편위주〉066에서는 "楛矢가 싸리나무로 만든 화살대라고 斷定하기는 어렵다. … 楛木은 곧으며 습기나 건조함에 따라 휘어지지 않아 화살대로 적합하다. 만주지역, 특히 밀림으로 덮여진 長白山脈의 山麓에서 많이 자라고 있다."라고 소개하면서도 정작 어떤 종류의 나무인지에 대해서는 밝히지 않았다. 숙신의 화살에 사용된 '호(楛)'라는 나무는 사실은 북방에서 보편적으로 관찰되는 자작나무(Betula platyphylla)로 보아야 옳다. '호시' 및 관련 기록에 관한 상세한 논의는 문성재, 《정역 중국정사 조선·동이전1》, 제281~284쪽 분문의 집해 주와 제277~279쪽의 "자작나무[楛]" 주석을 참조하기 바란다.

111) 단궁은 석 자 다섯 치, 호시는 길이가 한 자 몇 치[檀弓三尺五寸, 楛矢長尺有咫]: 인터넷〈국편위주〉066에서는 "《後漢書》 이하의 모든 史書에서는 화살의 길이가 1尺 8寸이라 하였는데, 대체로 4尺의 활에 비하여 화살이 1尺 조금 넘는다는 것은 無理한 것이 아닌가 하는 의문을 제기하고 있다."라고 소개하였다. 그러나 앞의 장수절 《사기정의》 인용문에서 짐작할 수 있듯이, 숙신의 단궁을 통상적인 만궁(彎弓)이 아닌 쇠뇌, 즉 노궁(弩弓)으로 이해하면 그다지 이상할 것이 없다. 쇠뇌는 휴대하기 수월하게 하기 위하여 통상적인 활보다 작게 만드는 데다가, 화살도 통상적인 길이보다 짧기 때문이다.

주나라 무왕과 주공 단의 초상

• 018

주(周) 무왕(武王)[112] 때에 그곳의 자작나무 화살과 돌 살촉을 바쳤다.[113] 주공(周公)[114]이 성왕(成王)[115]을 보필할 때에 이르러 또다시

---

[112] 주 무왕(周武王, 재위 BC1027?~BC1025): 주(周) 왕조의 창업자. 문왕(文王)의 아들로, 성은 희(姬), 이름은 발(發)이다. 은나라의 폭군 주왕(紂王)을 토벌하고 지금의 섬서성 서안시(西安市) 서쪽인 호경(鎬京)을 도읍으로 삼아 주 왕조를 열었다.

[113] 주 무왕 때 그곳의 자작나무 화살과 돌 살촉을 바쳤다[周武王時, 獻其楛矢石砮]: 《국어(國語)》〈노어(魯語)〉에서는 이 일에 대하여 "공자가 이르기를, '옛날 무왕이 상나라를 무찌르고 온갖 오랑캐들에까지 길을 트고 저마다 그곳 특산물을 바치게 하여 그들이 생업과 공물을 바치는 직무를 잊지 않게 했습니다. 이리하여 숙신씨는 자작나무 화살과 돌 살촉을 바쳤는데 그 길이가 한 자 여덟 치였습니다. 선왕께서는 임금의 덕이 멀리까지 미친 것을 후세 사람들에게 본보기로 남겨 오래도록 볼 수 있게 하라 이르셨습니다. 그래서 화살에 '숙신이 바친 화살'이라고 새겨서 대희에게 나누어 주었습니다. [대희는] 우호공에게 출가해 진나라 제후로 봉해졌지요. 옛날에는 한 집안 사람들에게는 진귀한 옥을 나누어 주어 친밀함을 과시했고 성씨가 다른 사람들에게는 먼 곳에서 바친 물건을 나누어 주어 임금에 대한 복종심을 잊는 일이 없게 했습니다. 그래서 숙신씨가 바친 물건을 이 진나라에 나누어 주었던 것입니다. 주군께서 해당 관리들을 시켜 옛 창고에서 찾아보게 하시면 그것을 찾을 수가 있을 것입니다.' 그래서 사람을 시켜 찾게 해서 금으로 만든 궤짝에서 그것을 찾아내었는데 공자의 말과 같았다.(昔武王克商, 通道於九夷百蠻,

사신을 파견해 입조하고 축하 인사를 하였다.[116]

○ 周武王時, 獻其楛矢·石砮。逮於周公輔成王, 復遣使入賀。

•019

그 뒤로 천여 년이 지나 진나라와 한나라의 전성기를 이루었음에도 불

使各以其方賄來貢, 使無忘職業, 於是肅慎貢楛矢·石砮, 其長尺有咫, 先王欲昭其令德之致遠也, 以示後人, 使永監焉, 故銘其栝曰, 肅慎之貢矢, 以分大姬, 配虞胡公而封諸陳, 古者分同姓以珍玉, 展親也, 分異姓以遠方之職貢, 使無忘服也, 故分陳以肅慎之貢, 君若使有司求諸故府 其可得也, 使求, 得之金櫝, 如之.)"라고 소개하였다. 이 내용은 나중에《한원》에 인용된《숙신국기(肅慎國記)》에도 보인다.

114) 주공(周公): 주나라 문왕(文王)의 아들이자 무왕(武王)의 아우인 희단(姬旦, ?~BC1105)을 말한다. 그의 채읍(采邑, 영지)이 지금의 섬서성 기산현(岐山縣) 동북쪽에 해당하는 주(周) 땅에 있었기 때문에 '주공' 또는 '주공 단(周公旦)'으로 일컬어졌다. 형인 무왕을 보필하여 은나라를 멸망시키고 주 왕조를 세웠으며, 무왕이 죽자 어린 조카 성왕(成王)을 왕으로 옹립하고 섭정을 맡아 주나라의 왕권과 제도를 공고하게 다졌다. 그가 제정한 각종 제도들은 '주례(周禮)'라는 이름으로 확고하게 자리 잡아 후세에까지 큰 영향을 주었다.

115) 성왕(成王): 중국 서주(西周)의 제2대 왕인 희송(姬誦, ?~BC1021)을 말한다. 무왕(武王) 희발(姬發)의 아들이자 태사(太師) 강자아(姜子牙, 강태공)의 외손자로, 기주(岐周, 지금의 섬서성 기산현 사람이다. 왕위를 계승할 때 나이가 어려서 숙부인 주공 희단(姬旦)이 섭정으로 보필하였다. 성인이 된 뒤에는 새 도읍인 성주(成周)를 건설하고 중원을 통치하며 제후들을 책봉하고 예악(禮樂)을 정비하는 한편 대외적으로는 정벌활동을 벌여 주나라의 통치를 공고하게 다졌다. 그 아들인 강왕(康王)도 40여 년 동안 형벌을 쓰지 않을 정도로 선정을 베풀었다 하여 역사적으로 '성왕과 강왕의 치세[成康之治]'로 일컬어지곤 한다.

116) 주공이 성왕을 보필할 때에 이르러[逮於周公輔成王]~: 주공(周公)이 무왕(武王)의 아들이자 자신의 조카인 성왕을 보좌할 때 숙신이 입조한 일을 가리킨다.《사기》〈주본기(周本紀)〉에서는 "성왕이 동이를 정벌한 뒤에 식신에서 찾아와 [그 일을] 축하해 주었다.(成王旣伐東夷, 息慎來賀)"라고 기술하였다. 또, 한원(翰苑)에 인용된《숙신국기》에 따르면 "성왕 때 다시 입조하여 축하해 주니 왕이 영백으로 하여금 숙신에게 사례하라는 명령을 내렸다.(成王時復入賀, 王使榮伯作賄肅慎之命也)"라고 한다.

구하고 그들을 오게 만들 수가 없었다.[117)

[그러다가] 문제(文帝)[118)가 [위나라의] 재상을 지낼 때[119)인 위나라 경원(景元)[120) 연간 말기에 [중국으로] 와서 자작나무 화살·돌 살촉·활과 갑옷·담비 가죽 같은 것들을 바쳤다.

○ 爾後千餘年, 雖秦·漢之盛, 莫之致也。及文帝作相, 魏景元

사마소의 초상(나관중 《삼국연의》)

---

117) 그들을 오게 만들 수가 없었다[莫之致也]: 《한원》의 《숙신국기》 인용문에서는 "한무제 때 숙신이 오지 않으매 조책을 내리고 간곡하게 구슬렀으나 아쉽게도 그들을 오게 만들 도리가 없었다.(漢武帝時, 肅愼不至, 策詔慷慨, 恨不能致之也)"라고 하였다.

118) 문제(文帝): 삼국시대 위(魏)나라의 권신인 사마소(司馬昭, 211~265)를 말한다. 자는 자상(子上)으로, 하내(河內) 온현(溫縣) 사람이다. 사마의(司馬懿)의 둘째아들이자 서진의 초대 황제인 무제(武帝) 사마염(司馬炎)의 부친으로, 서진 개국의 기초를 닦았다. 서진 왕조가 개창된 뒤에 황제로 추존되었으며, 시호는 문제, 묘호는 태조(太祖)이다.

119) 문제가 재상을 지낼 때[及文帝作相]: 경원(景元) 4년(263) 전후가 아닌가 싶다. 이 해 10월(양력 12월?), 위나라 원제(元帝) 조환(曹奐)이 춘추시대의 진(晉)나라 땅에 해당하는 10개 군, 사방 700리의 영지를 내리고 '진공(晉公)'에 봉하면서 그를 상국(相國)으로 임명했기 때문이다. 숙신의 조공에 관한 기사는 《진서》〈문제본기(文帝本紀)〉에 나오는데, "[경원] 3년 여름 4월, 숙신에서 와서 호시·석노·활·갑옷·담비가죽 등을 바치니 천자가 [그것들을] 대장군부에 돌려보내게 하였다.(三年夏四月, 肅愼來獻楛矢·石砮·弓甲·貂皮等, 天子命歸於大將軍府)"라고 한다. 여기서 '대장군부'는 사마소의 관부(官府)를 뜻하므로, 이를 통하여 숙신의 조공이 사마소가 상국이 되기 전에 이루어졌음을 짐작할 수 있다.

120) 경원(景元): 삼국시대 위나라의 마지막 황제인 원제(元帝) 조환(曹奐, 244~302)이 260~264년까지 5년 동안 사용한 첫 번째 연호. 고구려의 기년으로는 중천왕 13~16년에 해당한다.

末, 來貢楛矢·石砮·弓甲·貂皮之屬。

• 020

위나라 황제는 조서를 내려 [그 공물들을] 승상부에 귀속시키게 하고, [숙신의] 왕인 녹(傉)[121]에게는 닭·물을 들인 비단·모직물·물을 들이지 않은 비단을 하사하였다.

○ 魏帝詔歸於相府, 賜其王傉雞·錦·罽·緜帛。

• 021

[그들은 서진] 무제의 원강(元康) 연간 초기에 다시 와서 공물을 바쳤다.[교감1] [나중에 동진의] 원제(元帝)가 [강남에서 왕조를] 중흥시키자, 다시 강남까지 찾아 와서[122] 그들의 돌 살촉을 공물로 바쳤다.

○ 至武帝元康初, 復來貢獻【"至武帝元康初復來貢獻", 轟注: 武紀獻楛矢石砮在咸寧五年。元康爲惠帝年號, 大誤。按: 咸寧五年十二月使來, 翌年春卽改元太康, 疑元康爲太康之誤。】。

元帝中興, 又詣江左, 貢其石砮。

---

121) 녹(傉): 숙신국 왕의 이름. 온라인 자전인《한전(漢典)》에 따르면 '내와 옥의 반절[內沃切, nuok]'이어서 '눅' 정도로 재구된다. 한자로 표기되어 있지만 부여·고구려·백제·신라의 경우처럼 국왕이 자신의 의지에 따라 자신의 이름을 직접 한자로 표기한 것이 아니라 서진의 사관이 임의로 비슷한 발음의 한자로 표기한 것일 가능성이 높다. 급고각본《진서》에는 이름자가 '요 욕(褥)'으로 되어 있다. 그러나 이 대목에서는 진상하는 공물이 아니라 진상의 주체를 나타내므로 전자가 옳다.

122) 다시 강남까지 찾아 와서[又詣江左]: 이 부분은 의례적으로 덧붙인 허구적인 내용이 아닌가 싶다. 동진의 중흥으로 진(晉) 왕조의 명맥이 다시 이어지기는 했지만 장강 이북에는 5호 16국이 난립하면서 정국이 상당히 불안하였다. 그런 상황에서 북조도 아니고 그 먼 거리를 발섭하여 강남까지 조공을 왔다는 것은 그다지 신빙성이 없어 보인다.

【교감1】 "무제의 원강 연간 초기에 또다시 와서 공물을 바쳤다"의 경우, 《진서구주》에서는 "〈무제기〉에서는 '호시와 석노를 바친 것이 함녕 5년이다'라고 했으나, '원강'은 혜제가 사용한 연호이므로 큰 착오이다."라고 하였다. 따져 보건대, 함녕 5년 12월에 사신이 왔고, 이듬해 봄에 바로 태강으로 연호를 바꾸었던 바, '원강'은 '태강'의 착오가 아닌가 싶다.[123)]

• 022
성제(成帝)[124)] 때에 이르러서는 [후조(後趙)의] 석계룡(石季龍)[125)]과 [외교]

---

123) 원강(元康): 서진의 제2대 황제인 혜제(惠帝) 사마충(司馬衷, 259~307)이 291~299년까지 9년 동안 사용한 연호. 고구려 기년으로는 서천왕 22년으로부터 봉상왕 8년까지에 해당하는데, "원강 연간 초기"라면 대체로 291~293년 사이일 것이다. 숙신이 석호에게 사신을 보낸 시점이 "성제 때에 이르러서"라고 한 것을 보면 사마연이 살아 있고 석호가 '천왕'을 자처한 때일 테니 대략 334~342년 사이였을 것이다.

124) 성제(成帝): 동진의 제3대 황제인 사마연(司馬衍, 321~342)을 말한다. 명제(明帝) 사마소(司馬紹)의 장자로, 자는 세근(世根)이다. 5살 되던 해인 325년에 황제로 즉위했으나 생모인 황태후 유문군(庾文君)의 수렴청정을 이어 왕도(王導) 등의 권신들의 전횡, 반란, 질병으로 제대로 통치해 보지도 못하고 동생에게 양위한 뒤 재위 17년 만에 22살의 나이로 죽었다.

125) 석계룡(石季龍): 5호 16국 시대 후조(後趙)의 제2대 황제인 석호(石虎, 295~349)를 말한다. 상당군(上黨郡) 무향현(武鄕縣), 즉 지금의 산서성 유사현(楡社縣) 사람으로, '계룡'은 자이다. 갈족(羯族) 출신으로 후조 왕조를 연 초대 황제 석륵(石勒, 274~333)의 조카이다. 석륵을 수행해 각종 전쟁에서 공을 세워서 건평(建平) 원년(330)에 석륵이 황제로 즉위하자 태위 겸 상서령(太尉兼尙書令)에 임명되고 중산왕(中山王)에 봉해졌다. 석륵이 죽고 그 아들 석홍(石弘)이 황제가 되자 연희(延熙) 원년(334)에 석홍을 폐위한 뒤에 자신의 본거지인 업(鄴)으로 천도하고 '천왕(天王)'을 자처하였다. 그러나 동진·전연·전량(前涼)과 잇따라 전쟁을 벌이고 대규모 궁전을 조성하는 것은 물론이고, 농경지를 사냥터로 만드는가 하면 석륵의 처첩을 빼앗고 살인을 일삼는 바람에 원성이 자자해지고 민란이 잇따랐다. 태녕(太寧) 원년(349)에 황제를 자처하고 얼마 뒤에 병으

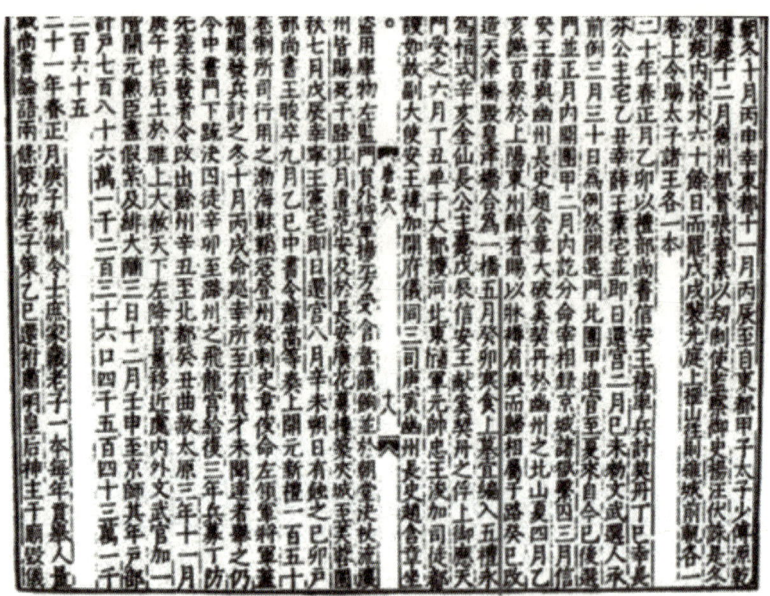

업중기의 석호 소개 대목

관계를 트고 [공물을] 바쳤는데[126], 네 해만에 겨우 [후조 땅에] 당도하였다.

로 죽었다.

126) 석계룡과 외교관계를 트고 공물을 바쳤는데[通貢於石季龍]: 이 일에 관해서는 《한원》의 주석에서 "육홰의 《업중기》에서는 '숙신은 업의 동북방에 있다. 업으로부터 5만 리 떨어져 있어서 사신을 파견한 지 4년 만에 가까스로 [업에] 당도하여 석노와 호시를 바쳤다. [그래서] 사신에게 이곳에 온 까닭을 물었더니 소와 말이 서남쪽을 향한 채 3년 동안 누워 있기에 [그 방면에] 대국이 있음을 알고 온 것이라고 대답하는 것이었다.'라고 하였다.(陸翽鄴中記曰, 肅愼, 在鄴之東北. 去鄴五萬里, 遣使四年乃達, 獻石砮楛矢. 問使者緣何來此, 答云, 牛馬西南向眠三年, 則知有大國所在, 故來耳.)"라고 소개하고 있다. 이를 통하여 당시 숙신이 후조의 도성(중산)으로부터 동북방에 자리 잡고 있었음을 알 수 있다. 다만, 인터넷〈국편위주〉071에서는 이 기사와 관련하여 "《翰苑》에서 引用한《鄴中記》를 근거로 하여《晋書》에 옮겨 적은 것이라 생각된다."라고 설명하였다. 《진서》의 이 기사가 《한원》에 인용된 《업중기》의 내용을 전재한 것이라는 뜻이다. 그러나 그것은 사실관계를 혼동한 설명이 아닌가 싶다. 《진서》의 편찬사업은 당나라 태종(太宗)

[그래서] 석계룡이 그 이유를 묻자 이렇게 대답했다고 한다.
"소와 말이 서남쪽을 향한 채 누워 있는 모습을 빠짐없이 지켜 본 지가 어언 세 해나 되었습니다. 그것으로 [그 방향으로] 큰 나라가 있다는 것을 깨달았기에 [이렇게 찾아] 온 것입니다!127)"

○ 至成帝時, 通貢於石季龍, 四年方達。季龍問之, 答曰:'每候牛馬向西南眠者三年矣。是知有大國所在, 故來'云。

때인 정관(貞觀) 20년(646)에 조정 중신이던 방현령(房玄齡, 579~648) 등이 주축이 되어서 진행되었으며, 3년 만인 정관22년(648)에 완성되었다. 반면에 《한원》은 "660년 당(唐) 고종(高宗) 현경(顯慶) 5년 장초금(張楚金)이 찬술(撰述)하고 옹공예(雍公叡)가 주(注)를 붙인 것"(이성제, 《한원翰苑》의 역주서 발간》)이다. 《진서》가 《한원》보다 13년 앞서 편찬된 셈이다. 그러니 《진서》가 《한원》에 인용된 《업중기》의 내용을 옮겨 적었다는 인터넷〈국편위주〉의 설명은 착오가 아닌가 싶다. 또, 인터넷〈국편위주〉071에서는 《업중기》 저자의 이름을 "陸歲"로 소개했으나 사실은 '육홰(陸翽)'로 써야 옳다.

127) 서남쪽을 향한 채 누워 있는 모습[向西南眠]: 인터넷〈국편위판〉에서는 '면(眠)'을 '잠을 자다(sleep)'으로 해석하여 "서남쪽으로 향하여 잠자는 것"으로 번역하였다. 물론, 고대 한문에서 '면'이 ① '잠을 자다'의 의미로 사용되는 경우가 없지는 않다. 그러나 이와 함께 ②《산해경》《동산경(東山經)》의 "여아의 산에 짐승이 있는데 사람을 보면 눈을 감는다(余峨之山有獸焉, 見人則眠)"처럼, '눈을 감다(shut)'라는 의미를 나타내기도 한다. 또, ③ 때로는 '눕다(lie)' 또는 '누워서 휴식을 취하다(lie and rest)'의 의미로 사용되기도 한다. 그런데 숙신 사신의 말에서도 짐작할 수 있듯이, 여기서는 '면'이 소와 말 같은 미물들조차 큰 나라 황제의 위엄과 은덕에 경의를 표하며 순종한다는 메시지를 전달하기 위하여 사용하였다. 〈이 비유는 원래《논어(論語)》《안연편(顏淵篇)》의 "군자의 덕은 바람이요 소인의 덕은 풀이니 풀에 바람에 불면 [풀은] 어김없이 눕기 마련이다.(君子之德風, 小人之德草, 草上之風, 必偃)"에서 착안한 것으로, 통치자(군자)가 백성들(소인)에게 덕을 베풀면 백성들이 저절로 감화되어 순종하게 된다는 뜻이다. 여기서는 황제의 덕화 대상이 풀에서 소와 말로 대체되어 있다. 따라서 그 의도를 감안하여 여기에서는 '면'을 '눕다'의 의미로 해석해야 옳다.

송서-이만열전

소제(蕭齊) 태자가령 겸 저작랑(太子家令兼著作郎) 심약(沈約) 신찬(新撰)

주명(朱明) 국자감 제주(國子監祭酒) 방종철(方從哲) 등교(等校)

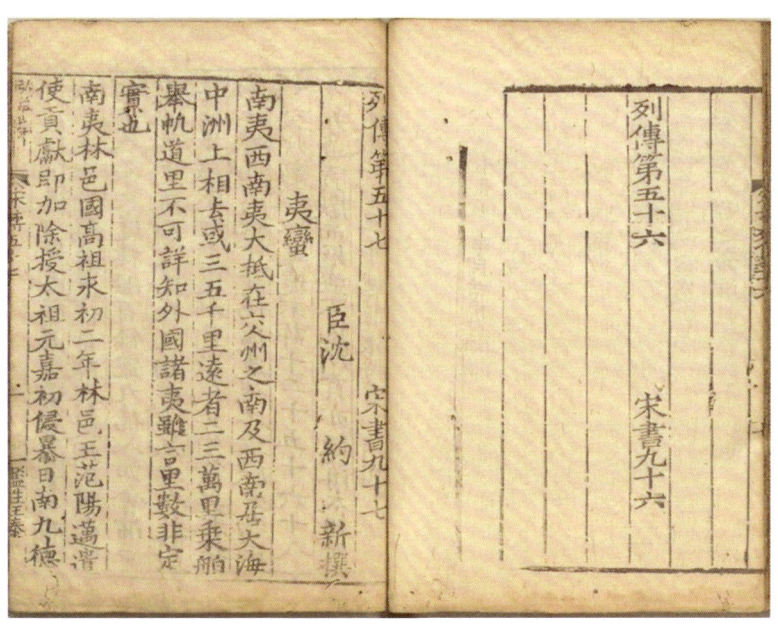

유유(劉裕)가 왕조를 세우는 동진(東晉)의 융안(隆安) 3년(399)으로부터 승명(升明) 3년(479)까지 80년간의 유씨의 송나라, 즉 유송(劉宋)의 역사를 다룬 기전체 단대사. 유송을 거쳐 제(齊)나라(남제)에서 태자가령 겸 저작랑(太子家令兼著作郎)에 임명된 심약(沈約)이 영명(永明) 5년(487)에 제나라 무제(武帝) 소색(蕭賾, 440~493)의 명령에 따라 이전의 역사가들이 저술한 같은 제목의 사서들을 참조하여 편찬·증보를 진행해 이듬해(488)에 〈본기(本紀)〉와 〈열전(列傳)〉 총 70권이, 나중에 추가로 〈지(志)〉30권 등 총 100권이 완성되었다.
　심약(沈約, 441~513)은 자가 휴문(休文)으로, 오흥(吳興) 무강(武康) 사람이다. 유송대에 상서 탁지랑(尙書度支郎)으로 출사한 이래 제나라에서 저작랑(著作郎)·중서랑(中書郎)·국자제주(國子祭酒)·남청하태수(南淸河太守)를 지내고 양나라에서는 건창후(建昌侯)에 봉해지는 한편 상서 좌복야(尙書左僕射)·상서령(尙書令)·영중서령(領中書令)을 역임하였다. 문재가 뛰어나 《진서》를 저술한 이래 제나라 고제(高帝)의 명령으로 《제사(齊史)》로, 양나라 때에는 무제(武帝)의 명령으로 영명 5년(487)에 《송서》를 편찬하였다.
　남조의 정사들 중에서 규모가 가장 크고 사료 역시 가장 풍부하다. 북송대에 증보작업이 이루어졌으나 누락된 기사가 도처에서 확인되며 내용·교열에도 오류가 많다. 그래서 청대 학자 조익(趙翼, 1727~1814)은 《입이사찰기(廿二史札記)》에서 "책의 완성을 서둘러 급기야 기존의 책들을 모두 베끼는 바람에 바로잡을 겨를이 없었다."라고 비판하였다
　주요 판본으로는 송·원·명 판본을 종합한 백납본(百衲本), 명대의 북경국자감본(북감본)·남경국자감본(남감본)·급고각본(汲古閣本), 청대의 '사고전서' 무영전본(武英殿本), 근대의 금릉서국본(金陵書局本), 현대의 중화서국본(中華書局本)이 있다.
　《송서》의 〈이만전(夷蠻傳)〉은 유송 왕조가 존속한 5세기 동안 동·남·서남방에 존재하던 15개국과 이민족들의 연혁·지리·풍물·제도 등을 소개하는 한편, 서역의 고승 혜림(慧琳)이 천축(天竺)에서 바닷길로 송나라에 입국해 포교한 일 등 불교의 전래·박해·정착에 관한 사료들도 담고 있다.

고구려국전(高句驪國傳)[1]

• 001

동이[2] 땅의 고구려국(高句驪國)[3]은 현재는 한대의 요동군(遼東郡)[4] 땅

---

1) 고구려국전(高句驪國傳): 선행 사서인 《삼국지》·《후한서》가 연혁·풍물 소개에 치중한 것과는 달리 동진의 안제(의희)로부터 유송의 무제·소제(경평)·문제(원가)·효무제(대명)·명황제(태시)·후폐제까지, 즉 고구려의 장수왕 원년(413)으로부터 51년(463)까지의 50년간의 고구려와 유송의 교류사를 소개하였다. (부수적으로 모용보(후연) 및 풍발·풍홍(북연)과의 교섭사도 다루어 놓았다.) 특기할 만한 것은 고구려 국왕에 대한 유송의 봉작 속에 등장하는 지명들이나 후연·북연의 지리정보 등은 5세기 고구려 강역의 서계(西界)가 어디까지였는지 추정할 수 있는 중요한 단서들을 제시해 준다는 점이다. 그 정보들을 종합해 보면 5세기 고구려의 서계는 기존 통설의 요동반도를 넘어 요서지역까지 확장되어 있었을 가능성이 높다. 《송서》를 위시한 남조의 정사들에서는 고구려의 마지막 글자를 '아름다울 려(麗)'가 아닌 '검은말 려(驪)'로 적은 경우가 많은데 북조와 정치적으로 대립하던 남조의 극단적인 화이관(華夷觀)의 발로라고 할 수 있다.

2) 동이(東夷): 중국 고대에 중원 한족의 입장에서 동방에 사는 이민족('오랑캐')들을 두루 일컫던 이름. 중국사에서는 시대에 따라 각기 다른 종족과 구역을 '동이'로 설정하곤 하였다. 은대(殷代) 이후로는 일반적으로 동방의 이민족들을 아홉 가지 부류의 이민족 즉 '구이(九夷)'라는 이름으로 불렀으나 실제로는 그보다 많았던 것으로 보이며, 여기서의 '구(九)' 역시 실제의 숫자인 '아홉(nine)'을 가리킨다기보다는 막연하게 '많다(many)'라는 의미를 나타낸다고 이해하는 것이 합리적이다. 중국사에 등장하는 '동이'들로는 ① 하북성에서 발해 연안 및 산동성 일대의 '동이집단(東夷集團)', ② 산동성 전부 및 강소성(江蘇省) 북부 일대의 '조이(鳥夷)', ③ 회하(淮河) 일대와 강소성 북부·회하 북부의 '회이(淮夷)' 등이 있다. 동이 또는 구이에 관한 상세한 소개는 문성재, 《정역 중국정사 조선·동이전1》, 제387~388쪽의 해당 주석을 참조하기 바란다.

3) 고구려(高句驪): 인터넷〈국편위주〉004에서는 고대 돌궐의 퀼테긴 비석에 등장하는 '뵈클리(Bökli)'와 당대의 산스크리트어 해석서인 《범어잡명(梵語雜名)》의 '무구리(畝俱里)'를 근거로 "高句麗는 원래 句麗에 해당하는 土着語의 音에서 비롯하는 단어에 '高'字가 美稱으로 덧붙여진 것이며, 때로는 그 種族名에 따라 '貊' 字를 冠하기도 한 것"으로 해석하였다. 실제로 곽석량의 《한자고음수책》에 따르면, '이랑 무

을 지배하고 있다.5)

(畝)'는 '명과 지의 반절[明之切, mə]', '함께 구(俱)'는 '군과 후의 반절[群侯切, gǐwo]', '마을 리(里)'는 '래와 지의 반절[來之切, lǐə]', '맹수 맥(貊)'은 '명과 탁의 반절[明鐸切, meak]'이어서 대체로 '머고려' 정도로 재구된다.)《일본서기》에서는 고구려를 '박(狛)'으로 적고 발음을 '코마(こま)'라고 붙여 놓았다. 이 글자는 현대음이 '박'이지만 고대에는 '백'으로 읽혀졌다.《설문해자》에서 "'박'은 늑대를 닮은 짐승으로, 양 몰이를 잘한다. 개의 의미를 따르고 발음은 '백'을 따른다.(如狼, 善驅羊. 从犬白聲)"라고 한 것이 그 증거이다. 문제는 이 한대의 자전에는 '백(狛)'만 나오고 '맥(貊)'이 보이지 않는다는 것이다. "狛 ⇒ 貊" 식으로 원래는 '백'이던 것이 글자와 발음이 비슷한 '맥'으로 변형되었을 가능성이 높다는 뜻이다. 또, 인터넷〈국편위주〉004에서는 '구려(句麗)'의 어원과 관련하여 "城 또는 谷·洞·邑 등을 뜻하는 고구려 말 '溝漊'에서 비롯하였다는 說이 유력하다. '忽'을 이와 같은 말로 보기도 한다."라고 소개했는데 여기에는 부연 설명이 필요하다. 고구려어의 '구루'와 '홀'은 비슷한 의미를 나타내지만 언어적 계통은 다소 다르다. '구루'는 만주-퉁구스계 언어의 '구룬(gurun)'인 반면, '홀'은 몽골계 언어의 '홋(хот)'이기 때문이다.

4) 요동군(遼東郡): 중국 전국시대 이래의 지역명. 중국의 검색 사이트 빠이뚜의 백과사전에서는 "전국시대에 연나라가 군을 설치하였다. 치소는 양평(지금의 요양시)였으며, 관할지역은 지금의 요령성 대릉하 이동지역 및 장성 이남지역에 해당한다. 요수는 우리나라의 고대 6대 하천의 하나였다. 서진대에는 [요동]국으로 격상되기도 하였다.(戰國燕置郡. 治所在襄平[今遼陽市], 轄境相當今遼寧大凌河以東地區·長城以南地區. 遼水爲我國古代六川之一. 西晉改爲國.)"라고 소개하고 있다. 또, "요수(遼水)"에 관해서는 "바로 지금의 요하의 옛 이름이다. 요수는 우리나라 고대의 6대 하천의 하나로서, 그 이름은《산해경》《해내동경》에서 가장 먼저 보인다.(卽今遼河的古稱, 遼水爲我國古代六川之一, 其名最早見於山海經海內東經)"라고 소개하였다. 이 같은 요동인식은 국내외 학계에서도 보편적이지만 역사적으로 진실이 아니다. ① 요동[군]은 요수의 동쪽에 있다고 해서 붙여진 이름이다. ② '요하'라는 이름은 북방민족으로서 북방과 중원을 아울러 지배한 요나라의 역사를 다룬《요사(遼史)》에 처음으로 등장한다. ③ "해내(海內)"란 중원 왕조가 동쪽 바다인 발해(渤海)를 기준으로 그 서쪽인 중원지역을 일컫는 상투어이므로,《산해경》《해내동경》의 요수는 자연히 중원지역에서 찾아야 옳다. ④ 요동군 치소 '양평현'의 경우, 중국 정사인《후한서》《원소전(袁紹傳)》주석에서 "지금의 평주 노룡현 서남쪽에 있었다.(在今平州盧龍縣西南)"라고 분명히 밝혀 놓았다. 노룡현은 중국에서 양평이라고 주장하는 요령성 의현에서 직선거리로 따져도 서쪽으로 250km 이상 떨어져 있는 곳이다. 고대의 요수는 지금의 요하일 수 없으며, 요동 역시 지금의 요동반도 일대에만 한정되지 않는다는 뜻이다. 요동 및 요수에 관한 상세한 논증은 문성재,《한국고대사와 한중일

○ 東夷高句驪國, 今治漢之遼東郡。

의 역사왜곡》, 제178~202쪽 및 제240~250쪽 등을 참조하기 바란다.

5) 지금은 한대의 요동군 땅을 지배하고 있다[今治漢之遼東郡]: 이 구절은 《송서》의 기사가 집필되던 5세기 유송 당시에 고구려가 한대의 요동지역을 점유하고 있었음을 우회적으로 증명해 준다. 인터넷〈국편위주〉005에서는 "中國正史에 나타나는 後代의 이해"를 전제로 한대의 요동군이 "대체로 (지금의) 遼河를 中心으로 주로 그 以東"이며, 따라서 "이 기사는 당시 高句麗의 영역이 遼河 地域에 이르고 있음을 의미하는 것"이라고 보았다. 이와 함께 "종래 古朝鮮의 영역을 鴨綠江 이남지역에서 찾은 견해"들에서는 秦·漢代 遼東을 "현재 遼河에서 鴨綠江에 이르는 지역"으로, "古朝鮮 영역을 淸川江 이남으로 이해하는 견해"들에서는 "遼河 以東에서 淸川江에 이르는 지역"으로 주장하고 있다고 소개하고, 이상의 주장들을 종합하면 "秦·漢代 遼東郡의 領域은 遼河 이동지역이 되며 遼東과 遼西의 境界가 현재의 遼河"라는 결론을 내렸다. 그러면서 인터넷〈국편위판〉005에서는 요동군이 지금의 하북성 동북부 난하 유역 이동에 있었다는 주장을 "史料해석에 논리적 비약이 심하여 많은 문제점들이 있는 것"으로 단정하였다. 그러나 요동이 하북성 난하 북안에 대한 지역명이며, 요동과 요서를 나누는 요수 역시 요하가 아님은 이미 정인보·리지린·윤내현 등이 지적한 바 있다. 역자 역시《정역 중국정사 조선동이전1》, 제178~202, 240~250쪽에서 문헌·지리·언어·고지도 등 다양한 근거들을 들어 요동의 서쪽 경계를 요동반도에서 산해관 동쪽까지 끌어내야 옳다고 충분히 논파하였다. 반면에 "燕代의 遼東郡은 遼河 中流의 군사기지에 불과한 것"이었다거나 "秦代에는 그 범위가 압록강까지 확대되었다."라는 주장은 역사적으로는 물론이고 논리적으로도 전혀 근거가 없다. 이 점은 "최근의 遼東지역의 考古學的 發掘成果와 文獻考證에 의거할 때 古朝鮮의 초기 中心地는 현채의 遼東지역으로 이해되어지며, 특히 大凌河以東 지역에서 古朝鮮의 독자적 문화와 정치무대를 보게 되므로 이에 대한 충분한 검토가 필요하다."라는 〈국편위판〉의 주석을 통해서도 고고학적으로 입증된 바이다. 원래 한대의 요동군은 양평(襄平)·거취(居就)·신창(新昌)·안시(安市)·문(文)·곽평(郭平)·답지(沓氏)·서안평(西安平)·번즙(番汁)·무차(武次)·방(房)·요대(遼隊)·험릉(險陵)·요양(遼陽)·후성(候城)·고현(高顯)·망평(望平)·무려(無慮)의 18개 현을 관할할 정도의 큰 현이었다. 그런데 《진서》〈지리지〉에 따르면, 군이 요동국으로 개편되고 양평·문(汶)·거취·낙취(樂就)·안시·서안평·신창·역성(力城)의 8개 현, 민호는 5,400호(戶)로 그 규모가 축소되었다. 1호가 5~6명에 해당한다고 치면 군 전체 인구가 27,000~32,400명 수준이었던 셈이다. 이는 당시 진 왕조의 혼란을 틈 타 한대 요동군의 상당 지역을 고구려 등 동이들이 점유하고 있었음을 우회적으로 방증한다. …

•002

고구려의 국왕 고련(高璉)6)은 [동진] 안제(安帝)7)의 의희(義熙)8) 9년(413)에 장사(長史)9) 고익(高翼)을 보내어 표를 올리고 붉은 바탕에 흰 얼룩이 있는 말을 바쳤다.

---

6) 고련(高璉): 고구려의 제20대 국왕인 장수왕(長壽王)의 이름.《삼국사기》〈고구려본기〉에서는 그 "이름이 거련이며['련'으로 쓰기도 한다], [광]개토왕의 장자이다.(諱巨連[一作璉], 開土王之元子也)"라고 소개하였다. 413~490년까지 약 80년 동안 재위하면서 대내적으로는 국내성(國內城)에서 평양성(平壤城)으로 천도하고 적극적으로 남진정책을 펼치는 한편, 대외적으로는 중원의 북조(북위)와 남조(유송·남제) 사이에서 등거리외교를 통하여 실리를 챙겼다. 실제로 그는 진 왕조로부터는 고구려왕·낙랑군공, 북위로부터는 도독요해제군사·정동대장군·영동이중랑장·요동군[개국]공·[태부]·고구려왕, 유송으로부터는 사지절·산기상시·독평영이주제군사·정동대장군(거기대장군)·의동삼사·고구려왕·낙랑공, 남제로부터는 사지절·산기상시·독영평이주제군사·표기대장군·의동삼사·고구려왕·낙랑공의 작호를 차례로 챙김으로써 요동·낙랑 및 영·평주 2주에 대한 영유권을 확보하였다.

7) [동]진 안제(晉安帝): 동진의 제10대 황제로, 효무제(孝武帝) 사마요(司馬曜)의 장자인 사마덕종(司馬德宗, 382~419)을 말한다. 자가 안덕(安德)으로, 공제(恭帝) 사마덕문(司馬德文)의 형이다. 황제로 즉위한 뒤로 내란이 빈번하여 나라가 어지럽다가 419년에 유유(劉裕)에게 37살의 나이로 살해되었다.

8) 의희(義熙): 동진 제10대 황제 안제(安帝) 사마덕종이 405~418년까지 14년 동안 사용한 네 번째 연호. "의희 9년"은 〈장수왕 원년으로〉 서기로는 413년에 해당한다.

9) 장사(長史): 중국 고대의 관직명. '관리들의 수장[諸史之長]'이라는 뜻으로, 원래는 중국의 진(秦)나라에서 처음으로 설치하고 역대 왕조에 대대로 인습되었다. 인터넷 〈국편위주〉007에 따르면, "《梁書》高句驪傳에는 廣開土大王으로 추정되는 高句麗王 安의 代에 처음으로 長史·司馬·參軍 등의 官職이 설치되었다."라고 전하고 있으며,《梁書》등 "몇몇 史書에는 長壽王代에 長史라는 職名으로 中國에 使臣으로 往來한 人物이 다수" 확인된다.

[그러자 안제는] 고련을 사지절10)·도독영주11)제군사12)·정동장군13)·고

10) 사지절(使持節): 중국 고대의 관직명. 글자 그대로 풀이하면 '사절의 신분으로 정절(旌節)을 지닌 자'라는 뜻이다. 《주례(周禮)》〈지관·장절(地官·掌節)〉에서는 "하사품으로는 인장 부절을 쓰고 사절을 파견할 때는 깃대 부절을 쓴다.(貨賄用璽節, 道路用旌節)"라고 한 것을 보면, '정절'이란 깃대 형태로 제작된 부절로 해석된다. 후한대 유학자 정현(鄭玄, 127~200)은 《주례》〈지관·장절〉에 단 주석에서 "'정절'이란 오늘날 사자들이 지니는 신표가 그것이다.(旌節, 今使者所擁節是也)"라고 설명하였다. 또, 청대 말기의 학자 손예양(孫詒讓, 1848~1908)은 《후한서》〈광무기〉에서 이현은 주석을 붙여 '절은 신표로 쓰는 것이다. 대나무를 그것으로 쓰는데 자루는 길이가 8자이고, 소 꼬리를 그 장식으로 다는데 세 겹이다'고 하였다.(後漢書光武紀李注云, 節, 所以爲信也. 以竹爲之, 柄長八尺, 以旄牛尾爲其眊, 三重)"라고 소개하였다. 반면에 같은 당대의 학자인 안사고(顔師古)는 《한서》에 붙인 주석에서 "부절의 경우, 털로 그것을 만드는데 위아래가 서로 포개져 있는 것이 대나무 마디에서 형상을 땄기 때문에 그것(대나무)으로 이름을 붙인 것이다.(節, 以毛爲之, 上下相重, 取象竹節, 因以爲名)"라고 소개하여 대나무로 만든 것이 아니라 대나무 형상을 본 뜬 것이라고 보았다. … 정절을 지니는 것[지절]은 황제가 파견하는 칙사의 특권으로 그 권력이 상당히 컸다. 후한대 중기 이후로는 지방 행정이 불안정해지고 전쟁이 빈번해지자 조정의 통제권을 강화하기 위하여 전장에서 군사를 지휘하는 장군(도독)에게 병부(兵符)와 정절을 지니게 하였다. 삼국시대에는 도독에게 병부와 정절을 내리는 방식과 지위가 사지절(使持節)·지절(持節)·가절(假節)의 세 가지로 세분되었다.

11) 영주(營州): 중국 고대의 강역인 '12주(十二州)'의 하나. 인터넷 《국편위주》 008에서는 시대별로 "그 領域과 治所가 다소 변하여 갔다"고 전제하면서도 북위(北魏)의 정사인 《위서》〈지형지〉의 기록을 근거로 그 영역을 대략 "지금의 河北省에서 遼寧省에 이르는 지역"으로, 그 치소인 화룡성(和龍城)은 "熱河省 朝陽縣"으로 보았다. 열하성은 요령성 서부에 대한 20세기 초의 이름이므로, 지금의 요령성 조양시로 본 셈이다. 문제는 ① "당대인 晉代에는 전하는 바 없었다"는 점, ② 《위서》〈지형지〉에서도 영주가 지금의 조양시(조양현)이라고 밝힌 적이 없다는 데에 있다.

12) 도독영주제군사(都督營州諸軍事): 중국 고대의 관직명. 위진대에는 일반적으로 '도독(都督)'으로 줄여서 부르는 지방 군정 장관 제도가 운영되었는데, 특정 방면·지역의 군사를 관할하면서 정벌·수비 등의 군사 업무 전반을 총괄하였다. 일반적으로 관할 범위를 명시하여 '도독□주제군사(都督□州諸軍事)' 식으로 일컫는다. 관할 범위는 '도독영주제군사'처럼 적게는 1개 주(州)로부터 많게는 10개가 넘는 주까지 확장되기도 하였다. 청주와 서주의 군정을 총괄한 사마주(司馬

구려왕 · 낙랑공14)으로 삼았다.

伷)가 '도독청서이주제군사(都督靑徐二州諸軍事)'로, 강주 · 양주 · 형주 · 상주 · 광주 · 교주 등지의 군정을 총괄했던 왕돈(王敦)이 '도독강양형상광교등주제군사(都督江揚荊湘廣交等州諸軍事)'로 일컬어진 것은 그 대표적인 예이다. 진대(晉代)에는 도독을 3개 등급으로 구분했는데, '도독□주제군사'가 상급, '감□주제군사(監□州諸軍事)'가 중급, '독□주제군사(督□州諸軍事)'가 하급에 해당하였다. 인터넷〈국편위주〉009에서는 장수왕의 이 관직명에 대하여 "東晉이 高句麗의 長壽王에게 營州의 軍事的 統帥權을 위임한다는 의미"로, "[北方의 諸朝를 견제하는 의미에서 주어진] 형식적인 加號"인 것으로 보았다. 그러나 북연의 영토에 속한 지역에 대한 군 통수권을 위임했다는 것은 곧 고구려가 그 지역을 실질적으로 점유하고 있었거나 만일 점유할 경우 해당 지역에 대한 우선권을 양해한다는 의미로의 해석도 가능하다. 당시 고구려는 ① 이미 요동군공의 작호를 가지고 있었고 ② 요동이 요서와 요동을 아우르는 지리개념이므로 ③ 영주는 자연히 요녕성 조양시가 아니라 하북성 동북부의 모처였다고 이해하는 편이 합리적일 듯하다. 인터넷〈국편위주〉009에서는 이 기사 이후로도 "南朝의 諸王朝는 계속 高句麗王을 册封함에 있어 持節 · 都督의 號를 加하고 있으며, 특히 宋代 이후에는 督平州軍事를 더하여 營 · 平 2州의 都督으로 임명"한 일에 주목하면서 "오랫동안 營州 · 平州 地域이 高句麗의 점유 내지는 영향 속에 있었다."라고 추정했는데 그 주장이 옳다. 다만, 국내외 학계에서는 영주를 지금의 조양시, 평주를 지금의 평양시 일대까지로 비정했으나 실제로는 두 고을 모두 지금의 하북성 동북부 일대로 보는 편이 합리적이다.

13) 정동장군(征東將軍): 중국 고대의 관직명. 후한 말기 헌제(獻帝) 때 설치한 것을 시작으로 방위에 따라 정동 · 정서(征西) · 정북(征北) · 정남(征南)의 '4정장군(四征將軍)' 체제로 확립되어 후대에까지 인습되었다. 위나라의 경우는 '4정장군'의 품계가 제2품(第二品)으로 그 지위가 삼공(三公) 다음이었다. 이 직함을 지닌 무장들 중 탁월한 업적을 이룬 경우에는 '-대장군'으로 직함을 높여 주었다. 정동장군의 경우, 병력을 수춘(壽春)에 주둔시키고 청주(靑州) · 연주(兗州) · 서주(徐州) · 양주(揚州) 등 네 주의 자사(刺史)를 통솔하였다. 정북장군의 경우는 병력을 계(薊)에 주둔시키고 유주(幽州) · 기주(冀州) · 병주(幷州) 등 세 주의 자사를 통솔하였다. 진대와 남북조시대에는 '4정장군'이 주로 조정 대신을 예우하는 명예직으로 운영되었다.

14) 낙랑공(樂浪公): 중국 고대의 작호. '낙랑군을 영지로 하사받은 공작'이라는 뜻으로, 정식 명칭은 '낙랑군공(樂浪郡公)'이다. 중원 왕조에서 그 동쪽에 위치한 동이 국가의 국왕에게 부여하였다. 처음에는 "高句麗의 長壽王과 文咨明王"이 '낙랑공'으로 봉해졌으나 나중에는 고구려가 아닌 신라에서 "眞興王 이후 眞智王과 武烈

○ 高句驪王高璉, 晉安帝義熙九年, 遣長史高翼奉表獻赭白馬。以璉爲使持節·都督營州諸軍事·征東將軍·高句驪王·樂浪公。

• 003
[그 뒤로 유송의] 고조(高祖)15)는 즉위하자 [다음과 같이] 조서16)를 내렸다.

王, 孝昭王을 제외하고는 聖德王까지의 7王"이 '낙랑군공' 또는 '낙랑군왕'의 작호를 부여받는다. 인터넷〈국편위주〉010에서는 이를 "樂浪郡이 소멸된 후에도 中國의 諸王朝가 樂浪을 그들의 東方領域의 槪念으로 사용한 데에서 온 것"이며, "高句麗王에 대한 樂浪公의 封爵은 唐代에 이르러 高句麗의 首都였던 平壤에 樂浪郡의 중심지가 있었다는 說이 성립되는 것과 일정한 상관관계가 있는 것"으로 보았다. 그러나 그렇다면 신라가 삼국을 통일하기 전에 고구려가 존재하고 있는 상황에서도 진평왕·진지왕 등이 '낙랑공'의 봉작을 받은 일은 설명이 되지 않는다. 〈국편위주〉의 논리대로라면 신라의 국왕들이 고구려가 존재하는 시점에 '낙랑공'의 봉작을 받은 것은 신라가 그 당시에 이미 낙랑지역 즉 평양지역을 실질적으로 지배하고 있었다는 의미로 해석할 수도 있다는 뜻이다. 인터넷〈국편위주〉011에서는 "(의희 9년) 이 해에 고구려·왜국 및 서남방 이민족들의 동두대사가 나란히 특산물을 바쳤다.(是歲, 高句麗·倭國及西南夷銅頭大師並獻方物)"라는《진서(晉書)》〈안제기(安帝紀)〉의 '기사를 근거로 "晉에서 長壽王에게 내린 이 爵號는 3國의 王에 대한 최초의 中國爵號"라고 보았다.

15) 고조(高祖): 중국 남북조시대 유송(劉宋)의 개국 군주인 무제(武帝) 유유(劉裕, 363~422)를 말한다. 자가 덕여(德輿)로, 서진의 팽성(彭城) 수여리(綏輿里, 지금의 강소성 서주) 사람이다. 동진 안제의 융안(隆安)·원흥(元興) 연간에 손은(孫恩)·노순(盧循)을 토벌하고 환현(桓玄) 세력을 전복시킨 뒤 안제를 복위시켰다. 그 공로로 의희(義熙) 4년(408)에 시중(侍中)·양주자사(揚州刺史)·서연이주자사(徐兗二州刺史)에 임명되었다. 남연(南燕)·후진(後秦) 등을 멸망시키고 구지(仇池)를 항복시키는 한편 북위의 철기부대를 물리치고 회북(淮北)·산동(山東)·하남(河南)·관중(關中) 등지와 함께 낙양과 장안을 수복하였다. 그 공로로 원희(元熙) 원년(419)에는 '송왕(宋王)'에 봉해지고 이듬해에는 공제(恭帝)의 선양으로 연호를 영초(永初)로 바꾸고 송 왕조의 개국 군주가 되었다.

16) 조서(詔書): 중국 고대에 제왕이 신하와 백성들에게 이르는 말을 담은 문서. 여기서 '조(詔)'는 '이르다(declare)'의 의미이다. 〈전국시대 이전에는 '조'가 상하의 구분 없이 누구나 쓸 수 있는 표현이었으나 진나라가 중원을 통일한 후로는 오로지 황제가 내리는 명령을 가리키는 표현으로만 독점되기 시작하였다. 이 같은 법제는

송나라 무제 유유의 초상(삼재도회)

"사지절·도독영주제군사·정동장군·고구려왕·낙랑공 [고]련과 사지절·독백제제군사 17)·진동장군 18)·백제왕 [부여]영은 나란히 바다 너머에서 도의를 지키며 멀리서부터 공물을 바치는 예의를 갖추어 왔소.

○ 高祖踐阼, 詔曰: 使持節·都督營州諸軍事·征東將軍·高句驪王·樂浪公璉, 使持節·督百濟諸軍事·鎭東將軍·百濟王映, 並執義海外, 遠修貢職。

한대에도 그대로 인습되어 황제가 즉위하거나 사망했을 때, 중요한 명령을 반포할 때 어김없이 조서를 통하여 천하에 선포되었다. 원대 이후로는 주로 '성지(聖旨)'로 일컬어졌다.

17) 독백제제군사(督百濟諸軍事): 앞서 '도독영주제군사' 주석에서 소개한 것처럼 '독□주제군사'는 위진남북조시대에 운영되던 세 등급의 도독 중에서 중급에 해당한다. 이를 통하여 유송 조정에서 외교무대에서 백제를 고구려보다 한 등급 낮게 대우했음을 알 수 있다.

18) 진동장군(鎭東將軍): 중국 고대에 운영된 '사진장군(四鎭將軍)'의 하나. '사진장군'은 진압·평정이 필요한 상대가 존재하는 방위에 따라 진동·진서·진남·진북의 네 장군으로 구분되었다. '사진장군'이 처음으로 가동된 것은 후한대로, 조조(曹操)가 진동장군, 유표(劉表)가 진남장군, 한수(韓遂)가 진서장군에 임명된 바 있다. 나중에는 그 지위가 차츰 낮아져 유송에 이르러서는 일반 장군 수준으로 간주되었다. 북위 때부터는 '-장군'을 '-대장군(大將軍)'으로 격상시켰는데, 그 지위는 상서령(尙書令) 다음이었다. '사정장군'과 비교할 때 지위가 다소 낮기는 했지만 녹봉은 거의 같았다.

•004

이제 [왕조의] 시작을 새로 알리게 되었으니 [우리] 나라의 기쁨을 [함께] 나누는 것이 옳겠소. [고]련은 '정동대장군'으로, 영은 '진동대장군'으로 합당할 듯하오. [다만] 지절[19]·도독·왕·공 등의 존호는 이전과 같이 유지하도록 하시오."

[고조는 재위] 3년(422)에 [고]련을 산기상시[20]로 추가로 봉하고 [거기다가] 독평주제군사[21]까지 추가로 봉하였다.

---

19) 지절(持節): 중국 고대의 관직명. 삼국시대에 이르러서는 도독에게 병부(兵符)와 정절(旌節)을 내리는 방식과 지위가 사지절(使持節)·지절(持節)·가절(假節)의 세 가지로 세분되었다. '사지절'이 '사절로서 부절을 지닌 자'라는 의미인 데 비하여 '지절'은 [사절이 아니면서 황제가 내린] 부절을 지닌 자 정도로 번역할 수 있다. 《진서(晉書)》〈직관지(職官志)〉에서는 "사지절은 2천 석 이하의 녹봉을 받는 관리를 죽일 수 있었으며, 지절은 관직을 가지지 않은 자를 죽일 수 있었으나 군사행동이 발생할 경우에는 사지절과 동일한 권한을 행사할 수 있었다. 가절은 군사행동이 발생할 경우에만 한정하여 군령을 어긴 자를 죽일 수 있었다.(使持節得殺二千石以下, 持節殺無官位人, 若軍事, 得與使持節同, 假節唯軍事得殺犯軍令者)"라고 하여 그 권한을 명확하게 구분하였다.

20) 산기상시(散騎常侍): 중국 고대의 관직명. 삼국시대에 위나라에서 산기(散騎)와 상시(常侍)를 합쳐 새로 운영한 관직으로, 그 직책은 이전처럼 황제의 곁에서 고문이나 파견 등의 방식으로 시중을 드는 일이었다. 서진에 이르러서는 원외 산기상시(員外散騎常侍)·통직 산기상시(通直散騎常侍)가 운영되었으며 지위는 시중(侍中)보다도 높았다. 그러나 남북조시대에는 차츰 그 의미가 퇴색되고 일종의 명예직으로 운영되는 경우가 많았다.

21) 독평주제군사(督平州諸軍事): 중국 고대의 관직명. '평주(平州)'는 행정적으로 유주(幽州)에 속한 지역으로, 후한 말기에 공손도(公孫度)가 황무지에 평주를 두고 '평주목(平州牧)'을 자처하면서 중국 사서들에 등장하기 시작하였다. 유송에서 장수왕 고련에게 이 직함을 내렸다는 것은 곧 장수왕 당시 고구려가 실질적으로 평주 일대를 점유하고 있었거나 유송 조정으로부터 그 우선권을 양해받고 있었다는 의미의 해석이 가능하다. 장수왕의 고구려의 국력이 이 당시에 영주를 넘어 평주까지 미치고 있었다는 뜻이다. 인터넷〈국편위주〉013에서는 평주가 "晋代에 다시 幽州에서 5郡國을 나누어 설치된 州"임을 전제하면서 그 영역을 "지금의 遼寧省·熱河省 등지의 滿洲 地域으로, 그 治所는 昌黎였다. 그리고 北魏에서는 《魏書》〈地

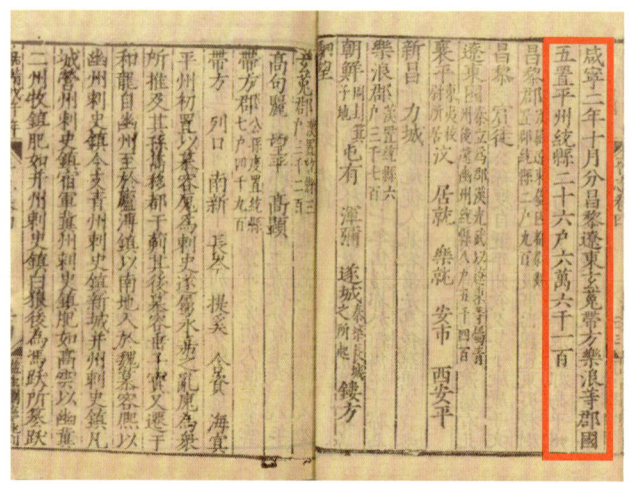

《진서》〈지리지〉 평주대목. 함녕2년(276)에 창려-요동-현토-대방-낙랑 등 5군국을 유주에서 쪼개어 평주를 설치했다고 나와 있다.

形志》에 의하면 治所는 지금의 河北省 盧龍縣인 肥如縣이다."라고 소개하였다. 그러나 역대의 각종 사서 기사 및 주석들을 살펴볼 때 중국 역사에서 '평주'는 언제나 하북성 동북부 일대를 가리키는 지역명으로 사용되었으며 그 영역을 벗어난 적이 없다. 평주가 확장되어 요녕지역까지 아울렀다는 기사나 언급은 어디에도 보이지 않는다는 뜻이다. 실제로 당대 초기에 장회태자 이현은 《후한서》〈풍연전(馮衍傳)〉에 붙인 주석에서 갈석산의 좌표와 관련하여 "[건무 연간(25-56) 말기에 상소하기를] 갈석산은 바닷가에 있는 산이다. 지금의 평주 동쪽에 있다.(碣石, 海畔山也, 在今平州東)"라고 소개하였다. 평주의 동쪽이 갈석산이라는 랜드마크에 의하여 명확하게 획정되는 셈이다. 이현은 7세기 사람이므로 당시까지만 해도 평주의 동쪽 한계는 갈석산으로 인지하고 있었다는 뜻이다. 〈이보다 연대가 다소 늦은 오대의 경우도 마찬가지이다. 이와 함께, 《구오대사(舊五代史)》《진서(晉書)》〈소제기(少帝紀)〉에서 "범양에서 걸어서 몇십 정을 가서 계주·평주를 지나 유관과 사막의 변방 땅에 이르렀다(自范陽行數十程, 過薊州平州, 至楡關沙塞之地)"라고 한 것, 《신오대사(新五代史)》《진가인전(晉家人傳)》에서 "석중귀(石重貴, 914~974) 개운 4년 정월, … 유주로부터 열을 넘게 가서 평주를 지나 유관을 나갔다.(自幽州行十餘日, 過平州, 出楡關)"라고 한 것도 결정적인 증거이다. 이 기사들을 통하여 유주와 평주의 지경이 유관 안쪽(이내, 서쪽)에 있음을 확인할 수 있는 셈이다. 그렇다면 평주의 동쪽 강역을 요령성 그것도 의현으로 비정하거나, 의현을 기준으로 할 때 갈석산은 그 서쪽에 있다는 사실만으로도 평주의 치소 창려를 의현으로 비정하는 것은 잘못된 고증일 수밖에 없다.

○ 惟新告始, 宜荷國休, 璉可征東大將軍, 映可鎭東大將軍。持節·
都督·王·公如故。三年, 加璉散騎常侍, 增督平州諸軍事。

• 005

소제(少帝)[22)]의 경평(景平)[23)] 2년(424)에는 [고]련이 장사 마루(馬婁)
등을 파견하여 대궐을 예방하고 특산물들을 바쳤다. [이에 소제는] 사신을
파견하여 [이렇게] 그 수고를 위로하였다.

○ 少帝景平二年, 璉遣長史馬婁等詣闕獻方物, 遣使慰勞之, 曰:

• 006

"[이] 황제가 사지절·산기상시·도독영평이주제군사[24)]·정동대장군·고

---

22) 소제(少帝): 유송의 제2대 황제 유의부(劉義符, 406~424)를 말한다. 유유의 장자
   로, 어릴 때 이름은 거병(車兵)이다. 영초(永初) 3년(422), 유유가 죽자 17살의 나
   이로 황제로 즉위하고 이듬해에 연호를 경평(景平)으로 바꾸었다. 그러나 즉위한
   뒤로 화림원(華林園)에 시장을 꾸며 놓고 술장사를 하는 등, 밤낮으로 놀이에 빠져
   정사를 소홀히 하다가 경평 2년(424) 영양왕(營陽王)으로 강등되더니 19살의 나
   이로 살해되었다.
23) 경평(景平): 소제 유의부가 423년 정월부터 424년 8월까지 2년 동안 사용한 연
   호. "경평 2년"은 장수왕 12년으로 서기로는 424년에 해당한다.
24) 도독영평이주제군사(都督營平二州諸軍事): 유송의 소제가 장수왕에게 내린 관직
   명. 글자 그대로 번역하면 '영주와 평주의 군정 일체를 총괄하는 도독'이라는 뜻이
   다. 영주(營州)와 평주(平州)는 하북성 동북부에 해당하므로 역사적으로 북조의 영
   역으로 남조와는 무관한 지역이다. 그럼에도 불구하고 유송에서 고구려 장수왕에
   게 이 같은 직함을 내렸다는 것은 당시 영주와 평주 두 지역을 실질적으로 점유하
   고 있던 고구려가 당초 북위에 동일한 내용의 직함을 요구했다가 거부당하자 대리
   만족으로 유송과 밀접한 관계를 수립하면서 같은 직함을 요구해 허용받았을 가능
   성이 높다. … 중국의 역사지리학자인 담기양(譚其驤)의《중국역사지도집》에서는
   이 시기의 영주와 평주를 제국 수준으로 상당히 광대한 영역으로 표시해 놓았다.
   그러나 영주와 평주는 하북성 동북부 일대로 국한시키는 것이 정상이다.

담기양이 비정한 평주(아래)와 영주(위)의 위치. 평주 경내에 기자가 책봉된 조선현과 함께 지금의 산해관·진황도·창려현 등이 보인다.

구려왕·낙랑공의 안부가 궁금하오. [그대는 선대로부터의] 위대한 왕업을 계승하여 동방에서 복종하며 업적을 이루고 [선대의] 법도를 지켜 왔소. [그대는] 인자로움이 빛을 내는 데다가 충성스러움 또한 도드라져 [급기야] 요수25)를 넘고 바다를 건너26) 이 [송나라] 조정에 공물을 바치는구려.

---

25) 요수[遼]: 〈국편위판〉과 중국의 〈대역판〉에서는 '踰遼越海'를 "遼河와 渤海를 건너"로 번역하였다. 그러나 여기서의 '요'는 '요하(遼河)'가 아니라 ① '요수'로, 근세 이후의 요하와는 엄연히 다른 하천인 데다가, ② 그 좌표 역시 요하와는 다르다. 따라서 ③ '요수'로 번역하고 그 좌표도 하북지역에서 구해야 옳다. ④ 요수의 좌표에

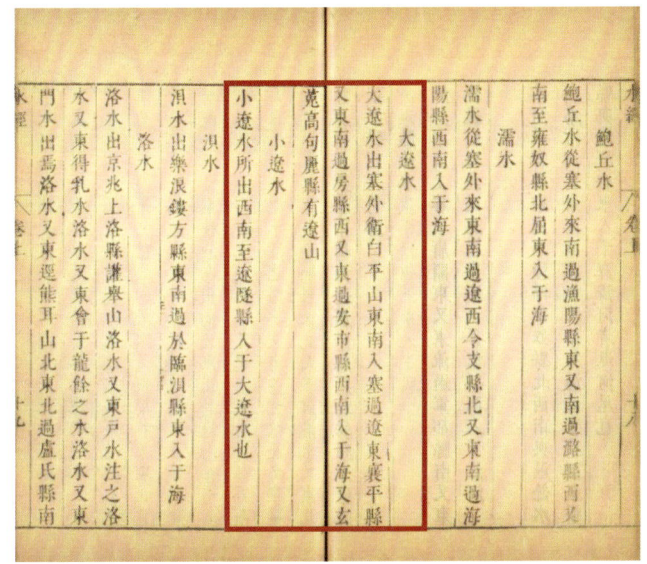

한대 지리학자 상흠의 《수경》에서 소개한 대요수와 소요수. 지금의 요하와는 좌표가 맞지 않다.

○ "皇帝問使持節·散騎常侍·都督營平二州諸軍事·征東大將軍·高句驪王·樂浪公, 纂戎東服, 庸績繼軌, 厥惠旣彰, 款誠亦著, 踰遼越海, 納貢本朝。

관한 《수경(水經)》과 《수경주(水經注)》의 소개, 그리고 그에 대한 상세한 논증은 《한국고대사와 한중일의 역사왜곡》을 참조하기 바란다.

26) 바다[海]: 인터넷〈국편위주〉015에서는 "踰遼越海" 부분을 "遼河와 渤海를 건너"로 번역하였다. 그러나 학계에서는 ① 이 당시 해로를 통하여 한반도에서 중국으로 갈 때는 요동반도를 거쳐 산동반도에 도착했다는 것이 일반적인 통설이다. 그런데 이럴 경우에는 평양성이 평양이라면 굳이 요하를 건널 이유가 없다. 또, ② 만약 요하를 건넜다면 요서를 거쳐 중국으로 들어갔다는 뜻인데, 당시 북위는 유송과 적대적이었고 고구려가 남조와 사신을 주고받는 것을 배신행위로 간주하고 있었다. 고구려 사신이 자신의 영해를 거쳐 유송으로 가도록 내버려두었을 리가 없는 것이다. 그렇다면 ③ 요동에서 요수를 건너 평주 즉 지금의 하북성 동북부에서 바닷길로 유송까지 갔다고 보는 것이 보다 합리적이다.

• 007

짐(朕)은 부덕한 몸으로 외람되게도 위대한 왕업을 이어 선조들의 발자취를 길이 기리고 [선조들께서] 남기신 은택을 깊이 되새기곤 하오.

○ 朕以不德, 忝承鴻緖, 永懷先蹤, 思覃遺澤."

• 008

지금 알자(謁者)27) 주소백(朱邵伯), 부알자(副謁者) 왕소자(王邵子) 등을 파견해 [짐의] 뜻을 전하고 [그대들의 수고를] 위로하는 바이오. [그대는] 그처럼 자애로운 정사를 널리 베풀며 그 공을 길이 융성하게 하고 [짐이] 왕년에 내린 명령을 당당하게 펼침으로써 짐의 뜻이 흡족하도록 해 주시오!"

○ 今遣謁者朱邵伯·副謁者王邵子等, 宣旨慰勞. 其茂康惠政, 永隆厥功, 式昭往命, 稱朕意焉."

---

27) 알자(謁者): 중국 고대의 관직명. 춘추전국시대에 나라의 군주나 경대부(卿大夫)의 시중을 담당했던 관원. 빈객을 안내하거나 조회 때 경비를 서거나 군주의 명령으로 사신으로 출행하는 등의 업무를 맡았다. 한대에는 궁정에 속한 알자는 낭중령(郞中令)에 소속되었으며, 알자복야(謁者僕射)를 수장으로 삼았는데, 인원이 70명이고 녹봉은 600석이었다. 위·진대에는 품계가 7품이고 정원이 10명으로 알자대(謁者臺)에 소속되어 의례를 거행하거나 명령을 출납하거나 사신으로 출행하는 일을 담당하였다. 다음에 나오는 부알자(副謁者)는 알자를 보좌하는 관원으로, 알자가 정사(正使)라면 부알자는 부사(副使)에 해당한다.

• 009

이 일이 있기에 앞서[28], 선비(鮮卑)[29][출신]의 모용보(慕容寶)[30]는 중산

---

28) 이 일이 있기에 앞서[先是]: 후연의 건흥(建興) 11년(396)에 북위의 도무제(道武帝)가 10만 대군을 이끌고 북연을 정벌한 일을 말한다. 이때 북위의 습격을 받은 모용보는 중산(中山)으로 피신했다가 영강(永康) 3년(398)에 역공을 시도하였다. 그러나 다시 북위의 대군에 밀린 데다가 설상가상으로 내부에서 쿠데타가 일어나는 바람에 용성(화룡)으로 도주하게 된다.

29) 선비(鮮卑): 중국 고대의 북방 유목민족의 하나. 원래는 동호(東胡)의 한 갈래로, 전한 초기에 흉노에게 격파되면서 그 세력이 흩어졌는데, 중국 학계에서는 지금의 내몽고 자치구 소오달 맹(昭烏達盟)의 아로과이심 기(阿魯科爾沁旗) 부근에 있는 오환산(烏桓山)으로 모인 무리를 '오환', 지금의 내몽고 철리목 맹(哲里木盟)의 과이심 좌익중기(科爾沁左翼中旗) 서쪽의 선비산(鮮卑山)으로 모인 무리를 '선비'로 구분하고 있다. 인터넷〈국편위주〉016에 따르면, 전한 말기(B.C. 1세기 초)에 그 이름이 처음으로 중국 사서에 등장하고, 중국 사회에서 본격적으로 거론되는 것은 후한 말기부터이다. 말하자면, 전한 말기에 중원으로 진출하고 후한 말기에 이르면 중원에서 상당한 세력을 형성하고 있었다는 의미로 이해할 수 있는 셈이다. 선비족이 중원에 정착하는 과정은 게르만족의 로마제국 정착, 위만의 마한 귀순을 연상하게 한다. 용병(傭兵)의 형식으로 정착이 이루어지고 있는 것이다. … 이렇게 중원으로 진출한 선비는 전란이 잦았던 3세기 초기까지 모용(慕容)·단(段)·우문(宇文)·걸복(乞伏)·탁발(拓跋/禿髮) 등의 유력 씨족들을 중심으로 세력을 유지한다. 그러다가 진(晉) 왕조의 쇠퇴와 함께 본격적으로 세력을 확장하고 화북(華北)까지 진출하여 중원을 정복하고 일련의 왕조들을 개창하게 된다. 5호 16국 시기에는 모용부의 모용황(慕容皝)이 전연(前燕, 337~370)을, 모용수(慕容垂)가 후연(後燕, 384~407)을, 모용홍(慕容泓)이 서연(西燕, 384~394)을, 모용덕(慕容德)이 남연(南燕, 398~410)을 각각 건국했으며, 걸복부에서는 걸복국인(乞伏國仁)이 서진(西秦, 385~431)을, 독발부에서 독발오고(禿髮烏孤)가 남량(南涼, 397~414)을 각각 건국하였다. 그러나 이 중에서 그 명맥이 가장 길었던 것은 탁발부로, 315년에 탁발의로(拓跋猗盧)가 대국(代國)을 건국했고, 376년에 전진(前秦)에게 멸망당하지만 386년에 탁발규(拓跋珪)가 대국을 재건한 뒤에 국호를 위(魏)로 바꾸었다. 중국 역사에서는 이 나라를 조비(曹丕)의 위나라와 구분하기 위하여 '북위(北魏)'라고 부르는데, 386년부터 557년까지 200여 년 동안 중국 북부를 호령하는 중원왕조로 발전하게 된다. 범엽은 여기서 후한대의 선비가 부여의 서쪽에 있었다고 기술하고 있는 바, 만약 부여의 좌표를 기존의 지리고증대로 길림·흑룡강성 일대로 비정하게 되면 그 서쪽 자리는 선비가 채워야 하기 때문에 현토군이 끼어 들 틈이 없게 된다.

중국에서 추정하는 선비족(탁발부)의 중원 남하 경로. 맨 위로부터

(中山)[31)]에 도읍을 두고 있었는데, 색로(索虜)[32)]에게 격파당하는 바람

---

30) 모용보(慕容寶, 355~398): 중국 남북조시대 '5호 16국(五胡十六國)'의 하나인 후연(後燕)의 제2대 왕. 초대 왕인 모용수(慕容垂, 326?~396)의 네 번째 아들이다. 창려(昌黎) 유성(柳城)을 거점으로 삼은 모용수가 중원으로 남하해 업성(鄴城)에서 왕조를 개창한 뒤로 그 왕위를 계승했으나 3년(396~398) 만에 북위(北魏)의 공격을 받고 모용씨의 발상지인 황룡(黃龍, 유성)으로 도주했다가 부하에게 죽음을 당하였다.

31) 중산(中山): 중국 고대의 지명. 모용보가 지금의 하북성 보정시(保定市) 정현(定縣) 일대에 해당한다.

32) 색로(索虜): 4~6세기 진대(晉代) 및 남북조시대에 중원인(남조)들이 북방민족(북조)을 낮추어 부르던 이름. 때로는 인터넷〈국편위주〉018처럼 북위를 세운 선비계의 탁발족(拓跋族)을 가리키기도 한다. 당시의 북방민족이 머리를 꼬은 변발(辮髮)을 하는 경우가 많았기 때문에 '머리를 꼬은 오랑캐'라는 뜻으로 '색두로(索頭虜)·색로'로 불리곤 하였다.

에 동쪽으로 황룡(黃龍)33)까지 달아났다.34)

○ 先是, 鮮卑慕容寶治中山, 爲索虜所破, 東走黃龍。

• 010

[동진의] 의희(義熙)35) 연간 초기에는 [모용]보의 아우인 [모용]희(熙)36)가

---

33) 황룡(黃龍): 모용 선비의 발상지이자 전연·후연·북연의 도읍이었던 창려군 유성 북쪽을 가리킨다. 동진의 함강(咸康) 7년(341)에 전연의 군주 모용황(慕容皝)이 한대의 유성 북쪽을 지나다가 상서로운 용이 나타난 것을 보고 도읍으로 삼았다고 해서 '용성·황룡(성)·화룡·용도(龍都)' 등의 이름으로 불렸다. 모용황은 이듬해에 모용씨의 발상지이던 당초의 대극성(大棘城)에서 천도한 뒤 새로 궁궐을 조성하고 화룡궁(和龍宮)으로 불렀다. 모용준(慕容儁)의 탁약으로 전연의 세력이 중원으로 확장되면서 계성(薊城, 지금의 북경지역)에 이어 업성(鄴城)으로 차례로 천도했으나 나중에 탁발씨 선비의 남하에 후연의 중원 영역을 상실하고 업성을 탈출한 모용보가 다시 도읍으로 삼았다.

34) 동쪽으로 황룡까지 달아났다[東走黃龍]: 서기 397년에 북위의 태조(太祖) 도무제(道武帝)가 후연의 도읍인 중산(中山)을 점령한 일을 말한다. 국내외 학계에서는 창려와 용성의 좌표를 요녕성 조양시(朝陽市) 일대에서 구하고 있다. 그러나 창려와 용성은 요녕성과는 거리가 멀다. ① "모용보가 … 동쪽으로 황룡까지 달아났다"고 한 《송서》의 이 기사는 그 좌표와 관련하여 중요한 단서를 제공한다. 조양시는 중산에서 동쪽이 아니라 동북방에 자리 잡고 있기 때문이다. ② 이와 함께 8세기의 두우가 《통전》의 "진대에 … 백제 또한 요서·진평 두 군[지금의 유성·북평 일대]을 점유하였다.(晉時, … 百濟亦據有遼西晉平二郡[今柳城北平之間])"라고 한 주석 역시 중요한 단서이다. ③ 만일 기존의 고증대로 유성을 조양시 일대로 본다면 백제가 조양시 일대까지 점유하고 있었다는 소리가 되기 때문이다. ④ 《중국백과(中國百科)》 등에 따르면, 유성과 함께 언급된 북평군은 한대의 우북평군을 개칭한 것으로 치소를 서무현(徐无縣)에 두고 있었다. 《중국역사지명》에서도 서진대의 북평군은 "관할 지역이 대략 지금의 하북성 흥륭·천진시 계운하 하류 이동·하북성 준화·풍윤 및 당산 이서지역에 해당한다. 북위의 태평진군 7년(446)에 철폐되었다.(轄境約當今河北興隆·天津市薊運河下遊以東·河北遵化·豊潤及唐山以西地區. 北魏太平眞君七年廢)"라고 소개하였다. ⑤ 그렇다면 북평군과 맞닿아 있는 유성군은 물리적으로 요녕성 조양시일 수가 없는 것이다.

35) 의희(義熙): 동진 안제(安帝)가 405~418년까지 14년 동안 사용한 연호. 여기서 "의희 연간 초기"는 건시 원년(407)에 해당한다.

그 부하인 풍발(馮跋)37)에게 죽음을 당하였다.

○ 義熙初, 寶弟熙爲其下馮跋所殺.

• 011

[풍]발은 스스로 군주가 되어 자신을 '연왕(燕王)38)'으로 일컬었다. [그런데] 그 도읍[의 이름]이 황룡성(黃龍城)이었기 때문에 그 나라를 '황룡국

---

36) 모용희(慕容熙, 385~407): 후연의 제3대 군주. 자는 도문(道文)이며, 하북성의 상산군(常山郡, 지금의 하북성 석가장시(石家莊市))에서 태어났다. 후연의 성무제(成武帝) 모용수의 막내아들이자 제2대 군주 혜민제(惠愍帝) 모용보의 동생이기도 하다. 처음에는 하간왕(何間王)으로 책봉되었다가 난한(蘭汗)이 난리를 일으킨 뒤에 요동공(遼東公)으로 봉해졌으며, 모용성(慕容盛)이 즉위한 뒤에는 하간공으로 봉해졌다. 장락(長樂) 3년(401), 모용성이 난군에게 살해되고 그 동생 모용원(慕容元)이 그 자리를 계승하게 되어 있었으나 두 사람의 생모인 정태후(丁太后)의 총애를 받아 천왕으로 즉위하고 모용원을 제거한 뒤에 광시(光始)로 연호를 바꾸었다. 그러나 정태후가 자신을 폐위하려 하자 정태후를 제거하고 방탕한 사치와 살인을 일삼다가 건시(建始) 원년(407)에 23세의 나이로 재위 7년 만에 풍발(馮跋)에게 살해되었다.

37) 풍발(馮跋, ?~430): 5호 16국 시대 북연(北燕)의 군주. 자는 문기(文起)이며, 장락(長樂) 신도(信都, 지금의 하북성 기현) 사람이다. 나중에 화룡(和龍)으로 이주하였다. 처음에는 후연의 중위장군(中衛將軍)으로 있었으나 후연의 군주 모용희가 폭정을 일삼아 민심이 흉흉해지자 모용희를 살해하고 고운을 옹립한 다음 정북대장군에 임명되고 무읍공(武邑公)에 봉해졌다. 고운이 부하에게 살해되고 난 뒤에는 반란을 평정하고 '천왕(天王)'을 자처하면서 용성을 도읍으로 삼아 북연을 건국하였다. 재위기간에는 요역과 조세를 줄이고 농업을 장려하고 학교를 세우는 등 후연의 폭정을 쇄신하였다.

38) 연왕(燕王): 연 지역의 왕. '연'은 역사적으로 하북성 [동]북부를 일컫는 지역명이었다. 실제로 중국 역사에서 '연왕'의 왕호를 일컬은 인물들은 오대(五代) 시기의 남당(南唐)의 이경달(李景達)과 이홍기(李弘冀, ?~959)를 제외한 수십 명이 모두 그 연고지·근거지·활동지를 하북성 동북부의 유주(幽州)와 평주(平州) 일대에 둔 것으로 확인된다. … 풍발이 연왕을 자처한 것은 의희 5년, 즉 서기 409년의 일이다.

눈에 잘 띄는 옹기 상부 겉면에 펜글씨처럼 휘갈겨 쓴 '태평13년손룡조자번두(太平十三年孫龍造者番頭)'라는 글귀가 적혀 있다.

(黃龍國)'이라고 하였다.[39]

○ 跋自立爲主, 自號燕王, 以其治黃龍城, 故謂之黃龍國。

---

[39] 그 나라를 '황룡국'이라고 하였다[謂之黃龍國]: '황룡국'은 '북연(北燕)'의 또 다른 이름이다. 409년에 풍발이 연나라를 세웠으나 그 아우 풍홍에 이르러 북위의 침공으로 28년 만에 멸망하였다. 〈동북아판2〉(제032쪽) 등, 국내외 학계에서는 성터와 '태평(太平)'이라는 글자가 적힌 옹기가 발견된 것을 근거로 용성을 "遼寧省 朝陽縣"으로 단정하는 경향이 있다. 그러나 ① 풍발이 '연왕'을 자처했다는 사실 자체가 그 통치권력의 지리적 범위를 한정한다. 황룡성의 위치가 요녕성의 조양시가 아님을 우회적으로 방증하고 있는 것이다. 반면에, ② 조양지역은 그 지리적 좌표에 근거할 때 '연'과는 무관하며 오히려 '요'로 불려야 할 곳이다. 따라서 ③ 풍발의 영역 역시 하북성에서 머물렀음을 간접적으로 알 수 있는 셈이다. 또, ④ '태평'이라는 연호가 적혀 있는 위치가 옹기 상부 겉면이라는 것도 의심스럽다. 제작자의 신분이나 제작연도를 나타내는 글귀는 눈에 잘 띄지 않는 옹기 하부나 바닥 안쪽에 표시되는 것이 일반적이기 때문이다.

- **012**

[풍]발이 죽고 [그의] 아들 [풍]홍(弘)[40]이 옹립된 뒤로【교감1】 몇 번이나 색로에게 공격을 당했으나 [색로가 그 도움을] 함락시키지 못하는 것이었다.

○ 跋死, 子弘立【跋死子弘立馮弘爲馮跋之弟, 見晉書載記, 子當作弟, 蓋沈約承鄰國傳聞而誤】, 屢爲索虜所攻, 不能下.

【교감1】 "발이 죽고 아들 홍이 옹립되었다"의 경우, 풍홍은 풍발의 동생이라는 사실이 《진서》〈재기〉에 보이므로 "아들"은 "동생"으로 고쳐야 옳다. 아마 심약이 이웃나라에 퍼진 소문을 받아들여 오류를 범한 것이리라.

- **013**

태조[41] 때에는 해마다 사신을 파견해 특산물을 바쳤다. [그래서] 원가(元嘉)[42] 12년(435)에는 [풍홍에게] [관직과 작호 등의] 제수를 내리고 추가해 주

---

40) 홍(弘): 북연의 제2대 천왕인 풍홍을 말한다. 자는 문통(文通)으로, 풍발의 동생이다. 430년에 풍발이 죽자 그 아들 풍익(馮翼)을 죽이고 왕위를 찬탈하였다. 그러나 날로 강성해지던 북위의 압박에 위협을 느껴 유송에 번신(藩臣)을 자처하면서 '연왕'의 봉작을 받았다. 436년에 북위의 공격을 피해 고구려에 몸을 의탁했다가 장수왕에게 살해되었다.

41) 태조(太祖): 유송의 제3대 황제인 문제(文帝) 유의륭(劉義隆, 407~453)의 묘호. 무제 유유의 셋째 아들로, 어릴 때 이름은 차아(車兒)이며, 서주(徐州) 팽성현(彭城縣), 즉 지금의 서주시 사람이다. 체구가 건장하고 박학다식한 데다가 예서(隸書)를 잘 썼다고 한다. 동진 시기에 서주(徐州)·사주(司州)·형주(荊州) 세 곳의 자사(刺史)를 차례로 역임하고 팽성현공(彭城縣公)에 봉해졌다. 원희 2년(420), 진서장군(鎭西將軍)에 제수되고 의도군왕(宜都郡王)에 책봉되더니 원가 원년(424)에 황제가 되었다. 즉위한 뒤로는 소제를 시해한 서선지(徐羨之) 등의 권신들을 제거하고 왕권을 강화하는 한편 선정을 베풀어 '원가 연간의 통치[元嘉之治]'라는 찬사를 듣기도 하였다. 그러나 원가 30년(453), 황태자이던 유소(劉劭)에게 47살의 나이로 살해되었다.

42) 원가(元嘉): 문제 유의륭이 424~453년까지 29년 동안 사용한 연호. "원가 12년"

었다.

○ 太祖世, 每歲遣使獻方物。元嘉十二年, 賜加除授。

• 014

[원가] 15년(438), 또다시 색로에게 공격을 당하였다. [풍]홍은 패해 도망쳐 고[구]려의 북풍(北豊)43) 성까지 달아나서44) [송나라에] 표를 올리고 [자신을] 받아 줄 것을 요청하였다.

송나라 태조 유의륭의 초상(삼재도회)

이라면 장수왕 23년으로 서기로는 435년에 해당되는 셈이다.

43) 북풍(北豊): 고구려의 성 이름. 북경대 출신의 중국 언어학자 정성수(丁聲樹)가 엮은 《고금음대조수책(古今音對照手冊)》에 따르면, '북녘 북(北)'은 고대음이 '방과 직의 반절[幫職切, pək]', '풍성할 풍(豊)'은 '방과 동의 반절[滂冬切, pʰiwəm]'이다. 우리는 '북'의 중성(中聲)을 'ㅜ[u]'로 알고 있으나 실제로는 '검을 흑'과 마찬가지로 'ㅡ[ə]'로 읽어야 옳다. '풍'의 경우도 마찬가지이다. 우리는 '풍'의 중성을 "ㅜ[u]'로 알고 있지만 실제로는 'ㅟ[iwə]'로 읽어야 옳다. 즉, '풍'이 아니라 '쀵' 정도라는 뜻이다.

44) 고려의 북풍성까지 달아나서[奔高驪北豊城]: 태연(太延) 2년 3월 북위가 기병 1만으로 풍홍 토벌에 나서면서 연쇄적으로 발생한 사건. 《위서》에서는 이 사건과 관련하여 "高麗는 그 大將 葛蔓盧에게 步騎 2萬을 주어 魏軍과 대치하는 가운데 和龍에 入城하여 馮弘과 그 率衆을 北豊城으로 호송했다."라고 기술한 바 있다. … 인터넷〈국편위주〉024에서는 북풍성의 내력과 관련하여 "본래 명칭은 豊이다. 後漢 末 公孫度는 遼東에 웅거하여 豊城을 두었는데, 후에 司馬懿가 요동을 정벌하자 豊人이 正治 元年 南쪽 靑齊(山東)으로 流徙하여 南豊縣이라 하였으며, 그와 區別하여 그곳에 잔류한 사람들을 北豊이라 하였다."라고 하면서 그 위치를 "遼寧省 瀋陽市 西北"으로 비정하였다. 그러나 ① 공손도가 요동에서 할거할 때 쌓은 성이었다는 점이나 ② 사마의가 공손씨를 정벌한 사건을 감안한다면 그 좌표는 요동, 즉 하북성 동북부 일대에서 구하는 편이 합리적이다.

태조(太祖)[45]는 사신으로 왕백구(王白駒)와 조차흥(趙次興)을 파견하여 그들을 맞이하게 하는 한편 고[구]려에 [풍홍의] 귀순 문제를 처리해 줄 것을 요구하였다.

○ 十五年, 復爲索虜所攻, 弘敗走, 奔高驪北豊城, 表求迎接。太祖遣使王白駒・趙次興迎之, 并令高驪料理資遣。

• 015

[고]련은 [풍]홍을 남쪽[46]으로 보내는 것이 내키지 않아서 장수 손수(孫漱)・고구(高仇) 등을 파견해 그를 습격해 살해하였다.

○ 璉不欲使弘南, 乃遣將孫漱・高仇等襲殺之。

• 016

[그러자 왕]백구 등은 대동했던 칠천여 명을 이끌고 [손]수 등을 [몰래?] 토벌하고 [손]수를 산 채로 사로잡고 고구 등 두 명을 살해하였다. [고]련은 '[왕]백구 등이 함부로 사람을 죽였다'는 이유를 들어 사신을 파견해 그들을 붙잡아서 [송나라로] 압송하였다.

○ 白駒等率所領七千餘人掩討漱等, 生禽漱, 殺高仇等二人。璉以白駒

---

45) 태조(太祖): 남조 제(齊)나라의 개국 군주인 소도성(蕭道成, 427~482)의 묘호. 자가 소백(紹伯)으로, 조상 때의 본관은 동해(東海) 난릉(蘭陵), 즉 지금의 산동성 조장(棗莊) 동남쪽이지만 남난릉(南蘭陵), 즉 지금의 강소성 상주(常州) 서북쪽으로 옮겼다. 본래 유송의 금군(禁軍)에 속한 장수였으나 유송 황실의 동족상잔의 틈을 타서 군권을 장악하고 후폐제(後廢帝)를 몰아내고 순제(順帝)를 옹립하였다. 그 공로로 '제공(齊公)'에 봉해졌으나 479년에 제나라를 세우고 연호를 건원(建元)으로 정하였다. 재위기간 동안 황족의 토지 겸병이나 장수들의 사병 확장을 금지시키는 등 국정을 쇄신하고자 노력하였다.

46) 남쪽[南]: 강남, 즉 풍홍이 처음에 가고자 했던 유송을 가리킨다.

等專殺, 遣使執送之。

•017

황제는 [고구려가] 본국에서 멀리 떨어져 있다 하여 그의 뜻을 거스르는 것을 바라지 않았다. [그래서 왕]백구 등을 감옥에 가두었다가 [그 죄를] 용서해 주었다.
[그 뒤로도 고]련은 해마다 사신을 파견하였다.[47)] [원가] 16년(439)에는 태조가 북쪽으로 [북위] 토벌에 나서기 위하여 [고]련에게 조서를 내려 말을 보내게 하였다. [이에 고]련이 말 팔백 필을 바쳤다.

○ 上以遠國, 不欲違其意, 白駒等下獄, 見原。璉每歲遣使, 十六年, 太祖欲北討, 詔璉送馬, 璉獻馬八百匹。

•018

세조(世祖)[48)]의 효건(孝建)[49)] 2년(455)에 [고]련이 장사 동등(董騰)을

---

47) 해마다 사신을 파견하였다[每歲遣使]: 유송에 대한 고구려 장수왕의 사신 파견은 소제의 경평 원년부터 순제(順帝) 승명(昇明) 2년까지의 《송서》《본기》 기사만 해도 18건에 이른다. 그러나 《삼국사기》《고구려본기》에는 그중 장수왕 43년과 66년의 단 2건만 소개되어 있다. 인터넷〈국편위주〉026에서는 김부식의 "對宋遣使기록의 누락은 좀 더 밀접하였던 魏와의 관계를 고려한 것"이라고 해석하였다. 그러나 ① 《삼국사기》 편찬은 고구려가 아닌 고려 때에 이루어졌고, ② 김부식 당시는 남북조시대로부터 수백 년 뒤여서 북위와의 관계를 고려할 이유가 없었으며, ③ 김부식이 〈고구려본기〉를 집필할 때 고구려 사료에 그 이유에 대한 해명이나 단서가 있었다는 근거도 없다.
48) 세조(世祖): 유송의 제5대 황제 효무제(孝武帝) 유준(劉駿, 430~464)의 묘호. 유의륭의 셋째 아들로, 자는 휴룡(休龍)이며, 팽성(彭城) 수여리(綏輿里, 지금의 서주시) 사람이다. 원가 12년(435)에 무릉왕(武陵王)으로 옹립되고, 상주(湘州)남예주(南豫州)·옹주(雍州)·서주(徐州)·남연주(南兗州)·강주(江州) 등지의 자사를 역임하였다. 원가 30년(453) 2월, 태자 유소가 문제를 살해하고 자립한 뒤 연

파견해 표를 올리고 [송나라가] 국상 두 주기50)를 맞은 것을 위로하는 한편 특산물들을 바쳤다.

대명(大明)51) 3년(459)에 또 숙신씨의 자작나무 화살과 돌 살촉을 바쳤다. 52) [대명] 7년(463)에는 [황제가] 이렇게 조서를 내렸다.

호를 태초(太初)로 바꾸자 토벌에 나서서 4월에 유소의 격파하고 황제가 되었다. 이듬해에 연호를 '효건(孝建)'으로 바꾸고 종실의 왕들과 동족상잔을 벌임으로써 유송의 몰락을 자초하였다.

49) 효건(孝建): 효무제 유준이 454~456년까지 3년 동안 사용한 연호. "효건 2년"은 장수왕 43년으로 서기로는 455년에 해당한다.

50) 국상 두 주기[國哀再周]: 유송의 문제 유의륭은 47세이던 원가 30년(453)에 황태자 유소(劉劭)에게 살해되었다. 시호는 문(文), 묘호는 태조(太祖)이다. "효건 2년"은 그가 죽은 지 3년 되는 해이다.

51) 대명(大明): 유송의 효무제 유준이 457~464년까지 8년 동안 사용한 연호. "대명 3년"은 장수왕 47년으로 서기로는 459년에 해당한다.

52) 또 자작나무 화살과 돌 살촉을 바쳤다[又獻肅愼氏楛矢石砮]: 《송서》《효무제본기》'대명 3년'조의 "11월 기사일에 고[구]려국에서 사신을 파견하여 특산물을 바쳤다. 숙신국에서는 여러 번의 통역을 거쳐 호시와 석노를 바쳤다.(十一月己巳, 高麗國遣使獻方物, 肅愼國重譯獻楛矢 · 石砮)" 기사에 대하여 인터넷《국편위주》030에서는 "高句麗의 使者를 따라와서 肅愼의 貢獻이 이루어진 것"으로 해석하였다. 그러면서 "당시의 肅愼은《三國史記》에 의하면 西川王時에는 그 일부가, 廣開土大王時에는 그 전부가 高句麗에 복속하여 그 隷下에 있었으니, 이것은 충분히 가능한 일"이라고 보았다. 그러나 ① 문법적으로 따져 보면 해당 기사 원문은 "又獻肅愼氏楛矢石砮"이어서 숙신씨는 행위(조공)의 주체가 아닌 객체로 제시되어 있다. 즉, 숙신씨가 호시 · 석노를 바친 것이 아니라 고구려 사신들이 숙신 땅에서 나는 호시 · 석노를 바친 것으로 제시되어 있는 것이다. ② 정치적인 견지에서 보더라도,《삼국지》 등에서 숙신이 조공한 시점을 따져 보면 동이지역이 정치적으로 불안정한 때일 경우가 많다. 강력한 중앙집권체제가 수립되지 않아서 숙신 등의 군소 집단들의 개별적인 대중국 통상 · 외교가 이루어졌던 것이다. 그러나 5세기라면 이미 동이지역에서 고구려가 강력한 왕권을 바탕으로 중앙집권체제가 자리 잡고 있던 시점이었다. ③ 숙신은 이보다 앞선 광개토대왕 8년(398)에 완전히 고구려에 병합된 상태였다. 그런 상황에서 자국 영토 내에서 국왕의 지배를 받는 군소 집단이 개별적으로 중국과의 외교 · 통상을 시도하는 돌출행위를 고구려에서 용납했다고 보기는 어렵다. ④ 문법적으로도 문제가 있다. 기사의 "又獻肅愼氏楛矢石砮" 부분을 번

장수왕이 세운 것으로 전해지는 광개토대왕비(한국학중앙연구원 사진)와 탁본(중국 대련 박물관 소장)

○ 世祖孝建二年, 璉遣長史董騰奉表慰國哀再周, 并獻方物。大明三年, 又獻肅慎氏楛矢石砮。七年, 詔曰:

• 019
"사지절·산기상시·독평영이주제군사·정동대장군·고구려왕·낙랑공 [고]련은 대대로 충성과 도의로 [황제를] 섬기며 바다[발해] 너머에서 울타리가 되어 주면서 이 조정에 충성을 바치며 잔혹하고 위험한 무리 53)를 없애는 데 뜻을 두고, 사막 북쪽[너머]과도 통역을 거치[고 교류하]면

역하면 "아울러 숙신씨의 호시와 석노를 바쳤다"가 된다. 주어가 생략되기는 했지만 호시·석노를 바친 주체가 숙신씨가 아니라 제삼자인 것이다. 만일 숙신씨가 직접 조공을 했다면 이 부분 역시 "아울러 숙신씨가 호시·석노를 바쳤다.(又肅慎氏獻楛矢石砮)"라고 썼을 것이다. 역사적 사실 여부와는 별도로, 이 기사만 놓고 보면 호시와 석노를 바친 것은 숙신씨가 아니라 고구려 사신이라는 뜻이다.

53) 잔혹하고 위험한 무리[殘險]: 유송과 적대적인 관계에 있던 북위를 가리킨다. 또, 이어서 나오는 "사막 북쪽[沙表]"은 몽골 고원에 있는 고비 사막 북쪽 땅을 말하므로, 이를 통하여 고구려가 고비사막 너머에서 북위와 대립하고 있던 북방 왕조인

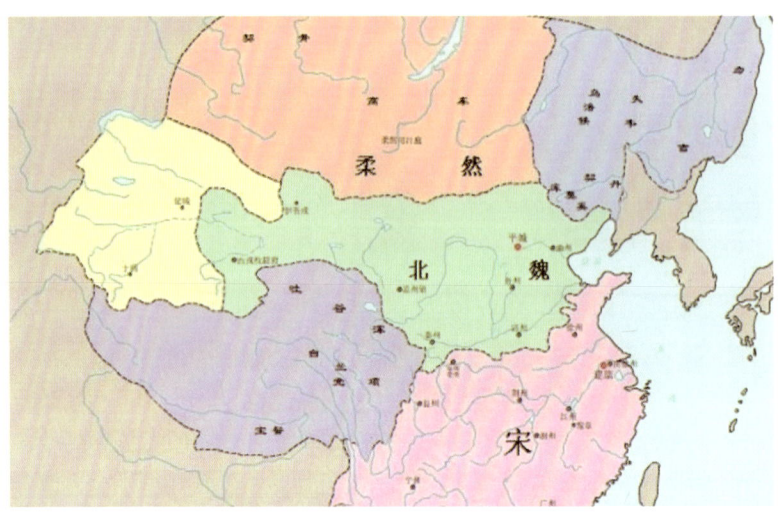

담기양이 그린 고구려–유연–북위–유송의 형세도. 고구려의 강역을 아주 작고 기괴하게 그려 놓았다.

서 [짐의] 왕도를 전하고자 애썼소.

O 使持節·散騎常侍·督平營二州諸軍事·征東大將軍·高句驪王·樂浪公璉, 世事忠義, 作藩海外, 誠係本朝, 志剪殘險, 通譯沙表, 克宣王猷。

• 020

[그러니] 포상과 특진을 더해 줌으로써 [그대의] 순수한 절개를 표창함이 옳소. [그대는] 거기대장군54)·개부의동삼사55)로 적합할 듯하오. [다만]

유연(柔然)과 은밀히 교류한 것을 알 수 있다. 실제로《위서》〈거란전(契丹傳)〉에서 "태화 3년(479)에 고구려가 몰래 연연(유연)과 도모하여 지도우의 땅을 나누어 가지려 하였다.(太和三年, 高句麗竊與蠕蠕謀, 欲取地豆于以分之)"라고 적은 것을 보면 북위에서도 고구려의 이 같은 동정을 감지하고 있었음을 알 수 있다.

54) 거기대장군(車騎大將軍): 중국 위·진대 이래의 관직명. 표기(驃騎)·거기(車騎)·위(衛)의 세 장군은 여타 장군들보다 중요한 위상을 가지고 있어서 본래는 굳이

지절·도독·왕·공 등의 존호는 이전과 같이 유지하도록 하시오."

○ 宜加褒進, 以旌純節。可車騎大將軍·開府儀同三司, 持節·常侍·都督·王·公如故。"

• 021

태종(太宗)⁵⁶⁾의 태시(泰始)⁵⁷⁾ 연간과 나중의 폐제(後廢帝)⁵⁸⁾의 원휘

'대-'를 붙일 필요가 없었다. 그러나 나중에 장군의 종류가 갈수록 늘어나자 세 장군의 직함에 '대-'를 추가한 '대장군'을 증설하고 존경의 뜻으로 중신이나 원로들에게 하사했는데 품계는 1품으로 막료나 병력은 두지 않았다. 그 뒤로 5호 16국 시대와 남북조 시기에도 그대로 인습되었다. 양나라 무제의 천감(天監) 7년(508)에는 무직 24반(武職二十四班) 중 최고반 24반, 대통(大通) 3년(529)에는 무직 34반 중 최고반 34반으로 제정하고 품급은 1품, 녹봉은 중 2천 석(中二千石)을 내렸다.

55) 개부 의동삼사(開府儀同三司): 위·진·남북조 시기의 고위 관직명. 글자대로 풀이하면 "독자적인 집무 관청과 함께 '삼사'에 준하는 의전 특혜를 누린다"는 뜻으로, 엄밀하게 말하면 관직이라기보다는 의전의 범위를 설정한 명칭이다. 지정된 지점에 독립적인 관부(官府)를 개설했는데 그 등급이나 의전은 동삼사(同三司). 즉 '삼사(三司)'에 준하는 수준으로 허용되었다. 품계가 정1품(正一品)인 '삼사'는 태위(太尉)·사도(司徒)·사공(司空)의 '삼공(三公)'과 태사(太師)·태부(太傅)·태보(太保)의 '삼사(三師)'를 말하는데, '삼사'는 천자가 스승으로 받드는 관직으로 총괄하는 직무는 없었고 해당자가 없으면 자리를 비워 두기도 하였다. '삼공'은 천자를 보필하는 관직으로 국정에 참여하였다.

56) 태종(太宗): 유송의 제7대 황제 명황제(明皇帝) 유욱(劉彧, 439~472)의 묘호. 유의륭의 11번째 아들로, 자는 휴병(休炳)이며, 서주 팽성현 사람이다. 비서감(秘書監)·중호군(中護軍)·영군장군(領軍將軍) 등의 요직을 두루 역임하였다. 폐제인 유자업(劉子業)이 즉위한 뒤에는 남예주자사에 임명되었으나 경화(景和) 원년(465)에 유자업을 살해하고 황제가 되었다. 그러나 동족상잔으로 국력이 소진되는 바람에 북위가 남하하여 산동(山東)·회북(淮北) 등지를 점거하더니 결국 미천한 가문 출신의 장수이던 소도성(蕭道成)이 군사를 일으켜 유송을 멸망시키매 태예(泰豫) 원년(472) 34살의 나이로 병사하였다.

57) 태시(泰始): 명황제 유욱이 465~471년까지 6년 동안 사용한 연호. 〈장수왕 53~59년에 해당한다.〉

(元徽)59) 연간에도 [고구려가] 공물을 바치는 사절은 끊이지 않았다.

○ 太宗泰始·後廢帝元徽中, 貢獻不絶。

58) 후폐제(後廢帝): 유송의 제8대 황제 유욱(劉昱, 463~477)을 가리킨다. 역사적으로 그에 앞서 폐위된 제6대 황제 유자업(劉子業)과 대비시켜 '나중의 폐제'라는 뜻으로 붙인 칭호이다. 명황제 유욱의 장자로 자가 덕융(德融)이며, 서주 팽성 수여리 사람이다. 태예 원년(472)에 황제가 되었으나 잔인하고 포학하여 원휘(元徽) 5년(477)에 재상이던 소도성(蕭道成)에게 15살의 나이로 살해되고 창오왕(蒼梧王)으로 격하되었다.
59) 원휘(元徽): 후폐제 유욱이 473~477년까지 4년 동안 사용한 연호. 고구려의 기년으로는 장수왕 61~64년에 해당한다.

백제국전(百濟國傳)[60]

• 001

백제국(百濟國)[61]은 본래 고[구]려와 나란히 요동(遼東)[군][62]의 동쪽 천리 넘게 떨어진 곳에 있었다.

○ 百濟國, 本與高驪俱在遼東之東千餘里。

---

60) 백제국전(百濟國傳): 앞의 〈고구려국전〉과 마찬가지로, 동진 안제로부터 유송의 소제·문제·효무제·명황제까지, 즉 백제의 진지왕·구이신왕·비유왕·개로왕까지 55년간의 백제와 유송의 교류사를 소개하였다. 특기할 만한 것은 중국의 역대 정사들 중 처음으로 고구려의 요동 경략과 함께 백제의 요서 경략 사실을 소개해 놓았다는 점이다. 이를 통하여 백제가 5세기에 중원의 동북방인 요서지역에 진평군(진평현) 등의 식민지를 개척했음을 1차 사료를 통하여 문헌적으로 확인할 수가 있어서 사료적으로 상당히 중요한 가치를 지닌다. 한중일 학계 일각에서는 열전의 분량이 얼마 되지 않는다거나 북조의 사서에는 언급이 없다는 등의 이유로 부정하려는 분위기가 강하다. 그러나 백제의 요서 경략이 역사적 사실이라는 것은 《송서》등 남조의 사서들이 엄연히 권위 있는 역사서인 '25사'의 기록으로 수백년 동안 교차검증을 거친 내용이라는 점이나, 백제왕의 표와 유송 황제의 조서에 등장하는 백제의 국왕·귀족들에 대한 봉작들에 등장하는 지명들을 통해서도 충분히 뒷받침된다.

61) 백제국(百濟國): 인터넷〈국편위주〉034에서는 "百濟는 원래 辰王이 지배하는 馬韓을 구성하는 城邑國家의 하나인 伯濟가 발전한 것"이라고 보았다. 마한의 성읍국가의 하나이던 백제가 최종적으로 백제국으로 성장했다는 것이다. 그러나 나중에 등장하는 백제의 전신이 마한의 성읍국가들 중 하나이던 백제국으로 보는 것은 신중하지 않다. ① 백제의 국호가 "100가를 데리고 바다를 건넜다(百家濟海)"라는 어원을 가지고 있는 이상, ② 그 이름에서 키워드가 되는 '일백 백(百)'과 '건널 제(濟)'는 그 집단의 정체성을 상징하는 글자이다. 다른 글자로의 대체가 불가능하다는 뜻이다. ③ 그런데 마한 당시의 백제는 첫 글자가 '맏 백(伯)'이다. 적어도 어원학적 견지에서는 동일한 집단으로 보기 어려운 것이다. 이 문제에 관해서는 문성재, 《정역 중국정사 조선·동이전1》, 제318쪽, 주296의 설명을 참조하기 바란다.

62) 요동(遼東): 진대의 지역명. 자세한 설명과 지리고증은 앞의 〈고구려전〉의 "요동군" 주석 등을 참조하기 바란다.

• 002

그 뒤로 고[구]려가 요동[군]을 공략해 영유하자 63) 백제는 요서(遼西) 64)

63) 고려가 요동을 공략해 영유하자[高麗略有遼東]: 〈동북아판3〉(제44쪽)에서는 이 사건에 관한 별도의 설명이 없다. 다만, 이어지는 백제의 요서 경략과 결부시켜 주석에서 "《양 직공도》에는 '樂浪亦有遼西'로 적혀 있어 논란이 일었다."라고 소개하였다. 그러나 이는 아주 심각한 오독이다. 《양 직공도》의 해당 대목 원문은 "百濟 … 晉末駒麗略有遼東樂浪亦有遼西晉平縣. …"으로 되어 있다. 이 대목을 문법적으로 따져 볼 때, 이 부분은 주어가 여러 개 들어가 있는 다중주어구문(multiple subject constructions)에 해당한다. 즉, "百濟 … [晉末駒麗略有遼東樂浪], 亦有遼西晉平縣"의 수식관계를 이룬다는 뜻이다. 이 경우, ① 백제가 이 전체 대목의 모든 행위의 주체인 대주어(大主語, major subject) 역할을 하는 반면, 고구려는 그중 일부 행위에 대한 일관된 주체인 소주어(小主語, minor subject)일 뿐인 것이다. 그런데 ② 〈동북아판3〉에서는 이 같은 문법관계를 간과한 채 '駒麗略有遼東, 樂浪亦有遼西晉平縣'로 끊고 "고구려가 요동을 경략하고 낙랑 역시 요서 진평현을 영유하였다."라고 해석하였다. 그러나 ③ 소역이 백제국의 연혁을 소개하는 내용에서 아무 상관없는 낙랑의 요서 영유를 언급한다는 것 자체가 상식에 맞지 않는 논리 전개이며, ④ 〈동북아판3〉 식으로 해석하면, 낙랑군이 자국의 영토이자 대등한 행정단위인 요서군을 공격해 빼앗았다는 소리인데, 역사적으로 따져 볼 때 역대 중국 정사 어디에도 그 같은 사건은 발생한 적이 없다. 더욱이 ⑤ 4~6세기에 고구려 국왕이 요동공·낙랑공의 작호를 중원 왕조로부터 받은 것은 엄연한 역사적 사실이다. 고구려가 당시 점유한 땅이 요동·낙랑이라는 《양 직공도》의 기록이 틀린 말이 아니라는 뜻이다. 그렇다면 ⑥ 백제가 모든 행위의 일관된 주체(대주어)라는 점을 감안할 때 〈동북아판3〉의 윤용구의 주장은 문법적·역사적·지리적으로 모두 어불성설인 셈이다. 따라서 이 부분은 반드시 '駒麗略有遼東樂浪, [百濟] 亦有遼西晉平縣'로 끊고 "백제는 … 고구려가 요동과 낙랑을 경략하자 [그들] 역시 요서 진평현을 영유하였다."로 번역해야 옳다.

64) 요서(遼西): 진대의 지역명. 《진서》〈지리지〉에 따르면, 진대의 요서군은 관할하는 현이 양락(陽樂)·비여(肥如)·해양(海陽)의 세 현, 민호는 2,800호(戶)이었다. 한 세대가 5~6명이라고 할 때 군의 인구가 1만 4,000~1만 6,800명 수준에 불과한 것이다. 《한서》〈지리지〉에서 양락·비여·해양 이외에도 차려(且慮)·빈도(賓徒)·도하(徒河)·호소(狐蘇)·교려(交黎)·임유(臨渝)·유성(柳城)·문성(文成)·신안평(新安平)·영지(令支) 등 10개 현을 아울러 관할했던 한대에 비하면 그 영역이 상당히 줄어든 셈이다. 이는 요동과 마찬가지로 요서지역이 선비 등 북방민족들의 각축의 현장이었음을 방증해 준다. 유성현이 모용선비에게 점탈당한 것이 그 예이다.

지역을 공략해 영유하였다.65) [이때] 백제가 치소로 삼았던 곳은 진평군

---

65) 백제는 요서지역을 공략해 점유하였다[百濟略有遼西]: 이 구절을 통하여 백제가 점유한 곳이 요서군에 속한 지역이며, 백제가 서치한 군이 진평군, 치소로 삼은 곳은 진평현이었을 것임을 짐작할 수 있다. 백제의 요서 경략 사실을 소개하고 있는 중국 문헌들로는 《송서》·《양서》·《양 직공도》·《남사》 등이 있는데, 모두가 남북조시대 남조 왕조들의 역사를 다룬 사료들이라는 공통점을 가지고 있다. 《양서》에는 요서·진평 두 군의 점유 이외에도 백제가 "자체적으로 백제의 군을 설치한 일(自置百濟郡)"까지 추가로 소개하였다. 이와 함께, 양나라의 제2대 황제이던 원제(元帝) 소역(蕭繹, 508~555)이 형주자사(荊州刺史)로 있을 때인 547~549년 사이에 직접 그린 《양 직공도》의 〈백제국사(百濟國使)〉 부분 역시 중요한 서지적 증거이다. 그 그림에 소개된 백제의 연혁은 대체로 다음과 같다.

"백제는 예전에는 동이인 마한의 속국이었다. 진나라 말기에 [고]구려가 요동과 낙랑 두 군을 경략해 영유하매 [백제] 역시 요서와 진평 두 현(군?)을 영유하였다. 진대부터 늘 번국으로서 조공의 소임을 다하였다.(百濟舊來夷馬韓之屬. 晉末駒麗畧有遼東樂浪, [百濟]亦有遼西晉平縣. 自晉已來, 常修蕃貢.)"

8세기 당나라 역사가 두우(杜佑) 역시 《통전》에서 "진대에 구려가 요동을 경략해 점유했을 뿐만 아니라 백제 또한 요서·진평 두 군[지금의 유성·북평 일대]을 점유하였다.(晉時, 句麗既略有遼東, 百濟亦據有遼西晉平二郡[今柳城北平之間].)"라고 증언한 바 있다. 유송으로부터 당대 중기까지 300년이 넘는 기간 동안 당시 중국 학자들의 내부 교차검증을 통하여 역사적 사실로 인식되어 있었던 것이다. … 이에 반하여, 국내외 학계에서는 진나라의 역사를 다룬 《진서》에 관련 기사가 없음을 근거로 양국의 요동·요서 공략이 의심스럽다고 보는 경향이 지배적이다. 그러나 ①《진서》는 진나라가 멸망하고도 200여 년이라는 긴 세월이 지난 뒤인 648년에 편찬된 것이다. 그 편찬 시점이 《송서》·《남제서》·《양서》 등의 사서들이나 정관 3년(629)에 다시 제작된 염립본(閻立本, 601~673)의 모사본 《양 직공도》보다 한참 나중인 것이다. ② 중국사에서 3~5세기는 중원 북방에서 전연·전진·후연·남연·북위 등이 각축을 벌이던 5호 16국과 남북조의 대혼란기였다. 당시 진 왕조는 군벌 간의 전쟁과 이민족들의 남하로 인한 내우외환으로 내내 무정부 상태에 있었다. 지리정보를 조사하고 자국의 역사를 집필·편찬할 겨를이 없었다는 뜻이다. ③ 그렇다면 이 문제에 관한 한 1차 사료는 《송서》·《남제서》·《양서》가 될 수밖에 없으며, 마찬가지로 ④ 세 왕조에 걸쳐 편찬이 이루어진 복수의 사서들이 여러 채널을 통하여 이 사건에 대한 교차 검증을 진행하고 최종적으로 정사 기사로 남은 것으로 이해해야 옳다. ⑤ 실제로 금년(2021) 11월 11일에 경남 함안군 말이산 가야고분군에서는 남조시대 청자가 출토됨으로써 가야가 남조와 교류했다는 《남제서》〈가라국전〉의 기사가 사실에 입각해 작성된 것임이 확인되었다. 그렇

(晉平郡)66) 진평현(晉平縣)이라고 하였다.

다면 ⑥ 사료적 가치가 거의 없는 《진서》보다는 남조의 네 가지 사료를 신뢰하는 것이 정상인 것이다. 또, 연대가 다소 늦기는 하지만 ⑦《삼국사기》〈최치원전(崔致遠傳)〉에서 최치원(857~908?)이 "고구려와 백제의 전성기에는 강병이 100만으로, 남쪽으로 오와 월을 침공하고 북으로는 유·연·제·로 땅을 어지럽혀 중국의 크나큰 해악이 되었습니다.(高麗百濟全盛之時, 强兵百萬. 南侵吳越, 北撓幽燕齊魯, 爲中國巨蠹.)"라고 증언한 것 역시 또 다른 증거이다. 이 같은 사정들을 잘 안다면 《진서》에 왜 고구려와 백제의 요동·요서 점유 관련 기사가 누락될 수밖에 없었는지, 그리고 《진서》보다는 《송서》·《남제서》·《양서》등의 사서의 기사들이 훨씬 신빙성이 높다는 사실을 알 수가 있는 것이다. 《진서》에 관련 기록이 없다고 해서 고구려·백제의 요동·요서 경략 사실을 부정하는 것은 어불성설이라는 뜻이다.

66) 진평군(晉平郡): 백제가 영유한 북조의 군 이름. 국내외 학계에서는 그 좌표는 물론이고 그 진실 여부에 대해서조차 회의적인 입장이 지배적이다. 물론, 그 위치를 찾고자 노력하는 학자가 없는 것은 아니다. 이도학은 《살아 있는 백제사》(제449~450쪽)에서 중국의 역사지명사전들을 활용하여 진평군의 자리를 복건 또는 운남 등지로 추정하였다. 반면에, 〈동북아판3〉(제044쪽) 주석에서는 《송서》《제기》와 〈주군지〉를 근거로 전자의 진평군은 "지금의 福建省 福州"이고 후자의 진평현은 "지금의 廣西省에 위치한 작은 현"으로 "모두 요서지역과는 상관없는 곳"이라고 주장하였다. 역사적으로 복건·운남은 남조의 영역에 속한다. 그러나 ① 백제가 우호적인 관계를 유지하고 자국에 작호를 주는 남조의 땅을 군사적으로 공격하고 점거할 리는 없다. 무엇보다도 ② 백제가 먼저 점유한 요서군과 지리적으로 거리가 너무 멀리 떨어져 있다. 요서지역과 지리적으로 가까운 곳이어야 하는 것이다. 게다가 요서와 진평에 대한 결정적인 단서는 당대 중기의 역사가 두우(杜佑)가 붙인 주석에서 확인할 수 있다. ③ 두우는 《통전》《변방1(邊防一)》"백제"조에서 "진나라 때 [고]구려가 요동을 공략해 점유하자 백제 역시 요서와 진평 두 군을 점거해 점유하였다."라고 소개하면서 그 좌표에 관하여 "지금의 유성과 북평 사이이다.(今柳城北平之間)"라는 주석을 붙였다. 그가 활동하던 8세기까지만 해도 중국인들은 백제가 영유한 요서와 진평 두 군의 좌표를 유성과 북평 사이에서 구하는 것을 당연하게 여겼다는 뜻이다. '유성[군]'의 자리와 관련하여 역자가 중국 측 사료들을 종합한 결과 산해관 서쪽, 즉 하북성 동북부 당산시(唐山市) 인근이라는 결론을 내렸다. 《중국역사지명》에서는 서진대의 북평군이 당산시 이서지역이라고 소개하고 있어서 역자의 주장과 대체로 부합된다. 반면에 보수적인 입장의 한중일 학계는 그 좌표를 지금의 요녕성 조양시(朝陽市) 일대에서 구하고 있다. 그렇다면 보수적으로 보더라도 유성의 좌표는 조양시 일대, 북평 역시 그 인근이라는 뜻이다. 따라서 이도학과 〈동북아판3〉에서 진평의 좌표를 복건·운남에서 구한 것은 번지를 잘못

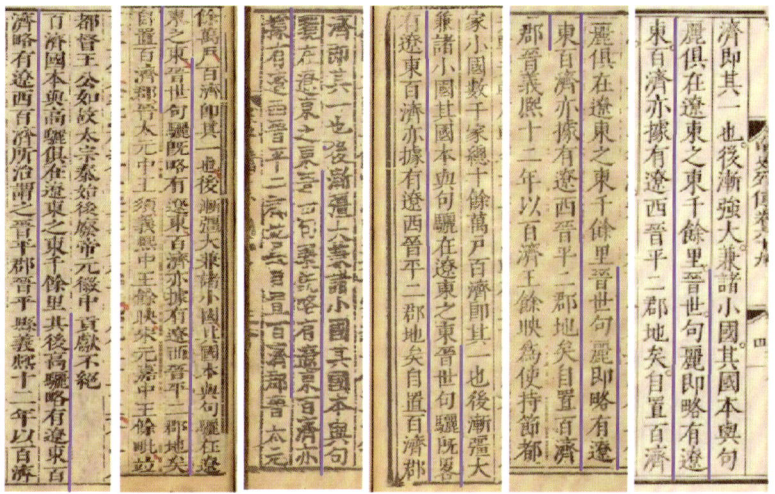

고구려와 백제의 요동 요서 경략 사실은 《송서》《양서》의 역대 판본에 고루 명기되어 있다. 이에 대해서는 남북조시대 이래 그 어떤 학자도 이의를 제기한 바 없다.

○ 其後, 高驪略有遼東, 百濟略有遼西。百濟所治, 謂之晉平郡晉平縣。

• 003

의희(義熙) 12년(416)에 백제의 왕 [부]여영(餘映)67)을 사지절·도독백제

찾은 셈이다.

67) 여영(餘映): 백제의 제18대 국왕인 전지왕(腆支王)의 이름. 그 이름자의 경우, ① 급고각본·남감본《송서》및 《양서》·《남사》에는 '비칠 영(映)', ② 백납본《양서》에는 '눈 어두울 앙(眛)', ③《양 직공도》와 《한원》의 《송서》인용문에는 '넉넉할 전(睍)', ④《통전》에는 '두터울 전(腆)'으로 나와 있는 것이다. 인터넷〈국편위주〉024에서는 《삼국사기》의 전지왕(腆支王)을 근거로 "映은 腆의 誤記"라고 보고 그 이름을 '두터울 전'으로 보았다. 그러나 ①~④의 문헌기록들 중에서 가장 신뢰도가 높은 것은 547~549년 사이에 그려진 《양 직공도》일 것이다. 전지왕 재위 당시로부터 연대가 가장 가까운 문헌기록인 데다가, 양나라를 오가는 백제 사신들을 통하여 사실 확인이 이루어졌을 가능성이 높기 때문이다. 따라서 거기에 언급된 '넉넉할 전(睍)'이 올바른 이름이라고 보는 편이 합리적이다.

제군사68)·진동장군·백제왕으로 삼았다.【교감1】 [그리고] 고조가 즉위한 뒤에는 진동대장군으로 벼슬을 올려 주었다.

○ 義熙十二年, 以百濟王餘映爲使持節·都督百濟諸軍事·鎭東將軍·百濟王{以百濟王餘映爲使持節都督百濟諸軍事鎭東將軍百濟王, '餘映', 南史同. 通典邊防典作扶餘映, 本注膴音陀典反}. 高祖踐阼, 進號鎭東大將軍.

【교감1】 "백제의 왕 여영을 사지절·도독백제제군사·진동장군·백제왕으로 삼았다."의 경우, '여영'은 《남사》와 같으나, 《통전》《변방전》에서는 '부여전'으로 소개하였다. 이 주석의 '전'은 발음이 타와 전의 반절, 텐]이다.

• 004

소제(少帝)69)의 경평(景平) 2년(424)에 [부여]영이 장사70) 장위(張威)를

---

68) 도독백제제군사(都督百濟諸軍事): 유송의 관직명. 이 관직명에 언급된 '백제'는 백제 본국(본토)이 아니라 백제가 앞서 요서지역에 영유하고 있던 '백제군'일 가능성이 높다. 예컨대, 유송 조정에서 고구려 국왕이 '고려왕'이라는 왕호와 함께 받은 작호에는 '독영주제군사·독평주제군사·도독영평제군사' 식으로 고구려가 아닌 '영주·평주·영평이주' 식의 중국 북부의 지역명이 들어가 있다. 그렇다면 백제 국왕에게도 똑같은 방식으로 봉작이 이루어져야 정상이다. '백제왕'이라는 왕호가 부여되었다면 함께 받는 작호에는 '독진평제군사·독요서제군사' 식의 명칭이 되어야 한다는 뜻이다. 그런데도 작호가 '도독백제제군사'라는 것은 여기서의 '백제'가 본국이 아닌 제3의 지역이라는 뜻으로밖에 해석될 수 없다. 이와 관련하여 대단히 중요한 단서를 제공하는 것이 "백제가 스스로 백제군을 설치하였다."라고 한 《양서》의 기사이다. 이를 통하여 백제가 요서지역의 백제군에 대한 실질적인 영유·지배권을 중원 왕조(유송/북위)로부터 계속 보장받았음을 짐작할 수 있기 때문이다.

69) 소제(少帝): 유송의 제2대 황제 유의부(劉義符, 406~424)를 말한다. "경평 2년"은 서기로는 424년에 해당한다. 인터넷〈국편위판〉에는 '소제'의 '적을 소'가 '작을 소'로 되어 있는데 오기로 보인다.

70) 장사(長史): 중국 고대의 관직명. '관리들의 수장[諸史之長]'이라는 뜻으로, 원래는 중국의 진(秦)나라에서 처음으로 두었던 관직이다. 자세한 내용은 《송서》의 해당 주석을 참조하기 바란다. 인터넷〈국편위주〉038에서는 "여기서의 百濟의 長史는

파견해 대궐을 예방하고 공물을 바쳤다.

원가(元嘉) 2년(425)에 태조(太祖)는 그에게 ^[이렇게] 조서를 내렸다.

○ 少帝景平二年, 映遣長史張威詣闕貢獻。元嘉二年, 太祖詔之, 曰:

• 005

"^[이] 황제가 사지절·도독백제제군사·진동대장군·백제왕의 안부를 묻소. ^[그대는] 여러 대에 걸쳐 충성하고 순종하는가 하면 바다를 건너^[오]면서까지⁷¹⁾ 정성을 다하였소.

멀리서 왕의 몸으로 선조들의 업적을 계승하고 선대의 ^[인덕과] 기업을 계승하는구려. ^[그] 도의를 숭상하는 마음이 밝기도 하거니와 거기다 붉

外交使節團의 책임자를 일컫는 말"이라고 보았으나 확실한 것은 아니다.

71) 바다를 건너[오]면서까지[越海]: 여기서의 "바다"는 중국의 동북쪽 바다인 발해(渤海)를 말한다. 발해는 역사적으로 그 물이 [동남방의 황해와 비교할 때 상대적으로] 맑다고 해서 '창해(蒼海·滄海)', 중국의 동쪽에 위치해 있다고 해서 '동해(東海)'로 일컬어지곤 하였다. 이 문제에 관해서는 시기가 다소 늦기는 하지만 당대의 학자 서견(徐堅, 660~729)이 서진(西晉)의 학자 장화(張華, 232~300)의 《박물지(博物志)》를 인용해 "동해에는 따로 '발해'가 있다. 따라서 '동해'라는 이름으로 발해까지 함께 일컬으며, 때로는 이를 통틀어 '창해'라고 부르기도 하였다.(東海之別有渤澥, 故東海共稱渤海, 又通謂之滄海.)"라고 소개한 바 있다. 중국인들의 이 같은 발해인식은 그로부터 1천여 년 뒤의 청대까지도 크게 달라진 것이 없었다. 청대 초기의 지리학자 호위(胡謂, 1633~1714)는 발해의 범위를 보다 구체적으로 설명하였다. "대체로 청주·내주 이북으로부터 유주·평주 이남까지는 모두 바다를 마주하고 있는데, 그 바다를 통틀어서 '발해'라고 한다.(蓋自青萊以北, 幽平以南, 皆濱於海, 其海通謂之渤海)"라고 확실하게 설명한 바 있다.(이상 문성재,《한사군은 중국에 있었다》, 제57~60쪽) 국내외 학계 일각에서는 중국 정사에 등장하는 '동해'를 한반도의 동해로 단정하는 경향을 보이는데 그 같은 발해인식은 고대 중국인들의 세계관을 제대로 이해하지 못한 데서 기인한 오독의 산물이다.

백제 4세기 사행 경로 추정도(밥상뉴스 2021)

은 충심 품고 고구려 바다72)에 배를 띄워73) [바다를 건너와] 진귀한 보물

---

72) **고구려 바다[驪水]**: 기사의 전후 맥락을 따져 볼 때 고구려의 영해를 말한다. 이 구절을 통하여 원가 2년(425)에 백제가 유송에 보낸 사신들의 사행 경로를 추정할 수가 있다. 고구려의 바다에 배를 띄웠다는 것은 곧 백제가 5세기만 해도 '한반도 ⇒ 고구려 ⇒ 강남'의 경로를 통하여 왕래한 셈이다. 즉, 양국의 사신들이 기존의 통설처럼 '한반도 ⇒ 강남(산동)'의 횡단이 아니라 연안항법(沿岸航法, coastal navigation)으로 우회해서 왕래했다는 뜻으로 해석된다. 인터넷〈국편위주〉040 등, 학계에서는 당시 "百濟가 高句麗와 사이가 나쁘고 특히 南朝와 交流가 활발"했다는 점에 주목하여 이 '여수(驪水)', 즉 고구려 바다를 황해로 보는 것이 통설이다. 그러나 ① 고구려의 영토가 요동에서부터 시작되고 ② 요수가 지금의 요하가 아니며 ③ 수나라 당시 양제가 고구려 정벌에 즈음하여 반포한 조서에서 "고구려의 무리가 갈석과 발해 사이에서 출몰한다" 식으로 이야기한 점, 또 ④ 요동반도를 거치는 항해는 당대 중기 이후에나 가능해지고 남북조시대까지만 해도 '연안항법'만이 중국으로의 유일한 항해방법이었던 점에서, 고구려의 강역이 기존의 주장들과 큰 차이가 없다고 치더라도 이상의 근거들을 종합해서 좌표를 찾아보면 고구려의 강역을 싸고 있는 바다는 황해가 아니라 발해로 보는 편이 합리적이다. 게다가, ⑤ 무엇보다도 황해를 횡단할 거라면 굳이 고구려를 등장시킬 이유가 없다. 또, 《위서》〈세조본기〉에서 장수왕 23년(435)에 북위가 장수왕에게 내린 작호인 "도독요해제군사"의 '요해(遼海)'가 바로 '여수', 즉 고구려의 바다였을 것이다. 따라서 여기서는 그 바다를 발해 또는 적어도 한반도의 서북해로 보아야 아귀가 맞다. 고대의 '연안항법'에 관해서는 문성재, 《한사군은 중국에 있었다》, 제99~110쪽을 참조하기 바란다.

73) **고구려 바다에 배를 띄워[浮桴驪水]**: 〈동북아판3〉(제046쪽)에서는 이 부분을 "작

바치며 예의를 갖추었구려.

○ "皇帝問使持節·都督百濟諸軍事·鎭東大將軍·百濟王。累葉忠順, 越海効誠, 遠王纂戎, 聿修先業, 慕義旣彰, 厥懷赤款, 浮桴驪水, 獻睬執贄。

• 006

그리하여 왕위를 계승하며 한 나라를 맡게 하여 동쪽 변방에서 울타리가 되어 주면서[74] [왕으로서의] 직분에 충실함으로써 선대의 발자취를 저버리는 일이 없도록 하고자 하오.

[이에] 지금 겸 알자(兼謁者)[75] 여구은자(閭丘恩子)와 겸 부알자(兼副謁者) 정경자(丁敬子) 등을 파견하여 짐의 뜻을 전하고 [그 노고를] 위로함으로써 짐의 뜻에 부응하고자 하오."

은 배로 검은 바다를 건너와"라고 번역했으나 오역이다. 여기서의 '여수(驪水)'는 일반명사('검은 바다')가 아니라 누가 보더라도 고유명사('고구려 바다')로 해석함이 옳다. 더불어 이 구절 네 글자만으로도 남북조시대에 백제가 남조(유송)로 사신을 보낼 때에는 황해를 횡단하지 않고 반드시 고구려의 영해를 거쳐 북조나 남조로 이동했음을 유추할 수 있는 셈이다.

74) 동쪽 변방에서 울타리가 되어 주면서[以藩東服]: 〈동북아판3〉(제46쪽)에서는 '동복(東服)'을 "동쪽에서 따르며"라고 번역했으나 그 자체가 황제의 도읍인 왕기(王畿, 경기)의 동방을 일컫는 고유명사이므로 네 글자를 "동쪽 변방에서 울타리 역할을 하면서" 식으로 해석해야 옳다.

75) 알자(謁者): 중국 고대의 관직명. 춘추전국시대에 나라의 군주나 경대부(卿大夫)의 시중을 담당했던 관원. 빈객을 안내하거나 조회 때 경비를 서거나 군주의 명령으로 사신으로 출행하는 등의 업무를 맡았다. 위·진대에는 품계가 7품이고 정원이 10명으로 알자대(謁者臺)에 소속되어 의례를 거행하거나 명령을 출납하거나 사신으로 출행하는 일을 담당했는데, 그 수장이 알자복야(謁者僕射)였다. 여기서 '겸알자(兼謁者)'와 '겸부알자(兼副謁者)'란 원래는 다른 직함을 가졌지만 알자와 부알자의 신분으로 외국에 파견된 관원을 가리킨다. 알자가 정사(正使)라면 부알자는 부사(副使)에 해당한다.

○ 故嗣位方任, 以藩東服, 勉勖所莅, 無墜前蹤。今遣兼謁者閭丘恩子・兼副謁者丁敬子等宣旨慰勞稱朕意。"

•007

그 후로도 [백제는] 해마다 사신을 보내 표를 올리고 특산물들을 바쳤다. 원가 7년(430)에 백제의 왕 [부]여비(餘毗)[76]가 다시 공물을 바치는 예의를 갖추었다. [이에 선왕인 부]여영의 [각종] 작호(爵號)들을 그에게 부여하였다.

○ 其後每歲遣使奉表, 獻方物。七年, 百濟王餘毗復修貢職, 以映爵號授之。

•008

원가 27년(450)에는 [부]여비가 국서를 올리고 특산물들을 바칠 때 [송나라 황제의 허락이 있기 전에] 사사로이 임시로 대사(臺使)[77] 풍야부(馮野夫)를 서하 태수(西河太守)[78]로 삼기로 한 일을 알리고, 표를 통하여 《역림

---

76) 여비(餘毗): 백제 국왕의 이름. 인터넷〈국편위주〉043에서는 연대로 따져 볼 때 이 시기의 백제 국왕은 제20대 비유왕(毗有王, ?~454)에 해당한다고 보았다. 김부식은《三國史記》〈百濟本紀〉에서 비유왕이 "(제19대) 구이신왕의 맏아들(久爾辛王之長子)"이라고 적으면서 "어떤 이는 (제18대) 전지왕의 서자라고 하는데, 어느 말이 맞는지 알 수가 없다.(或云腆支王庶子 未知孰是)"라는 주석을 붙이고 그 태생에 대하여 의문을 제기한 바 있다.

77) 대사(臺使): 남북조시대에 조정에서 파견한 사절을 높여서 부르던 이름. 인터넷〈국편위주〉046에서는 이를 "百濟王의 使臣을 의미하는 것"으로 추정하였다.

78) 태수(太守): 중국 고대의 관직명. 진(秦)대 이래로 군(郡)의 군사・재정・사법을 담당한 지방 행정 수장으로, 원래는 관직명으로는 '군수(郡守)', 존칭으로는 '태수'를 병용하다가 한대에 경제(景帝) 유계(劉啓, BC188~BC141) 때부터 '태수'를 정식 관직명으로 사용하기 시작하였다. 녹봉은 2천 석(石)으로, 지위는 지금

(易林)》[79)] ·《식점(式占)》[80)] 및 요노(腰弩)[81)]를 요구하였다. 태조가 빠짐없이 그에게 주었다.

[부여]비가 죽자 [그의 맏]아들 [부여]경(慶)[82)]이 대를 이어 [왕으로] 옹립되었다.

○ 二十七年, 毗上書獻方物, 私假臺使馮野夫西河太守, 表求易林·式占·腰弩, 太祖並與之。毗死, 子慶代立。

요개노 예시(송대 무경총요)

의 각 부 장관에 해당하는 '9경(九卿)'과 대등했으며, 군의 관리인 연사(掾史)를 임명할 수 있었다. 후한대 말기로부터 조정에서 새로 주목(州牧)을 설치하여 태수보다 우월한 지위를 부여하면서 그 권한이 점차 축소되었다. 나중에는 영토의 확장과 함께 남북조시대에 새로운 행정 단위인 주(州)가 차츰 늘어나는 반면 군의 관할 범위가 축소되면서 군수의 권한이 주의 행정 수장인 자사(刺史)에게 위임되는 경우가 많았다. 수(隋)나라 때부터는 군을 폐지하고 주만 설치하여 자사가 군수의 역할을 담당하게 되면서 '태수'가 자사에 대한 별칭으로 전용되었다.

79) 《역림(易林)》: 중국 고대의 점술서. 전한대의 초연수(焦延壽, 기원전 1세기)가 지은 책으로, 각 괘(卦)를 64괘로 부연하는 식으로 4,096괘를 소개하고 각 괘마다 운문으로 된 해설을 붙여 총 16권으로 엮은 책으로, 주로 길흉을 점치는 데에 사용되었다.

80) 식점(式占): 중국 고대의 점술인 육임(六壬)·태을(太乙)·뇌공(雷公)의 세 종류의 점술을 아울러 일컫던 이름.

81) 요노(腰弩): 중국 고대의 무기의 하나. 인터넷〈국편위주〉049와〈동북아판3〉(제47쪽)에서는 이를 "허리에 차는 휴대용 弩"로 보았다. 그러나 실제로는 후한대에 등장한 요인노(腰引弩)를 줄여 부른 이름이다. 허리힘을 이용해 시위를 당겨 화살을 잰다는 뜻에서 그렇게 부른 것으로, 명대에는 '요개노(腰開弩)'로 불리기도 하였다. 《무비지(武備志)》에서는 "기운이 약한 이는 발로 시위를 당기고 기운이 센 이는 그대로 허리힘으로 당긴다(力弱者用蹶張, 力雄者仍用腰開)"라고 소개하였다.

82) 경(慶): 백제 국왕의 이름. 《삼국사기》《백제본기》"개로왕(蓋鹵王)" 조에는 "개루왕['근개루'라고 부르기도 한다]은 이름이 경사이다. 비유왕의 맏아들이다.(蓋鹵王[或云近蓋婁], 諱慶司, 毗有王之長子)"라고 소개하고 있다. 그렇다면 '경'은 '경사(慶司)'의 줄임말로, [부]여비의 뒤를 이어 즉위한 개로왕일 가능성이 높다.

•009

세조(世祖)[83]의 대명(大明) 원년(457)에 [백제에서] 사신을 파견해 [작위의] 제수를 요구하매 조서를 내려 허락하였다.[84]

[그 뒤인] 대명 2년, [백제의 왕인 부]여경이 사신을 파견해 [이렇게] 표를 올렸다.

○ 世祖大明元年, 遣使求除授, 詔許。二年, 慶遣使上表, 曰:

•010

"신의 나라는 몇 대를 거치는 동안 유독 각별한 은혜를 입었으며, 문신과 무신들 중 훌륭한 신하들도 대대로 [천자의] 조정의 작위를 받았습니다.

행관군장군[85] · 우현왕[86]인 [부]여기(餘紀) 등 열한 사람은, 충성스럽고

---

83) 세조(世祖): 유송의 제5대 황제 효무제(孝武帝) 유준(劉駿, 430~464)의 묘호. "대명 원년"은 서기로는 457년에 해당한다.

84) 사신을 파견해 제수를 요구하매[遣使求除授]: 이 기사에는 백제 국왕이 어떤 관직을 요구했는지 명시되어 있지 않다. 그러나《송서》〈효무제본기〉"대명 원년 10월 갑진[일]"조에서 "백제의 왕 [부]여경을 진동대장군으로 삼았다.(以百濟王餘慶爲鎭東大將軍)"라고 한 것을 보면 이때 백제 국왕에게 '진동대장군'의 작호가 내려진 것으로 보인다.

85) 행관군장군(行冠軍將軍): 중국 고대의 관직명. '관군장군'은 후한 말기에 설치되어 군사를 지휘해 정벌을 하는 일을 관장했으며 삼국시대의 위 · 오를 거쳐 5호 16국 시대의 후조(後趙) · 전진(前秦) · 후연(後燕) · 남연(南燕) · 서진(西秦) 등, 후대의 여러 왕조에서도 그대로 인습되었다. 진대의 관군장군은 병영의 군사를 지휘했는데 품계는 3품(三品)이었다. 남조에서도 인습되었으나 품계에서 다소 차이가 있어서 송(宋)에서는 3품, 진(陳)에서는 4품이었는데, 녹봉은 중 2천 석(中二千石)에 해당하였다. 북위(北魏) · 북제(北齊)에서는 종3품(從三品), 부주(北周)에서는 칠명(七命), 수(隋)나라에서는 종6품하(從六品下)에 해당했다고 한다. '행관군장군'은 다른 관직을 가진 무관이 관군장군의 대행 또는 겸임한 경우로, '관군장군 대행' 정도에 해당한다.

근면하니 영달과 특진이 있어야 옳습니다.
엎드려 바라옵건대 가엾게 여기시고 [이 요구를] 모두 받아들이시어 [이들에게] 제수[의 영광]를 내려 주십시오."

○ "臣國累葉, 偏受殊恩, 文武良輔, 世蒙朝爵. 行冠軍將軍右賢王餘紀等十一人, 忠勤宜在顯進. 伏願垂愍, 並聽賜除."

• 011

[그래서] 그 요구대로 행관군장군·우현왕 [부]여기를 관군장군으로 삼고, 행정로장군87)·좌현왕88) [부]여곤(餘昆)과 행정로장군 [부]여훈(餘暈)을

---

86) 우현왕(右賢王): 고대 흉노(匈奴)의 귀족에 대한 봉호. 때로는 '우도기왕(右屠耆王)'으로 불리기도 했는데, '도기(屠耆)'는 '현명하다'라는 의미를 나타내는 흉노어이다. '우도기왕'을 중국식으로 번역한 것이 '우현왕'인 것이다. 모돈 선우(冒頓單于) 때에는 자신의 아들이나 동생을 좌현왕이나 우현왕으로 임명했는데, 우현왕은 제국의 서부를 통치하면서 한나라의 상군(上郡, 지금의 섬서성 유차현(榆次縣) 방면에 대응하였다. 중국에서는 북조 이후로 관직으로 수용되어 5대 10국 시기까지 인습되었다.

87) 행정로장군(行征虜將軍): 중국 고대의 관직명. '정로장군'은 한대부터 운영되었으며 위·진·남북조시대에도 계속 인습되었다. 다만, 남조의 유송에서는 그 품계가 제3품(第三品)이었으며, 그 휘하에는 장사(長史)·사마(司馬)·기실연(記室掾)·중병참군(中兵參軍)·자의참군(咨議參軍)·행참군(行參軍)·주부(主簿) 등의 속관을 두었다. '행정로장군'은 다른 관직을 가진 무관이 정로장군의 직함을 겸한 경우를 말한다.

88) 좌현왕(左賢王): 고대 흉노 귀족에 대한 왕호. 흉노의 관직제도에서 귀족에게 부여되는 가장 높은 작호로서, 좌곡려왕(左谷蠡王)·우현왕(右賢王)·우곡려왕(右谷蠡王)과 함께 '4각(四角)'으로 일컬어졌다고 한다. 오주류 선우(烏珠留單于, BC8~AD13) 때에는 좌현왕으로 임명된 자들이 잇따라 죽자 '좌현왕'이라는 직함이 불길하다고 여겨 한동안 '호우(護于)'로 고쳐 부르기도 하였다.

나란히 정로장군으로, 행보국장군[89] [부]여도(餘都)[90]와 [부]여예(餘乂)를 나란히 보국장군으로, 행용양장군[91] 목금(沐衿)과 [부]여작(餘爵)을 나란히 용양장군으로, 행영삭장군[92] [부]여류(餘流)와 미귀(麋貴)를 나란히 영삭장군으로, 행건무장군[93] 우서(于西)와 [부]여루(餘婁)를 나란

---

89) 행보국장군(行輔國將軍): 중국 고대의 관직명. '보국장군'은 한대 말기에 처음으로 시행되었으며, 남조의 유송에서는 '보사장군(輔師將軍)'으로 개칭되기도 했지만 곧 본래의 명칭으로 환원되었다. 양나라에서는 장군에 대한 칭호로 사용되지 않았으며, 북위·북제에서는 그 제도가 그대로 인습되었다. '행보국장군'은, 앞의 행정로장군의 사례에서도 볼 수 있듯이, 다른 관직을 가진 무관이 보국장군의 직함을 대행 또는 겸임한 경우로, '보국장군 대행' 정도에 해당한다.

90) 여도(餘都): 백제 국왕의 이름. 《삼국사기》의 〈백제본기〉에 근거할 때 제22대 국왕인 문주왕(文周王/汶洲王)에 해당한다. 문주왕은 개로왕의 아들로, 재위할 때 고구려의 침공을 받아 개로왕이 죽자 웅진(熊津)으로 천도함으로써 '웅진백제' 시대를 열었다고 한다.

91) 행용양장군(行龍驤將軍): 중국 고대의 관직명. 솟구치는 용처럼 용맹스럽다는 뜻의 '용양장군'은 삼국시대에 위나라에 처음으로 설치되었다. 지위는 높은 편으로, 위·진과 유송에서 품계가 모두 제3품(第三品)이었다. 5호 16국 시대에는 전량(前涼)·후조(後趙)·전진(前秦)·서진(西秦)에도 인습되었다. 다만, 남조에서는 후기에 그 지위가 차츰 낮아져서 양나라 무제(武帝) 대통(大通) 3년(529)에 무관직 34반 중에서 12반에 해당되었다. '행용양장군'은 다른 관직을 가진 무관이 용양장군의 직함을 대행 또는 겸임하는 경우로, '용양장군 대행' 정도에 해당한다.

92) 행영삭장군(行寧朔將軍): 중국 고대의 관직명. '영삭장군'은 삼국시대 위나라에서 처음으로 설치되었다. 서진대에는 주로 유주(幽州) 지역에서 운영되었는데, 해당 지역의 군정장관으로 오환(烏丸) 관련 업무까지 관장하였다. 위·진에 이어 남조의 유송에서도 품계가 제4품(第四品)이었으며, 5호 16국 시대에는 전진·서량(西涼)에도 설치되었다. 남조의 양나라 무제 천감(天監) 7년(508)에는 영원장군(寧遠將軍) 등 '5호장군(五號將軍)'으로 대체되었으나 원제(元帝) 때에는 서도(徐度)를 영삭장군으로 임명하는 것을 보면 그 제도는 그대로 존속되었던 것으로 보인다. '행영삭장군'은 다른 관직을 가진 무관이 영삭장군의 직함을 대행 또는 겸임하는 경우로, '영삭장군 대행' 정도에 해당한다.

93) 행건무장군(行建武將軍): 중국 고대의 관직명. '건무장군'은 후한 말기에 조조가 설치하고 하후돈(夏侯惇)을 임명하였다. 그 뒤로는 삼국시대의 위·오와 진대(晉代), 5호 16국 시대에는 북조의 전연(前燕)·전진(前秦)·후량(後涼)·북위, 남조

히 건무장군으로 삼았다.

태종(太宗)⁹⁴⁾의 태시(泰始) 7년(471)에 [백제가] 다시 사신을 파견해 공물을 바쳤다.

○ 仍以行冠軍將軍右賢王餘紀爲冠軍將軍。以行征虜將軍左賢王餘昆·行征虜將軍餘暈並爲征虜將軍。以行輔國將軍餘都·餘乂並爲輔國將軍。以行龍驤將軍沐衿·餘爵並爲龍驤將軍。以行寧朔將軍餘流·糜貴並爲寧朔將軍。以行建武將軍于西·餘婁並爲建武將軍。太宗泰始七年, 又遣使貢獻。

의 유송·제나라 등에도 설치되었다. 유송에서는 건무장군이 '5무장군(五武將軍)'의 하나였다. '행건무장군'은 다른 관직을 가진 무관이 건무장군의 직함을 겸한 경우이다.

94) 태종(太宗): 유송의 제7대 황제 명황제(明皇帝) 유욱(劉彧, 439~472)의 묘호. "태시 7년"은 서기로는 471년에 해당한다.

남제서-만·동남이열전

소량(蕭梁) 국자 제주(國子祭酒) 소자현(蕭子顯) 찬(撰)

주명(朱明) 남경(南京) 국자감 제주(國子監祭酒) 조용현(趙用賢) 등교(等校)

소도성(蕭道成)이 왕조를 세운 건원(建元) 원년(479)으로부터 소연(蕭衍)이 양나라를 세우는 화제(和帝) 중흥(中興) 2년(502)까지 24년간의 소씨(蕭氏) 제(齊)나라의 역사를 다룬 기전체 단대사. 제나라 고제(高帝) 소도성의 손자인 소자현의 건의로 편찬 작업이 시작되어 천감(天監) 연간에 〈서록(序錄)〉1권, 〈본기〉8권, 〈지〉11권, 〈열전〉40권 등 총 60권으로 완성되었는데, 당대에 〈서록〉이 일실되고 59권만 남았다. 원래 제목은 '제서(齊書)'였는데 송대에 이백약(李百藥)이 저술한 《북제서(北齊書)》와 구분하기 위하여 '남제서'로 일컬어지게 되었다.

소자현(蕭子顯, 487~537)은 자가 경양(景陽)으로, 남난릉군(南蘭陵郡) 남난릉현(南蘭陵縣) 사람이다. 7살에 영도현후(寧都縣侯)에 봉해지고 왕자의 자격으로 급사중(給事中)에 배수되었다. 양나라가 세워진 뒤로는 소연(蕭衍) 부자의 주목을 받아 국자제주(國子祭酒)·이부상서(吏部尙書)·시중(侍中)·인위장군(仁威將軍)·오흥태수(吳興太守) 등을 역임하였다.

전체 내용의 2/3을 차지하는 열전 부분의 경우, 특정 인물의 열전에서 부대적으로 당사자와 관련된 인물들의 전기까지 다루는 유서법(類叙法)을 활용한 것이 특징이다. 제나라의 단대사인 데다가 편찬자 소자현이 기술 대상인 제나라 왕실의 후예이다 보니 기술 대상을 비호·미화하는 경향을 드러내는 데다가 당시 유행하던 도교·불교의 영향으로 전반적으로 내세관(來世觀)과 인과응보(因果應報)를 강조하는 내용이 많다.

주요한 판본으로는 송·원·명 3대의 백납본, 명대의 남경국자감본(남감본), 북감본, 명대의 급고각본, 청대의 무영전본, 근대의 금릉서국본, 현대의 중화서국본 등이 있다.

《남제서》의 〈만·동남이열전(蠻東南夷列傳)〉은 제(齊) 왕조가 존속한 5세기 후반(479~502)에 제나라 주변에 존재했던 이민족들의 연혁·지리·풍물·제도를 만(蠻)·동이(東夷)·남이(南夷)의 순서로 구분해 소개한 열전으로, 제목·체제·문체 등에서 전대의 정사인 《송서》를 많이 참고하였다. 5호 16국의 혼란이 북조와의 대립으로 이어지면서 대체로 이민족에 대한 편견과 극단적인 중화 사관(中華史觀)을 도처에서 엿볼 수 있다.

고려국전(高麗國傳)[1]

• 001
동이 땅의 고[구]려국은 서쪽으로는 [북]위(魏)나라 오랑캐[2]와 경계가 맞닿아 있다.[3]

---

1) 고려국전(高麗國傳): 유송 말기로부터 제나라 태조(건원)·무제(영경)·육림왕(융창)·명제(건무)까지, 즉 고구려의 장수왕 후기로부터 문자왕 5년(496)까지 20여 년 간 고구려와 제나라의 교류사를 소개하였다. 《송서》〈고구려국전〉과 마찬가지로, 제나라의 책봉과 고구려의 조공이 주요한 내용을 이루고 있으며, 고구려의 외교적 위상이나 복식에 대한 편견 등을 통하여 정치적으로 북위와 경쟁관계에 있던 남제의 극단적인 화이관을 엿볼 수 있다. 뒷부분은 〈백제전〉까지 15줄의 내용이 누락되어 있는데 10줄 정도는 고구려 관련 기사일 것으로 추정된다. 참고로, 《남제서》에서는 고구려를 '고려'로 소개하고 있는데, 여러 가지 이유가 있을 수 있겠지만, 어휘를 홀수보다 짝수로 구성하는 등 자수·운율에 각별히 신경을 썼던 제·양의 유미주의 문풍의 영향이 컸던 것으로 보인다.

2) [북]위 오랑캐[魏虜]: 당시 화북을 지배하고 있던 탁발씨(拓跋氏)의 북위(北魏)를 낮추어 부르던 이름. 인터넷〈국편위주〉005에서는 "魏와 索虜를 合稱함에서 오는 명칭"이라고 보았는데, '로' 자체에 이미 '오랑캐'라는 비하의 의미가 내포되어 있다.

3) 서쪽으로는 위나라 오랑캐와 경계가 맞닿아 있다[西與魏虜接界]: 이 구절은 고구려가 북위와 서로 동서로 국경을 접하고 있었음을 시사해 준다. 국내외 학계에서는 장수왕 시기(5세기) 고구려의 서계(西界)를 요동반도 이동으로 비정해 왔다. 그러나 그것은 '요동'의 정확한 지리적 범위와 요동과 요서를 가르는 '요수'의 좌표를 오인한 데서 비롯된 오류이다. 요동과 요수에 관해서는 앞의 〈고구려전〉의 "요동" 주석을 참조하기 바란다.

[위]송(宋)나라 말기에 고[구]려왕·낙랑공4) 고련(高璉)5)은 사지절·산기상시·도독영평이주제군사6)7)·거기대장군·개부의동삼사가 되었다.8)

4) 낙랑공(樂浪公): 중국 고대의 작호. '낙랑군을 영지로 하사받은 공작'이라는 뜻으로, 정식 명칭은 '낙랑군공(樂浪郡公)'이다. 중원 왕조에서 그 동쪽에 위치한 동이 국가의 국왕이나 지도자에게 부여하였다. 처음에는 "高句麗의 長壽王과 文咨明王"이 '낙랑공'으로 봉해졌으나 나중에는 고구려가 아닌 신라에서 "眞興王 이후 眞智王과 武烈王, 孝昭王을 제외하고는 聖德王까지의 7王"이 '낙랑군공' 또는 '낙랑군왕'의 작호를 부여받는다. 인터넷〈국편위주〉010에서는 이를 "樂浪郡이 소멸된 후에도 中國의 諸王朝가 樂浪을 그들의 東方領域의 槪念으로 사용한 데에서 온 것"이라고 보았다. 인터넷〈국편위주〉010에서는 "高句麗王에 대한 樂浪公의 封爵은 唐代에 이르러 高句麗의 首都였던 平壤에 樂浪郡의 중심지가 있었다는 說이 성립되는 것과 일정한 상관관계가 있는 것"으로 보았다. 그러나 정말 그렇다면 신라가 삼국을 통일하기 전에 그 국왕들이 '낙랑공'의 봉작을 받은 일이 제대로 해명되지 않는다.

5) 고련(高璉): 고구려의 제20대 국왕인 장수왕(長壽王)의 이름. 자세한 내용은《송서》〈고구려국전〉의 해당 주석을 참조하기 바란다.

6) 영주(營州): 중국 고대의 지역명. 인터넷〈국편위주〉008에서는《위서》〈지형지〉"영주"조의 기사를 근거로 그 좌표를 "대략 지금의 河北省에서 遼寧省에 이르는 지역"으로 소개하였다. 그러나 원문을 보면 "【영주】치소는 화룡성. 태연 2년에 영주진으로 삼고, 진군 5년에 영주로 고쳐 설치하였다. 영안 연간 말기에 함락되었다가 천평 초기에 회복하였다.(治和龍城. 太延二年爲鎭, 眞君五年改置, 永安末陷, 天平初復)"라고만 기록되어 있다. 역대 정사 어디에도 그 좌표를 "河北省에서 遼寧省에 이르는 지역"으로 비정한 적이 전혀 없다는 뜻이다. 이는〈지형지〉에서 영주가 소개된 대목의 대부분이 하북성에 속한 지명들로 채워져 있는 데서도 어느 정도 확인할 수 있다. 인터넷〈국편위주〉008에서 영주를 요녕지역까지 확장시킨 것은 지금의 요녕성 조양시 일대를 영주로 본 데서 비롯된 오류이다. 인터넷〈국편위주〉009에서는 영주의 치소 화룡성을 "지금의 熱河省 朝陽縣"으로 소개했으나 이 역시 자의적인 비정이다. 화룡(황룡)의 좌표는 앞의 "황룡" 주석을 참조하기 바란다.

7) 평주(平州): 중국 고대의 지역명. 행정적으로 유주(幽州)에 속한 지역으로, 후한 말기에 공손도(公孫度)가 황무지에 평주를 두고 '평주목(平州牧)'을 자처하면서 사서에 등장하기 시작하였다. 인터넷〈국편위주〉013에서는 평주가 "晉代에 다시 幽州에서 5郡國을 나누어 설치된 州"임을 전제하면서 그 영역을 "지금의 遼寧省·熱河省 등지의 滿洲 地域으로, 그 治所는 昌黎였다. 그리고 北魏에서는《魏書》〈地形志〉에 의하면 治所는 지금의 河北省 盧龍縣인 肥如縣이다."라고 소개하였다. 진대에는 요녕성·열하성을 아우르는 방대한 지역이다가 북위에 이르러 하북성으로 (1/5로) 한

○ 東夷高麗國, 西與魏虜接界。宋末, 高麗王 樂浪公高璉爲使持節·散騎常侍·都督營平二州諸軍事·車騎大將軍·開府儀同三司。

• 002

태조의 건원(建元)9) 원년(479)에는 [고련을] 표기대장군10)으로 높여 주었다.11)【교감1】

○ 太祖建元元年, 進號驃騎大將軍【"太祖建元元年進號驃騎大將軍", 按高帝紀繫此事於建元二年四月。】。

정되고, 그 치소도 창려에서 비여현으로 이동한 것으로 보았다. 그러나 요녕·열하는 만주와는 지리적으로 다른 지역이다. 특히 열하성은 20세기 초기에 지금의 승덕시(承德市)를 축으로 인근의 하북 북부와 요녕 서부와 내몽고 남부를 묶어 설치한 성이었다. 또, 역대의 각종 사서 기사 및 주석들을 살펴볼 때 중국 역사에서 '평주'는 언제나 하북성 동북부 일대를 가리키는 지역명으로 사용되었으며 그 영역을 벗어난 적이 없다. 평주가 확장되어 요녕지역까지 아울렀다는 기사나 언급은 어디에도 보이지 않는다. 요녕지역까지 아울러서 평주로 일컬었다는 근거가 박약하다는 뜻이다. 평주의 연혁과 좌표에 관한 보다 자세한 내용은《송서》의 해당 주석과《위서》〈지형지〉해당 항목을 참조하기 바란다.

8) [유]송나라 말기~[宋末~]: 인터넷〈국편위주〉010에서는 이 기사를 근거로 여기서의 '송나라 말기[宋末]'를 "劉宋 世祖 孝武帝 大明 7年"으로 보았다. '대명 7년'이라면 서기로는 463년에 해당한다.

9) 건원(建元): 남제의 고제(高帝) 소도성이 479~482년까지 3년 동안 사용한 연호. "건원 3년"이라면 481년에 해당한다.

10) 표기대장군(驃騎大將軍): 중국 고대의 관직명. 전한대에 처음으로 설치되고 그 뒤로도 역대 왕조에서 인습되었다. 당·송대에는 종1품(從一品)으로 그 품계가 무관직 중에서는 가장 높았다.

11) 표기대장군으로 높여 주었다[進號驃騎大將軍]:《남제사》〈고제기〉및《남사》〈제본기〉에도 "[건원] 2년 여름 4월의 병인일에 고려왕·낙랑공 고련을 표기대장군으로 높여 주었다.(二年夏四月丙寅, 進高麗王樂浪公高璉號驃騎大將軍)"라고 소개되어 있다. 김부식은《삼국사기》에서 이 기사를 "장수왕 68년"조에 소개하였다. "장수왕 68"년은 서기로는 480년이므로, 〈고려전〉의 "건원 원년"이 아니라 건원 2년이 옳다.

【교감1】 "태조의 건원 원년에는 표기대장군으로 높여 주었다" 부분의 경우, 따져 보건대 〈고제기〉에서는 이 일을 건원 2년 4월의 일로 기술하였다.

• 003

[건원] 3년(481)에 [고구려는] 사신을 파견해 공물을 바쳤다.12) [고구려는] 배를 타고 바닷길을 통하여 사신과 역마(역관)가 늘상 오갔다. [괘씸하게도 북]위나라 오랑캐에게도 사신을 보냈다. 그러나 [이 나라는 세력이 하도] 강하고 번성한 까닭에 [우리 조정의] 통제가 먹혀 들지 않았다.13)

○ 三年, 遣使貢獻. 乘舶汎海, 使驛常通, 亦使魏虜, 然彊盛不受制.

• 004

[북위] 오랑캐는 여러 나라에서 온 사신들의 관저를 두고 있었는데, [규모로는 남]제(齊)나라 사신의 관저가 으뜸이고 고[구]려는 그 다음이었다.14)

---

12) 사신을 파견해 공물을 바쳤다[遣使貢獻]: 고구려가 장수왕 때 유송에 사신을 보낸 것은 "少帝 景平 元年 三月로부터 順帝 昇明 二年 十二月까지" 18회에 이르지만 김부식은《삼국사기》에서 장수왕 43년과 66년 단 2회의 사행 기사만 소개하였다. 이 같은 소략한 기술에 대하여 인터넷〈국편위주〉012에서는 "北魏에의 遣使가 同王 13년 이후 총 42번"이었던 점을 근거로 "對宋遣使 기록의 누락은 좀 더 밀접하였던 魏와의 관계를 고려한 것"이라고 추정하였다. 그러나 ①《삼국사기》는 고구려가 아닌 고려 때에 편찬되었고, ② 이때는 이미 북위가 멸망한 뒤이므로 북위를 예우해 줄 이유가 없었다. 게다가 ③ 김부식이 〈고구려본기〉를 집필할 때 고구려 사료에 그 이유에 대한 해명이나 단서가 있었다는 근거도 없다.

13) 통제가 먹혀 들지 않았다[不受制]: 이 구절을 통하여 장수왕 때 최고의 전성기를 맞이한 고구려가 남조(송·제)와 북조(북위) 양쪽에 조공을 하고 작호를 하사받으면서 형식적으로 신하를 일컫기는 했지만 실제로는 자주적인 행보를 하면서 등거리 외교의 혜택을 누리고 있었음을 알 수 있다.

14) 고구려가 그 다음이었다[高麗次之]: 이 기사를 통하여 중국 남북조시대에 남조와

○ 虜置諸國使邸, 齊使第一, 高麗次之。

• 005

영명(永明)[15] 7년(489)에 [우리 나라에서] 평남참군[16] 안유명(顏幼明)과 용종복야[17] 유사효(劉思斅)가 [북위] 오랑캐 땅[18]에 사신으로 갔다. [그런데 북위] 오랑캐가 신년 하례 자리에서 [오랑캐가 우리 사신의 자리를] 고[구]려 사

북조의 외교전쟁에서 고구려가 얼마나 중요한 위상을 지니고 있었는지 가늠할 수가 있다. 김부식은 이 대목을 소개할 때 "당시 [북]위나라 사람들은 우리나라(고구려)가 강하다고 하면서 각국의 관사를 조성할 때 제나라 사신은 첫째로, 우리나라 사신은 그 다음으로 배려하였다.(時魏人謂我方强, 置諸國使邸, 齊使第一, 我使者次之)"라고 해석하였다. 북위가 고구려를 대단히 중요한 외교 파트너로 중시한 것은 사실이다. 다만, "고구려가 강하다"는 인식은 북위의 사서인 《위서》가 아니라 제나라의 시각을 담은 사서인 《남제서》와 송대에 《자치통감》을 편찬한 사마광(司馬光)의 시각을 반영한 것에 유념할 필요가 있다.

15) 영명(永明): 남조의 제나라 무제(武帝) 소색(蕭賾)이 483~493년까지 10년 동안 사용한 연호. 선정을 베풀어서 역사적으로 이 시기의 통치를 '영명 연간의 통치[永明之治]'라고 부른다. "영명 7년"은 서기로는 489년으로, 장수왕 77년이며, 북위의 기년으로는 효문제 탁발굉의 태화 13년에 해당한다.

16) 평남참군(平南參軍): 중국 고대의 관직명. 후한대에 처음 설치된 '4평 장군(四平將軍)'의 하나인 평남장군(平南將軍) 휘하의 보좌관. '참군'은 원래 '참승상군사(參丞相軍事)'를 줄인 이름으로, 후한 말기에 조조(曹操)가 승상(丞相)이던 자신의 군정을 참모하게 한 데서 유래하였다. 자세한 설명은 뒤의 "참군" 주석을 참조하기 바란다.

17) 용종복야(冗從僕射): 중국 고대의 관직명. 후한대에 설치되어 환관이 담당했으며 녹봉은 6백 석이었다. 《후한서》《백관 4(百官四)》에 따르면, 중궁(中宮) 황문(黃門)의 '용종(冗從, 시종)' 업무를 관장하여, 황궁에서는 숙위(宿衛)를 서거나 주요한 대문의 경비를 맡고 황제가 출행할 때에는 말을 타고 수행하면서 어가 행렬을 호위하였다.

18) 오랑캐 땅에 사신으로 갔다[使虜]: 여기서는 유송의 사신들이 북위의 도읍으로 사행을 간 것을 말한다. 유송의 영명 7년, 즉 북위의 태화 13년은 북위의 도읍이 아직 평성(平城), 즉 지금의 산서성 대동시(大同市)일 때이다. 고구려와 유송 사신들의 최종 목적지가 평성이었던 셈이다.

평성 시기의 북위와 유송의 형세도. 건강은 지금의 남경이다.

신과 차례로 배치해 놓은 것이었다.

○ 永明七年, 平南參軍顔幼明·冗從僕射劉思斅使虜. 虜元會, 與高麗使相次.

•006
[그래서 안] 유명이 괴뢰 조정19)의 주객랑(主客郞)20)인 배숙령(裵叔令)에

---

19) 괴뢰 조정[僞朝]: 서로 대립·경쟁적인 관계에 있는 두 왕조/국가가 상대방의 정통성을 부정할 때 자신들은 '거룩한 왕조[聖朝]'라고 미화하는 반면 상대방에게는 '가짜'라는 의미를 씌워서 '가짜 왕조[僞朝]·가짜 황제[僞帝]' 식으로 낮추어 부르곤 하였다. 여기서는 북위를 두고 한 말이다.

20) 주객랑(主客郞): 중국 고대의 관직명. 삼국시대 위나라에서 처음 설치되었는데 빈객과 북방 이민족을 접대하는 업무를 관장하였다. 위나라에서는 남주객랑(南主客郞)을, 서진에서는 남·북·좌·우의 네 주객랑을 두었다가 동진대에 '주객랑'으로

게 말하였다.

"우리는 상국인 중화[21]에서 [황제의] 어명을 받들고 경의 나라에 왔소. [우리나라가] 적으로 맞설 만한 나라도 [북]위나라 하나만 있을 뿐이오. 나머지 외국의 오랑캐들 따위는 이치상으로는 우리가 일으키는 먼지조차 바라볼 수가 없소. 더욱이 동이 땅의 [제] 하찮은 맥(貊)[의 족속][22]은 [우리] 조정에 신하로 복속하고 있는 판국이요. [그런데] 오늘 이렇게 감히 우리와 [한 자리에] 앉게 하다니요!"

통합되어 후대까지 인습되었다.

21) 상국인 중화[上華]: 유송 왕조를 가리킨다. 송나라가 강남에 자리 잡고 있었음에도 불구하고 '중화(中華)'로 일컬은 것은 영명 7년(태화 13)에 북위가 아직 중원 너머의 평성을 본거지로 삼고 있었고, 문화적으로도 중국 문화의 영향을 덜 받아 뒤떨어져 있다고 여겼기 때문이다. 다음 해인 태화 14년(490)에 정식으로 친정(親政)을 시작한 효문제는 '남벌(南伐)'을 명목으로 도읍을 낙양(洛陽)으로 옮기고 '한화(漢化)'정책을 적극적으로 시행하기 시작한다.

22) 동이 땅의 하찮은 맥[東夷小貊]: 남제의 사신 안유명이 고구려를 낮추어 부른 말. 범엽의 《후한서》〈고구려전〉에서 "구려는 '맥'이라고 부르기도 하였다.(句驪一名貊)"라고 한 것이 그 증거이다. 문자학적 견지에서 볼 때 '맥(貊)'의 원래의 글자는 '박(狛)'이었을 것이다. 《거연 한간(巨延漢簡)》·《설문해자》 등 한대의 필사본에 '박(狛)'이 확인되는 데다가 《일본서기》 등 8세기 일본의 사료들에서 고구려를 '코마(こま)'라고 부르고 한자로는 '박(狛)'을 쓰는데 이때 한자음은 '뱌쿠(ビャク)' 또는 '햐쿠(ヒャク, 또는 ハク)'인 것이 그 증거이다. 그것이 모양이 비슷한 '백(狛)'과 혼용되다가 언젠가부터 역시 모양이 비슷한 '맥(陌)'과 혼동되면서 발음이 '박 ⇒ 맥'으로 변형된 상태에서 완전히 '맥'으로 굳어진 것으로 보인다. 물론, '맥(貊)'과 '맥(貊)'은 당초의 '박(狛)'·'백(狛)'과 혼용한 경우로 본래의 글자는 아니다. 〈본문 예시 참조〉'맥'은 원래 춘추전국시대부터 중원에서 정북방에 살던 북방 민족을 포괄적으로 낮추어 부르던 이름으로, 한대부터는 동이 특히 고구려를 일컫는 별명으로 고정되었다. 춘추전국시대 문헌들에서 '맥'으로 일컬어진 대표적인 족속은 산융(山戎)이었으며, 그 별명을 나중에 계승한 것이 고구려였다. 따라서 그 백성들이 주로 산지에서 거주한 점을 감안할 때 고구려는 종족적으로 산융의 한 갈래였을 가능성이 높다. 아울러, 이를 통하여 고구려 발상지의 위치를 추정할 수 있는 셈이다.

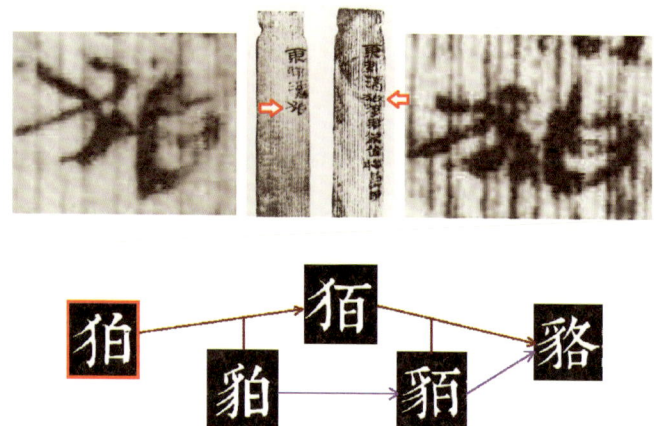

한대의 거연 한간(巨延漢簡)에 보이는 '박(狛)'. 아래는 '박(빨간 네모)'이 '맥(貊)'으로 변천하는 과정. 중국과 일본 측 사서 자료에 근거할 때 원음이 '박'이던 것이 시간이 흐르면서 '맥'으로 고착된 것으로 보인다.

○ 幼明謂僞主客郎裴叔令, 曰: "我等銜命上華, 來造卿國。所爲抗敵, 在乎一魏。自餘外夷, 理不得望我鑣塵。況東夷小貊, 臣屬朝廷, 今日乃敢與我躡踵。"

• 007

[유]사효는 사효대로 괴뢰 조정의 남부상서[23] 이사충(李思沖)에게 말하였다.

"거룩한 [우리] 조정에서는 [북]위나라 사신을 대할 때에 작은 나라의 반

---

23) 남부상서(南部尙書): 중국 고대의 관직명. 상서성(尙書省) 남부조(南部曹)의 수장. 북위에서 처음으로 설치되었으며, 인원도 처음에는 1명이다가 북위의 남침으로 남방에 새로 점유한 주·군이 크게 늘어나서 관련 관원의 권한과 업무가 번잡해지면서 2명 이상으로 증원되었다. 나중에는 남방 주·군의 업무를 관장하는 동시에 군사를 통솔해 남하하는 일을 맡기도 했는데 그런 경우 대부분 남부의 속관들이 담당하곤 하였다. 북위 효문제의 태화(太和) 연간(477~499)에 철폐되었다.

열에 세운 적이 없었소. [그 점은] 경도 알아야 할 것이오!"

○ 思敩謂僞南部尙書李思沖曰: "我聖朝處魏使, 未嘗與小國列, 卿亦應知."

• 008
[그러자 이]사충이 말하는 것이었다.

"실제로 그랬지요. 아무리 주사(主使)[24)]와 부사(副使)라고 해도 전각 위에까지 올라갈 수는 없소이다. (…) 이 자리도 거동하기에는 무척 높은 곳이니 [이 정도면 귀국의 예우에] 보답하기에도 충분하다고 보오."

○ 思沖曰: "實如此。但主副不得升殿耳。此間坐起甚高, 足以相報."

• 009
[그래서 유]사효가 말하였다.

"이도고(李道固)가 예전에 사신으로 왔을 때에는 아닌 게 아니라 지체[의 차이]가 현격해서였소. [복]위나라에서 명문대가 출신을 [사신으로] 보냈더라면 어찌 [그런] 낭패를 볼 리가 있었겠소이까!"

[나중에 안]유명은 [북위] 오랑캐 군주[25)]에게 다시 [이렇게] 말하였다.

"두 나라가 [국력으로] 버금가기로는 오직 [비]제나라와 [복]위나라뿐입니다. [그런데] 변방의 하찮은 오랑캐가 감히 신의 곁에 바짝 붙어 있게 하시다니요!"

---

24) 주사(主使): 사절단을 대표하는 사신. 조선시대에 '정사(正使)'라고 일컬어진 것이 그것이다. 부사는 주사의 업무를 보좌하는 역할을 맡았다.

25) 오랑캐 군주[虜主]: 고대 중국에서 북방민족이 세운 나라의 군주를 낮추어 부른 말. 여기서는 북위의 효문제를 가리킨다.

○ 思斅日: "李道固昔使, 正以衣冠致隔耳。魏國必纓冕而至, 豈容見黜。"幼明又謂虜主日: "二國相亞, 唯齊與魏。邊境小狄, 敢躐臣蹤。"

• 010

고[구]려에서는 민간에서 바지[26)]를 입고, [머리에는] 심[27)]이 하나인 절풍(折風)[28)]을 쓰는데, 그것을 '책(幘)[29)]'이라고 한다. [고구려인들은] '오경(五

---

26) 바지[窮袴]: '궁고(窮袴)'는 통바지의 일종으로, 궁고(窮絝)로 쓰기도 한다. 얼핏 읽기에는 고구려어 같아 보이지만 사실은 중국식 표현이다. 〈동북아판2〉(제042쪽)에서는 '궁고'를 "통이 좁은 바지"로 번역하였다. 그러나 ① 같은 책(제096쪽)의 역자가 《주서》〈고려전〉에서는 "[고구려의] 장부는 … 통이 넓은 바지를 입고"라고 번역해서 그 같은 해석이 자가당착임이 증명되는 데다가, ② 무엇보다도 고구려 남성들이 통이 넓은 바지를 착용했다는 사실은 다수의 고구려 벽화들을 통하여 고고적·시각적으로 확인되고 있다.

27) 심[梁]: '량(梁)'은 고대에 중국의 고관이 착용하는 관모에서 모자 몸을 받쳐 주는 도드라지게 솟은[돋은] 부분을 가리킨다.

28) 절풍(折風): 고구려인들이 쓰던 모자. 곽석량《한자고음수책》에 따르면, '꺾을 절(折)'은 '장과 월의 반절[章月切, tɕiæt]', '바람 풍(風)'은 '방과 동의 반절[幫冬切, pǐwəm]'이어서 고대음으로는 '쨋뻠' 정도로 재구된다. 그러나 실제의 발음도 그랬는지는 알 수가 없다. 《삼국지》와 《후한서》에 따르면, 소가(小加)가 착용했으며, 외형은 고대 중국의 모자의 일종인 변(弁)과 비슷했다고 한다. 《북사(北史)》〈고려전(高麗傳)〉에서는 "병사들은 거기에 추가로 새깃을 두 개 꽂았고, 존귀한 자의 경우는 그 모자를 '소골'이라고 한다.(士人加插二鳥羽, 貴者, 其冠曰蘇骨)"라고 하였다. 《북사》〈백제전〉에서 "그들의 음식이나 의복은 고구려와 얼추 같아서 조정에서 절을 하거나 제사를 지내는 경우에는 그들의 모자 양쪽에 새깃을 추가한다.(其飮食衣服, 與高麗略同, 若朝拜祭祀, 其冠兩廂加翅)"라고 한 것이나, 신라에서 모자에 새깃을 꽂은 유물들이 보이는 것을 보면 새깃으로 모자를 장식하는 풍습은 삼국에서 공통적으로 존재했던 셈이다. 절풍에 관한 설명 및 그것을 쓴 고구려인을 묘사한 《통전(通典)》〈악지·사방악(樂志·四方樂)〉"고려악"조 및 이백(李白, 701~762)의 시 〈고구려(高句驪)〉에 대한 원문 번역은 문성재, 《정역 중국정사 조선·동이전1》, 제205~206쪽을 참조하기 바란다.

29) 책(幘): 고대의 두건의 일종. 《삼국지》와 《후한서》에 따르면, 대가(大加)와 주부(主簿)가 주로 착용하였다. 《급취편(急就篇)》에 따르면 머리카락을 가지런히 감싸는

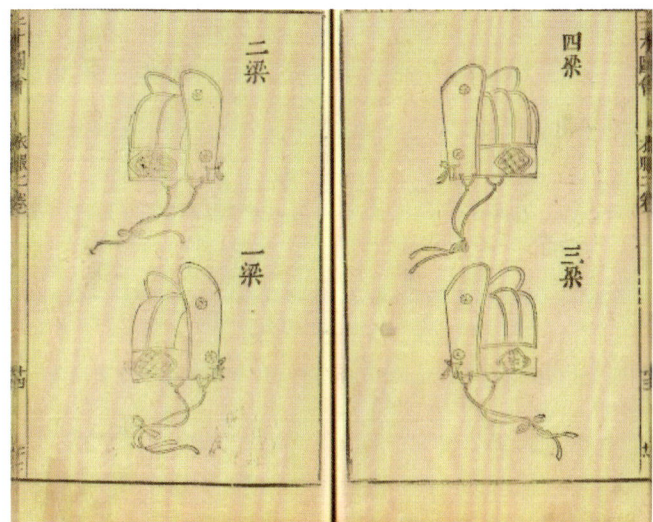

명대의 양관. 심의 개수에 따라 'X량관' 식으로 불렀다.(삼재도회)

經)'을 읽을 줄 안다.30)

○ 高麗俗服窮袴, 冠折風一梁, 謂之幘。知讀五經。

수건으로 보통은 관(冠) 밑에 받쳐 썼다고 한다. 중국의 책은 이마 부위를 둘러싼 헝겊을 기본으로 하여 앞면 헝겊을 톱니 모양으로 잘라 앞머리를 가리면서 머리띠 뒷면 아래쪽에도 헝겊을 붙여 늘어뜨려 뒷머리를 가렸다. 반면에 고구려의 책은 뒤에 늘어뜨리는 헝겊이 없었다고 한다.

30) '오경'을 읽을 줄 안다[知讀五經]: 인터넷〈국편위주〉019에서는 이 기사에 근거하여 "高句麗에서는 이미 小獸林王 2년에 太學이 설립되어 본격적인 漢學敎育"이 이루어졌다고 보았다. 물론, 전문 교육기관이 운영되기에 앞서 관련 서적들의 유통·학습이 선행되었을 것이므로 실질적으로는 소수림왕 이전부터 고구려에 수입되었다고 보는 편이 합리적이다. 참고로, '오경(五經)'은 중국 유가의 대표적인 경전들을 아울러 일컫는 이름으로, 시대에 따라 조금씩 차이가 있지만, 대체로 《역경(易經)》·《서경(書經)》·《시경(詩經)》·《예기(禮記)》·《춘추(春秋)》의 다섯 가지를 가리킨다.

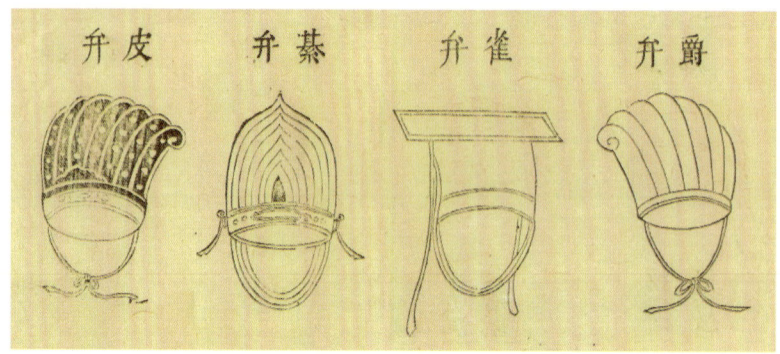

명대의 백과전서 《삼재도회(三才圖會)》에 소개된 고대 변의 각종 형태. 왼쪽부터 피변-기변-작변-작변

• 011

[고구려의] 사신이 [우리] 도읍에 있을 때31) 중서랑32)인 왕융(王融)이

"옷을 [지체에] 어울리지 않게 입으면 [오히려] 몸에 재앙이 되는 셈이라고 합니다. (…) 머리 위에 얹은 것이 무엇이오?"

하고 놀리자 [그 사신이] 대답하는 것이었다.

"이것은 바로 옛날의 변(弁)33)의 남겨진 흔적이올시다."

고련은 나이가 백 살이 넘어서 세상을 떠났다.34)

---

31) 사신이 도읍에 있을 때[使人在京師]: 고구려 사신이 유송의 도읍인 건강(建康)을 방문한 것을 가리킨다. 건강은 지금의 강소성 남경시(南京市)에 해당한다.

32) 중서랑(中書郎): 중국 고대의 관직명. 한대에 처음 설치되었고 중서령(中書令)에 속해 있었으며 삼국시대에는 오나라에도 인습되었다. 황제의 조서를 기초하거나 관리 감찰 등의 중요한 임무 수행을 목적으로 지방으로 파견되기도 하였다. 품계는 높지 않았으나 권한은 컸다. 위·진 및 남북조시대에는 중서통사랑(中書通事郎)·중서시랑(中書侍郎)을 줄인 말로 사용되기도 하였다.

33) 변(弁): 중국 고대에 관원들이 착용하던 모자의 일종. 일반적으로 '고깔'로 번역하지만 모양은 많이 다른 편이다.

34) 백 살이 넘어서 세상을 떠났다[百餘歲卒]: 《남제서》를 위시하여 《위서》·《자치통감》 등, 중국의 복수의 정사들에서 공통적으로 장수왕이 "백 살이 넘어서[百餘歲]

○ 使人在京師, 中書郎王融戲之日:"服之不衷, 身之災也。頭上定是何物?" 答曰:"此卽古弁之遺像也。"

高璉年百餘歲卒。

• 012

융창(隆昌)35) 원년(493)에 [남제 조정에서는] 고[구]려왕·낙랑공이던 고운(高雲)36)을 사지절·산기상시·도독영평이주제군사·정동대장군·고려왕·낙랑공37)으로 삼았다.

세상을 떠났다고 기술하고 있다. 이에 비하여 국내 사서인《삼국사기》〈고구려본기 6〉에서는 "겨울 12월에 왕이 세상을 떠났는데 나이가 98세였다.(王薨, 年九十八歲)"라고 기술하였다. 양국 사서들에서 전하는 장수왕의 향년에 다소 편차가 있는 셈이다.

35) 융창(隆昌): 남북조시대에 남조 제(齊)나라의 욱림왕(郁林王) 소소업(蕭昭業, 473~494)이 494년 정월~7월까지 반년 동안 사용한 연호. "융창 원년"은 문자왕 2년이며, 서기로는 493년에 해당한다.

36) 고운(高雲): 고구려 제21대 국왕인 문자명왕(文咨明王)의 이름.《남제서》이외에도《양서》·《위서》등 중국 정사에서는 그 이름을 공통적으로 '운'으로 소개했지만《삼국사기》에서는 '[고]나운(羅雲)'으로 소개하고 있다. 원래는 '고나운'이던 것을 중국식 작명법에 맞추어서 짝수로 줄여 '고운'으로 부른 것으로 보인다.《삼국유사》〈왕력편〉의 표에는 '개운(个雲)'으로 부르기도 했다고 하는데 착오가 아닌가 싶다. 〈동북아판2〉(제043쪽 주29)에서는 문자명왕의 이름과 관련하여 "《梁書》에는 '子雲'으로 표현"했다고 설명했으나 '자운(子雲)'은 이름이 아니라 장수왕 고련의 이야기를 하면서 "그 아들 운은~"하는 뜻으로 쓴 것이므로 명백히 잘못된 설명이다. 이 점은 같은 책(《동북아판》) 제058쪽의 번역을 보더라도 확인할 수 있다.

37) 낙랑공(樂浪公): '낙랑'은 한대 이래의 낙랑군을 가리키며, '영·평 2주(營平二州)'는 한대 이후의 영주와 평주를 각각 가리킨다. 여기서 유념해야 할 것은 고운에게 이 작호들을 부여한 주체가 남조의 제나라라는 사실이다. 남북조시대에 남조의 왕조들은 모두 그 영토를 장강 이남에 두었다. 역사적으로 '낙랑'이나 '영·평 2주'는 북조의 영역으로 남조의 영역에서 벗어나 있었다는 뜻이다. 그럼에도 불구하고 이 지역들에 대한 통치권을 인정하는 '낙랑공'이나 '도독영평이주' 같은 작호들이 남조 왕조들에 의해 내려졌다는 것은 ① 그 지역들에 대한 실질적인 지배와는 무관

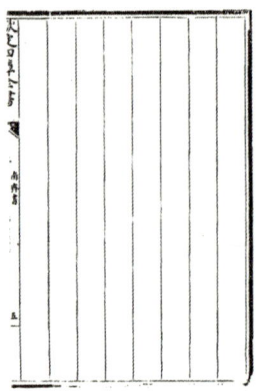

《남제서》 건무 3년 궐문 부분

○ 隆昌元年, 以高麗王樂浪公高雲爲使持節·散騎常侍·都督營平二州諸軍事·征東大將軍·高麗王·樂浪公.

• 013

건무(建武)38) 3년(496)에는 【이하 원문 결락】39)【교감1】

하게 일종의 명예직으로 부여되었을 수도 있지만, ② 당시 고구려가 '낙랑'과 '영·평 2주'를 실질적으로 점유하고 있었지만 정치적인 원인으로 북조(북위)에서 그 기득권을 인정하지 않아서 정치적으로 그 대척점에 있던 남조(남제)를 통하여 그 기득권을 인정받으려 시도했을 가능성도 있다. 고구려 영토의 서계가 요동반도와 요하를 넘지 못했다는 기존의 인식을 따른다면 이 같은 작호는 현실적으로 ①의 의미로 이해할 수밖에 없다. 그러나 만일 고구려가 실질적으로 지배한 '요동'이라는 지역개념을 100여 년 전과 마찬가지로, 요동반도를 넘어 요서(~하북성 동북부)까지 아우르는 것으로 이해한다면 ②의 의미로도 충분히 해석이 가능하다.

38) 건무(建武): 남조 제나라의 명제(明帝) 소란(蕭鸞, 452~498)이 494~498년까지 5년 동안 사용한 연호. "건무 3년"이라면 문자왕 5년으로 서기로는 496년에 해당한다.

39) 이하 원문 결락[原闕]: 《남제서》 교감기에서는 〈고구려국전〉 후반부에서 〈백제국

【교감1】 "건무 3년" 대목은 원래 결락되었던 부분이다. 이 밑으로 한쪽 분량이 결락되면서 〈고[구]려전〉후반부 및 〈백제전〉전반부가 빠져 있는데, 다른 판본들도 마찬가지이다. 원래는 쪽마다 열여덟 줄, 줄마다 열여덟 자로 되어 있었[을 것이]다. 《책부원구》권968을 따져 보건대, "명제의 건무 3년에 고[구]려왕·낙랑공이 사신을 파견해 공물을 바쳤다."라고 하였다. [그러나] 〈명제기〉에는 [해당 내용이] 기재되어 있지 않은 바, 역시 〈고[구]려전〉의 결락된 쪽의 빠진 내용이었음이 분명하다. 또, 《건강실록》과 《남제서》〈고[구]려전〉에는 다음과 같이 기술되어 있다. "그 관위에 장사·사마·참군 같은 직함을 더하였다(?). 절을 할 때에는 한쪽 다리를 펴고 앉을 때에는 무릎을 꿇으며 다닐 때에는 달림으로써 [상대방을] 공경하는 것으로 여긴다. 나라에 은 광산이 있어서 은광을 캐어서 재화로 삼으며, 인삼·담비가죽도 있다. 중국의 비단을 귀하게 여기는데 사내가 그것을 입는다. 범 가죽도 귀하게 여긴다." [이로써 보건대 이] 역시 《남제서》〈고[구]려전〉의 결락된 쪽의 빠진 내용이 아닌가 싶다. 또, 《책부원구》권 963에서는 "제나라 고제의 건원 2년 3월에 백제왕 모도가 사신을 파견하여 공물을 바쳤다. [그래서] '황제의 명령 받들어 혁신을 이루어 그 은택이 머나먼 땅까지 미치도다. 모도는 대대로 동쪽 변방의 울타리가 되어 먼 이방에서 직분을 다하고 있으니 즉시 사지절·도독백제제군사·진동대장군을 제수할 만하다' 하고 조서를 내렸다."라고 했는데, 이 역시 〈백제전〉의 결락된 쪽의 빠진 내용임이 분명하다.

○ 建武三年, …… 原闕【…… 建武三年原闕 此下缺一頁, 脫高麗傳之下半篇, 百濟傳之上半篇, 各本同. 原本每頁十八行, 每行十八字. 按元龜九百六十八: "明帝 建武三年, 高麗王·樂浪

전〉전반부까지 "원본은 쪽마다 18행이고, 행마다 18자이다.(原本每頁十八行, 每行十八字)"라고 소개했는데, 참고한 것이 어떤 판본인지는 알 수가 없다. 참고로, 청대 건륭제 때에 '사고전서(四庫全書)'의 일환으로 간행된 무영전본 《남제사》는 행마다 21자씩 기록되어 있는데 15행과 7자가 결락되어 있다.

公遣使貢獻."明帝紀不載,當亦爲高麗傳缺頁中佚文.又建康實錄·南齊 高麗傳有:"其官位加(?)長史·司馬·參軍之屬.拜則申一脚,坐則跪,行則走,以爲恭敬.國有銀山,採爲貨,並人參貂皮.重中國綵纈,丈夫衣之.亦重虎皮."疑亦南齊書 高麗傳缺頁中佚文也.又元龜九百六十三:"齊高帝 建元二年三月,百濟王 牟都遣使貢獻.詔曰:'寶命維新,澤被絕域.牟都世藩東表,守職遐外,可卽授使持節都督百濟諸軍事·鎭東大將軍.'當亦爲百濟傳缺頁中佚文.】

백제국전(百濟國傳)[40]

• 001

−[… 원래 결락된 부분 …(모대(牟大)가 이렇게 표를 올렸다.)]

"[이들이 세운] 공로에 보답하고 근면함을 위로하는 것은 그야말로 [이들의] 명예와 충렬을 남기는 일입니다. [신 모대가]행[41]영삭장군[42]으로 잠정적

---

40) 백제국전(百濟國傳): 대체로 제나라의 무제(영명)·명제(건무)까지, 즉 백제의 모대 즉 동성왕 중기부터 17년(495)까지 10여 년간의 백제와 제나라의 교류사를 소개하였다. 앞부분이 누락되어 있기는 하지만, 〈고구려전〉은 남제와 백제 사이의 책봉·조공을 주요한 내용으로 다루고 있다. 앞부분은 결락되어 있으나 〈고구려전〉 기사가 유송 말기부터 시작되고 있는 것을 볼 때 〈백제전〉 역시 그 무렵, 즉 문주왕·삼근왕 및 동성왕 초기의 일들을 다루었을 수도 있지만 동성왕 표문의 앞부분일 가능성도 높다. 여기서 특기할 만한 것은 무제의 조서(479)를 통하여 북위가 백제를 두 차례에 걸쳐 침공하고 백제가 역공을 통해 북위의 영토를 점령한 일을 비교적 구체적으로 소개하고 있다는 점이다. 그동안 백제의 강역을 경기·충청·전라 일대로 확신해 온 국내외 학계에서는 이를 근거 없는 주장으로 치부하는 경향이 있다. 그러나 앞서 《송서》에서 백제의 요서 경략을 소개한 점을 고려하면 5세기에 백제의 식민지가 중원의 동북방에 존재했을 개연성을 상정해 볼 수 있다고 본다.

41) 행(行): 중국 고대에 결원이 생긴 관직에 적임자가 확보될 때까지 다른 관원이 해당 직무를 겸임하게 한 것을 가리킨다. 품계가 낮은 관리가 한 단계 높은 관직의 직무를 겸임하는 경우도 있고, 본직이 있는 관리가 대리직을 겸임하는 경우도 있고, 문관이 무관의 직무를 또는 무관이 문관의 직무를 겸임하는 경우도 있었다. 한대에는 이 같은 겸직제도가 비교적 보편화되어 있었으며, 위·진·남북조시대에도 계속 인습되었다. 중국의 역대 사서들에서는 '행(行)' 자체가 '겸직하게 하다'라는 동사적 용법으로 사용된 사례들을 많이 찾아볼 수 있다. 때로는 임시로 내리는 직함이라는 뜻에서 '행직(行職)', 임시로 임명한다는 뜻에서 '행서(行署)', 조정의 인가 없이 사사로이 임명한다는 뜻에서 '사서(私署)' 등으로 달리 표현하기도 하였다. 《한위남북조 묘지휘편(漢魏南北朝墓誌彙編)》에는 "가용양장군 행양성군사(假龍驤將軍行襄城郡事)"라는 동위(東魏)의 직함이 보이는데 이는 용양장군 및 양성군사 대행('행')에 (조정의 정식 인가가 내려지기 전에) 잠정적으로 임명한다('가')는 뜻으로 해석된다. 이 뒤에 군데군데에 사용된 '행–'에서도 볼 수 있듯이, '□□

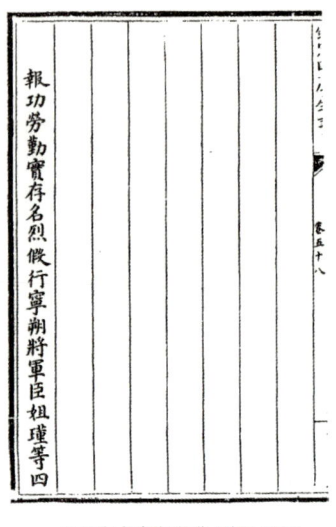

《남제서》〈백제전〉 궐문 부분

으로 임명한[43)] 신 저근(姐瑾) 등 네 사람은, 충심을 다하여 힘을 써서 나라의 어려움들을 물리쳐 없앴습니다. [그리고 그] 의지와 용기가 과감하고 의연하여 명장[의 반열]에 걸맞은 위엄을 지녔으니 【교감1】'강토(나라)를 지키는 재목' 이라고 하겠습니다.

○【… 原闕 …】… 報功勞勤, 實存名烈. 假行寧朔將軍臣姐瑾等四人, 振竭忠効, 攘除國難, 志勇果毅, 等威名將【等威名將威原譌載, 各本不譌, 今改正.】. 可謂扞城.

대행', '□□대리'의 의미로 이해하면 좋겠다.

42) 행영삭장군(行寧朔將軍): 중국 고대의 관직명. 문법대로 풀이하면 영삭장군 대행 정도의 의미이다. '영삭장군'은 삼국시대 위나라에서 처음으로 설치되었다. 서진대에는 주로 유주(幽州) 지역에 국한하여 해당 지역의 군정장관으로 오환(烏丸) 관련 업무까지 관장하게 하였다. 품계는 위·진에 이어 남조의 유송에서도 제4품(第四品)이었으며, 전진·서량(西涼)에도 설치되었다. 남조의 양나라 무제 천감(天監) 7년(508)에는 영원장군(寧遠將軍) 등 '5호장군(五號將軍)'으로 대체되었으나 원제(元帝) 때에는 서도(徐度)를 영삭장군으로 임명하는 것을 보면 그 제도는 그대로 존속되었던 것으로 보인다. '가행영삭장군'은 임시로 영삭장군을 겸임하게 한 경우라고 하겠다.

43) 가(假): 중국 역대 정사에서 시간 등의 사유로 말미암아 황제나 조정의 정식 임면 절차를 거쳐 임명장(발령장)을 정식으로 받기 전에 잠정적으로 임시 직함을 부여할 때 사용하던 상투적인 표현. '가'의 품사는 타동사로, 글자대로 풀이하면 '잠정적으로 ~의 작호를 부여하다' 정도로 해석된다. 중국의 역대 인사제도에서 '가(假)'는 '대행하다, 대리하다'의 의미로 주로 사용되며, 때로는 '겸임하다'의 의미를 나타내기도 한다. 한대에는 관리가 조정으로부터 특정한 직함을 정식으로 제수받기 전에 임시로 해당 직권을 대신 행사하는 것을 가리키는 말로서, 가후(假候)·군

【교감1】 "명장[의 반열]에 걸맞은 위엄을 지녀" 대목의 경우, '위엄 위'는 원래 '끊을 절'로 잘못 바뀌어 있는데 다른 판본들에서는 잘못된 것이 없다. 지금 바르게 고쳤다.

•002

[종묘]사직을 굳게 지키는 울타리이니, [이들의] 공로를 따지고 노고를 헤아림에 있어 [그에] 걸맞은 높은 지위에 있어야 옳습니다. 외람되오나[44] 이에 관례에 따라 잠정적으로 대행의 직권을 부여 하고자 합니다. 엎드려 바라옵건대, [그 충심을] 갸륵하게 여기시어 [제가] 잠정적으로 부여한 작호의 제수를 윤허해 주십시오.

○ 固蕃社稷, 論功料勤, 宜在甄顯。今依例輒假行職。伏願恩愍, 聽除

가사마(軍假司馬) 등의 경우처럼, 그 지위는 정식 관직에 비하여 상대적으로 낮았다. 중국에서 대리/겸직의 사례는 위진·남북조시대에 비교적 자주 확인되는데, 현직에 있는 관원이 추가로 직함을 부여받을 때 한결같이 이 방식을 따랐다. 북위의 경우에는 작호를 대리하는 '가작(假爵)'의 제도도 시행되었다. 대리/겸직의 관직을 부여받는 관원들의 경우 때로는 이런 방식으로 사행을 가거나 전쟁에 나갈 때 당사자의 품계를 임시로 높여 주기도 하였다. 그래서 출정하는 장군이나 사행하는 사신이 임시 직함을 부여받는 경우가 많았다. 북위의 효문제(孝文帝)에 이르러서는 이 같은 대리/겸직이 제도화되었다. 그러나 일종의 명예직으로, 실질적인 권한은 없는 경우가 많았다. 국편위판과 동북아판에서는 중국 정사에 등장하는 "가행 □□장군" 식의 어휘들을 일률적으로 복합명사로 이해해서 '가행□□장군' 식으로 번역하고 있다. 그러나 엄밀한 의미에서 '가'는 명사가 아니라 타동사이므로 일률적으로 '~의 직무를 임시로 부여하다' 식으로 해석하여 "행□□장군으로 잠정적으로 부여하다" 식으로 번역해야 옳다.

44) 외람되오나[輒]: 고대 한문에서 '문득 첩(輒)'은 다양한 의미로 사용되곤 한다. 여기서는 '허락 없이(without permission)', 또는 '분수 넘게(presumptuously)', '함부로·감히(rudely)'의 어감을 나타내는 부사로 사용되었다. 《조자변략(助字辨略)》권5에서 "당 고종 〈술성교서〉의 '첩이경진조악추로첨류'에서 여기서의 '첩'자는 함부로 멋대로 한다는 말로, '감히'와 같은 말이다.(唐高宗述聖教序輒以輕塵足嶽隆露添流, 此輒字專擅之辭, 猶云敢也)"라고 한 것이 그 예이다.

所假。

• 003

영삭장군·면중[45]왕 저근은 여러 차례에 걸쳐 [제] 정무를 잘 보필하여 무예와 공로가 나란히 뛰어나므로 이제 행관군장군[46]·도장군[47]·도한왕[48][의 소임]을 잠정적으로 부여 하고자 합니다. 건위장군[49]·팔중

---

45) 면중(面中): 인터넷〈국편위주〉027에서는 "王侯와 관련된 地名으로 보아 武珍州로 比定"한 일본 학자 스에마츠 야스카즈(末松保和)《임나흥망사》의 주장을 인용하고 "武珍州는 全羅南道 光州가 되거니와, 文章의 內容으로 보아 地名으로 보는 것도 무리가 없다"고 보았다. 그러나 '낯 면(面)'은 '명과 원의 반절[明元切, mǐan]', '가운데 중(中)'은 '단과 동의 반절[端冬切, tǐwəm]', 또, '용맹할 무(武)'는 '명과 어의 반절[明魚切, mǐwɑ]', '보배 진(珍)'은 '단과 문의 반절[端文切, tǐen]'이어서 각각 '먄뗨'과 '뫄떤'으로 재구되어서 대응관계가 성립한다고 할 수 없다. 어원·발음으로 따져 볼 때 무진주가 광주라거나 무진주가 면중이라는 근거는 찾기 어렵다.

46) 관군장군(冠軍將軍): 중국 고대의 관직명. 후한 말기에 설치되어 군사를 지휘해 정벌을 하는 일을 관장했으며 삼국시대의 위·오를 거쳐 5호 16국 시대의 후조(後趙)·전진(前秦)·후연(後燕)·남연(南燕)·서진(西秦) 등, 후대의 여러 왕조에서도 그대로 인습되었다. 진대의 관군장군은 병영의 군사를 지휘했는데 품계는 3품(三品)이었다. 남조에서도 인습되었으나 품계에서 다소 차이가 있어서 송(宋)에서는 3품, 진(陳)에서는 4품이었는데, 녹봉은 중 2천 석(中二千石)에 해당하였다. '행관군장군'은 다른 관직을 가진 무관이 관군장군의 직함을 대행 또는 겸임한 경우이므로 '관군장군 대행' 정도에 해당한다.

47) 도장군(都將軍): 중국 고대의 관직명. 인터넷〈국편위주〉028에서는 "여기에 언급된 四人의 官爵內容을 비추어 보면 都將軍이란 것은 잘못 중복된 것"이라고 보았다. 그러나 여기서의 '도장군'은 도장(都將)의 정식 명칭이 아닌가 싶다. 도장은 남북조시대 북위의 무관직으로, 황제의 시위를 서거나 정벌·주둔 등의 업무를 맡았다. 인터넷〈국편위주〉의 설명처럼 단독적으로 사용된 사례는 찾아보기 어렵고 업무에 따라 서도도장(西道都將)·남정도장(南征都將)·전봉도장(前鋒都將) 등으로 일컬었으며, 나중에는 염지도장(鹽池都將)·주전도장(鑄錢都將) 등과 같이 다른 업무를 맡기도 하였다.

48) 도한(都漢): 이노우에 히데오(井上秀雄)는 '도한'을 지명으로 보고《삼국사기》〈지리지〉에 등장하는 현 이름인 '두힐(豆肹)'과 대응시키고 지금의 전남 고흥 또는 나

후50) [부]여고(餘古)는 약관의 나이 때부터 [저를] 보좌하면서 충심과 노력이 진작부터 두드러졌기에 이제 행영삭장군·아조왕51)[의 소임]을 잠정적으로 부여 하고자 합니다.

○ 寧朔將軍·面中王 姐瑾, 歷贊時務, 武功竝列, 今假行冠軍將軍·都將軍·都漢王。建威將軍·八中侯餘古, 弱冠輔佐, 忠効夙著, 今假行寧朔將軍·阿錯王。

• 004
건위장군 [부]여력(餘歷)은 평소부터 충심과 정성이 남다르고 문장과

주로 비정하였다. 그러나 '도읍 도(都)'는 '단과 어의 반절[端魚切, tɑ]', '한(漢)'은 '효와 원의 반절[曉元切, xan]', '콩 두(豆)'는 '정과 후의 반절[定侯切, do]', '힐(肸)'은 '갑과 지의 반절[匣支切, ɣie]'이어서 각각 '따한'과 '도혜' 식으로 재구된다. 적어도 음운상으로는 대응관계가 성립되지 않는 것이다.

49) 건위장군(建威將軍): 중국 고대의 관직명. 왕망(王莽)의 신(新)나라 때 처음 설치되었고 후한·삼국·5호 16국·남북조시대까지 남조의 송·제·량, 북조의 성한(成漢)·전진(前秦)·후진(後秦)·후연(後燕)·서진(西秦)·북위(北魏) 등 역대 왕조에서 지속적으로 인습되었다. 남조에서는 '5위장군(五威將軍)'의 하나로 운영되었다.

50) 팔중(八中): 인터넷〈국편위주〉030에서는 이를 "武州 發羅郡"으로 비정한 스에마츠(末松保和)의 주장과 "半奈夫里縣"으로 비정한 아유카이 후사노신(鮎貝房之進)의 주장(《三韓古地名考補正を讀む》)을 소개하였다. 두 사람은 현재(1930년대)의 지명에 근거하여 "發羅는 지금 全羅南道 羅州이며, 半奈夫里는 羅州郡 潘南面"이라고 보았다. 그러나 '여덟 팔(八)'은 '방과 질의 반절[幫質切, pet]', '가운데 중(中)'은 '단과 동의 반절[端冬切, tĭwəm]'이어서 '삗똠' 식으로 재구되므로 두 사람의 발라'나 반내부리'와는 음운상으로 대응관계가 성립한다고 보기 어렵다.

51) 아조(阿錯): 이노우에 히데오(井上秀雄)는 《삼국사기》〈지리지〉"백제"조의 아차산군(阿次山郡)으로 보아 지금의 무안군(務安郡) 압해면(押海面)으로 비정하였다. 그러나 '언덕 아(阿)'는 '영과 가의 반절[影歌切, a]', '사람이름 조(錯)'는 '청과 탁의 반절[淸鐸切, tsʼɑk]', '버금 차(次)'는 '청과 지의 반절[淸脂切, tsʼiei]'이어서 '아착'과 '아체이' 식으로 재구되므로 둘째 글자는 중성과 종성이 대응되지 않는다.

무예가 나란히 두드러지기에 이제 행용양장군52)·매로왕53)[의 소임]을 잠정적으로 부여하고자 합니다. 광무장군54) [부]여고(餘固)는 정무에 충성스럽게 봉사하여 국정을 밝게 펼쳤기에 이제 행건위장군·불사후 55)[의 소임]를 잠정적으로 부여하고자 합니다."

---

52) 용양장군(龍驤將軍): 중국 고대의 관직명. 삼국시대에 위나라에 처음으로 설치되었는데, 지위는 높은 편으로, 위·진과 유송에서 품계가 모두 제3품(第三品)이었다. 5호 16국 시대에는 전량(前凉)·후조(後趙)·전진(前秦)·서진(西秦)에도 인습되었지만, 남조에서는 후기에 그 지위가 차츰 낮아져서 양나라 무제(武帝) 대통(大通) 3년(529)에 무관직 34반 중에서 12반에 해당되었다. '행용양장군'은 용양장군의 직무를 대행 또는 겸임한 경우로, '용양장군 대행' 정도에 해당한다.

53) 매로(邁盧): 이노우에 히데오는 이를 《삼국사기》〈지리지〉 "백제"조의 마서량현(馬西良縣) 또는 마사량현(馬斯良縣)으로 보아 전남 옥구읍(沃溝邑) 등지로 비정하였다. 그러나 '갈 매(邁)'는 '명과 월의 반절[明月切, moat]', '밥그릇 로(盧)'는 '래와 어의 반절[來魚切, lɑ]'이어서 '맛라' 식으로 재구된다. 음운상으로 첫 글자만 일치할 뿐 나머지 두 글자는 전혀 대응관계가 성립되지 않는다. 〈동북아판3〉(제055쪽)에서는 1995년 부여 궁남지에서 발견된 '서부 후항(西部後巷)' 목간의 '매라성 법리원 수전 오형(邁羅城法利源水田五形)'이라는 글귀를 근거로 '매로'를 부여로 추정했으나 속단할 수는 없다.

54) 광무장군(廣武將軍): 중국 고대의 관직명. 삼국시대 위나라에 처음 설치되었는데 그 뒤로 서진을 거쳐 전연(前燕)·전진(前秦)·서진(西秦)·유송·북위까지 두루 인습되었으며 지위는 비교적 높았다. 남조의 유송에서는 '5무장군(五武將軍)'의 하나이다. 위·진·송에서는 품계가 4품(四品)이었으며, 북위의 경우에는 황제가 직접 임명해 시위를 서게 하는 한편 기밀을 관장하게 하였다.

55) 불사(弗斯): 인터넷〈국편위주〉033에서는 "比自伐에 비정한다면 이것은 全羅北道 全州가 된다. 물론 比自伐은 昌寧의 古名이지만 이것은 해당되지가 않는다. 위의 이름과 유사한 것으로 分嵯郡이 있는 바, 이는 全羅南道 長興郡 冠山面"이라고 보았다. 그러나 곽석량《한자고음수책》에 따르면, ① '아닐 불(弗)'과 '이 사(斯)'의 고대음은 각각 '방과 물의 반절[幫物切, piwət]'과 '심과 지의 반절[心支切, sǐe]'로, '뼛셰'이다. 반면에 '빗댈 비(比)'와 '스스로 자(自)'는 '병과 지의 반절[並脂切, pǐei]'와 '종과 질의 반절[從質切, dzǐet]', '나눌 분(分)'과 '우뚝 솟을 차(嵯)'는 '방과 문의 반절[幫文切, piwən]'과 '작과 하의 반절[昨何切, dza]'이어서 음운상으로는 서로 대응되지 않는다. ② 게다가 비자벌의 경우 기존 연구에서는 창녕의 옛이름이라고 하면서 이를 이 경우에만 전북 전주로 비정한다는 것도 납득되지 않는

○ 建威將軍餘歷, 忠款有素, 文武列顯, 今假行龍驤將軍·邁盧王。廣武將軍餘固, 忠効時務, 光宣國政, 今假行建威將軍·弗斯侯。"

• 005

모대(牟大)⁵⁶⁾는 이어서 [이렇게] 표를 올렸다.[교감1]

○ 牟大又表曰【"牟大又表曰", 按牟大, 通志及元龜並作牟太。又元龜九百六十三: "齊武帝永明

다. 비자벌을 창녕의 옛이름으로 보는 것도 전북 전주로 비정하는 둘 다 문제가 있다는 뜻이다. ③ 독음상으로도 거리가 먼 것은 마찬가지이다. '불사'는 '뿟셰'인 데 비하여 '비자'는 '삐ㅣ쩻', '분차'는 '뿐자'여서 자음과 모음에서 편차가 상당히 크기 때문이다.

56) 모대(牟大): 백제의 제24대 국왕인 동성왕(東城王, ?~501)의 이름. 일본에 머물다가 선왕인 문근왕(文斤王, 삼근왕)이 세상을 떠나자 귀국하여 왕위를 계승하였다. 《양서》《백제전》·《책부원구》등, 중국측 사료들에는 '모태(牟太)', 《남사》《제무제본기(齊武帝本紀)》에는 '[모]태(泰)'로 나와 있으며, 《삼국사기》《백제본기》에서는 "동성왕은 이름이 '모대'['마모'로 쓰기도 한다]이다. 문주왕의 동생 곤지의 아들이다(東城王, 諱牟大(或作摩牟), 文周王弟昆支之子)"라고 소개하였다. 인터넷 〈국편위주〉034에서는 "《日本書紀》와 同書에 引用된《百濟新撰》에는 末多王으로 나오고 있다"라고 했는데 착오가 있는 듯하다. '미다왕(未多, 미타)'으로 나와 있는 것은 《신찬성씨록초(新撰姓氏錄抄)》이며, 《일본서기》와 《백제신찬》인용문에는 '말다왕(末多王, 마타)'으로 되어 있기 때문이다. 또, '끝 말'은 발음이 '맛(mo)'이지만 '아직 미(未)'는 발음이 '미(mi)'이므로 발음상으로 '모[태]'와 부합되는 글자는 '말'이므로 '미다왕'이 아니라 '말다왕'이 옳다는 것을 알 수 있다. 이와 함께, 《삼국사기》《백제본기》"동성왕"조에서는 왕의 이름 '모대'를 소개하면서 "마모로 쓰기도 한다(或作摩牟)"는 주석을 붙였는데 두 번째 글자가 오기인지 또다른 이름이 있었는지는 알 수가 없다. … 1512년에 재간행된 규장각본《삼국유사》《왕력편(王曆篇)》에서는 그 이름을 "이름은 '연대'로, '마제'라고도 하며, 또 '여대'까지 셋이 있다(名年大, 一云麻帝, 又餘大三)"라고 소개하였다. 그러나 여기서 '연(年)'과 '제(帝)'는 오기로, 외형이 비슷한《삼국사기》의 '모(牟)'를 잘못 새긴 경우(오각)이다. … 정성수의《고금음대조수책》(제116쪽)에 제시된 고대음에 따르면, '탐낼 모(牟)'는 '막과 부의 반절[莫浮切, mǐəu]'이므로 '뮤'에 가까웠던 셈이다. 또, '큰 대(大)'는 '정과 월의 반절[定月切, dat]'이므로 '닷'에 가까웠던 셈이다. 이 고대음이 옳다면 '모대'는 '뮤닷' 또는 '뮤다' 정도로 읽는 편이 옳다고 본다.

八年正月, 百濟王牟大遣使上表, 遣謁僕射孫副策命", 知上此表在永明八年正月也.】:

【교감1】 "모대는 이어서 표를 올렸다."의 경우, 따져 보건대 '모대'를 《통지》 및 《책부원구》에서는 다같이 '모태'로 적고 있다. 또, 《책부원구》 권 963에서는 "제나라 무제의 영명 8년 정월에 백제왕 모태가 사신을 파견해 표를 올리매, 알자복야 손부를 파견해 책명을 내렸다."라고 했으니 그 표를 올린 시점이 영명 8년(490) 정월임을 알 수 있는 셈이다.

• 006
"신이 파견한 행건위장군57) · 광양태수58) 겸 장사인 신 고달(高達)과 행건위장군 · 조선태수59) 겸 사마인 신 양무(楊茂)60)와 행선위장군61)

---

57) 행건위장군(行建威將軍): 중국 고대의 관직명. '건위장군'은 왕망(王莽)의 신(新)나라 때 처음 설치되었고 후한 · 삼국 · 5호 16국 · 남북조시대까지 남조의 송 · 제 · 량, 북조의 성한(成漢) · 전진(前秦) · 후진(後秦) · 후연(後燕) · 서진(西秦) · 북위(北魏) 등 역대 왕조에서 지속적으로 인습되었다. '행건위장군'은 다른 관직을 가진 무관이 건위장군의 직함을 대행 또는 겸임한 경우로, '건위장군 대행' 정도에 해당한다.

58) 광양태수(廣陽太守): 중국 고대사에서 광양군(廣陽郡)은 두 곳이 있었다. ① 진(秦)나라에서 처음 설치해 한(漢) · 진(晉) 때에는 유주자사부(幽州刺史部)에 속했으며, 치소가 춘추전국시대 연나라의 도읍인 계현(薊縣, 지금의 북경지역)이었다. ② 북위의 진군(眞君) 2년(441)에 익주(益州)를 광양군으로 개칭하고 치소를 방성(方城, 지금의 하북성 고안현(固安縣) 서남쪽)에 두었다. 진군 9년에는 방성을 북경 북쪽의 밀운(密雲)에 합병하였다. 여기서의 광양군이 어느 쪽인지는 알 수 없으나 그 좌표만은 대체로 하북성 북경 인근임을 짐작할 수 있는 셈이다.

59) 조선태수(朝鮮太守): 국내외 학계에서는 고대의 조선(고조선)을 평안남도 평양시(平壤市)로 비정하고 있다. 그런데 중국 정사에서 조선은 하북성 동북부의 노룡현(盧龍縣) 일대에 대한 이름으로 등장한다. 여기서의 조선군을 기존의 주장대로 평양지역으로 본다면 앞뒤가 맞지 않게 된다. 5~6세기의 평양지역은 엄연한 고구려의 영토인데 백제에서 그 지역에 대한 통치권을 넘본다는 것은 어불성설이기 때문이다. 반면에, 그 좌표를 노룡현 일대로 가정한다면 백제가 진대에 그 인근의 요서 · 진평 두 군을 점유한 일이 있으므로 어느 정도 아귀가 맞게 된다. 참고로,

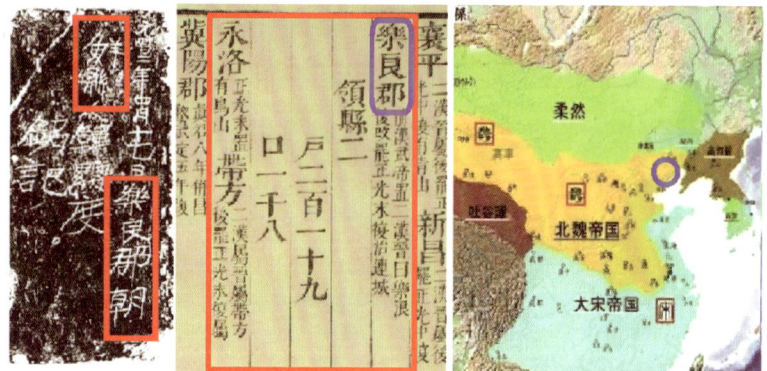

북경 삼합장촌 고분군에서 발견된 '낙랑군 조선현 한현도' 명문과 《위서》〈지형지〉의 "낙랑군"조. 5세기는 고구려의 전성기이고 북위의 우방이었다. 그런데 북위가 평양까지 침공해 포로를 끌고 왔다는 주장은 어불성설이다. 한 무제의 낙랑군은 한 번도 그 자리(파란 동그라미)를 벗어난 적이 없었다.

2013년에 북경의 대흥구(大興區) 삼합장촌(三合莊村)에서는 조선현 출신의 한현도(韓顯度)의 무덤이 발견되었다. 그 무덤의 벽돌에 동위(東魏)의 '원상 2년 4월 17일 낙량군 조선현 사람 한현도 묘지명(元象二年四月十七日樂良郡朝鮮縣人韓顯度銘記)'이라는 글귀가 적혀 있었다. '낙량'은 북위 당시에 낙랑을 일컫던 이름이다. 중국 정사인 《위서》에 따르면, 북위의 태무제(太武帝) 탁발도(拓跋燾, 408~452)가 439년까지 화북을 통일하는 과정에서 연화(延和) 원년(432)에 조선군의 백성들을 비여(肥如)로 옮겨 살게 하고 그곳에 조선현을 설치했다고 소개했으므로 한현도의 일족은 그 이후에 삼합장촌으로 이주했을 것이다. ① 432년이라면 광개토대왕을 지나 장수왕이 왕위에 오른 지 20년째 되는 해로 고구려가 최고의 전성기를 구가하던 때이다. 게다가 ② 북위는 당시 고구려의 장수왕과 대단히 우호적인 관계를 유지하고 있었으므로 상식적으로 우방인 고구려를 침공하고 그 백성들을 포로로 끌고 갔을 리도 없다. ③ 실제로 《위서》에도 북위 태무제 탁발도가 고구려를 침공했다는 기록은 어디에도 보이지 않는다. 따라서 ④ 북위의 태무제가 포로로 끌고 간 조선군의 백성들은 한중일 학계에서 통설로 주장하는 한반도의 평양시(또는 평안도) 주민들이 아니라 고구려 강역 너머에 거주하던 화북성이나 최소한 요녕성(요서지역) 모처의 주민이었다고 보아야 합리적이다. ⑤ 참고로 《위서》〈지형지〉 "낙랑군"조 사진을 보면 "전한의 무제가 설치함. 두 한나라와 진나라에서는 '낙랑'으로 일컬음. 나중에 개칭되었다가 축소되었다가 정광 말기에 회복됨. 치소는 연성(前漢武帝置. 二漢晉曰樂浪, 後改罷. 正光末復, 治連城)"이라고 소개되어 있다. 누가 보더라도 북위 낙랑군이 있는 자리가 곧 한나라 무제가 '한사군'의 낙랑군을 설치한 자리라는 뜻임에 의심의 여지가 없다.

겸 참군62)(行宣威將軍兼參軍)인 신 회매(會邁) 등 세 사람은 지조와 행실이 맑고 빛나는 데다가 충심과 정성이 평소에 두드러졌습니다.63)

○ 臣所遺行建威將軍·廣陽太守·兼長史臣高達, 行建威將軍·朝鮮太守·兼司馬臣楊茂, 行宣威將軍·兼參軍臣會邁等三人, 志行淸亮, 忠款夙著。

---

60) 신이 파견한[臣所遺]~: 이 기사에서는 백제 국왕이 자신이 파견한 사신들을 유주(하북성)의 고을인 광양군·조선군·대방군의 태수로 제수해 줄 것을 제나라 황제에게 요청한 일을 다루고 있다. 그러나 중국 역사에서 이 지역들은 지리적으로 남조가 아닌 북조에 속한 지역들이었다. 제나라와는 행정적으로 제나라의 통치력이 미치지 않는 곳들인 것이다. 그렇다면 백제의 이 같은 제수 요청은 등거리외교를 통해 실리를 챙기려는 의도를 보여 주는 셈이다. 만일 ① 기존의 통설대로 조선과 대방의 위치를 각각 평안도와 황해·경기도 일대로 비정한다면 이 지역들은 모두 고구려의 영토였으므로 '유명무실'의 형식적인 직함으로 이해할 수도 있다. 그러나 ② 백제가 진대에 요서·진평 두 군을 점유한 일을 소개한 남조 정사들의 기록들을 감안한다면, 당시의 백제가 해당 지역들을 점유하거나 일시적으로 점거하고 있었다고 보는 편이 합리적이다.

61) 선위장군(宣威將軍): 중국 고대의 관직명. 삼국시대 위나라에서 처음으로 설치하여 군사를 거느리고 정벌하는 일을 관장하였다. 나중에 서진과 유송에서는 설치되었다가 철폐되기를 거듭하였다. 품계는 변동이 있어서 처음에는 8품이던 것이 북위에 이르러서는 6품 상(六品上), 북주에서는 정4명(正四命)이었다. '행선위장군'이란 선위장군의 직무를 대행 또는 겸임하게 한 경우로, '선위장군 대행' 정도에 해당한다.

62) 참군(參軍): 중국 고대의 관직명. 후한 말기에 승상(丞相)이던 조조(曹操)가 군정을 총괄하면서 그 막료를 '참승상군사(參丞相軍事)'라는 이름으로 군정을 참모했는데 이를 줄여서 '참군'으로 불렀다. 지위가 막중하여 서진(西晋) 이후로는 왕·장군들이 참군을 두면서 정식 관직명으로 굳어졌다. 독립적으로 '참군'으로 부르기도 하지만 때로는 담당 업무를 덧붙여 자의참군(咨議參軍, 자문 담당)·기실참군(記室參軍, 기록 담당)·녹사참군(錄事參軍, 장부 담당) 등으로 부르기도 하였다. 《후한서》를 편찬한 범엽(范曄) 역시 당시의 유력자 유자강(劉子康)의 막부에서 '관군참군(冠軍參軍)'을 지낸 바 있다. 수·당대에 이르러서는 군(郡)의 관직으로까지 확장되었다.

• 007

지난 태시(泰始)⁶⁴⁾ 연간에는【교감1】 차례로 [이전 왕조인] 송나라 조정에 사신으로 갔습니다. 이번에는 신의 사신의 자격으로 파도의 험난함을 무릅쓰고 [바다를] 건넜나이다. 그 지극한 공로를 헤아리건대 벼슬을 올려 줌이 옳기에 삼가 전례에 따라 저마다 잠정적으로 대행의 직권을 부여했습니다.

○ 往泰始中【"往泰始中", 泰始原譌太始, 各本並譌, 今改正.】, 比使宋朝, 今任臣使, 冒涉波險, 尋其至効, 宜在進爵, 謹依先例, 各假行職.

【교감1】 "태시 연간에는"의 경우, '태시'가 원래는 '태시'로 잘못 나와 있고, 다른 판본들도 똑같이 잘못 되어 있어서 지금 바르게 고쳤다.

• 008

더욱이 천자의 덕택은 거룩하고도 아름다워 만 리 밖에서조차 [그것을 누리기를] 우러러 보는 바입니다. 하물며 몸소 천자의 조정을 찾는 몸인데 어찌 [그 은택을] 입지 않을 수가 있겠습니까? [그러니] 천자께서 [이 점을] 헤

---

63) 충심과 정성이 평소에 두드러졌습니다[忠款夙著]: 백제 동성왕(모도)이 열거한 고달·양무의 관직명인 광양태수·조선태수의 경우, '광양'과 '조선'은 하북지역의 지역명과 부합된다. 뒤에 나오는 대방·광릉·청하 역시 모두 중국의 지명들이다. 어쩌면 2년 전(488)에 북위와의 싸움에서 백제가 확보한 땅들에 대한 통치를 이들에게 위임했을 가능성이 높다. 학계에서는 조선군을 평양시, 대방군을 황해·경기 일대로 비정하는 것이 통설이다. 그러나 상식적으로 평양시나 황해·경기 일대는 당시 엄연히 고구려의 고유한 영토에 속한 지역들이었다. 따라서 그 땅들을 실정적으로 통치하는 관리(태수)의 직함을 백제가 요구한다는 것은 상식적으로 이치에 맞지 않는다. 이는 대방군이나 조선현(조선군?)에 대한 기존의 비정에 문제가 있다는 뜻이다. 앞의 "조선태수" 주석에서 밝혔듯이, 둘 다 모두 그 좌표를 한반도 바깥 중국의 하북지역에서 찾아야 정상인 것이다.

64) 태시(泰始): 유송의 명황제(明皇帝) 유욱이 465~471년까지 사용한 연호.

아리시고 특별히 어여삐 여기시어 정식 작위를 제수해 주시기를 업드려 바라나이다.

○ 且玄澤靈休, 萬里所企, 況親趾天庭, 乃不蒙賴。伏願天監特愍除正。

•009

[고]달은 변방에서 봉직한 공적이 평소에 두드러진 데다가 공무에 정성을 다하고 힘썼기에 이에 행용양장군·대방태수[65]로 잠정적으로 임명하고자 합니다. [양]무는 지조와 행실이 맑고 한결같은 데다가 공무를 [손에서] 놓는 법이 없었기에 이에 행건위장군·광릉태수[66]로 잠정적으로 임명하고자 합니다.

○ 達邊効夙著, 勤勞公務, 今假行龍驤將軍·帶方太守。茂志行清壹, 公務不廢, 今假行建威將軍·廣陵太守。

---

65) 대방태수(帶方太守): 학계 일각에서는 여기에 언급된 중국계 지명들에 대하여 5세기 북위나 유송에서 설치한 군들이므로 "실질적 의미가 없는 작호"라거나 "작호를 받은 사람의 출신지"라고 해석하였다. 그 같은 해석들은 반도사관의 패러다임 속에서 이 대목을 이해하려다 보니 발생한 착시이다. 국내외 학계에서는 대방군을 지금의 한반도 황해도 나아가 경기도 북부로 비정해 왔다. 그러나 5~6세기에 황해·경기 등지는 고구려가 백제를 밀어내고 장악한 상태였으므로 앞뒤가 맞지 않는 셈이다. 따라서 앞서의 조선태수·광양태수의 경우처럼, 대방군은 한반도가 아닌 하북성 동북부에 존재했을 가능성이 높다. 초기 정사인《삼국지》와《후한서》에서는 대방이 구야한국(狗邪韓國)까지 바닷길로 7,000리 떨어져 있다고 소개하였다. 구야한국은 지금의 거제도 또는 김해라는 것이 통설이다. 이 두 곳을 기점으로 서쪽으로 7,000리를 거슬러 올라가면 종착지는 황해·경기가 아니라 중국의 하북성 동부이다. 이에 관해서는 문성재,《한국고대사와 한중일의 역사왜곡》, 제365~391쪽을 참조하기 바란다.

66) 광릉태수(廣陵太守): 중국 역사에서 광릉군(廣陵郡)은 한대에 처음 등장한다. 무제(武帝)의 원수(元狩) 2년(BC121)에 설치되었고, 치소는 광릉현(廣陵縣), 즉 지금의 강소성 양주시(揚州市) 일대였다.

• 010

[회]매는 의지를 지킴에 [생각도] 주도하고 면밀하여【교감1】여러 차례 부지런히 정성을 다했기에 이에 행광무장군·청하태수[67]로 잠정적으로 임명하고자 합니다."

○ 邁執志周密【邁執志周密 據南監本·殿本·局本改。按邁卽上所云之會邁也。】, 屢致勤効, 今假行廣武將軍·淸河太守。"

【교감1】"[회]매는 의지가 굳은 데다가 주도하고 면밀하여"의 경우, 남감본·전본·국본에 따라 고쳤다. 따져 보건대 '매'는 바로 위에서 말한 '회매'이다.

• 011

[그래서 황제는 그 요구를] 조서를 내려 허락하고 장군의 칭호를 하사하는 한편, 태수의 관직을 제수하였다. [또한 모대는] 사지절·도독백제제군사·진동대장군으로 삼았다.【교감1】

○ 詔可, 竝賜軍號, 除太守。爲使持節·都督百濟諸軍事·鎭東大將軍。【爲使持節都督百濟諸軍事鎭東大將軍 按此句上有奪文。】

【교감1】"사지절·도독백제제군사·진동대장군으로 삼았다"의 경우, 따져 보건대 이 구절 앞에 누락된 내용이 있다.

• 012

[아울러] 겸알자복야(兼謁者僕射)[68] 손부(孫副)를 사신으로 보내 책명(策

---

67) 청하태수(淸河太守): 중국 역사에서 청하군(淸河郡)은 진(秦)나라 후기에 처음 설치되었다. 행정적으로는 기주(冀州)에 속했으며, 치소는 여러 번 변동이 있었으나 대체로 지금의 하북성 형대시(邢臺市)의 청하현(淸河縣)에 해당한다.

68) 겸알자복야(兼謁者僕射): 남조 제나라의 관직명. '알자복야의 직함을 겸하다'라는

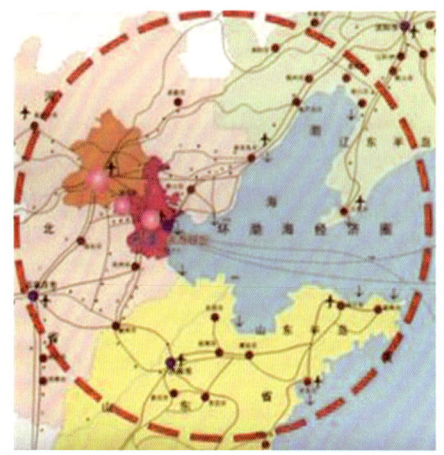

창해는 곧 발해이다. 그 아래의 황해와 비교할 때 물이 맑기 때문에 창해라고 불린다.

命)으로 [모]대로 하여금 세상을 떠난 조부 모도(牟都)[69]의 작위를 세습하게 하고 백제왕으로 삼았다. [그리고는 조서에서 이렇게] 말하였다.

○ 使兼謁者僕射孫副策命大襲亡祖父牟都爲百濟王。曰:

의미로, 이를 통하여 본래는 다른 직함을 가지고 있다가 알자복야의 자격으로 파견된 것임을 알 수 있다. 알자복야는 황명을 출납하고 의례를 주관하고 빈객을 접대하고 사신으로 출행하는 업무를 관장하는 알자대(謁者臺)의 수장을 말한다.《남제서》〈백관지(百官志)〉에 따르면, 제나라에서는 알자복야를 1명, 알자를 10명(謁者僕射一人, 謁者十人)' 두었다고 한다.

69) 모도(牟都): 백제 국왕의 이름. 인터넷〈국편위주〉039에서는 "《三國史記》의 순서를 따르면 文周王(或作汶洲)이 된다."라고 전제하면서도 그것은 "어디까지나 《三國史記》의 순서에 따른 系譜이며, 牟都가 바로 文周王이라는 확증은 없다."라고 보았다. 모도가 백제의 어느 왕인지 짐작할 수 있는 단서는 확인할 수 없는 셈이다. 실제로 《남제서》에서는 "[동성왕?] 모대가 모도의 손자"라고 소개했으나 김부식은 《삼국사기》에서 그 같은 설명에 의문을 제기하였다. 곽석량《한자고음수책》의 고대음에 따르면, '탐낼 모(牟)'는 '명과 유의 반절[明幽切, mǐəu]', '도읍 도(都)'는 '단과 어의 반절[端魚切, tɑ]'이어서 '뮤따' 정도로 재구된다.

• 013

"아아, 그대는 충심과 근면함을 대를 이어 다하매 [그] 지극함이 먼 곳에서 두드러지거늘 창해 길 [파도] 잦아들고 맑아지면 [어김없이] 기꺼이 조공을 하며 [그 소임을] 마다하는 일이 없구려70)!

○ "於戲! 惟爾世襲忠勤, 誠著遐表, 滄路肅澄, 要貢無替。

• 014

[이에] 평소의 관례71)에 따라 [그대로 하여금] 천자가 내린 책명을 계승하게 하노니, 더욱 분발하도록 하시오! 그것은 경건하게 받들어야 할 아름다운 사업이러니 어찌 신중하지 않을 수 있겠소?

○ 式循彝典, 用纂顯命。往欽哉! 其敬膺休業, 可不愼歟!

• 015

[이에] 조서를 작성해 행도독백제제군사·진동대장군·백제왕을 대리하

---

70) 창해 길 잦아들고 맑아지면 기꺼이 조공을 하며 마다하는 일이 없구려[滄路肅澄, 要貢無替]: '창해(滄海)'는 중국대륙 동쪽의 바다인 발해(渤海)의 또 다른 이름이다. 발해의 파도가 잦아들고 바닷물이 맑아지는 철이 오면 백제가 빠지지 않고 조공의 소임을 다했다는 뜻으로 한 말이다. 인터넷〈국편위판〉과〈동북아판3〉(제057쪽)에서는 이 부분을 "바닷길이 고요하고 맑아져 공물 바치는 것이 조금도 끊이지 않았소" 식으로, 중국의〈대역판〉(제778쪽)에서는 "水路艱險, 貢奉不斷", 즉 "물길이 험난해도 조공을 끊지 않았소" 식으로 다소 애매하게 번역하였다. 그러나《한전(漢典)》을 보면 '숙징(肅澄)'의 의미는 "'편안하고 잠잠해지다'와 같다(猶安靖)". 따라서 여기서는 주절과 종속절을 서로 조건관계로 연결해서 순풍이 부는 계절마다 빠지지 않고 조공을 했다는 의미로 해석하는 편이 합리적이라고 본다. 이 구절을 통하여 백제가 남조와 왕래할 때마다 어김없이 황해가 아닌 발해를 경유했음을 우회적으로 확인할 수 있는 셈이다.

71) 평소의 관례[彝典]:〈동북아판3〉(제057쪽)에서는 '이전(彝典)'을 "상전(常典: 변하지 않는 법전)"으로 번역했으나 쉽게 설명하자면 '관례'라는 뜻이다.

한대 현토태수 호부 예시. 한쪽은 태수가 한쪽은 조정에서 각각 보관하였다.(산동성박물관 소장)

는[行] [모]대로 하여금 조부모도의 작위를 세습하게 하여 백제왕으로 삼는 바이오.

○ 制詔行都督百濟諸軍事·鎭東大將軍百濟王 牟大今以大襲祖父牟都爲百濟王。

• 016

즉위에 즈음하여 [백제왕의] 인장·인끈 등과 함께 청동으로 만든 호부·대나무로 만든 사절의 부절72) 네 개를 내리노니[교감1] [왕이] 그것들을 삼가 머리를 조아리며 거두어 준다면[교감2] 아름다운 일이 아니겠소?"

○ 卽位章綬等玉銅虎竹符四【卽位章綬等玉銅虎竹符四 按此句疑有脫誤。】。[王]其拜受【[王]其拜受 據南監本·殿本·局本補】，不亦休乎!"

【교감1】 "즉위에 즈음하여 인장과 인끈 등과 함께 청동으로 만든 호부·대나무로 만든 사절의 부절 네 개"의 경우, 따져 보건대 이 대목에서 빠지거나 잘못된 부분이 있는 듯하다.

【교감2】 "[왕이] 그것을 삼가 머리를 조아리며 거두어 준다면"의 경우, 남감본·전본·국본에 따라 보완하였다.

---

72) 청동으로 만든 호부[銅虎符]~: 중국 고대사에서 '호부(虎符)'는 군사를 동원할 수 있는 병권을 상징하는 상징물로, '사부(使符)'는 황제의 명령을 전하는 사절의 권위를 상징하는 상징물로 등장하는 경우가 많았다. 여기서도 그 같은 병권과 사절을 상징하는 위세물로 하사한 것으로 보인다.

• 017

이 해에[73] [북]위나라 오랑캐가[74] 다시 기병 수십만을 동원하여 백제를 공격하여 그 영토를 침입하였다. [이에] 모대가 장군 사법명(沙法名)·찬수류(贊首流)·해례곤(解禮昆)·목간나(木干那)를 파견해 무리를 이끌고 [북위] 오랑캐의 군대를 기습 공격하게 하여 그들을 크게 무찔렀다.[75]

---

73) 이 해에[是歲]: 《송서》《교감기(校勘記)》에 따르면, 유송의 영명 8년(490)을 말한다. 북위 효문제 태화 14년이기도 한 이 해는 바로 뒤에 나오는 "지난 경오년(去庚午)"과 같은 해이다. 여기서 "뉘우치지 않고" 군사를 일으켰다고 한 것은 동성왕 10년(488)에 북위가 백제를 침공했다가 패퇴된 일을 가리킨다. 《삼국사기》《백제본기》"동성왕"조에서는 "10년에 위나라가 군사를 파견해 정벌하러 왔다가 아군에게 패하였다(十年, 魏遣兵來伐, 爲我所敗)"라고 기술하였다. 《삼국사기》에는 경오년(490)의 북위 관련 기사가 보이지 않지만 이 대목을 통하여 북위가 3년 만에 다시 백제를 침공했음을 확인할 수 있는 셈이다. 백제가 정예 기병부대를 앞세운 북위의 대군을 상대로 압승을 거둔 것으로 보인다.

74) 위나라 오랑캐가[魏虜]~: 《남제서》《백제국전》의 이 기사는 사마광(1019~1086)의 《자치통감》"영명 6년"조에도 "북위가 군사를 보내 백제를 공격했으나 백제에 패하였다.(魏遣兵擊百濟, 爲百濟所敗)"라고 소개되어 있다. 남송 학자 호삼성(胡三省, 1230~1302)은 이 기사에 주석을 붙여 "진나라 때 구려가 요동을 경략해 영유하자 백제 역시 요서·진평 두 군의 땅을 점유하였다."라고 재확인해 주었다. 국내 사서의 경우, 《삼국사기》《백제본기》에서 "동성왕 10년(488), 위나라가 군사를 파견해 [백제를] 정벌하러 왔다가 아군에게 패하였다."라고 소개하였다. 이 대목을 통하여 ① 이 해에 북위가 또다시, ② 백제를 공격하여, ③ 그 영토를 침공한 세 가지 사실을 확인할 수 있다. 문제는 5세기라면 고구려가 전성기를 이루었던 시점이라는 데에 있다. 기존 통설에 따르면, 5세기의 백제는 장수왕의 남진정책에 밀려 한성에서 웅진으로 천도해서 전전긍긍하고 있었다. 말하자면 중국(북위)과 백제 사이에는 고구려라는 큰 나라가 버티고 있었던 셈이다. 그런 상황에서 북위와 백제가 고구려의 존재에는 아랑곳하지 않은 채 한반도에서 서로 공방을 주고받기란 물리적으로 완전히 불가능하다. 이 기사 다음에서 "[백제가] 성문과 선박을 부수었다."라고 한 것을 보면 백제가 수로를 통하여 북위의 영토까지 직접 공격했다는 뜻이 된다. 백제가 북위에 대해 반격을 펼치고 승리를 거둘 동안 당시 서로 앙숙이었던 고구려가 수수방관 한다는 것은 현실적으로 불가능하다. 그래서 인터넷〈국편위 주〉044에서는 위의 두 기사를 근거로 이 사건을 "北魏가 바다를 건너 百濟本國을

북위의 선비족 무사 도용

○ 是歲, 魏虜又發騎數十萬攻百濟, 入其界, 牟大遣將沙法名·贊首流·解禮昆·木干那率衆襲擊虜軍, 大破之.

• 018

건무(建武) 2년(495)에 모대는 사신을 보내 [이렇게] 표를 올렸다.

"신[의 나라]은 지난날 [작호를] 책봉 받은 이래 대대로 [제나라] 조정의 영광을 입어 외람되게도 [황제의 사신을 상징하는] 부절과 부월(斧鉞)을 받들고 여러 변방의 나라들을 평정했습니다. 지난날 저근(姐瑾)

공격한 것이 아니라 百濟의 華中進出지역에 쳐들어온 것을 의미한다."라고 보았다. 〈동북아판3〉(제058쪽)에서도 "육로상으로 고구려에 의해 가로막혀 있는 백제와 北魏 사이에 '기병 수십만'에 의한 전쟁이 벌어졌다는 것이 불가능"하다고 보았다. 그래서 학자들은 ① 북위가 해로로 백제를 공격했다(이병도), ② 북위가 백제가 영유한 요서지방을 침입했다(김상기), ③ 북위와 발해가 발해만 주변 또는 산동반도 남부 모처에서 전쟁을 벌였다(방선주), 여기서의 '위나라 오랑캐'가 사실은 고구려를 가리킨다(유원재), ④ 백제와 싸운 것이 북위와 고구려의 연합군이었다(박진숙) 등의 주장을 내놓기도 하였다. 이병도·유원재·박진숙 등의 주장은 반도사관의 역사 패러다임을 전제로 상정할 수 있는 가능성의 최대치이다. 특히, 고구려를 '위나라 오랑캐'로 착각했다는 주장은 백제를 공격한 주체를 '위나라 오랑캐'로 명기한 사료가 《남제서》를 제외하고도 8세기 당나라 말기에 완성된 《건강실록(建康實錄)》 등 복수의 사료로 존재한다는 사실을 통해 저절로 논파된다. 북위가 기병을 수십만이나 동원했다는 것은 곧 백제를 육로로 공략했다는 뜻으로 해석된다. 그같은 상황이 가능해지자면 백제의 좌표가 적어도 요동반도까지는 나가 있어야 한다. 여러 가지 정황과 지리적 좌표들을 고려할 때, 김상기·방선주 등의 경우처럼, 북위의 기병대가 침공한 백제의 영토가 사실은 백제가 4세기(?)부터 영유하고 있던 요서와 진평 두 군이었다고 해석하는 것이 합리적인 결론이라고 본다.

명나라 황제 홍치제 초상. 발 위 양쪽으로 도끼(부월)가 보인다. 부월은 황제의 권위와 결단력을 상징하였다.(대만고궁박물관 소장)

등이 나란히 영광스러운 [작호] 제수의 은택을 입으매 신료와 백성들이 다 함께 태평해졌습니다.

○ 建武二年, 牟大遣使上表, 曰:"臣自昔受封, 世被朝榮, 忝荷節鉞, 剋攘列辟。往姐瑾等並蒙光除, 臣庶咸泰。

---

75) 그들을 크게 무찔렀다[大破之]: 북위는 당시 하북지역에 있고 요동은 고구려의 영토였다. 학계의 통설에 따르면, 백제는 한반도의 경기도 이남에 있었다. 그러나 ① 북위의 기병대 수십만이 백제를 공격하기 위해 자기 나라 영토를 지나가는 것을 고구려가 허용해 주었을 리가 없다. ②《송서》·《남제서》 등의 상세한 기사들, 백제 개로왕이 유송 황제에게 올린 표의 내용 등이 상세하게 다루어진 것을 보면, 백제가 북위와 공방을 펼쳤다는 것은 단순한 기사 작성 과정의 착오가 아님이 분명하다. ③ 북위와 백제의 공방이 역사적 사실이라는 전제하에서 물리적으로 이 전쟁이 가능하려면 백제의 위치를 기존의 좌표에서 변경하거나, ④ 당시 북위가 공략한 백제의 땅이 원가 연간의 혼란기에 백제가 요서지역에 확보한 백제의 군인 진평군이어야 한다.

• 019

지난 경오년[76)]에는 험윤(獫狁)[77)]이 [잘못을] 뉘우치지 않고 군사를 일으켜 [우리 영토] 깊숙이까지 쳐들어왔습니다.

○ 去庚午年, 獫狁弗悛, 擧兵深逼。

• 020

[이에] 신이 사법명 등을 파견하여 군사를 이끌고 되려 [놈들을] 토벌하도록 하고 밤에 기습하여 번개처럼 공격하게 하니 흉노의 선우[78)]는 당황한 나머지【교감1】[허물어지는] 바닷물처럼 무너졌습니다.

○ 臣遣沙法名等領軍逆討, 宵襲霆擊, 匈梨張惶【匈梨張惶 '梨', 南監本作'犁'。漢書 匈奴傳, 其國稱單于曰撐犁孤塗單于。匈奴謂天爲'撐犁', 謂子爲'孤塗', '單于'者, 廣大之貌也。匈梨, 猶言匈奴單于, 梨犁通。】, 崩若海蕩。

【교감1】"흉노의 선우는 당황한 나머지"의 경우, '배 리(梨)'가 남감본에는 '보습 리'로 나와 있다.《한서》〈흉노전〉에서는 "그 나라에서는 선우를 일컬어 '탱리고도선우'라고 한다. 흉노는 하늘을 '탱리'라고 하고 아들을 '고도'라고 하는데, 선우라는 것은 드넓고 큰 모습을 나타낸다."고 하였다. [여기서의] '흉리'는 흉노의 선우를 이르는 말과 같다. '배 리'와 '보습

---

76) 지난 경오년[去庚午]: 서기 490년을 말한다. 제나라 기년으로는 영명(永明) 8년, 북위 기년으로는 태화(太和) 14년에 해당한다.

77) 험윤(獫狁): 제나라가 탁발씨 선비가 세운 북위를 낮추어 부른 이름. 원래는 진·한대 북방 기마민족의 하나인 흉노(匈奴)의 옛 이름으로, 서주(西周)시대 이래로 험윤·훈육(葷粥)·훈육(熏育)·훈윤(葷允) 등으로 불렸으며, 춘추시대에는 '융(戎)' 또는 '적(狄)'으로 일컬어지기도 하였다.

78) 흉노의 선우[匈梨]: 제나라가 북위를 낮추어 부른 이름. '흉노탱리(匈奴撐犁)'를 줄여 쓴 것으로, 글자 그대로 풀이하면 '흉노 탱그리' 즉 '흉노의 천신(天神)'이라는 뜻이다. 여기서는 '흉리'가 북위의 황제를 가리키므로 편의상 "흉노의 선우"로 번역하였다.

리'는 [발음에서] 서로 통한다.

• 021

[이에 백제군이 놈들이] 도망치는 틈을 타서 쫓아가 [목을] 베니 [놈들의] 굳은 시체가 온 들판을 붉게 물들일 정도였습니다. 이리하여 놈들의 날카롭던 기세를 꺾고 고래처럼 날뛰던 놈들이 그 흉포함을 감추는 것이었습니다.

지금 나라가 진정된 것은 따지고 보면 [사법]명 등의 공략 때문이오니 그 공훈을 헤아려 보건대 크게 표창해 줌이 옳습니다.

○ 乘奔追斬, 僵尸丹野。由是, 摧其銳氣, 鯨暴韜凶。今邦宇謐靜, 實名等之略, 尋其功勳, 宜在襃顯。

• 022

[그래서] 이에 잠정적으로 사법명은 행정로장군·매라왕79)에 임명 하고,

---

79) 매라(邁羅): 인터넷〈국편위주〉047에서는 여기서의 '정로장군(征虜將軍)' 매라왕(邁羅王)을 앞서의 인터넷〈국편위주〉009의 '용양장군(龍驤將軍)' 매로왕(邁盧王)과 대조하고 "邁羅가 邁盧와 同一한지는 더 검토를 해야 할 것"이라고 보았다. 양자가 장군 및 왕후 칭호에서 다소 편차를 보이는 것은 사실이다 그러나 '매라'와 '매로'는 동일한 이름(지명?)을 달리 표기한 경우로 보아야 옳다. 곽석량《한자고음수책》에 따르면, '갈 매(邁)'는 '명과 월의 반절[明月切, moat]', '비단 라(羅)'는 '래와 가의 반절[來歌切, la]', '밥그릇 로(盧)'는 '래와 어의 반절[來魚切, la]'로 재구된다. 따라서 '매라'는 '맛라', '매로'는 '맛라'여서 음운상으로 서로 거의 일치하기 때문이다. '맛'은 종성이 약화/탈락되면서 '뫄'에 비슷하게 읽혔을 것이다.《삼국지집해(三國志集解)》에서 노필(盧弼)이 '사로(斯盧)[국]'가 '신라(新羅)'로 표기되기도 한 데 대하여 "사로는 바로 신라이다. 바로 [원어] 발음을 [한자로] 번역하는 과정에서 [발음이] 변형된 경우이다.(斯盧, 卽新羅, 乃譯音之轉)"라고 한 것이 그 증거이다.(문성재,《정역 중국정사 조선·동이전1》, 제368쪽 참조) 실제로 중국 사서에서 '신라(新羅)'를 '신로(新盧)', '사로(斯盧)'를 '사라(斯羅)' 식으로,《사

찬수류는 행안국장군·벽중왕[80])으로 임명하고, 해례곤은 행무위장군·불중후[81])로 임명하고자 합니다.[82])

○ 今假沙法名行征虜將軍·邁羅王, 贊首流爲行安國將軍·辟中王, 解禮昆爲行武威將軍·弗中侯。

• 023

목간나는 이전부터 군사적으로 공로가 있었던 데다가 [이번에는 위나라 오랑

기》이래로 역대 중국 정사에서 사관들이 외국의 인물이나 지명을 한자로 옮기는 과정에서 '밥그릇 로(盧)'와 '비단 라(羅)'는 발음이 비슷하여 서로 통용되는 양상을 보인다. 따라서 '매라'와 '매로'는 서로 별개의 이름(지명?)이 아니라 동일한 것으로 보아야 옳은 것이다.

80) 벽중(辟中): 인터넷〈국편위주〉048에서는 이노우에 히데오의 주장을 근거로 '벽중'에 대하여 "이와 유사한 地名으로는 《三國史記》《地理志》에서 碧骨郡을 들 수가 있다. 이는 현재의 全羅北道 金堤郡 金堤邑"이라고 추정하였다. 그러나 곽석량《한자고음수책》에 따르면, '임금 벽(辟)'은 '방과 석의 반절[幫錫切, pʰek]', '가운데 중(中)'은 '단과 동의 반절[端冬切, tĭwəm]'인데 비하여 '푸를 벽(碧)'은 '방과 탁의 반절[幫鐸切, pĭɑk]', '뼈 골(骨)'은 '견과 물의 반절[見物切, kuət]'로 재구된다. '벽중'은 '삑뚬'이고 '벽골'은 '빡궷'이며, 설사 두 번째 글자의 종성이 약화/탈락된다고 해도 '삑뚜'와 '빡꿔'로 재구된다. 글자는 물론이고 발음이나 의미에서 전혀 부합되지 않는 것이다.

81) 불중(弗中): 인터넷〈국편위주〉049에서는 이노우에 히데오의 주장을 근거로 '불중'에 대하여 인터넷〈국편위주〉010의 "弗斯와 유사한 것"으로 추정하였다. 그러나 곽석량《한자고음수책》에 따르면, '아닐 불(弗)'은 '방과 물의 반절[幫物切, pĭwət]', '가운데 중(中)'은 '단과 동의 반절[端冬切, tĭwəm]', '이 사(斯)'는 '심과 지의 반절[心支切, sĭe]'로 재구된다. 그렇다면 '불사'는 '뻿세'이고 '불중'은 '뻿뚬', 종성이 약화/탈락되더라도 '뿨뚬' 정도로 읽혔을 것이다. 그렇다면 두 글자는 첫 글자는 일치하지만 두 번째 글자는 발음이나 의미에서 공통 분모가 존재하지 않으므로 같은 곳으로 보기 어렵다.

82) 매라왕(邁羅王)~: 앞서의 고달·양무·매려 등의 사례에 근거할 때, 여기서 봉호에 언급된 매라·벽중·불후 역시 당시 중국의 북조나 남조의 지역명일 가능성도 배제할 수 없다.

캐 놈들의] 돈대와 전선까지 확보했기에 행광위장군·면중후83)로 임명하고자 합니다. 천자의 은택으로 특별히 어여삐 여기시어 [제가 요청하는 작호의] 제수를 윤허해 주시기를 엎드려 바라나이다."

○ 木干那前有軍功, 又拔臺舫, 爲行廣威將軍·面中侯。伏願天恩特愍聽除。"

• 024

[모대는] 이어서 [다음과 같은] 표를 올렸다.

"신이 [사신으로] 파견한 행용양장군·낙랑태수84) 겸 장사인 신 모유(慕

---

83) 면중(面中): 인터넷〈국편위주〉050에서는 여기서의 '광위장군·면중후(廣威將軍面中侯)'가 앞의 인터넷〈국편위주〉000에서는 '영삭장군·면중왕(寧朔將軍面中王)'으로 소개되어 "將軍의 칭호에서 뿐만 아니라 王, 侯라는 면에서도 차이가 나고 있다"는 점을 근거로 동일 인물인지에 대하여 의문을 제기하였다. 그러나 '면중'은, 앞서의 매로(매라)·벽중·불중 등의 경우들처럼, 사람 이름이 아니라 지역명 또는 지명으로 이해해야 옳다. '면중'을 지명으로 이해할 경우, 면중후와 면중왕이 나란히 거론되는 것도 자연히 문제가 되지 않는다.

84) 낙랑태수(樂浪太守): 국내외 학계에서는 낙랑군을 지금의 평안도 일대, 그 치소(조선현)를 지금의 평양시 일대로 비정하고 있다. 그러나 정인보의 낙랑 유물 진위에 대한 소견들(정인보,《조선사연구》), 일제강점기에 일본인 학자들이 독점한 고고 조사들의 의혹들 및 세키노가 낙랑 유물을 중국(북경)에서 대량으로 구입해 국내로 들여왔다는 증언(문성재,《한사군은 중국에 있었다》) 등을 종합해 볼 때 고고적으로 이미 평양낙랑설은 성립되기 어렵다. 이 표에서 모대가 언급한 '낙랑태수'의 성격 역시 낙랑군이 평양시일 수 없음을 잘 보여 주는 문헌적 증거이다. 5~6세기의 평양시는 고구려의 영토여서 백제 국왕이 넘볼 수 있는 땅이 아니었기 때문이다. 학계에서는 이 같은 모순을 극복하기 위하여 '낙랑교치설(樂浪僑置說)'을 주장하기도 한다. 그러나 '교치'니 '교군(僑郡)'이니 하는 것은 강남으로 남하한 남조가 당초 화북에 있던 행정관청을 강남에서 임시로 운영할 때 사용한 행정개념으로 한사군에는 해당되지 않는다. 따라서 이때의 낙랑군은 조선·대방 등과 마찬가지로 중국의 하북성 동북부에 있었다고 보는 편이 합리적이다. 이에 관해서는 문성재,《한국고대사와 한중일의 역사왜곡》, 제284~327쪽을 참조하기 바란다. 북위의 역사를 다룬《위서》〈지형지(地形志)〉"낙랑군"조에서는 그 연혁을 "【낙랑군】전한의

遺)와 행건무장군·성양태수[85] 겸 사마[86]인 신 왕무(王茂)와 겸 참 군·행진무장군[87]·조선태수인 신 장새(張塞)와 행양무장군[88]인 진명 (陳明)은[89] 공직에 임할 때에는 사사로운 감정을 잊고 오로지 공무만

무제가 설치하였다. 전한·후한·진대에는 '낙랑'으로 부르다가 나중에 ['낙랑'으로] 고치고 감축했으며 정광 연간 말기에 도로 복원되었다. 치소는 연성이다.([樂良郡]前漢武帝置. 二漢晉曰樂浪, 後改罷, 正光末復, 治連城)"라고 소개하였다. 북위 시기의 낙랑군(낙랑군)은 영락(永洛)과 대방(帶方) 두 현만 속현으로 두고, 호구는 219호, 인구는 1,008명에 그칠 정도로 대폭 감축되었다.《위서》〈지형지〉의 '낙랑군' 연혁 소개를 보면 낙랑군은 한 무제가 설치할 때부터 평안도와는 무관하다는 사실을 확인할 수 있다. 하북성 동북부가 처음부터 마지막까지 낙랑군이 있었던 자리라는 뜻이다. 앞의 "조선태수" 주석을 참조하기 바란다.

85) 성양태수(城陽太守): 중국 역사에서 성양군(城陽郡)은 전한대에 처음으로 등장하는데, 치소를 거현(莒縣), 즉 지금의 산동성 거현에 두었다. 그 뒤로 한나라 문제(文帝) 2년(BC178)에 성양국(城陽國)으로 개칭되었다가 후한 말기인 건안(建安) 3년(198)에 도로 군이 되었다가 서진에 이르러 철폐되었다.

86) 사마(司馬): 중국 고대의 관직명. 서주(西周) 때에 설치되어 춘추·전국시대에도 그대로 인습되었는데 군정과 군부(軍賦, 군사 목적의 부역)를 관장하였다. 한나라 무제 때 태위(太尉)를 폐지하면서 대사마(大司馬)를 두고 궁정의 실권을 장악하게 되었다. 후대에는 병부 상서(兵部尙書, 국방부 장관)를 '대사마', 병부 시랑(兵部侍郎, 차관)을 '소사마(少司馬)'라고 부르기도 하였다. 후한대에는 대사마를 다시 태위로 바꾸고 대장군(大將軍)의 5대 군영마다 군 사마(軍司馬)를 두었다. 위·진대로부터 송대에 이르기까지 사마는 군영의 관원으로 장군 휘하에서 군사 업무를 담당하고 작전계획을 짜는 데에도 참여하였다.

87) 행진무장군(行振武將軍): 중국 고대의 관직명. '진무장군'은 왕망(王莽)이 정벌을 목적으로 설치하였다. 삼국시대에는 위나라에 설치되었으며 그 뒤로는 남북조시대에도 인습되었다. '행진무장군'은 다른 관직을 가진 무관이 진무장군의 직함을 대행 또는 겸임한 경우로, '진무장군 대행' 정도에 해당한다.

88) 행양무장군(行揚武將軍): 중국 고대의 관직명. '양무장군'은 후한의 광무제(光武帝) 때 정벌을 목적으로 처음으로 설치되었다. 나중에는 위·진을 거쳐 남조에도 설치되었는데, 품계는 4품(四品)이었다. '행양무장군'은 다른 관직을 가진 무관이 양무장군의 직함을 대행 또는 겸임한 경우로, '양무장군 대행' 정도에 해당한다.

89) 낙랑태수 … 조선태수[樂浪太守 … 朝鮮太守]: 학계의 기존 통설에서는 낙랑군 및 조선군(현?)을 지금의 평안남도 일대로 비정하고 있다. 그리고 5~6세기에 평안도

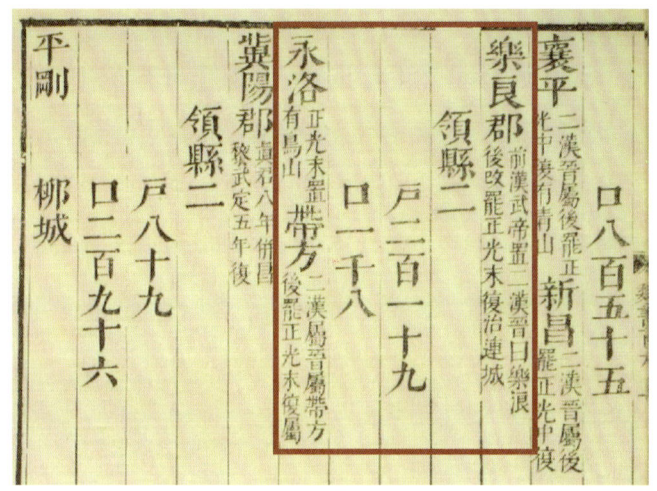

《위서》〈지형지〉의 낙랑군 대목(네모 부분) 주변 지명이 모두 한반도가 아닌 중국(하북) 땅임을 확인할 수 있다.

을 소임으로 여겼으며, [나라의] 위기를 보면 기꺼이 목숨을 내놓고 어려움을 무릅쓰는 것조차 마다하지 않습니다.

○ 又表曰:"臣所遣行龍驤將軍·樂浪太守兼長史臣慕遺, 行建武將軍·城陽太守兼司馬臣王茂, 兼參軍·行振武將軍·朝鮮太守臣張塞, 行揚武將軍陳明, 在官忘私, 唯公是務, 見危授命, 蹈難弗顧。

지역은 엄연히 고구려의 영토에 속해 있었다는 것이 국내외 학계의 통설이다. 그런데 백제 국왕(동성왕)이 북위와의 전쟁을 치른 직후에 유송 황제에게 자신의 신하들에게 낙랑태수·성양태수·조선태수의 직함을 제수해 줄 것을 요청하고 있다. 그런데 이 중에서 낙랑과 조선은 공교롭게도 동시에 중국 북방(하북)의 지역명으로 추정되는 지역들이다. 엄연히 고구려의 영토에 속해 있고, 그 고구려가 당시 최고의 전성기를 구가하고 있는 상황에서 백제의 국왕이 그 영토에 대한 영유권 또는 책봉권을 행사한다는 것은 어불성설이다. 그렇다면 ① 백제가 5세기에 낙랑·성양·조선 등의 지역들에 대한 영유권을 가지고 있었거나, ② 북위와의 전쟁에서 새로 점령해 백제의 영토로 편입된 지역들에 대한 영유권을 새로 주장하는 것일 가능성을 상정할 수밖에 없다고 본다.

• 025

이번에는 신의 사신으로서의 소임을 맡아 험한 파도를 건너는 위험조차 무릅쓰면서 그의 지극한 충성을 다했습니다. [그러니] 참으로 [이들에게] 작호를 올려 줌이 옳기에 각자에게 잠정적으로 대행의 직권을 부여했습니다. 천자께서 특별히 [은택을] 내리시어 정식 작호를 제수해 주시기를 엎드려 바라나이다."

[이에] 조서를 내려 윤허함과 동시에 장군의 칭호를 하사하였다.

○ 今任臣使, 冒涉波險, 盡其至誠。實宜進爵, 各假行署。伏願聖朝特賜除正。"詔可, 竝賜軍號。

가라국전(加羅國傳)[90]

• 001

가라국(加羅國)[91]은 삼한(三韓)의 종족이다.[92]

---

90) 가라국전(加羅國傳): 중국의 역대 정사들 중 유일하게 가라(가야)와의 교류 사실을 소개한 열전이다. 다만, 가라가 삼한의 한 갈래로 그 나라가 먼 동쪽에 있고, 국왕의 왕호가 하지이며, 건원 원년(479)에 봉호를 내린 일만 기록되어 있을 뿐이다. 이것이 '6가야' 중 어느 나라인지는 단정할 수가 없으나 당시 한반도 남부의 강국은 백제였고 가야 연맹이 백제와 우호적인 관계를 유지한 점을 고려할 때 당시 가라의 사신은 백제 사신단을 따라 파견되었을 것이다. 참고로, 금년(2021) 11월 11일에 경남 함안군 말이산 가야 고분군에서 송·제 교체기인 470년대에 제작된 것으로 보이는 청자가 출토됨으로써 이 열전의 내용이 역사적 사실임이 확인되었다. 아울러 이번 발견으로 이 열전의 "가라"를 본가야(금관가야)로 해석한 기존의 해석은 수정이 불가피해졌다. 함안군은 그동안 아라가야(阿羅加耶)의 본거지로 알려져 있었기 때문이다.

91) 가라국(加羅國): '가라(加羅)'는 가야(加耶)를 중국식으로 표기한 이름이다. 가야의 경우, 국내나 일본의 문헌자료들에서는 가라(加羅)·가량(加良)·가야(加耶)·가야(伽耶)·구야(狗邪)·가락(駕洛) 등으로 다양하게 표기되어 있다. 그러나 중국 사서들에는 그 표기법이 '가라(加羅)' 또는 '가라(加邏)'로 단일화되는 양상을 보인다. 곽석량《한자고음수책》에 따르면, '더할 가(加)'는 '견과 가의 반절[見歌切, kea]', '비단 라(羅)' 또는 '순라 돌 라(邏)'는 '로와 하의 반절[魯何切, lɑ]'이어서 고대음이 '꺄라'로 재구된다. 다만, '까라'가 현지의 원음에 가까운 발음인지는 확인한 길이 없다. … 이병도는 '가야'라는 국호에 대하여 "갓나라(邊國)'를 뜻하는 말"이라고 주장하였다. 그러나 이 같은 해석은 기존의 역사 연구 및 지리 고증을 참고하고 그 지도상의 위치를 보고 자의적으로 추정한 것에 불과하다. 언어학적 견지에서 볼 때, 한자의 의미나 발음에서 '가야'를 '가장자리의 나라'로 해석해야 할 근거는 존재하지 않는다는 뜻이다.

92) 가라국은 삼한의 종족[加羅國, 三韓種也]: 인터넷〈국편위주〉052에서는《삼국지》〈한전〉"변진"조에 소개된 '변한 12국'과《삼국유사》에 인용된《가락국기(駕洛國記)》에 소개된 '6가야'에 대한 분석을 통하여 "12國이나 加耶 6국은 개별로 볼 수 없다고 생각되며, 대개 4C初를 경계로 하여 弁韓에서 加耶로 그 명칭이 바뀌는 것"으로 추정하였다. 그런데《남사》〈동이전〉"와(倭)"조에서 와왕(倭王) 무(武)가

건원(建元)[93] 원년(479)에 국왕인 하지(荷知)[94]의 사신이 와서 특산물

원가(元嘉) 28년(451)에 유송에 요구한 작호인 "사지절·도독와백제신라임나가라진한모한칠국제군사(使持節都督倭百濟新羅任那加羅秦韓慕韓七國諸軍事)"를 보면 5세기(?)에 가라국 주변에 백제·신라·임나·진한·모한·와가 존재(명멸?)하고 있었음을 알 수 있다. 또, 당대 두우(杜佑, 735~812)의 《통전(通典)》변방 1(邊防一)》 "신라"조에서 ① 신라가 처음에는 백제에 부속될 정도로 약체였지만 ② 백제의 대고구려 전쟁에 지친 백제인들의 유입으로 차츰 강성해졌고 ③ "그 여세를 몰아 가라·임나의 나라들을 공격하여 멸망시켰다.(因襲加羅任那諸國, 滅之)"라고 한 것을 보면 가라와 임나는 복수의 읍락국가들을 거느린 일종의 연맹국가였던 것으로 보인다. 학계 일각에서는 '임나'와 '가라'를 묶어서 '임나가라(任那加羅)'라는 단일 국가로 보는 경향이 있다. 그러나 ① 원가 2년(425)에 와왕 진(珍)이 유송 조정에 조공할 때 '도독와백제신라임나진한모한 6국제군사'를 자처한 점, ② 대명 6년(462)에 와왕 무(武)가 '도독와백제신라임나가라진한모한 7국제군사'를 자처한 점을 보면 당시 와왕들은 임나와 가라를 서로 별개의 두 나라로 인지하고 있었던 것이 분명하다. ③ 8세기 당대의 두우가 《통전》의 위의 예문에서 "가라임나"로 소개한 것 역시 '가라'와 '임나'가 서로 독자적인 정권을 가진 나라였음을 방증해 준다. 참고로, 곽석량《한자고음수책》에 따르면, '맡을 임(任)'은 '일과 침의 반절[日侵切, njěm]', '어찌 나(那)'는 '니와 가의 반절[泥歌切, na]'이어서 '임나'의 고대음이 '넴나' 정도로 재구된다.

93) 건원(建元): 제나라의 고제(高帝) 소도성이 479~482년까지 3년 동안 사용한 연호. "건원 원년"은 소지왕 원년이며, 서기로는 479년에 해당한다.

94) 하지(荷知): 가라국의 국왕. 인터넷〈국편위주〉053에서는 "加耶의 여러 나라 중에서 洛東江 河口에 위치한 本加耶"의 왕으로 추정하였다. 그러나 그 같은 주장을 뒷받침할 만한 근거는 박약해 보인다. 학계의 지적대로 《駕洛國記》의 本加耶世系에는 479년 당시의 王이 銍知王(451~492)"으로 소개되어 있기 때문이다. 그렇다 보니 그를 ① 이마니시 류(今西龍)는 질지왕(銍知王) 다음의 겸지왕(鉗知王)으로 추정했고, ② 천관우는 "大加耶의 王"으로 보았다. 그러나 아직도 하지가 정확하게 어느 왕인지는 확인할 수 없는 것이 실정이다. 다만, 2021년 11월 11일에 함안군 말이산 가야고분군에서 남조의 연꽃무늬 청자가 발견됨으로써 '하지'가 본가야(김해) 또는 대가야(고령)의 왕이라는 학계의 통설과는 달리 아라가야의 왕이었을 가능성이 높아졌다. 참고로 곽석량《한자고음수책》에 따르면, '연꽃 하(荷)'는 '갑과 가의 반절[匣歌切, γɑ]', '알 지(知)'는 '단과 지의 반절[端支切, tǐe]', '낫 질(銍)'은 '단과 질의 반절[端質切, tǐět]', '칼 겸(鉗)'은 '군과 담의 반절[群談切, gǐam]'이어서 '하지'는 '햐뗴', '질지'는 '뗻뗴', '겸지'는 '걈뗴' 정도로 재구된다. 음운상으로는 이 세 이름에 공통점이 전혀 존재하지 않는 것이다.

경남 함안 말이산 가야 고분군에서 출토된 남조시대 청자. 가야가 남조와 교류한 것을 입증하는 중요한 증거물이다.(2021년 11월 11일 문화재청)

들을 바쳤다.95) [그래서 이렇게] 조서를 내렸다.

○ 加羅國, 三韓種也。建元元年, 國王荷知使來獻。詔曰:

---

95) 와서 특산물을 바쳤다[來獻]: 인터넷〈국편위주〉053에서는 "加耶의 여러 나라 중에서 洛東江 河口에 위치한 本加耶"의 왕으로 추정하였다. 그러나 그 같은 주장을 뒷받침할 만한 근거는 박약해 보인다. 일단 학계의 지적대로 《駕洛國記》의 本加耶世系에는 479년 당시의 王이 銍知王(451~492)"으로 소개되어 있어서 왕호가 다르다. 또, 문화재청이 금년(2021) 11월 11일에 배포한 보도자료에 따르면, 경남 함안군의 말이산 가야 고분군 75호분에서 남조시대에 만들어진 것으로 보이는 '연꽃무늬 청자그릇'이 출토되었다. 조사단의 분석에 따르면, 중국에서 출토된 동일한 청자 유물들에 근거할 때, 이 청자는 남조의 첫 왕조인 5세기 유송의 전형적인 형태를 갖추고 있으며, 473년을 전후하여 강서성(江西省)의 홍주요(洪州窯)에서 제작되었을 것으로 추정된다. 유송의 다음 왕조가 남제이고 기본적으로 남제는 유송의 문화와 제도들을 그대로 계승한 점에 근거할 때, 이 청자는 함안군의 가야국이 남제와 교류한 일을 고고적으로 뒷받침해 주는 결정적인 증거물인 셈이다. 문제는 함안군은 본가야의 영역이 아니라는 데에 있다. 학계의 기존 통설에 따르면, 함안군은 아라가야(阿羅加耶)의 영역이므로 김해시를 중심으로 한 금관가야(金冠加耶), 즉 본가야와는 지리적으로 다른 곳이다. 다소 내륙이기는 하지만 김해 쪽보다는 상대적으로 중국과 좀 더 가까운 위치에 있다. 따라서 이번 출토를 계기로 그동안 하지왕의 가라국을 본가야로 해석해 온 학계의 통설은 처음부터 재고되어야 할 필요가 있다고 본다.

가라국전(加羅國傳) **185**

합천 옥전고분군 유물. 용봉문 환두대도와 로만글라스(사진 출처 합천군청)

• 002

"두루 헤아려 보건대 [짐이 제위에] 등극하면서 비로소 먼 곳의 오랑캐들조차 [남제의 덕택에] 널리 감화되기에 이르렀도다. 가라의 왕 하지는 바다 너머에서 [우리] 관문을 두드리고 공물을 받들고 동방 먼 땅에서 찾아와 주었으니 96), 보국장군 97) · 본국왕 98)[의 작위]을 제수함이 합당하다."

---

96) 바다 너머에서 관문을 두드리고 공물을 받들고 동방 먼 땅에서 찾아와 주었으니 [款關海外, 奉贄東遐]: 〈동북아판4〉(제028쪽)에서는 이 부분을 "먼 동쪽 바다 밖에서 폐백을 받들고 관문을 두드렸으니"로 번역하였다. 물론, 그 번역이 의미상으로는 틀린 것이 아니지만 해당 원문이 단일한 구절이 아니라 짝을 이루는 두 개의 구절이므로 섞어서 번역하면 곤란하다.

97) 보국장군(輔國將軍): 중국 고대의 관직명. 후한대에 정벌을 목적으로 설치하였다. 삼국시대에는 위·오 두 나라에 설치되었으며, 그 뒤로는 서진을 거쳐 5호 16국시대의 후진 · 후량과 남북조에 모두 인습되었다.

98) 본국왕(本國王): 인터넷〈국편위주〉053에서는《남제서》의 이 기사에서 제나라 황제가 가라국의 하지왕에게 내린 왕호인 "本國王'으로 미루어 本加耶의 國王일 가능성이 높다."라고 보았다. 그러나 '본국왕'을 글자대로 풀이하면 '그 나라의 임금'이라는 의미이지 '본이라는 나라의 임금'이라는 의미가 아니다. 따라서 단순히 이 왕호를 유일한 근거로 '본가야의 임금'이라는 결론을 내리는 데에는 신중할 필요가

○ "量廣始登, 遠夷洽化。加羅王 荷知款關海外, 奉贄東遐。可授輔國將軍·本國王。"

있다. 오히려 고구려나 백제의 신하들에 대한 왕호들과 비교할 때 하지왕에 대한 왕호가 '본국왕'인 것은 여러 개의 읍락들로 구성된 고구려 백제의 경우에 비하여 가야는 국가의 규모가 상대적으로 작아서 아예 '그 나라 자체의 임금'이라는 의미에서 그렇게 명명했을 가능성도 없지는 않다.

위서-열전

고제(高齊) 산기시랑(散騎侍郎) 위수(魏收) 찬(撰)

주명(朱明) 국자감 제주(國子監祭酒) 이정기(李廷機) 등교(等校)

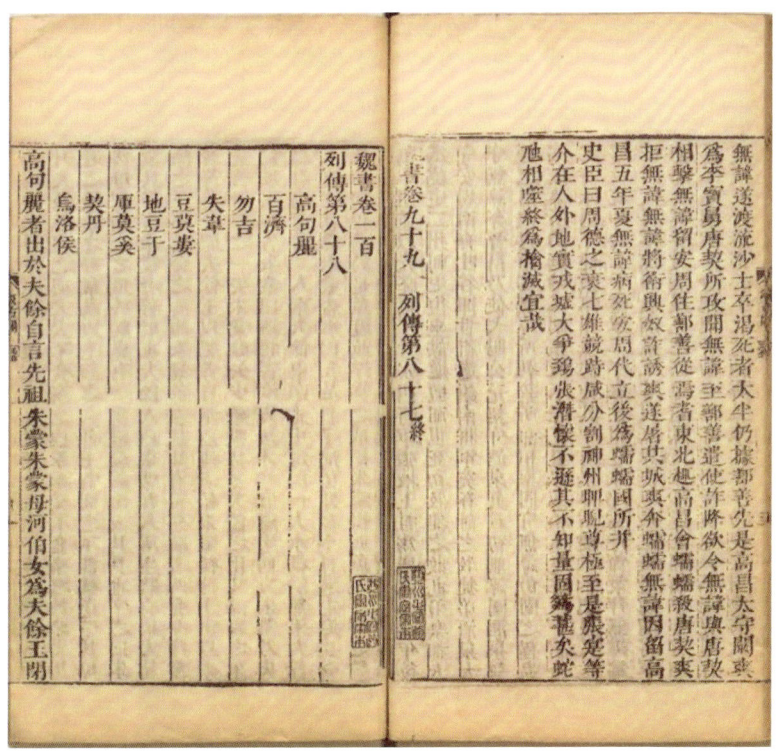

북위(北魏) 도무제(道武帝)로부터 동위(東魏) 효정제(孝靜帝)까지 4~6세기 160여 년간의 탁발씨(拓跋氏) 위나라, 즉 원위(元魏)의 역사를 다룬 기전체 단대사. 북제(北齊)의 역사가인 위수가 천보(天保) 2년(551)에 문선제(文宣帝) 고양(高洋, 526~559)의 명령으로 편찬을 시작하여 탁발씨 선비족의 내력을 소개한 〈서기(序紀)〉1편을 시작으로 다음 해 3월 〈본기〉12권과 〈열전〉92권, 11월에 〈지〉20권 등 총 124권이 완성되었다. 개국으로부터 효명제(孝明帝)까지는 기존 사서들을 참고하고, 북위 말기로부터 동위까지 20여 년의 사적들은 새로 집필되었다.

위수(魏收, 506~572)는 자가 백기(伯起)로, 거록하(鉅鹿下) 곡양(曲陽) 사람이다. 북위의 중흥(中興) 원년(531)에 산기시랑(散騎侍郎)으로 기거주(起居注)와 함께 국사를 집필하였다. 동위 정권에서도 국사 편찬에 참여하였다. 무정 8년(550)에 고양이 북제를 세우고 문선제로 즉위하는 과정에서 적극적인 역할을 하여 중서령 겸 저작랑에 임명되었다. 역사 평가에는 적극적이고 강경한 입장을 고수하여 피해 당사자인 문벌 귀족들로부터 '더러운 역사[穢史]'라는 오명을 듣기도 하였다.

《위서》의 완성까지 1년 정도밖에 걸리지 않은 것은 도무제 이래로 국사 편찬에 심혈을 기울인 고양의 의지 때문이었다. 조정의 행정·법령을 담은 조령(詔令)·주의(奏議) 등의 현실 정치 관련 내용들을 소개하는 데에 역점을 두어 역사적 사실보다는 문체에 더 공을 들인 남조의 사서들과는 대조된다. 불교의 전파와 함께 〈석로지(釋老志)〉라는 채널을 열어 관련 정보들을 수렴했다는 것 역시 새로운 시도이지만 편찬이 이루어진 북제가 동위의 정통성을 계승한 왕조이다 보니 동위의 통치자를 미화하거나 적잖은 역사적 사실들이 누락되었다.

주요한 판본으로는 송·원·명 3대의 판본들을 반영한 백납본, 명대의 남경국자감본(남감본)·북경국자감본(북감본)·급고각본, 청대의 '사고전서' 무영전본, 근대의 금릉서국본, 현대의 중화서국본 등이 있다.

《위서》의 총 96권의 열전 중에서 제88권에는 고구려·백제·물길의 열전이 수록되어 있어서 4~6세기 동북아의 연혁·지리·풍물·제도를 엿볼 수 있다.

고구려전(高句麗傳)¹⁾

• 001

'고구려'²⁾라는 나라는 부여(夫餘)³⁾에서 갈라져 나왔다.⁴⁾

---

1) 고구려전(高句麗傳): 5세기 북위의 태무제·헌문제·효무제·선무제(정시)·효명제(신구·정광)·출제로부터 동위의 효정제(천평·무정)까지, 즉 고구려의 동천왕·장수왕·문자왕·안장왕·안원왕·양원왕까지 100여 년간의 고구려와 북위의 교류사를 소개하였다. 선행 정사들처럼 고구려의 연혁·제도·풍물 등에 관한 정보들도 포함되어 있으며, 중반부터 남조의 정사들처럼 당대(북위)와의 교류사가 다루어져 있다. 양국의 교류사를 다루기 전에 3세기 조위(曹魏)의 정시(正始) 연간으로부터 북위 건국 직전까지의 역대 왕조와의 교섭사도 소개하고 있는데 이는 북위가 조위의 정통성을 계승한 왕조임을 과시하기 위한 안배일 것이다. 특기할 만한 것은 중국의 역대 정사들 중에서는 최초로 고구려 시조 주몽(추모)의 탄생 및 건국의 설화를 다루었다는 점이다. 여기 언급된 주몽의 남하 및 건국의 여정은 건국 당시(기원전 1세기) 고구려 및 부여의 좌표, 나아가 장수왕 대에 천도한 평양성의 좌표를 구하는 데에 상당히 유익한 지리정보를 제공해 준다.

2) 고구려(高句麗): 이 이름은 '구려' 앞에 주몽의 성인 '고'를 두어 국호로 사용한 경우로, 중국에서 이씨가 세운 당나라를 '이당(李唐)', 조씨가 세운 송나라를 '조송(趙宋)', 주씨가 세운 명나라를 '주명(朱明)'이라고 부른 것과 같은 이치이다. 마찬가지로 정인보(鄭寅普)가 《조선사연구》에서 고대의 조선과 근세의 조선을 부를 때 전자를 '단조(檀朝)', 후자를 '이조(李朝)'로 부른 것 역시 이 같은 호칭 방식을 따른 것이다. 국내 일각에서는 '이조'를 일종의 비어로 해석하여 '이씨 조선'이라고 써야 한다고 주장하는 경우도 있는데, 그것은 이 같은 작명 원칙을 잘 이해하지 못한 데에서 기인한 오해이다.

3) 부여(夫餘): 한민족의 한 갈래인 부여족이 기원전 1세기경에 세운 나라. 때로는 '부여(扶餘)'로 적기도 한다. 일찍부터 발달된 문명을 갖고 있었으나 3세기 말 선비족의 침입으로 크게 쇠퇴하고 대부분의 영토가 고구려에 편입되었다. 그 위치에 관해서는 대체로 지금의 길림성과 흑룡강성 일대라는 주장이 거의 정설처럼 받아들여지고 있다. 그러나 그 좌표에 관해서는 사마천 《사기》의 〈화식열전(貨殖列傳)〉에서 "대체로 연국 또한 발해·갈석 사이의 도회지이다. 남으로는 제국·조국과 연결되고 동북으로는 흉노와 접하고 있다. … 북으로는 오환·부여와 이웃하면서 동으로는 예맥·조선·진번의 이익들을 주무른다.(夫燕亦勃碣之間一都會也. 南通齊趙, 東

○ 高句麗者, 出於夫餘。

• 002
[그래서] 스스로 말하기를 '선조가 주몽(朱蒙)[5]'이라고 한다.

北邊胡. … 北鄰烏桓夫餘, 東綰穢貊朝鮮眞番之利.)"라고 한 점에 주목할 필요가 있다. 부여의 좌표를 예맥·조선·진번 쪽이 아닌 오환 쪽에서 구해야 한다는 것이다. … '부여'의 어원학적 논의에 관해서는 문성재, 《정역 중국정사 조선·동이전1》, 제134쪽의 해당 주석을 참조하기 바란다.

4) '고구려'라는 나라는 부여에서 갈라져 나왔는데[高句麗者, 出於夫餘]: 이 구문을 통하여 북위 왕조에서 고구려의 뿌리가 부여에 있다고 인식하고 있었음을 알 수 있다. 물론, 이 같은 고구려 인식은 고구려를 "부여의 또 다른 갈래(夫餘別種)"로 보았던 《삼국지》·《후한서》의 고구려 인식과 대체로 일치한다. 일본 학자 와타 세이(和田清)는 《구당서》에서 대조영(大祚榮)의 내력을 '고려 별종(高麗別種)'으로 소개한 데 대하여 "'別'字를 붙이고 있는 것을 보면 그는 高句麗와는 同族이 아니다."라면서 "韓國史에서 高句麗를 除外시켜야 한다."라고 주장한 바 있다. 그러나 그 같은 주장은 한문을 제대로 깨우치지 못한 데서 비롯된 무지의 소치이다. 후한대 문자학자 허신(許慎)은 《설문해자(說文解字)》에서 '별'은 쪼갠다는 뜻이다.(別, 分解也)"라고 설명하였다. 《고훈회찬(古訓匯纂)》에서도 '별'의 첫 번째 의미로 "나눈다는 뜻이다.(分也)"라고 소개하면서 호삼성(胡三省)이 《자치통감》《송기7(宋紀七)》에 붙인 "호와는 시조가 같지만 파가 나누어진다.(與浩同宗而別族)" 등을 예로 들었다. 이 밖에도 여러 가지 뜻이 있지만 '별'의 의미들을 한마디로 요약하면 '쪼개[지]다(cut)', '나누[어지]다(divide)'이다. 쪼개거나 나눈다는 것은 곧 분리를 뜻하며 그 분리는 곧 분리의 근원인 본체의 존재를 상정한다. 즉, 본체로부터의 분리인 것이다. 그래서 중국에서는 대표적인 검색 사이트인 빠이뚜(百度)를 위시한 거의 모든 사이트에서 '별종'을 찾아보면 "동일한 종족의 갈래(同一種族的分支)"이라는 뜻만 유일하게 소개되어 있다. 한민족이 정치적으로 대한민국과 북한으로 갈라지고 70년이 넘도록 각자 다른 길을 가고 언어·습속이 서로 많이 달라졌어도 하나의 민족이라는 사실을 모르는 이는 없다. 처음에는 같다가 나중에 갈라져 서로 달라졌다고 해서 다른 족속으로 간주하는 것은 어불성설이다.

5) 주몽(朱蒙): 고구려의 시조인 '동명성왕(東明聖王)' 추모(鄒牟, BC58~BC19)의 북위식 표기. 해모수(解慕漱)의 아들로 동부여의 왕 금와(金蛙)의 아들 대소(帶素)의 위협을 피해 졸본(卒本)으로 남하해 나라를 세우고 이름을 '구려(句麗)'라고 정하였다. 그 이름은 출전이나 시대·지역에 따라 각각 달리 표기되고 있다. 예를 들어, 《주서(周書)》·《남사(南史)》·《북사(北史)》·《수서(隋書)》 등의 중국 정사 및 고려

○ 自言先祖朱蒙。

• 003

주몽의 모친은 하백(河伯)6)의 딸7)로, 부여의 왕에 의해 방 안에 갇혀 있었다. [그런데] 햇빛이 [자신을] 비추기에 몸을 빼서 그것을 피했더니 해

> 시대의 삼국 역사서《삼국사기》·《삼국유사》에서는 이《위서(魏書)》의 예를 좇아 통상 '주몽(朱蒙)'으로 적었다. 반면에,《삼국사기》나 광개토대왕 비·모두루왕 비에는 '추모(鄒牟)', 일본의《신찬성씨록(新撰姓氏錄)》에는 '도모(都牟, 일본식 독음으로 쯔모)'로 전해지며, 이 밖에도 추몽(鄒蒙)·중모(中牟, 仲牟)·중해(衆解) 등으로 표기되기도 한다. 이상의 문헌들에 근거할 때 그의 본래 이름은 '추모' 또는 '주모'였으며 '주몽'은 어디까지나 북위 사람들이 자신들의 표기원칙에 따라 북위식으로 소개한 것임에 유념할 필요가 있다. 덧붙여, '주몽' 또는 '추모'는 이름이 아닌 별명일 가능성에도 유념할 필요가 있다.《위서》·《삼국사기》에서 "'주몽'이란 활을 잘 쏘는 것을 말한다.(朱蒙者, 善射也)"라고 소개했고,《만주원류고(滿洲源流考)》에서도 '주몽'을 '조린망아[卓琳莽阿]', 즉 '[활] 명사수'라는 뜻으로 소개했기 때문이다. '주몽(추모)'은 본명이 아니라 '활을 잘 쏘는 사람[선사자]'이라는 뜻의 별명일 가능성이 높은 것이다. '고'구려를 세우기 전의 추모의 성씨에 관한 논의는《주서》의 "'고'를 성씨로 삼았다.[仍以高爲氏]" 주석을 참조하기 바란다.

6) 하백(河伯): 고대 중국의 전설에 등장하는 물의 신. 중국 집안(集安)에서 발견된 〈모두루 묘지명(牟頭婁墓誌銘)〉에는 '하박(河泊)'으로 적혀 있다. 그래서 학계 일각에는 '하백'을 일종의 고구려 "고유어에 대한 音借로 보고 '해붉' 즉 '태양·광명'의 뜻"으로 해석하려 하는 경우도 있다. 그러나 '박(泊)'은 '백(伯)'을 잘못 적은 것이다. 한문에서 '하박'은 하천과 못을 아울러 부르는 이름이기 때문이다. 본문의 내용과는 앞뒤가 맞지 않는다는 뜻이다.《위서》는 물론이고 〈광개토대왕비〉나 435년에 고구려를 방문하고 귀국한 북위의 사신 이오(李敖)가 모두 '하백'으로 소개한 것도 그 증거이다.

7) 하백의 딸[河伯女]: 주몽(추모)의 생모.《위서》이래의 중국 정사들에서는 그 생모가 "하백의 딸"이라는 사실만 소개했을 뿐이며, '유화(柳花)'라는 이름이 등장하기 시작하는 것은 김부식(金富軾, 1075~1151)의《삼국사기》, 이규보(李奎報, 1168~1241)의《동국왕 시편(東國王詩篇)》, 일연(一然, 1206~1289)의《삼국유사》부터이다. 주몽의 탄생설화를 최초로 소개한《위서》로부터 500여 년 뒤인 고려시대 중기에 이르러 비로소 '유화'라는 이름이 등장한다는 뜻이다.

중국 도교 전설 속의 하백. 관을 쓴 채 물고기가 끄는 수레를 타고 있다.

그림자(햇빛)가 이번에도 따라오는 것이었다. [그 뒤에] 아이를 배고 알을 하나 낳았는데, 크기가 다섯 되8) 만큼이나 되었다.

○ 朱蒙母河伯女, 爲夫餘王閉於室中, 爲日所照, 引身避之, 日影又逐。旣而有孕, 生一卵, 大如五升。

• 004

부여왕이 그것을 버려 개에게 주었더니 개가 [그것을] 먹지 않기에 [그것을] 돼지에게 주었으나 돼지 역시 먹지 않았다. [그래서] 길에다 버렸더니 소와 말들이 그것을 피하[여 다니]는 것이었다.

○ 夫餘王棄之與犬, 犬不食, 棄之與豕, 豕又不食, 棄之於路, 牛馬避之。

• 005

나중에는 그것을 들판에 버렸더니 새들이 깃털로 그것을 품었다. [그래

---

8) 되[升]: 중국의 전통적인 도량형(용량) 단위. 10홉[合]에 해당하므로, "다섯 되"라면 50홉이 들어갈 정도의 크기인 셈이다.

서] 부여왕이 그 알을 베어 쪼개려 했지만 도저히 깨뜨릴 수가 없는지라 결국 그 모친에게 돌려주었다.

○ 後, 棄之野, 衆鳥以毛茹之。夫餘王割剖之, 不能破, 遂還其母。

• 006
[그래서] 그 모친이 [베 같은] 물건으로 그것을 싸서 따뜻한 곳에 두었더니, 사내아이 하나가 껍질을 깨고 나왔다. 그 아이가 장성했을 때에 이르러 자(字)9)를 붙여 '주몽'이라고 부르게 되었다. 그 나라의 민간에서 '주몽'이라는 것은 활을 잘 쏜다는 뜻이다.

○ 其母以物裹之, 置於暖處, 有一男破殼而出。及其長也, 字之曰朱蒙, 其俗言朱蒙者, 善射也。

• 007
부여 사람들은 '주몽은 사람이 낳은 아이가 아니기 때문에 장차 다른 마음을 품을 것'이라고 여기고 그를 없애 버릴 것을 요청하였다. [그러나] 왕은 [그 말을] 따르지 않고 그에게 명령을 내려 말을 돌보게 하였다. [그러자] 주몽은 매번 은밀히 시험을 해서 [그 속에] 좋은 말과 나쁜 말이 [섞

---

9) 자(字): 고대 중국에서 성인이 되면 지어 주던 정식 이름.《주례(周禮)》의 기록처럼 고대인들이 "아기가 태어난 후 석 달이 지나면 이름을 붙여 준 것"은 바로 그 같은 높은 사망률 때문이었다. 그렇다 보니 생후 3개월째 되는 날 붙여 주는 이름도 제대로 된 것이 아니었다. 언제 죽을지 알 수가 없기 때문에 아기의 이름은 신체적 특징이나 생년월일에 따라 대충 짓는 일이 많았다. 자를 지어 주는 시점은 성별에 따라 차이가 있어서《예기》〈곡례(曲禮)〉에서는 남자는 관례를 치르는 스무 살에, 여자는 그보다 빨라서 출가해서 비녀를 꽂는 열다섯 살이 되면 지어 주었다고 한다. 자의 유형과 이름과의 관계에 관해서는 문성재,《처음부터 새로 읽는 노자도덕경》, 제179~180쪽을 참조하기 바란다.

고구려전(高句麗傳) 195

예] 있는 것을 알고, 날랜 말은 여물을 줄여 살이 야위게 만들고 굼뜬 말은 잘 돌보아 살이 찌게 만들었다. [그러자] 부여 왕은 살이 찐 말을 자신이 타고 야윈 말은 주몽에게 주었다.

○ 夫餘人以朱蒙非人所生, 將有異志, 請除之, 王不聽, 命之養馬。朱蒙每私試, 知有善惡, 駿者減食令瘦, 駑者善養令肥。夫餘王以肥者自乘, 以瘦者給朱蒙。

• 008

주몽은 이름이 아니라 명사수라는 뜻이다.(단원풍속도첩 활쏘기)

나중에 사냥터에서 사냥을 할 때 [왕은] '주몽은 활을 잘 쏜다' 하여 그에게는 화살을 한 대로 제한하였다. 주몽은 비록 화살이 적었지만 [화살로 맞혀] 쓰러뜨린 짐승은 무척 많았다. [그러자] 부여의 신하들은 이번에도 모의를 꾸며 그를 죽이려 들었다. 주몽의 모친은 [그 일을] 은밀히 눈치채고 주몽에게 [이렇게] 일러 주었다. "나라에서 너를 해치려 드는구나. 너의 재주와 지략이라면 사방 어디든지 멀리 가는 편이 옳겠다!"

○ 後狩于田, 以朱蒙善射, 限之一矢。朱蒙雖矢少, 殪獸甚多。夫餘之臣又謀殺之。朱蒙母陰知, 告朱蒙曰: "國將害汝, 以汝才略, 宜遠適四方。"

• 009

주몽은 그래서 오인(烏引)·오위(烏違) 등 두 사람[10]과 함께 부여를 버리고 동남쪽으로 도망쳤다.[11]

○ 朱蒙乃與烏引·烏違等二人, 棄夫餘, 東南走.

• 010

[그는 가는] 도중에 큰 강[12]을 하나 만났는데, 건너려고 해도 다리가 없는

---

10) 오인·오위 등 두 사람[烏引烏違等二人]: 주몽의 동행자에 관해서는 문헌마다 편차가 있다. ① 여기서는 오인·오위의 2인이라고 했지만 ②《삼국사기》〈고구려본기〉"동명성왕"조에는 조이(鳥伊)·마리(摩離)·협보(陜父)의 3인이라고 했으며, ③ 이규보《동명왕시편》의 주석에는 오이(烏伊)·마리·협보의 3인이라고 했고, ④《삼국유사》에서는 "오이 등 3인"이라고 하였다. 다만, 《삼국사기》의 '조위'의 '새 조(鳥)'는 《위서》·《동명왕시편》·《삼국유사》에 근거할 때 '오위'의 '까마귀 오(烏)'를 잘못 적었거나 잘못 판각한 것으로 보인다. 동행자의 숫자와 이름이 문헌마다 다르게 소개된 것은 오기·오독·오각 탓이기도 하지만 후대로 갈수록 허구적인 민간 설화가 가미되면서 새로 추가되었을 가능성이 높다.

11) 부여를 버리고 동남쪽으로 도망쳤다[棄夫餘東南走]: 이 구절대로라면 고구려의 위치는 부여의 동남쪽이고, 부여는 고구려의 서북쪽에 있었던 셈이다. 만약 고구려의 위치에 대한 기존의 고증들이 정확한 것이라면 부여의 위치에 대한 기존의 고증은 저절로 무너진다. 이《위서》의 기록에 따르면 부여는 고구려의 서북쪽에 있을 수밖에 없기 때문이다. 부여의 정확한 위치에 관해서는 사마천이《사기》〈화식열전〉에서 이미 밝힌 바 있다. ("부여" 주석 참조) 역자 역시 요동·요수·한사군 등의 위치에 대한 고증 결과들을 종합해 볼 때 부여의 가장 이상적인 좌표는 중원의 북쪽 몽골고원 방면이라고 본다.

12) 큰 강[大水]: 고대사에 등장하는 하천 이름. 그 이름의 경우, 후한대 학자 왕충(王充, 27~97?)의《논형(論衡)》에서는 '엄체수(掩㴲水)',《삼국지》〈고구려전〉의《위략》인용 기사에는 '시엄수(施掩水)', 〈광개토대왕비(廣開土大王碑)〉에는 '엄리대수(掩利大水)',《후한서》로부터 100여 년 뒤인 당대에 편찬된《양서(梁書)》와《수서(隋書)》에는 각각 '엄체수(淹滯水)'와 '엄수(淹水)'로 되어 있다. 그렇다면 복수의 자료들을 통하여 '엄체' 또는 '엄리'가 바르며 '시엄'은 '엄체'를 '체엄(㴲掩/滯掩)' 식으로 뒤집어 표기한 경우인 셈이다. … 인터넷〈국편위주〉013에서는 엄체수를 "松花江 또는 그 지류"라고 보았으나 확실한 것은 아니다. 정성수의《고금음대

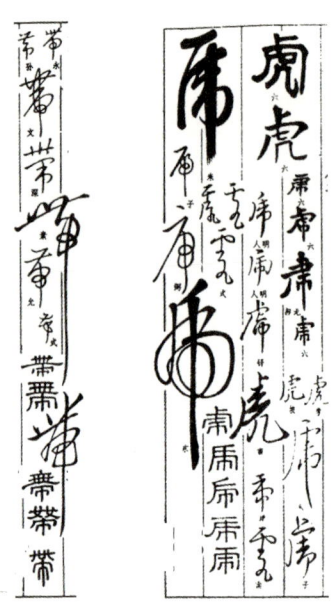

'체(滯)'와 '체(漉)'의 몸글자인 '대(帶)'와 '호(虎)'. 두 글자 모양이 비슷해서 서둘러 읽거나 쓸 경우 자칫 혼동될 수도 있다.

조수책》(147)에 소개된 고대음에 따르면, '담글 엄(淹)'은 '영과 담의 반절[影談切, ǐam]'으로 읽혔는데 대체로 '얌' 식으로 읽혀졌던 셈이다. 또, '이로울 리(利)'는 '래와 질의 반절[來質切, ľiet]'이므로 '렛'으로 읽혀졌던 셈이다. 그렇다면 여기서의 큰 강의 이름은 '얌렛' 정도로 읽히며 종성이 약화/탈락되면서 '얌례' 정도로 읽혀졌을 것이다. 이와 함께, 이규보《동명왕시편》의 '막힐 체(滯)'는 '정과 월의 반절[定月切, ďiat]'이고 《후한서》·《통전》·《삼국사기》의 '물이름 체(漉)'는 《당운(唐韻)》에 따르면 '식과 이의 반절[息移切, sǐe]'이므로 각각 '닷'와 '세' 정도 되는 셈이다. 다만, '막힐 체'는 '물이름 체'의 별자(別字)일 가능성이 높다. 중국 서예의 초서체에서는 '범 호(虎)'를 '지닐 대(帶)'와 비슷하게 써서 서로 혼동되는 경우가 많기 때문이다. 여기서도 《동명왕시편》의 '엄체(淹滯)'는 《후한서》·《통전》·《삼국사기》의 '엄체(淹漉)'를 잘못 적은 것으로 보는 편이 합리적이다. 당대 초기의 장회태자 이현은 엄체수에 대하여 《후한서》"고구려전"에 "지금의 고구려에는 개사수가 있는데 이 강이 그것이 아닌가 싶다.(今高麗中有蓋斯水, 疑此水是也.)"라는 주석을 붙였다. 인터넷〈국편위판〉에서는 이현이 언급한 '개사수'를 "지금의 鴨綠 東北" 또는 "一說에는 그 지리적 조건으로 보아 松花江"으로 비정했으나 주몽의 남하는 장수왕이 평양으로 천도하기 이전이므로 지리적 조건으로 볼 때 압록강일 가능성은 낮다.

것이었다. 부여 사람들이 자신을 몹시 급하게 쫓아오고 있는 상황이었다.

○ 中道遇一大水, 欲濟無梁, 夫餘人追之甚急。

• 011

[그래서] 주몽은 [그] 강을 향해 [이렇게] 일렀다.

"나는 태양의 아들이요13), 하백의 외손이다. 오늘 [부여를] 도망쳐 나왔는데 추격하는 군사가 곧 따라잡을 텐데14) 어떻게 해야 [강을] 건널 수가 있겠는가?"

○ 朱蒙告水, 曰: "我是日子, 河伯外孫, 今日逃走, 追兵垂及, 如何得濟。"

---

13) 태양의 아들[日子]: 인터넷〈국편위주〉011에 따르면, 이 존호의 경우 문헌에 따라 다양하게 표현되어 있다. ① 〈광개토대왕비〉에는 '거룩한 하늘님의 아들[皇天之子]', ② 〈모두루 묘지명〉에는 '하백의 손자요 해와 달의 아들[河泊之孫, 日月之子]', ③ 이 《위서》에는 '태양의 아들[日子]', ④ 《삼국사기》와 《삼국유사》에는 '천제의 아들[天帝之子]', ⑤ 이규보《동명왕시편》에는 '하늘님의 자손[天孫]'으로 각각 표현되어 있는 것이다. 이상의 존호들을 비교해 볼 때 원래 고구려에서는 샤머니즘의 태양숭배사상의 영향으로 '하늘님의 아들'로 일컬었던 것으로 보이며, '하백의 손자요 해와 달의 아들' 식으로 일컬은 것은 아마 도교 신선사상의 영향을 받은 결과가 아닌가 싶다. 즉, 추모의 탄생 설화에서 북방의 샤머니즘과 동아시아 도교 신선사상이 융합되는 현장을 확인할 수 있는 셈이다.

14) 곧 따라잡을 텐데[垂及]: 인터넷〈국편위판〉에서는 '수급(垂及)'을 '바짝 쫓아오다'로 번역하였다. 그러나 고대 한문에서 '드리울 수(垂)'에는 '거의 다(almost)'의 의미를 지닌 부사의 용법이 있다. 따라서 '수급'은 '거의 다 따라잡다'라는 의미로 이해하는 것이 옳다. 여기서는 그 의미를 그대로 살려 "곧 따라잡다" 식으로 의역하였다.

• 012

그리하여 물고기와 자라들이 나란히 [수면으로] 떠올라 그를 위해 다리가 되어 주는 것이었다. 주몽이 [그 강을] 건너고 나서 물고기와 자라들이 금방 흩어져 버리는 바람에 추격하던 [부여의] 기병들은 [결국 강을] 건널 수가 없었다.

○ 於是, 魚鼈並浮, 爲之成橋。朱蒙得渡, 魚鼈乃解, 追騎不得渡。

• 013

주몽이 그렇게 해서 보술수(普述水)15)까지 이르렀을 때였다. [길에서] 세 사람을 마주쳤는데16), 그중 한 사람은 삼베 옷을 입었고, 한 사람은 누더기17) 옷을 입었고, 한 사람은 물풀 옷을 입고 있었다.

---

15) 보술수(普述水): 고대사에 등장하는 하천 이름. 정성수《고금음대조수책》에 소개된 고대음에 따르면, '두루 보(普)'는 '방과 고의 반절[滂古切, pʼu]'이고 '지을 술(述)'은 '식과 률의 반절[食聿切, dzǐuĕt]'여서 각각 '푸'와 '즛' 식으로 읽혀진다. 종성(終聲)이 'ㅅ(ㄹ) 받침'으로 끝나는 한자의 경우 발음하는 과정에서 통상적으로 그 종성이 약화/탈락되면서 중성까지만 발음되는 경우가 많다. 따라서 '보술'은 '푸즛' 또는 '푸쥬' 정도로 발음되었을 가능성이 높다. 인터넷〈국편위주〉012에서는 "《三國史記》의 〈高句麗本紀〉에서는 毛屯谷이라 되어 있다. 그런데 普述水는 廣開土王陵碑文에는 '沸流谷'으로 되어 있는데, 그 音으로 보아 馬訾·婆猪·泊珠·蒲洲 등으로 불리어 오던 것으로 지금의 渾江으로 비정되고 있다."라고 하였다. 그러나 음운학적 견지에서 볼 때, '비류곡'과 '모둔곡' 어느 쪽도 '마자·파저·박주·포주'와는 대응관계가 성립되지 않는다. 참고로, 고구려계 지명에서 '골 곡(谷)'은 얼핏 글자의 원래 의미인 '골짜기(valley)'를 뜻하는 것처럼 보이지만, 전후 문맥에서 알 수 있듯이, 둘 다 모두 '하천(river)'을 나타낸다. 그런데 몽골어에서 '물, 하천'을 뜻하는 말이 '골(гол)'이다. 여기서의 '-곡'은 몽골어의 '골'을 한자로 표기한 경우일 가능성이 높다는 뜻이다.

16) 마주쳤는데[遇見]: 〈국편위판〉에서는 '마주칠 우'를 '우연히'로 번역하였다. 그러나 그것은 '마주칠 우'를 모양이 비슷한 '뜻하지 않을 우(偶)'로 오독하면서 범한 오역이다. 여기서는 원래의 의미대로 "마주치다" 식으로 번역해야 옳다.

17) 누더기[衲]: 이 글자를 인터넷〈국편위판〉에서는 '들일 납(納)'으로 쓰고 '무명'으로

○ 朱蒙遂至普述水, 遇見三人, 其一人著麻衣, 一人著納衣, 一人著水藻衣。

• 014

[그들은] 주몽과 함께 흘승골성(紇升骨城)18)까지 가서 드디어 그곳에 정착하고 [나라 이름을] '고구려(高句麗)'라고 부르는 한편 그것을 계기로 하여 [고'를 자신의] 성씨로 삼았다. 19)

번역하였다. 그러나 그것은 '기울 납(衲)'을 잘못 쓴 경우이다. 따라서 여기서는 글자 원래의 의미를 살려 "누더기 옷"으로 이해해야 옳다.

18) 흘승골성(紇升骨城): 고구려의 첫 번째 도읍. 〈광개토대왕비〉에는 '비류곡 홀본(沸流谷忽本)'으로, 《삼국사기》에는 '졸본천(卒本川)'으로 소개되어 있다. 《광운(廣韻)》에 따르면, '사람이름 흘(紇)'의 고대음은 '갑과 물의 반절[匣物切, ɣət]'이므로 '것'에 가깝게 읽혀졌던 셈이다. 또, 정성수《고금음대조수책》의 고대음에 따르면, '오를 승(升)'과 '뼈 골(骨)'은 각각 '식과 증의 반절[識蒸切, ɕiəŋ]'과 '견과 물의 반절[見物切, kuət]'이므로 '성'과 '굣'에 가깝게 읽혀졌던 셈이다. …《주서(周書)》에는 '홀승골'이 '흘두골(紇斗骨)'로 나와 있다. 그러나 이 지명의 둘째 글자가 이보다 편찬 시기가 이른《북사》·《위서》·《통전》·《한원》을 비롯하여 그 이후의《책부원구》·《문헌통고》등, 여러 채널을 통하여 편찬된 각종 사서·문헌들에서 공통적으로 '승'으로 나와 있는 것을 보면 '두(斗)'는 오기가 확실해 보인다. 홀승골성 위치의 경우, 시라도리 구라키치(白鳥庫吉)가 요녕성 환인현의 오녀산성(五女山城)으로 비정한 이래 국내외 학계가 그 주장을 인습하고 있다. 그러나 ① 부여의 중심을 장춘시(長春市) 일대로 볼 때 환인현은 남서쪽에 해당한다. ② 한대 이래의 중국 정사들에서 제시한 주몽의 남하경로인 '부여 ⇒ 동남쪽 ⇒ 홀승골'과는 방향이 정반대인 것이다. ③ 이는 곧 부여(장춘시?)와 홀승골(환인현?) 둘 중에서 최소한 하나는 그 좌표에 문제가 있다는 말이 된다. ④ 음운학적으로 '홀본/졸본'과 '흘승골' 사이에 전혀 대응관계가 성립되지 않는다는 점에도 각별히 유념할 필요가 있다.

19) 그것을 계기로 하여 성씨로 삼았다[因以爲氏焉]:《삼국유사》〈왕력편〉의 고구려 왕계 표에서는 추모에 대해서는 "성은 고씨(姓高氏)"라고 소개하면서도 그 아들인 제2대 유리왕으로부터 손자인 제3대 대무신왕, 증손자인 제4대 민중왕까지는 모두 "성은 해씨(姓解氏)"라고 소개하였다. 얼핏 고씨인 초대 국왕 추모가 죽은 뒤에 2대부터는 해씨가 왕권을 찬탈하는 권력투쟁을 통하여 왕계(王系)에 변동이 생긴 것 같아 보인다. 게다가 그 다음 왕부터는 성씨를 생략해서 마치 해씨가 고구려가

○ 與朱蒙至紇升骨城, 遂居焉, 號曰高句麗, 因以爲氏焉。

• 015

처음에 주몽이 부여에 있을 때 [그의] 아내가 아이를 배고 있었다. [그런데] 주몽이 도망치고 나서 아들을 하나 낳자 [성년이 되었을 때] 자(字)를 처음에는 '여해(閭諧)'라고 지어 주었다. [여해는] 장성해서 주몽이 [한] 나라의 군주가 된 것을 알게 되었다. [그래서] 곧바로 모친과 함께 도망쳐 주몽에게 의탁하였다. [그러자 주몽은 아들에게] '여달(閭達)'[20]이라는 이름을 주

멸망할 때까지 왕위를 계승한 것처럼 보인다. 그러나 유리왕은 추모의 친아들이고, 대무신왕은 유리왕의 아들, 민중왕은 또 대무신왕의 아들이다. 추모와 성씨가 다를 수가 없는 것이다. 추모 역시 성씨가 '해'라는 뜻이다. 이 점은 다소 신화적 요소가 강하지만 추모의 아버지가 해모수(解慕漱)라는 것을 통해서도 충분히 눈치챌 수 있다. 추모의 원래 성씨가 '해'였는데 고구려의 건국과 함께 '고'로 바꾸었을 것임은 '고구려'라는 국호가 정해지는 경위를 통해서도 어느 정도 짐작할 수 있다. 추모는 원래부터 고씨였던 것이 아니라 고구려라는 국호를 정한 뒤에 국호의 첫 글자를 따서 고씨로 고쳤기 때문이다. 만약 추모에서 처음부터 성씨가 없었다면 모르지만 원래 성씨가 있었는데 고씨로 정했다면 고구려 건국 이전에도 성씨를 가지고 있었다는 말이 된다. 그렇다면 자신의 아들·손자·증손자의 경우에 비추어 볼 때 그 원래의 성씨는 '해'일 수밖에 없는 것이다.《삼국유사》의 기록이 사실이라는 전제하에서 정리하자면, 원래 해씨이던 추모가 고구려를 건국하면서 그 국호의 첫 글자를 따서 고씨로 성씨를 바꾼 것이다.

20) 여달(閭達): 주몽의 아들로 부여로부터 내려왔다고 한 것을 보면 고구려의 제2대 국왕인 유리왕(琉璃王)의 이름임을 짐작할 수 있다. 다만, 인터넷〈국편위주〉015에서는 "《三國史記》《高句麗本紀》에서는 琉璃王의 諱를 類利 또는 孺留라고 한다고 전하고,《三國遺事》《王曆》에서는 累利라고 한다고 하며, 여타 문헌에서도 마찬가지로 閭達은 물론 本書에서 그의 始名으로 나오는 閭諧와도 전혀 음이 다르다."는 점에 근거하여 '여달' 또는 '여해'가 음운상으로 '유리'와 편차가 큰 데에 의문을 품었다. 이 문제의 해결에는 발상의 전환이 필요하다. 조선의 제4대 국왕의 경우를 단적인 예로 들어 보자. 그는 이름이 '도(祹)'이지만 성년이 되어서는 '원정(元正)'이라는 자로 불렸으며, 이방원이 왕위에 올라 왕자가 된 뒤에는 '충녕군(忠寧君)'으로 일컬어지다가 국왕으로 즉위했고 사후에는 '세종(世宗)'이라는 묘호로 존숭

고, 그에게 나라 일을 맡겼다.
○ 初, 朱蒙在夫餘時, 妻懷孕, 朱蒙逃後生一子, 字始閭諧。及長, 知朱蒙爲國主, 卽與母亡而歸之, 名之曰閭達, 委之國事。

• 016
[나중에] 주몽이 죽자 여달이 대신 [왕으로] 옹립되었으며, 여달이 죽자 아들 여율(如栗)[21])이 대신 [왕으로] 옹립되었다. [그리고] 여율이 죽고 나서

되었다. '여달'과 '유리'의 관계 역시 이 같은 맥락에서 이해해야 한다. 즉, ① '여해'는 유복자로 태어난 주몽 아들이 성년이 되었을 때 모친이 되는 대로 붙여 준 초기 이름인 반면 ② '여달'은 고구려로 남하한 뒤에 부친 주몽이 제대로 지어 준 정식 이름인 것으로 보인다. 반면에, 조선 세종의 경우에서 보았듯이, ③ '유리'는 주몽의 뒤를 이어 왕위에 오른 뒤나 사후에 제3자가 그의 인품·업적에 걸맞게 붙여 준 왕호로 보아야 옳다. 고구려 국왕들의 왕호가 사후에 붙여진 것으로, 중국의 '묘호'에 해당하는 것이었음을 방증하는 증거들은 많다. 국강상광개토태왕(國岡上廣開土太王)이나 산상왕(山上王)·고국원왕(故國原王)·장수왕(長壽王) 등은 그 전형적인 사례들이다. 유리왕이 '유리명왕(瑠璃明王)'이라는 별칭으로도 불렸던 것을 감안하면, 사후에 신민들이 '유리처럼 밝은 지혜를 가진 임금'이라는 뜻으로 붙여 준 왕호라고 이해하는 편이 합리적이다. … 정성수《고금음대조수책》에 따르면, '마을문 려(閭)'와 '이를 달(達)'은 '력과 거의 반절[力居切, l̥o]'와 '당과 할의 반절[唐割切, dɑt]'이어서 각각 '료'와 '달'로 읽혀진다. 반면에 '조화로울 해(諧)'는 '호와 개의 반절[戶皆切, ɤɛi]'이어서 '해'로 읽혀진다. '여달' 또는 '여해'가 '유리'와는 다른 이름임을 확인할 수 있는 것이다.

21) 여률(如栗): 여달의 아들. 그렇다면 고구려 제3대 국왕인 대무신왕(大武神王)에 해당하는 셈이다. 다만, 국내 사서들에서는 그 이름과 관련하여 이설이 보인다. 인터넷〈국편위주〉017에 따르면, "《三國史記》〈高句麗本紀〉에서는 大武神王의 諱를 無恤"이라고 했고,《三國遺事》〈王曆〉에서는 大武神王의 諱가 無恤 또는 味留"라고 전하고 있다. 여률이라는 이름은 전혀 보이지 않는 것이다. 다만,《위서》가 소개한 여율의 '같을 여(如)'와《삼국사기》가 소개한 미류의 '맛 미(味)' 둘 중의 하나가 모양이 비슷한 한쪽 글자를 잘못 읽거나 적은 것이라는 가정하에서 따져 본다면 '밤 률(栗)'과 '머무를 류(留)' 사이에는 음운상으로 유사한 관계에 있기 때문에 동일 인물로 볼 여지가 생기는 셈이다.

아들 막래(莫來)²²⁾가 대신 [왕으로] 옹립되더니 곧바로 부여 정벌에 나서니, 부여가 크게 패하여 마침내 고구려에 통합되고 복속하기에 이르렀다.

○ 朱蒙死, 閭達代立。閭達死, 子如栗代立。如栗死, 子莫來代立, 乃征夫餘, 夫餘大敗, 遂統屬焉。

• 017
위(魏)나라 정시(正始)²³⁾ 연간에 요동(遼東)의 서안평²⁴⁾을 침략하였다

---

22) 막래(莫來): 대무신왕의 아들로 추정된다. 학계에서는 고구려 왕의 세계(世系)에 근거하여 그 동생으로 제4대 국왕인 민중왕(閔中王, ?~48) 또는 그 아들로 제5대 국왕인 모본왕(慕本王, ?~53)을 지목하곤 한다. 실제로 대무신왕 다음 대의 국왕은 민중왕이다. … 인터넷〈국편위주〉018에서는 "莫來와 慕本이 그 字形이 유사함을 들어 同一人으로 보는 예도 있다."라고 소개하였다. 반면에 〈동북아판2〉(제069쪽)에서는 모본왕 당시에는 부여를 정벌한 일이 없다는 점을 들어 막래를 모본왕으로 보는 데에 유보적인 입장을 보이고 있다. 그러나 ① 대무신왕의 동생 민중왕은 재위기간이 44~48년까지 4년에 불과한 데다가 ②《위서》에 '막래'가 "여율의 아들"로 소개된 점, ③ 글자상으로 보더라도 '모본'과 '막래'는 외형적으로 대체로 유사한 점을 감안할 때, ④ 문서・금석에 기록되었던 글자가 마모되면서 '모본'이 '막래'로 또는 '막래'가 '모본'으로 오독되었을 가능성을 배제할 수 없다. 또, ⑤ '막래/모본'이 서기 1세기의 사람이었던 반면《위서》의 편찬시점은 6세기 이후여서 500년 이상의 시차가 발생한다. 따라서 ⑥ 초기 고구려의 역사 사건이나 인물이 중국에서 전승되는 과정에서 혼동되어 전해졌을 가능성도 충분히 감안할 필요가 있다. ⑦ 이상의 단서들을 종합해 볼 때 '막래'는 '모본(왕)'과 동일 인물로 보는 편이 합리적이라고 본다.

23) 정시(正始): 중국 삼국시대 위나라의 제왕(齊王)이던 조방(曹芳, 232~274)이 240~249년의 10년 동안 사용한 연호. 고구려의 동천왕 14년으로부터 중천왕 원년까지에 해당한다.

24) 서안평(西安平): 전한대 이래의 현 이름. 국내외 학계에서는 요령성 단동(丹東) 인근의 관전현(寬甸縣) 남쪽, 즉 압록강 북안 일대 등으로 비정하고 있다. 중국의 대표 검색 사이트인 빠이뚜에서는 "5호 16국 후연 말기에 고구려의 영토로 편입되고 나중에 박작성(泊汋城)이 되었다. 서진 함강(咸康) 7년(341)에 '후조(後趙)에서

가【교감1】 유주 자사25) 무구검26)에게 격파되었다.

수군을 파견해 해로로 전연의 안평(安平)을 습격해 무찔렀다'고 한 곳이 이곳이다."라고 소개하고 있다. 그러나 '서안평'의 좌표가 지금의 단동에 있다면 태조왕이 그다음 공격 대상으로 삼았을 것은 낙랑군 남쪽의 대방현이 아니라 낙랑군 너머 북쪽의 모 지역이 되어야 정상이다. 그런데 낙랑군 중앙부에서 한나라 측 방위군들을 완전히 제압하지도 않은 상태에서 다른 현들은 거들떠보지도 않은 채 그보다 훨씬 남쪽의 대방현으로 직행하는 모험을 한다는 것은 상식적으로 있을 수 없는 일이기 때문이다. 이 문제에 관해서는 문성재,《한국고대사와 한중일의 역사왜곡》, 제401~404쪽을 참조하기 바란다.

25) 유주자사(幽州刺史): 한대 유주의 행정 수장.《주례(周禮)》〈직방(職方)〉에서는 "[중원의] 동북방은 '유주'이다.(東北曰幽州.)"라고 했고, 한대의 도참서인《춘추위원명포(春秋緯元命苞)》에서는 "기성이 흩어져 유주가 되고 쪼개져 연국이 되었다.(箕星散爲幽州, 分爲燕國.)"라고 하였다. 고대에는 '9주(九州)' 중의 하나인 기주(冀州)에 속해 있다가 한대에 '13자사부(十三刺史部)'로 개편되면서 기주로부터 분리되었다. 전한대에는 발해(渤海)·상곡(上谷)·탁(涿)·어양(漁陽)·우북평(右北平)·요서(遼西)·요동(遼東)·현토(玄菟)·낙랑(樂浪) 등의 군과 광양(廣陽)·요동속국(遼東屬國) 등의 제후국을 관할하였다. 후한대에는 관할 군·국이 11개, 현·읍·후국이 90개에 이르렀으며, 위·진대(태강 원년)에는 관할 군·국이 23개까지 증가하였다. 그러나 그 이후로 각지 군벌의 발호와 북방민족들의 남하로 그 영역이 점차 축소되었다. 빠이뚜에서는 "[유주의] 관할지역이 지금의 북경시·하북성 북부·요령성 남부 한반도 서북부에 해당한다.(轄境相當於今北京市·河北北部·遼寧省南部及朝鮮西北部.)"라고 소개하였다. 그러나 이 같은 고증은 명백히 틀린 것이다. ① 연·진 만리장성이 양평에서 시작되고, ② 그 양평이 평주, 즉 지금의 하북성 노룡현 일대이며, ③ 요동과 요서를 가르는 하천인 요수가 요령지역의 요하가 아닌 하북지역의 난하임을 간과한 데다가, ④ 그 설명대로라면 그 면적이 일개 주(州)가 아니라 일종의 제국만큼이나 거대해지기 때문에 논리적으로 설득력이 떨어진다.

26) 무구검(毌丘儉): 삼국시대 위나라의 장수인 관구검(毌丘儉, ?~255)을 말한다. 하동군(河東郡) 문희(聞喜) 출신으로, 형주 자사(荊州刺史)를 지낸 후 233년에 사지절·유주자사·호오환교위(使持節幽州刺史護烏桓校尉)에 임명되어 위나라가 요동을 경략하는 과정에서 중요한 역할을 담당하였다. 그 과정에서 공손연의 강력한 저항에 부딪혔으나 다시 토벌에 나선 태위(太尉) 사마의를 도와 공손씨를 멸망시키는 데에 성공하였다. 244년에는 1만의 군사를 이끌고 고구려를 침공하여 환도성(丸都城)을 쳐서 함락시키고 산의 암벽에 자신의 공로를 새겼다. 245년에 재차 침공하여 수도를 공략하매 동천왕이 매구루(買溝婁)로 도주하자 현토군 태수이던

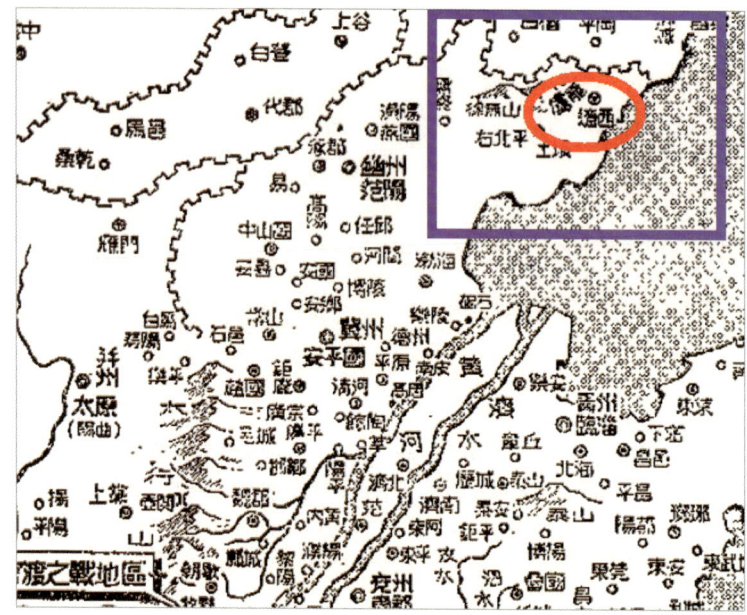

중국의 대표적인 출판사인 인민문학(人民文學)출판사에서 1979년에 펴낸 《삼국연의》의 중원지도. 만리장성이 산해관까지로, 요서가 산해관과 하북성 경내에 그려져 있다.

○ 魏正始中, 入寇遼西安平【魏正始中入寇遼西安平 三國魏志卷三〇 東夷傳·隋書卷八一 高麗傳"遼西安平", 作"西安平"。按後漢書郡國志二安平國屬冀州, 志五, 西安平屬幽州 遼東郡。

遼西郡沒有安平或西安平縣。這裏遼字衍, 或遼下脫東字。】, 爲幽州刺史毋丘儉所破。

왕기(王頎)를 보내 추격하게 하였다. 그러나 고구려인들의 반격을 만나자 왕기가 패한 군대를 이끌고 회군하였다. 나중에 양주(揚州)에 주둔할 때에는 정권을 장악하고 있던 사마씨에게 반기를 들었다가 패하고 죽음을 당하였다. … 일본의 한국 고대사 학자인 시가(滋賀) 현립대학의 다나카 도시아키(田中俊明)는 10여 년 전에 《위서》의 이 '무구검'을 근거로 〈유주자사 이름은 '관구검'이 아닌 '무구검'이다〉라는 글을 기고하고 구검의 성씨가 '무'라는 주장을 하여 국내 매체에 대서특필된 적이 있다. 이처럼 관구검의 성씨가 '관(毌)'인가 '무(毋)' 또는 '모(母)'인가에 대해서는 학계에서 논란이 많다. 그러나 그것은 고문자를 본 적이 없는 수백 년 뒤의 사관들이 '관'을 '무'로 잘못 읽으면서 빚어진 해프닝이다. '관'에 대한 문자학적 분석은 문성재, 《정역 중국정사 조선·동이전1》, 제236~237쪽의 "관구검" 주석을 참조하기 바란다.

【교감1】 "위나라 정시 연간에 요동의 서안평을 침략하였다가"의 경우, 《삼국지》권30〈동이전〉 및 《수서》권81〈고[구]려전〉에는 '요서안평'이 '서안평'으로 나와 있다. 따져 보건대,《후한서》〈군국지2〉에서는 "안평국이 기주에 속해 있었다."라고 했고, 〈군국지5〉에서는 "서안평이 유주의 요동군에 속해 있었다."라고 하였다. 요서군에는 안평이나 서안평현이 존재하지 않았으므로 여기서의 '요'는 잘못 들어간 글자이거나 '요' 다음에 '동'자가 빠졌을 것이다.

• 018

그의 현손은 을불리(乙弗利)27)요 리(利)의 아들은 쇠(釗)28)인데, 열제

---

27) 을불리(乙弗利): 고구려의 제15대 국왕 미천왕(美川王)의 이름이다.《삼국사기》 "미천왕"조에서는 "미천왕[호양왕이라고도 부른다]은 이름이 을불[또는 우불]이다.(美川王[一云好壤王], 諱乙弗[或云憂弗])"라고 소개했으며,《삼국유사》〈왕력편〉에서는 그 이름을 '우불(瀀弗)'로 소개하였다. 곽석량《한자고음수책》의 고대음에 따르면, '새 을(乙)'은 '영과 질의 반절[影質切, ĭet]', '아닐 불(弗)'은 '방과 물의 반절[幇物切, pĭwət]', '이로울 리(利)'는 '래와 질의 반절[來質切, lĭet]'이므로 '옛뼛렛' 정도로 재구된다. 다만, '옛뼛렛'의 세 종성이 약화/탈락되면서 '예뼈례' 식으로 읽혀졌을 개연성도 고려할 필요가 있다.

28) 쇠(釗): 고구려의 제16대 국왕 고국원왕(故國原王)의 이름.《삼국사기》에서는 "고국원왕['국강상왕'이라고도 부른다]은 이름이 사유[또는 '유']이다.(故國原王[一云國岡上王], 諱斯由[或云劉])"라고 소개하였다. 정성수《고금음대조수책》의 고대음에 따르면, '사람이름 쇠(釗)'는 '지와 요의 반절[止遙切]'이므로 '죠' 정도로 읽혔을 가능성이 높다. 19세기 조선의 자전인《전운옥편(全韻玉篇)》에는 이 글자의 발음이 '죠'와 속음인 '쇼'로만 나와 있는 것을 보면, 우리가 알고 있는 '쇠'는 속음인 '쇼'를 오독하고 잘못 사용해 온 것일 가능성이 높다. 고국원왕의 정확한 이름은 고쇠가 아니라 고죠(고조) 또는 고쇼(고소)인 것이다. 이병도는 앞서의《삼국사기》의 설명에 대하여 ①《진서》·《위서》·《북사》·《자치통감》에는 모두 '쇠(釗)'로 되어 있는데 ②《양서》에만 '류(劉)'로 되어 있는 것은 글자 모양이 비슷한 데서 비롯된 착오이며 ③《삼국사기》의 주석은 이《양서》의 착오를 인습한 것으로 보인다. 또, ④'쇠'는 '사유(斯由)'의 발음을 합친 외자 이름일 것이며, ⑤《수서》"고려전"에 '쇠'가 '소열제(昭列帝)'로 되어 있는 것은 고구려인의 책에서 일컬은 호칭을 그대로

(烈帝)29) 때에 모용씨(慕容氏)와 서로 싸움을 벌였다. 30)

○ 其玄孫乙弗利, 利子釗, 烈帝時與慕容氏相攻擊。

•019

건국(建國)31) 4년(342)에 모용원진(慕容元眞)32)이 군사를 거느리고

옮겨 쓴 것이라고 해석하였다. 그러나 '베풀 류(劉)'는 고대 발음이 '래와 유의 반절 [來由切]', 즉 '려우(lǐəu)'이지만 '힘쓸 쇠(釗)'는 고대 발음이 '지와 소의 반절[知宵切]', 즉 '댜우(tïau)', 《광운(廣韻)》의 발음은 '지와 소의 반절[之少切]', 즉 '제우(tɕïəu)'로 재구된다. '사유'의 경우, '사'는 '심과 지의 반절[心支切]', 즉 '셰(sǐe)', '유'는 '여와 유의 반절[余由切]', 즉 '여우(ǐəu)'이므로 두 발음을 합치면 '셔우(s-ǐəu)' 정도로 재구되는 셈이다. '류'와 '쇠'는 엄연히 발음이 다르다는 뜻이다. 또, 남조의 《양서》를 제외한 《진서》·《위서》·《북사》·《자치통감》 등, 복수의 북조계 사서들에서 '쇠'로 소개했고, 이상의 중국 정사들 중 '쇠'로 소개한 《위서》는 6세기에 편찬되었고 유일하게 '유'로 소개한 《양서》는 7세기의 것임을 감안하면 '유'가 아니라 '쇠'가 옳으며, '쇠'가 '유'로 기재된 것은 두 글자의 모양이 비슷했기 때문일 가능성이 높다는 뜻이다.

29) 열제(烈帝): 중국 동진 시기에 탁발부 선비를 이끌었던 지도자 탁발예괴(拓跋翳槐, ?~338)를 말한다. 북위의 전신인 대국(代國)의 국왕을 지냈으며, 나중에 그 종손인 탁발규(拓跋珪, 371~409)가 북위 왕조를 개창하고 나서 황제로 격상되면서 '열제'로 추봉(追封)되었다.

30) 모용씨와 서로 싸움을 벌였다[與慕容氏相攻擊]: 고구려가 요서(遼西)의 선비계 군벌이던 모용외(慕容廆)·모용황(慕容皝) 부자와 2대에 걸쳐 주도권을 놓고 각축을 벌인 일을 가리킨다.

31) 건국(建國): 5호 16국 시대에 대국(代國)의 개국 군주인 탁발십익건(拓跋什翼犍, 320~376)이 338~376년까지 39년 동안 사용한 연호. "건국 4년"은 고국원왕 12년이며, 서기로는 342년에 해당한다.

32) 모용원진(慕容元眞): 전연(前燕)의 모용황(慕容皝, 297~348)을 말한다. 서진의 선비족 출신 군벌이던 모용외(慕容廆)의 셋째 아들. 창려[군](昌黎) 극성(棘城) 사람으로, '원진(元眞)'은 자이다. 건무(建武) 연간 초기에 관군장군(冠軍將軍)·좌현왕(左賢王)·망평후(望平侯)로, 태녕(太寧) 말기에는 평북장군(平北將軍)·조선공(朝鮮公)으로 배수되었다. 함화(咸和) 8년(333), 모용외가 죽자 요동군공을 세습하는 한편 평북장군·평주자사에 제수되어 요동지역을 실질적으로 지배하였다. 함화 9년(334)에는 군사를 파견해 선비의 목제(木堤)와 오환(烏丸)의 실라후(悉

그들을 공격하였다. 남쪽 길로 침입하여 목저(木底)에서 전투를 벌여 쇠의 군대를 대파시키고 승승장구, 드디어 환도(丸都)[33]까지 침입하니 쇠가 혼자서 도망쳤다.[34]

○ 建國四年, 慕容元眞率衆伐之, 入自南陝, 戰於木底, 大破釗軍, 乘勝長驅, 遂入丸都, 釗單馬奔竄。

• 020
[그러자] 원진은 쇠의 아버지 묘를 파헤쳐서 시체를 실었다. 아울러 그의

羅侯)를 공격해 죽이고, 함강(咸康) 2년(336)에는 얼음이 언 해로(해변길)를 통하여 정적이던 모용인(慕容仁)을 공격해 죽였다. 함강 3년(337) 10월, 중신이던 봉혁(封弈)의 권유로 '연왕(燕王)'을 자처하고 전연 왕조를 개창하였다. 함강 7년(341), 동진 조정에 의하여 연왕으로 책봉되는 한편 사지절·대장군·도독하북제군사·유주목·대선우(使持節·大將軍·都督河北諸軍事·幽州牧·大單于)에 제수되었으며, 다음 해(342)에 용성(龍城)으로 천도하였다. 모용준이 황제로 즉위하고 나서 황제로 추봉되고 '문명(文明)'이라는 시호와 '태조(太祖)'라는 묘호를 받았다. 인터넷〈국편위주〉에서는 "341년에는 都를 童城으로 옮겼다."라고 소개했는데, 아마 '용'의 일본식 약자인 '竜'을 '동(童)'으로 오독·오기한 것으로 보인다. 국내외 학계에서는 '용성'을 지금의 요령성 조양시 일대로 비정하고 있다. 그러나 ① 모용씨의 발상지와 근거지가 하북의 동북방에 집중되어 있고, ② 모용외와 모용황이 평주자사·조선군공·연왕 등의 작호를 받은 사실, ③ 모용씨와 관련된 평주·유평주·조선·창려[군]·연 등의 지역명들이 지금의 하북성 동북부와 정확하게 겹쳐진다는 점 등을 고려할 때 그 좌표는 하북지역에서 구하는 것이 옳다고 본다.

33) 환도(丸都): 고구려 초기의 도읍. 김부식《삼국사기》에 따르면, 산상왕(山上王) 2년 (198)에 축조했고 209년에 이곳으로 도읍을 옮겼다고 한다. 동천왕(東川王) 19년 (245) 관구검의 침공으로 파괴되었으며 고국원왕(故國原王) 12년(342) 전연(前燕)의 침공에 대비하여 성을 보수하고 국내성에서 환도성으로 왕성을 옮겼다. 곽석량《한자고음수책》에 소개된 고대음에 따르면, '알 환(丸)'은 '갑과 원의 반절[匣元切, ɣuan]', '도읍 도(都)'는 '단과 어의 반절[端魚切, tɑ]'이므로 '환따' 식으로 읽혀졌을 것이다.

34) 건국 4년에[建國四年]:《위서》와《삼국사기》에서는 모용황이 고구려를 침공한 시점을 '건국 4년', 즉 서기 342년으로 소개하였다. 그러나《양서》에서는 서기 344년으로 소개하고 있어서 서로 2년의 편차가 발생한다.

어머니와 부인 그리고 진귀한 보화와 남녀 오만 명 넘게 약탈하고, 그의 궁실을 불살라 환도성을 파괴한 뒤 귀환하였다.

그 뒤로 쇠가 사신을 보내어 조공하였으나, 원수들에게 길이 막혀[35] 혼자 힘으로는 도착하지 못하였다. 쇠는 나중에 백제군에게 살해되었다.[36]

○ 元眞掘釗父墓, 載其屍, 幷掠其母妻·珍寶·男女五萬餘口, 焚其宮室, 毁丸都城而還。自後釗遣使來朝, 阻隔寇讎, 不能自達。釗後爲百濟所殺。

• 021

막래는 자손이 [왕통을 대대로] 계승하여 후손인 궁(宮)[37]에게까지 이르렀

---

35) 원수들에게 길이 막혀[阻隔寇讎]: 여기에서 '원수들[寇讎]'은 북위 왕조가 당시 서로는 북위, 동으로는 고구려와 국경을 맞대고 적대적인 관계에 있던 모용씨(慕容氏)의 전연(前燕)을 낮추어 부른 호칭이다. "원수들에게 길이 막혀"란 중원 왕조(북위)와 고구려 사이의 영역을 모용씨가 장악하고 있어서 고구려가 육로는 물론 수로로도 북위에 접근할 수가 없었다는 의미로 해석된다. 〈동북아판2〉(제072쪽 주42)에서는 "해당 기록의 원수는 … 다른 사서에서 찾기 어렵다."라고 전제하고 "《三國史記》에 따르면 고구려가 모용황의 귀환 이후 고국원왕 13년·19년·25년에 전연에 사신을 보냈지만 사신의 파견이 가로막혔다는 기록이 없다."라고 하여 '도적들'을 모용씨의 전연으로 보았다. 그러나 그것은 《위서》의 성격과 전후 맥락을 제대로 살피지 못한 데서 비롯된 착오이다. ① 이 대목을 소개한 사서가 북위의 입장에서 편찬된 북위의 역사책이며, ② 당시 북위와 전연은 서로 수시로 공방을 주고받는 적대적인 관계에 있었다는 점, ③ 따라서 여기서의 '도적들'이라는 적대적인 표현 역시 전연과 고구려의 외교관계와는 상관없이 북위의 관점이 투영된 것임에 유념할 필요가 있다. 참고로, 이 당시 북위는 중원으로 남하하기 이전으로 도읍이 평성(平城), 즉 지금의 산서성 대동시(大同市)에 있었다.

36) 쇠는 나중에 백제군에게 살해되었다[釗後爲百濟所殺]: 《삼국사기》의 〈고구려본기〉와 〈백제본기〉의 기사에 따르면 고국원왕이 백제의 근초고왕(近肖古王)에게 살해된 일을 말한다.

37) 궁(宮): 고구려 제6대 국왕 태조왕(太祖王)의 이름이다. 《삼국사기》〈고구려본기〉

다. [궁은] 나면서부터 눈을 뜨고 [사람을] 볼 줄 알자 [그] 나랏사람들이 그를 싫어하였다. 장성하고 나서는 흉악하고 잔인하여 나라가 무참하게 파괴당하고 말았다.

궁의 증손 위궁(位宮)[38])도 [궁과] 마찬가지로 나면서부터 눈을 뜨고 [사람을 알아]보매, [나랏]사람들은 '그가 증조부 궁을 닮았다'고 여겨 이름을 '위궁'으로 지어 주었다.

고구려에서는 서로 닮은 것을 '위'라고 하였다.[39]) 위궁 역시 [궁과 마찬가

"태조대왕"조에 따르면, "'국조왕'이라고도 불렀으며, 이름은 궁, 어릴 때 이름은 어수로, 유리왕의 아들로 고추가이던 재사의 아들이다.(或云國祖王, 諱宮, 小名於漱, 琉璃王子古鄒加再思之子也.)" '집 궁(宮)'은 정성수《고금음대조수책》의 고대음에 따르면 '거와 융의 반절[居戎切, kiuŋ]'이므로 '귱'에 가깝게 읽혀지는 셈이다. 또, '추모=주몽'의 대응관계에서 볼 수 있듯이, '궁'이나 '귱'의 실제의 고구려식 발음은 종성(ㅇ)이 약화/탈락되면서 '구' 또는 '규'에 가깝게 읽혀졌을 개연성도 고려할 필요가 있다.

38) 위궁(位宮): 고구려 제11대 국왕 동천왕(東川王)의 이름이다.《삼국사기》"동천왕"조에서는 "이름은 우위거이며 어릴 때 이름은 교치였다.(諱憂位居, 小名郊彘)"라고 소개하였다. 만약《삼국사기》의 소개가 정확한 사실에 근거한 것이라면, '주몽'이 추모의 북위식 표기인 것처럼, 위궁 역시 '위거'를 북위식으로 표기했을 가능성도 배제할 수 없다. 정성수《고금음대조수책》에 따르면, '자리 위(位)'는 '우와 괴의 반절[于愧切, ui]'이므로 '위' 정도로 재구된다. 그렇다면 '위궁'의 고대음은 '위궁' 또는 '궁'의 종성이 약화/탈락된 채 '위구'나 '위규' 정도로 읽혀졌을 것이다.

39) 이름을 '위궁'으로 지어 주었다[名爲位宮]: 이 대목에서는 고구려인들이 궁의 증손이 '궁을 닮았다'는 의미에서 붙여 준 이름을 '위궁'으로 소개하고 있다. 그러나《삼국지》로부터 비롯된 이 설명은 사관의 착각이거나 임의로 지어내었을 가능성이 높다. ① '위궁'이 '궁을 닮았다'는 뜻이라면 어순이 〈동사＋목적어〉인 셈이다. 그런데 ② 고구려어는 백제어·신라어 등과 마찬가지로 〈주어＋목적어＋동사〉식의 어순으로 배열되는 전형적인 SOV형 언어에 속한다. 따라서 ③ SOV형 언어 사용자인 고구려인들이 '궁을 닮았다'는 의미를 가진 이름을 짓자면 '궁위(OV)'가 되어야 정상이다. 그런데 어순이 정반대인 '위궁(VO)'으로 지었다는 것은 SVO형 언어에 속하는 중국어 사용자 즉 중국인이 임의대로 붙인 이름으로 이해할 수밖에 없는 것이다. 따라서 ④ '위궁' 자체는 본질적으로 고구려어의 중국식 번안(飜案)이며, 순수한 고구려어로 보기 어렵다.

[지로] 용감하고 기운이 세며, 말과 활을 잘 다루었다.

○ 莫來子孫相傳, 至裔孫宮, 生而開目能視, 國人惡之. 及長凶虐, 國以殘破. 宮曾孫位宮亦生而視, 人以其似曾祖宮, 故名爲位宮, 高句麗呼相似爲'位'. 位宮亦有勇力, 便弓馬.

• 022

[당시 모용원진은] 남협(南陜)⁴⁰⁾ 방면으로 들어가 목저(木底)⁴¹⁾에서 싸움을 벌였다. [그리고] 쇠의 군대를 크게 무찌르더니 승세를 타고 멀리까지 쫓아가 급기야 환도[산?]까지 진입하니 쇠가 [수레도 타지 못하고] 말 한 마리만 탄 채 도망쳐 버렸다. [그러자 모용]원진은 쇠의 부왕의 무덤을 파헤쳐 그 시체를 싣고, 그의 모친과 부인, 그리고 진귀한 보물과 오만이 넘는 남자 여자를 약탈하는 한편, 그 나라 궁실에 불을 질러 환도성을 파괴하고 [본국으로] 귀환하였다.

그 뒤로 쇠가 사신을 파견해 [중원으로] 와서 입조하고자 했으나, 원수들에게 가로막혀⁴²⁾ 자력으로는 [우리 나라까지] 도달할 수가 없었다. 쇠는 나중에 백제[군]에게 죽음을 당하였다.

---

40) 남협(南陜): 고구려의 성 이름. 〈국편위판〉에서는 '남협'을 "남쪽 길"로 번역했으나 여기서는 글자 그대로 고유명사로 보아 "남협 방면으로"로 번역하였다. 곽석량의 고대음에 따르면, '남녘 남(南)'은 '니와 침의 반절[泥侵切, nəm]', '땅이름 협(陜)'은 '서와 담의 반절[書談切, ɕíam]'이어서 각각 '넘'과 '샴' 정도로 읽혀진다. '남협'의 고대음은 '넘샴' 식으로 읽혀졌다는 뜻이다.

41) 목저(木低): 고구려의 성 이름. 곽석량에 따르면, '나무 목(木)'은 '명과 옥의 반절[明屋切, mok]', '밑 저(底)'는 '단과 지의 반절[端脂切, diei]'이어서 각각 '목'과 '데ㅣ' 정도로 읽혀진다. '목저'의 고대음은 '목데ㅣ' 식으로 읽혀졌다는 뜻이다.

42) 원수들에게 가로막혀[阻隔寇讎]: 여기서의 "원수들"이란 북위 왕조가 당시 적대적인 관계에 있던 모용씨(慕容氏)의 전연(前燕)을 낮추어 부른 호칭이다. 자세한 것은 앞의 주석을 참조하기 바란다.

○ 入自南陝, 戰於木底, 大破釗軍, 乘勝長驅, 遂入丸都, 釗單馬奔竄。元眞掘釗父墓, 載其屍, 幷掠其母妻·珍寶·男女五萬餘口, 焚其宮室, 毁丸都城而還。自後釗遣使來朝, 阻隔寇讎, 不能自達。釗後爲百濟所殺。

• 023

세조(世祖)⁴³⁾ 때에 쇠의 증손 [고]련(璉)이 [비로소 다시?] 처음으로 사자 안동(安東)을 파견하여 표를 올리고 특산물들을 마치는 한편 국휘(國諱)⁴⁴⁾를 [알려 줄 것을] 요청하였다.

---

43) 세조(世祖): 북위의 제3대 황제인 태무제(太武帝) 탁발도(拓跋燾, 408~452)의 묘호. 선비족 출신으로, 명원제(明元帝) 탁발사(拓跋嗣)의 장자이며 '불리(佛狸)'라는 이름으로 불리기도 하였다. 즉위하자마자 최호(崔浩) 등의 사대부를 기용하여 대대적인 개혁을 단행하였다. 군사적으로는 기병부대를 강화하여 유연(柔然)을 격파하고 하국(夏國)·북연(北燕)·북량(北凉)을 차례로 멸망시키는가 하면 유송의 호뢰(虎牢)·활대(滑臺) 등 하남지역을 장악함으로써 중국의 북방을 통일하였다. 태평진군(太平眞君) 11년(450)에 대군을 일으켜 강남의 유송을 공격하여 양회(兩淮)를 점령하고 곧장 과보(瓜步)까지 진격하여 유송을 압박하였다. 정복한 화북지역에 대해서는 현지의 실정에 맞게 다스리는 방법을 채택하여 화북지역이 안정과 평화를 되찾게 해 주었다. 그러나 정평(正平) 2년(452) 3월, 환관 종애(宗愛)에게 살해되었다.

44) 국휘(國諱): 고대 중국에서는 통치자가 공권력을 동원하여 신민(臣民)들이 황제의 7대 이내의 황제들의 이름[諱]을 직접 언급하는 것을 금지했는데 이를 황제들의 이름을 피한다는 뜻에서 '피휘(避諱)'라고 불렀다. 물론, 이 같은 원칙은 황제 본인도 예외 없이 지켜야 하였다. '국휘'란 황제 본인 및 그 부황·조황 3대의 이름자를 가리키는데 때로는 군휘(君諱)·공휘(公諱) 등으로 부르기도 하였다. 나중에는 피휘의 범위가 확대되어 황제의 이름자는 물론이고 황후와 그 3대의 이름자, 전대의 연호, 황제와 황후의 시호, 황제의 능호 이름, 황제의 성씨나 생년 띠[生肖]까지 언급을 금지시켰다. 이 같은 원칙은 외교무대에서도 그대로 적용되어 상대 국가의 '국휘'를 쌍방이 존중하는 것이 보통이었다. '피휘'는 처음에는 같은 발음이나 의미를 가진 다른 글자로 대체하거나 국휘 글자의 획을 줄이는 식으로 시행되었다. 그러나 그 제도가 보편화되면서 일상생활에 적잖은 불편들이 발생하자 ① 가급적 외

○ 世祖時, 釧曾孫璉始遣使者安東奉表貢方物, 并請國諱。世祖嘉其誠款, 詔下帝系名諱於其國。

• 024

[그러자] 세조는 그의 정성을 갸륵하게 여겨 조서를 내리고 그 나라에 황실의 이름자45)를 내렸다. [아울러] 원외산기시랑46) 이오(李敖)를 파견하여 [괴]장(璋)을 도독요해제군사47)·정동장군·영호동이중랑장48)·요

자로 이름을 짓거나, ② 거의 쓰지 않는 글자를 쓰거나, ③ 당나라 무측천(武則天)의 이름자인 '조(曌)'처럼 새로운 글자를 만들어 쓰기도 하였다.

45) 황실의 이름자를 내렸다[下帝系名諱]: '제계(帝系)'란 글자의 의미대로 풀면 황제의 부계(父系) 종실(宗室)을 가리키는 것으로 해석된다. 여기서는 북위 황실의 황제·부황·조황 3대의 이름자를 가리키는 것으로 보인다. 자세한 설명은 앞의 '국휘(國諱)' 주석을 참조하기 바란다. 〈동북아판2〉(제072쪽)에서는 '제계명휘(帝系名諱)'를 "제왕 계보와 이름"으로 번역했으나 "제왕 계보 속의 이름자", 즉 '국휘'의 다른 표현으로 이해하는 것이 합리적이다.

46) 원외 산기시랑(員外散騎侍郎): 북위의 관직명. 진대에 무제(武帝)에 이르러 처음 설치되었으며, 남조는 물론 북조의 전진·북위·북제에서도 인습되었다. 북위 왕조에서는 산기성(散騎省)에 소속되어 있었으며, 주로 귀족이나 공신의 자제들로 충원되었다.

47) 도독요해제군사(都督遼海諸軍事): 북위의 관직명. 여기서 '요해(遼海)'는 요동의 바다, 즉 발해 동쪽에서 요동만(遼東灣)에 이르는 범위의 바다를 가리키는 말로, 나아가 그 바다와 맞닿은 지역까지 두루 일컫는 말로 해석도 가능하다. 고구려 국왕이 이 관직을 북위 황제로부터 제수받았다는 것은 곧 요동의 바다에 대한 고구려의 제해권(制海權), 나아가 그 지역에 대한 지배권을 인정받았음을 의미한다. 이 문제와 관련하여 ① 중국의 검색 사이트 빠이뚜에서는 "지역명. 요하 유역 이동으로부터 바다까지에 이르는 지역을 두루 가리킨다.(地區名. 泛指遼河流域以東至海地區.)"라고 소개하였다. 요동반도 북쪽의 바다만 가리키는 것으로 본 셈이다. 그러나 여기서는 '요동 또는 요수 동쪽의 바다'라는 뜻으로 이해하여, 발해 동북쪽으로부터 요동반도 서안까지의 바다를 가리키는 것으로 이해해야 옳다. 요하는 무관하다는 뜻이다. ② 인터넷〈국편위주〉033에서는 "遼는 遼河, 그리고 海는 渤海의 略稱"으로 해석하였다. '그러나 정말 그런 의미로 사용되었다면 애초부터 '요·해'가 아니라 '요·발(遼渤)'로 표시했을 것이다. ③ 일부 학자는 '서수(西垂)'·'연해

동군 개국공[49]·고구려왕에 배수하였다.

○ 世祖嘉其誠款, 詔下帝系名諱於其國, 遣員外散騎侍郞李敖拜璉爲都督遼海諸軍事·征東將軍·領護東夷中郞將·遼東郡開國公·高句麗王.

(緣海)' 등을 근거로 '요해'를 "막연한 범위를 가리키는" 일반명사로 추정하였다. 그러나 중국의 역대 정사에서 "도독□□제군사" 식의 관직명들에서 '□□' 부분에는 황제가 군사적 통제권을 허용한 행정지역을 구체적으로 한정한 고유명사만 올 수가 있다. ④ '요해'가 요하나 그 이동지역과는 별개의 지리개념이라는 사실은 "병영과 보루를 성대하게 조성하고 망루와 전망대를 몇십 군데에나 세워서(웠는데?) 역하를 마주보고 요해를 오갔다.(盛修營壘, 樓觀數十, 臨易河, 通遼海.)"라고 한 《후한서》공손찬전(公孫瓚傳)이나 "요해를 개척할 즈음에 이르러 화룡에 군사거점을 설치하였다.(及開遼海, 置戍和龍.)"라고 한 《위서》고막해전(庫莫奚傳)의 기사만 보아도 확인할 수 있다. '요해'가 요하유역 이동에서 남쪽까지의 바다만 가리킨다면 당장 '화룡'의 좌표에서부터 혼란이 발생한다. 조양시는 요녕성 서북쪽(요서) 즉 요하 이서의 북쪽 깊숙한 곳에 자리 잡고 있기 때문이다. 요하 이동에 있는 바다라는 '요해'의 개척을 언급할 이유가 없는 것이다.

48) 영호동이중랑장(領護東夷中郞將): 북위의 관직명. 인터넷〈국편위주〉034에 따르면, 북위에서는 사방의 이민족들을 제어하는 장군에게 내리는 관직들 중에서 '제3품 중(第三品中)'에 해당하는 것들로는 호흉노(護匈奴)·호강(護羌)·호융(護戎)·호이(護夷)·호만월(護蠻越) 등의 중랑장이, '제3품 하(第三品下)'에 해당하는 것들로는 호강(護羌)·호융(護戎)·호이(護夷)·호만(護蠻)·호월(護越) 등의 교위(校尉)를 각각 두었는데, 나중에는 품계를 모두 '종 제3품(從第三品)'으로 통합했다고 한다. … 여기서 '영(領)-'은 중국 고대의 관직제도의 일종으로, 고위 관직자 또는 특정한 직함을 가진 관원이 황제의 명령에 따라 잠시 다른 관직 또는 직함을 겸임하거나 해당 직무를 대리하는 경우를 말한다. 위·진·남북조시대에는 대부분 '잠시 관여한다'는 취지에서 언제나 품계가 낮은 관리가 그보다 높은 직함을 달거나 관직을 하지 않은 자가 특정한 보직을 맡곤 하였다. 당·오대에 이르러서는 황제인 친왕(親王)이나 재상(宰相)이 경조윤(京兆尹)·하남목(河南牧)·대도독(大都督)·대도호(大都護)·절도사(節度使) 등의 요직을 맡는 경우에 직함 앞에 '영-' 또는 '영영(遙領)-'을 붙였다. 송대에는 품계가 높은 관원이 비교적 낮은 직무를 겸임하는 경우에 '영-'을 붙였다고 한다.

49) 개국공(開國公): 북위의 작호. 서진으로부터 수·당대까지 사용된 '개국군공(開國

북위가 중원으로 진출하기 전인 평성 시기에 조성된 운강석굴

• 025

[나중에 이]오가 그들이 사는 평양성까지 가서 그 나라의 여러 곳을 방문하고 나서 [황제에게] 이렇게 고하였다.

"[고구려는] 요동[군] 남쪽으로 천 리 넘게 떨어져 있습니다. 동으로는 책성(柵城)50)까지, 남으로는 작은 바다까지51), 북으로는 예전의 부여까

郡公)·개국현공(開國縣公)'을 줄여 부른 이름으로, 여기서는 앞에 "요동군"이 붙은 것을 보면 개국'군'공을 가리키는 셈이다. 처음에는 조정에서 작호를 받는 공작들 중에서 독자적인 국명·관리·식읍(영지)를 가지는 경우만 해당되었으나 나중에는 작호만 주어졌다. 식읍은 통상적으로 군(郡)을 내렸기 때문에 여기서처럼 보통은 '-개국군공' 앞에 식읍으로 받는 군의 이름을 덧붙이곤 하였다. 북위에서는 태화 23년(499)에 품계를 1품(一品)으로 정했으며 식읍은 1/3을 보장받았다. 북위 조정에서 "요동군개국공"의 작호를 장수왕에게 부여했다는 것은 요동지역에 대한 이미 그 이전부터 해당 지역을 군사적으로 장악하고 있던 고구려의 실질적인 영유·통치를 북위 왕조가 공식적으로 인정 또는 묵인했다는 뜻으로 이해할 수 있다.

50) 책성(柵城): 고구려의 지명. 곽석량의 《한자고음수책》에 따르면, '울짱 책(柵)'은 '초와 석의 반절[初錫切, tʃ'ek]'이므로 '첵' 식으로 읽혀진다. 그 위치에 관하여 중국 정사인 《신당서》《발해전》에는 "맥의 옛 땅은 동경으로 '용원부'라고 하며 '책성

5세기 광개토–장수왕대 전성기의 고구려 강역 추정도

지 이릅니다.

O 敕至其所居平壤城, 訪其方事, 云: 遼東南一千餘里, 東至柵城, 南至小海, 北至舊夫餘。

부'라고도 하는데, 경주·염주·목주·하주 네 곳을 관할한다. … 용원[부] 동남쪽은 바다를 마주하고 있으며 일본도 방면이다.(貊故地爲東京, 曰龍原府, 亦曰柵城府, 領慶鹽穆賀四州. … 龍原東南瀕海, 日本道也.)" 또, 《요사(遼史)》《지리지》에서는 "본래 책성 땅은 고구려의 용원현으로 경주의 치소였다. 발해가 그 제도를 인습하고 거란 초기에 철폐되었다가 나중에 다시 설치되었다.(本柵城地. 高麗爲龍原縣, 慶州治焉. 勃海因之, 契丹初廢, 後復置.)"라고 소개하기도 하였다. 국내의 경우, 조선의 정약용이 함경도 종성(鍾城)으로 비정한 바 있다. 반면에 중국과 국내 일각에서는 "용원부를 '책성부'라고 부르기도 한다."라는 《신당서》의 기록을 근거로 지금의 길림성 훈춘(琿春) 인근으로 비정하기도 한다. 그러나 훈춘이 책성의 자리인지에 대해서는 아직도 논란의 여지가 많다.

51) 남으로는 작은 바다까지[南至小海]: 인터넷《국편위주》038에서는 여기서의 '작은 바다[小海]'를 《위서》《백제국전》의 "其口北去高句麗千餘里 處小海之南" 대목을 근거로 "대체로 京畿灣을 지칭하는 것"으로 추정하였다. "작은 바다"를 경기만 또는

•026

민호(民戶)는 [그 수개] 이전의 위나라[52] 때보다 세 갑절이나 됩니다.[53] 그 [나래] 땅은 동서로는 이천 리이고 남북으로는 천 리가 넘습니다."

○ 民戶參倍於前魏時。其地東西二千里，南北一千餘里。

아산만 앞바다로 보는 기존의 주장들은 고구려 장수왕 시기의 평양성을 지금의 평양시로 본 데 따른 결과물이다. 그러나 그렇게 보게 되면 전체적인 좌표가 헝클어지고 만다. ① 이오는 "동으로는 책성에 이른다."라고 증언했는데 지금의 평양시에서 동쪽은 대체로 함경도 원산시(元山市) 일대에 해당하기 때문이다. ② 문제는 책성의 경우 국내외 학계에서 그 위치를 훈춘시 인근으로 비정하는 것이 통설이라는 데에 있다. ③ 훈춘시는 평양시에서 북동쪽에 있으므로 이오의 증언과는 어긋난다. 게다가 ④ 학계에서 '요동'으로 보는 요동반도로부터 평양까지의 거리가 넉넉하게 쳐도 350km밖에 되지 않는 것도 문제가 된다. 그렇다면 ⑤ "작은 바다"는 경기만·아산만보다 북쪽인 요동반도 동쪽과 평안남북도 사이의 바다로 보는 것이 훨씬 합리적이다. 평양성 역시 그 위쪽에서 찾아야 한다는 것은 두말할 필요도 없다.

52) 이전의 위나라[前魏]: 조조의 아들 조비(曹丕)가 세운 삼국시대의 위나라를 말한다. 《위서》의 편찬자가 선비족인 탁발씨가 세운 남북조시대의 위나라와 구분하기 위하여 전자를 '전위(前魏)'라고 일컬은 것이다. 탁발씨의 위나라는 남조의 유송(劉宋)과 대비시켜 '북위(北魏)'로 일컫는 것이 보통이다.

53) 이전의 위나라 때보다 세 갑절이나 됩니다[參倍於前魏時]: 인터넷〈국편위주〉039에서는 《삼국지》"고구려전"에 소개된 "삼만 호[三萬戶]"를 근거로 그 3배인 9만 호로 보았다. 중국 정사 기록들에서 1호는 대체로 5~6명에 해당한다. 그렇다면 장수왕 당시 고구려의 민호가 대체로 45만~54만 명 정도였다는 소리가 되는데 정확한 수치인지는 알 수가 없다. 이와 관련하여 참고해야 할 것이 《삼국사기》〈최치원전(崔致遠傳)〉의 기록이다. 그 기록에 따르면 최치원(857~908?)은 "고구려와 백제의 전성기에는 강병이 100만으로, 남쪽으로 오와 월을 침공하고 북으로는 유·연·제·로 땅을 어지럽혀 중국의 크나큰 해악이 되었습니다.(高麗百濟全盛之時, 强兵百萬. 南侵吳越, 北撓幽燕齊魯, 爲中國巨蠹.)"라고 말하고 있기 때문이다. 당나라에서 벼슬을 살던 최치원이 신라로 귀국한 때가 885년이므로, 이 글을 바친 시점은 그 이전이었을 것이다. 이것은 당나라 조정에 바친 글이므로 최치원이 숫자를 부풀리거나 사실을 왜곡했을 리가 없다. 고구려의 전성기라면 의심할 것도 없이 광개토대왕(391~412 재위)·장수왕(413~491 재위)이 재위하던 5세기이므로 이 《위서》〈고구려전〉에 기술된 고구려의 상황과 거의 부합된다. 만약 최치원의 진술이 사실에 입각한 것이라면 5세기 고구려의 인구는 최소한 300만 이상이었을 것이다.

• 027

백성들은 모두 현지에 정착해서 생활하는데, 산골짜기를 따라 살며, 삼베·비단 및 [짐승] 가죽을 옷으로 [지어] 입는다. 토질은 척박해서 누에를 치고 농사를 짓기는 하지만 자급하기에는 부족하기 때문에 그 나라 사람들은 마시고 먹는 것을 절약한다.

○ 民皆土著, 隨山谷而居, 衣布帛及皮。土田薄塉, 蠶農不足以自供, 故其人節飮食。

• 028

그 나라는 풍속이 분방하며, 노래 부르고 춤추는 것을 좋아한다. 밤이 되면 남자와 여자가 무리를 지어 모여서 노는데, [거기에] 귀천에 따른 법도[의 구별]는 없다. 그러나 깔끔한 것을 좋아하며, 그 나라 왕은 궁전을 조성하기를 좋아한다.[54]

○ 其俗淫, 好歌舞, 夜則男女羣聚而戱, 無貴賤之節, 然潔淨自喜。其王好治宮室。

---

54) 그 나라 왕은 궁전을 조성하기를 좋아한다[其王好治宮室]: 이 구절은 "그들의 습속에서 먹는 것은 아끼지만 궁전을 조성하는 것은 좋아한다(其俗節食, 好治宮室)"고 한 《삼국지》"고구려전"의 기사를 고쳐 옮긴 것이다. 따라서 5~6세기의 고구려와는 상황에 다소 편차가 있음에 유념할 필요가 있다.

• 029

그 나라의 관직 이름으로는55) 알사(謁奢)56)·태사(太奢)57)·대형(大兄)58)·소형(小兄)59) 등의 호칭들이 있다.

○ 其官名有謁奢·太奢·大兄·小兄之號.

• 030

[그들은] 머리에 절풍(折風)을 쓰는데, 그 모양이 변(弁)을 닮았으며, [모자] 옆에는 새 깃을 꽂는데 [신분이] 존귀하고 미천하고에 따라 [개수에?] 차

---

55) 그 나라의 관직 이름으로는[其官名]: 이 대목에 소개된 관직명들은 인터넷〈국편위주〉045의 표에서 볼 수 있듯이, 이 뒤에 편찬되는《주서》·《수서》·《한원》·《신당서》등의 사서들에 소개된 것들과 대체로 일치한다. 다만, 이 관직명들은《삼국지》·《후한서》등 초기 정사들에 소개된 것들과는 명칭이 판이하게 다르다는 사실에 주의할 필요가 있다.

56) 알사(謁奢):《한원》에서는〈고려기(高麗記)〉를 인용하여 "그 다음의 대부사자는 정3품에 해당하는 것으로, 명칭을 '알사'라고 하기도 한다.(次大夫使者, 比正三品, 亦名謂謁奢)"라고 소개하였다. 인터넷〈국편위주〉041에서는 이와 관련하여 "大夫使者는 他書에 나오는 예로 볼 때 太大使者에 해당되는 것"으로 추정하였다. 그러나 여기서의 '대부사자'는 '태대사자'의 단순 오기일 가능성이 높다.

57) 태사(太奢):《한원》에서는〈고려기〉를 인용하여 "다음의 대사자라는 것은 정4품에 해당하는 것으로, '대사'라고 부르기도 한다.(次大使者, 比正四品, 一名大奢)"라고 소개하였다.

58) 대형(大兄):《한원》에서는〈고려기〉를 인용하여 "다음의 대형가는 정5품에 해당하는 것으로, '힐지'라고 부르기도 한다.(次大兄加, 比正五品, 一名纈支)"라고 소개하였다. 참고로, 곽석량《한자고음수책》에 따르면, '무늬비단 힐(纈)'은 '갑과 질의 반절[匣質切, γiet]', '가를 지(支)'는 '장과 지의 반절[章支切, tɕe]'이어서 '헷뗴', 또는 종성이 약화/탈락되면서 '헤뗴' 정도로 읽혀졌을 것이다.

59) 소형(小兄):《한원》에서는〈고려기〉를 인용하여 "다음의 소형은 정7품에 해당하는 것으로, '실지'라고 부르기도 한다.(次小兄, 比正七品, 一名失支)"라고 소개하였다. 곽석량《한자고음수책》에 따르면, '잃을 실(失)'은 '서와 질의 반절[書質切, ɕiet]', '가를 지(支)'는 '장과 지의 반절[章支切, tɕe]'이어서 '셋뗴', 종성 'ㅅ'이 약화/탈락되면서 '세뗴' 정도로 읽혀졌을 것이다.

절풍의 예시

이가 있다.

○ 頭著折風, 其形如弁, 旁揷鳥羽, 貴賤有差。

• 031

서 있을 때에는 뒷짐을 지고[60], 무릎을 꿇고 절을 할 때에는 다리 하나를 편다. 다닐 때에는 [걸음걸이가] 달리는 것 같다. 늘 시월이면 하늘에 제사를 드리는 일 때문에 [온] 나라에서 큰 모임을 개최한다. 그들은 공식적인 모임을 가질 때 옷차림은 어김없이 비단옷에 수를 놓거나 금이

---

60) 서 있을 때에는 뒷짐을 지고[立則反拱]: 인터넷《국편위판》에서는 이 구절을 "일어서면 反拱을 하였고"라고 번역하고 '반공(反拱)'에 대한 설명은 하지 않았다.《고문회찬》에 따르면 "'공'은 손을 모으는 것이다(拱, 歛手也)". 즉, 공손하게 두 손을 모으고 예의를 차리는 것을 가리키는 말인 것이다. 그런데 '반공'을 글자대로 풀이하면 반대로 손을 모으는 셈이 된다. 그렇다면 뒷짐을 진 것으로 이해하는 것이 옳다.

나 은으로 꾸미곤 하였다.[61]

○ 立則反拱, 跪拜曳一脚, 行步如走。常以十月祭天, 國中大會。其公會, 衣服皆錦繡, 金銀以爲飾。

• 032

쪼그리고 앉기를 좋아한다.[62] [무엇을] 먹을 때는 조(俎)와 궤(几)[63]를

---

61) 옆에는 새 깃을 꽂는데[旁揷鳥羽]: 절풍(折風)에 관한 소개는 《삼국지》·《후한서》에도 보이나 이 내용은 여기에 처음 등장한다. 아마 이 기사는 북위를 찾은 고구려 사신들의 복장을 근거로 작성되었을 것이다.
62) 쪼그리고 앉기를 좋아한다[好蹲踞]: '준거(蹲踞)'는 기마 자세나 배변 자세처럼 두 다리를 세우고 엉덩이를 띄운 채 '쪼그려 앉는 것(squat)'을 가리킨다. 지금은 그렇지 않지만 북방의 영향을 덜 받은 한·진·남조만 해도 중국에서는, 지금의 우리나라나 일본처럼, 두 무릎을 꿇고 앉는 것을 예의바른 자세로 여겼다. 반면에 다리를 뻗고 앉거나 쪼그려 앉는 것은 대단히 무례한 자세로 간주하였다. 전국시대 사상가 맹자(孟子)가 자기 아내가 쪼그려 앉았다는 이유 때문에 이혼하려 했다는 이야기는 유명하다. 《회남자(淮南子)》〈설산훈(說山訓)〉에서 "무례한 짓을 예의바르다고 여기는 경우를 예로 들면 벌거벗고 뛰어서 미친 사람을 쫓아간다거나 … 쪼그리고 앉아 경전을 외우는 경우 등이다.(以悲禮爲禮, 譬猶倮走而追狂人, … 蹲踞而誦詩書)"라고 한 것도 그 예이다. 아무래도 쪼그려 앉는 것이 배변하는 자세와 비슷하기도 하고 치부를 드러내는 경향도 있어서 앞에서 보든 뒤에서 보든 상당히 불미스럽다고 여겼기 때문일 것이다. 물론, 이 같은 선입견은 바지로 일차적으로 하반신을 덮는 북방계(동이)의 투피스 문화와는 달리 하나의 긴 두루마기로 하반신을 가리기만 하는 중원의 원피스 문화 사이의 문화적 차이에서 기인한 것이다. 중국에서도 이민족들과 똑같이 쪼그려 앉기 시작한 것은 북방민족의 영향을 심대하게 받은 북조·수·당 무렵부터이다. 〈동북아판2〉(제075쪽)에서는 '준거(蹲踞)'를 "걸터앉다(perch)"라고 번역했는데 쪼그려 앉는 것과는 전혀 다른 자세이므로 명백한 오역이다. (〈동북아판4〉(제047쪽)에는 "쪼그려 앉기를 좋아하여" 식으로 소개되어 있다.) 〈동북아판2〉에서는 또 '준거'와 관련하여 이노우에 히데오(井上秀雄: 1974)가 무릎을 꿇고 두 손을 땅에 댄 자세의 하니와(埴輪) 토용을 근거로 '준거'를 "양 무릎을 꿇고 허리를 낮추는 것"으로 해석했다고 소개하였다. 이노우에가 정말 그렇게 주장했는지 확인할 수는 없지만 정말 그렇게 보았다면 그 해석은 잘못된 것이다.

당나라 화가 장훤(張萱) 《도련도(搗練圖)》의 쪼그려 앉은 당나라 미인. 이민족이 본격적으로 중원으로 진출한 5호 16국 시대 이전에는 쪼그려 앉는 것은 대단히 불경스러운 자세였다.

사용한다. ^[키개] 석 자 정도인 말이 나며, '본래 주몽이 탄 말^[과 같은 종류]'이라고 하는데, ^[고] 말 종류가 바로 과하(果下)^{[마]64)}이다."⁶⁵⁾

○ 好蹲踞。食用俎几。出三尺馬，云本朱蒙所乘，馬種即果下也。

---

63) 조(俎)와 궤(几): 중국 고대에 제물이나 음식을 올려놓던 집기의 일종. '조'는 제물로 바친 소·양 등의 고기를 올려놓는 그릇으로 사용되었으며, '궤'는 바닥에 앉아서 음식을 먹거나 작업을 할 때 사용하던 탁자(桌子)의 일종으로, 의자에 앉을 때 놓는 일반 탁자보다 높이가 낮았다.

64) 과하(果下)[마]: 고구려의 특산물인 과하마(果下馬)를 가리킨다. 몽골말처럼 체구가 작은 말을 가리키는 것으로 보이지만 구체적으로 어떤 종류의 말인지는 알 수가 없다. 《삼국지》에 주석을 붙인 배송지(裴松之)는 과하마의 키가 3자라고 소개하였다. 배송지가 활동한 동진 말기로부터 유송대까지는 1자가 대략 25.8cm 정도였으니 3자라면 대략 77.4cm 정도인 셈이다. 말의 키는 일반적으로 땅 바닥에서 말의 어깨까지를 재어서 계산하는데, 체구가 작은 종류에 속하는 몽골말의 경우만 하더라도 키가 1m를 넘는 120~140cm가 보편적이다. 위키백과에 따르면 몽골말에 속하는 제주마의 경우 "암컷이 117cm, 수컷이 115cm" 정도라고 하니 배송지

• 033

나중에는 공물을 바치는 사신들이 찾아왔는데 해마다 황금 이백 근
66) · 백은 사백 근을 바쳤다.

○ 後貢使相尋, 歲致黃金二百斤, 白銀四百斤。

• 034

당시67) 풍문통(馮文通)68)이 무리를 데리고 그 나라(고구려)로 도망하

가 소개한 '과하마'보다 30cm나 큰 셈이다. 배송지는 사람이 그 말을 타도 과일나무 아래를 지날 수 있다고 제법 구체적으로 소개하였다. 자세한 설명은 문성재, 《정역 중국정사 조선 · 동이전1》, 제305쪽, "과하마" 주석을 참조하기 바란다.

65) 석 자 정도인 말이 나며[出三尺馬]: 인터넷〈국편위주〉047에서는 "三尺馬라든가 朱蒙이 탔다는 내용은 本傳에서 처음 나오는 것"이라고 보았다. 주몽이 탔다는 내용이 이 기사에 처음 등장하는 것은 사실이다. 그러나 말의 높이가 3자라는 사실은 이보다 몇백 년 앞서 배송지가 《삼국지》에 붙인 주석, 그리고 다시 몇백 년 뒤의 이현(李賢)이 《후한서》에서 다시 붙인 주석에 이미 언급된 내용이다. 배송지(372~451)가 4~5세기 사람이고 이현(655~684)이 7세기 중후반 사람이다. 또, 《위서》의 저술과 그 편찬자 위수(魏收, 507~572)는 6세기 사람이다. 그렇다면 '말의 높이가 3자'라는 정보는, 인터넷〈국편위주〉047의 추정과는 달리, 《삼국지》의 배송지가 처음 소개한 것을 《위서》의 위수가 인용하고 이어서 당나라의 이현에 이르러 다시 《후한서》에 소개되었을 가능성이 높다.

66) 근(斤): 중국의 전통적인 도량형(중량) 단위. 지금은 500g으로 통용되고 있으나 고대에는 시대별로 다소 편차가 있었다. 《한서》《율력지(律曆志)》에 따르면 진 · 한 대에는 1근이 258.24g 정도였고 후한 · 위 · 진 · 남북조시대에는 1근이 222.73g 정도였던 반면 수나라 때에는 668.19g, 당대부터 청대까지는 지금과 비슷한 596.82g 정도로 고정되었다고 한다. 고대에는 250g 정도이던 것이 중세에 600g 정도에서 지금의 500g으로 굳어진 셈이다. 따라서 여기서의 "황금 이백 근"은 대략 44.6kg, "백은 사백 근"은 대략 89.2kg 정도일 것이다.

67) 당시[時]: 풍홍이 고구려도 망명한 시점은 북위가 북연에 공세를 취한 태흥(太興) 6년(436)이다. 〈동북아판2〉(제075쪽)의 주74에서는 북위의 태무제 탁발도(拓跋燾)가 이보다 5년 전인 태흥 2년(432)에 북연 정벌에 나서 북연의 영구(營丘) · 성주(成周) · 요동 · 낙랑 · 대방 · 현토의 6개 군을 점령한 일을 소개하였다. 국내 학계에서는 낙랑군이 313년에 멸망한 것으로 알려져 있지만 ① 여기서 보듯이 5세

4~5세기의 북위 북연 고구려 형세도. 이미 4세기 전부터 평안 황해 경기는 고구려의 내륙 후방이었다. 그렇다면 낙랑 대방 현토의 좌표는 어디서 구해야 옳겠는가

였다. [그래서] 세조(世祖)는 산기상시(散騎常侍)이던 봉발(封撥)을 파견하여 [고]련에게 조서를 내리고 '[풍]문통을 보내라'고 명령하였다.

〇 時馮文通率衆奔之。世祖遣散騎常侍封撥詔璉令送文通。

기에도 건재하고 있었음을 확인할 수 있다. 또, ② 북위가 점령한 지역들 중에 요동군은 논외로 치더라도 낙랑·대방·현토 세 군은 한반도에 존재했던 것으로 믿어져 왔지만 역시 이를 통하여 북위와 북연의 경계지역에 자리 잡고 있었음을 확인할 수 있다. ③ 이들 지역의 좌표를 한반도가 아닌 중국 하북 또는 요서에서 찾아야 한다는 증거는 국내외 학계가 정설로 주장하는 4세기 고구려 강역도만 대조해 보아도 금방 확인할 수 있다. ④ 세 군의 자리로 비정되어 온 평안·황해·경기 세 지역은 4세기에 엄연히 고구려의 영토, 그것도 후방에 해당했으므로 북연의 영토도 아니거니와 물리적으로 북위가 공격할 수도 없는 지역이었다.

68) 풍문통(馮文通): 북연(北燕)의 제2대 천왕(天王)인 풍홍(馮弘, ?~438)을 말한다.

• 035

[그런데 고]련은 글을 올리고 '기꺼이 [풍]문통과 함께 명령을 받들겠다'고 하면서도 끝내 [풍문통을] 보내지 않는 것이었다. [그래서] 세조는 성을 내면서 가서 그 나라를 토벌하려 하였다.

[그러자] 악평왕(樂平王) [원]비(丕) 등이 논의 끝에 '나중에 군사를 일으키자'고 하자 세조도 그제서야 [논의를] 중단하였다. [그런데 풍]문통도 [문통대로] 얼마 뒤에 [고]련에게 죽음을 당하였다.

○ 璉上書稱當與文通俱奉王化, 竟不送. 世祖怒, 欲往討之, 樂平王丕等議待後擧, 世祖乃止, 而文通亦尋爲璉所殺.

• 036

나중에 문명태후(文明太后)⁶⁹⁾는 '현조(顯祖)⁷⁰⁾의 육궁(六宮)⁷¹⁾이 제대

풍발의 동생으로, '문통'은 자이다. 430년에 풍발이 죽자 그 아들 풍익(馮翼)을 죽이고 왕위를 찬탈하였다. 그러나 때마침 날로 강성해지던 북위의 압박에 위협을 느껴 유송에 번신(藩臣)을 자처하면서 해마다 공물을 바치고 '연왕'의 봉작을 받았다. 436년에 결국 북위의 공격을 피해 고구려에 몸을 의탁했으나 장수왕에게 살해되었다.

69) 문명태후(文明太后): 북위의 풍태후(馮太后, 441~490)를 말한다. 제5대 황제 문성제(文成帝) 탁발준(拓跋濬, 440~465)의 황후이자 효문제(孝文帝) 원굉(元宏)의 조모이다. 북연 왕실인 장락(長樂) 풍씨 출신인 요서군공(遼西郡公) 풍랑(馮朗)의 딸로, 장락군(長樂郡) 신도현(信都縣, 지금의 하북성 형수시(衡水市) 사람이다. 북연이 멸망한 뒤에 북위 태무제 탁발도(拓跋燾)의 궁중에 노비로 충당되었다가 정평(正平) 2년(452) 문성제의 귀인(貴人)을 거쳐 태안(太安) 2년(456)에 황후로 책봉되었다. 헌문제(獻文帝) 탁발홍(拓跋弘)이 즉위하자 황태후의 자격으로 수렴청정을 하면서 헌문제의 친정을 도왔다. 헌문제 사후에는 손자인 효문제 탁발굉(拓跋宏, 467~499)이 즉위하자 태황태후(太皇太后)가 되어 다시 15년 동안 수렴청정으로 효문제를 도와 대대적인 개혁을 단행하였다. 나중에 중원의 낙양(洛陽)으로 천도한 효문제는 성씨를 '원(元)'으로 바꾸고 용문석굴(龍門石窟)에 고양동(古陽洞)을 조성하여 풍태후의 업적을 기렸다.

북위가 낙양으로 천도한 뒤 문명태후의 업적을 기려 조성한 용문석굴

로 갖추어지지 못했다'고 여겨 조칙으로 [고]련에게 그의 딸을 추천하라고 명령하였다.

○ 後, 文明太后以顯祖六宮未備, 敕璉令薦其女。

---

70) 현조(顯祖): 고대에 조부를 높여 부르던 호칭. 여기서는 북위의 헌문제 탁발홍(454~476)을 가리킨다. 탁발홍은 문성제의 장자로 자는 제두윤(第豆胤)이며, 대군(代郡) 평성(平城, 대동시) 사람이다. 화평(和平) 6년(465)에 황제로 즉위하여 선정을 베풀었으나 풍태후의 장기 섭정에 불만을 품고 황흥 5년(471)에 아들 탁발굉에게 양위하고 자신은 태상황제(太上皇帝)가 되어 불교 수양에 전념하였다. 연흥(延興) 2년(472) 유연이 침범하자 직접 정벌에 나서기도 했지만 승명(承明) 원년(476)에 23세의 나이로 급사하였다. 인터넷〈국편위판〉에는 '도드라질 현(顯)' 이 '달 현(懸)'으로 나와 있는데 오자이다.

71) 육궁(六宮): 원래는 황후의 침궁(寢宮) 또는 황후·비·빈(皇后妃嬪)이 기거하는 곳, 즉 후궁(後宮)을 말하는데, 때로는 황후·비·빈의 대명사로 쓰이기도 한다. 여기서 "현조의 육궁이 제대로 갖추어지지 못하였다."라고 한 것은 헌문제 탁발홍이 불교 수양 때문에 여자를 멀리 한 일을 두고 한 말이다. 당시 고구려와 북위는 줄곧 우호관계를 유지하였고 양국의 정략결혼은 고구려의 입장으로서는 나쁠 것이 없는 일이었다. 그런데도 장수왕이 북위의 제안을 거절한 것은 당시 풍태후가 실권을 장악한 데다가 헌문제는 정사를 멀리 한 채 불교와 도교에만 탐닉하고 있었기 때

고구려의 미인. 고구려 여성 복장에서 주름치마는 자주 관찰된다.(수산리 고분 벽화)

• 037

[그러자 괴]련은 표를 올리고 "딸은 이미 출가했으니 아우의 딸로 조칙을 받들기를 원합니다." 하고 고하니 조정에서 그것을 허락하였다. 이리하여 안락왕(安樂王)72) [원]진(眞)과 상서(尙書)73) 이부(李敷)74) 등을 파견해 국경까지 가서 폐백을 전달하게 하였다.

○ 璉奉表, 云: "女已出嫁, 求以弟女應旨", 朝廷許焉, 乃遣安樂王眞·尙書李敷等至境送幣.

문에 정략결혼의 실익이 없다고 판단해서였을 것이다.

72) 안락왕(安樂王): 문성제의 둘째아들이자 헌문제의 동생인 탁발장락(拓跋長樂, ?~479)을 말한다. 성격이 점잖다 하여 헌문제 황흥 4년(470)에 건창군왕(建昌郡王)에 봉해졌으며, 승명 원년(476)에는 정서대장군(征西大將軍)·정주자사(定州刺史)를 거쳐 안락군왕(安樂郡王)에 봉해졌다. 그러나 호족들을 매질하고 사대부들을 모욕하여 백성들의 원성을 사서 효문제의 명령으로 곤장을 맞는 수모를 당하기도 하였다. 태화 3년(479)에는 내행장(內行長) 을사호(乙肆虎)와 반란을 도모하다가 발각되어 효문제의 명령에 따라 자결하였다. 안락군은 지금의 하북성 승덕현(承德縣) 일대에 해당한다.

73) 상서(尙書): 중국 고대의 관직명. '문서[書]를 관장[尙]하다'라는 이름대로 궁중에서 문서·상소문을 담당한 일종의 서리 또는 비서였다. 전국시대에 처음 설치되었으며 진(秦)나라에서는 소부(少府)에 속하였다. 한대에는 진나라의 제도를 인습하는 토대 위에서 성제(成帝) 때부터 상서를 5명으로 정하고 도서·비망록·상소·조서 등의 문서 업무를 분담하게 했으며, 후한에 이르러 정식으로 황제를 보필해 정무를 처리하는 관원으로 격상되었다. 위·진대 이후로는 국가 규모가 커져 업무가 번잡해지면서 당대에는 이부(吏部)·호부(戶部)·예부(禮部)·병부(兵部)·형부(刑部)·공부(工部)의 '6부(六部)'가 그 직무를 분담하였다.

- 038

[그러나 고]련은 그 측근 신하들이

"[위나라] 조정에서는 과거에 풍씨(馮氏)와 혼인을 했지만[75] 얼마 되지 않아서 그 나라를 멸망시켰습니다. 은나라의 교훈[76]이 멀지 않으니 핑계를 대고 그 요청을 거절함이 옳습니다!"

라고 하는 말에 현혹되었다.

○ 璉惑其左右之說, 云:"朝廷昔與馮氏婚姻, 未幾而滅其國, 殷鑒不遠, 宜以方便辭之."

- 039

[고]련은 결국 글을 올리고 '[조카?]딸이 죽었다'고 경솔하게 거짓말을 하

---

74) 이부(李敷, ?~470): 북위의 대신. 고평 선왕(高平宣王) 이순(李順)의 아들로, 자는 경문(景文)이며, 조군(趙郡) 평극현(平棘縣), 즉 지금의 하북성 조현(趙縣) 사람이다. 태평진군(太平眞君) 2년에 중서성(中書省)에 기용되어 태자의 시중을 들었으며 비서중산(秘書中散)·전군장군(前軍將軍)·산기상시(散騎常侍)·남부상서(南部尚書)·중서감(中書監) 등의 요직과 평극현자(平棘縣子)·고평군공(高平郡公)의 작호를 받았다. 황흥 4년에 모함을 받아 헌문제에게 주살되었다.

75) 과거에 풍씨와 혼인을 맺었지만[昔與馮氏婚姻]: 대흥(大興) 4년(434) 윤3월에 풍홍이 북위와 악화된 관계를 정상화할 목적으로 작은 딸(문명태후의 고모)을 태무제의 후궁으로 보낸 일을 말한다. 그러나 풍홍의 이 같은 노력은 태무제가 이와 함께 태자인 풍왕인(馮王仁)을 북위의 인질로 삼으려 하는 것을 거부하면서 허사가 되고 결국 북연에 대한 북위의 대대적인 공세가 시작된다. 학계 일각에서는 북연의 북위와의 정략결혼이 망국의 단초가 된 것으로 해석하는 경향이 있으나 그것은 여러 가지 이유들 중 하나일 뿐이며 직접적인 이유는 태자를 북위에 인질로 보내라는 태무제의 요구를 풍홍이 거절한 데서 찾아야 한다.

76) 은나라의 교훈[殷鑑]: 중국의 고전《시경(詩經)》〈대아·탕(大雅·蕩)〉의 "은나라의 교훈이 멀지 않으니 바로 하후 시대에 있노라.(殷鑒不遠, 在夏后之世.)"에서 유래한 말이다. 은나라의 탕왕(湯王)이 하나라를 멸망시킨 일을 가리키며, 원래는 은나라의 자손들이 그 일을 교훈으로 삼을 것을 호소한 말이다. 여기서는 풍씨가 북위 멸망의 단초를 제공한 것을 두고 한 말이다.

였다. [그러자] 조정에서는 '그가 [황후를] 속이고 있다'고 의심하고 다시 임시의 가산기상시[77] 정준(程駿)[78]을 파견하여 그를 준엄하게 책망하고, "[조카]딸이 정말 죽었다면 새로 종실의 참한 숙녀라도 간택해 보내는 것을 허락한다."라고 하였다.

[그러자 고]련은 "만약 천자께서 이전의 허물을 용서해 주신다면 [이번] 조칙을 받드는 것이 옳습니다!"라고 하였다. [그러다가] 때마침 현조(顯祖)가 붕어하매[79] [그 논의도 그제서야] 중단되었다.

---

77) 가산기상시(假散騎常侍): 중국 고대의 관직명. 《여씨춘추(呂氏春秋)》〈심대(審臺)〉에서 "'가'란 일을 처리하는 것이다.(假, 乃理事也)"라고 했고 고유(高誘)는 이에 대하여 "'가'는 다룬다는 뜻이다.(假, 攝也)"라고 주석을 붙였다. 이처럼 진·한대의 인사제도에서 '가(假)-'는 조정에 발탁된 관리가 정식으로 임명되기 전에 잠시 특정한 직무를 대신 담당해 처리하는 것을 가리켰다. 《사기(史記)》〈항우본기(項羽本紀)〉의 "(초나라 회왕이) 항우를 세워 상장군의 일을 보게 하였다.(立項羽爲假上將軍)"라는 대목에 대하여 장수절(張守節)이 《사기정의(史記正義)》에서 "미처 회왕의 명령을 받지 못했기 때문이다. '가'는 '다룬다'는 뜻이다.(未得懷王命也. 假, 攝也.)"라고 한 것이 이런 경우이다. 청대의 학자 조익(趙翼)이 《해여총고(陔餘叢考)》〈가수(假守)〉조에서 "진·한대에는 관리가 일을 다루는 것을 모두 '가'라고 했는데, 아마 (해당 직무를) 빌리는 것을 말한 것이었으리라(秦漢時, 官吏攝事者皆曰假, 蓋言借也)"라고 했는데 여기서 '빌린다'고 한 것은 잠시 대리한다는 뜻이다. 따라서 '가산기상시'란 산기상시로 발탁된 관리가 정식으로 발령장을 받기 전에 해당 직무를 미리 담당하는 경우나 당사자를 두고 하는 말로 이해할 수 있겠다. '산기상시(散騎常侍)'는 삼국시대에 위나라에서 산기(散騎)와 상시(常侍)를 합쳐 새로 운영한 관직으로, 황제의 곁에서 고문이나 파견 등의 방식으로 시중을 드는 일을 맡았다.

78) 정준(程駿, 414~485): 북위의 대신. 선비족 출신으로, 자는 인구(麟駒)이며, 광평군(廣平郡) 곡안현(曲安縣), 즉 지금의 하북성 한단시(邯鄲市) 사람이다. 태연(太延) 5년(), 사도참군(司徒參軍)을 지내고 문성제가 즉위한 뒤로는 저작랑(著作郞)·안풍현남(安豊縣男)·고밀태수(高密太守)를 거치면서 청렴하고 신중하게 처신하여 문명태후의 호감을 샀다. 사후에는 관군장군(冠軍將軍)·연주자사(兗州刺史)·곡안현후(曲安縣侯)·진류군왕(陳留郡王)에 추증되었다.

79) 때마침 현조가 붕어하매[會顯祖崩]: 헌문제 탁발홍이 승명(承明) 원년(476)에 23세의 나이로 급사한 일을 말한다. 정략결혼을 놓고 북위와 고구려 사이에 지루하

○ 璉遂上書妄稱女死。朝廷疑其矯詐, 又遣假散騎常侍程駿切責之, 若女審死者, 聽更選宗淑。璉云:"若天子恕其前愆, 謹當奉詔。"會顯祖崩, 乃止.

• 040

고조(高祖)[80] 때에 이르자 [고]련은 이전보다 갑절이나 되는 공물을 바쳤으며, 그에 대한 보답으로 내리는 물건도 마찬가지로 차츰 늘어났다.

당시 광주(光州)[81]의 관청은 [고]련이 파견해 [적국이던 양나라의 군주] 소도성(蕭道成)[82]을 예방하려던 사신 [부]여노(餘奴) 등을 해상에서 체포해 대

게 이어지던 시소게임이 이때에 이르러 끝난 셈이다.

80) 고조(高祖): 북위의 제7대 황제인 효문제(孝文帝) 탁발굉(拓跋宏, 467~499)의 묘호. 헌문제 탁발홍(拓跋弘)의 장자로 5살 때 즉위하고 490년부터 친정에 나서면서 고강도의 개혁을 단행하였다. 태화 19년(495)에 도읍을 평성(平城)에서 중원의 낙양(洛陽)으로 옮긴 뒤로는 자신부터 솔선해서 원래의 성씨인 탁발을 버리고 중국식 성인 '원(元)'으로 바꾸고 본관을 낙양으로 삼는 한편 한족과의 혼인을 독려하는 등, 선비족의 풍습을 혁파하고 풍습·언어·의복 등 전방위적으로 한족과의 혈통적·문화적 통합을 실천하려 노력하였다.

81) 광주(光州): 북위의 지역명. 황흥(黃興) 4년(470)에 청주(靑州)를 분할해 설치했으며, 치소는 액현(掖縣), 즉 지금의 산동성 내주시(萊州市)에 두었다. 수(隋)나라 개황(開皇) 5년(585)에 래주(萊州)로 개칭되었다. 인터넷〈국편위주〉052에서는 "지금의 山東城 掖縣"이라고 했으나 그것은 20세기 초기의 일이며, 지금은 행정적으로 내주시가 옳다.

82) 소도성(蕭道成, 427~482): 남제의 개국 군주인 고제(高帝)의 이름. 전한의 재상이던 소하(蕭何)의 24세손으로, 자는 소백(紹伯)이다. 유송에게 좌군 중병참군(左軍中兵參軍)으로 있을 때 별동대를 이끌고 북벌에 나서 장안 동쪽 80리 지점까지 진격했으나 병력이 부족한 데다가 문제(文帝)가 죽자 본국으로 귀환하였다. 나중에 유송의 황족들 사이에서 내전이 벌어진 틈을 타서 군권을 장악하고 후폐제(後廢帝)를 죽이고 순제(順帝)를 옹립했다가 479년에 제나라를 세웠다.

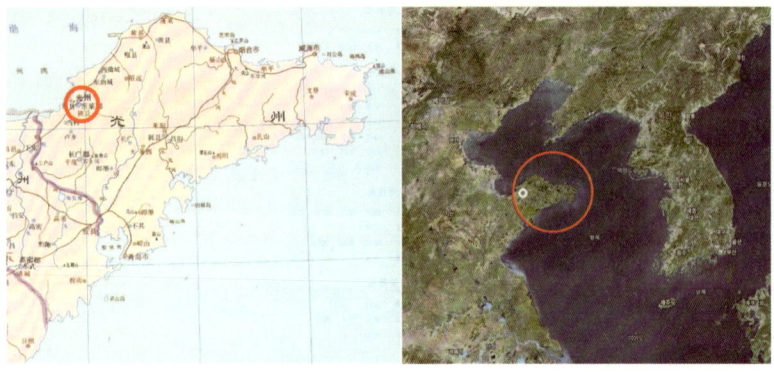

북위의 광주(큰 동그라미)와 그 치소 액현(작은 동그라미) 위치. 이를 통하여 고구려-남조 사신들이 연안항법으로 이동했음을 짐작할 수 있다.

궐로 압송해 왔다. 83) [그래서] 고조는 조서로 [이렇게 고]련을 꾸짖었다.

○ 至高祖時, 璉貢獻倍前, 其報賜亦稍加焉。時, 光州於海中得璉所遣 詣蕭道成使餘奴等送闕, 高祖詔責璉, 曰:

• 041

"[소]도성은 직접 자신의 군주를 죽이고 강동84)에서 방자하게도 '천자'

83) 부여노 등을 체포해 대궐로 압송해 왔다[使餘奴等送闕]: 여기서의 "대궐"은 평성이 아닌 낙양을 가리킨다. '광주'는 황흥(皇興) 4년(470)에 청주(靑州) 지역을 나누어 설치했으며 치소는 지금의 내주시였다. 고구려 또는 양나라의 사신이 수시로 북위의 해상방위대에게 붙잡힌 일을 소개한 복수의 기사들을 통하여 당시만 해도 고구려에서 남조의 양나라로 사신을 보내자면 북위의 영토(해상)을 지나가야 했음을 짐작할 수 있다. 물론, 황해를 횡단하는 것은 화북을 거치지 않고 강남으로 직행할 수 있는 최고의 항로이다. 그러나 당시까지만 해도 횡단은 원천적으로 불가능했다는 것이 관련 학자들의 공통된 의견이다. ('연안항법' 주석을 참조하기 바란다) 다만, 이 무렵은 효문제의 주도로 평성에서 낙양으로 천도하면서 북위의 중심이 중원으로 남하한 시점이었다. 따라서 영해의 치안에 대한 북위 당국의 제해권(制海權) 행사도 자연히 이전보다 더욱 강화되면서 고구려와 남조의 교류는 점차 제한되고 신중해졌을 것이다.

84) 강동[江左]: 중국 고대의 지역명으로, 강동(江東), 즉 지금의 강남지역을 가리킨다.

의 칭호를 일컫고 있어서 짐이 그렇지 않아도 망해 버린 [송]나라를 그 옛 땅에서 일으킴으로써 끊어져 버린 유씨(劉氏)[85]의 대를 이으려던 참이었소.

그런데 경은 국경을 넘어 외교를 [시도]하고 [제위를] 찬탈한 역적과 멀리서부터 오가고 있으니, [이것이] 어찌 절개를 지켜야 할 변방을 지키는 신하[86]로서의 도리이겠소!

제나라 고조 소도성의 초상(삼재도회)

○ "道成親殺其君, 竊號江左, 朕方欲興滅國於舊邦, 繼絶世於劉氏, 而卿越境外交, 遠通篡賊, 豈是藩臣守節之義!

• 042

[그러나] 하나의 허물을 들어 경의 그간의 충심을 덮어 버릴 수는 없는

---

85) 유씨(劉氏): 남북조시대에 북조의 북위와 적대적인 입장에 있던 남조의 유송(劉宋)을 낮추어 부른 말. 유송은 유유(劉裕, 363~422)가 동진(東晉)의 공제(恭帝)로부터 황위를 선양(禪讓)받아 장강 남쪽에 세운 나라로, 건강(建康), 즉 지금의 강소성 남경(南京)에 도읍을 정하고 8대 59년 동안 존속되다가 479년에 남제에 멸망하였다.

86) 변방을 지키는 신하[藩臣]: '번신(藩臣)'은 중원 왕조의 입장에서 이민족 또는 이방의 군주를 자의적으로 일컬은 이름이다. 《시경》〈대아·판(大雅·板)〉에서 "갑옷 입은 사람들이 울타리가 되어 주네.(价人維藩)"라고 한 것이나, 후한대 문자학자 허신(許愼)의 자전인 《설문해자(說文解字)》〈초부(艸部)〉에 따르면 "'번'은 담이라는 뜻이다.(藩, 屛也)"라고 한 것에서 볼 수 있듯이 원래 '번'은 울타리 또는 담장을 나타낸다. 중원 왕조의 입장에서 사방의 오랑캐들의 공격과 위협으로부터 지켜 주는 울타리나 담장과도 같은 역할을 해 주는 우호적인 신하라는 뜻으로 그렇게 부른 것이다.

바, [잡혀 온 자들을] 즉시 호송해 귀국으로 귀환시키는 바이오. [그러니 짐이] 용서해 주는 것을 감사히 여기고 [경의] 허물을 성찰하며 [짐의] 현명한 깨우침을 받들어 그대가 다스리는 나라를 평화롭고 안정되게 이끌되, [수시로 경의] 동정을 보고하도록 하시오."

○ 今不以一過掩卿舊款, 卽送還藩。其感恕思愆, 祗承明憲, 輯寧所部, 動靜以聞。"

• 043

태화(太和)[87] 15년(491)에 [고]련이 죽었다. 나이는 백여 살이었다. 고조(高祖)는 [도읍의] 동쪽 교외에서 추도의식을 거행하였다.[88]

전형적인 한대의 심의 예시

---

87) 태화(太和): 북위의 효문제 원굉(元宏, 탁발굉)이 477~499년까지 23년 동안 사용한 세 번째 연호. 이 기간 동안 효문제는 조모이던 풍태후(馮太后)의 지지에 힘입어 대대적인 개혁을 단행하는데 중국 역사에서는 이를 '태화 개제(太和新制)'라고 부른다. "태화 15년"은 장수왕 79년이며, 서기로는 491년에 해당한다.

88) 추도의식을 거행하였다[擧哀於東郊]:《위서》〈예지(禮志)〉에 따르면, "이 해(491)에 고[구]려 왕이 죽자 12월에 이렇게 조서를 내렸다. '고[구]려왕 련이 … 이번에 불행한 일을 당하여 그 나라에서 사신이 곧 올 것이니 그를 위한 추도의식을 거행하겠다. … 창졸간에 상복을 지을 수 없으니 일단 소위모를 쓰고 흰 베로 지은 심의를 입은 채 도성 동쪽에서 그를 위하여 정성껏 추도함으로써 그 나라 사신에게 보이고자 한다. 짐은 비록 그 왕을 본 적이 없지만 깊게 애도하고 안타까워하는 바이다. 관련 관청에서는 내 뜻을 전하고 빠짐없이 준비하도록 하라!'(是年, 高麗王死, 十二月詔曰, '高麗王璉 … 今旣不幸, 其赴使垂至, 將爲之擧哀. … 不可卒爲之哀, 且欲素委貌, 白布深衣, 於城東爲盡一哀, 以見其使也. 朕雖不嘗識此人, 甚悼惜之. 有司可申敕備辦.')" 소위모(素委貌)는 물을 들이지 않은 비단으로 지은 관(冠), 심의(深衣)는 고대에 제왕들이 입던 정장을 말한다. 장수왕의 부음을 들은 북위의 고조, 즉 효문제가 상복을 지을 틈이 없자 임시로 색깔만 흰색으로 맞추어 소위모

○ 太和十五年, 璉死, 年百餘歲。高祖擧哀於東郊。

• 044
[그리고] 알자 복야89) 이안상(李安上)90)을 파견해 [그를] 거기대장군·태부91)·요동군개국공92)·고구려왕으로 추증하고 시호93)는 '강(康)94)'

와 심의를 착용했음을 알 수 있다.

89) 알자복야(謁者僕射): 북위의 관직명. 황명을 출납하고 의례를 주관하고 빈객을 접대하고 사신으로 출행하는 업무를 관장하는 알자대(謁者臺)의 수장을 말한다. 남조의 제나라에서는 알자복야를 1명, 알자를 10명(謁者僕射一人, 謁者十人)' 두었으며, 북위에서는 품계가 태화 17년(493)에 종5품 중(從五品中)이다가 23년에는 9품(九品)으로 조정되었다.

90) 이안상(李安上): 북위의 관리. 부친은 이효백(李孝伯), 모친은 적씨(翟氏)이며, 거록태수(鉅鹿太守)를 지냈다.

91) 태부(太傅): 중국 고대의 관직명. 서주(西周)시대에 태사(太師)·태보(太保)와 함께 '삼공(三公)'의 하나로 설치되었으며 서열은 태사보다 낮고 태보보다 높았다. 태사·태보와 함께 국정에 참여하면서 천자를 보필하였다. 진대(晉代)에는 국정에 참여했으나 보통은 직책 없이 일종의 명예직으로 원로들에게 부여되었다. 북위와 북제에서는 품계가 1품(一品)으로, 태사·태보와 함께 '3사(三師)'로 일컬어지기도 하였다.

92) 개국공(開國公): 북위의 작호. 서진으로부터 수·당대까지 사용된 '개국군공(開國郡公)·개국현공(開國縣公)'을 줄여 부른 호칭이다. 여기서는 앞에 '요동군'이 붙은 것을 보면 '개국군공'을 가리키는 셈이다. 자세한 설명은 앞의 "개국공" 주석을 참조하기 바란다.

93) 시호(諡號): 중국 고대에 조정에서 제왕·제후·경대부·대신의 일생과 업적을 한두 글자로 평가해 붙이던 별명. 시호를 내리는 시법(諡法)은 서주(西周) 중기 이후에 제정되었다. 그래서 주나라 문왕(文王)·무왕(武王)·의왕(懿王)까지는 본인이 직접 지어 붙였으며, 효왕(孝王) 뒤로는 시법에 의거하여 부여하였다. 시호는 크게 좋게 평가한 미시(美諡), 동정의 의미를 내포한 평시(平諡), 나쁘게 평가한 악시(惡諡)로 구분되는데, 일반적으로 문(文)·무(武)·명(明)·예(睿)·강(康)·경(景)·장(莊)·선(宣)·의(懿)는 미시, 회(懷)·도(悼)·애(哀)·민(閔)·상(殤)은 평시, 려(厲)·령(靈)·양(煬)은 악시에 해당한다. 시법은 진시황 때에는 잠시 폐지되었다가 한대에 다시 가동되었으며, 스스로 왕·공·후를 자처하는 경우를 제외

으로 하였다.

○ 遣謁者僕射李安上策贈車騎大將軍·太傅·遼東郡開國公·高句麗王, 諡曰康.

• 045

아울러 대홍려[95]를 파견해 [고]련의 손자 [고]운(雲)[96]을 사지절·도독요해제군사·정동장군·영호동이중랑장[97]·요동군개국공·고구려왕으로

하면 일반적으로 당사자 사후에 예부(禮部)에서 대신들의 의논을 거쳐 결정되었다.

94) 강(康): 장수왕이 북위로부터 받은 시호. 후한대 정치가이자 학자인 채옹(蔡邕, 133~192)은 《독단(獨斷)》〈제시(帝諡)〉에서 "백성들을 편안하고 즐겁게 다스렸을 때 부여되는 시호가 강[安樂治民曰康]"이라고 소개하였다. 이 밖에도 송대의 정치가 소순(蘇洵, 1009~1066) 등 역대 학자들의 해법에 따르면 '강'이라는 시호가 부여되는 것은 "물이 순조롭게 흐르는 것 같은 경우(淵源流通)", "따뜻하고 부드러우며 편안함을 좋아하는 경우(溫柔好樂)", "편안하고 즐거우면서 백성들을 어루만진 경우(安樂撫民)", "온 백성들을 편안하고 즐겁게 만들어 준 경우(合民安樂)" 등이었다. 역대 제왕들에 대한 시호에서 '강'은 언제나 좋은 의미의 시호로 사용되었던 셈이다.

95) 대홍려(大紅臚): 중국 고대의 관직명. 진나라를 거쳐 한대 초기까지는 '9경(九卿)'의 하나로 '전객(典客)'으로 일컬어졌으며 주로 제후 및 번국 관련 업무들을 관장하였다. 그 뒤 경제(景帝) 중원(中元) 6년(BC144)에 '대행령(大行令)'을 거쳐, 무제 태초(太初) 원년(BC104)에 '대홍려'로 개칭되었다. 나중에는 예악(禮樂)을 관장하는 쪽으로 직무가 변경되면서 왕망 때에는 '전악(典樂)'으로 일컬어졌으며 후한대에는 '대홍려경(大鴻臚卿)'으로 일컬어졌다. 그 속관(屬官)으로는 행인(行人)·역관(譯官)·군저장승(郡邸長丞) 등이 있었다.

96) 운(雲): 고구려의 제21대 국왕인 문자명왕(文咨明王) 고운(高雲)을 가리킨다. 《위서》의 이 기사와 함께 《양서》에는 이름이 '운'으로 소개했으나 《삼국사기》에는 "문자명왕['명치호왕'이라고도 불린다)은 이름이 나운이다.(文咨明王[一云明治好王], 諱羅雲)"라고 하였다. 장수왕 고련의 경우처럼, '나운'이 본래의 이름이라는 전제 하에서 '운'은 중국식 이름이었을 가능성도 있다.

97) 영호동이중랑장(領護東夷中郎將): 북위의 관직명. 인터넷〈국편위주〉034에 따르

배수하고, 의관과 복장 및 수레·깃발 따위의 장식물들을 하사하였다.
○ 又遣大鴻臚拜璉孫雲使持節·都督遼海諸軍事·征東將軍·領護東夷中郎將·遼東郡開國公·高句麗王, 賜衣冠服物車旗之飾。

• 046

또 조서를 내려 [고]운에게 세자를 파견해 [위나라에] 입조하여 교구(郊丘)98)에서 지내는 [제천]의식에도 참석하도록 일렀다. [그러자 고]운은 [황제에게] 글을 올려 [세자가] 병을 앓고 있다는 핑계로 거절하고 그의 종숙(從叔)99)인 승우(升于)만 파견해 사신을 따라 대궐에 예방하게 하매 그를 준엄하게 책망하였다.100)

면, 북위에서는 사방의 이민족들을 제어하는 장군에게 내리는 관직들 중에서 '제3품 중(第三品中)'에 해당하는 것들로는 호흉노(護匈奴)·호강(護羌)·호융(護戎)·호이(護夷)·호만월(護蠻越) 등의 중랑장이, '제3품 하(第三品下)'에 해당하는 것들로는 호강(護羌)·호융(護戎)·호이(護夷)·호만(護蠻)·호월(護越) 등의 교위(校尉)를 각각 두었는데, 품계가 모두 '종 제3품(從第三品)'으로 통합되었다고 한다. … 여기서 '영(領)-'은 특정한 관직 또는 직함을 가진 관리가 황제의 명령에 따라 잠시 다른 관직 또는 직함을 겸임하거나 해당 직무를 대리하는 경우를 말한다. 위·진·남북조시대에는 대부분 '잠시 관여한다'는 취지에서 언제나 품계가 낮은 관리가 그보다 높은 직함을 달거나 관직을 하지 않은 자가 특정한 보직을 맡곤 하였다. 당·오대에는 황족인 친왕(親王)이나 재상(宰相)이 경조윤(京兆尹)·하남목(河南牧)·대도독(大都督)·대도호(大都護)·절도사(節度使) 등의 요직을 맡는 경우에 직함 앞에 '영-' 또는 '요영(遙領)-'을 붙였다.

98) 교구(郊丘): 중국 고대에 천자가 제천의식을 거행하던 제단. 교외에 세운 제단이라고 해서 '교구'라고 불렀으며, 제단이 원형을 이루고 있다고 해서 '원구(圓丘)' 또는 환구(圜丘)'로 부르기도 하였다.
99) 종숙(從叔): 자신의 부친보다 나이가 적은 종조부의 아들, 즉 부친의 사촌동생[從父弟]을 말한다.
100) 그를 준엄하게 책망하였다[嚴責之]: 이때 효문제가 문자명왕을 질책한 조서가 당나라 고종(高宗) 현경(顯慶) 3년(658)에 편찬된 고대 문집인 《문관사림(文館詞林)》에 〈후위의 효문제가 고구려왕 운에게 보낸 조서(後魏孝文帝與高勾麗王雲

[고운집] 이때부터 해마다 빠짐없이 공물을 바쳤다.

○ 又詔: 雲遣世子入朝, 令及郊丘之禮。雲上書辭疾, 惟遣其從叔升于隨使詣闕, 嚴責之。自此歲常貢獻。

• 047
정시(正始)[101] 연간에 세종(世宗)[102]이 동당(東堂)[103]에서 그 나라 사

詔)〉라는 제목으로 수록되어 있다. 효문제가 문자명왕이 세자 대신 승우를 보낸 일을 질책하면서 번신으로서의 예의를 지킬 것을 촉구하는 것이 주된 내용이다. 그 내용에서 주목할 부분이 고구려가 계속 번신으로서의 의무를 성실히 이행하지 않으면 정벌에 나서겠다고 위협하는 대목에 등장하는 "[짐의 명령을 거부하면] 창해 해변에서 영토를 넓히겠다.(廣疆畿於滄濱)"이다. '창해'는 발해에 대한 또 다른 이름이므로, 이를 통하여 고구려의 서계(西界)가 발해 인근, 즉 요서지역까지 뻗어 있었음을 짐작할 수 있는 셈이다.

101) 정시(正始): 북위의 제8대 황제인 선무제(宣武帝) 원각이 504~508년까지 4년 동안 사용한 두 번째 연호. 고구려의 문자왕 13~16년에 해당한다.

102) 세종(世宗): 선무제 원각의 묘호. 원각(元恪, 483~515)은 효문제 원굉(元宏)과 문소황후(文昭皇后) 고조용(高照容)의 둘째아들로, 하남(河南) 낙양(洛陽) 사람이다. 태화 23년(499)에 효문제가 죽자 노양(魯陽)에서 황제로 즉위하였다. 재위기간동안 낙양성(洛陽城)을 확장하여 '한화(漢化)'의 기초를 다지는 한편 북으로는 유연(柔然)을 격퇴하고 남으로는 남조를 상대로 지속적으로 공세를 취하여 한중(漢中) 지역을 확보하였다. 독실한 불교도로 아들이 존귀해지면 그 생모를 죽이는 북위 황실의 악습을 철폐하는 등 개혁을 실천하기도 하였다. 그러나 말기에는 충신들을 의심하고 외척인 고조(高肇)가 전횡을 일삼으면서 국력이 크게 약해졌다.

103) 동당(東堂): 위·진·남북조시대에 '정전(正殿)'이던 태극전(太極殿)의 동쪽 건물[東廂房]을 부르던 이름. 《자치통감(資治通鑑)》의 '진 애제(晉哀帝) 흥녕(興寧) 3년(365) 2월 병신일'조에서 "황제가 서당에서 붕어하였다.(帝崩于西堂)"라고 한데 대하여 남송대 학자 호삼성(胡三省, 1230~1302)은 "서당은 태극전의 서쪽 건물이다. 건강의 태극전에는 동당과 서당이 있는데, 동당은 신하들을 접견하는데에 사용되었고 서당은 휴식을 취하는 곳이었다.(西堂, 太極殿西堂也。建康太極殿有東西堂, 東堂以見群臣, 西堂爲卽安之地)"라고 주석을 붙였다. 동당은 조정에서 공식적인 국가행사를 거행하는 공간이었던 셈이다.

북위 낙양 태극전(중앙)과 동당(우) 서당(좌) 유적(중국사회과학원)

신 예실불(芮悉弗)을 접견하였다.【교감1】 [이때 예]실불이 [이렇게] 진언하는 것이었다.

○ 正始中, 世宗於東堂引見其使芮悉弗【正始中世宗於東堂引見其使芮悉弗 諸本'宗'作'祖', 北史卷九四高麗傳作 宣武. 按上稱正始年號, 自當作世宗, 北史例稱帝號. 今改正.】. 悉弗進曰：

【교감1】 "정시 연간에 세종이 동당에서 그 나라 사신 예실불을 접견하였다"의 경우, 다른 판본들에서는 '마루 종'이 '할아비 조'로 나와 있다. 《북사》권94〈고[구]려전〉에는 '선무'로 되어 있다. 따져 보건대, 앞에서 연호를 '정시'로 일컬었으니 자연히 '세종'으로 써야 하지만 《북사》에서는 관례대로 황제의 칭호로 일컫고 있다. 지금 바르게 고쳤다.

• 048

"고[구]려는 하늘만큼 지극한 정성으로 여러 대에 걸쳐 [천자께] 참된 충성을 다하면서 [우리] 땅에서 특산물들이 나면 황제께 공물을 바치는 소임

을 저버린 적이 없었습니다. 다만, 황금은 부여에서 나고, 흰 옥돌[104]
은 섭라(涉羅)[105]에서 나는 것입니다.

○ "高麗係誠天極, 累葉純誠, 地産土毛, 無愆王貢。但黃金出自夫餘,
珂則涉羅所産。

• 049

[그런데] 지금 부여는 물길(勿吉)[106]에게 밀려나고 섭라는 백제에 합쳐졌

---

104) 흰 옥돌[珂]: '가(珂)'는 여러 가지 의미를 나타내는 글자이다. 인터넷〈국편위판〉
에서는 이 대목을 "오직 황금은 부여에서 나고, 珂는 涉羅에서 생산됩니다."라고
번역하였다. 다른 주석에서 '가'를 '珍珠'로 해석한 것이나 '섭라'를 제주도로 해석
한 것을 보면 여기서의 '가' 역시 조개의 일종으로 본 것으로 보인다. 그러나 허신
의 《설문해자(說文解字)》에서는 "가는 옥이다.(珂, 玉也)"라고 했고, 《광아(廣
雅)》〈석지(釋地)〉에서는 "가는 돌 중에 옥에 버금가는 것들이다.(珂, 石之次玉)"
라고 했으며, 《옥편(玉篇)》에서는 "돌 중에 옥에 버금가는 것이다. 또는 마노 중
에 눈처럼 깨끗하고 흰 것을 말한다.(石次玉也. 亦瑪瑙潔白如雪者.)"라고 하였다.
또, 《낙양가람기 교주(洛陽伽藍記校注)》〈권1〉에서도 중국 학자 범상옹(范祥雍)은
'가'에 관하여 "'가'는 말을 장식하는 옥으로 귀족들이 사용하였다.(珂是飾馬之玉,
貴族所用)"라고 주석을 붙였다. 역자가 각종 자전·사서·문헌들을 조사해 본 결
과, '가'가 '조개'의 의미로 사용된 사례는 송·명대에 이르러서야 등장한다. 명대
의 약학자인 이시진(李時珍, 1518~1593)이 《본초강목(本草綱目)》〈개부·가(介
部·珂)〉에서 "가는 남해에서 나는데 … 키조개처럼 희다.(珂, 生南海, … 白如
蚌)"라고 한 것이 그것이다. 따라서 그보다 수백여 년 전의 고대사 문헌들에 등장
하는 '가'는, '섭라'의 의미와는 상관없이, 당연히 흰빛을 띠는 옥돌 또는 그것을
가공한 장식품이라는 의미로 이해하는 편이 합리적이다.
105) 섭라(涉羅): 고대의 동이계 국가명. 곽석량《한자고음수책》에 따르면, '건널 섭
(涉)'은 '선과 엽의 반절[禪葉切, ziap]', '비단 라(羅)'는 '래와 가의 반절[來歌切,
la]'이므로, '섭라'는 '잡라' 식으로 읽혀지는 셈이다.] 인터넷〈국편위주〉059에서
는 그 발음과 "百濟에 併合되었다"는 기술 내용을 근거로《三國史記》에 전하는
耽羅 또는 耽牟羅 즉, 지금의 濟州島"로 비정하였다. … 그러나 '즐길 탐(耽)'은
고대음이 '단과 침의 반절[端侵切, dəm]'이다. '잡라'와 '덤라'는 음운적으로 대응
된다고 보기 어려운 것이다.
106) 물길(勿吉): 남북조시대 북방민족의 한 갈래. 만주-퉁구스계 족속으로, 한·진

습니다.

[고구려의] 국왕인 신 [고]운은 오로지 [명맥이] 끊어진 나라를 계승시키겠다는 의리만 염두에 두면서 [부여와 섭라의 유민들을] 모두 [우리나라] 경내로 이주시켰습니다. 두 특산품을 왕궁[王府]에 올리지 못하는 것은 사실은 두 도적이 그런 짓을 벌인 탓입니다."

○ 今夫餘爲勿吉所逐, 涉羅爲百濟所幷, 國王臣雲惟繼絶之義, 悉遷于境內。二品所以不登王府, 實兩賊是爲."

• 050

[그러자] 세종이 말하였다.

"고[고]려가 대대로 상장[군]107)의 직함을 지니고 바다 너머에서 [다른 세력들을] 제압하며 구이(九夷)108) 땅의 교활한 오랑캐들을 모두 정벌해 왔

대에는 '읍루'로 불리다가 남북조시대의 '물길'을 거쳐 수·당대에는 '말갈(靺鞨)'로 불리게 된다. 중국 정사 기사들에 따르면 처음에는 그 세력이 수십 부(部)이다가 나중에 차츰 확장되어 속말(粟末)·백산(白山)·백돌(伯咄)·안차골(安車骨)·불열(拂涅)·호실(號室)·흑수(黑水)의 7대 부족으로 발전하였다. 곽석량《한자고음수책》에 따르면, '말 물(勿)'은 '명과 물의 반절[明物切, mĭwət]', '좋을 길(吉)'은 '견과 질의 반절[見質切, kǐĕt]'이어서 '멷껫' 식으로 읽혀졌을 것이다. 중국 학계 일각에서는 '물길'의 현대음인 '우지(wuji)'를 근거로 비슷한 발음의 '옥저(沃沮)'에까지 연결시키기도 한다. 그러나 ① 물길의 고대음은 '뮿껫'인 데다가 ② 옥저의 고대음은 '영과 약의 반절[影藥切, auk]'과 '정과 어의 반절[精魚切, ʦˈiɑ]'이다. ③ '멷껫'과 '옥챠'는 음운상으로 전혀 대응되지 않으므로 양자가 동일한 집단이라는 중국의 주장은 설득력이 박약한 것이다.

107) 상장(上將): 중국 고대의 고급 무관인 상장군(上將軍)을 줄여서 적은 것이 아닌가 싶다. '장군'은 글자대로 풀이하면 '군권[軍]을 쥐고 있는[將] 사람'으로 번역되므로, '상장'은 그 장군들 중에 업적과 자질이 남다른 장군, 즉 대장군에 해당하는 셈이다. 여기서도 여느 장군들과는 격이 다른 더 지위가 높은 장군이라는 의미로 사용되었다.

108) 구이(九夷): 고대 중국에서 동방의 이민족들을 아울러 일컫던 이름. 이 이름은 공

소. 술병이 비면 술동이[의 존재]가 민망스러워지는 법이니 그것이 누구의 허물이겠소?

○ 世宗曰: "高麗世荷上將, 專制海外, 九夷黜虜, 實得征之。瓶罄罍恥, 誰之咎也?

• 051

예전에는 특산물을 바치는 소임을 저버리면 그 책임을 연솔(連率)[109]에게 물었소. 경은 짐의 뜻을 경의 군주에게 전달하고 기필코 위엄과 회유의 방략을 다하여 해악을 끼치는 무리들을 멸망시키고 동방의 백성들을 평화롭고 편안하게 해 줌으로써 두 나라로 하여금 옛 터전으로 귀환해 [나라를] 회복하게 해 주고 [그곳의] 특산물들도 늘 바치던 공물에서 빠지는 일이 없도록 [유념]하시오!"

○ 昔方貢之愆, 責在連率。卿宜宣朕旨於卿主, 務盡威懷之略, 揃披害羣, 輯寧東裔, 使二邑還復舊墟, 土毛無失常貢也。"

자의 어록을 모아 놓은 《논어(論語)》〈자한(子罕)〉의 "[공]선생님께서는 구이의 땅에 살려고 하셨다.(子欲居九夷.)"에서 처음으로 등장한다. 이에 관한 상세한 설명은 문성재, 《정역 중국정사 조선 · 동이전1》, 제387~388쪽의 해당 주석을 참조하기 바란다.

109) 연솔(連率): 왕망(王莽)의 신(新)나라(~23) 때의 관직명. 《한서》〈왕망전〉에서 "왕망은 《주관》·《왕제》의 기록에 따라 졸정 · 연솔 · 대윤을 설치했는데 그 직무는 태수와 같았다.(莽以周官王制之文, 置卒正連率大尹, 職如太守)"라고 한 것을 보면 태수에 해당하는 관직이었던 것으로 보인다. "마원의 형 마원이 당시 증산의 연솔이었다.(援兄員時爲增山連率)"라고 한 《후한서》〈마원전(馬援傳)〉의 기사에 대하여 당대의 이현 역시 "연솔 역시 태수에 해당한다.(連率亦太守也)"라고 주석을 붙였다. 여기서 물길과 백제를 가리키는 말로 사용된 것을 보면 남북조시대 당시에는 외국의 군주를 일컫는 말로도 사용되었던 셈이다.

• 052

신구(神龜)110) 연간에 [고]운이 죽었다.

영태후(靈太后)111)는 동당(東堂)에서 [그를 위한] 추모의식을 거행하였다. [그리고] 사신을 보내 [책문으로 고운에게] 거기대장군·영호동이교위112)·요동군개국공·고구려왕으로 추증하였다. 아울러, 그의 세자 안(安)113)을 안동장군·영호동이교위·요동군개국공·고구려왕으로 배수하였다.

○ 神龜中, 雲死, 靈太后爲擧哀於東堂, 遣使策贈車騎大將軍·領護東夷校尉·遼東郡開國公·高句麗王. 又拜其世子安爲安東將軍·領護東夷校尉·遼東郡開國公·高句麗王.

• 053

정광(正光)114) 연간 초기에 광주(光州)[관청]에서는 또다시 [양나라 군주] 소

---

110) 신구(神龜): 북위의 효명제(孝明帝) 원후(元詡)가 518~520년까지 3년 동안 사용한 연호. 고구려의 문자왕 27년으로부터 안장왕 원년까지에 해당한다.

111) 영태후(靈太后): 북위의 호태후(胡太后, ?~528)를 말한다. 안정(安定) 임경(臨涇), 즉 지금의 감숙성 진원(鎭原) 인근 출신이며, '영(靈)'은 시호이다. 선무제 초기에 황비가 되었으며 아들 효명제가 즉위하자 황태후가 되어 수렴청정하였다. 불교에 탐닉하여 사찰과 불탑을 대대적으로 조성하면서 6년치 조세를 미리 징수하는 바람에 백성들의 원성을 샀다. 정광(正光) 원년(520)에 영군(領軍)이던 원차(元叉)에 의해 연금되었다가 다시 실권을 쥐면서 국정이 더욱 문란해졌다. 무태(武泰) 원년(528)에 쿠데타를 일으킨 거기장군(車騎將軍) 이주영(爾朱榮, 493~530)에게 살해되었다.

112) 영호동이교위(領護東夷校尉): 북위의 관직명. 한대 이래로 요동지역의 최고위 군사 장관이던 '호동이교위(護東夷校尉)'의 직무를 대리한 것을 말한다. 호동이교위는 녹봉이 2천 석으로, 선비족 관련 업무를 위하여 호오환교위(護烏桓校尉)에서 쪼개어 설치한 것이었다. 이에 관한 상세한 설명은 본서의 "호동이교위" 주석을 참조하기 바란다.

113) 안(安): 고구려 제22대 국왕인 안장왕(安藏王)의 이름.《삼국사기》에서는 "이름이 흥안으로 문자명왕의 맏아들이다.(諱興安, 文咨明王之長子)"라고 하였다.

양나라 무제 소연의 초상(대만국립 박물관 소장)

연(蕭衍)115)이 [고]안에게 주는 영동장군116)의 의관과 검·장식물, 그리고 사신으로 보낸 강법성(江法盛) 등을 해상에서 붙잡아 도읍으로 압송하였다.

○ 正光初, 光州又於海中執得蕭衍所授安寧東將軍衣冠劍佩, 及使人江法盛等, 送於京師.

• 054

[고]안이 죽고 [그] 아들 [고]연(延)이 [왕으로] 옹립되었다.

출제(出帝)117)는 초기에 조서를 내려 [고]연에게 사지절·산기상시·거기

---

114) 정광(正光): 효명제 원후(元詡)가 520~525년까지 5년 동안 사용한 세 번째 연호. 고구려의 안장왕 2~6년에 해당한다.

115) 소연(蕭衍, 464~549): 남북조시대 양(梁)나라의 개국 군주인 무제(武帝)를 말한다. 남난릉군(南蘭陵郡) 동성리(東城里), 즉 지금의 강소성 단양시(丹陽市) 사람으로, 자는 숙달(叔達)이다. 제나라에서 단양윤(丹陽尹)을 지낸 소순지(蕭順之)의 아들로, 난릉 소씨(蘭陵蕭氏)의 후광으로 벼슬을 시작하여 제나라 명제(明帝) 때 옹주자사(雍州刺史)에 임명되어 북위의 남침에 대응하였다. 영원(永元) 2년(500), 군사를 일으켜 동혼후(東昏侯) 소보권(蕭寶卷)을 토벌하고 남강왕(南康王) 소보융(蕭寶融)을 황제로 추대한 뒤 이듬해에 건강(建康, 지금의 남경시)을 함락시켰다. 중흥(中興) 2년(502), 소보융의 선양으로 양나라를 세우고 정사에 매진하면서 유송·남제의 폐정을 바로잡았다. 군사적으로는 북위의 남하에 맞서 종리(鍾離) 싸움에서 승리하고 그 여세를 몰아 북벌에 나섰지만 만족스러운 성과를 얻지 못하였다. 시호는 무황제(武皇帝)이며, 묘호는 고조(高祖)이다.

116) 영동장군(寧東將軍): 양나라의 관직명. 무제의 천감(天監) 7년(508)에 설치되었으며, 방위마다 영동·영서·영북·영남의 '4녕장군(四寧將軍)' 체제로 운영되었다. 국외의 무관이나 외국 군주에 대한 작호로 주로 사용되었는데 그 지위는 진동장군(鎭東將軍)에 해당하였다.

117) 출제(出帝): 북위의 마지막 황제인 효무제 원수(元修, 510~535)를 말한다. 자

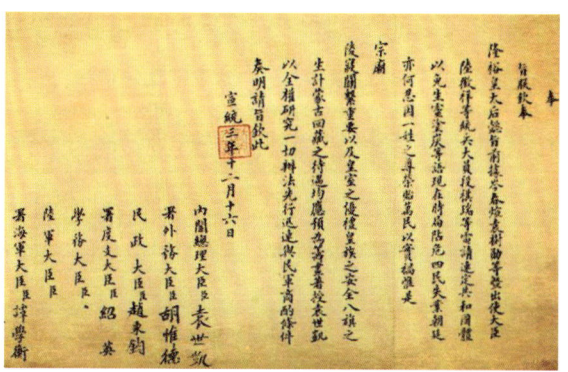
조서의 예시. 만청 황제 퇴위 조서

대장군·영호동이교위·요동군개국공·고구려왕[의 작위들]을 더하여 제수하고, 의관과 복장 및 수레·깃발 따위의 장식물들을 하사하였다.

○ 安死, 子延立。出帝初, 詔加延使持節·散騎常侍·車騎大將軍·領護東夷校尉·遼東郡開國公·高句麗王, 賜衣冠服物車旗之飾。

• 055

천평(天平)[118] 연간에도 조서를 내려 [고]연에게 시중[119]·표기대장군

는 효칙(孝則)으로, 하남 낙양 사람이다. 처음에는 여양현공(汝陽縣公)에 봉해지고 통직산기시랑(通直散騎侍郎)·중서시랑(中書侍郎)·태상경(太常卿)을 거쳐 평양왕(平陽王)에 책봉되고 나중에는 시중(侍中)·진동장군(鎭東將軍)·의동삼사(儀同三司)·좌복야(左僕射) 등을 역임하였다. 중흥(中興) 2년(532)에 대장군 고환(高歡, 496~547)의 추대로 황제가 되었다. 그러나 영희(永熙) 3년(534)에 그의 전횡에 불만을 품고 장안으로 천도하고 우문태(宇文泰)에게 의탁했다가 26살의 나이로 그에게 살해되었다. 시호는 서위에서는 '효무제', 동위에서는 '출제'로 불려졌다.

118) 천평(天平): 동위(東魏)의 효정제(孝靜帝) 원선견(元善見)이 534~537년까지 4년 동안 사용한 연호. 고구려의 안원왕 4~7년에 해당한다.

119) 시중(侍中): 중국 고대의 관직명. 진·한대에 천자를 시종한 하급 관리로, 한나라

[의 작위들]을 더하여 제수하고, 나머지[작위]는 모두 이전과 같이 하였다. [고]연이 죽고 [그의] 아들 [고]성(成)120)이 [왕으로] 옹립되었다. 무정(武定)121) 연간 말기까지 그 나라에서는 공물을 바치는 사신이 오지 않은 해가 없었다.

○ 天平中, 詔加延侍中·驃騎大將軍, 餘悉如故。延死, 子成立。訖於武定末, 其貢使無歲不至。

　　무제 이후로는 시랑(侍郎)보다 서열이 높아졌다. 남북조시대 이후로는 문하성(門下省)의 대신(大臣)으로서, 상서성(尙書省)의 상서령(尙書令), 중서성(中書省)의 중서령(中書令)과 함께 국정을 주재하였다.

120) 성(成): 고구려 제24대 국왕인 양원왕(陽原王)을 말한다.《삼국사기》에서는 "양원왕['양강상호왕'으로 부르기도 한다]은 이름이 평성이다.(陽原王[或云陽崗上好王], 諱平成)"라고 하였다.

121) 무정(武定): 동위의 효정제 원선견이 543~550년까지 8년 동안 사용한 네 번째 연호. 고구려의 안원왕 13년으로부터 양원왕 5년까지에 해당한다.

백제국전(百濟國傳)[122]

• 001

백제국(百濟國)[123]은 그 선조가 부여(夫餘)[124]에서 나왔다.[445]

---

[122] 백제국전(百濟國傳): 앞의 〈고구려전〉처럼, 백제의 내력·연혁·풍물을 간단히 소개하기는 했지만 주된 내용은 북위의 효문제(연흥)·헌문제까지, 즉 백제의 개로왕으로부터 문주왕 원년까지 3~4년 사이의 백제와 북위의 교류사이다. 개로왕의 표와 효문제·헌문제의 조서를 통하여 5세기 후반 백제·고구려의 관계가 적대적이었고, 북위가 고구려와 긴밀한 우호관계를 유지하고 있었음을 확인할 수 있다. 특기할 만한 것은 양국의 표와 조서를 통하여 바닷길로 백제에서 북위로, 북위에서 백제로 이동할 때에는 황해를 횡단하지 않고 연안항법으로 반드시 고구려 영해를 거쳐 가야 했음을 확인할 수 있다는 점이다. 다만, 앞서《남제서》에서 백제와 북위가 479년을 전후로 공방전을 벌인 사건을 소개한 일과 결부시켜 보자면, 개로왕이 이때의 북위와의 교섭이 결렬되자 양국의 관계가 급랭되면서 급기야 전쟁을 벌일 정도로 악화되었음을 짐작할 수 있다. 그러나 정작 이《위서》에서는 전통적인 '춘추필법(春秋筆法)'에 따라 문주왕 초기 백제로 가던 북위 사신이 풍랑을 만나 귀환한 일까지만 소개되어 있을 뿐 양국의 공방전에 대해서는 전혀 언급이 없다.

[123] 백제국(百濟國): 이에 관한 자세한 내용은《송서》의 해당 주석을 참조하기 바란다.

[124] 부여(夫餘): 부여에 관해서는 앞의 "고구려전"의 해당 주석을 참조하기 바란다. 부여의 위치의 경우,《한국민족대백과사전》등, 국내외 학계에서는 대체로 그 도읍인 부여성(夫餘城)을 축으로 하여 ① 오늘날의 길림성(吉林省) 장춘(長春)·농안(農安) 부근으로 비정하는 주장이 통설로 여겨진다. 이 밖에도 ② 금나라를 세운 완안부(完顏部)의 발흥지인 흑룡강성 아성(阿城) 부근, ③ 창도(昌圖) 북쪽의 사면성(四面城) 일대, ④ 북류 송화강 하류의 부여현(扶餘縣) 등의 주장도 제기되기도 하였다. 즉, 길림성 또는 흑룡강성 일대를 부여의 중심지로 추정하고 있는 셈이다. 그러나 그 좌표에 관해서는 사마천《사기》의 〈화식열전(貨殖列傳)〉에서 "대체로 연국 또한 발해·갈석 사이의 도회지이다. 남으로는 제국·조국과 연결되고 동북으로는 흉노와 접하고 있다. … 북으로는 오환·부여와 이웃하면서 동으로는 예맥·조선·진번의 이익들을 주무른다.(夫燕亦勃碣之間一都會也. 南通齊趙, 東北邊胡. … 北鄰烏桓夫餘, 東綰穢貊朝鮮眞番之利.)"라고 한 점에 주목할

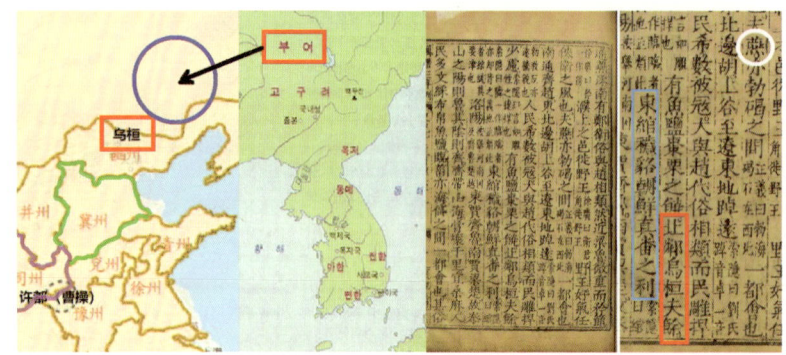

《사기》〈화식열전〉에서는 예맥–조선–진번은 동쪽에 있고 오환–부여는 북쪽에 있다고 하였다. 그렇다면 부여는 국내외 학계가 비정한 위치에 있을 수 없다. 왼쪽 지도 아래로 모용외가 부여 포로들을 끌고 갔다는 기주와 사주가 보인다.

○ 百濟國, 其先出自夫餘。

• 002

그 나라는 북으로는 고구려와 천 리 넘게 떨어져 있는데[126], 작은 바

필요가 있다. 사마천은 예맥·조선·진번은 동쪽으로 분류한 반면, 부여는 오환과 함께 중원의 북쪽으로 분명하게 밝히고 있다. 부여의 좌표를 예맥·조선·진번 쪽이 아닌 오환 쪽에서 구해야 한다는 것이다. 따라서 부여의 중심지가 길림성 또는 흑룡강성 쪽으로 보는 기존의 주장은 재고되어야 옳다.

125) 그 선조가 부여에서 나왔다[其先出自夫餘]: 이 구문은 백제가 자신들을 부여에서 갈라져 나온 집단 즉 '부여 별종'으로 인식하고 있었음을 시사해 준다. 〈동북아판 3〉(제76쪽)에서는 백제의 내력과 관련하여 부여설과 고구려설을 나란히 소개하였다. 다만, 《위서》에 수록된 표문에서 백제 국왕(개로왕)이 이미 자신을 "고구려와 마찬가지로 그 뿌리가 부여에서 비롯되었다."라고 소개한 것을 보면 백제가 고구려 개국군주 추모(鄒牟)와의 인연을 부정하지는 않았지만 그 왕계의 정통성은 부여에서 찾으려 했음을 확인할 수 있는 셈이다.

126) 북으로는 고구려와 천 리 넘게 떨어져 있는데[北去高句麗千餘里]: 백제의 북쪽 지경이 고구려로부터 천 리 넘게 떨어져 있다면 여기서의 '고구려'는 나라 자체가 아니라 왕성 즉 평양성을 가리키는 것일까? 그것을 나라로 보면 고구려와 백제 사이에 다른 나라가 끼어 있다는 말이 되어서 역사 사실과 모순되므로 왕성으로

다¹²⁷⁾의 남쪽에 자리 잡고 있다.

○ 其國北去高句麗千餘里, 處小海之南。

• 003

그 나라 백성들은 현지에 정착해 생활한다. [그 나라는] 땅이 [고도가] 낮고 습한 경우가 많아서 [백성들은] 모두가 한결같이 산 속에서 산다.¹²⁸⁾ 다섯 가지 곡물¹²⁹⁾이 있으며, [그들이] 의복이나 마시고 먹는 것들은 고구려[의 경우]와 같다.

○ 其民土著, 地多下濕, 率皆山居。有五穀, 其衣服飲食與高句麗同。

이해해야 옳다. 왕성에서 1천여 리(500km) 지점이라면 그 좌표는 대체로 요양성(지금의 요양시)을 지난 지점이 된다. 지금까지 우리가 알고 있었던 평양시가 아니라 요녕성의 모처임을 짐작할 수가 있는 셈이다.

127) 작은 바다[小海]: 국내 학계에서는 ① 서해(이병도), ② 아산만 앞바다(천관우) 등, 한반도 중부의 서해 바다로 비정하였다. 물론, 이 같은 주장들은 장수왕 시기의 평양성을 지금의 평양시로 본 데서 비롯된 것이다. 그러나 그렇게 보면 전체적인 좌표가 헝클어져 버린다. 이 문제에 관해서는 앞의 "고구려전"의 "작은 바다" 주석을 참조하기 바란다.

128) 땅이 낮고 습한 경우가 많아서 모두가 한결같이 산 속에 산다[地多下濕, 率皆山居]: 백제의 대체적인 지형적 특징을 이야기하고 있다. … 저지대와 습지가 많아서 산 속에서 산다는 것은 지형적으로 우리가 통상적으로 알고 있는 백제의 땅인 충청도 전라도와는 다른 곳일 수도 있다는 의미로 해석된다. 한반도가 동고서저의 지형적 특징을 지니고 있음을 염두에 둘 때 여기서의 백제는 좌표가 한반도 북부 또는 북동부(동고서저 지형)이거나 압록강 너머일 개연성이 있다.

129) 다섯 가지 곡물[五穀]: 벼[稻]·메기장[黍]·차기장[稷]·보리[麥]·콩[豆]을 가리킨다. '다섯 가지 곡물'의 시대적 변천에 관해서는 국편위판 《진서》 또는 문성재, 《정역 중국정사 조선·동이전1》, 제142쪽과 제494쪽의 해당 주석을 참조하기 바란다.

• 004

연흥(延興)[130] 2년(472)에 그 [나라] 왕 [부]여경(餘慶)[131]이 처음으로 사신을 보내[132] 표[133]를 올리고 [이렇게] 고하였다.

○ 延興二年, 其王餘慶始遣使上表, 曰:

---

130) 연흥(延興): 북위 제7대 황제인 효문제 원굉(元宏)이 471~476년까지 6년 동안 사용한 첫 번째 연호. 연흥 6년 6월에 연호를 바꾸어 승명(承明) 원년이 되었다. "연흥 2년"은 백제의 개로왕 18년이며, 서기로는 472년에 해당한다.

131) 여경(餘慶): 백제 국왕의 이름. 《삼국사기》《백제본기》 "개로왕(蓋鹵王)"조에는 "개루왕['근개루'라고 부르기도 한다]은 이름이 경사이다. 비유왕의 맏아들이다.(蓋鹵王[或云近蓋婁], 諱慶司, 毗有王之長子)"라고 소개하고 있다. 이를 근거로 할 때 [부]여경은 [부]여비의 뒤를 이어 즉위한 개로왕일 가능성이 높은 것이다. 《일본서기》 "웅략기 5년"조에는 '가수리군(加須利君)'으로 소개되어 있다. 개로왕의 이름의 경우, '경사'는 백제식 이름이고 '경'은 중국식 이름이며 '근개루·근개로'는 왕호, '가수리군'은 일본어로 풀이한 왕호를 한자로 표기한 경우일 것이다.

132) 그 왕 여경이 처음으로 사신을 보내[其王餘慶始遣使]: 인터넷〈국편위주〉078에서는 개루왕이 "처음이자 마지막으로 北魏에 使臣을 보낸 것은 高句麗의 南下政策에 압박을 느낀 나머지 궁여지책으로서 취해진 적극적 외교방책"이라고 해석하였다. 개루왕이 북위에 사신을 보낸 것이 1회로 끝났다는 것이다. 그러나 이 구문에서 '비롯할 시(始)'가 사용된 것을 보면 1회로 그친 것은 아닌 듯하다. '시'가 사용되었다는 것은 백제 사신의 북위 파견이 연흥 2년(472)부터 시작되었으며 2회 이상 거듭되었다는 뜻이기 때문이다.

133) 표(表): 중국 고대에 신하가 제왕에게 특정한 사안에 대하여 진술하거나 요청 또는 건의할 때 올리던 글. 한대에는 이를 장(章)·주(奏)·표(表)·의(議)의 네 가지로 구분했는데, 유송의 문학가 유협(劉勰, 465?~532)은 《문심조룡(文心雕龍)》《장표(章表)》에서 "장은 황은에 감사하는 데에, 주는 관원을 탄핵하는 데에, 표는 의견을 개진하는 데에, 의는 이의를 제기하는 데에 각각 사용하였다.(章以謝恩, 奏以按劾, 表以陳情, 議以執異)"라고 하였다. 이 중에서 표는 주로 신하가 제왕에 대한 충성심과 소망을 피력하는 데에 주된 목적이 있었다.

'길을 가로막고 있다'는 표현을 통하여 백제에서 북위를 내왕하자면 반드시 고구려 영해를 통과해야 했음을 짐작할 수 있다.

• 005

"신(臣)이 동쪽 끝에 나라를 세웠건만[134] 승냥이·이리들이 길을 가로막고 있습니다. [135] 비록 대대로 [천자의] 신령스러운 교화를 받아 왔으나 변방을 지키는 신하로서의 소임을 받들 방법도 없이 구름 너머 [천자의]

---

134) 동쪽 끝에서 나라를 세웠건만[建國東極]: 《삼국사기》《백제본기》 "개로왕 18년"조에는 "동쪽 끝에서 나라를 일으켰건만(立國東極)"으로 나와 있다. 인터넷〈국편위 주〉081에서는 《위서》의 '세울 건(建)'이 《삼국사기》에는 '설 립(立)'으로 나와 있는 것에 대하여 "《三國史記》의 撰者가 高麗 太祖(建)를 避諱한 것"으로 보았다.

135) 승냥이·이리들이 길을 가로막고 있습니다[豺狼隔路]: 고구려가 백제에서 북위 황제에게 조공하는 것을 방해하고 있다는 뜻으로 한 말이다. 이를 통하여 이 당시만 해도 백제가 북위를 내왕하자면 반드시 고구려의 영해를 경유해야 했음을 짐작할 수 있는 셈이다. 뒤에서 북위 사람들이 백제에 의탁하려 하는 것을 고구려, 즉 "큰 뱀이 길을 가로막고 바다에 가라앉혔다."라고 호소한 것 역시 같은 맥락에서 이해할 수 있다.

궁궐만 우러러 보며 찾아뵙고자 하는 마음만 그지없나이다.

[이곳에서는] 선선한 바람이 가냘프게 불기 시작하는 가을을 맞아 엎드려 생각하건대 황제 폐하께서는 하늘의 은덕을 잘 조화되고 어우러지게 만드시니 [천자를] 우러르는 [이] 마음 주체할 길이 없습니다.

○ "臣建國東極, 豺狼隔路, 雖世承靈化, 莫由奉藩, 瞻望雲闕, 馳情罔極. 涼風微應, 伏惟皇帝陛下協和天休, 不勝係仰之情."

• 006
삼가 사사로이 임명한 136) 관군장군 137) · 부마도위 138) · 불사후 139) · 장

---

136) 사사로이 임명한[私署]: '사서(私署)'란 제후나 군왕이 황제나 조정의 인가를 받지 않고 임의로 자신이나 제3자에게 관직을 내리는 것을 가리키는 말로, 사사로이 부여한다는 뜻의 '사가(私假)'와 유사한 경우이다.

137) 관군장군(冠軍將軍): 북위의 관직명. 후한 말기에 처음으로 설치되어 군사를 지휘해 정벌을 하는 일을 관장하였다. 그 뒤로 삼국시대의 위·오를 거쳐 5호 16국 시대의 후조(後趙)·전진(前秦)·후연(後燕)·남연(南燕)·서진(西秦) 등, 후대의 여러 왕조에서도 그대로 인습되었다. 진대의 관군장군은 병영의 군사를 지휘했는데 품계는 3품(三品)이었다. 북위(北魏)·북제(北齊)에서는 종3품(從三品), 부주(北周)에서는 칠명(七命), 수(隋)나라에서는 종6품 하(從六品下)에 해당하였다.

138) 부마도위(駙馬都尉): 중국 고대의 관직명. 한나라 무제 때 처음 설치되었다. 한대에 황제가 출행할 때 황제가 타는 어가 즉 정거(正車)를 봉거도위(奉車都尉)가, 황제의 시중을 맡은 측근들의 수레인 부거(副車)는 부마도위가 각각 관장하였다. 공주와 혼인하는 사람에게 명예직으로 이 벼슬을 내린 것은 위·진대 이후부터이다.

139) 불사후(弗斯侯): 이 작호는 동성왕(東城王)이 재위 12년인 영명(永明) 8년(490)에 남조의 제나라에 보낸 국서에도 보인다. 인터넷〈국편위주〉087에 따르면, 사카모토 요시타네(坂本義種)는 국서에 등장하는 면중왕·팔중후·불사후 등을 '대왕'인 백제왕이 거느린 왕후들로 보았다. 천관우는 이들을 "二十二檐魯'의 一部"로 추정하였다. '불사'의 위치의 경우, ① 스에마츠 야스카츠·사카모토 요시타네는 각각 '비사벌(比斯伐)'로 보아 전북 전주로, '부사(夫沙)'로 보아 승주(昇州) 낙안(樂安) 일대로 각각 비정하였다. ② 천관우는 '벌수지(伐首只)'로 보아 충남 당진(唐津)으로 비정하였다. 학자들의 이 같은 고증은 검증할 길이 없다. 다만, 음운학적 견지에서 볼 때, '불사'의 발음은 'fu.si'여서 'bi.si.fa' 또는 'fa.

사140)인 [부]여례(餘禮)141)와 용양장군142)·대방태수143)·사마인 장무(張茂)144) 등을 파견하여 '파도가 가로막아도 배를 띄워 머나먼 [천자

shou.zhi'와는 편차가 다소 큰 편이어서 설득력이 박약해 보인다.
140) 장사(長史): 중국 고대의 관직명. '관리들의 수장[諸史之長]'이라는 뜻으로, 원래는 중국의 진(秦)나라에서 처음으로 두었던 관직이다. 자세한 내용은 《송서》의 해당 주석을 참조하기 바란다.
141) 여례(餘禮): 사카모토 요시타네는 "百濟王의 女壻"로 추정하였다. 그러나 백제의 국성인 부여씨인 것을 보면 사위가 아니라 왕족의 일원으로 보아야 옳다. 중국 정사들에 소개된 백제 풍속에서 같은 씨족이 서로 동성동본의 혼인관계를 맺었다는 증거는 어디에도 보이지 않는다. 앞의 "부마도위" 주석에서 소개한 것처럼, 위·진대 이후로 황제의 사위에게 주로 내려졌지만 언제나 그랬다는 의미는 아닐 것이다. 황제의 사위가 아니더라도 부마도위에 임명될 수 있었다는 뜻이다.
142) 용양장군(龍驤將軍): 북위의 관직명. 솟구치는 용처럼 용맹스럽다는 뜻으로, 삼국시대에 위나라에 처음으로 설치되었다. 지위는 높은 편으로, 위·진과 유송에서 품계가 모두 제3품(第三品)이었으며, 북위의 효문제(孝文帝) 태화(太和) 17년(493)에는 품계가 제3품 상(第三品上)이었다가 23년에 종3품(從三品)으로 조정되었다.
143) 대방태수(帶方太守): 북위의 관직명. 이 관직명과 관련하여 ① 실제의 관직이 아닌 명예직으로서의 작호일 것(천관우), ② 그 관할지역이 중국의 조선·낙랑·대방일 것(방선주), ③ 장무가 중국인일 것(이기백) 등의 주장이 제시되었다. 엄밀하게 말하자면, 백제는 과거에 요서와 진평 두 군을 실제로 영유한 일이 있었다. 그 점을 염두에 두고 조선·낙랑·대방의 좌표를 기존의 평양 일대가 아니라 지금의 평주 일대로 상정할 경우, 이 시기까지만 해도 백제가 중국 조정으로부터 정식 직함을 받지 않았을 뿐 해당 지역들을 실질적으로 점유하고 있었을 가능성도 배제할 수 없다. 만약 백제가 자신들이 확보하지 않은 지역에 대한 기득권으로서의 관직을 요구했을 리가 없기 때문이다.
144) 장무(張茂): 〈동북아판3〉(제078쪽)에서는 "황해도 鳳山郡 松山里에서 대방군 태수인 張撫夷의 무덤이 발견되었고 《송서》《백제국전》에는 구이신왕 5년 송나라에 사절단으로 파견된 張威가 보이기 때문에 대방 지역에 연고를 가진 인물 또는 대방 출신으로 추정된다."라는 윤용구의 주장을 인용하였다. 그러나 ① 장무이가 태방태수이고 장위가 장무이와 동성이니 장위는 대방 출신이라는 논리 자체가 황당한 데다가, ② '장무이'라는 이름과 그 유물에도 조작의 흔적들이 역력하다. ③ 《삼국지》·《후한서》에서 대방–구야한국의 바닷길 거리가 7,000리라고 한 것 역시 대방이 중국에 있었다는 움직일 수 없는 증거이다. 장무이 조작 의혹과 대방

의 나라] 나루를 찾아 나서면 ^[목적이] 절로 이루어지리라'는 운에 내맡기고 만분의 일만큼이나 보잘 것 없는 정성이나마 바치나이다.

○ 謹遣私署冠軍將軍・駙馬都尉弗斯侯, 長史餘禮, 龍驤將軍・帶方太守・司馬張茂等投舫波阻, 搜徑玄津, 託命自然之運, 遣進萬一之誠。

• 007

바라옵건대 천지신명께서 감동하시고 황제의 영령께서 두루 감싸 주시어 ^[사신들이] 천자의 대궐을 찾고 신의 뜻을 유감없이 전달할 수만 있다면 아침에 ^[폐하의 말씀을] 듣고 저녁에 죽는 한이 있다 하더라도 영원토록 여한이 없을 것입니다."

○ 冀神祇垂感, 皇靈洪覆, 克達天庭, 宣暢臣志, 雖旦聞夕沒, 永無餘恨。"

• 008

^[백제왕은] 이어서 ^[이렇게] 고하였다.

"신은 고구려와 마찬가지로 그 뿌리가 부여에서 비롯된지라¹⁴⁵⁾ 선대에는 왕년의 인연¹⁴⁶⁾을 몹시 고귀하게 여겼습니다.

군 위치에 관해서는 문성재,《한국고대사와 한중일의 역사왜곡》의 제500~524쪽과 제340~371쪽을 참조하기 바란다.

145) 고구려와 마찬가지로 뿌리가 부여에서 비롯되었습니다[與高句麗源出夫餘]: 백제 국왕의 입을 통하여 백제와 고구려가 그 뿌리를 부여에 두고 있다는 사실을 확인할 수 있다. 부여에서 고구려가 갈라져 나오고, 고구려에서 다시 백제가 갈라져 나왔다는 뜻이다. 물론, 뿌리가 같다는 것이 부여와 고구려와 백제의 '국성(國姓)'이 같다, 즉 같은 씨족 출신이라는 의미는 아니다.

146) 왕년의 인연[舊款]: 백제가 혈통적으로 고구려와 마찬가지로 부여에서 갈라져 나

○ 又云: "臣與高句麗源出夫餘, 先世之時, 篤崇舊款。

• 009
[그러나] 저들의 할아비인 [고]쇠(釗)147)가 이웃나라[로서]의 우애를 경솔하게 저버리고 직접 군사를 거느리고 신의 [나라] 강역을 짓밟았습니다.148)

○ 其祖釗輕廢隣好, 親率士衆, 陵踐臣境。

• 010
[이에] 신의 조부인 [부여]수(須)149)가 군대를 정비하고 번개처럼 내달려

온 동족임을 가리키는 말이다.

147) 저들의 선조인 쇠[其祖釗]: 고구려의 제16대 국왕인 고국원왕(故國原王)을 말한다. 《삼국사기》〈고구려본기〉"고국원왕"조에서 "고국원왕은['국강상왕'으로 부르기도 한다] 이름이 사유[어떤 이는 '유'라고 부르기도 한다]이다.(故國原王[一云國岡上王], 諱斯由[或云劉])"라고 하였다. 고국원왕과 그 이름에 대한 음운학적 분석에 관해서는 앞의 "고구려전"의 "쇠(釗)" 주석을 참조하기 바란다.

148) 신의 강역을 짓밟았습니다[陵踐臣境]: 《삼국사기》"고국원왕 39년"조에서 "가을 9월, 고국원왕이 병력 2만으로 남쪽으로 백제를 정벌하여 치양에서 싸웠으나 패하였다.(秋九月, 王以兵二萬, 南伐百濟, 戰於雉壤, 敗績)", 〈백제본기〉"근초고왕 24년"조에서 "가을 9월, 고구려왕 사유가 보병·기병 2만을 이끌고 와서 치양에 주둔하면서 병력을 나누어 민호들을 약탈하였다. 왕은 태자를 파견해 군사를 거느리고 곧장 치양까지 가서 서둘러 적들을 격파하게 하였다.(秋九月, 高句麗王斯由帥步騎二萬, 來屯雉壤, 分兵侵奪民戶. 王遣太子以兵徑至雉壤, 急擊破之)"라고 한 것을 보면 치양(雉壤) 싸움을 가리키는 셈이다.

149) 신의 조부 수[臣祖須]: 백제의 제14대 국왕인 근구수왕(近仇首王)을 가리킨다. 그의 이름은 문헌에 따라서 달리 기록되어 있다. ① 이 대목과 《삼국사기》에는 '수(須)'로 소개되어 있는 반면, ② 일본의 사서인 《신찬성씨록(新撰姓氏錄)》에는 '귀수(貴首)' 또는 '근귀수(近貴首)', ③ 《속일본기(續日本紀)》에는 '귀류(貴流)' 또는 '구소(久素)'로 나와 있다. 곽석량《한자고음수책》에 따르면, '수염 수(須)'는 '심과 후의 반절[心侯切, sĭwo]', '머리 수(首)'는 '서와 유의 반절[書幽切, ɕĭəu]',

기회를 노려 신속하게 공격했습니다. [그렇게] 화살과 돌을 잠시 주고받은 끝에 [괴]쇠의 머리를 베어 매다니 150), 그때부터는 함부로 남쪽을 넘보지 못하는 것이었습니다.

○ 臣祖須整旅電邁, 應機馳擊, 矢石暫交, 梟斬釗首。自爾已來, 莫敢

'원수 구(仇)'는 '군과 유의 반절[群幽切, gǐəu]', '귀할 귀(貴)'는 '견과 물의 반절[見物切, kǐwət]', '오랠 구(久)'는 '견과 지의 반절[見之切, kǐwə]', '바탕 소(素)'는 '심과 어의 반절[心魚切, sɑ]'이다. 따라서 '□수-구수-귀수-구소'는 음운상으로 대체로 대응되는 셈이다. 다만, '귀류'의 경우는 '귀수-구소'와 음운상으로 서로 대응되지 않는다. 아마도 두 번째 글자는 '흐를 류(流)'와 모양은 비슷하면서도 발음이 다른 '트일 소(疏)'를 잘못 옮겨 적었을 것이다. '트일 소'는 '산과 어의 반절[山魚切, ʃɑ]'이어서 '수' 또는 '소'와 거의 대응되기 때문이다. 또, 이병도는 근구수왕의 왕호에 '원수 구'가 들어가 있는 것에 대하여 "百濟人 자신이 王名에 '仇'字를 사용하지는 아니하였을 것이므로 아마도 新羅人의 改作일 것"이라고 보았다. 자국 국왕을 높여 부르는 왕호에 '원수'라는 의미를 집어넣을 리가 없다는 것이다. 그러나 그것은 오해이다. ① 애초부터 '[근]구수'라는 왕호 자체가 의미와는 상관없이 발음만 빌린 음차(音借)인 데다가, 설사 의미를 따 왔다 하더라도 마찬가지이다. ② 고대 한문에서 '원수 구'는 '짝·반려자'라는 의미로 많이 사용되었기 때문이다. 《시경》〈국풍·주남(國風周南)〉"토저(兔罝)"편의 "씩씩한 저 무사, 공후들의 좋은 짝이로다(赳赳武夫, 公侯好仇)" 등이 그 대표적인 예이다. 이병도는 칠지도(七支刀)의 명문에 등장하는 '기생(奇生)'을 '구수'로 추정했으나 명백한 오독이다. 해당 명문의 전후 맥락을 따져 볼 때 '기생'은 특정 인물의 이름일 수 없으며 반드시 동사구로 해석해야 한다. 해당 대목의 '기생성음(奇生聖音)'은 "기이하게도 거룩한 소리를 내었다" 식으로 번역해야 된다는 뜻이다.

150) 쇠의 머리를 베니[梟斬釗首]: 김부식은 《삼국사기》에서 "백제의 개로왕은 북위에 바친 표에서 '쇠의 머리를 베었다'고 했는데 과장된 표현이다.(百濟蓋鹵王表魏曰梟斬釗首, 過辭也)"라고 하였다. 실제로 《삼국사기》〈고구려본기〉 "고국원왕 41년" 조에서는 "겨울 10월, 백제왕이 군사 3만을 거느리고 와서 평양성을 공격하매 왕이 군사를 내어 맞서다가 화살을 맞아 그 달 23일에 세상을 떠나니 고국의 들판에 안장하였다.(冬十月, 百濟王率兵三萬, 來攻平壤城, 王出師拒之, 爲流矢所中, 是月二十三日薨, 葬于故國之原)"라고 당시 상황을 전하고 있다. 목이 잘려 죽은 것이 아니라 화살을 맞아 중상을 입었고 그 상처가 덧나는 바람에 하순쯤에 병으로 죽은 것이다. 따라서 이 표에서의 개로왕의 주장은 과장된 표현으로 사실은 아닌 것이다.

南顧。

• 011

[그러나 나중에] 풍씨(馮氏)[151])의 천운이 다하여 [그] 남은 병력이 [속속 고구려로] 도망쳐 숨으면서 [그] 추악한 놈들이 차츰 번성하더니[152]) 급기야 [놈들로부터] 수모와 핍박을 당하기에 이르렀습니다. [그] 원한이 얽히고 [전쟁의] 불행이 이어지기를 삼십 년이 넘는 바람에[153]) [우리나라는] 물자도 바닥나고 국력마저 다하여 어느 사이에 [나라가] 약해지고 불안해지고 말았습니다.[154])

---

151) 풍씨(馮氏): 북연(北燕)의 제2대 황제인 풍홍(馮弘)을 말하지만 그 나라인 북연의 대명사로 이해해도 무방하다. 풍홍에 관해서는 앞의 〈고구려전〉의 "풍문통" 주석을 참조하기 바란다.

152) 추악한 놈들이 차츰 번성하기에 이르렀습니다[醜類漸盛]: '추악한 놈들[醜類]'은 고구려를 가리킨다. 이병도는 개로왕의 이 발언을 "北魏의 敵愾心을 일으키려는 煽動的 語句에 불과하다."라고 보았다. 그러나 근구수왕(375~384 재위) 전후로 풍씨 북연의 잔여 세력을 흡수한 고구려는 공교롭게도 소수림왕(小獸林王)-고국양왕(故國壤王)을 거쳐 광개토대왕-장수왕의 극성기를 맞으면서 영토를 최대로 확장하게 된다. 반면에 백제는 근수구왕 이후로 고구려의 공세에 밀려 자구책을 마련하기 위해 신라 및 중원 왕조에 연합을 호소하는 처지에까지 내몰린다. 따라서 개로왕의 표현에 선동적인 어감이 담겨 있는 것은 사실이지만 북연 세력을 흡수한 고구려가 차츰 번성하기 시작하는 상황 자체는 허구로 치부할 이유가 없다고 본다.

153) 원한이 얽히고 불행이 이어지기를 삼십 년이 넘는 바람에[構怨連禍, 三十餘載]: 백제의 개로왕이 북위 황제에게 표를 보낸 것은 연흥(延興) 2년, 즉 서기 472년이다. 그런데 이 대목에서 북연이 멸망하고 풍홍의 잔여 세력이 고구려에 귀순하여 국력이 강해진 고구려가 백제에 도전하면서 30년 넘게 치열한 공방을 벌였다고 했으니 북연이 멸망한 438년을 기준으로 할 때 양국의 전쟁이 본격화된 시점은 대체로 440년 전후였던 셈이다. 그렇다면 고구려는 장수왕(413~491 재위), 백제는 개로왕의 선대인 비류왕(比流王, 427~455) 때부터 소모적인 전쟁이 쉴 새 없이 지속된다는 이야기가 된다.

154) 약해지고 불안해지고 말았습니다[轉自孱踧]: 날이 갈수록 강성해지던 고구려와

○ 自馮氏數終, 餘燼奔竄, 醜類漸盛, 遂見陵逼, 構怨連禍, 三十餘載, 財殫力竭, 轉自孱踧。

• 012

만약 천자의 자애와 극진한 연민[의 마음]이 외국[의 백성들]조차 가리지 않고 멀리 미쳐 서둘러 장수를 한 사람 파견하시어 신의 나라를 구하러 와 주신다면 기꺼이 신의 딸을 바쳐 [천자의] 후궁에서 비질을 시키는 것은 물론이요, 아들과 아우들까지 보내 [천자의] 마구간에서 말을 먹이게 하면서, 한 자의 땅 한 명의 사람조차 감히 신의 것이라 여기지 않겠나이다!"

○ 若天慈曲矜, 遠及無外, 速遣一將, 來救臣國, 當奉送鄙女, 執掃後宮, 幷遣子弟, 牧圉外廐。尺壤匹夫不敢自有。"

• 013

[그는] 이어서 [이렇게 황제에게] 고하였다.

"지금 [고]련155)이 죄를 지어 [그] 나랏사람들이 진작에 어육 신세가 된 것은 물론이고156), 대신과 호족들까지 가차 없이 살육하니 [그] 죄가 넘

는 달리 수세에 몰려 있던 백제는 장수왕에 이르러 길고 자주 벌어지는 고구려의 공세에 국력이 소진되고 민심도 피폐해져 갔다. 《삼국사기》《백제본기》"아신왕 8년"조에서 "왕이 고구려를 침공하고자 병마를 대대적으로 징용하자 백성들은 국역에 시달린 나머지 신라로 도망치는 일이 많아져서 인구가 급격히 줄어 들었다.(王欲侵高句麗, 大徵兵馬, 民苦於役, 多奔新羅, 戶口衰滅)"라고 기술하고 있다. 이미 아신왕 때부터 민심의 이반과 인구의 유출이 현실화되어 있었던 셈이다. 이 같은 양상은 개로왕 때에 더더욱 악화되어 갔을 것이다.

155) 련(璉): 고구려 제20대 국왕인 장수왕(長壽王)을 가리킨다.
156) 나랏사람들이 진작에 어육 신세가 된 것은 물론이고[國自魚肉]: 장수왕의 잇따른

치고 [그] 악[행]이 쌓여 백성들이 흩어져 떠나가고 있습니다. 지금이야 말로 [저들이] 멸망할 때이자 [저희가 천자의] 도움을 빌릴 때인 것입니다.

○ 又云: "今璉有罪, 國自魚肉, 大臣强族, 戮殺無已, 罪盈惡積, 民庶 崩離。是滅亡之期, 假手之秋也。

• 014

더욱이 풍씨 일족의 군사들[157]은 새나 가축들처럼 [고향에 대한] 그리움을 가지고 있고, 낙랑 등의 군[158]들 또한 고향을 잊지 못하는 마음을 품고 있는 것이 실정입니다.[159]

대외 정벌로 고구려인들이 고통을 당하는 것을 두고 한 말. '어육(魚肉)'은 원래 요리를 만들기 위해 생선이나 고기를 다듬는 것을 가리키는데, 나중에는 아무 저항도 하지 못한 채 남에게 마음대로 학대당하는 것을 가리키는 말로 주로 사용되었다.

157) 풍씨 일족의 군사들[馮族士馬]: 풍홍이 피살된 뒤로 고구려에 흡수·정착한 북연의 잔여 세력을 가리킨다. 〈동북아판3〉(제080쪽)에서는 "새나 가축들처럼 그리움을 가지고 있고" 부분을 "북위에 대한 [북연 세력의] 연모의 정"으로 해석했으나 북위에 귀순하고자 하는 마음을 나타내는 것이 아니라 단순히 그들의 고향(북연)을 그리워하는 마음을 두고 한 말이다.

158) 낙랑 등의 군들[樂浪諸郡]: 여기서 '낙랑제군(樂浪諸郡)'은 '낙랑등제군(樂浪等諸郡)'을 줄인 말로 이해해야 옳다. '낙랑등제군'은 '낙랑을 포함하는 여러 군'이라는 뜻이다. 반면에, '낙랑제군'은 글자 그대로 풀이하면 '낙랑에 속한 여러 군'으로 해석된다. '낙랑'과 '제군' 사이에 선후관계가 발생하는 것이다. 그러나 역사적으로 낙랑은 군이었으므로 군이 행정적으로 동일한 행정단위인 다른 군들을 지배할 수는 없고 그 하부 단위인 현을 지배하기 마련이다. 따라서 '낙랑제군'은 문법적으로 정확한 표현이 아니다. 아마 수사적으로 앞의 '풍족사마(馮族士馬)'와 짝을 맞추기 위해서 글자를 네 자로 통일한 것으로 보인다. 참고로, 곽석량의 《한자고음수책》에 따르면, '즐거울 락(樂)'은 '래와 약의 반절[來藥切, lauk]', '물결 랑(浪)'은 '래와 양의 반절[來陽切, laŋ]'으로, '록랑' 식으로 읽혀졌던 것으로 보인다.

159) 낙랑 등의 군들 또한~: 개로왕의 이 같은 발언은 장수왕 때 낙랑 등의 지역들이 고구려의 영역에 통합되어 있었음을 방증한다. 인터넷〈국편위주〉103에서는 낙

담기양이 그린 풍홍 시기 북연의 강역도. 그러나 창려 용성 평주는 산해관 이서(진황도 인근)에 있었다고 보아야 하므로 강역의 동계는 조정이 필요하다.

○ 且馮族士馬, 有鳥畜之戀, 樂浪諸郡, 懷首丘之心。

랑군의 위치를 평안도 지역으로 확신한 상태에서 이 부분을 "美川王代(서기 313년~314년)에 高句麗가 몰아냈던 樂浪·帶方郡과 廣開土王代(서기 391년~413년)에 高句麗의 압력으로 말미암아 撤收하여 後燕 慕容氏의 支配下에 들어가게 되었던 遼東·玄菟郡"을 일컫는 말로 보았다. 그러나 낙랑·대방·요동·현토가 그리워하는 "고향"이란 한반도 북부가 아니라 북조의 영역인 하북성 동북부를 가리킨다. 원문의 "馮族士馬, 有鳥畜之戀"과 "樂浪諸郡, 懷首丘之心"은 문법상·의미상으로 완벽한 대구(對句)를 이룬다. "馮族士馬"와 "樂浪諸郡"으로 표현을 달리하기는 했지만 대상도 동일하다. 풍홍의 죽음과 함께 고구려에 흡수된 북연의 마지막 거점이 낙랑 등의 군현이 설치된 자리와 일치한다는 뜻이다.(낙랑이 정말 평양지역이라면 고향을 그리워하는 수구초심을 느낄 이유가 없다. 낙랑 출신자들이 수구초심을 가졌다는 것은 그 좌표가 고구려 밖에 있다는 반증이다.) 개로왕은 원래 북위에 편입되었어야 할 북연 또는 낙랑 등의 군현을 고구려의 장수왕이 가로챘다(병합했다)는 취지에서 이 말을 한 것이다. 물론, 개로왕의 의도는 그 지역을 장악한 고구려에 대한 북위 황제의 증오심을 자극하고, 나아가 고구려 정벌과 백제의 고토의 회복을 위한 군사를 지원을 이끌어 내자는 데에 있었을 것이다.

• 015

[그러니] 천자의 위엄을 한번 떨치시어 [고구려에 대한] 정벌을 하신다면 [서로 간에] 전쟁이 벌어지는 일은 없을 것입니다. [아울러] 신이 비록 명민하지는 못하나 온 힘을 다해 충성을 바칠 각오로 기꺼이 거느린 군사를 이끌고 바람[같은 천자의 관군]을 받들어 호응할 것입니다.

○ 天威一擧, 有征無戰。臣雖不敏, 志效畢力, 當率所統, 承風響應。

• 016

더욱이 고[구]려는 정의롭지 못하게도 [폐하를] 반역하고 속이는 사례가 한두 가지가 아닙니다. 겉으로는 외효(隗囂)[160]의 '울타리'입네 하는 공손한 말을 떠들면서도 속으로는 흉한 재앙인 무모한 행태들을 [별일 속셈을] 품고 때로는 남으로 유씨(劉氏)[161]와 내통하는가 하면 때로는 북

---

160) 외효(隗囂, ?~33): 신(新)나라 말기의 군벌. 자는 계맹(季孟)으로, 천수(天水) 성기(成紀), 즉 지금의 감숙성 진안현(秦安縣) 사람이다. 처음에는 천수군의 속관(屬官)이었는데 농우(隴右)지역에서 명성이 높자 당시 국사(國師)이던 유흠(劉歆)에 의해 '국사(國士)'로 발탁되었다. 유흠이 반란을 일으키자 낙향하여 천수군의 평양성(平襄城)을 점령하고 '상장군(上將軍)'을 자처하면서 군벌로 할거하였다. 경시제(更始帝) 때 조정에 귀순하여 우장군(右將軍)에 임명되더니 친척인 외최(隗崔)·외의(隗義)의 반란 모의를 밀고하여 어사대부(御史大夫)로 중용되고 '삼공(三公)'의 예우를 받았다. 그러나 25년에 광무제(光武帝)가 즉위하자 다시 낙향하여 '서주대장군(西州大將軍)'을 자처하다가 명장 마원(馬援)의 건의로 광무제에게 투항했으나 뒤로는 공손술(公孫述)과 연합해 반란을 도모하다가 토벌에 나선 광무제에게 죽음을 당하였다. 여기서는 수시로 말을 바꾸고 배신을 하는 지조 없는 간신배를 뜻하는 말로 사용되었다.

161) 유씨(劉氏):유유(劉裕, 363~422)가 세운 송(宋)나라를 북위에서 낮추어 부른 이름이다. 역사적으로 10세기에 조광윤(趙匡胤, 927~976)이 세운 송나라와 구분하기 위하여 성씨를 앞에 붙여서 '유송(劉宋)'으로 부른다. 개로왕이 표를 올릴 당시에는 북위와 적대적인 관계에 있었다.

으로 연연(蠕蠕)**162)**과 밀약을 맺고 [두 나라가] 함께 서로 입술과 이 같은 관계를 유지하면서 천자의 방략을 짓밟고자 획책하고 있습니다.

○ 且高麗不義, 逆詐非一, 外慕隗囂藩卑之辭, 內懷兇禍豕突之行。或南通劉氏, 或北約蠕蠕, 共相脣齒, 謀陵王略。

• 017

옛날 당요(唐堯)**163)**께서 그토록 거룩하셨음에도 단수(丹水)**164)**에서 [남만을] 응징하셨고, 맹상(孟嘗)[군]**165)**은 어질다는 칭송을 받았건만 세간의 비방은 용납하지 않았습니다.

---

162) 연연(蠕蠕): 서기 4~6세기까지 흉노·선비를 이어 몽골초원을 지배한 동호(東胡)계 부족국가인 유연(柔然)의 다른 이름. '유연(蝚蠕)·여여(茹茹)·예예(芮芮)' 등의 이름으로 불리기도 하였다. 5세기 초에 그 수장이던 사륜(社侖)이 막북(漠北)으로 이주한 뒤 구두벌 가한(丘豆伐可汗)으로 일컬으면서 6세기 초기까지 북방에서 북위와 패권을 다투었다. 나중에는 세력이 약화되면서 552년에 돌궐(突厥)에 병합되었다. '유연'은 욱구려씨(郁久閭氏)의 수장이던 거록회(車鹿會)가 스스로 일컬은 이름이다. 그 의미의 경우, '현명하다'라는 뜻이라고 하기도 하고, '예의·법도[가 있다]'라는 뜻이라는 말도 있으며, 일설에는 '이방인' 또는 '쑥'이라는 뜻의 알타이어라고 전해진다. 반면에, '연연'은 유연을 비하한 표현으로, 그 부족은 지능이 낮다는 편견을 가진 북위의 태무제(太武帝) 탁발도(拓跋燾, 408~452)가 '생각도 할 줄 모르는 벌레들'이라고 비웃으면서 백성들에게 명령을 내려 '연연'으로 부르게 했다고 한다. 《위서》〈거란전(契丹傳)〉에서 "태화 3년(479)에 고구려가 몰래 연연(유연)과 도모하여 지두우의 땅을 나누어 가지려 하였다.(太和三年, 高句麗竊與蠕蠕謀, 欲取地豆于以分之.)"라고 한 것을 보면, 고구려가 유연과 내통하고 있다는 개로왕의 주장이 거짓은 아님을 알 수 있다. 《송서》〈고구려국전〉에도 고구려가 유연과 접촉한 일이 언급되고 있다.

163) 당요(唐堯): 중국 전설 속의 성군 '오제(五帝)'의 한 사람. 제곡(帝嚳)의 아들로, 성은 이기(伊祁), 이름은 방훈(放勳)이며, '요(堯)'는 시호이다. 때로는 '당요(唐堯)·도당씨(陶唐氏)'로 불리기도 하였다. 《사기(史記)》 등의 기록에 의하면, 희화(羲和) 등에게 명하여 역법을 정하고, 효행으로 명성이 높았던 순을 중용했으며, 나중에는 왕위를 아들을 제치고 순에게 양보하여 유가에서 성인의 치세로 칭송되는 이른바 '요·순의 치세(堯舜之治)'를 이끌어 내기도 하였다.

졸졸 흐르는 작은 물줄기일지언정 서둘러 막아야 옳은 법이온즉 지금 만약 [행동을] 취하지 않으신다면 장차 후회를 남기시게 될 것입니다!

○ 昔唐堯至聖, 致罰丹水, 孟嘗稱仁, 不捨塗詈。涓流之水, 宜早壅塞, 今若不取, 將貽後悔。

요 임금의 초상(삼재도회)

164) 단수(丹水): 중국 고대의 하천 이름.《육도(六韜)》에서는 "요가 유묘를 단수 물가에서 토벌하였다.(堯伐有苗于丹水之浦)"라고 했으며,《여씨춘추(呂氏春秋)》《소류(召類)》에 따르면 "요는 단수 물가에서 남쪽 오랑캐들을 굴복시켰고 순은 유묘의 백성들을 물리치고 그 풍속을 고쳐 주었다.(堯戰丹水之浦, 以服南蠻, 舜却苗民, 更易其俗)"라고 한다. 단수의 위치에 대해서는 ① 기원후 180년 전후의 후한대 학자 고유(高誘)는《여씨춘추》에 붙인 주석에서 "단수는 남양에 있다.(丹水, 在南陽)"라고 하였다. 남양은 지금의 하남성 남양시(南陽市) 일대이므로, 황하 남쪽의 하천인 셈이다. 또, 황하집단(요)과 장강집단(유묘)의 충돌로 보아 ② 지금의 단강(丹江)으로 보기도 한다. 단강은 섬서성 상현(商縣) 서북쪽에서 발원하여 동남쪽으로 하남성을 거쳐 호북성의 균현(均縣)에서 한강(漢江)으로 유입되는 하천이다. 이 밖에도 ③ 감숙성 적석산(積石山) 인근의 하천, ④ 호북성 동정호(洞庭湖) 인근의 하천이라는 주장도 있다. 인터넷〈국편위주〉108에서는 "山東省 所在. 發源地가 둘이니, 하나는 昌樂縣의 南쪽 … 하나는 臨朐縣의 東北",〈동북아판3〉(제081쪽)에서도 "중국 산동성에 있는 하천의 이름"이라고 소개했으나, 무엇을 근거로 한 설명인지 알 수가 없다.

165) 맹상(孟嘗)[군]: 전국시대 제(齊)나라의 귀족인 전문(田文)을 말한다. '맹상군(孟嘗君)'은 호이다. 제나라는 물론 진(秦)·위(魏)에서도 재상을 지냈는데, 사교를 즐겨서 거두어 돌보는 식객(食客)이 수천 명이나 될 정도였다. '계명구도(鷄鳴狗盜)'의 고사성어로도 유명하다. … 여기서 "세간의 비방[塗詈]"이란 조(趙)나라에서의 일화를 두고 한 말이다. 전문이 조나라를 지날 때 그 명성을 들은 사람들이 구경을 나왔다가 체구가 왜소하고 변변치 않은 것을 보고 그를 비웃었다. 그러자 격분한 전문은 수행원들과 함께 그 자리에 있던 수백 명을 죽이고 현 하나를 폐허로 만들고 나서야 그 자리를 떠났다고 한다.

• 018

지난 경진년166) 이후로, 신의 [나라] 서쪽 경계167) 소석산(小石山)168) [너머의] 북쪽 나라 영해에서 시체가 열 구 넘게 발견되었고, 아울러 옷·기물·안장·굴레 등을 얻었습니다.

[그런데] 그것들을 살펴보니 고[구]려의 물건들이 아니었습니다. 나중에 들어 보니 [그것들은] '바로 폐하의 [명령을 받든] 사람들이 신의 나라로 왕림하려다가 긴 뱀[같은 고구려놈들]이 길을 가로막는 바람에169) [그들이] 바다

---

166) 지난 경진년[去庚辰年]: 서기 440년으로, 북위 태무제(太武帝)의 태연(太延) 6년 이자 태평진군(太平眞君) 원년, 유송 문제(文帝)의 원가(元嘉) 17년에 해당한다.

167) 신의 서쪽 경계[臣西界]: 개로왕이 이 표를 올린 시점은 북위 연흥(延興) 2년 (472)으로, 고구려 기년으로는 장수왕 60년, 백제 기년으로는 개로왕 18년에 해당한다. 이때는 문주왕(文周王) 원년(475)의 웅진성(熊津城) 천도가 있기 4년 전으로 백제의 도읍이 한성(漢城)이던 시점이다. 게다가 "서쪽 경계[西界]"의 "북쪽 나라의 영해[北國海中]"이라고 했으니 시체와 물건들이 발견된 지점이 백제와 고구려의 접경지역 해상인 셈이다. 학계에서는 한성을 지금의 서울시 일대로 보고 있다. 만일 이 지리고증이 정확한 것이라는 전제하에서 서울의 서녘 북쪽 바다라면 지금의 인천 백령도 방면 해상에 해당될 것이다. 이 표를 올리고 4년째 되던 해인 475년 9월에 개로왕은 고구려 장수왕이 이끄는 3만의 고구려군의 공격에 한성을 함락당하고 죽음을 맞는다.

168) 소석산(小石山): 백제의 산 이름. 이병도는 발음이 비슷한 것을 근거로 《삼국지》〈동이전〉"한"조에 소개된 50여 개의 작은 나라들 중 하나인 '소석삭국(小石索國)'으로 보았다. 〈동북아판3〉(제081쪽)에서도 역시 "소석산북국"으로 번역하였다. 그러나 산의 이름을 한 나라의 국명으로 보는 것은 지나친 확대해석이다. 여기서는 '북국(北國)'을 당시 백제의 북쪽에 있는 고구려를 두고 한 말로 보아 "소석산북국"으로 끊고 "소석산 [너머의] 북쪽 나라" 식으로 번역해야 옳다. 그렇다면 당시 백제와 고구려의 서계(西界)에 작은 돌산(소석산)이 있었을 가능성도 상정해 볼 수 있을 것이다.

169) 긴 뱀이 길을 가로막는 바람에[長蛇隔路]: 이 구절을 통하여 북위에서 백제로 또는 백제에서 북위로 사행을 다닐 때에는 반드시 고구려의 영해(영토)를 거쳐 가야 했음을 짐작할 수 있다. 말하자면 5~6세기 이때까지만 해도 백제이든 고구려든 간에 연안항법(沿岸航法)으로 해안을 따라 이동하는 방식으로 양국을 왕래한 셈이다. 백제에서 곧바로 황해를 횡단해 중국 동남부의 남조로 직행하는 것은 기

에 침몰한 것'이라는 것이었습니다!

○ 去庚辰年後, 臣西界小石山北國海中見屍十餘, 幷得衣器鞍勒, 視之非高麗之物, 後聞乃是王人來降臣國, 長蛇隔路, 以沉于海。

• 019

비록 아직 분명하게 확인하지는 못했으나 [그 괘씸한 소행에] 분노를 뼈저리게 느끼는 바입니다. 옛날 송나라에서 신주(申舟)170)를 죽이자 초나라 장왕171)은 맨발로 뛰쳐나갔으며, 날아 온 비둘기를 매가 잡자 신릉(信陵)[군]172)은 [밥을] 먹지 않았습니다.173)

○ 雖未委當, 深懷憤恚。昔宋戮申舟, 楚莊徒跣, 鷂撮放鳩, 信陵不食。

술적으로 불가능했다는 뜻이다. 고대의 연안항법과 한·중 양국의 이동 경로에 관해서는 문성재,《한국고대사와 한중일의 역사왜곡》, 제350~352쪽을 참조하기 바란다.

170) 신주(申舟, ?~BC595): 중국 춘추시대 초(楚)나라의 정치가. 초나라 문왕(文王)의 후손으로, 성은 미(羋), 씨는 문(文)이며 이름은 무외(無畏), 자는 자주(子舟)이다. 신(申) 땅에 봉해져서 그 땅 이름을 씨로 삼았다. 좌사마(左司馬)로 있을 때 사신으로 제나라에 파견되었는데 송나라 국경을 지날 때 그 나라 사람에게 살해되었다. 이 사건으로 말미암아 초나라는 송나라 정벌에 나서 상구(商丘)를 응징하였다.

171) 초나라 장왕[楚莊]: 춘추시대 초나라의 국왕이었던 장왕(莊王) 미려(羋旅, ?~BC591)를 말한다. 내정을 정비하고 수리사업을 벌이는 한편 대외 정벌을 벌여 필(邲) 땅 싸움에서 진(晉)나라를 대파함으로써 '춘추 5패(春秋五霸)'의 한 사람으로 일컬어졌다.

172) 신릉(信陵)[군]: 전국시대 위(魏)나라의 귀족 위무기(魏無忌, ?~BC243)를 말한다. 위나라 안리왕(安釐王)의 동생으로, 대량(大梁), 즉 지금의 하남성 개봉시(開封市) 사람이다. 진(秦)나라의 공격을 받은 조(趙)나라가 구원을 요청하자 위나라 왕이 장군 진비(晉鄙)를 보내 조나라를 구하게 하였다. 그러나 진비가 진군을 멈추자 그를 죽이고 병권을 빼앗아 조나라를 구해 주었다고 한다.

백제국전(百濟國傳) **265**

• 020

적을 이겨 공명을 이루는 것은 더할 나위 없이 아름답고 성대한 일입니다. 무릇 [신은] 작디작고 외진 나라에서조차 변함없이[猶] [천자의 나라의] 만대불변의 신의를 흠모하고 있나이다. 하물며 폐하께서는 하늘과 땅의 기운을 조화시키고 위세는 산과 바다조차 기울게 할 정도이십니다. 그런데 어찌하여 가소로운 종놈174)으로 하여금 천자께로 향하는 길을 차지하고 앉아 가로막도록175) [내버려] 두십니까! 이에 [당시에] 얻은 안장 하나를 바치오니 [그것을] 산 증거로 삼으시기 바랍니다."

○ 克敵建名, 美隆無已. 夫以區區偏鄙, 猶慕萬代之信, 況陛下合氣天地, 勢傾山海, 豈令小竪, 跨塞天逵. 今上所得鞍一, 以爲實驗."

---

173) 신릉군은 밥을 먹지 않았습니다[信陵不食]: 하루는 밥을 먹는 위무기 곁으로 웬 비둘기가 날아 왔는데 그것을 발견한 매가 따라와서 비둘기를 잡아 죽였다. 그러자 위무기는 마음이 언짢아져서 저녁이 될 때까지 밥을 먹지 않았다. 그 소식을 듣고 주위 사람들이 매를 200여 마리 잡아서 갖다 주자 그 우리로 가서 "어제 비둘기를 잡아 죽인 놈은 고개를 숙이고 죄를 받아라" 하니 그중 한 마리만 고개를 숙인 채 위무기의 눈길을 피하자 그 매만 죽이고 나머지는 모두 풀어 주었다. 그러자 그 명성이 널리 전해져 세상사람들이 그를 칭송하면서 그를 따랐다고 한다.

174) 가소로운 종놈[小竪]: '소수(小竪)'는 상대를 낮추어 부르는 말로, 글자 그대로 풀이하면 '하찮은 종놈'이라는 뜻이다. 봉황산(鳳凰山) 168호 한대 묘에서 출토된 죽간의 "달구지 한 대와 종 하나(牛車一兩, 竪一人)"에서도 볼 수 있듯이, 고대에는 '종복'을 뜻하는 글자였으며, 나중에는 '궁중에서 부리는 하급 관리'를 가리키는 말로도 사용되었다. 여기서는 고구려를 두고 한 말이다. 인터넷〈국편위주〉111에서는 '소수'를 '조그마한 어린 아이'라고 번역했으나 오역이다.

175) 천자께로 향하는 길을 차지하고 앉아 가로막도록 두십니까[豈令小竪跨塞天逵]: 앞의 "긴 뱀이 길을 가로막는 바람에[長蛇隔路]"와 마찬가지로, 고구려가 북위로 가는 백제의 사신들을 번번이 가로막은 일을 두고 한 말이다. 이 역시 5~6세기에 백제가 중국의 남조 또는 북조로 사신을 파견할 때에는 황해를 횡단해 목적지로 직행하지 않고 반드시 연안항법으로 해안선을 따라 고구려 영해를 거쳐 우회해야 했음을 방증하는 증거이다.

• 021

현조(顯祖)¹⁷⁶⁾께서는 그들이 후미지고 먼 곳에 있으면서도 위험을 무릅쓰고 입조하고 [공물을] 바쳤다고 여겨 각별하고 두텁게 예우하고 사신으로 소안(邵安)을 파견해 그 나라 사신들을 모두 [백제로] 귀환시키게 하였다. [그리고 이렇게] 조서를 내렸다.

○ 顯祖以其僻遠, 冒險朝獻, 禮遇優厚, 遣使者邵安與其使俱還。詔曰:

• 022

"[그대의] 표를 받아 [그곳 소식을] 듣자하니 아무 근심이 없다고 하니 아주 잘 되었소. 경은 동쪽 외진 곳에 있으니 오복(五服)¹⁷⁷⁾ 너머에 몸을 두고 있는 셈이오. [그런데도 그 수많은] 산과 바다를 멀다 여기지 않고 [우리 북]위나라 대궐까지 찾아와 정성을 바치니 [그] 지극한 뜻을 반갑고 갸륵하게 여겨 마음속에 새기는 바이오.

---

176) 현조(顯祖): 고대에 조부를 높여 부르던 호칭. 여기서는 북위의 헌문제(獻文帝) 탁발홍(拓跋弘, 454~476)을 가리킨다. 이병도는 '현조'를 "北魏의 孝文帝"로 보았으나 착오이다. 탁발홍은 비록 풍태후(馮太后)의 장기 섭정에 불만을 품고 아들 탁발굉에게 양위하고 제위에서 물러나기는 했지만 연흥(延興) 2년(472)에 유연이 침범하자 직접 정벌에 나서는 등, 틈틈이 정사에 참여했고, 탁발굉이 정식으로 친정(親政)에 나선 것은 490년부터이기 때문이다. 했지만 앞에서 "현조가 붕어하시매 … 고조 때에 이르러"라고 한 것도 그 증거이다. 고조는 효문제 탁발굉의 묘호인데 그가 죽위하기 직전에 현조가 죽었다고 했으니 '현조'는 헌문제 탁발홍일 수밖에 없는 것이다. 탁발홍에 관해서는 앞의 〈고구려전〉의 해당 주석을 참조하기 바란다.

177) 오복(五服): 중국 고대에 제왕이 사는 경기(京畿) 지역 너머의 넓은 영역은 제왕이 있는 도성으로부터 거리에 따라 9개 등급으로 구분했기 때문에 '구복(九服)'으로 일컬었다. 이와 함께 왕기 너머로 5백 리마다 등급을 나누어 '후복(侯服)·전복(甸服)·수복(綏服)·요복(要服)·황복(荒服)'의 5개 등급으로 나누고 이를 '오복(五服)'으로 일컫기도 하였다. 이 중에서 가장 먼 '황복'은 왕기에서 2,500리 떨어진 변방 땅을 가리켰다.

○ "得表聞之, 無羞甚善。卿在東隅, 處五服之外, 不遠山海, 歸誠魏闕, 欣嘉至意, 用戢于懷。

• 023
짐은 만대의 왕업을 계승하여 천하에 군림하며 뭇 생명들을 이끌고 다스려 왔소. 이제 온 누리가 한결같이 깨끗해지니 사방에서 [짐의] 의로움에 귀의하여, [아이를 싼] 포대기를 진 채로 찾아드는 이가 이루 셀 수조차 없을 지경이오.
풍속이 조화롭다거나 군사와 병마가 강성하다는 것은 모두 [사신으로 온 부]여례(餘禮) 등도 직접 듣고 본 바이오. 경이 고[구]려와 [사이가] 좋지 못하여 번번이 유린되고 침범당하기는 했으나 진실로 대의에 순응하며 인덕으로 그것을 지킬 수만 있다면 원수가 다 무슨 걱정이겠소?
○ 朕承萬世之業, 君臨四海, 統御羣生。今宇內清一, 八表歸義, 襁負而至者不可稱數, 風俗之和, 士馬之盛, 皆餘禮等親所聞見。卿與高麗不穆, 屢致陵犯, 苟能順義, 守之以仁, 亦何憂於寇讎也。

• 024
이전에 [짐이] 파견한 사신들은 바다를 건너 변방 너머의 나라[178]를 어루만지게 함이었거늘 그로부터 [여러] 해가 거듭되도록 [한번] 가서 돌아

---

178) 변방 너머의 나라[荒外之國]: '황외지국(荒外之國)'은 국왕이 사는 왕기(王畿)에서 2,500리 떨어진 황복(荒服) 너머에 있는 나라를 가리킨다. 춘추시대의 것으로 전해지는 《국어(國語)》〈주어 상(周語上)〉의 "융적은 황복에 있다.(戎狄荒服.)"에 대하여 삼국시대 오나라의 학자 위소(韋昭, 204~273)는 "융적은 왕성으로부터 4,500리 내지 5,000리나 떨어져 있다.(戎狄去王城四千五百里至五千里也.)"라는 주석을 붙인 것을 보면 그 거리가 절대적인 숫자가 아니라 다분히 관념적인 숫자였음을 짐작할 수 있다.

무용총 수렵도의 고구려식 안장과 북위 도용의 북위식 안장

오지 않는 바람에 살았는지 죽었는지 도착은 했는지를 미처 확인할 길이 없구려.
○ 前所遣使, 浮海以撫荒外之國, 從來積年, 往而不返, 存亡達否, 未能審悉。

• 025
[그런데] 경이 보내 온 안장은 [그 사신들이] 당시에 탔던 것과 대조해 보았으나 [우리] 중국의 물건이 아니었소. [그러니] '그럴 것 같다'고 의심되는 일을 가지고 '분명히 그렇다'고 단정해서는 안 될 것이오. [경이 나라를] 경략할 비결은 이미 다른 조서에 언급해 놓았소."
○ 卿所送鞍, 比校舊乘, 非中國之物。不可以疑似之事, 以生必然之過。經略權要, 已具別旨。"

• 026
[황제는 다음과 같은 조서도] 이어서 내렸다.
"고[괴]려가 강성한 것을 믿고 경의 영토를 침범하여 선왕의 옛 원수를

갚겠다며 백성들을 평안하게 해 주는 큰 덕을 [베풀기를] 저버린 채 공방을 주고받기를 몇 해나 거듭하여 먼 변방에서 [분쟁이] 제대로 해결되지 않고[179]) 있다고 알고 있소.

○ 又詔曰: "知高麗阻强, 侵軼卿土, 修先君之舊怨, 棄息民之大德, 兵交累載, 難結荒邊。

• 027

[그대의] 사신이 신서(申胥)[180])의 충성심을 아울러 갖추었고, [그대의] 나라에 초(楚)나라나 월(越)나라 때와 같은 긴급한 일[181])이 벌어졌으니 [짐

---

179) 먼 변방에서 제대로 해결되지 않고 있다고[難結荒邊]: 백제와 고구려의 분쟁이 여러 해에 걸쳐 되풀이 되고 있는 것을 두고 한 말. 인터넷〈국편위판〉에서는 이 부분을 "온갖 어려움이 국경 사이에 맺혀 있음을~" 식으로 번역했고, 〈동북아판 3〉(제083쪽)에서는 "환난이 황복 변경에까지 미치게 되었다는 것을 알고 있소" 식으로 번역하였다. 그러나 여기서 '난(難)'은 '어려움(trouble)'이 아니라 '~하기 어렵다(hard to~)'라는 의미로 새겨야 옳다. '결(結)' 역시 '맺히다(form)'가 아니라 '해결하다(resolve)'의 의미로 새겨야 한다. 전체적으로 형용사구로 보아야 할 '난'을 명사로 보는 바람에 부정문이 긍정문으로 뒤바뀌어 버린 것이다.

180) 신서(申胥): 춘추시대 초나라의 귀족이던 신포서(申包胥, BC540?~BC450?)를 말한다. 초나라 군주이던 분모(蚡冒)의 후예로, 원래의 성은 왕손(王孫)이어서 '왕손포서'로 일컬었지만 신(申) 땅에 봉해지면서 신씨의 시조가 되면서 '신포서'로 일컬어지기 시작하였다. 친구인 오자서(伍子胥)가 초나라에 환멸을 느끼고 망명하면서 "반드시 초나라를 뒤집어엎겠다."라고 맹세하자 "그렇다면 나는 기필코 초나라를 지키겠다."라고 응수했다고 한다. 나중에 오(吳)나라에서 성공한 오자서가 초나라를 기어이 멸망시키려 하자 진(秦)나라로 달려가 7일 동안 눈물을 흘리면서 초나라를 구해 줄 것을 빌었다. 그 정성에 감동한 진나라 애공(哀公)이 전차 500승을 지원해 직(稷)에서 오나라군을 격퇴시켰다고 한다. 여기서 "신서의 충성심[申胥之誠]"이란 이를 두고 한 말이다. 인터넷판의 인터넷〈국편위주〉117에서는 '왕손(王孫)'을 '공손(公孫)', '신(申)'을 '갑(甲)', '신포서'를 '신구서(申句胥)', '대부(大夫)'를 '장부(丈夫)'로 오기되어 있는데 수정이 필요하다.

181) 초나라 월나라 때와 같은 긴급한 일[楚越之急]: 초나라의 긴급한 일은 바로 앞의 "신서" 주에서 볼 수 있듯이, 오자서가 부친의 원수를 갚기 위하여 오나라에서

이] 응당 대의를 펼쳐 약자를 돕고자
[이] 기회를 타서 번개처럼 군사를 일
으킴이 마땅할 것이오.

○ 使兼申胥之誠, 國有楚‧越之急,
乃應展義扶微, 乘機電擧。

• 028

그러나 고[고]려는 선대로부터 [북위의]
'변방을 지키는 신하'로 자처하면서 조
공을 해 온 지가 오래되었소.¹⁸²⁾ [경이]
저들에게 예전부터 [감정의] 응어리가 있었다고는 하지만¹⁸³⁾ [짐의] 나라
에는 여태껏 명령을 어기는 허물을 범한 적이 없었소.

○ 但以高麗稱藩先朝, 供職日久, 於彼雖有自昔之釁, 於國未有犯令

신포서의 초상

대군을 이끌고 초나라를 공격한 일을 가리킨다. 또, 월나라의 긴급한 일이란 춘추
시대에 이웃나라인 오(吳)나라의 국왕 부차(夫差)가 대군을 이끌고 구천(勾踐)이
다스리던 월나라를 침공한 일을 가리킨다. 부차에게 항복한 구천은 미녀 서시(西
施)를 바치고 장작 위에서 자고 쓸개를 맛보면서[臥薪嘗膽] 복수의 각오를 다진
끝에 마침내 오나라 정벌에 성공하였다.

182) 선대로부터[先祖]: 인터넷〈국편위주〉118에서는 "北魏로 보낸 高句驪 使臣의 기
록이 처음 나오는 것은《魏書》〈世祖紀〉太延 元年(435) 6월 丙午條로 '高麗‧鄯
善國並遣使朝獻'이라 하고 있다."라고 하였다. "태연 원년(435)"이라면 태무제
탁발도(拓跋燾, 408~452)의 치세이다. 탁발도가 이 조서를 내린 헌문제 탁발홍
의 증조부이다.

183) 저들에게 예전부터 응어리가 있었다고는 하지만[於彼雖有自昔之釁]: 인터넷〈국
편위판〉에서는 '저 피(彼)'를 "그대들"로, 중국의〈대역판〉(1885)에서도 '對你們'
즉 "그대들에게"로 번역하였다. 그러나 전후 맥락을 따져볼 때 '피'는 표를 올린
대화의 상대가 아니라 대화의 제3자를 가리키는 것으로 이해하는 편이 합리적이
다. 백제가 아니라 고구려를 가리키는 말이라는 뜻이다. 뒤에 이어서 나오는 '속
구피정(速究彼情)'이 그 증거이다.

之愆。

• 029

경이 사신을 처음으로 보내는 마당에 지금 당장 [고구려를] 정벌해 주기를 바라기에 이번 사태의 정황을 조사하고 따져 보았으나 이치상으로는 역시 [명분이] 충분하지 않은 것 같구려. 그래서 지난 해184)에 [귀국이 부여]례(禮) 등을 파견하여 평양(平壤)[성]185)으로 가게 해서 그 실상을 검증해 보려 하였소.186)

---

184) 지난 해[往年]: 인터넷〈국편위주〉119에서는 여기서의 '왕년(往年)'을 '지난 해'로 이해하고 "蓋鹵王이 餘禮 등을 보낸 472년을 가리킨다. 詔書와 本文에서의 일의 진행은 모두 472년에 일어난 일이 아닌 것이 확실하기 때문이다. 또한 뒤에 나오는 延興 5년(475)에 邵安을 蓋鹵王에게 보낸 것이 함께 실려 있는 것으로도 증명된다."라고 보았다. 〈동북아판3〉(제093쪽) 역시 마찬가지이다. 그러나 고대 한문에서 '왕년'은 '지난 해(last year)'라는 의미로 사용된 사례가 없다. 막연하게 '이전에(in the old days)', '과거에(in the past)' 정도의 의미만 나타내며, 그 시차는 최소한 2년 이상 벌어져야 '왕년'이라고 표현할 수가 있다.

185) 평양(平壤)[성]: 장수왕 재위 당시 고구려의 도읍. 국내외 학계에서는 지금의 평안도 평양시로 비정하고 있다. 그러나 당대 초기의 장회태자(章懷太子) 이현(李賢, 655~684)이 붙인 주석에 따르면 "개마 … 그 산은 지금의 평양성 서쪽에 있다.(蓋馬 … 其山在今平壤城西.)" 이 주석의 '평양성'은 이현이 생존해 있던 7세기 당시의 고구려 도읍을 말한다. 지금의 평안도에 있는 평양시가 아닌 것이다. "그 산은 지금의 평양성 서쪽에 있다."라고 한 것이 그 증거이다. '동고서저(東高西低)'의 독특한 지형적 특징을 지닌 한반도에서 평양시 서쪽에는 거대한 산줄기를 가진 산지는커녕 오히려 드넓은 평야지대가 형성되어 있다. ③ 그 지형적 특징 등을 종합해 볼 때 오히려 평양시보다는 중국 요녕성의 요양시(遼陽市) 일대가 더 근사해 보인다. 이 문제에 관해서는 문성재, 《한국고대사와 한중일의 역사왜곡》, 제72~87쪽을 참조하기 바란다.

186) 그래서 왕년에 례 등을 파견하고 나서[故往年遣禮等]: 인터넷〈국편위판〉 및 중국의 〈대역판〉(제1885쪽)에서는 원문의 "故往年遣禮等至平壤欲驗其由狀" 부분을 "故往年遣禮等至平壤, 欲驗其由狀"으로 끊고 "지난 해에 禮 등을 平壤에 파견하여 그 사유를 조사하려 하였소."라고 번역하였다. 번역문을 보면 얼핏 북위의 황

5세기 최고 전성기의 고구려 도읍 평양성은 어디였을까? 한중일 학계에서는 지금의 평양시로 단정하지만 여러 정황으로 볼 때 실제로는 요녕성에 있었다고 보는 것이 옳다.

○ 卿使命始通, 便求致伐, 尋討事會, 理亦未周。故往年遣禮等至平壤, 欲驗其由狀。

• 030

그러나 고[구]려가 표를 올려 [짐의 중재를] 요청하는 일이 빈번하기는 했으나 말과 이치가 모두 [실제와] 부합하여 [짐의] 사신들이 그의 요청을 막을 수가 없었고, 국법을 집행하는 관청은 관청대로 그 책임을 추궁할 근

제가 백제 사람인 부여례 등을 고구려의 평양성에 파견한 것처럼 보인다. 그러나 전후 맥락을 따져 볼 때, 이 부분은 "故往年遣禮等, 至平壤, 欲驗其由狀"으로 끊고 "그래서 왕년에 [귀국에서 우리 나라에] 례 등을 파견하고 나서 [우리 사신이 고구려의] 평양성에 갔을 때에도 그 정황을 확인해 보려 하였소."라고 번역하는 편이 합리적이다. 왜냐하면 ① 부여례를 사신으로 파견한 것은 백제이며, ② 부여례가 파견된 나라는 북위이지 고구려가 아니며, ③ 평양성에 가서 정황을 조사한 것도 북위의 사신들이기 때문이다. 부여례를 사신으로 파견한 주체(백제왕)와 평양성에 가서 정황을 조사하게 한 주체(북위 황제)가 서로 다른 것이다.

거가 없었소. 그래서 저들이 [표를 올려] 고한 요청을 받아들여 조서를 내리고 례 등을 [귀국으로] 귀환시키기로 하였소.

만약 [저들이] 이번에 또 [짐의] 뜻을 어긴다면 왕년의 허물이 더더욱 드러날 테니 나중에 아무리 스스로 해명하려 들어도 죄를 피할 길이 없게 될 것이오. 그렇게 되고 나서 [짐이] 군사를 일으켜 저들을 토벌하는 것이 대의로 보더라도 옳을 것이오.

○ 然高麗奏請頻煩, 辭理俱詣, 行人不能抑其請, 司法無以成其責, 故聽其所啓, 詔禮等還. 若今復違旨, 則過咎益露, 後雖自陳, 無所逃罪, 然後興師討之, 於義爲得.

• 031

구이(九夷)[187)]의 나라들은 대대로 바다 너머에 살면서 [중국에서] 도의가 창달되면 [천자를] 받들며 변방의 신하가 되었고, [천자의] 은혜로 보듬으면 [188)] [자국의] 지경을 지키곤 하였소.

---

187) 구이(九夷): 고대 중국에서 동방의 이민족들을 두루 일컫던 통칭. 이 통칭은 공자의 어록을 모아 놓은 《논어(論語)》〈자한(子罕)〉의 "[공]선생님께서는 구이의 땅에 살려고 하셨다.(子欲居九夷.)"에서 처음으로 등장하며, 후한대의 학자 정현(鄭玄, 127~200)이 여기에 "구이는 동방의 오랑캐로 아홉 가지 부류가 있다.(九夷, 東方之夷, 有九種.)"라는 주석을 붙였다. 그러나 그것이 정확하게 어떤 동이들을 가리키는지에 관해서는 구체적으로 소개하지 않았다. "구이"에 관한 보다 자세한 소개는 문성재, 《정역 중국정사 조선·동이전1》, 제387~388쪽의 해당 주석을 참조하기 바란다.

188) 은혜로 보듬으면 국경을 지켜 주었소[惠戢則保境]: 인터넷〈국편위판〉에서는 이 부분을 "은혜가 베풀어지지 않으면 국경이나 지켜 왔었소."라고 번역하였다. '혜집(惠戢)'을 '은혜가 베풀어지지 않다'라는 의미로 이해한 셈이다. 그러나 여기서 '그칠 집(戢)'은 고대 한문에서는 '그치다(stop)'가 아니라 '거두다(gather)' 또는 '보듬다(embrace)'의 의미로 해석해야 옳다. 실제로 중국의 온라인 사전인 《한전(漢典)》에서도 이 단어를 "인덕으로 불러 어루만지다.(以仁德招撫)"라고 풀이

구이의 나라 지도(중국 CCTV 다큐)

그래서 기미(羈縻)[189]의 사적들이 전대의 사서에 기록되었던 것이나, [그런 그들이라도] 호시의 조공[190]을 정해진 때에도 건너뛰기 일쑤였소.

하고 있다. 중국의 《대역판》(제1885쪽)에서도 이 부분을 "은혜로 어루만지면 지경을 지키며 백성들을 편안히 지내게 해 주었다.(恩惠安撫則保境息民)"로 번역하고 있다.

189) 기미(羈縻): 주변 민족들에 대한 중원 왕조의 통제정책을 말한다. 한대의 의전제도를 소개한 후한대의 《한관의(漢官儀)》에서는 "말의 경우는 '재갈'이라 하고 소의 경우는 '고삐'라고 한다. 사방의 오랑캐들을 제어하기를 소나 말이 재갈이나 고삐에 조종되는 것처럼 하는 것을 말한다.(馬云羈, 牛云縻, 言制四夷如牛馬之受羈縻也)"라고 설명하였다. 우리말로 굳이 옮기자면 '통제' 또는 '제어' 정도가 적당해 보인다. 중원에서 기미정책이 본격적으로 제도화된 것은 수·당대에 기미주(羈縻州)가 가동되면서부터이다.

190) 호시의 조공[楛貢]: '호공(楛貢)'은 호시(楛矢), 즉 자작나무 화살을 공물로 바친다는 뜻으로, 원래는 고대의 북방민족인 숙신(肅愼)이 중원 왕조의 호시를 바친 것을 두고 한 말이지만, 여기서는 북위 조정에 이민족이 조공하는 것을 가리키는 말로 사용되었다. 호시의 재료인 자작나무와 언어적 분석에 관해서는 문성재, 《정역 중국정사 조선·동이전1》, 제281~284쪽 본문의 집해 주와 제277~279쪽의 "자작나무[楛]" 주석을 참조하기 바란다.

○ 九夷之國, 世居海外, 道暢則奉藩, 惠戢則保境, 故羈縻著於前典, 楛貢曠於歲時。

• 032

경이 [귀국과 고구려의] 강하고 약한 상황을 빠짐없이 진술하고[191] 선대로부터의 행적들을 두루 열거하기는 했으나 [그러나] 풍속이 다르면 사정도 다른 법이오. 따져 보아도 실정과는 배치되기에 [짐의] 원대한 계획과 큰 방략은 대체로 [현상을] 그대로 유지하게 될 것이오.

○ 卿備陳强弱之形, 具列往代之迹, 俗殊事異, 擬㑨乖衷, 洪規大略, 其致猶在。

• 033

이제 중원이 평정되어 통일을 이루니 천하에 시름이 없어지게 되었소. [그래서] 늘 동쪽 끝까지 [짐의] 위엄을 떨쳐 변방 땅에 [천자의] 깃발을 드리우고, 외진 변방에서 그곳 백성들을 구하는 한편 먼 지경에서 황제의 덕풍을 펼치려던 참이었오. [그러나] 사실은 고[고]려가 [짐에게] 순종하매 미처 [고구려] 정벌에 나서지 않았던 것이오. [그러나 저들이] 지금 만약 [이번] 조서의 뜻을 따르지 않는다면 경이 보내온 계책에 짐의 뜻까지 잘 실어 군대를 출정시키는 일이 장차 머지않을 것이오.

○ 今中夏平一, 宇內無虞, 每欲陵威東極, 懸旌域表, 拯荒黎於偏方, 舒皇風於遠服。良由高麗卽敍, 未及卜征。今若不從詔旨, 則卿之來

---

191) 강대국과 약소국이 처한 상황을 자세하게 진술하고[備陳强弱之狀]: 여기서 '강대국[强]'은 당시 적극적인 남진정책을 추진하던 고구려, '약소국[弱]'은 장수왕의 공세에 밀려 급기야 웅진성으로 천도한 백제를 가리킨다.

謀, 載協朕意, 元戎啓行, 將不云遠。

• 034

[바로 군사를] 사전에 거느리고 [그대들과] 함께 [군사를] 일으켜 다함께 시기를 기다리면서, 수시로 사자를 파견해 저들의 상황을 신속히 파악하면 될 것이오. [천자의] 군사를 일으키는 날 경이 [우리에게] 길잡이로 선봉을 서 주고, [거기다가] 큰 승리를 거둔 뒤에는 거기다 으뜸가는 공로를 세운 상까지 받는다면 그것 역시 좋지 않겠소?

[이번에 경이] 바친 비단과 해산물이 비록 모두 도착한 것은 아니나 경의 지극한 마음을 알겠기에 이런저런 하사품들을 별도로 작성한 물목과 함께 내리는 바이오."

○ 便可豫率同興, 具以待事, 時遣報使, 速究彼情。師舉之日, 卿爲鄉導之首, 大捷之後, 又受元功之賞, 不亦善乎。所獻錦布海物雖不悉達, 明卿至心。今賜雜物如別。"

• 035

아울러 [고]련에게 조서를 내려 안(安) 등을 호송하게 하였다. [그런데] 안 등이 고구려에 당도하자 [고]련은 '과거에 [부]여경(餘慶)과 원한이 있었다'고 주장하면서 동쪽으로 넘어가게 해 주지 않는 것이었다.192) 안 등

---

192) 동쪽으로 넘어가게 해 주지 않는 것이었다[不令東過]: 여기서 "동쪽"은 백제를 뜻한다. 이를 통하여 백제가 고구려의 동[남]쪽에 자리 잡고 있었고, 북위와 내왕하자면 반드시 고구려의 바닷길을 거쳐 가야 했음을 알 수 있다. 동래군에서 출발한 북위의 사신 안이 고구려를 거쳐서 백제로 입국하려 했다는 것은 곧 장수왕/개로왕이 재위하던 5세기만 해도 백제의 해상 이동의 정식 노선은 해안선을 따라 이동하는 연안항법(沿岸航法, coastal navigation)에 절대적으로 의존하고 있었음을 간접적으로 시사해 준다. 만약 당시에 "산동반도 ⇒ 황해 ⇒ 한반도" 또는

북위의 기마무사용

이 그래서 모두 [북위로] 귀환하니 [황제가 고련에게] 조서를 내려 그를 몹시 책망하였다.193)

○ 又詔璉護送安等。安等至高句麗, 璉稱昔與餘慶有讎, 不令東過, 安等於是皆還。乃下詔切責之。

• 036

[연흥(延興)] 5년(475)에 안 등을 사신으로 보내 동래(東萊)194)로부터 바닷길을 가서 [부]여경(餘慶)에게 옥새를 찍은 국서195)를 내려 그의 정성과 절개를 표창하려 하였다. [그러나]

"산동반도 ⇒ 요동반도 ⇒ 한반도" 식의 해상 이동이 가능했다면 북위에서 굳이 고구려까지 가서 구차한 모습을 보일 필요가 없었을 것이기 때문이다. 고대의 연안항법에 관해서는 문성재,《한사군은 중국에 있었다》, 제99~110쪽을 참조하기 바란다.

193) 그를 몹시 책망하였다[切責之]: 북위의 황제()가 백제 사신들이 백제로 귀국하는 것을 허용하지 않은 장수왕을 질책한 일을 말한다.〈동북아판3〉(제085쪽)에서는 "그들을 준절히 꾸짖었다."라고 번역하여 백제 사신들을 귀환시키지 못하고 되돌아 온 소안 등을 꾸짖은 것으로 해석하였다.

194) 동래(東萊): 중국 고대의 지명. 전한의 고제(高帝) 때 군이 처음 설치되었다. 치소는 액현(掖縣)으로 지금의 산동성 내주시(萊州市) 일대에 해당하는데, 후한 이후로는 여러 차례 변경되었다. 진대(晉代)에는 동래국(東萊國)으로 개칭되었으며, 남조시기에는 유송에서 다시 군으로 개칭되었다. 동래를 거쳐 바다[발해]를 건너갔다는 대목은 곧 남조와 고구려가 사신을 주고받는 해로를 추정하는 데에 유용한 단서를 제공해 준다.

195) 국서[璽書]: '새서(璽書)'는 원래 진흙으로 밀봉하고 관인을 찍은 문서를 말한다. 위소(韋昭)는 《국어(國語)》〈노어하(魯語下)〉에서 "'새서'는 관인을 찍고 밀봉한 문서이다.(璽書, 印封書也)"라고 주석을 붙였다. 진(秦)나라 때부터는 황제를 조서(詔書)를 가리키는 말로 전용되기 시작하였다.

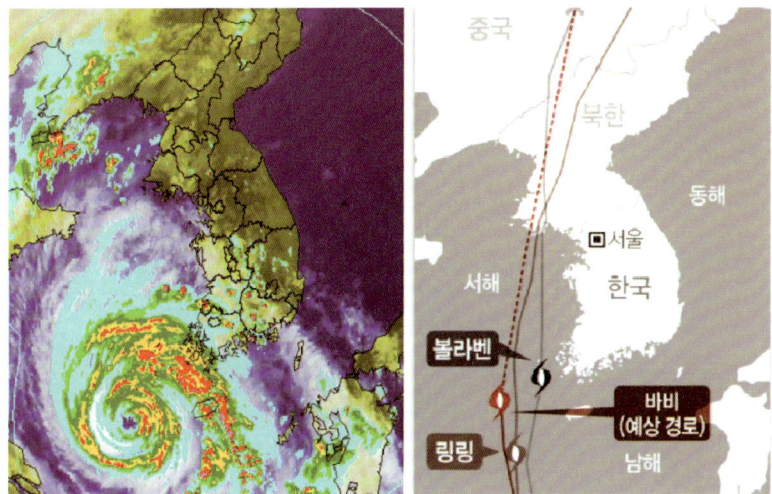

여름에 중국에서 한반도로 항해할 때는 북상하는 태풍의 영향을 받을 가능성이 높다. 북위 사신들은 7~8월에 백제로 가려 했을 것이다.(출처 기상청 연합뉴스)

안 등은 바닷가에 이르렀을 때 바람을 만나 표류한 끝에[196) 결국 [백제까지] 가지 못하고 [북위로] 되돌아오고 말았다. 197)

---

196) 바람을 만나 표류한 끝에[遇風飄蕩]: 중국에서 한반도로 항해하다가 바람을 만나 표류했다는 것은 북위의 사신들이 남쪽에서 바람이 불 때 백제로 오려 했음을 뜻한다. 남쪽에서 북쪽으로 이른바 '남풍(南風)'이 부는 시기는 일반적으로 7월부터 9월까지의 여름철이다. 연흥 5년에 북위의 사신들이 고구려의 영해를 거쳐 백제로 사행을 나선 시점은 여름철이었을 것이며, 때마침 남쪽에서 북상하는 태풍의 영향으로 배가 중국 쪽으로 표류하면서 바다를 건너는 데에 실패했을 것이다.

197) 결국 가지 못하고 되돌아오고 말았다[竟不達而還]~: 《위서》"백제국전"은 이 구절을 끝으로 마무리되고 있다. 반면에, 《삼국사기》《백제본기》"개로왕 18년"조에는 이 구절 뒤에 "왕은 고구려 사람들이 여러 차례 변경을 침범한 일 때문에 표를 올려 위나라에 [고구려를 응징할] 군사를 요청했으나 들어 주지 않았다. 왕은 그것을 원망하여 결국 조공을 끊었다.(王以麗人屢犯邊鄙, 上表乞師於魏, 不從. 王怨之, 遂絶朝貢.)"라는 내용이 추가되어 있다. 인터넷〈국편위주〉120에서는 백제가 북위에 대한 외교관계를 단절한 것이 "蓋鹵王 18년 때의 일이 아니고 적어도 이보다는 5년 후쯤의 일"이라고 추정하였다. 국교의 단절이 정확하게 5년 뒤라고 단정할 수는 없지만 연흥 5년(475)을 전후하여 양국의 외교관계가 단절된 것은

○ 五年, 使安等從東萊浮海, 賜餘慶璽書, 褒其誠節。安等至海濱, 遇風飄蕩, 竟不達而還。

분명하다.

물길국전(勿吉國傳)[198]

• 001

물길국(勿吉國)[199]은 고구려 북쪽에 있으며, 예전의 숙신국(肅愼國)[200]이다. 읍락(邑落)[201]들에는 저마다 수장이 있지만 서로가 단일

---

198) 물길국전(勿吉國傳): 전반부에서는 물길의 연혁·언어·지리·풍물·제도를 집중적으로 소개하고 있는데 대체로《삼국지》·《후한서》 등의 관련 열전 내용을 참조해 작성한 것으로 보인다. 후반부에서는 을력지(乙力支)의 사행(使行)을 중심으로 북위의 효문제(태화)·선무제(경명)와 동위의 효정제(무정)까지 대략 100여 년간의 물길과 북위의 교류사를 집중적으로 소개하면서 일부 대목에서는 물길이 대외적으로는 고구려와 대립하는 반면 백제와는 우호적인 관계를 유지했음을 짐작할 수 있다.

199) 물길국(勿吉國): 남북조시대의 북방민족의 하나인 물길(勿吉)이 세운 나라. 물길에 관해서는 앞의 "고구려전"의 "물길" 주석을 참조하기 바란다.

200) 숙신(肅愼): 중국 고대사에 등장하는 북방민족의 한 갈래. '숙신'이라는 이름은 중국의《국어(國語)》·《사어(史語)》 등의 고문헌들에서 보이며,《사기》에는 식신(息愼)·직신(稷愼) 등으로 소개되기도 하였다. 고구려 서천왕(西川王, 270~292) 때 그 일부가 고구려에 복속되었으며, 광개토대왕 8년(398)에 이르러 고구려에 완전히 병합되었다. 나중에 일어난 읍루(挹婁)·말갈(靺鞨)은 숙신의 후예로 추정되기도 한다. 당나라 때는 선진(先秦)시대에 중원의 북동 방면에 거주하던 민족들을 두루 일컫는 이름으로 사용되었다. … 숙신에 관한 보다 상세한 논의는《진서》〈숙신씨전〉의 해당 주석을 참조하기 바란다.

201) 읍락(邑落): 인터넷〈국편위주〉124에서는 "당시 勿吉社會가 완전히 農耕生活에 들어가지 않았기 때문에 血緣共同體가 아닌 異姓集團이 모여 사는 村落共同體로 보기는 어렵다."라는 전제하에서 여기서의 '읍락'의 성격에 관하여 "당시 勿吉의 邑落은 血族共通體의 集團인 Gasan과 같았다."라고 추정하였다. 말하자면 이 대목에 언급된 '읍락'을 일종의 한 씨족의 집성촌(集姓村)의 개념으로 인식한 셈이다. 그러나 어원학적 견지에서 볼 때, '읍(邑)'은 일종의 소형 도시(city)의 개념으로 이해된다. 후한대 학자 유희(劉熙, 3세기?)가 저술한 백과사전인《석명(釋名)》에서는 "'읍'은 사람들이 모여 사는 곳을 말한다.(邑, 人聚會之稱也)"라고 설명하였다. 또, 허신의《설문해자》에서는 "'읍'은 나라이다. 선대

하게 통합되어 있지는 않다.[202]

○ 勿吉國, 在高句麗北, 舊肅愼國也。邑落各自有長, 不相總一。

• 002
그 나라 사람들은 굳세고 사나우며 동이(東夷) 땅에서는 가장 강한데, 언어는 유독 [이들만] 다르다.[203]

의 제도로, 존·비의 차등에 따라 대·소의 차이가 있다.(邑, 國也。先王之制, 尊卑有大小)"라고 하였다. 청대의 학자 단옥재(段玉裁)는 《설문해자주(說文解字注)》에서 "'존·비'는 공·후·백·자·남을 말하며, '대·소'는 사방 500리, 사방 400리, 사방 300리, 사방 200리, 사방 100리[식의 차이]를 말한다. 〈토부〉에서는 '공·후는 100리, 백은 70리, 자·남은 50리'라고 했는데 맹자의 주장을 따른 것이다.(尊卑, 謂公侯伯子男也。大小, 謂方五百里, 方四百里, 方三百里, 方二百里, 方百里也。土部曰, 公侯百里伯七十里, 子男五十里, 從孟子說也。)"라고 설명한 바 있다. 북방사회에서의 '읍'이 중원에서의 '읍'과 대등하게 대응된다고 할 수는 없지만 이를 통하여 읍락이 소형 도시(city), 또는 대형 마을(town)에 해당한다는 것을 짐작할 수 있는 셈이다. 지금은 혼동해서 함께 쓰지만 '촌락(村落)'은 읍락보다 규모가 작은 마을을 뜻한다. 다만, '읍락'과 '촌락'은 한결같이 현지에 정착해 사는 토착민들의 마을을 일컫는 말이다. 반면에, '부락(部落)'은 "둘이나 그 이상의 혈연적으로 가까운 집단, 또는 몇 개의 씨족으로 이루어진 마을"로, 그들만의 독자적인 명칭·영역·방언·종교·습속을 공유하는 경우가 많다. 이처럼, 적어도 어원상으로는 '부락' 자체가 이미 씨족을 넘어서는 부족적 사회 개념이므로 그보다 규모가 큰 '읍락'이나 '촌락'은 당연히 다양한 성씨와 혈연의 구성원들로 형성된 지역공동체로 이해해야 옳다고 본다.

202) 서로가 단일하게 통합되어 있지는 않다[不相總一]: 읍락마다 각자 군장이 있어서 서로가 기본적으로 정치적·행정적으로 독립되어 있다는 뜻이다. 인터넷〈국편위주〉124~125에서는 능순성이나 시로코고로프·짜하로프 등의 만주족·나나이족 집단 연구를 상세하게 소개하면서 그들의 습속을 토대로 물길의 민족지(民族志)를 재구하려는 경향을 보인다. 그러나 두 집단 사이에 100년도 아니고 1,000년이 넘는 시차가 발생하는 데다가 물길의 전통을 온전히 계승했다고 판단하기 어려운 상황에서 물길의 읍락사회를 만주족의 씨족사회와 동일시하면서 해당 학자들의 연구 결과를 기계적으로 대입하고 신뢰하는 것은 무리가 아닌가 싶다.

203) 언어는 유독 다르다[言語獨異]: 이 구절을 통하여 남북조시대 당시의 물길이 언

언어의 섬. 동이지역에서의 물길어는 인도유럽어족 국가들에 섬처럼 고립되어 있는 우랄어계의 헝가리어와 유사한 경우이다.

항상 두막루(豆莫婁)204) 등의 나라를 깔보기 때문에 여러 나라는 [여러

어적으로 '섬'을 형성하고 있었음을 시사해 준다. 언어지리학에서는 이런 경우를 '언어의 섬(言語島, language island)'이라고 하는데, 이런 독특한 언어 환경은 크게 세 가지 요인에서 그 원인을 찾을 수 있다. ① 특정한 언어[집단]가 오랫동안 주변 언어[집단]들과의 교류가 차단되거나 ② 다른 언어집단이 대량으로 이주해 옴으로써 원래의 언어[집단]가 섬처럼 고립되어 존재하는 언어 환경을 가리킨다. 경우에 따라서는 ③ 반대로 특정 언어[집단]가 대세를 이루는 지역에 이질적인 언어[집단]이 새로 정착하는 경우도 상정해 볼 수 있다. 인도-유럽어족의 바다인 유럽에서 유일하게 우랄어족으로 분류되는 헝가리어나, 루마니아에서 미에르쿠레아치우크 지역에만 섬처럼 분포하는 헝가리어, 튀르크계 위구르어가 주요한 언어인 신강 이리 지역에 섬처럼 존재하는 만주어 등이 그 전형적인 사례이다. 물길의 경우는 두 가지 가능성을 상정해 볼 수 있다. ① 토착세력인 물길 지역에 언어가 다른 부여·고구려·옥저 등의 집단이 대거 진출했거나, ② 원래 부여·고구려·옥저 등 집단의 본거지이던 곳에 물길 집단이 소규모 또는 일시적으로 유입되었을 가능성이 그것이다. 어쨌든 이를 통하여 물길이 종족·언어적으로 주변 집단들과는 다른 갈라파고스 섬으로 존재했을 것임은 분명히 알 수 있는 셈이다.

204) 두막루(豆莫婁): 예맥인이 옛 부여 땅에 세운 나라. 송대에 편찬된 《신당서》에는 '달말루(達末婁)'로 소개되었다. "두막루국은 물길 북쪽으로 1천 리 지점에 있는

나라대뢰 이들을 우환거리로 여긴다.

○ 其人勁悍, 於東夷最强。言語獨異。常輕豆莫婁等國, 諸國亦患之。

•003

[물길국은] **낙양(洛陽)**[205] **으로부터 오천 리**[206] **떨어져 있다.**

데, 옛 북부여로, 실위의 동쪽에 있다.(豆莫婁國, 在勿吉北千里, 舊北夫餘也, 在室韋之東.)"라고 한 《위서(魏書)》《두막루국전(豆莫婁國傳)》기사에서 볼 수 있는 것처럼, 두막루는 [북]부여의 후신으로, 부여국이 멸망한 뒤에 그 유민들이 그 자리에 다시 세운 나라임을 알 수가 있다. 실제로 〈두막루국전〉 원문을 보면 《삼국지》〈부여전〉의 경우와 똑같이 "산지와 넓은 택지가 많기는 하지만 동이들의 땅 치고는 가장 평탄하고 드넓은 편이다. 토질의 경우 다섯 가지 곡물이 자라기에는 적합하지만 다섯 가지 열매는 나지 않는다.(多山陵廣澤, 於東夷之域, 最爲平敞. 地宜五穀, 不生五果.)"라고 소개하고 있다. 부여국이 있었던 원래의 자리에서 거의 변동이 없다는 뜻이다. … 인터넷〈국편위주〉127에서는 '두막루'의 국호와 관련하여 "《通鑑》에서는 '麗語謂復舊土爲多勿'이라 하였으니, 豆莫婁라는 國號도 바로 '다물(多勿)'을 나타내는 것"이라고 추정하였다. 그러나 곽석량《한자고음수책》에 따르면, '콩 두(豆)'는 '정과 후의 반절[定侯切, do]', '없을 막(莫)'은 '명과 탁의 반절[明鐸切, mɑk]', '별이름 루(婁)'는 '래와 후의 반절[來侯切, lo]'이므로, '두막루'는 '도막로' 식으로 읽혀졌던 셈이다. 반면에, '많을 다(多)'는 '단과 가의 반절[端歌切, tɑ]', '말 물(勿)'은 '명과 물의 반절[明物切, mǐwət]'이어서 '따몃' 식으로 읽혀졌을 것으로 추정된다. 그렇다면 '도막로'와 '따몃'은 음운상으로 대응된다고 보기 어렵다. '두막루'를 '다물'에 결부시키려는 시도는 적어도 언어적으로는 수긍하기 어렵다는 뜻이다.

205) 낙양(洛陽): 중국 고대의 지명. 지금의 하남성 낙양시(洛陽市)에 해당한다. 한·당대에는 정식 도읍인 장안(지금의 서안)과 함께 그 동쪽에 자리 잡고 있는 낙양을 임시 도읍으로 두었다. 그래서 장안을 기준으로 할 때 동쪽에 있는 도읍이라는 뜻에서 '동도(東都)', 또는 동쪽에 있는 낙양이라는 뜻에서 '동락(東洛)'으로 불렀다. 북위 때에는 효문제 태화(太和) 19년(495)에 평성(平城)에서 낙양으로 천도하였다.

206) 오천 리 떨어져 있다[去五千里]: 남북조시대에 한 자[尺]는 남조가 25.8cm, 북조 30.9cm 정도로 대체로 5cm의 편차가 있었다. 이렇게 계산하면 한 리(里) 역시 남조에서는 387m, 북조에서는 463m 정도였을 것이다. 북위는 북조에 속하므로 5천 리라면 대체로 2,315km 정도 되는 셈이다.

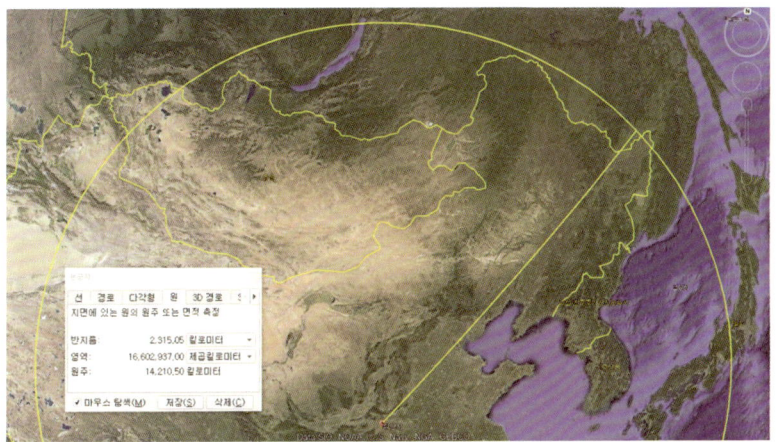

낙양에서 반경 5천 리에 해당하는 지역들. 단, 중간에 산악지대가 자리 잡고 있을 때에는 우회해야 하므로 실제 거리는 많이 줄어들 수도 있다.

○ 去洛五千里。

•004

화룡(和龍)207)에서 북으로 이백 리 넘게 가면 선옥산(善玉山)208)이 있

207) 화룡(和龍): 전연·후연의 근거지. 그 지리적 위치에 관하여 인터넷〈국편위주〉 128에서는 "遼西 지방의 大凌河 中流에 있는 지금의 朝陽縣"으로 보았다. 그러나 이는 요서와 요동을 나누는 하천인 요수(遼水)를 지금의 요하(遼河)로 비정한 데 따른 오류로 재고가 필요하다. 그 위치와 관련하여 8세기의 두우는 백제의 요서 경략 사실을 언급하면서《통전》에 "진대에 … 백제 또한 요서·진평 두 군[지금의 유성·북평 일대]을 점유하였다.(晉時, … 百濟亦據有遼西晉平二郡[今柳城北平之間].)"라는 주석을 붙였다. 그렇다면 화룡, 즉 유성의 좌표는 요녕성이 아닌 하북성 동북부에서 구해야 옳은 것이다. 이 문제에 관해서는 앞의《진서》〈고구려전〉의 "황룡" 주석을 참조하기 바란다.

208) 선옥산(善玉山): 중국 고대사에 등장하는 산 이름. 남북조시대에 중원 왕조의 동북방의 중요한 군사도시인 화룡으로부터 물길족의 영역으로 갈 때 이 산을 반드시 거쳐 가야 했다고 한다. 어떤 학자는 이 산의 좌표를 지금의 서요하(西遼河)의 남쪽 발원지인 노합하(老哈河) 남쪽에서 찾기도 한다. … 선옥산의 위치를 찾자면 물길족 영역으로의 여정에서 출발점이 되는 화룡의 정확한 좌표를 찾는 작업

고, ^[ㄱ] 산에서 북으로 열사흘을 가면 기려산(祁黎山)²⁰⁹⁾에 이른다. ^[거기서] 다시 북으로 이레를 가면 여락괴수(如洛瓌水)²¹⁰⁾에 이르는데, 강

부터 선행되어야 한다. 현재 국내외 학계에서는 화룡을 지금의 요녕성 조양시(朝陽市)으로 보고 있으나 그럴 경우 화룡–물길 사이의 이동구간이 너무 짧고 조양–물길 사이는 산지가 별로 없는 고원 평야지대가 대부분이어서 재고가 필요하다. 반면에 위의 "화룡" 주석에서 보듯이, 그 좌표를 지금의 하북성 동북부에서 구하면 화룡–물길의 구간이 길어지고 산지가 여러 군데 존재하기 때문에 훨씬 설득력이 높아진다.

209) 기려산(祁黎山): 중국 고대사에 등장하는 산 이름. 남북조시대에 중원 왕조의 동북방의 중요한 군사도시인 화룡으로부터 물길족의 영역으로 갈 때 반드시 거쳐 가야 하였다. 그래서 학계에서는, 앞의 선옥산과 마찬가지로, 지금의 서요하의 남쪽 발원지인 노합하 남쪽에서 그 좌표를 구하기도 한다. 그러나 정확한 좌표를 구하려면 그 기점이 되는 화룡의 정확한 위치부터 찾아내야 옳다. … 참고로, 당대에는 해족(奚族) 등 북방민족을 기미(羈縻)지배할 목적으로 기려주(祁黎州)를 설치했는데, 이 주는 요락도독부(饒樂都督府)에 소속된 5개 주의 하나였다고 한다. 요락도독부는 역사적으로 그 일대를 흐르는 하천인 요락수(饒樂水)의 이름을 따서 세운 도독부로 알려져 있다. 이설이 없지는 않지만, 요락수는 일반적으로 지금의 내몽골자치구의 시라무렌 강[西拉木倫河]을 가리킨다고 한다. 또는 고막해(庫莫奚)가 지금의 노합하(老哈河) 상류지역에 분포했다고 하여 지금의 노합하 상류의 영금하(英金河)로 추정하기도 한다. 만약 요락수가 시라무렌 강 또는 영금하 등 그 인근의 하천이라면 기려산이나 선옥산 역시 그 반경 안에 자리 잡고 있는 산들 중에서 찾는 편이 합리적일 것이다.

210) 여락괴수(如洛瓌水): 중국 고대사에 등장하는 하천 이름. 역사적으로 '요락수(饒樂水)·약락수(弱落水/弱洛水)·교락수(澆洛水)·여락괴수(如洛瓌水)' 등으로 적기도 하였다. 《후한서 집해》에서 심흠한(沈欽韓)은 《통전》·《북사》 등을 예로 들어 중국 정사들에 등장하는 '약수(弱水)'가 '약락수(弱落水/弱洛水)'를 줄여 쓴 말이라고 보았다. 중국 학계에서는 《후한서》〈오환선비열전〉의 "[선비가] 음력 3월이 되면 요락수에서 큰 모임을 가진다.(以季春月大會於饒樂水上.)" 대목을 근거로 요락수를 "지금의 내몽고 서요하 상류의 시라무렌 강이며, 당대 이후로 황수·황하로 불렀다.(即今內蒙古西遼河上游西拉木倫河. 唐以後稱潢水·潢河.)"라고 보고 있다. 일본 학자 쓰다 소키치(津田左右吉)는 "弱·饒·澆는 如와 같은 音의 接頭語로서 '희다(白)'는 뜻을 나타내는 土俗語"로 보았다. 그러나 ① '약·요·교·여'는 접두어가 아니다. 오히려 ② '요락–약락–교락–여락괴'는 모두가 음운상으로 대응되는데 하천을 뜻하는 '–수' 앞에 사용되었으므로 그 하천의 특징을 나타내는 형용사나 동사일 가능성이 높다. ③ 그렇다면 그 의미는 '황수·황

은 너비가 한 리 남짓이다.211) [거기서] 다시 북으로 열닷새를 가면 태로수(太魯水)212)에 이르며, 다시 동북으로 열여드레를 가면 그 나라에 도달한다.

[ㄱ] 나라에는 큰 강이 있는데, 너비가 세 리 남짓이며, '속말수(速末水)'213)라고 부른다.

하'의 '황(潢)'이나 '시라무렌'의 '시라'와 마찬가지로 '누렇다'일 가능성이 높다. 또, ④ 쓰다가 '약·요·교·여'와 시라무렌의 '시라'를 '희다[白]'로 해석한 것은 '희다'라는 뜻의 일본어 '시라(しら)'에서 착안한 것이다. 중국 지명을 고증하면서 일본어를 대입했다면 엉터리 고증임을 자인하는 격이다. 곽석량의《한자고음수책》에 따르면, '같을 여(如)'는 '일과 어의 반절[日魚切, ŋja]', '물이름 락(洛)'은 '래와 탁의 반절[來鐸切. lak]', '구슬이름 괴(瓌)'는 '견과 미의 반절[見微切, kuəi]'이므로 '여락괴'는 '냐락꿔이' 식으로 읽혀진 것으로 보인다.

211) 강은 너비가 한 리 남짓이다[水廣里餘]: 중국 학자 진몽가(陳夢家, 1911~1966)의 연구에 근거할 때, 남북조시대(북주)에는 한 리가 대략 442m에 해당하였다. "한 리 남짓"이라면 강폭이 대체로 442~450m 정도였던 셈이다. 뒤의 속말수는 너비가 "세 리 남짓"이라고 하니 강폭이 대체로 1,326~1,350m 정도 되는 큰 하천인 것으로 보인다. 참고로 한강은 강폭이 평균 750m 정도이다.

212) 태로수(太魯水): 중국 고대사에 등장하는 하천 이름. 곽석량《한자고음수책》에서는 '클 태(太)'는 '투와 월의 반절[透月切, tʻat]', '나라이름 로(魯)'는 '래와 어의 반절[來魚切, la]'여서 대체로 '탓라' 식으로 읽혀졌을 것이다. 이 하천에 관하여 ① 인터넷〈국편위주〉132에서는《북사》'물길전'에 등장하는 '태악로수(太岳魯水)', 또는 을력지의 조공 여정에 나오는 '태려하(太淶河)'로 추정하였다. ② 이케타 히로시(池內宏)는 흥안령(興安嶺)에서 발원하여 눈강(嫩江)으로 유입되는 조아하(洮兒河)로, ③ 오가와 히로토(小川裕人) 역시 조아하의 이름이 역대로 태로수(太魯水)·태려수(太淶水)·타루하(他漏河/它漏河)·달로하(撻魯河)·도이하(淘爾河) 등으로 표기되며 그 의미는 현지 언어로 '푸르다[靑]'로 추정된다고 주장하였다.

213) 속말수(速末水): 중국 고대사에 등장하는 하천 이름. 인터넷〈국편위주〉133에서는 "오늘날의 松花江"을 가리킨다고 보았다. 곽석량《한자고음수책》에서는 '빠를 속(速)'은 '상과 곡의 반절[桑谷切, suk]', '끝 말(末)'은 '모와 각의 반절[慕各切, muɑt]'이어서 대체로 '숙막' 식으로 읽혀졌을 것이다.《신당서》《북적전(北狄傳)》에는 '속말수(粟末水)'가 등장하는데, 앞의 '속말'과 음운상으로 완벽하게 대응된다.《신당서》《말갈전(靺鞨傳)》에서는 "[태백산은] '도태산'이라고 부르기도 하는

《위키백과》에 표시된 송화강 유역도

○ 自和龍北二百餘里有善玉山, 山北行十三日至祁黎山, 又北行七日至如洛瓖水, 水廣里餘, 又北行十五日至太魯水, 又東北行十八日到其國。國有大水, 闊三里餘, 名速末水。

• 005

[그 나라는] 지대가 낮고 습기가 많아서 성을 쌓거나 움집에서 산다.²¹⁴⁾

데, 고구려와 맞닿아 있으며, 속말수에 의지해 사는데, 그 하천은 산의 서북쪽에서 발원해 타루하로 유입된다.(亦曰徒太山, 與高麗接, 依粟末水以居. 水源於山西北, 注它漏河)"라고 하였다. 그렇다면 속말수가 발원하는 산이 바로 도태산인 셈이다.

인터넷〈국편위주〉133에서는 "速末·粟末水의 速·粟은 '희다'의 뜻을 나타내는 土俗語이고, 末은 女眞語의 木克(Muke), 즉 물을 나타낸다"는 점에 착안하여 "速末은 '흰 물'이란 뜻인데, 고대의 弱水도 '희다'의 뜻을 가진 接頭語로 추측된다. 弱洛水·作樂水도 바로 이와 같은 예"라고 추정하였다.

214) 움집에서 산다[穴居]: 여기서의 '움집'은 천연의 동굴이 아니라 인공으로 땅을 파

 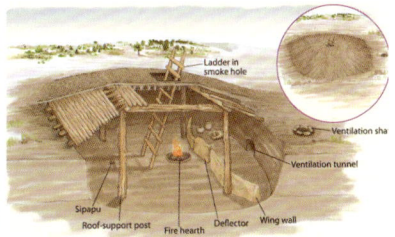

움집(구덩이집) 내부(미국 푸에블로 원주민 거주지)

[그들은] 집의 형태가 무덤과 비슷한데, 출입구를 위로 터서 사다리로 드나든다.

그 나라에는 소가 없으며, 수레와 말이 있다. 밭을 갈 때는 [사람] 둘이 짝을 지어 갈고, 수레는 [사람이] 밀고 다닌다.215)

[곡식으로는] 기장과 보리[·검은 기장]가 있고 채소로는 아욱216)이 있다.

○ 其地下濕, 築城穴居, 屋形似塚, 開口於上, 以梯出入。其國無牛,

서 움의 형태로 만든 집의 일종으로 이해된다. 실제로 《구당서》〈말갈전〉에서는 말갈의 주거환경을 소개하면서 "집 건물이 없이 모두 산과 물[의 형세]에 따라 땅을 파서 움을 만들고 나무를 위에 얽은 다음 흙으로 그 위를 덮는데 모양이 중국의 무덤 같다.(無屋宇, 並依山水掘地爲穴, 架木於上, 以土覆之, 狀如中國之塚墓)"라고 소개하고 있다. 움집에 관한 상세한 설명은 문성재, 《정역 중국정사 조선·동이전1》, 제271~272쪽의 관련 주석을 참조하기 바란다.

215) 밭을 갈 때에는 둘이 짝을 지어 갈고[佃則偶耕]: 소로 밭을 갈 때처럼 두 사람 중 한 사람이 쟁기를 끌고 다른 한 사람이 밭을 가는 원시적인 경작법을 말한다. 인터넷 〈국편위주〉135에서는 말이 있음에도 이를 농사에 사용하지 않은 것에 대하여 "유목사회의 성격이 강하여 말을 사냥하는 데만 이용하였기 때문"이라고 추정하였다.

216) 아욱[葵]: 현대 중국어에서 '규(葵)'는 보통 '해바라기'라는 의미를 나타낸다. 해바라기는 잎이 억세고 두꺼워서 식재료로 쓰지 않고 그 씨만 채취해서 먹거나 기름을 짜는 것이 보통이다. 그런데 허신이 《설문해자》에서 "'규'는 채소이다.(葵, 菜也)"라고 설명한 것을 보면 이때의 '규'는 '동규(冬葵)'로, 우리가 '아욱'이라고 부르는 채소로 보인다.

有車馬, 佃則偶耕, 車則步推。有
粟及麥穄, 菜則有葵。

아욱

• 006

수증기에는 소금기가 있어서 [그것이]
응결되면 소금이 나무에서 생긴
다.²¹⁷⁾ 소금기가 있는 못도 있다.

○ 水氣醎凝, 鹽生樹上, 亦有鹽池。

• 007

돼지는 많지만 양은 없다.²¹⁸⁾
쌀을 씹어서 술을 만드는데²¹⁹⁾ [그것을] 마시면 취할 정도이다.

---

217) 수증기에는 소금기가 있어서 응결되면 소금이 나무에서 생긴다[水氣醎凝, 鹽生樹上]: 이 구문을 통하여 물길 지역의 토양에 염분이 많거나 그 인근에 바다가 있음을 짐작할 수 있다. 실제로 《신당서》〈흑수말갈전〉에서는 "소금 샘이 있는데 수증기가 얇게 덮이면 소금이 나무 위쪽에 맺힌다.(有鹽泉, 氣蒸薄, 鹽凝樹巔)"라고 하였다. 인터넷〈국편위판〉에서는 이 부분을 "물의 맛은 소금기가 배어 있으며, 소금은 나무에서 생산된다" 식으로 다소 애매하게 번역하는 한편, 그 소금을 "이른바 나무에서 나오는 木鹽"으로 보았다. 그러나 여기서 "소금이 나무에서 난다."라고 한 것은 그 뒤의 "소금기가 있는 못도 있다.(亦有鹽池)"에서 볼 수 있듯이, 인근 지역 염수호 또는 바다의 수증기가 나뭇가지에 맺혔다가 그것이 굳어지면서 소금이 되는 현상을 가리키는 것이지 나무 자체에서 저절로 소금이 나오는 것을 말하는 것은 아니므로 각별히 유념할 필요가 있다.

218) 돼지는 많지만 양은 없다[多豬無羊]: 이 구문을 통하여 남북조시대의 물길이 양을 방목하면서 떠돌아다니는 유목집단이 아니라 한 곳에 정착해 돼지 등 가축들을 치면서 농사를 지은 농경 · 수렵 위주의 생활을 영위한 집단임을 짐작할 수 있다.

219) 쌀을 씹어서 술을 만드는데[嚼米醞酒]: 인터넷〈국편위주〉137에서는 혁철족(나나이)의 양조법을 소개한 능순성의 연구를 인용하여 "原料를 솥 안에 푹 익힌 뒤 발로 짓밟고, 다시 무거운 물건을 사용하여 그것을 눌러서 짜 그 汁이 흘러나오면

옥수수를 씹어 타액으로 발효시킨 잉카제국의 술 치차

○ 嚼米醞酒, 飮能至醉。

• 008

부녀자들은 베로 만든 치마를 입고, 남자들은 돼지나 개의 가죽으로 만든 갓옷을 입는다.

혼례를 치른 첫날밤에 남자는 여자 집에 가서 [상대] 여자의 유방을 잡았

곧 술이 된다."라고 소개하였다. 그러나 이 양조법은 포도주를 만드는 방식인 데다가 재료(포도)의 양이 대량으로 확보되었을 때에나 해당되는 것이다. 게다가 프랑스처럼 발로 밟아서 발효시킨다는 점도 미심쩍다. 따라서 이 같은 양조법을 물길의 양조법에 결부시키는 데에는 무리가 있다고 본다. 다만, "그것을 마시면 취할 정도였다."라고 한 것을 보면 알콜 도수는 많이 높지 않았던 것으로 보인다. 물길의 양조법과 가장 유사한 것은 잉카제국(1200?~1532)의 신성한 술인 치차(chicha)의 경우이다. 치차는 제국 전역에서 쿠스코로 모인 젊은 여성들이 옥수수를 씹어 그 타액으로 발효시킨 술이었다.《술의 세계사》, 미야자키 마사카쓰, 제80~81쪽) 재료가 쌀과 옥수수로 차이를 보이기는 하지만 재료를 씹어 타액으로 발효시키는 양조 방식 자체는 완전히 일치하는 셈이다.《이종기 교수의 술 이야기》, 제22~23쪽에 따르면, 농경사회에서 곡물을 씹어 술을 빚는 양조법은 널리 이용되었으며, 지금도 아프리카나 남태평양 군도 등지에서도 관찰된다고 한다.

다 놓으면[220] 곧바로 정혼한 것으로 간주되어 그대로 부부가 된다.

○ 婦人則布裙, 男子猪犬皮裘。初婚之夕, 男就女家執女乳而罷, 便以爲定, 仍爲夫婦。

• 009

[그들의] 습속에는 사람 오줌으로 세수를 한다.[221]

[그들은] 머리에 범이나 표범 꼬리를 꽂는다. 화살을 쏘아 사냥하기를 잘한다. 활은 길이가 석 자, 화살은 길이가 한 자 두 치인데, 돌로 살촉을 만든다.

○ 俗以人溺洗手面。頭挿虎豹尾。善射獵, 弓長三尺, 箭長尺二寸, 以石爲鏃。

---

220) 여자의 유방을 잡았다 놓으면 곧바로 정혼한 것으로 간주되어[執女乳而罷, 便以爲定]: 인터넷〈국편위주〉138에서는 이것을 "多産할 수 있는지를 살펴보는 것"이라고 해석하였다. 그러나 그런 행위로 다산 여부를 확인할 수는 없으며 오래 접촉했을 가능성도 낮다. 따라서 형식적인 접촉을 통하여 청혼하는 일종의 구애행위 정도로 이해하는 편이 합리적이라고 본다.

221) 습속에는 사람 오줌으로 세수를 한다[俗以人溺洗手面]: 인터넷〈국편위주〉139에 따르면 일본 학자 미카미 츠기오(三上次男)는 "오줌을 사용하여 身體를 세척하는 습관은 3~8세기에 걸쳐 挹婁·勿吉·黑水靺鞨의 여러 종족 사이에 널리 유행하였다."라고 추정하였다. 그러나 그것은 확대 해석이 아닌가 싶다. 왜냐하면《삼국지》와《후한서》의〈읍루전〉에서는 3~4세기의 읍루가 "뒷간을 집 한가운데에 만들어 놓고 사람들은 그 바깥쪽에서 둥그렇게 모여서 산다."라는 정도만 소개해 놓았기 때문이다. 소변으로 몸을 씻는다는 언급은 어디에도 없는 것이다. 소변으로 몸을 씻는다는 언급은《신당서》의〈흑수말갈전〉등에서부터이다. 따라서 8세기 말갈의 습속을 근거로 3~4세기 읍루의 습속을 규정하려 하는 것은 무리이다. 3~4세기 읍루의 뒷간에 관한 상세한 분석은 문성재,《정역 중국정사 조선·동이전1》, 제273~275쪽의 해당 주석을 참조하기 바란다.

비각의 예시. 영월 장릉 단종 비각(출처 헤럴드 경제)

• 010

그들은 부모가 봄이나 여름에 죽으면 즉시 시신을 묻고[222) 무덤 위로는 집 건물을 지어 [무덤이] 비에 젖는 일이 없게 한다.[223)

222) 부모가 봄이나 여름에 죽으면 즉시 시신을 묻고[其父母春夏死, 立埋之]: 〈국편위판〉에서는 이 부분을 "그 父母가 봄·여름철에 죽으면 시체를 세워서 땅에 묻는다."라고 번역했는데 중대한 오역이다. 시신을 세워서 묻는다는 것은 곧 수직으로 2m를 파서 묻었다는 소리이다. 그러나 과학기술이 발달하지 않은 고대사회에서 그것은 상식적으로 불가능하거나 가능하더라도 오랜 시간이 소요되는 난이도 높은 작업이다. 사망 당일 바로 묻자면 세워서 매장하는 것은 현실적으로 불가능하다는 뜻이다. 여기서 '설 립(立)'은 '세우다(set up)'가 아니라 '[지체 없이] 당장·즉시(immediately)'로 해석해야 옳다. ① 중국의 한문 문법서인 《조자변략(助字辨略)》권5에 따르면, "'립'은 '바로'라는 뜻으로, '즉시'와 같은 말이다. 《사기》〈유후열전〉의 '그리하여 여택은 당장 밤중에 여후를 알현하였다.' … 환담(BC23~AD56)《신론》의 '유자준이 내 말을 듣더니 바로 좋다고 하는 것이었다.'(立, 卽也, 猶云卽時也. 史記留侯世家, 於是呂澤立夜見呂后, … 桓譚新論, 劉子駿聞吾言, 乃立稱善焉.)"라고 하였다. 또, ②《수서》〈말갈전〉에서 "늘 7~8월에 독약을 만들고, 화살에 발라 짐승에게 쏘는데, 맞으면 바로 죽는다.(常以七八月造毒藥, 傅矢以射禽獸, 中者立死.)"라고 한 것도 같은 예이다.

223) 무덤 위로는 집 건물을 지어 비에 젖는 일이 없도록 한다[冢上作屋, 不令雨濕]: 인터넷〈국편위판〉에서는 이 부분을 "무덤 위에 지붕을 지어 비나 습기가 차지 않도록 한다." 식으로 번역하였다. 그러나 전후 맥락을 따져 볼 때 광개토대왕비의 경우 비석을 세우고 비각(碑閣)을 지어 비석이 비에 젖지 않게 하는 것처럼 이 경우도 무덤이 비에 젖거나 상하는 것을 피하기 위해 봉분을 보호하는 가건물을 짓는 것을 가리킨다고 보아야 옳다. 따라서 이 부분은 "무덤 위로 집 건물[정자]을

담비와 한대 마왕퇴 백서의 '담비 초(貂)'

[그리고 부모가] 만약 가을이나 겨울에 죽으면 그 시신으로 담비를 사로잡는다. 담비는 그 살을 뜯어먹다가 잡히는 경우가 많다.

○ 其父母春夏死, 立埋之, 冡上作屋, 不令雨濕, 若秋冬, 以其屍捕貂, 貂食其肉, 多得之。

• 011

언제나 [해마다] 칠팔월이면 독약을 만들어 살촉에 바르는데[224] 새나 짐지어 비에 젖지 않도록 한다." 식으로 번역하는 편이 좋을 듯하다.

224) 독약을 만들어 살촉에 바르는데[造毒藥傅箭鏃]: 중국 정사에서 독화살은 숙신·읍루·물길과 함께 거론되는 무기이다. 독화살은 석기시대부터 세계적으로 사용되었고 지역마다 독의 종류가 달랐다. 예컨대, 시베리아에서는 투구꽃(Aconitine, 烏頭), 동남아에서는 이포(Antiaris toxicaria), 아프리카에서는 협죽도(Apocynaceae), 남미에서는 쿠라레(Curare)의 독을 사용하는 식이다. 오두(烏頭)는 만주·연해주·시베리아 등 북반부의 온대지역에 주로 분포하는데, 미카미 츠키오 등의 조사에 따르면 아이누·캄차달·에스키모·알류트·길약·인디언 등 시베리아 원주민들이 그 꽃의 즙을 내어 화살에 발라서 사냥을 했다고 한다. 실제로 사람이나 동물이 이 독을 먹거나 맞으면 호흡 곤란·구토 등을 통해 심정지로 몇 시간 내에 죽게 된다. 특히 홋카이도의 아이누는 그 뿌리와 줄기에서 추출한 독을 발라 사슴과 불곰을 잡았으며, 알래스카의 에스키모 역시 투구꽃 독화살을 사용한 사실이 1763년 러시아 페테르부르크에서 보고되기도 하였다. 중국을 제외한다면 투구꽃 즙을 독화살에 사용한 사례는 최근까지도 시베리아·동

주로 북만주의 화살 독 재료인 오두와 사냥에 독화살을 쓴 아이누(마츠우라 타케시로의 《에조 망가(蝦夷漫畵)》에서)

승을 쏘아서 맞히면 즉사한다.

[독]약을 달여 나오는 독한 기운 역시 사람을 죽일 수가 있다.

○ 常七八月造毒藥傅箭鏃, 射禽獸, 中者便死, 煮藥毒氣亦能殺人.

• 012

[그] 나라 남쪽에는 도태산(徒太山)[225]이 있는데, [북]위나라 말로 '아주

북아에서 알래스카까지 두루 확인되는 셈이다.

225) 도태산(徒太山): 중국 고대사에 등장하는 산 이름. 곽석량《한자고음수책》에서는 '무리 도(徒)'는 '정과 어의 반절[定魚切, da]', '클 태(太)'는 '투와 월의 반절[透月切, tʼat]'이어서 '다탓' 또는 종성이 약화/탈락된 '다타' 식으로 읽혀졌던 것으로 보인다. 인터넷〈국편위주〉141에서는 "오늘날의 白頭山을 말한다."라고 보았다. 정작 그 이름이 처음 등장하는《위서》에서는 "물길의 남쪽 지경에 자리 잡고 있는데 북위(선비) 말로는 '태황'이라는 뜻(國南有徒太山, 魏言太皇)"이라고 하였다. 또, 《수서》《말갈전》에서는 "[말갈은] 고구려의 북쪽에 자리 잡고 있다. … '도태산'이라는 산이 있는데, 민간에서 무척 경외한다.(在高麗之北, … 有徒太山者, 俗甚敬畏.)라고 하였다. … 청대의 문헌인《만주원류고》에서는 백두산으로 보고 "장백산【현지에서는 '골민 샹킨 아린'이라고 한다.《산해경》에는 '불함산', 《위서》및《북사》에는 모두 '도태산', 《당서》에는 '태백산' 또는 '백산'이라고 하였다】은 울라의 남쪽 1,300여 리 지점에 있는데, 높이가 200리이다.(長白山【土名歌爾民商堅

웅장하다'[226)]는 뜻이다.

阿鄰. 山海經作不咸山, 魏書及北史皆曰徒太山, 唐書作太白山或又作白山】在烏喇 南千三百餘里, 高二百里)"라고 하였다. 《흠정 성경통지(欽定盛京通志)》에서는 여기서 더 나아가 "도태산【… 따져 보건대, '도태'는 바로 지금의 장백산이다. 자세한 것은 '장백산' 주석을 참조하기 바란다.】(徒太山【… 按徒太卽今長白山, 詳見 長白山注】)"라고 소개하였다. 현재 국내외 학계에서는 '도태산'을 백두산으로 비정하고 있는데, 아마 《만주원류고》 등 청대 문헌들의 고증에 따른 것일 것이다. 그러나 여기서 유념해야 할 것은 ① 정작 '도태산'을 처음 소개한 《위서》와 그 직후의 《수서》에서는 그 산이 백두산이라고 이야기한 적이 없다는 사실이다. 또, ② 5~6세기 북위 시기의 고구려 강역에도 주목해야 한다. 이 시기에 말갈은 광개토대왕과 장수왕의 최전성기를 구가하고 있던 고구려 너머에 있었고 도태산은 고구려와의 접경지대에 있었다고 나와 있다. ③ 따라서 도태산의 좌표는 압록강 인근이 아니라 적어도 현재 학계에서 통설로 여겨지는 장수왕 시기의 고구려 북계에 해당하는 흑룡강성 인근에서 구해야 옳다. 이런 점들을 종합해 보면 《위서》나 《수서》·《신당서》에 소개된 도태산은 고구려의 북계가 지금의 압록강이 아닌 이상 백두산일 수가 없는 것이다.

226) 위나라 말로는 '아주 웅장하다'[魏言大皇]: 두 번째 글자는 판본에 따라 차이를 보이는데, 남감본·무영전본 및 《북사》·《태평어람》 등에는 '클 황(皇)', 급고각본·백납본에는 '흰 백(白)'으로 나와 있다. 그래서 번역서들도 판본을 달리하여 〈국편위판〉과 중국의 〈대역판〉(제1887쪽)은 후자를 좇아 각각 "魏나라 말로는 '大白'으로 부른다.", "위나라 사람들은 그 산을 '대백산'이라고 부른다."로 번역했지만 〈동북아판3〉(제085쪽)에서는 전자를 좇아 "위나라 말로는 '태황'이다."라고 번역하는 혼선이 벌어지고 있다. 문법적으로 따져 볼 때 '황'과 '백'은 각각 '크다'와 '희다'로 의미상으로 상관관계가 성립되지 않는다. 두 글자가 의미가 유사해서 서로 가차(假借)로 통용된 경우가 아니라 둘 중 한쪽이 잘못된 경우라는 뜻이다. ① 문자학적 견지에서 본다면 '백(白)'은 '황(皇)'의 윗부분에 해당하므로 필사되는 과정에서 '皇 ⇒ 白'으로 잘못 기록되었을 개연성이 있다. 또, ② 판본의 성격에 주목한다면 남감본·무영전본·《북사》·《태평어람》이 모두 역대 왕조에서 비교적 엄격하게 교열을 거친 '검인정' 판본인 반면 급고각본이나 백납본은 민간에서 판각되어 오자·탈자가 상대적으로 많다는 점을 감안하면 ③ 여기서는 '황'이 맞고 '백'은 잘못 들어간 글자일 가능성이 높다. 한문에서 '대(大)'는 '크다(big)', '황(皇)'은 '크다(great)'라는 뜻으로, 둘 다 주로 형용사로 사용된다. 그러나 '대황'처럼 두 글자가 나란히 사용되었을 때에는 '대-'가 '황'의 앞에서 '큰' 정도가 '아주 크다(very)'는 식으로 어감을 강화하는 부사로 작동한다. '대황'은 '아주 크다'나 '몹시 웅장하다(very grand)' 식으로 새겨야 한다는 뜻이다. 참고로 '대백'

백두산의 위용. 그러나 좌표로 본다면 백두산은 다소 거리가 있다. 오른쪽은 불함산으로 추정되는 부르항 할둔

범·표범·큰곰·이리가 사람을 해치기 때문에 사람들은 산 속에서 대소변을 볼 수가 없다. [그래서] 산을 질러 갈 때에는 한결같이 [대소변을] 도구로 담아 가곤 한다.

○ 國南有徒太山, 魏言大皇, 有虎豹羆狼害人, 人不得山上溲汙, 行逕山者, 皆以物盛。

•013

지난 연흥(延興) 연간227)에 [물길에서] 사신 을력지(乙力支)를 파견해 입조하고 특산물들을 바쳤다. 태화(太和) 연간 초기228)에 또다시 말 오

은 '아주 희다(또는 영원히 희다)'로 해석된다.

227) 지난 연흥 연간[去延興中]: '연흥'은 북위의 효문제 원굉(元宏)이 471~476년까지 6년 동안 사용한 연호로, 고구려의 장수왕 59~63년에 해당한다. 인터넷〈국편위주〉142에서는 《책부원구》〈외신부(外臣部)〉"조공(朝貢)"조에서 "연흥 5년 10월에 … 물길에서 사신을 보내 입조하고 공물을 바쳤다.(延興五年十月 … 勿吉國遺使朝獻)"라고 한 것을 근거로 을력지의 조공이 연흥 5년(475)에 이루어졌다고 보았다.

228) 태화 연간 초기[太和初]: '태화(太和)'는 효문제 원굉이 477~499년까지 23년 동안 사용한 연호로, 고구려의 장수왕 65년으로부터 문자왕 8년까지에 해당한다. 인터넷〈국편위주〉143에서는 《책부원구》〈외신부(外臣部)〉"조공(朝貢)"조에서 "태화 2년 8월에 물길국에서 사신을 보내 입조하고 공물을 바쳤다.(太和二年八

백 필을 [공물로] 바쳤다. [이때] 을력지229)가 [이렇게] 주장하였다.

〇 去延興中, 遣使乙力支朝獻。太和初, 又貢馬五百匹。乙力支稱:

• 014

"처음에 그 나라(물길)를 출발했을 때에는 배를 타고 난하(難河)230)를 거슬러 서쪽으로 올라가다가 태려하(太沵河)231)에 이르러 배를 물속

  月, 勿吉國遣使朝獻)"라고 한 것을 근거로 본문의 "태화 연간 초기"를 태화 2년 (478)으로 보았다. 효문제의 낙양 천도가 태화 19년(475)에 이루어졌으므로, 물길 사신 을력지의 이 두 차례 조공의 목적지는 그 직전의 도읍인 평성(平城), 즉 지금의 산서성 대동시(大同市)이었던 셈이다.

229) 을력지(乙力支): 물길의 사신. 인터넷〈국편위주〉144에서는 "물길국에 을력씨가 있었다.(勿吉國有乙力氏)"라고 한 송대 지리서《태평환우기(太平寰宇記)》의 기사를 근거로 "乙力이 姓이고 支가 이름"일 것으로 보고 "乙力支는 바로 乙力의 姓을 가진 氏族 또는 邑落의 首長이었을 것"으로 추정하였다. 그렇다면 '씨(氏)'가 '지(支)'를 잘못 읽거나 적은 사례로도 해석할 수 있는 셈이다. 다만, 뒤에 나오는 '후니지(侯尼支)'도 그렇지만, 중국의 역대 정사 기록들에서 삼한 · 고구려 · 신라 등 동이계 풍물들을 소개할 때에는 '지탱할 지'가 '-지' 식으로 접미사처럼 명사 맨 끝에 사용된 경우는 특정한 직업이나 업무를 나타내는 명사, 즉 관직명인 경우가 적지 않다. 이런 점들을 감안한다면 특정 인물의 이름이라기보다 관직명일 가능성도 염두에 둘 필요가 있다고 본다.

230) 난하(難河): 중국 고대사에 등장하는 하천 이름. 국내외 학계에서는 주로 지금의 눈강(嫩江) 및 동쪽의 송화강(松花江)으로 보고 있다. 특히, 화룡을 지금의 요녕성 조양시로 비정하는 중국에서는 조양시에서 강을 따라 서쪽으로 가면 조아하로 들어가는 하천은 송화강과 눈강밖에 없다는 점에 주목하여 ① 泝難河西上, 至太沵河"를 동쪽으로 흐르는 송화강을 거슬러 올라가 지금의 눈강 하류를 거쳐 조아하로 들어간 것이라고 보았다. 또,《위서》〈오락후전(烏洛侯傳)〉에서 "그 나라 서북쪽에 완수가 있는데 동북쪽으로 흘러 난수에 합쳐진다.(其國西北有完水, 東北流, 合于難水)"라고 한 데 대하여 ② 완수는 지금의 액이고납하(液爾古納河) 및 흑룡강이며, 흑룡강에 합쳐지는 난수 역시 동쪽으로 흐르는 송화강이어야 옳다고 주장한다.

231) 태려하(太沵河): 중국 고대사에 등장하는 하천 이름. ①《신당서》에는 '타루하(它漏河)'(〈북적전〉) 또는 '타루하(他漏河)'(〈동이전〉)로 되어 있는데, ② 각자 다른

에 가라앉혔다. [그리고 나서] 남으로 육로를 걸어서 락고수(洛孤水)232)를 건넌 다음 거란233)의 서쪽 땅을 따라 화룡(和龍)까지 갔다.234)"

글자로 표기되기는 했지만 음운상으로는 서로 대응된다. 또, ③ 〈동이전〉에서 타루하가 "동북쪽으로 흘러 흑수로 유입된다.(東北流入黑水)"라고 한 것을 보면 지금의 송화강 동쪽 줄기로 추정된다. 담기양《중국역사지도집》) 등 중국 학계에서는 조아하의 위치가 태려하와 일치하며, '조아'가 음운상으로 '태려'와 비슷하다는 점(?)을 들어 태려하를 "지금의 조아하(今洮兒河)"로 비정하고 있다. 그러나 좌표 설정은 변수가 많으니 그렇다 치더라도 언어비교에서도 문제가 많다. ① '강 이름 조(洮)'는 '투와 소의 반절[透宵切, tʻau]', '아이 아(兒)'는 '일과 지의 반절[日支切, njie]'인 반면 '클 태(太)'는 '투와 월의 반절[透月切, tʻat]', '려(冹)'는 '랑과 계의 반절[郞計切, lʻei]'이다. 그 고대음이 각각 '타우녜'와 '탓례ㅣ' 식으로 재구되는 것이다. 그렇다면 '조아하'와 '태려하'가 음운상으로 대응된다는 주장에 동의하기 어렵다. 게다가, ② 무엇보다도 '조아하'라는 이름 자체가 2백 년도 넘지 않는 청대 후기 사서인《청사고(淸史稿)》에 이르러서야 비로소 처음으로 등장하기 때문이다. 5~6세기의 태려하와 19세기 이래의 조아하 사이에서 양자가 같은 하천임을 뒷받침해 줄 만한 역사적·언어적·논리적 중간고리가 어디에도 존재하지 않는 것이다.

232) 락고수(洛孤水): 중국 고대사에 등장하는 하천 이름. 곽석량《한자고음수책》에서는 '물이름 락(洛)'은 '래와 탁의 반절[來鐸切, lɑk]', '외로울 고(孤)'는 '견과 어의 반절[見魚切, kɑ]'여서 '락까' 식으로 읽혀졌던 것으로 보인다. 여락환수(如洛環水)·락환수(洛環水)로 불리기도 하며, 중국에서는 지금의 시라무룬 강인 것으로 보았다. 예전에는 '락환'과 '로합(老哈)'이 발음상 부합되며 '락고'는 와전된 발음으로, 일반적으로 지금의 서요하(西遼河)의 남방 발원지인 노합하(老哈河) 또는 그 지류인 영금하(英金河)라는 것이다.

233) 거란(契丹): 중국 고대·중세의 북방민족의 이름. 동호(東胡)에서 유래했으며, 후위(後魏)에 이르러 '거란'으로 일컫기 시작했다고 추정된다. 당대에는 여덟 부락[八部]로 나뉘어 있다가 당대 말기에 야율아보기(耶律阿保機)가 이들을 통합하고 그 여세를 몰아 주변 부족들을 병합함으로써 요(遼)나라를 건설하였다. 참고로, 거란의 한자 표기인 '契丹'의 경우, 송대 초기(1039)의 음운학 참고서인《집운(集韻)》에서는 앞 글자를 "기와 흘의 반절로 발음이 '걸'이다.(欺訖切, 音乞)"라고 소개하였다. '걸'은 우리나라에서는 종성이 'ㄹ(l)'이지만 중국에서는 'ㅅ(t)'이어서 '컷(kiət)'으로 발음되는데 이 종성이 약화/탈락되면서 '컷단 ⇒ 킷딴 ⇒ 키딴' 식으로 변형된 것이다. 우리나라에서는 '契'의 발음이 '계'여서 '계단'에서 둘째 글자 '단'이 유음화(流音化)되면서 '계단 ⇒ 계란 ⇒ 거란' 식으로 변형되어 '거란'으로 고정된 것으로 추정된다. 지금도 그 이름(거란)을 따서 중국을 몽골과 러시아

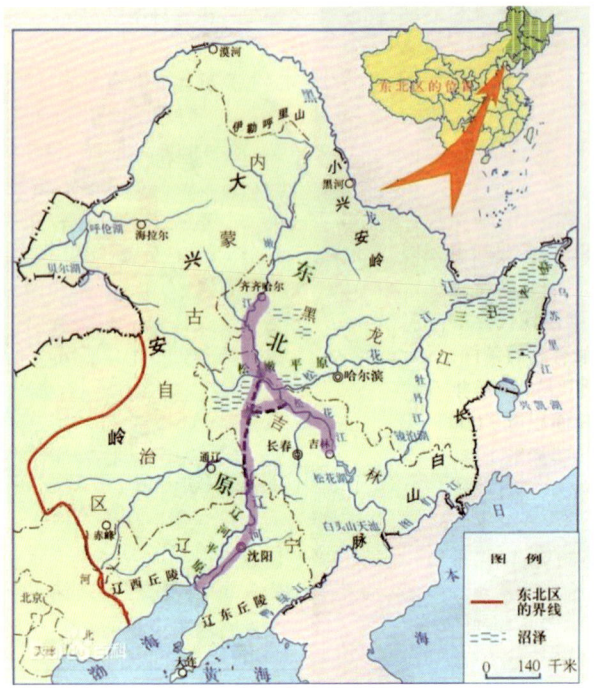

중국 북방수계 유역도

○ "初發其國, 乘船泝難河西上, 至太沵河, 沉船於水, 南出陸行, 渡洛孤水, 從契丹西界達和龍."

에서는 '키탄', 유럽 일부 지역에서는 '키타이(Kitai)' 또는 '캐세이(Cathay)'로 부르기도 하는데, 모두가 907~1125년까지 200여 년 동안 중국을 지배한 거란이 초원길에 남긴 언어적 화석이라고 할 수 있다.

234) 배를 타고 난하를 거슬러 서쪽으로 올라가다가[乘船泝難河西上]~: 을력지의 주장에 따르면 ① 물길을 출발해 배를 타고 난하를 거슬러 서쪽으로 올라가서 ② 태려하에 이르렀을 때 배를 물속에 가라 앉혀 놓고, ③ 육로로 남하하다가 낙고수를 건너 거란의 서쪽 지경을 따라 가서 화룡에서 낙양 방면으로 이동한 것이다. … 국내외 학계에서는 "西喇木倫 유역을 점거하고 있던 契丹과, 松花江 일대의

중국 학계가 그린 백제–고구려–물길 지도. 고구려의 강역이 작위적이고 기괴하다.

• 015

[그러면서] 스스로 그 나라에서[235)] 먼저 고구려의 부락 열 군데를 격파하

勿吉·高句麗 등이 모두 和龍을 통하여 중국에 入朝했다."(《국편위판》)면서 북위 시기의 화룡(和龍)을 지금의 요녕성 조양시(朝陽市)로 비정하고 있다. 그러나 화룡의 좌표를 조양시에서 찾을 수는 있겠지만 그 지점을 거란·고구려·물길이 모두 중국에 입조하는 데에 사용한 통로로 보기에는 위치가 다소 동떨어져 있는 느낌이 강하다.

235) 그 나라에서[其國]: 물길을 말한다. 뒤 이어 언급된 '대국(大國)'은 물론 을력지가 찾아 온 북위를 말한다. 백제와 함께 수로를 통하여 힘을 합쳐 고구려를 취한다고

고 은밀히 백제와 함께 수로를 통하여 힘을 합쳐 고구려를 취하고자 하여 을력지를 대국에 사신으로 보낸 것이니 그 일이 가능할지 답변을 달라고 하는 것이었다.

○ 自云, '其國先破高句麗十落, 密共百濟謀從水道并力取高句麗, 遣乙力支奉使大國, 請其可否.'

• 016

[그래서 이렇게] 조칙을 내렸다.

"세 나라는 모두가 변방을 지키는 신하들이니, 서로 화목하고 공손하게 지내야 옳은 바, 서로 침입하지 말라."

을력지가 그래서 [본국으로] 귀환하였다. [당시 그는] 그가 온 길을 따라 당초의 배를 찾아내서 [그것을] 타고 그 나라까지 [돌아]갔다. 236)

○ 詔敕: "三國同是藩附, 宜共和順, 勿相侵擾." 乙力支乃還. 從其來

한 대목은 물길과 백제의 지리적 위치를 가늠할 수 있는 중요한 단서를 제공해 주고 있다.

236) 당초의 배를 찾아내서 그 나라까지 갔다[取得本船, 汎達其國]: 을력지의 진술을 통하여 물길 사신들이 배를 숨긴 장소가 ① 물의 흐름이 멈추어져 있는 연못·소택(沼澤)이거나 ② 물이 흐르더라도 유속(流速)이 완만한 저지대의 하천이었을 가능성이 높다. 물론, ③ 귀환 길에 다시 그 배를 이용해야 한다는 점을 감안하면 물속이 잘 보이는 맑은 하천이었을 것이다. ④ 유속이 빠른 대형 하천이나 황토물이 흐르는 하천은 아닐 가능성이 높다는 뜻이다. 인터넷〈국편위주〉146에서는 중국 학자 능순성의 연구를 길게 인용하고 물길의 사신들이 사용한 배가 혁철족(赫哲族, 나나이족)이 자작나무 껍질로 만든 '화피선(樺皮船)'이었을 것으로 추정하였다. 1인용 카누(canoe)나 카약(kayak)의 일종인 화피선은 혁철족뿐만 아니라 만주족·에벵크·오로촌 등 북방의 만주-퉁구스계 소수민족들이 도강·사냥·낚시·수송의 목적으로 널리 사용하는데, 만주족은 '위호(威乎, 워이후)', 에벵크족은 '가오(佳烏)', 혁철족은 '오말일침(烏末日沉)', 오로촌족은 '오모로흠(奧姆魯欽)'으로 불린다.

《황청직공도(皇淸職貢圖)》속의 오로촌 족의 화피선과 그 분포지

道, 取得本船, 汎達其國。

• 017

[태화(太和)] 9년(485)에 또다시 사신 후니지(侯尼支)[237]를 파견해 입조하고 공물을 바쳤다. 이듬해에 다시 [중국으로] 들어와 공물을 바쳤다.

○ 九年, 復遣使侯尼支朝獻。明年復入貢。

• 018

---

[237] 후니지(侯尼支): 물길국의 사신. 여기서의 '후니지'가 이름이 아니라 관직명일 가능성에 대해서도 고민해 볼 필요가 있다. ① 발음이 비슷한 몽골어인 '호니치(хоничи)' 또는 '호니칭(хоньчин)'이 '양을 치는 사람'이라는 뜻으로, '목양 관련 업무를 담당한 관리'라는 뜻으로 해석이 가능하다는 것, ② 고구려나 신라의 관직명에서도 마찬가지로 명사성 접미사로 '-지(支)'를 사용한 사례가 자주 관찰된다는 점 등이 그 증거이다. 그렇게 볼 경우 같은 맥락에서 ③ 앞서의 '을력지' 역시 이름이 아닌 관직명일 가능성도 배제할 수 없다.

그 나라 근방에는 대막로국(大莫盧國)238)·복종국(覆鍾國)239)·막다회국(莫多回國)240)·고루국(庫婁國)241)·소화국(素和國)242)·구불복국

---

238) 대막로국(大莫盧國): 곽석량《한자고음수책》에 따르면, '큰 대(大)'는 '정과 월의 반절[定月切, dɑt]', '없을 막(莫)'은 '명과 탁의 반절[明鐸切, mɑk]', '밥그릇 로(盧)'는 '래와 어의 반절[來魚切, lɑ]'이어서 '대막로'는 '닷막라' 식으로 읽혀졌을 것이다. 학계에서는 '대막로'가 '두막루(豆莫婁)'로 음운상으로 대응되는 것으로 보아 '두막루'의 다른 이름으로 추정하기도 한다. 그러나 ① '막로'와 '막루'는 거의 완벽하게 대응되지만 ② 첫 글자인 '대'와 '두'는 초성(ㄷ)만 대응될 뿐 중성(ㅐ/ㅜ)은 서로 달라서 대응관계가 성립되지 않는다. 또, 인터넷〈국편위주〉147에서는 "大莫盧國과 豆莫盧國의 '모로'·'모루'는 모두 '물'을 의미하는 '무루(mur)'"라고 추정하였다. 두 나라를 친연성을 가진 나라로 인식하고 내린 해석일 것이다. 그러나 ③ '모로'와 '모루'가 동일한 의미를 나타내는 같은 말이라는 증거가 없을 뿐만 아니라, ④ 그렇게 재구한 '무루'가 '물(water)'이라는 의미를 가지고 있다는 증거도 없다. 그리고 결정적으로 ⑤ '대막로'라는 국호가 소개된 사서가 '두막루'의 존재를 소개한《위서》와《북서》라는 것도 그 증거이다. 같은 사서들에서 '두막루'와 '대막로'의 서로 다른 이름으로 소개되었다면 그것을 동일한 나라로 보기 어렵기 때문이다.

239) 복종국(覆鍾國): 곽석량《한자고음수책》에 따르면, '뒤집힐 복(覆)'은 '방과 각의 반절[傍覺切, pʻĭəuk]', '종지 종(鍾)'은 '장과 동의 반절[章東切, ĭwoŋ]'이어서 '퓩죵' 식으로 읽혀졌을 것으로 보인다.

240) 막다회국(莫多回國): 남북조시대에 물길 인근에 있었던 나라. 곽석량《한자고음수책》에 따르면, '없을 막(莫)'은 '명과 탁의 반절[明鐸切, mɑk]', '많을 다(多)'는 '단과 가의 반절[端歌切, tɑ]', '돌 회(回)'는 '갑과 미의 반절[匣微切, ɣuei]'이어서 '막따훠이' 식으로 읽혀졌을 것으로 보인다.

241) 고루국(庫婁國): 곽석량《한자고음수책》에 따르면, '곳간 고(庫)'는 '계와 어의 반절[溪魚切, kʻɑ]', '별이름 루(婁)'는 '래와 후의 반절[來侯切, lo]'이어서 '카로' 식으로 읽혀졌을 것으로 보인다. 인터넷〈국편위주〉148에서는 '고루(庫婁)'를 만주어에서 "域을 의미하는 '구루(guru)'에서 나온 말"로 보았다. 그러나 만주어에서 '나라·성' 뜻하는 말 중에 '구루(guru)'라는 말은 존재하지 않는다. 해당 의미를 나타내는 만주어는 '구룬(gurun)'이며, '구루'는 고대 중국인들이 '구룬'을 중국식으로 한자 표기한 것일 뿐이다. 따라서 음운학적 견지에서 볼 때, '고루'는 재구된 고대음이 '카로'로, '나라·성'을 뜻하는 만주어 '구룬'과는 초성·중성·종성에서 모두 대응관계가 거의 성립되지 않는 셈이다.

242) 소화국(素和國): 남북조시대에 물길 인근에 있었던 나라. 곽석량《한자고음수책》

(具弗伏國)243)【교감1】·필려이국(匹黎尒國)244)·발대하국(拔大何國)245)【교감2】·욱우릉국(郁羽陵國)246)·고복진국(庫伏眞國)247)·로루국(魯婁

에 따르면, '바탕 소(素)'는 '심과 어의 반절[心魚切, sɑ]', '조화할 화(和)'는 '갑과 가의 반절[匣歌切, ɣuɑ]'이어서 '사화' 식으로 읽혀졌을 것으로 보인다.

243) 구불복국(具弗伏國): 남북조시대에 물길 인근에 있었던 나라. 곽석량《한자고음수책》에 따르면, '갖출 구(具)'는 '군과 후의 반절[群侯切, gǐwo]', '아닐 불(弗)'은 '방과 물의 반절[幫物切, pǐwət]', '엎드릴 복(伏)'은 '병과 직의 반절[並職切, bǐwək]'이어서 '교뻇뷕'이나 종성 'ㅅ'이 약화/탈락된 '교뼈뷕' 식으로 읽혀졌을 것으로 보인다.

244) 필려이국(匹黎尒國): 남북조시대에 물길 인근에 있었던 나라. 곽석량《한자고음수책》에 따르면, '짝 필(匹)'은 '방과 질의 반절[幫質切, pʽǐĕt]', '검을 려(黎)'는 '래와 지의 반절[來脂切, liei]', '너 이(尒)'는 '일과 지의 반절[日脂切, ņǐei]'이어서 '펫례ㅣ녜ㅣ' 식으로 읽혀졌을 것으로 보인다.

245) 발대하국(拔大何國): 남북조시대에 물길 인근에 있었던 나라. 곽석량《한자고음수책》에 따르면, '뽑을 발(拔)'은 '병과 월의 반절[並月切, boat]', '큰 대(大)'는 '정과 월의 반절[定月切, dat]', '어찌 하(何)'는 '갑과 가의 반절[匣歌切, ɣa]'이어서 '봣닷하' 또는 종성 'ㅅ'이 약화/탈락되면 '봐다하' 식으로 읽혀졌을 것으로 보인다.

246) 욱우릉국(郁羽陵國): 곽석량《한자고음수책》에 따르면, '성할 욱(郁)'은 '영과 지의 반절[影之切, ǐwə]', '깃 우(羽)'는 '갑과 어의 반절[匣魚切, ɣǐwɑ]', '언덕 릉(陵)'은 '래와 증의 반절[來蒸切, lǐəŋ]'이어서 '워화령' 식으로 읽혀졌을 것으로 보인다. 인터넷〈국편위주〉148에서는 "'우릉'도 큰 강을 의미하는 '우라(Ula)'에서 나온 말"이라고 주장하였다. 그러나 앞에서 보는 바처럼, '우릉'은 '유령' 정도로 재구되는 반면 만주어에서 하천을 뜻하는 'ula'는 발음이 '울라'이다. ① '울라'와 '유령'은 음운학적으로 초성(ㅇ)만 대응될 뿐 중성과 종성은 전혀 대응관계가 성립되지 않는다. ② 두 단어가 서로 별개의 어휘일 가능성이 높으므로 어원학적으로도 '하천, 물'이라는 공통분모를 공유한다고 보기 어렵다.

247) 고복진국(庫伏眞國): 남북조시대에 물길 인근에 있었던 나라. 곽석량《한자고음수책》에 따르면, '곳간 고(庫)'는 '계와 어의 반절[溪魚切, kʽɑ]', '엎드릴 복[伏]'은 '병과 직의 반절[並職切, bǐwək]', '참 진(眞)'은 '장과 진의 반절[章眞切, tɕǐĕn]'이어서 '카뷕뗸' 식으로 읽혀졌을 것으로 보인다.

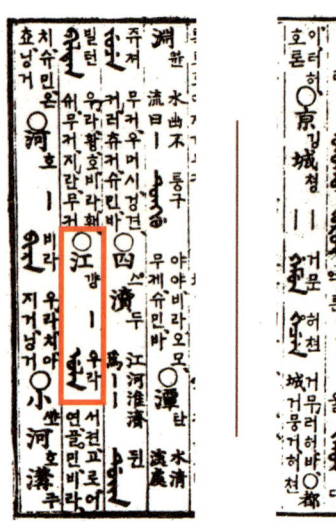 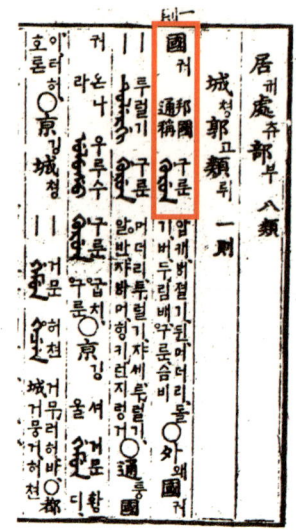

《한청문감》의 만주어 '울라(강)'와 '구룬(나라)'

國)²⁴⁸⁾ ·우진후국(羽眞侯國)²⁴⁹⁾이 있는데²⁵⁰⁾, 그때를 전후하여 저마다 사신을 파견해 입조하고 공물을 바쳤다.

---

248) 로루국(魯婁國): 남북조시대에 물길 인근에 있었던 나라. 곽석량《한자고음수책》에 따르면, '나라이름 로(魯)'는 '래와 어의 반절[來魚切, la]', '별이름 루(婁)'는 '래와 후의 반절[來侯切, lo]'이어서 '라로' 식으로 읽혀졌을 것으로 보인다.

249) 우진후국(羽眞侯國): 남북조시대에 물길 인근에 있었던 나라. 곽석량《한자고음수책》에 따르면, '깃 우(羽)'는 '갑과 어의 반절[匣魚切, ɣǐwa]', '참 진(眞)'은 '장과 진의 반절[章眞切, tǐĕn]', '과녁 후(侯)'는 '갑과 후의 반절[匣侯切, xo]'이어서 '화뗀호' 식으로 읽혀졌을 것으로 보인다.

250) 그 나라 근방에는 ~이 있는데[其傍有]: 인터넷〈국편위주〉148에서는 이 대목을 근거로 물길 주변의 나라들이 "씨족의 血族共同體를 중심으로 集落을 이루어 물가에서 생활하였으리라"라고 단정하면서 이들 나라가 '~국'으로 소개되고 있지만 "실제로는 血族共同體를 중심으로 각기 가까운 血族들끼리 모여서 集落(邑落)에 거주하는 작은 정치 세력 … 氏族集團에 불과하였으리라"라고 주장하였다. 그러나 그 같은 인식은 수십 년 전의 일본 학자들의 일방적인 주장으로, 물길 주변의 나라들이 씨족 수준에서 머물렀다고 단정하는 데에는 신중할 필요가 있다고 본다.

○ 其傍有大莫盧國·覆鍾國·莫多回國·庫婁國·素和國·具弗伏國【具弗伏國, 按卷六顯祖紀 皇興元年二月·二年四月兩見此部, 都作伏弗. 下契丹傳有伏弗郁部, 上脫具字, 又 郁部二字倒誤, 但也可證這裏弗伏. 當作伏弗。】·匹黎尒國·拔大何國【"拔大何國", 按下契丹傳有何大何部, 卷六顯祖紀 皇興二年四月作阿大何。這裏拔字當是何, 或阿之訛。】·郁羽陵國·庫伏眞國·魯婁國·羽眞侯國。前後各遣使朝獻。

【교감1】 "구불복국"의 경우, 따져 보건대 권6의 〈현조기〉'황흥 원년 2월'·[황흥] 2년 4월'조에서 이 나라가 모두 두 번 보이는데 한결같이 '구복불'로 되어 있다. 이 뒤의 〈거란전〉에는 '복불욱부'가 나오는데 앞에 '구-'자가 빠진 데다가 '욱'과 '부'의 순서가 뒤바뀌는 착오가 보이지만 여기의 '불복'을 '복불'로 적어야 한다는 것을 증명할 수 있는 셈이다.

【교감2】 "발대하국"의 경우, 따져 보건대 이 뒤의 〈거란전〉에는 '하대하부'가 나오는데, 권6의 〈현조기〉'황흥 2년 4월'조에는 '아대하'로 나와 있다. 그렇다면 여기서의 '뺄 발'자는 '어찌 하'이거나 '언덕 아'를 잘못 쓴 경우임이 분명하다.

• 019

태화 12년(488)에 물길은 다시 사신을 파견해서 도읍[251](京師)에 호시(楛矢)와 특산물들을 바쳤다. [태화] 17년(493)에 다시 파비(婆非) 등 오백 명 넘는 사신을 파견하여 입조하고 공물을 바쳤다.

---

251) 도읍[京師]: 〈동북아판2〉(제088쪽)에서는 이 부분을 번역하면서 '경사(京師)'를 '낙양'으로 소개했는데 착오이다. 효문제의 낙양 천도는 태화 18년, 즉 서기 494년에 이루어졌다. 그런데 이 기사에서 물길 사신들이 북위의 도읍까지 조공을 온 시점은 태화 12년(488)이므로 여기서의 '경사'가 효문제가 천도하기 직전의 도읍인 평성(平城, 지금의 산서성 대동시)임을 알 수 있다. 그 이후의 조공은 그 목적지가 평성에서 중원의 낙양으로 변경된다.

○ 太和十二年, 勿吉復遣使貢楛矢方物於京師。十七年, 又遣使人婆非等五百餘人朝獻。

• 020

경명(景明)[252] 4년(503)에 또다시 사신 사력귀(俟力歸) 등을 파견해 입조하고 공물을 바쳤다. 이로부터 정광(正光) 연간까지[253] 공물을 바치는 사신이 서로 찾아왔다.

○ 景明四年, 復遣使俟力歸等朝貢。自此迄于正光, 貢使相尋。

• 021

그 뒤로는 중국이 어지러워지면서 [사신이] 꽤나 더러 오지 않다가, 흥화(興化)[254] 2년(540) 6월에 사신 석구운(石久雲) 등을 파견해 특산물들을 바치는 등, 무정(武定)[255] 연간에 이를 때까지 [그 행렬이] 끊이지

---

[252] 경명(景明): 북위의 선무제(宣武帝) 원각(元恪)이 500~504년까지 4년 동안 사용한 연호. 〈고구려의 문자왕 12년에 해당한다.〉

[253] 정광 연간까지[迄于正光]: 인터넷〈국편위판〉에서는 이 구절을 "정광 연간이 끝날 때까지"로 번역했으나 어감에 다소 편차가 있다. 고대 한문에서 '흘(迄)'은 '흘(訖)'과 혼용되는데《서경(書經)》〈우공(禹貢)〉의 "사해에까지 이르다(迄于四海)"에서 보듯이, 동사로 사용되었을 때에는 ① '이르다(arrive)' 또는 '미치다(reach)' 등의 의미를 나타내며, 때로는 ② 기간을 한정하는 의미를 담아 '~ 때까지(until)'라는 의미를 나타내기도 한다. 여기서는 후자의 의미로 해석해야 옳다. 〈국편위판〉000에서는 '흘'을 '종결되다(end)'로 해석하여 이 구절을 "정광 연간이 끝날 때까지"라고 번역한 것으로 보인다. '정광(正光)'은 북위의 효명제(孝明帝) 원후(元詡)가 520~525년까지 5년 동안 사용한 연호로, 고구려의 안장왕 2~6년에 해당한다.

[254] 흥화(興和): 동위(東魏)의 효정제(孝靜帝) 원선견(元善見)이 539~542년까지 3년 동안 사용한 세 번째 연호. 고구려의 안원왕 10년에 해당한다.

[255] 무정(武定): 효정제 원선견이 543~550년까지 8년 동안 사용한 네 번째 연호. 고

않았다.

○ 爾後, 中國紛擾, 頗或不至。興和二年六月, 遣使石久雲等貢方物, 至於武定不絕。

• 022

편찬자의 논평

사관이 말한다.

"중국의 입장에서 [동]이[북]적[등의 오랑캐들]은 기미(羈縻)256)만 할 따름이다. 고[구]려는 해마다 사신을 보내 공물을 바치는 [번신으로서의] 소임을 수행함에 있어 동방의 번국들 중에서는 으뜸이었다.

[그래서] [고구려에서] 길흉사에 대한 예의의 경우 [우리] 천자의 조정에서 갖추는 것도 마찬가지로 각별하였다. 그 밖의 평범한 나라들 역시 한결같이 순종하며 공물을 바칠 줄을 알았으니, 이 어찌 소·말조차 중국을 향해 머리를 조아리고 동풍조차 조화로운 경우(태평성대)가 아니겠는가!257)"

○ 史臣曰:"夷狄之於中國, 羈縻而已。高麗歲修貢職, 東藩之冠, 榮哀之禮, 致自天朝, 亦爲優矣。其他碌碌, 咸知款貢, 豈牛馬內向, 東風入律者也。"

구려의 안원왕 13년으로부터 양원왕 5년까지에 해당한다.

256) 기미(羈縻): 이에 관해서는 앞의 〈백제전〉의 해당 주석을 참조하기 바란다.
257) 소·말조차 중국을 향해 머리를 조아리고 동풍조차 조화로운 경우[牛馬內向, 東風入律]: 어진 황제가 나라를 다스려 교화를 베풀어서 짐승들조차 순종하고 자연·기후조차 절도 있게 운행되어 태평성대를 구가한다는 뜻이다. "소·말조차 머리를 조아린다"에 대한 보다 상세한 설명은 《진서》의 '석계룡(石季龍)' 관련 주석을 참조하기 바란다.

양서-동이전

이당(李唐) 산기시랑(散騎侍郞) 요사렴(姚思廉) 찬(撰)

주명(朱明) 남경(南京) 국자감 제주(國子監祭酒) 여유정(余有丁) 등교(等校)

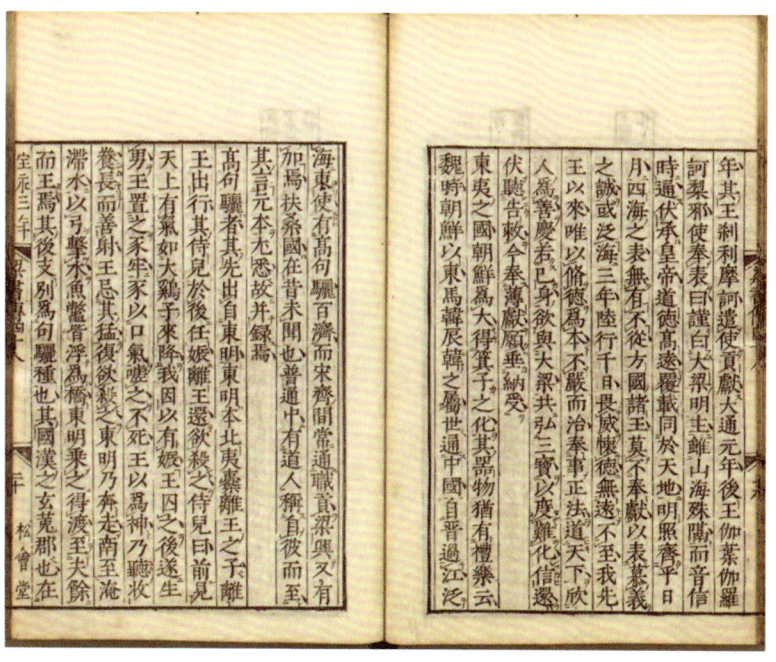

무제(武帝) 소연(蕭衍)의 천감(天監) 원년(502)으로부터 경제(敬帝)의 태평(太平) 2년(557)까지 55년간의 소씨 양나라, 즉 소량(蕭梁)의 역사를 다룬 기전체 단대사. 요찰(姚察)이 〈성제기(成帝紀)〉를 완성한 뒤에 그 아들 요사렴(姚思廉, 557~637)이 정관(貞觀) 3년(629)에 태종 이세민의 명령에 따라 기존의 사서들을 참고하여 〈본기〉6권, 〈열전〉50권 등 총 56권이 완성되었다.

남조의 정사들 치고는 사실적인 내용이 많아 공신력이 높은 편이다. 다만, 특정한 군주·권신을 비호·미화하거나 불교·미신을 극단적으로 비판하거나 등, 역사 기술에서 객관성이 결여된 모습을 보이는 경향이 있다. 역사 사실에 대한 검증보다는 문체에 더 공을 들였던 남조의 정사들과는 대조적으로 《위서》처럼 주로 산문체로 작성되었다.

《진서》·《주서》·《제서》·《수서》 등과 마찬가지로, 당대 초기에 편찬되었기 때문에 원래는 〈지〉 부분이 없었다. 정관 15년(641)에 우지녕(于志寧)·이순풍(李淳風)·이연수(李延壽)·영호덕분(令狐德棻) 등이 태종 이세민의 명령에 따라 《오대사지(五代史志)》를 집필하여 이 다섯 왕조의 전장제도(典章制度)를 소개했으며, 해당 부분을 완성한 뒤에는 《수서》에 수록하였다. 그래서 양나라의 〈지〉 부분을 확인하려면 《수서》를 검색해야 한다. 《양서》에서 "사관이 이르길[史臣曰]"이 나오는 부분은 요사렴의 집필 부분이지만 "진나라 이부상서 요찰이 이르길[陳吏部尙書姚察曰]" 부분들은 요찰, "사관 정국공 위징이 이르길[史臣鄭國公魏徵曰]" 부분은 당시 편찬을 총괄한 위징이 각각 집필하였다.〉

주요한 판본으로는 백납본, 명대의 남감본·북감본·급고각본, 청대의 무영전본, 근대의 금릉서국본, 현대의 중화서국본 등이 있다.

《양서》의 〈동이전(東夷傳)〉은 양나라의 시각에서 6세기 전기 당시에 주변에 존재했던 이민족 국가들의 연혁·지리·풍물·제도 등을 소개한 열전으로, 당시의 이민족 국가들의 역사·문화를 이해하는 데에 유용한 정보들을 제공해 준다. 특히, 고구려·백제 관련 정보들은 양나라 당시의 정보들을 충실하게 반영하는 한편 최초로 신라를 다루고 있어서 6세기 고구려·백제·신라의 상황 및 그 대외 교섭사를 연구하는 데에 아주 유용하다.

서(序)

• 001

동이 땅의 [여러] 나라 중에서 조선(朝鮮)[1]이 가장 컸다.

○ 東夷之國, 朝鮮爲大。

• 002

[그 나라는] 기자의 교화를 받아[2] 그 문물에 그런 대로 [중국의] 예악이 갖

---

[1] 조선(朝鮮): 중국 정사에 '조선'이라는 나라가 등장한 이래로 그동안 그 이름의 유래에 대해서는 다양한 주장이 제기되어 왔다. ① 그 영토를 흐르는 습수(濕水)·열수(洌水)·산수(汕水) 등의 하천 이름에서 유래했다는 후한 말기의 장안(張晏, 3세기)의 주장, ② '해가 뜨는 동쪽 나라'라는 의미에서 유래했다는《신증동국여지승람(新增東國輿地勝覽)》·《동사강목(東史綱目)》의 주장, ③ '조선'의 '아침 조(朝)'를 일본어 '아사(あさ)'에서 착안하여 '아사달(阿斯達)'과 동의어라는 이병도(李丙燾)의 주장, ④ 비슷한 발음을 가진 한자를 차용하여 '영토[管境]'라는 의미의 원어를 표시한 것으로 고대사에 등장하는 '숙신(肅愼)'이나《만주원류고》의 '주신(珠申)'과 같은 말이라는 신채호(申采浩)·정인보(鄭寅普)의 주장 등이 대표적이다. 이 중에서 장안의 주장은 조선과 세 하천의 지리적 관계는 충분히 설명해 주고 있으나 '조선'의 의미나 상관성이 논리적으로 해명되지 않는다. 이병도,《신증동국여지승람》이나《동사강목》의 추론은 논리적 개연성이 확보되지 않은 억측에 가깝다. 신채호·정인보의 추론은 '조선-숙신-주신'이 음운상으로 서로 대응되므로 어원학·음운학적으로 충분한 논리적 설득력을 지닌다. 다만, 신채호·정인보가 '조선=영토[管境]'의 근거를 조선이 중국 정사에 처음 등장한 뒤로 1,800여 년이 지난 18세기에 편찬된《만주원류고》에서 찾고 있다는 점에는 유념할 필요가 있다. ⑤ 북한 학자 리지린은 신채호·정인보의 추론에 착안하여 숙신·식신(息愼)·직신(稷愼) 등의 족속명이 장안이 소개한 습수·열수·산수에서 유래했다고 보았다. 그러나 그 족속명들이 세 하천의 이름들과 어떤 상관성을 가지는지에 대한 논리적인 설명이 결여되어 있다. 현재로서는 '조선'이 무엇을 뜻하는 말인지는 알 수 없다. 다만, 그것이 음사(音寫), 즉 원어를 비슷한 발음의 한자로 표기한 것임에는 의심의 여지가 없다.

[2] 기자의 교화를 받아[得箕子之化]~: 기자(箕子)가 조선에 왔다는 이른바 '기자동래

추어져 있었다'고 한다.

○ '得箕子之化, 其器物猶有禮樂'云。

• 003

[조]위나라 때는 조선 동쪽의 마한(馬韓)3) · 진한(辰韓)4) 등의 부류가

설(箕子東來說)'은 《사기》〈미자세가(微子世家)〉와 《한서》〈지리지〉, 복생(伏生)의 《상서대전(尚書大傳)》 등의 한대 문헌에 소략하게 소개되어 있다. 그러나 이를 역사적 진실로 받아들이는 데에는 신중할 필요가 있다. 인터넷〈국편위주〉003에서도 "先秦時代에는 箕子와 朝鮮과의 관계가 언급되지 않다가 秦 · 漢時代 以後의 기록에서 이것이 점점 구체화되고 있음"에 주목하고, "그것이 사실이라기보다는 秦漢帝國의 성립이라고 하는 시대적 상황 속에서 형성된 中國的 華夷觀에 의한 윤색"이라고 보았다. 게다가, 조선 정벌에 나섰던 한나라 무제의 조부인 문제(文帝) 때 복승(伏勝)이 저술한 《상서대전(尚書大傳)》에서는 ① 기자가 "도망쳐 조선으로 갔고(走之朝鮮)", ② "주나라 무왕이 그 소식을 듣고 내친 김에 조선 땅에 그를 책봉했다.(武王聞之, 因以朝鮮封之.)"라고 소개하였다. 이 내용이 진실이라면 기자가 망명을 하기 전부터 그 동방에는 이미 '조선'이라는 나라가 존재하고 있었다는 뜻이 된다. 또, 무왕이 기자를 조선후로 책봉한 일 역시 기자에게 주나라 영토를 분할해 준 것이 아니라 애초부터 나라 밖에 존재하는 조선에서의 기자의 기득권을 사후에 양해해 준 것에 불과한 셈이다. 기자 이전부터 '조선'으로 불렸기 때문에 무왕이 그 땅 이름을 붙여서 '조선후'라고 한 것이지 이전에는 없던 이름을 무왕이 새로 지어 내서 '조선후'로 봉한 것은 아니라는 뜻이다. 우리가 알고 있는 역사 지식에 근거하는 한, 기자 이전의 조선이라면 '단군(檀君)'계의 조선뿐이다. 기원전 12세기에 기자가 망명했다는 동쪽 나라 조선은 단군계 조선일 수밖에 없다는 뜻이다. 이와 관련해서는 문성재,《한사군은 중국에 있었다》, 제25~29쪽을 참조하기 바란다.

3) 마한(馬韓): 한나라의 효혜제(孝惠帝) · 고후(高后) 재위기에 위만에게 패한 조선왕 준이 해로로 망명길에 올라 재건한 "조선=한계"의 나라. '마한'이라는 이름의 경우, 이병도는 '개마한(蓋馬韓)' 또는 '고마한'에서 유래했다고 주장한 바 있다. 그러나 양자의 인과관계를 어원학적으로 입증해 줄 근거는 보이지 않는다. 그 위치 역시 마찬가지이다. 조선시대에 정약용·한치윤 등은 마한의 중심지 '금마(金馬)'를 전북 익산(益山) 일대로 비정한 바 있다. 그러나 그것은 [위]만조선의 왕험성을 지금의 평양시로 보았을 때에나 유효할 뿐이다. 만약 평양성의 좌표를 압록강 너머에서 찾을 경우 그 위치 비정은 재고가 필요하다고 본다. 인터넷〈국편위판〉에는 익산이 '부산(釜山)'으로 나와 있는데 착오로 보인다.

대대로 중국과 내왕하였다. [서]진(晉) 왕조가 장강(長江)5)을 건너온6) 뒤로는 바다(발해)를 건너온 동이의 사신으로는 고구려(高句驪)·백제(百濟)가7) 있었다.

○ 魏時, 朝鮮以東馬韓·辰韓之屬, 世通中國. 自晉過江, 泛海東使,

---

4) 진한(辰韓): 〈국편위판〉(제1권 제293쪽 주5)에서는 진한 사회의 모태가 "진나라의 망명인(秦之亡人)"이라는 기사에서 보듯이 북한(낙랑) 방면에서 남하한 유이민으로 형성된 나라라고 보았다. 이병도는 진(辰)의 동북계에 있던 유이민 사회가 한왕 준 이래로 '한'으로 일컬으며 '진왕(辰王)'의 보호·지배하에 있었기 때문에 낙랑의 한족들로부터 '진한'으로 일컬어지게 되었다고 보았다. 사실 준(準)부터가 북방에서 남하했으니 '삼한' 역시 종족적으로는 한반도 남부의 남방계 토착민 집단일 수 없다. 다만, 위만에게 축출된 준이 망명길에 나선 출발지가 낙랑지역(평양시?)이라는 주장은 재고되어야 옳다. 예컨대, ① 산악지대가 발달하여 인구밀도가 극히 낮을 수밖에 없는 강원·함경 일대에는 현실적으로 78개국이 집중될 수 없다. 또, ② 진한의 경우, 《삼국지》 등의 기록에서는 "마한의 동쪽에 있다"라고 소개하였다. 그렇다면 [고조선의 좌표를 평양으로 설정할 때] 조선이 마한 서쪽이라고 했으니 마한이 함경·강원도에 해당한다고 쳐도, 진한이 거기서 다시 마한의 동쪽이라면 함경·강원도의 동쪽이라는 말이 된다. 지리적으로는 현실과 편차가 큰 것이다.

5) 장강(長江): 중국에서 길이가 가장 긴 하천. 참고로, '양자강(揚子江)'은 남경에서 황해 어귀에 이르는 장강 하류 구간을 부르는 이름이다. 옛날 남경에 있었던 나루인 양자진(揚子津)에서 유래했다고 한다.

6) 진 왕조가 장강을 건너 온[自晉過江]: 진(晉)나라 황족이던 사마예(司馬睿, 276~323)가 강남으로 와서 진 왕조를 중흥(中興)시킨 건흥(建興) 5년(317)을 가리킨다. 진나라 회제(懷帝) 사마치(司馬熾, 284~313)의 영가(永嘉) 5년(311)에 흉노 출신 용병이던 유총(劉聰)이 도읍 낙양(洛陽)을 함락시킨 뒤에 대학살을 벌이고 회제 등 왕공·대신들을 사로잡는 '영가 연간의 대혼란이 벌어졌다. 이때 사마예는 흉노 등 북방민족들의 압박을 피해 장강을 넘어 강동(江東)으로 가서 왕조를 중흥시키고 원제(元帝)로 즉위하였다. 그래서 역사적으로 그 이전을 서진(西晉), 그 이후를 '동진'으로 불렀다. 참고로, 〈국편위판〉에서는 "건너간"으로 번역했으나 《양서》는 강남에서 세워진 양나라의 역사책이므로 양나라 사관의 입장을 감안할 때 "건너온"으로 번역해야 옳다.

7) 고구려·백제가 있었다[有高句驪百濟]: 인터넷〈국편위판〉에서는 이 구절을 "고구려·백제 등이 있었다."라고 번역했으나 원문에는 '등(等)'이 없으므로 원칙적으로 고구려와 백제 두 나라만 언급한 것으로 해석해야 옳다.

有高句驪·百濟。

•004

[그러나] [유]송(宋)·[비]제(齊) 때에도 일상적으로 [조공하는] 사신들이 오갔으며8), 양(梁)나라가 일어나면서부터는 [사신이] 더욱 늘어나기에 이르렀다.9)

○ 而宋·齊間常通職貢, 梁興, 又有加焉。

•005

부상국(扶桑國)10)은 예전에는 듣지 못하던 나라이다. [그런데] 보통(普

---

8) 송·제 때에도 일상적으로 사신들이 오갔으며[宋·齊間常通職貢]: 남조의 송·제와 고구려의 교섭 관련 기록은 주로 장수왕 대에 집중되어 있다. 백제 역시 고구려의 남하정책에 맞서기 위해 수시로 남조에 사신을 파견하고 있다. 남조에 대한 고구려와 백제의 사신 파견 시기 및 횟수에 대해서는 인터넷〈국편위주〉006의 표를 참조하기 바란다.

9) 양나라가 일어나면서부터는[梁興]~: 인터넷〈국편위주〉007에 따르면, 고구려는 11회, 백제는 5회, 신라는 1회 양나라에 사신을 파견하였다. 특히 신라의 경우 과거에는 외교무대에서 고구려·백제에 의존했으나 이때(법흥왕)부터 자주적으로 양나라와 교섭하게 된다.

10) 부상국(扶桑國): 중국 남조 양나라의 동남방에 존재했다는 나라 이름.〈부상국전(扶桑國傳)〉에서는 "부상국은 대한국의 동쪽 2만여 리로, 그 땅이 중국의 동쪽에 있다.(扶桑在大漢國東二萬餘里, 地在中國之東)"라고 하였다. 그래서 일부 학자는 중국에서 역사적으로 일본을 '부상'으로 부른 일에 주목하여 부상국을 일본으로 비정하기도 한다. 그러나 ① 지리적으로 왜국 너머의 대한국에서 다시 2만 리 떨어져 있다는 점, ② 그 나라 출신이라는 혜심이 전하는 현지의 풍물에 허구적인 요소들이 많이 보인다는 점, ③ 중국이 일본을 처음으로 '부상'으로 일컫는 시점이 당대부터라는 점, ④ 부상국의 국호가 된 '부상'이라는 식물이 무궁화과의 꽃나무로 원산지가 운남·복건·광동 등 중국 서남부라는 점, ⑤ 관련 내용이 과거의 사서들에는 보이지 않다가《양서》에서 갑자기 튀어나온 점 등을 종합해 보면 부상국은 승려 혜심(慧深)이 자의적으로 지어 낸 이야기였을 가능성이 높다. 인터넷〈국편위주〉

通)¹¹⁾ 연간에 '그곳에서 왔다'고 하는 도인(道人)이 있었는데¹²⁾, 그가 한 이야기가 무척 상세하였다. 그래서 여기에 함께 수록하였다.

○ 扶桑國, 在昔未聞也。普通中, 有道人稱自彼而至, 其言元本尤悉, 故幷錄焉。

부상국에서 서식한다고 알려진 꽃풀 부상

008에서도 "文身國 以下는 架空된 것"으로 추정하였다.

11) 보통(普通): 양나라 무제 소연이 520~527년까지 8년 동안 사용한 두 번째 연호. 〈고구려의 안장왕 2~8년에 해당한다.〉

12) 보통 연간에[普通中]~: 이 기사에서는 부상국의 도인이 양나라에 온 시점이 '보통 연간'으로 소개하였다. 그러나 정작 〈부상국전〉에서는 "제나라 영원 원년에 그 나라에서 불승 혜심이 건너와 형주에 이르렀다.(齊永元元年, 其國有沙門慧深來至荊州)"라고 소개하고 있다. "영원 원년"이라면 서기로는 499년에 해당한다. 여기에 언급된 보통 연간보다 최소한 20년 이상의 편차가 생기는 셈이다. 게다가 여기서는 "도인(道人)"이라고 소개했지만 본문에는 "사문(불승) 혜심(沙門慧深)"으로 소개되어 있다.

고구려전(高句驪傳)[13]

• 001

고구려(高句驪)[14]는 그 선조가 동명(東明)[15]으로부터 나왔다.

---

13) 고구려전(高句驪傳): 양나라 무제의 재위기간, 즉 고구려의 문자왕·안장왕·안원왕·양원왕까지 50년간의 고구려와 양나라의 교류사를 소개하였다. 앞서의《송서》·《남제서》가 당대의 사건들만 다룬 것과는 달리, 앞부분에서 주몽(추모) 설화를 혼동한 것으로 보이는 동명 설화를 위시하여 당대보다는 주로《한서》·《삼국지》·《후한서》 등 전대의 정사들에 소개된 연혁·지리·제도·풍물·언어 관련 기사들로 채워져 있어서 6세기 고구려의 상황을 고찰하는 데에는 사료적 가치가 상대적으로 낮다. 특기할 만한 것은 명색이 양나라의 역사서임에도 불구하고 한·위·진·송·제 등, 양나라 이전의 왕조들에서 발생하거나 기록된 내용들이 압도적으로 많다는 점이다. 물론, 여기에는 양나라의 역사가 50년밖에 되지 않고 말기에는 전란으로 혼란스러웠던 데다가 편찬이 이루어진 시점이 당시가 아닌 7세기 당대였기 때문일 가능성이 높다. 또, 이 열전에 소개된 고구려 국왕에 대한 역대 중원 왕조의 봉작들에 등장하는 영주·평주 등의 지명들은 고구려 강역의 서계가 기존 통설의 요동반도를 넘어 요서지역까지 확장되어 있었을 개연성의 상정을 가능하게 한다.

14) 고구려(高句驪):《양서》에서는 고구려의 국호를 고구려(高句驪)·구려(句驪)·고려(高驪, 高麗) 등으로 혼란스럽게 적고 있다. 이는 여러 정사의 기사들을 기계적으로 옮긴 데서 비롯된 문제로 보인다. 고구려 국호에 대한 어원 분석은《송서》의 "고구려" 주석을 참조하기 바란다.

15) 동명(東明): 고구려 시조.《위서》에서는 '주몽(朱蒙)'으로 소개한 데 비하여 여기서는 '동명'으로 소개하고 있다. 인터넷〈국편위주〉012의 설명대로 "中國正史에 있어서 高句麗의 始祖를 東明이라고 전하는 예는 本傳이 처음"이다. 다만, 학계 일각에서는 '동명'을 이름으로 추정하지만 이 열전을 따져 볼 때, 고구려 시조 추모(鄒牟, 주몽)에 대한 왕호(王號)이자 시호(諡號)인 '동명성왕(東明聖王)'을 줄인 말로 이해하는 편이 합리적이다. … 부여의 건국 시조 동명에 관한 기록은 후한의 학자 왕충(王充, 27~97?)이 저술한《논형(論衡)》을 위시하여《삼국지》에 인용된《위략(魏略)》 기사·《수신기(搜神記)》·《양서》·《수서》·《북사》·《법원주림(法苑珠林)》 등의 중국 측 사서·문헌들 도처에서 확인된다. 반면에《삼국사기》·《삼국유사》 등 국내 사서·문헌들에는 부여와 관련하여 북부여의 해모수(解慕

동명은 본래 북이(北夷)16) 땅 탁리(橐離)[국]17) 왕의 아들이었다.

漱) 및 동부여의 금와(金蛙) 신화만 소개되어 있을 뿐, 동명 신화에 관한 언급이 보이지 않고 그 신화 모티브를 공유하는 주몽 신화만 소개되어 있다. 일본 학자 나카 미치요(那珂通世, 1851~1908)·이병도 등은 '탁리' 또는 '고리'의 자형이나 발음이 '[고]구려'와 비슷한 점 등을 근거로 동명 신화가 부여의 건국 시조 신화가 아니라 고구려 시조 주몽 신화의 또 다른 버전이라고 보았다. 반면에 중국의 이옥(李玉)·이복규(李福揆) 등은 《수서》·《북사》 등의 정사 기록이나 동명 신화의 유형구조가 주몽 신화와는 별개의 것이라고 보았다. 〈국편위판〉(제1권 233~234쪽 주31) 역시 "夫餘 建國者인 東明의 誕生說話에는 日光에 의한 感精出誕이라고 하는 蒙古·滿洲에 널리 퍼져 있는 이른바 '感精型' 神話의 요소만 있는 데 비하여 朱蒙說話에는 北方系의 日光感精要素와 南方海洋諸族의 卵生要素가 복합되어 나타나고 있다. 따라서 東明神話와 朱蒙神話는 별개의 建國神話"라고 해석하였다. 그러나 난생 모티브는 남방계 신화에도 등장하지만, 만주·퉁구스 등 북방계 신화에서도 쉽게 확인할 수가 있다. 참고로, 곽석량의 《한자고음수책》에 따르면, '동녘 동(東)'은 '단과 동의 반절[端東切, toŋ]', '밝을 명(明)'은 '명과 양의 반절[明陽切, mĭaŋ]'이어서 '똥망' 식으로 읽혀졌을 것으로 보인다.

16) 북이(北夷): 북쪽의 오랑캐. 《양서》는 남조인 양나라의 역사를 소개한 책이다. 양나라의 도읍인 건강(建康), 즉 지금의 강소성 남경시(南京市)를 축으로 삼았을 때 북쪽이라면 대체로 하북성 북부(북경시)와 하북성 동북부(노룡현) 방면, 또는 그 너머인 내몽고자치구 일대에 해당한다.

17) 탁리(橐離): 고구려의 국호의 경우, 《논형(論衡)》·《양서》·《한원》에는 '탁리(橐離)', 《위략》·《수신기》에는 '고리(槀離)', 《태평어람(太平御覽)》에는 '고리(靑離)', 《법원주림》에는 '영품리(寧稟離)'로 나와 있다. 여기서 '탁(橐)·고(靑)'는 '마를 고(槀)'를 잘못 적은 것이며, '영품(寧稟)'은 세로로 씌어진 '자루 탁(橐)'을 두 글자로 오인한 결과물이다. 인터넷 〈국편위판〉에서는 "가장 이른 시기의 기록인 《論衡》의 '橐離'가 후대에 자형이 근사한 '槀離'로 오기되거나 음을 빌린 '索'으로 표시된 것이 아닌가" 하고 추정하였다. 그러나 《논형》의 '탁'은 앞서 여러 곳에서 누차 말한 것처럼, ① 한대의 학자들 사이에서 전사되는 과정에서 고[구]려의 '높을 고(高)'가 '마를 고(槀)'로 필사된 것을 ② 후대의 학자들이 다시 '자루 탁'으로 오독한 결과일 가능성이 높아 보인다. 만일 《위략》의 '고리'가 고[구]려임이 분명하다면 고구려의 '려'는 고대음으로는 '려'가 아니라 '리'였음을 알 수 있다. 실제로 '떼놓을 리(離)'와 '아름다울 려(麗)'는 중국식 발음으로는 둘 다 모두 '리(li)'이다. 인터넷 〈국편위판〉에서는 일본 학자 시라도리 구라키치(白鳥庫吉)의 주장에 따라 '탁'은 그 발음을 빌린 '색(索)'으로 표시된 것이며, '색'도 몽골어에서 '경계'를 뜻하는 '사하(sacha)'와 같은 말로 보아 '색리(索離)'로 해석하고 퉁구스어의 '흑국(黑國)'의

○ 高句驪者, 其先出自東明。東明本北夷櫜離王之子。

• 002

[탁리[의] 왕이 [도읍을] 나가서 [국토를] 순행하는 동안 그의 [시중을 드는] 시녀가 후궁에서 아이를 배었다. [그래서 탁리의] 왕이 돌아와서 그녀를 죽이려 하였다. [그러자] 시녀가 [이렇게] 말하는 것이었다.

○ 離王出行, 其侍兒於後任娠, 離王還, 欲殺之。侍兒曰:

• 003

"지난번에 하늘을 보니 큰 달걀만한 기운이 감돌다가 제게로 내려 왔는데 그 일을 계기로 아이를 밴 것입니다."
[그래서] 왕이 그녀를 [감옥에] 가두었더니 나중에 결국 사내아이를 낳았다. [그러자] 왕은 그 아이를 돼지우리에 방치했는데[18) 돼지가 [따뜻한] 입김을 불어 주어 죽지 않았다. 왕은 [그 아이를] 신령스럽게 여겨 결국 '거두어 키우도록 [해 달라'는 시녀의 요청을] 허락해 주었다.

○ "前見天上有氣如大鷄子, 來降我, 因以有娠。" 王囚之, 後遂生男。王置之豕牢, 豕以口氣噓之, 不死, 王以爲神, 乃聽收養。

의미로 보았다. 북방어의 발음을 한자로 표기한 것이라는 그의 주장은 제법 그럴 듯해 보인다. 그러나 별다른 근거도 없이 몽골어와 퉁구스어로 단정한 것은 견강 부회가 아닌가 싶다.

18) 돼지우리에 방치했는데[置之豕牢]: 이 구절을 통하여 '탁리'라는 나라가 토착민들이 세운 나라임을 짐작할 수 있다. 이 대목 뒤에 '부여'가 등장하는 것을 보면 부여와는 종족·풍속·언어적으로 구분되거나 차이가 있는 나라였을 가능성이 있다.

• 004

[그 사내아이는] 장성해서 활을 잘 쏘았다. [그래서] 왕이 그가 용맹무쌍한 것을 꺼려서 다시 그를 죽이려고 하는지라 동명이 그래서 도망쳐 달아났다. 남쪽으로 엄체수(淹滯水)[19]까지 이르렀을 때 활로 [강]물을 치자 물고기와 자라들이 모두 떠오르더니 다리를 만드는 것이었다.

○ 長而善射, 王忌其猛, 復欲殺之, 東明乃奔走, 南至淹滯水, 以弓擊水, 魚鼈皆浮爲橋。

• 005

동명은 그것을 타고 강을 건너는 데에 성공하고 [마침내] 부여(夫餘)에 이르러 [그 나라의] 왕이 되었으며, 그 후손의 한 갈래가 따로 [갈라져 나와 고]구려(句驪) 세력을 형성하였다.[20]

○ 東明乘之得渡, 至夫餘而王焉。其後支別爲句驪種也。

---

19) 엄체수(淹滯水): 《삼국지》《고구려전》의 《위략》 인용 기사에는 '시엄수(施掩水)'로 되어 있고, 〈광개토호태왕비(廣開土大王碑)〉에는 '엄리대수(掩利大水)'로 새겨져 있다. 그런데 이보다 시기적으로 이른 왕충의 《논형》에서 '엄체수(掩㴲水)', 《후한서》로부터 100여 년 뒤인 당대에 편찬된 《양서》·《수서》에는 각각 '엄체수(淹滯水)'와 '엄수(淹水)'로 되어 있다. 그렇다면 복수의 자료들을 통하여 '엄체' 또는 '엄리'가 바르고 '시엄'은 오기임을 확인할 수 있는 셈이다. 인터넷〈국편위주〉013에서는 엄체수를 "松花江 또는 그 지류"라고 보았으나 확실한 것은 알 수가 없다.

20) 따로 구려 세력을 형성하였다[別爲句驪種也]: 이 구절은 '고구려는 부여의 별종(別種)'이라는 말의 또다른 표현이다. 말하자면, '별종'의 '별'은 그 의미가 '다르다(different)'가 아니라 '나누[어지]다(divide)'인 것이다. 탁리국 출신의 동명이 부여로 내려 와서 왕이 되고, 그 뒤로 부여에서 고구려가 분리되어 나왔다는 뜻이다. 〈동북아판2〉(제048~049쪽)에서는 이 부분의 원문이 "其後支別爲種句驪也"으로 소개되어 있으나 "其後支別爲句驪種也"가 옳다. 번역 역시 "그 후 [부여의] 분파가 고구려의 종족이 되었다."라고 되어 있으나 "기후(其後)"는 '그 후'가 아니라 뒤의 '갈래 지(支)'과 연결되어 "그 후손의 갈래는" 정도로 보아서 "그 후손의 한 갈래가 따로 고구려[건국]세력을 형성하였다." 식으로 번역해야 옳다.

•006

그 나라는 한대의 현토군(玄菟郡)21) 땅이다.22) 요동(遼東)[군]의 동쪽에

21) 현토군(玄菟郡): '현토'의 '토'의 경우, 현재는 '세삼 토(菟)'로 표기하고 '도'로 읽는 학자가 많다. 그러나 원래는 '토끼 토(兔)'가 본자이기 때문에 '토'로 읽어야 옳다. ① 현재 산동성 박물관에 소장되어 있는 현토군 태수의 호부(虎符) 겉에 새겨진 문구에는 '토끼 토(兔)'를 써서 '현토태수(玄兔太守)'로 새겨져 있다. ② 당대의 학자 구양순(歐陽詢, 557~641) 등이 편찬한 《예문유취(藝文類聚)》에 소개된 〈직공도 찬(職貢圖贊)〉에는 "북으로는 현토까지 오가고 남으로는 주익까지 이른다(北通玄兔, 南漸朱鳶)"라는 구절이 나오는데 역시 '토끼 토'로 씌어져 있다. 5~6세기의 당나라 사람들도 '현토(玄兔)'로 알고 있었던 것이다. 말하자면 원래는 '토끼 토'로 썼던 것이 시대가 바뀌고 오랫동안 여러 사람에 의하여 여러 차례 전사(轉寫)되는 과정에서 엉뚱한 글자가 '세삼 토'로 와전된 셈이다. 이 문제에 관해서는 문성재, 《한국고대사와 한중일의 역사왜곡》, 제7~11쪽을 참조하기 바란다.

22) 한대의 현토 땅이다[漢之玄菟郡也]: 이 다섯 글자는 《양서》가 집필되던 남북조 시대의 현토군이 한대의 그것과 규모에서 편차가 있음을 시사해 준다. 〈국편위판〉(제1권 제262쪽 주석6에 따르면, 현토군의 좌표와 관련하여 크게 ①《삼국지》"동옥저"조에 근거하여 오늘날의 함흥을 중심으로 한 함경도 일대로 본 주장(한진서·안정복·정약용·김정호·이케우치 히로시), ② 압록강 중류에서 함흥에 이르는 교통로를 따라 동서로 길게 설치되었다는 주장(와타 기요시·양수경), ③ 압록강 중류 일대에 설치되고 고구려를 군의 치소로 삼았다는 주장(이병도) 등이 있다. 그러나 이 주장들은 모두 조선시대의 반도사관(半島史觀)을 토대로 이루어진 것들이어서 재고가 필요하다. 현토의 위치와 관련하여 주목할 것은 ① 후한의 학자 응소(應劭, 153~196)가 《사기》〈조선열전〉에 "현토는 본래의 진번 국이다.(玄菟本眞番國.)"라는 주석을 붙였다는 사실이다. 후한대에 현토군이 있던 곳이 바로 진번국의 자리라는 것이다. 응소의 주석은 현토군이 존재하고 있던 후한대의 기록이자 진번의 좌표에 관한 가장 오래된 기록이어서 사료적 가치가 대단히 높다. 만일 응소의 주장이 역사적 사실에 근거한 것이라면 현토군과 진번군은 한 자리 또는 서로 가까운 위치에 자리 잡고 있었던 셈이다. ② 구양순이 지은 〈직공도 찬〉의 "북으로는 현토까지 오가고 남으로는 주익까지 이른다."라는 구절도 그 증거이다. 6~7세기 당나라 사람들은 당나라를 중심으로 놓았을 때 그 북쪽에 현토가 있다고 믿었던 셈이다. 당나라의 도읍이 서안(장안) 또는 낙양(낙양)이었으므로, 이 두 곳을 축으로 삼아 그 좌표를 구하면 현토가 있다는 북쪽은 지금의 하북성 북부 또는 동북부와 대체로 일치한다. 만약 기존의 통설처럼 현토가 한반도 인근에 있었다면 구양순은 당연히 "동쪽으로는 현토까지 닿고" 식으로 표현했을 것이다.

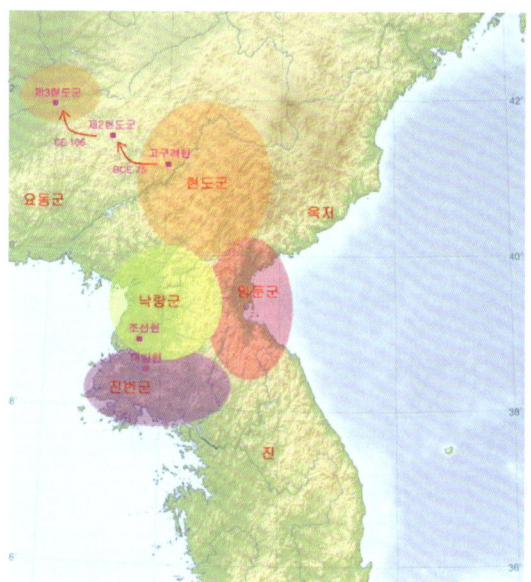

현토의 위치. 학계에서는 한반도와 그 인근으로 비정하고 있다.(아틀라스 한국사)

있는데, 요동[군]으로부터 천 리를 떨어져 있다.

한·위(魏) 당시에는 남쪽으로는 조선·예맥(穢貊)과, 동쪽으로는 옥저(沃沮)[23]와, 북쪽으로는 부여(夫餘)와 맞닿아 있었다.

23) 옥저(沃沮): 〈국편위판〉(제1권 제261쪽 주2)에서는 '옥저(沃沮)'의 어원과 관련하여 '숲'을 뜻하는 만주어 '워지(weji, 한자로는 窩集)'와 어원이 같다는 《만주원류고(滿洲源流考)》의 주장을 근거로 들었다. 실제로 유후생(劉厚生)의 《간명 만한사전(簡明滿漢辭典)》(제416쪽)에는 '워지'를 '밀림(密林)·총림(叢林)'으로 번역하고 있다. 따라서 '옥저' 또는 '워지'는 '숲에 사는 사람들' 정도의 의미를 가지고 있을 개연성이 높은 것이다. 중국 정사에서 '워지'는 시대별·지역별로 각자 다른 한자로 표기되곤 하였다. ①《만주원류고》의 '와집(窩集)'은 물론이고, ② 명대 '동해여진(東海女眞)' 부족의 한 갈래인 와집(窩集)·악집(渥集)·오계(烏稽)·와계(窩稽) 등이나, ③《삼국지》의 '옥저', ④《위서(魏書)》에서부터 등장하는 '물길(勿吉)' 등은 공통적으로 '워지'를 다른 한자로 표기한 실례이다. 청대의 문헌들에 등장하는 혁철(赫哲)·혁차(赫車) 역시 자음 'ㅇ[w]'가 'ㅎ[h]'로 강화된 경우로, 음운상으로 대응된다. 다만, 이상의 언어대조에서 볼 수 있듯이, '워지' 또는 '옥저'라는

○ 其國, 漢之玄菟郡也。在遼東之東, 去遼東千里。漢·魏世, 南與朝鮮·穢貊, 東與沃沮, 北與夫餘接。

• 007

한[나라] 무제(武帝)24)의 원봉(元封)25) 4년에 조선을 멸망시켰을 때 현토군을 설치하고, 고구려를 현으로 삼아26) 그 군에 귀속시켰다.

○ 漢武帝元封四年, 滅朝鮮, 置玄菟郡, 以高句驪爲縣以屬之。

이름은 종족적 특징을 근거로 한 것이 아니라 주거·환경적 특징들을 근거로 중원 왕조가 일방적으로 붙인 이름임에 유념할 필요가 있다.

24) 한[나라] 무제(漢武帝): 전한(前漢)의 제7대 황제인 유철(劉澈, BC156~BC87)을 말한다. 10살 때 황제로 즉위한 후 찰거제도(察擧制度)를 시행하여 인재를 선발하는 한편, '추은령(推恩令)'을 반포하여 제후국의 권력을 축소시키고 염·철(鹽鐵)과 화폐의 제조권을 중앙정부에 귀속시켰다. 문화적으로는 "백가를 파출하고 오직 유가만 존숭하자.(罷黜百家, 獨尊儒術)"라는 유학자 동중서(董仲舒, BC179~BC104)의 건의에 따라 유가사상을 국가 통치이념으로 선포하였다. 재위기간 동안 조선·백월(百越)·흉노·대완(大宛)을 정벌하는 등, 대외 전쟁을 빈번하게 벌여 영토를 크게 확장하였다. 이처럼 다방면의 혁신과 업적으로 인하여 그 치세는 "중국 역사상의 3대 성세(盛世)"의 하나로 꼽힐 정도이다. 그러나 빈번한 대외정벌과 토목공사로 국고를 탕진하고 '무고(巫蠱)'의 내란으로 태자를 희생시키는 등, 나라를 위기로 몰고 가서 급기야 자신의 죄를 참회하는 〈죄기소(罪己詔)〉를 내는 수모를 자초하기도 하였다.

25) 원봉(元封): 무제가 사용한 6번째 연호. 기원전 110~기원전 105년까지 6년 동안 사용하였다. 여기서 "원봉 4년"은 서기로는 기원전 107년에 해당한다.

26) 고구려를 현으로 삼아[以高句驪爲縣]: 이 구절은 《후한서》〈고구려전〉에 처음 소개된 것으로, 고구려의 건국 연대와 관련하여 대단히 중요한 단서이다. "고구려를 현으로 삼았다"는 것은 위만조선이 멸망하는 원봉 4년, 즉 기원전 107년에 이미 '고구려'라는 이름의 나라(정치집단)와 그 구성원들이 존재하고 있었다는 뜻으로 해석된다. 마치 '기자가 조선으로 가서 팔조범금을 가르쳤다.'라는 《사기》의 기사가 기자가 동쪽으로 망명하기 전부터 이미 조선이 존재하고 있었음을 시사해 주는 것과 마찬가지 상황인 것이다. 《삼국사기》〈고구려본기〉의 연표(年表)에서는 주몽(추

• 008

[고]구려는 영토가 사방으로 이천 리 정도이다. [나라] 안에는 요산(遼山)27)이 있는데, [그 산은] 요수(遼水)28)가 시작되는 곳이다.

모)이 왕위에 오른 시점을 기원전 37년으로 소개하였다. 반면에 중국 정사들에서는 그 시점을 그보다 '최소한' 70년 이상 앞당겨 소개한 셈이다.

27) 요산(遼山): 중국 고대사에 등장하는 산 이름. 《한서》〈지리지〉에서는 "【고구려[현]】 요산은 요수가 발원하는 곳으로, 서남쪽으로 요대에 이르러 대요수로 들어간다.(【高句麗】遼山 , 遼水所出 , 西南至遼隊 , 入大遼水.)"라고 하였다. 강은 높은 데서 낮은 곳으로 흐른다는 점에 유념할 때 요수가 서남쪽으로 요대까지 흘러 대요수에 합쳐진다는 것은 요산이 요대의 동쪽에 자리 잡고 있고, 대요수의 동북쪽에 요산이 자리 잡고 있음을 뜻한다는 것을 짐작할 수 있다. 중국에서는 지금의 요녕성 청원(淸原) 만족자치현 동부곡의 삼통배령(三通背嶺)을 요산으로 추정하고 있다. 그러나 이는 '요동'을 요동반도 이동으로 착각한 데서 비롯된 잘못된 고증이다.

28) 요수(遼水): 중국 고대사에 등장하는 하천 이름. 중국의 검색 사이트 빠이뚜의 백과사전에서는 "요수는 바로 지금의 요하의 옛 이름이다. 요수는 우리나라 고대의 6대 하천의 하나로서, 그 이름은 《산해경》〈해내동경〉에서 가장 먼저 보인다.(遼水, 卽今遼河的古稱, 遼水爲我國古代六川之一, 其名最早見於山海經海內東經.)"라고 소개하였다. 요동 및 요수에 대한 이 같은 인식은 국내외 학계에서도 보편적이다. 그러나 이 같은 주장들은 역사적 진실이 아니다. ① 요동[군]은 요수의 동쪽에 있다고 해서 붙여진 이름이다, ② '요하'라는 이름은 북방민족으로서 북방과 중원을 아울러 지배한 요나라의 역사를 다룬 《요사(遼史)》에 처음으로 등장한다. ③ "해내(海內)"란 중국에서 그 동쪽 바다인 '발해(渤海)'의 안쪽', 즉 중원지역을 일컫는 상투어이다. 따라서 〈해내동경〉의 요수는 당연히 중원지역 안에서 찾아야 옳다. 그렇다면 ④ 중원에서 멀리 떨어진 "해외(海外)"인 요동반도에 있는 [동]요하는 요수일 수 없는 것이다. ⑤ 중국에서는 요하가 "해외"에 있음을 의식하여 근래에 그 발원지가 내몽고 고원에 있는 시라무렌 강에 억지로 '서요하(西遼河)'라는 이름을 붙였다. 그러나 '서요하'라는 지리개념이 처음 등장하는 것은 19세기 청대 문헌부터이다. 무엇보다도 ⑥ 요동군의 치소로 소개된 "양평현"의 경우, 《후한서》〈원소전(袁紹傳)〉에는 이현이 붙인 "지금의 평주 노룡현 서남쪽에 있었다.(在今平州盧龍縣西南.)"라는 주석이 붙어 있다. 노룡현은 중국에서 양평이라고 주장하는 요령성 의현(義縣)에서 직선거리로 따져도 서쪽으로 250km 이상 떨어져 있는 곳이다. 또, ⑦ 중국에서 제작된 복수의 고지도들에서 "요동"으로 표시된 지역은 얼핏 요동반도인 것처럼 보이지만 사실은 해수면이 6~7m 상승된 2천 년 전 하북성 동북부의 모습과 정확하게 일치한다. 이상의 근거들을 종합해 볼 때, 고대의 요수는 지금의 요동

고구려전(高句驪傳) 325

○ 句驪地方可二千里, 中有遼山, 遼水所出。

• 009

그 나라는 환도(丸都)[산]29)의 아래에 도읍을 두었다. [국토의 다수가] 큰 산과 깊은 골짜기들이며, [넓은] 들판이나 택지가 없기 때문에, 백성들은 산과 골짜기에 의지해 살면서 시냇물을 [식용으로] 마신다.

비록 [유목민족과는 달리] 정착해서 살지만 좋은 농지가 없다 보니30) 그들의 습속에서는 먹는 것을 절약하지만, 궁실을 꾸미기 좋아한다.

○ 其王都於丸都之下, 多大山深谷, 無原澤, 百姓依之以居, 食澗水。雖土著, 無良田, 故其俗節食。好治宮室。

• 010

반도의 요하일 수 없으며, 요동 역시 지금의 요동반도 이동일 수가 없는 것이다. 이 문제에 관한 상세한 분석은 문성재,《한국고대사와 한중일의 역사왜곡》, 제178~202쪽 및 제240~250쪽 등을 참조하기 바란다.

29) 환도(丸都): 고구려 초기의 도읍. 곽석량《한자고음수책》에 소개된 고대음에 따르면, '알 환(丸)'은 '갑과 원의 반절[匣元切, ɣuan]', '도읍 도(都)'는 '단과 어의 반절[端魚切, tɑ]'이므로 '환따' 식으로 읽혀졌을 것이다.《삼국사기》에 의하면 산상왕(山上王) 2년(198)에 축조했고, 209년에 이곳으로 도읍을 옮겼다고 한다. 동천왕(東川王) 19년(245) 위나라 장수 관구검(毌丘儉)의 침공으로 파괴되었으며 고국원왕(故國原王) 12년(342) 전연(前燕)의 침공에 대비하여 성을 보수하고 국내성에서 환도성으로 왕성을 옮겼다. … 〈국편위판〉(제241쪽 주4)에서는 환도산이 소판차령(小板岔嶺)의 한 줄기이며, 고구려의 왕도가 자리 잡았던 그 산 아래는 통구성(通溝城) 자리인 지금의 길림성 집안시(集安市)로 보았다. 그러나 정겸과 〈국편위판〉의 지리고증은 본질적으로 조선시대의 반도사관을 토대로 시도된 것이어서 역사적 실제와는 괴리가 크다.

30) 정착해 살지만 좋은 농지가 없다 보니[雖土著, 無良田]: 이 구문을 통하여 고구려의 원주민이 기본적으로 현지에 정착해 농사 · 채집 · 사냥을 생업으로 삼는 토착민들이었음을 짐작할 수 있다.

[왕이] 기거하는 곳 왼편에는 큰 집을 세우고 귀신에게 제사를 지낸다. 아울러 [이와는 별개로?] 영성(靈星)31)과 [종묘]사직(社稷)도 사당에서 [사당에서] 받들어 섬긴다.

사람들은 기질이 거칠고 급한 편이며, 노략질하기를 좋아한다.

○ 於所居之左立大屋, 祭鬼神, 又祠零星·社稷. 人性凶急, 喜寇抄.

• 011

그 나라에는 벼슬로 상가(相加)32)·대로(對盧)33)·패자(沛者)34)·고추

---

31) 영성(靈星): 고구려의 농민들이 숭배한 신령스러운 별. 장회태자 이현은 《후한서》〈고구려전〉에 주석을 붙여 "《한서음의》에서는 용성 왼쪽 꼭대기의 별을 '천전'이라고 하는데 농부들이 상서롭게 여기는 별이다. 용의 날이 되면 소를 제물 삼아 제사를 지내서 '영성'이라고 부른다고 하였다.(前書音義, 龍星左角曰天田, 則農祥也. 辰日, 祀以牛, 號曰零星.)"라고 소개하였다. 또, 《풍속통(風俗通)》에서는 "용의 신이 '영성'이어서 용의 날에 동남쪽에서 제사를 지낸다.(辰之神, 爲零星, 故以辰日, 祠於東南也.)"라고 하였다.

32) 상가(相加): 고구려의 관직명. 인터넷〈국편위주〉019에서는 "압록강 중류 유역의 那集團들의 族長"으로 "유력한 大小의 加들로 구성된 諸加會議의 議長"이라고 추정하였다. … 고구려 '상가'의 '상'이 [위]만조선의 관직명 '상'에서 유래했는지에 관해서는 단정하기 어렵다. 다만, 〈부여전〉의 소개처럼, '가(加)'가 고대에 부족이나 씨족을 나타내는 명칭 또는 단위로 사용된 점을 감안할 때, 대상·소상·적상 등의 고구려 고위 관직을 대대로 세습하거나 보장받았던 특정한 부족의 족장이나 부족집단을 부르던 이름일 가능성이 높다. 거란(요)의 경우, 대대로 왕을 내는 국왕 씨족인 야율(耶律)씨에게 대대로 왕비를 들이던 왕비 씨족인 을실(乙室)씨나 발리(拔里)씨도 정치적 입지나 의미에서 '상가'와 유사한 경우가 아닌가 싶다. 참고로, 곽석량의 《한자고음수책》에 따르면, '재상 상(相)'은 '심과 양의 반절[心陽切, sĭɑŋ]', '더할 가(加)'는 '견과 가의 반절[見歌切, kea]'이므로 '샹꺄' 식으로 읽혀졌을 것이다.

33) 대로(對盧): 고구려의 관직명. 인터넷〈국편위주〉020에서는 "對盧의 語源은 분명치 않으나 族長 신분층에 속하였던 것"으로 보았다. 다만, '대로'가 순수한 고구려어인지에 대해서는 단정하기 어렵다. 《양서》〈부상국전〉에서 "[부상국의] 귀인들 중 으뜸가는 이는 '대대로', 버금가는 이는 '소대로', 셋째 가는 이는 '납돌사'이다.(貴人

가(古鄒加)35) · 주부(主簿)36) · 우태(優台)37) · 사자(使者)38) · 조의선인(皁衣先人)39)[등?]이 있어서, [신분의] 높고 낮음에 저마다 차등이 있다.

第一者爲大對盧, 第二者爲小對盧, 第三者爲納咄沙.)"라고 소개한 바 있기 때문이다. 부상국은 《양서》에서 왜국 너머 훨씬 동쪽에 있는 나라인데 그 상층 귀족이 고구려와 동일한 호칭을 가지고 있는 것이다. 이 때문에 적어도 언어적으로는 '대로'가 고구려어인지 아니면 기록주체(양나라 사관)의 자의적인 추정인지 알 길이 없는 것이다. 곽석량의 《한자고음수책》에 따르면, '마주할 대(對)'는 '단과 물의 반절[端物切, tuət]', '밥그릇 로(盧)'는 '래와 어의 반절[來魚切, lɑ]'이므로 '뗏라', 또는 종성 'ㅅ'이 약화/탈락된 '떠라' 식으로 읽혀졌을 것이다.

34) 패자(沛者): "對盧는 부족의 長이었고, 沛者는 군사적 지도자(軍長)"이라는 주장이 있다. 다만, 인터넷〈국편위주〉021에서는 "有對盧則不置沛者 有沛者則不置對盧"라는 《삼국지》〈고구려전〉의 기사를 근거로 "兩者의 지위는 상등하였던 것 같다."라고 추정하였다. 물론, 대대로와 패자가 상보적으로 운영된 것은 분명하지만 그렇다고 해서 양자가 품계나 권한에 있어 대등한 관계에 있었다고 단정하기에는 근거가 부족하다. 곽석량의 《한자고음수책》에 따르면, '늪 패(沛)'는 '방과 월의 반절[滂月切, p'at]', '놈 자(者)'는 '장과 어의 반절[章魚切, tʃɑ]'이므로 '팟따', 또는 종성이 약화/탈락되어 '파따' 식으로 읽혀졌을 것이다.

35) 고추가(古鄒加): 고구려의 지배집단. 곽석량의 《한자고음수책》에 따르면, '옛 고[古]'는 '견과 어의 반절[見魚切, kɑ]', '나라이름 추(鄒)'는 '장과 후의 반절[莊侯切, tʃo]', '더할 가(加)'는 '견과 가의 반절[見歌切, kea]'이므로 중국 쪽에서는 '까쵸꺄' 식으로 읽었을 것이다. 그 의미를 알 수 없는 '고추'는 둘째 치더라도, '-가'는 앞서의 '상가'에서 보듯이, 관직명이 아니라 특정한 부족집단이나 그 족장을 일컫는 칭호로 해석된다. 고추가가 때로는 '고추대가'로도 일컬어진 것은 그것이 고정된 관직명이나 칭호가 아니라 특정 집단이나 그 족장을 일컫는 이름이기 때문이다. 인터넷〈국편위주〉022에서는 "王族 중의 大加와 본래 國主였던 消奴部의 嫡統 大人, 王室과 世婚하였던 絶奴部의 大人이 띄었던 칭호"의 일종으로 보았다. 실제로 《삼국사기》에서 '고추가'로 소개된 것은 태조왕의 부친인 재사(再思), 미천왕의 부친인 돌고(咄固), 문자왕의 부친인 조다(助多), 발기(拔奇)의 아들로 산상왕의 조카인 기위거(騎位居) 등 4명이다. 인터넷〈국편위주〉에서는 "《翰苑》高麗條 所引 《高麗記》에 의하면 古鄒加는 賓客을 접대하는 일을 맡아 唐의 鴻臚卿에 비할 수 있다."라고 하였다. 그러나 고추가가 외교를 전담한 것은 고추가가 국가 업무를 분담했다는 근거는 될 수 있지만 그 신분의 본질을 설명해 주지는 못한다. '고추가'가 고구려 왕실의 정통성을 대표하는 집단이라는 점을 감안하면 그것이 거란(요)에서 대대로 왕위를 세습한 씨족인 '야율씨(耶律氏)'나, 몽골제국에서 칭기스칸의 적통을 계승한 왕족을 일컫던 '알탕 우락(Алтан Ургаг, 황금 가계)'이나 청나라에서 누르

○ 其官, 有相加·對盧·沛者·古鄒加·主簿·優台·使者·皁衣先人,
尊卑各有等級。

하치의 적통을 계승한 황족을 일컫던 '아이신 교로(愛新覺羅, 황금 종가)'에 해당하는 칭호였을 가능성이 높다.

36) 주부(主簿): 고구려의 관직명. 한대에도 같은 이름의 관직을 두었는데, 공문이나 장부의 작성·보관 등의 업무를 관장하였다. 그래서 인터넷〈국편위주〉023에서는 "中國의 영향을 받은 명칭으로, 王의 측근에서 행정을 주관하던 직위"라고 보았다. 《한원》의 인용문에서는 주부의 또 다른 이름을 '울절(鬱折)'로 소개하였다. 곽석량의《한자고음수책》에 따르면, '울창할 울'은 '영과 물의 반절[影物切, iwət]', '꺾을 절'은 '장과 월의 반절[章月切, tjət]'이어서 대체로 '윗땃'으로 재구되는데 종성이 약화/탈락될 경우 '워따' 식으로 읽혀졌을 것이다.

37) 우태(優台): 인터넷〈국편위주〉024에서는 김철준(〈高句麗·新羅의 官階組織의 成立過程〉 p.128)의 주장을 인용하여 "優台는 年長者라는 의미와 함께 家父長 및 親族共同體의 長의 지위를 나타내며, 뒷날 高句麗 官階組織의 중심요소인 '兄'의 前身"이었던 것으로 보았다. 다만, 허신의《설문해자》에 따르면, '넉넉할 우(優)'는 '영과 유의 반절[影幽切, iəu]', '나 이(台)'는 '여와 지의 반절[余之切, ʎiy]', '별 태(台)'는 '투와 지의 반절[透之切, tʻə]'로 재구된다. '우태'의 고대음은 '여ㅜ여' 또는 '여ㅜ터' 정도로 읽혀졌을 것이다. 반면에 '새 을(乙)'은 '영과 질의 반절[影質切, iət]'이어서 발음이 '엿'으로 재구된다. '가를 지(支)'의 경우 역시 지금은 구개음화(口蓋音化)를 거쳐 '제(ǰie)'로 변하기는 했지만 고대에는 '떼(tǰe)' 정도였다. 그렇다면 '을지'의 고대음은 '엿떼', 또는 종성이 약화/탈락되면서 '여떼' 정도도 되었던 셈이다. 이처럼 '우태'의 발음은 '여ㅜ이'인 반면 '을지'는 현대음은 '을지', 고대음은 '엿떼/여떼'로, 양자가 상당히 다르다. 따라서 발음에서 이미 '웃치'와 비슷한 점이 적은 데다가, 그렇다 보니 그 훈인 '연장자' 등의 의미도 상정하기 어려워 보인다.

38) 사자(使者): 인터넷〈국편위주〉025에서는 그 명칭을 근거로 "行政的인 업무를 담당하는 관인"이라고 보았다.

39) 조의선인(皁衣先人): 인터넷〈국편위주〉026에서는 "皁衣는 黑色衣를 입었던 데서 그 명칭이 비롯한 것으로 보이며, 행정실무에 종사하였다. 先人은《周書》·《隋書》高句麗傳에는 仙人으로 전해지며, 皁衣와 先人은 두 개의 官階名으로 많이 이해되고 있으나,《翰苑》所引에서는 同一實體로 파악하기도 하였다."라고 보았다. 다만, '皁衣는 黑色衣를 입었던 데서 그 명칭이 비롯한 것'이라는 인식에는 수정이 필요하다. '우태사자' 다음 관직명의 경우, 첫 글자는 사서마다 조금씩 다르게 소개되어

있다. 예컨대, ①《삼국지》·《통전》·《양서》·《태평환우기》 등에는 '조의(皁衣)', ② 송대의《통지(通志)》·《한원》에는 '조의(皂衣)'로 나와 있지만 ③《한서》·《후한서》·《남사》·《책부원구》·《자치통감》·《어정변자유편(御定騈字類編)》 등에는 '백의(帛衣)'로 소개되어 있다. '조(皂)'는 '(皁)'의 속자이므로 두 글자는 의미상으로 큰 편차가 없다. 다만, '백(帛)'과 '조(皁/皂)'의 관계는 사뭇 다르다. 각자의 의미만 따져 보더라도 전자가 '[흰]비단', 후자가 '하인'으로 현격한 차이를 보인다. 그동안 국내 학계에서는 이를 '조의'로 해석해 왔다. 물론, 현존하는《한서》이래의 사서들은 한대 이래로 여러 왕조들을 두루 거치면서 여러 사람에 의하여 여러 차례 전사(轉寫)된 후의 판본이어서 어느 쪽이 옳고 틀린 것인지 단정하기는 어렵다. 그러나 ① 이것이 고구려의 12관등 중에서 제4등에 해당하는 고위 관직명이고, ②《삼국지》보다 200년 먼저 편찬된《한서》에서 '백'으로 소개해서 ③ 시대적 선후 관계를 따져 보더라도 '조'보다는 '백'이 먼저 제시되었다는 점, ④ 첫 글자를 '조'로 소개한 경우는 주로 송대 사서·문헌들에 집중되어 있는 점 등을 감안할 때, 한대 이래의 필사본에 적힌 '백'자를 후대의 학자들이 '조'로 오독·오기한 것이 아닐까 싶다. 덧붙여,《신당서》〈고려전〉(명대 만력 16년본)에서 "백의두대형"에 대한 설명인 "'금의'는 선인이다. 국정을 전담하며 3년에 1번씩 바꾸는데, 직무를 잘 수행하는 이는 그렇게 하지(바꾸지) 않는다. 일반적으로 교체하는 날 [조정의 결정에] 복종하지 않는 경우에는 서로 공격하는데 왕은 궁문을 닫고 지키고 있다가 [어느 한 쪽이] 이기면 [그의 말을] 따라 그를 임명한다.(所謂帛衣者, 先人也, 秉國政, 三歲一易, 善職則否, 凡代日, 有不服則相攻, 王爲閉宮守, 勝者聽爲之.)" 부분은《구당서》〈고구려전〉에서는 제1등 대대로(大對盧)에 대한 설명으로 소개되어 있는 데다가, 전후 맥락을 따져 볼 때 인위적으로 끼워 넣은 것처럼 그다지 자연스럽지 못하다. 아무래도 주석 부분이 본문으로 잘못 들어간 것이 아닌가 싶다. (〈국편위판〉에는 해당 부분에 대한 번역이 빠져 있다.) 또,《한원》"고려(高麗)"조에서《고려기》를 인용하여 "다음의 조의두대형은 [우리의] 종3품에 해당하는데, '중리조의두대형'이라고도 부른다. 동이들 사이에서 이른바 '조의선인'으로 전해지는 관직이다.(次皁衣頭大兄, 比從三品, 一名中裏皁衣頭大兄, 東夷相傳所謂皂衣先人者也)"라고 한 것을 보면 조의선인은 원래 '조의두대형(皂衣頭大兄)'으로 불렸던 셈이다. 그런데《신당서》〈고려전〉에서는 "백의두대형['백의'라는 것은 선인을 말한다.](帛衣頭大兄.[所謂帛衣者, 先人也])"라고 소개하여 '조의'와 '선인'을 정식 명칭과 별칭의 관계로 해석하였다. 만일 '조의'와 '선인'이 동일한 대상에 대한 각기 다른 호칭이 분명하다면 '조의'는 공식적인 직함이고 '선인'은 관리에 대한 존칭으로 이해하는 것이 합리적이라고 본다. 즉, '조의'가 '대통령'이라면 '선인'은 '각하'에 해당하는 셈이다. 더 자세한 정보는 문성재,《정역 중국정사 조선·동이전1》, 제192~194쪽의 본문과 관련 주석을 참조하기 바란다.

• 012

언어 등 여러 가지가 부여와 같은 경우가 많다. ^[그러나] 그들의 기질이나 복장에는 다른 데가 있다.⁴⁰⁾

○ 言語諸事, 多與夫餘同, 其性氣・衣服有異。

• 013

[고구려에는] 본래 다섯 부족[41])이 있어서, 소노부(消奴部)[42) · 절노부(絶奴

---

40) 기질이나 복장에 다른 점이 있었다[性氣衣服有異]: 〈국편위판〉에서는 "그들의 기질 및 의복은 서로 달랐다."라고 번역했으나 '유이(有異)'는 '다른 점이 있다' 정도로 번역된다. 완전히 다른 것이 아니라 부분적으로 차이가 있다는 정도로 이해해야 한다는 뜻이다.

41) 다섯 부족[五族]: 인터넷〈국편위주〉027에서는 고구려의 '5부(五部)'와 관련하여 ① 氏族說, ② 部族說, ③ 部族 내지는 원시적 小國說, ④ 지역 구획의 행정단위설, ⑤ 일정하게 編制된 軍事戰鬪集團說 등의 주장을 소개하였다. 다만, 당시 고구려의 상황을 고려할 때 이 중에서 다수의 씨족이 중심이 되어 하나의 사회공동체를 형성한 부족집단 또는 원시적 소국이 고구려의 '부(部)'의 개념에 보다 가깝지 않을까 싶다. 《한원》에서 저자 장초금이 "[고구려의] 부는 다섯 종족을 존귀하게 여긴다.(部貴宗族)"라고 한 점이나 거기에 옹공예(雍公叡)와 《통전》의 두우(杜佑)가 붙인 "[고구려의] 5부는 한결같이 귀인의 족속이다.(五部皆貴人之族也)"라고 한 것을 보면, '5부'는 각자의 부족집단(부)을 배경으로 고구려의 지배계층(5부)을 형성했을 가능성이 높다.

42) 소노부(消奴部): 고구려의 '5부'의 하나. 첫 글자가 《삼국지》 "고구려"조에는 '시냇물 연(涓)'으로 되어 있으나 《후한서》·《한원》 등 다수의 사서들에는 '사라질 소(消)'로 나와 있다. 곽석량의 《한자고음수책》에 따르면, '시냇물 연(涓)'은 '견과 원의 반절[見元切, kiwan]', '종 노(奴)'는 '니와 어의 반절[泥魚切, nɑ]'이므로 '끼ㅏ나' 식으로 읽혔던 것으로 보인다. 《한국고대사 연구의 새 동향》(제40쪽)에 따르면, 현재 학계에서는 "'송양(松讓)'과 '소노(消奴)'를 동일한 발음으로 보고" 이를 근거로 고구려에서 소노부로부터 계루부로의 왕통 교체가 주몽왕 대에 있었다는 이병도의 주장이 대세로 받아들여지고 있다고 한다. 소노부로부터 계루부로의 왕통 교체가 주몽 당시에 실제로 발생했는지는 확인할 길이 없다. 다만, 그 같은 역사 해석의 단서가 '송양'과 '소노'를 동일한 집단으로 이해한 데서 비롯된 것이라면 첫 단추를 잘못 끼운 것이 아닌가 싶다. 허신의 《설문해자》에 따르면, '사라질 소(消)'

部)⁴³⁾·순노부(順奴部)⁴⁴⁾·관노부(灌奴部)⁴⁵⁾·계루부(桂婁部)⁴⁶⁾가 있

는 '심과 소의 반절[心脊切, sĭau]'이고 '솔 송(松)'은 '사와 동의 반절[邪東切, zĭwoŋ]'이다. 또, '종 노(奴)'는 '니와 어의 반절[泥魚切, na]'이고 '양보할 양(讓)'은 '일과 양의 반절[日陽切, nȋaŋ]'이다. '소노'는 '쇼냐'으로, '송양'은 '죵냥' 식으로 읽혀졌다는 뜻이다. 이처럼 ① 양자는 언어적으로 볼 때 발음의 성격이나 구성에서 유사성보다는 편차가 훨씬 큰 것이다. 무엇보다도 중요한 것은 ② 첫 글자를 '소'로 기록한 최초의 사서인《후한서》가《삼국지》로부터 150여 년 뒤에 편찬된 데다가,《위략》을 인용한《한원》 역시 저자인 장초금이 7세기 이후의 사람이라는 사실이다.《삼국지》편찬 시점으로부터 5백여 년 뒤에 저술되었기 때문에 사료적 가치가 상대적으로 낮다는 뜻이다. 그렇다면 ① 죽간(竹簡)이나 백서(帛書)로 작성된 필사본《삼국지》가 수백 년 동안 각기 다른 필사 주체들에 의하여 여러 차례 전사(轉寫)되는 과정에서 '연'이 모양이 비슷한 '소'로 오독·오기되었다고 보는 편이 더 합리적이다. ②《태평어람(太平御覽)》에 인용된《위략》 기사에서 첫 글자가 '시냇물 연(涓)'과 모양이 흡사한 '버릴 연(捐)'으로 되어 있는 점이나, ③ 편찬시점이《후한서》보다 수백 년 앞선《삼국지》에는 '연'으로 되어 있는 것 역시 그 증거이다.

43) 절노부(絶奴部): 고구려의 '5부'의 하나. 이기백은《삼국사기》〈고구려본기〉"고국천왕(故國川王) 12년"조 등을 근거로 2세기 후반부터 3세기 전반까지 고구려 왕실과 대대로 혼인관계를 맺어 온 연나부(椽那部)를 절노부로 보았다. 지금의 발음으로는 서로 편차가 크지만 고대음으로는 충분히 가능성이 있다. 곽석량의《한자고음수책》에 따르면, '끊을 절(絶)'은 '종과 월의 반절[從月切, dzĭwat]', '종 노(奴)'는 '니와 어의 반절[泥魚切, na]'이므로 '좢나' 식으로 읽혀지거나 '좢'의 종성 'ㅅ'이 탈락된 채 '좌나' 식으로 읽혀졌을 것으로 보인다. 반면에, '서까래 연(椽)'은《설문해자》에서 '직과 전의 반절[直專切, dĭwɛn]', '어찌 나(那)'는 '니와 가의 반절[泥歌切, na]'로 재구된다. 즉, '좢나/좌나'와 '쮄나' 정도로 읽혀지므로 역사 기록의 사실 여부는 둘째치고 언어적으로는 그 개연성이 대체로 확인되는 것이다.

44) 순노부(順奴部): 고구려 '5부'의 하나.《남사》〈고구려전〉에는 '신노부(愼奴部)'로 나와 있는데, 양나라 황제 소연(蕭衍)의 부친 소순(蕭順)의 이름자를 피하기 위하여 모양이 비슷한 '삼갈 신(愼)'으로 바꾼 것이다.

45) 관노부(灌奴部): 고구려 '5부'의 하나. 다른 사서들에는 첫 글자가 모두 '물 댈 관(灌)'으로 되어 있으며 여기에만 '황새 관(鸛)'으로 나와 있다. 그러나 어차피 고구려어를 비슷한 발음의 한자로 표기한 일종의 음차(音借) 또는 음사(音寫)의 사례이므로 어느 쪽이 틀렸다고 보기는 어렵다. 참고로,《삼국사기》〈고구려본기〉의 '환나부(桓那部)' 역시 '관노부'의 또 다른 음차의 사례이다. 학계 일각에서는 환나부를 계루부 또는 순노부로 비정하기도 하는데 적어도 음운학적 견지에서는 모두가 근거 없는 주장이다. '관'이 '환'으로 표기된 것은 기록 주체(사관)가 몽골어의 전형

다.⁴⁷⁾

[고구려의 경우] 본래는 소노부에서 왕이 되었으나 [그 세력이] 작고 약해지면서 [나중에는] 계루부가 그 자리를 대체하기에 이르렀다.⁴⁸⁾

○ 本有五族, 有消奴部, 絶奴部, 順奴部, 藿奴部, 桂婁部。本消奴部
爲王, 微弱, 桂婁部代之。

적인 특징의 하나인 후음(喉音)을 자신들에게 익숙한 발성 습관에 따라 각자 'ㄱ(g)' 또는 'ㅎ(h)'로 달리 표기했기 때문이다. 신라 관직명에서 '간(干)'이 때로 '한(汗)'으로 표기되거나, 몽골의 영웅 칭기스'칸'을 몽골에서는 칭기스'항'으로 발음하는 것도 같은 맥락의 현상들이다. 이를 통하여 고구려어에 몽골어의 전형적인 음성적 특징인 후음이 발현되었음을 확인할 수 있는 셈이다.

46) 계루부(桂婁部): 고구려의 '5부'의 하나. 이용범은 이와 관련하여 이 같은 고구려 왕통의 이동이 "高句麗王室의 出身部인 桂婁部가 원래는 두만강 유역에서 거주하다가 뒤에 압록강 유역으로 옮겨간 사실의 일면을 반영하는 것"이라고 보았으며, 〈국편위판〉(제1권 제246쪽 주18)에서는 《삼국사기》에 소개된 주몽과 송양왕 사이의 분쟁 설화를 그 근거로 들었다. 곽석량의 《한자고음수책》에 따르면, '계수나무 계(桂)'는 '고와 혜의 반절[古惠切, kiwei]', '별이름 루(婁)'는 '래와 후의 반절[來侯切, lo]'이므로 '케ㅣ로' 식으로 재구된다.

47) 노(奴): 〈국편위판〉(제344쪽 주15)에서는 고구려 5부의 명칭에 사용된 '종 노(奴, na)'를 《삼국사기》에 자주 보이는 '어찌 나(那, na)' 또는 '내 천(川)'의 훈인 '내'와 발음이 유사하다는 점에 주목하여 "川邊이나 계곡의 어떤 지역집단을 의미한다."라고 해석하였다. 그러나 여기서의 '노'는 흉노(匈奴)의 '노'와 비슷한 성격의 문법 성분으로 이해하는 편이 옳다. 사실 '흉노'는 몽골어에서 '사람'을 뜻하는 명사인 '훈(хүн)'의 관형격인 '사람의~'에 해당하는 몽골어 '후누(хүний)'를 발음대로 한자로 표시한 경우이다. 즉, 몽골어에서 '사람'은 '훈'이지만 '사람의 권리(인권)'는 '후누 에르흐(хүний эрх)'가 되는 식이다. '흉노'의 사례를 근거로 할 때 고구려 '5부'의 '-노' 역시 명사로 단정하기보다는 관형격 조사의 일종으로 해석할 수 있는 여지도 있다는 뜻이다.

48) 본래는 소노부에서 왕이 되었으나[本消奴部爲王]~: 주몽의 고구려 건국은 기원전 37년이고 이 기사가 작성된 636년에 해당한다. 즉 37년에서 636년 사이에 고구려 왕계의 교체라는 중대한 사건이 발생한 셈이다. 왕계 교체 시점과 관련하여 인터넷〈국편위주〉028에서는 "① 朱蒙代로 보는 說(金龍善)과 ② 6代 太祖王代로 보는 說(金哲埈), ③ 山上王 때에 왕위 계승 분쟁 뒤 새로이 定都한 사실을 잘못 記述하였을 것(三品彰英)" 등 세 가지 주장을 소개하면서도 미시나 쇼에이의 가설은

•014

한나라 때 [한나라 조정에서] 의책(衣幘)·조복(朝服)·악대[鼓吹]를 하사하면 [그들은] 어김없이 현토군을 통하여 그것을 받았다. [그러나] 나중에 차츰 교만해지더니 다시는 [현토]군을 찾지 않았다. 그저 [현토군의] 동쪽 경계에 작은 성을 쌓고 49) [거기서 그것들을] 받을 뿐이었다. [그들은] 오늘날에 이르러서도 여전히 이 성을 '책50)구루(幘溝婁)'51)라고

"수긍키 어렵다"고 보았다.

49) 동쪽 경계에 작은 성을 쌓고[於東界築小城]: 이 구절은 고구려와 현토군의 좌표를 설정하는 데에 중요한 단서를 제공해 준다. 고구려가 지리적으로 현토군의 동쪽에 자리 잡고 있었다는 뜻이다. 물론, 고구려현은 고구려와 현토군의 접경지역에 두었을 것이다. 《아틀라스 한국사》등, 학계에서는 고구려[현]의 위치를 현토군의 북서부로 그려 놓는 경우를 많이 볼 수 있다. 《양서》의 이 기사에 묘사된 것과는 정반대 쪽인 셈이다. 만약 고구려[현]의 위치를 현토군의 서북쪽으로 설정하면 뒤에 나오는 관구검의 고구려 정벌 및 왕기의 추적 경로가 꼬이게 된다. 게다가 그 방향이라면 현토군이 요동 등 다른 군현들과의 합동작전으로 고구려에 대한 포위공격을 통하여 충분히 제압했을 것이다. 방향이 정반대이다 보니 그 같은 작전이 현실적으로 불가능하다는 뜻이다.

50) 책(幘): 중국식 두건의 일종. 《급취편(急就篇)》에 따르면 머리카락을 가지런히 감싸는 수건으로 보통은 관(冠) 밑에 받쳐 썼다고 한다. 중국의 책은 이마 부위를 둘러싼 헝겊을 기본으로 하여 앞면 헝겊을 톱니 모양으로 잘라 앞머리를 가리면서 머리띠 뒷면 아래쪽에도 헝겊을 붙여 늘어뜨려 뒷머리를 가렸다. 반면에 고구려의 책은 뒤에 늘어뜨리는 헝겊이 없었다고 한다.

51) 책구루(幘溝婁): 한대에 현토군에서 동이들의 회유를 목적으로 준비한 의관을 비치하던 작은 성. 북송대의 학자인 임연(任淵, 1090~1164)은 《산곡시 집주(山谷詩集注)》에서 당시의 시인 황정견(黃庭堅, 1045~1105)이 지은 시 〈차운전목부증송선(次韻錢穆父贈松扇)〉의 "딱하구나 멀리 책구루까지 간 것이!(可憐遠度幘溝漊)"의 '책구루'에 대하여 "지금의 오랑캐들은 여전히 이 성을 '책구루'라고 부른다. '구루'란 [고]구려에서 성을 일컫는 말이다.(今胡猶指名此城爲幘溝婁. 溝婁者, 句麗名城.)"라는 주석을 붙이고 있다. 사실 '구루(溝婁)'는 만주어 '구룬(gurun)'에 대응되는 한자어로, '구루(溝漊)·구루(溝樓)' 등으로 표기되기도 한다. 호증익(胡增益)의 《만한대사전(滿漢大詞典)》(제360쪽)에 따르면, '구룬(gurun)'은 '마을·성(책)·조정·국가' 등의 의미를 나타내는 만주어이다. 그렇다면 '책구루'란 '모자

부르고 있는데, '구루'란 [고]구려에서 '성'을 부르는 말이다.[52]

○ 漢時賜衣幘·朝服·鼓吹, 常從玄菟郡受之。後稍驕, 不復詣郡, 但於 東界築小城以受之, 至今猶名此城爲幘溝漊。溝漊者, 句驪名城也。

•015

그 나라에서는 관직을 둘 경우에는 대로가 있으면 패자를 두지 않으며, 패자가 있으면 대로를 두지 않는다.

그 나라 습속에는 노래 부르고 춤추는 것을 좋아하여 나라 안[의] 읍락들마다 남자와 여자가 밤마다 무리를 지어 모여서 노래를 부르고 놀이를 한다. 그 나라 사람들은 깨끗한 것을 좋아하며, 술을 잘 빚는다. 무릎을 꿇고 절을 할 경우에는 한쪽 다리는 펴며, 길을 다닐 때는 한결같이 달리곤 한다.

○ 其置官, 有對盧則不置沛者, 有沛者則不置對盧。其俗喜歌儛, 國中邑落男女, 每夜羣聚歌戲。其人潔淸自喜, 善藏釀, 跪拜申一脚, 行

(책)를 비치해 놓은 성(구루)'이라는 의미를 가진 한자어와 만주·퉁구스어의 합성어로 해석해도 큰 문제가 없는 셈이다. 곽석량의《한자고음수책》에 따르면, '머리띠 책(幘)'은 '장과 석의 반절[莊錫切, tʃek]', '봇도랑 구(溝)'는 '견과 후의 반절[見侯切, ko]', '별이름 루(婁)'는 '래와 후의 반절[來侯切, lo]'이므로 '[첵]꼬로' 식으로 재구된다.

52) '구루'란 구려에서 '성'을 부르는 말이다[溝婁者, 句驪名城也]: 이 구문에서는 '성'에 해당하는 고구려어가 '구루'였다고 소개하고 있다. 여기서 '구루'는 앞서 설명한 대로 만주어 '구룬'의 음차(音借)이다. 국내에서는 '구루'를 설명할 때 김부식《삼국사기》《지리지》에 소개된 고구려계 지명들의 명사 접미사 '-홀(忽)'과의 연동해서 그 관련성을 거론하는 경우가 많다. 사실 이 '-홀'은 '마을·도시·성채'를 뜻하는 몽골어 '홋(xoт)'를 비슷한 발음의 한자로 표기한 경우이다. '구루'와 '홀'이 의미상으로는 서로 통하지만 언어적 계통은 다르다는 뜻이다. 이를 통하여 '5부'로 구성된 고구려가 적어도 언어적으로는 몽골계와 만주·퉁구스계 언어를 공유하는 이중언어(bi-lingual)의 다민족 제국이었음을 알 수 있는 셈이다.

고구려전(高句驪傳) **335**

고구려 벽화 속의 '책'(덕흥리 고분 행렬도)

步皆走。

• 016

시월에는 하늘에 제사를 올리는 큰 모임을 가지는데, [그 모임을] '동명(東明)'53)이라고 부른다. 그들은 공식적인 자리에서는 한결같이 비단옷에 수를 놓고, 금과 은으로 [자신을] 꾸미곤 한다.

---

53) 동명(東明): 고구려의 제천 행사인 동맹(東盟)을 말한다. 인터넷〈국편위주〉031의 설명에 따르면, 학계 일각에는 동맹이 여기서는 '동명(東明)'으로 소개된 점에 착안하여 이 제천의식의 이름이 부여의 건국시조인 동명에게서 유래했다는 주장도 있다. 그러나 ① 고구려의 제천의식을 최초로 소개한 중국 측 기록인《삼국지》·《후한서》이래의 복수의 정사들에는 '동맹'으로 되어 있으며, ② 그보다 수백 년 뒤에 편찬된 이《양서》에만 '동명'으로 나와 있는 것을 보면 ③ '동맹'을 부여 시조 '동명'에 결부시킨 것은 주객이 전도된 주장이 아닌가 싶다.

그 나라의 대가(大加)⁵⁴⁾·주부(主簿)가 머리에 쓰는 것은 [중국의] 책(幘)과 비슷하지만 [뒤에] 가리개가 없다. 그 나라의 소가(小加)⁵⁵⁾는 절풍(折風)⁵⁶⁾을 쓰는데, 모양은 변(弁)을 닮았다.

○ 以十月祭天大會, 名曰東明。其公會衣服, 皆錦繡金銀以自飾。大加·主簿頭所著似幘而無後, 其小加著折風, 形如弁。

• 017
그 나라에는 감옥이 없다.
[누구라도] 죄를 지으면 제가(諸加)⁵⁷⁾를 모아 놓고 [그 죄를] 따지고 [벌을] 상

---

54) 대가(大加): 부여에서 마가·우가·저가·구가 등 최고의 관직을 가진 통치 귀족을 이르던 말. 중앙의 상층 귀족을 형성하면서 그들의 근거지 거주인 수천 호의 주민을 지배하였다. 즉, 원래 대가들이 연맹왕국 수립 이전 족장들이다가 국가체제가 왕국으로 발전하면서 중앙 귀족으로 부상한 경우로 보인다. 고구려에서 '가(加)'로는 상가·고추가·대가·소가 등이 있는데, 그중 대가는 국가의 최상층 귀족의 하나로 그들 스스로 직속으로 사자·조의선인 등의 관직을 거느린 세력들이었다.

55) 소가(小加): 고구려의 지배계급의 하나로 부족이나 귀족집단의 수장인 대가와 대비하여 상대적으로 서열이나 직위가 낮은 계층을 일컫던 호칭으로 보인다.

56) 절풍(折風): 고구려 모자의 일종. 자세한 내용은 《남제서》〈고려국전〉의 "절풍" 주석을 참조하기 바란다.

57) 제가(諸加): 여기서 '-가(加)'는, 바로 앞의 주석에서 보듯이, 부족 집단 또는 [부]족장을 일컫는 이름이다. 그리고 '제(諸)-'는 그 뒤에 오는 대상의 범위를 설정하는 관형어로, 예외 없는 전부(all)를 나타낸다. '제가'가 부여 지배층을 구성하는 마가·우가·저가·구가의 네 가를 아울러 일컫는 통칭이라는 뜻이다. 의미상으로는 '부족장들'로 해석되므로 중국식 표현으로는 '제후(諸侯)' 정도에 해당하는 셈이다. '제가'는 원래는 '가들(all of Gas)'로 번역해야 옳지만 아무래도 어색한 느낌을 떨쳐 버리기 어렵다. 그래서 여기서는 편의상 한자어 그대로 '제가'로 옮기기로 한다. 〈국편위판〉(제1권 제226쪽 주15)에서는 '제가'를 네 가를 포함하는 "部族長 전체를 의미하는 汎稱"이며 "그들이 다스렸던 部族集團은 廣開土王碑의 鴨盧에 해당하는 것이 아닐까" 추정하였다. 그러나 그것만으로는 제가와 압로 사이의 필연적인 인과관계를 입증하기는 어렵다.

의해서 [심한 경우에는?] 사형을 내리고 처자식은 호적을 박탈하고 관청에 편입시킨다.

그 나라의 습속에는 분방한 것을 좋아해서[58] 남자와 여자가 [정식으로 혼사를 치루지 않고서도] 서로 [야반]도주하거나 유혹하는 경우가 많다. 시집을 가거나 장가를 들고 나서는 [그때부터] 곧바로 차근차근 죽었을 때 입을 수의를 짓기 시작한다.

○ 其國無牢獄, 有罪者, 則會諸加評議殺之, 沒入妻子。其俗好淫, 男女多相奔誘。已嫁娶, 便稍作送終之衣。

• 018

그 나라에서 죽은 사람을 장사 지낼 경우, 덧널은 쓰지만 속널은 쓰지 않는다. 후하게 장례를 치러 주는 것을 좋아하[는 편이에서 금과 은 같은 재물[과 화폐?]를 장례를 치러 주는 데에 쏟아붓곤 한다. 돌을 쌓아서 봉분을 만들며, [봉분 위에? 묘역에?] 소나무와 잣나무를 [그 주위에] 줄 지어 심는다.

형이 죽으면 형수를 아내로 삼는다.[59]

---

58) 분방한 것을 좋아해서[淫]: 인터넷《국편위주》034-2에서는 '음란해서'라고 번역했으나 여기서는 자유분방한 성 풍속을 가지고 있었다고 이해하였다. 이 문제에 대한 보다 자세한 논의는 문성재,《정역 중국정사 조선·동이전1》, 제208쪽의 관련 주석을 참조하기 바란다.

59) 형이 죽으면 형수를 아내로 삼는다[兄死妻嫂]: 부여·고구려의 '형사취수(兄死娶嫂, Levirate)' 풍속.《태평어람》"고구려"조에 인용된《위략(魏略)》원문에는 "형이 죽어도 형수에게 갚는다.(兄死亦報嫂)"로 되어 있다. 반면에《위략집본(魏略輯本)》에는 "형이 죽어도 형수를 죽인다.(兄死亦殺嫂)"로 전혀 상반된 내용이 소개되어 있다. 그러나 6세기 중기에 편찬된《양서》·《남사》는 논외로 치더라도 ①《위략》과 동시대의《삼국지》《동이전》"부여전"에서 이미 "형이 죽으면 형수를 아내로 삼는다.(兄死妻嫂)"로 소개되어 있는 데다가, ②《위략집본》은 중국 학자 장붕일(張鵬

○ 其死葬, 有槨無棺. 好厚葬, 金銀財幣盡於送死. 積石爲封, 列植松栢. 兄死妻嫂.

• 019

그 나라의 말은 한결같이 [체구개] 작아서 산을 오르기에 편리하다. 나랏사람들은 기운[이 센 것]을 높이 치며, 활·화살·칼·장창[을 쓰는 데]에 익숙하다. [집집마다?] 갑옷을 갖추고 있으며, [평소에] 전투를 익히므로 옥저와 동예(東濊)가 다같이 이들에게 복속하였다.

○ 其馬皆小, 便登山. 國人尙氣力, 便弓矢刀矛. 有鎧甲, 習戰鬪, 沃沮·東濊皆屬焉.

• 020

왕망(王莽)60)[의 신나라] 초기에는 고[고]려 군사를 징발해61) 흉노62)를 정

一, 1867~1943)이 근대에 여러 문헌이 인용되었던《위략》기사들을 모아 간행한 것이다. 따라서 ③ "형이 죽어도 형수를 죽인다."라는 기사는《태평어람》인용문의 동사 '갚을 보(報)'를 모양이 비슷한 '죽일 살(殺)'로 오독한 데서 비롯된 해프닝으로 보아야 옳다. '형사취수' 풍속에 관해서는 문성재,《정역 중국정사 조선·동이전 1》, 제153~154쪽의 해당 주석을 참조하기 바란다.

60) 왕망(王莽, BC45~AD23): 신(新)나라의 황제. 황문랑(黃門郎)·신야후(新野侯)를 거쳐 대사마(大司馬)가 되었을 때 신흥 외척의 압박으로 실각했다가 쿠데타에 성공해 9세의 평제(平帝)를 옹립하고 자신의 딸을 황후로 삼았다. 그 뒤에 평제를 독살하고 두 살배기 유영(劉嬰)을 황제로 세웠다가 얼마 뒤에 신나라를 세우고 황제가 되었다. 각종 개혁을 추진했으나 실패하고 재위 15년 만에 부하의 손에 죽었다. 여기서 "왕망 초기"는 왕망이 당시 유행하던 '오행참위설(五行讖緯說)'을 이용하여 한나라를 멸망시키고 신나라 황제가 된 기원후 8년 무렵에 해당한다.

61) 고려 군사를 징발해[發高驪兵]: 군대의 징발은 그 대상 집단이 징발 주체와 지리적으로 가까이 있거나 정벌 대상과 가까이 있을 때에 이루어지는 것이 보통이다. 그런데 초기 고구려가 압록강 유역에 있었다는 기존 학계의 고증을 받아들일 경우 고구려군은 징발 주체인 신나라는 물론 정벌 대상인 흉노와도 수천 리가 멀리 떨어져

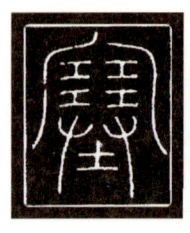

두 손으로 담을 쌓는 모습을 형상화 한 전서체 '막을 새(塞)'. 중국고대사에서 오랑캐를 막는 관문 또는 변경을 뜻하는 '새'는 동쪽일 때 많은 경우 하북성 노룡현 인근의 노룡새를 가리킨다.(좌표)

벌하려 하였다. [그러나 그들이 전장으로] 가지 않으려 해도 억지로 그들을 위협해서 파견했더니 전부 도망쳐 [우리] 변경 너머로 나가 [중국의 군현을] 노략질을 일삼는 것이었다.

○ 王莽初, 發高驪兵以伐胡, 不欲行, 强迫遣之, 皆亡出塞爲寇盜。

• 021

[그래서] 주(州)·군(郡)들이 [고]구려후(句驪侯)63) 추(騶)64)에게 허물을 돌리매, [왕망의 재촉을 받은] 엄우(嚴尤)가 그를 꾀어내서 목을 베었다. [그러

있었다는 이야기가 된다. 물리적인 거리는 물론이고 소요 경비나 기동성 등을 종합적으로 따져 볼 때 기존의 지리고증에 문제가 있을 가능성이 높다는 뜻이다.

62) 흉노[胡]: 원문에는 '오랑캐 호(胡)'로 되어 있는데 〈국편위판〉에서는 번역 없이 '胡'로 표시하였다. 그러나 중국사에서 서역(西域)과의 교류가 활발해지는 당나라가 등장하기 전까지 '호'는 중원 북부에서 활동하던 흉노를 일컫는 별칭으로 주로 사용되었기 때문에 '흉노'로 번역해야 옳다. '맥(貊)' 역시 북방의 오랑캐를 일컫는 이름이었지만, 일반적으로 동북방의 오랑캐들을 가리키는 경우가 많았다. 여기에 언급된 흉노의 내력과 고구려와의 관련성에 관해서는 문성재, 《정역 중국정사 조선·동이전1》, 제41~42쪽의 해당 주석을 참조하기 바란다.

자] 왕망은 몹시 기뻐하면서 고구려를 '하구려(下句驪)'로 고쳐 불렀다. [고구려가] 이때에 이르러 후(侯)[국]으로 전락한 것이다. 65)

63) 구려후(句麗侯):《한서》《왕망전》에 따르면, 왕망은 신나라 황제로 즉위하고 나서 주변 지역·국가의 정치세력들이 과거에 한나라 조정으로부터 부여받은 작호(爵號)를 일률적으로 한 등급씩 강등한 관장과 인끈을 보냈다. 여기서의 "[고]구려후"라는 표현은 왕국인 고구려를 후국으로 격하시킨 신나라의 중화주의적인 시각과 수사법을 반영한다. 그러나 본국인 고구려에서는 자국의 임금을 여전히 '왕'으로 일컫고 있었다고 보아야 옳다.

64) 추(騶): 진수《삼국지》에는 왕망 당시(AD9)의 고구려왕의 이름이 '말 이름 도(駒)'로 되어 있다. 그러나 그보다 300년 뒤에 편찬된 범엽의《후한서》는 물론이고 그보다 200여 년 전에 편찬된 반고의《한서》에도 그 이름이 '말 먹이는 사람 추(騶)'로 나와 있다. 그렇다면 당초의 원문에는 '추'로 되어 있던 것이 대대로 여러 사람들에 의해 전사되는 과정에서 '도'로 잘못 전해졌을 가능성이 높다. 이병도 등 일부 학자는 ① '추'를 당시 고구려왕의 이름(고유명사)으로 보아 고구려 시조 추모(鄒牟)의 '추(鄒)'와 같은 것으로 해석하기도 하고, ② 불특정 다수의 '명사수'를 두루 부르는 호칭(일반명사), 나아가 ③ '추모'를 시조 추모뿐만 아니라 유리왕 등 고구려왕들을 두루 일컫는 대명사일 가능성도 있다고 보았다. 글자 모양만 놓고 본다면, '말먹이는 사람 추(騶)'와 '나라이름 추(鄒)'는 비슷하므로 기마민족 출신인 추모를 비하하여 그렇게 썼을 가능성도 없지는 않다. 그러나《삼국사기》등에 따르면 이때는 추모가 죽고 31년이 지난 유리왕(琉璃王) 31년에 해당한다. 연대가 일치하지 않는 데다가, 그 같은 가설들을 뒷받침해 줄 만한 서지적인 근거가 없는 것이다. 게다가 '말먹이는 사람 추'의 의미에 유념하거나, 왕망 당시 고구려를 왕국에서 후국으로 격하고 '하구려'라고 비하한 역사적 사실을 감안할 때, '추'가 고구려왕의 실제의 이름이 아니라 모욕적인 의미를 나타내는 한자('騶')를 써서 의도적으로 폄하한 것으로 볼 수도 있다. 그런 점에서 본다면, 여기서는《후한서》의 선행 사서이자 왕망의 신나라로부터 시기적으로 멀지 않은 삼국시대에 저술된《삼국지》의 기록을 따르는 것이 옳다고 본다. 참고로, 곽석량《한자고음수책》에 소개된 고대음에 따르면, '말먹이는 사람 추(騶)'는 '장과 후의 반절[莊侯切, tʃio]', '말이름 도(駒)'는 '정과 유의 반절[定幽切, dəu]' 정도로 재구된다. 즉, 각각 '쵸'와 '더ㅜ' 정도로 읽히는 셈이다.

65) 이때에 이르러 후국으로 전락한 것이다[當此時爲侯國]: 앞서 언급했듯이, 고구려의 왕을 '후'로 격하시키거나 다시 '왕'의 칭호를 회복시키는 등의 일련의 정치적 결정들은 어디까지나 신나라(한나라)의 입장에서 이루어진 것으로 이해해야 옳다. 〈국편위판〉(제1권 제238쪽)에서는 이 부분을 "이때에 [고구려는] 후국이 되었는데"라고 번역하였다. 그러나 적어도 기사 내용만 보면 고구려 왕이 '후'로 격하된

○ 州郡歸咎於句驪侯 騶, 嚴尤誘而斬之, 王莽大悅, 更名高句驪爲下
句驪, 當此時爲侯矣。

• 022

광무(光武)[제]66) 8년(32)에 고구려의 왕이 사신을 보내 [중국에] 입조하
고 공물을 바치면서 비로소 [후로 전락했던 고구려 왕이 다시] '왕'으로 일컫기
시작하였다. 67)

것은 그의 생전 즉, 왕망이 황제를 일컬으면서 한나라 군·현 및 주변국의 이름과
그 수장들의 작호를 조정하던 기원후 9년 무렵에 일어난 일이다. 따라서 고구려가
왕이 죽은 후부터 "후국이 되었다"고 하는 것은 앞뒤가 맞지 않는 말이다. 뒤에서
"광무제 8년에 고구려왕이 사신을 보내어 조공하면서 비로소 '왕'을 일컫기 시작하
였다.(漢光武帝八年, 高句麗王遣使朝貢, 始見稱王.)"라고 한 것도 마찬가지이다.
그 기사 역시 고구려의 시각이 아니라 후한의 시각에서 기술된 것이다. 즉, 그 직전
인 신나라 때에는 [고구려 왕을] '후'로 부르다가 유수(劉秀)에 이르러 후한이 중흥
되고 나서야 고구려가 당초의 '왕'의 칭호를 회복했다는 뜻이다. 따라서 여기서의
"시견칭왕(始見稱王)"은 '고구려가 처음으로 왕을 일컬었다'가 아니라 '고구려가
다시 왕을 일컫기 시작하였다'는 의미로 이해해야 옳다.

66) 광무[제]: 한나라의 법통을 계승한 후한의 초대 황제 유수(劉秀, BC5~AD57)의
시호. 인터넷〈국편위판〉에서는 이 기사의 "광무"와 관하여 근대 학자 노필(1876~
1967)의 주석에 의거하여 "諸本에는 '光'으로 되어 있다. 盧弼은《後漢書》의 기록
에 따라 '建武'로 해야 된다고 하였다."라고 하였다. 그러나 이는 '건무(建武)'가 유
수가 32년 동안 사용한 연호라는 사실만 알고 정작 유수의 시호가 '광무'였다는 사
실은 간과한 노필의 착오이다. ① 광무제 유수는 재위기간의 대부분인 32년간 '건
무'를 연호로 사용하였다. 물론, 56~57의 마지막 2년 동안은 '건무중원(建武中
元)'을 연호로 썼지만 거기에도 '건무'가 들어가 있으니 사실상 죽을 때까지 단일한
연호를 사용한 셈이다. 게다가, ②《삼국지》의 다른 대목들을 살펴보면, "한무(漢
武)[제]"의 경우처럼, 한나라 황제들의 연호 대신 시호를 사용한 사례를 여러 군데
에서 확인할 수 있다. 따라서 ③ 여기서의 '광무' 역시 '건무'를 잘못 적은 것이 아
니라 유수의 시호 '광무'를 바로 적은 것으로 이해하는 편이 합리적이다. "광무[제]
6년"은 곧 건무 6년으로 서기로는 30년이며, 고구려의 기년으로는 대무신왕(大武
神王) 13년에 해당한다.

67) 비로소 '왕'으로 일컫기 시작하였다[始稱王]: 이 대목은《삼국지》《고구려전》의 기

○ 光武八年, 高句驪王遣使朝貢, 始稱王。

• 023
상제(殤帝)⁶⁸⁾·안제(安帝)⁶⁹⁾ 연간에 이르렀을 때에는 그 나라 왕의 이름이 궁(宮)으로, 자주 요동(遼東)[군]을 침범하고 노략질을 벌였는데 현토 태수 채풍(蔡風)⁷⁰⁾이 그들을 토벌했지만 [노략질을] 막을 수가 없었다.⁷¹⁾

○ 至殤·安之間, 其王名宮, 數寇遼東, 玄菟太守蔡風討之不能禁。

• 024
궁이 죽자 [그] 아들 백고(伯固)⁷²⁾가 [왕으로] 옹립되었다.⁷³⁾ 순제(順

사를 옮긴 것이다.《후한서》〈고구려전〉에는 "그 나라 '왕'의 존호를 회복하였다.(復其王號)"라고 소개하고 있다.

68) 상제(殤帝): 후한의 제5대 황제인 유융(劉隆, 105~106)을 가리킨다. 태어난 지 100일 만에 황제로 즉위하고 다음 해인 106년에 요절하였다.

69) 안제(安帝): 후한의 제6대 황제 유호(劉祜, 94~125)를 가리킨다. 106~125년까지 재위하면서 영초(永初)·원초(元初)·영녕(永寧)·건광(建光)·연광(延光) 등의 5개의 연호를 사용하였다. "상제와 안제가 재위한 시기"는 105~125년까지의 21년 동안에 해당한다.

70) 채풍(蔡風): 후한의 정치가.《후한서》〈동이열전〉에는 이름자가 '풍간할 풍(諷)'으로 나와 있다. 고구려 제6대 국왕인 태조왕(太祖王) 당시에 요동군 태수로 고구려에 맞서기도 하였다.

71) 그들을 토벌했지만 막을 수가 없었다[討之不能禁]: 이 대목은 기본적으로《삼국지》〈고구려전〉기사를 옮긴 것이지만 전투의 양상에 대한 묘사는《후한서》〈고구려전〉쪽이 더 상세하다. 어쨌든《삼국지》·《후한서》의 이 대목을 통하여 "상제·안제 연간(105~125)"에 고구려 태조왕이 후한의 정세가 불안한 틈을 타서 한나라 영토를 집요하게 공략한 것을 확인할 수 있는 셈이다.

72) 백고(伯固): 곽석량《한자고음수책》의 고대음에 따르면, '맏이 백(伯)'은 '방과 탁의 반절[幇鐸切, peak]', '굳을 고(固)'는 '견과 어의 반절[見魚切, ka]'이어서 그 발

帝)74)·환제(桓帝)75) 재위기간에 [고구려는] 또다시 요동[군]을 자주 침범하여 노략질을 벌였다.76)

음이 '빡까' 정도로 재구된다. 여기서 '빡'의 발음은 종성이 약화/탈락되면서 '빠까' 식으로 읽혀졌을 것이다.

73) 궁이 죽자 아들 백고가 옹립되었다[宮死, 子伯固立]: 궁(宮), 즉 태조왕은 고구려 제6대 국왕이고, 백고는 제8대 국왕인 신대왕(新大王)이다. 문제는 제7대 국왕인 차대왕(次大王)의 이름은 수성(遂成)이라는 데에 있다. 왕위 계승과 관련하여 《삼국사기》《고구려본기》"신대왕"조에서는 "이름이 백고로, 고는 구로 적기도 하는데, 대조대왕의 막냇동생이다.(諱伯固, 固作句, 大祖大王之季弟)"라고 소개하였다. 그래서 국내 학계에서는 궁과 백고를 부자관계로 본《삼국지》와《후한서》의 기록을 착오로 보고 있다.《삼국사기》의 기록이 정확하다는 전제하에서 고구려 왕계(王系)를 따져 본다면, 태조왕 사후에 그 아들 수성이 차대왕으로 있다가 죽자 태조왕의 막냇동생이던 백고가 다음 왕(신대왕)으로 즉위한 셈이다.

74) 순제(順帝): 후한의 제8대 황제인 유보(劉保, 115~144)의 시호. 슬하에 아들이 없던 염황후(閻皇后)가 수렴청정을 할 욕심으로 안제의 독자이던 유보를 폐하고 그보다 어린 유의(劉懿)를 황제로 세웠으나 7개월 만에 죽자 조등(曹騰) 등 19명의 환관이 정변을 일으켜 염태후를 몰아내고 125년에 유보를 황제로 옹립하였다. 그러나 이렇다 할 치적을 쌓기도 전에 추대세력인 환관과 외척에게 실권이 넘어가면서 국정이 문란해지고 민심이 흉흉해지다가 재위 19년(144)만에 30세의 나이로 죽었다.

75) 환제(桓帝): 후한의 제11대 황제인 유비(劉志, 132~168)를 가리킨다. 본초(本初) 원년(146)에 질제(質帝)가 세상을 떠나자 대장군 양기(梁冀)의 옹립으로 황제가 되었다. 그러나 환관의 발호로 매관매직과 부정부패가 만연해지고, 본인도 궁녀를 5천~6천 명이나 둘 정도로 방탕한 생활을 하다가 36세의 나이로 죽었다. 원문에는 화제(和帝)를 가리키는 '화(和)'로 표시되어 있으나, 화제의 생졸연대는 서기 79~106년으로 앞의 순제(順帝)보다 이전이므로 착오로 보아야 옳다.

76) 또다시 요동을 자주 침범하여 노략질을 벌였다[復數犯遼東寇抄]: 이 기사는《삼국지》《고구려전》의 내용을 옮기면서도 무슨 이유인지 알 수 없지만 고구려가 "순제·환제 재위기간(125~168)"에 후한의 신안(新安)·거향(居鄕)·서안평(西安平) 등지를 공략하고, 대방현 현령(帶方令)을 죽이고, 낙랑군 태수의 처자식을 포로로 사로잡은 사실은 누락시켰다. 신안·거향·서안평·대방·낙랑은 모두가 유주자사부(幽州刺史部)에 속한 군현들이다. 그래서 이 기사는 역사적으로 고구려가 한나라의 본토까지 공략했다는 사실을 뒷받침해 주는 대단히 중요한 문헌적 근거이다. 국내외 학계에서는 이 대목의 "대방현"과 "낙랑군"을 지금의 평안도·황해도

○ 宮死, 子伯固立。順·和之間, 復數犯遼東寇抄。

• 025

영제(靈帝)[77]의 건녕(建寧)[78] 2년(169)에 현토 태수 경림(耿臨)이 그들을 토벌하고 수백 명을 목 베거나 사로잡으매 백고가 그제야 항복하고 요동[군]에 속하였다.[79]

일대로 비정하고 있다. 그러나 낙랑군과 대방현의 좌표를 한반도 북부에 적용시키면 위와 같은 고구려의 공략 동선은 모순되게 된다. 이 기사의 해석과 대방·낙랑의 좌표에 관한 상세한 논의는 문성재, 《한국고대사와 한중일의 역사왜곡》, 제401~404쪽을 참조하기 바란다.

77) 영제(靈帝): 후한의 제12대 황제인 유굉(劉宏, 157~189)를 가리킨다. 영강(永康) 원년(167)에 당숙인 환제가 세상을 떠나자 외척인 두(竇)씨의 옹립으로 13세의 나이에 황제로 즉위하고 이듬해에 연호를 건녕(建寧)으로 정하였다. 문학적인 재능은 남달랐으나 정치에는 무능하여 환관 '십상시(十常侍)'가 국정을 농단하여 나라가 어지러워지더니 184년에 결국 황건적(黃巾賊)의 난이 발발하였다. 얼마 후 반란은 진정되었으나 후계자 문제와 척족 간의 권력투쟁에 시달리다가 죽고 군웅이 할거함으로써 한나라 멸망의 단초를 제공하였다.

78) 건녕(建寧): 영제 유굉이 168~172년까지 5년동안 사용한 연호. "건녕 2년"은 고구려 신대왕 5년으로 서기로는 169년에 해당한다.

79) 백고가 그제야 항복하고 요동에 속하였다[伯固乃降屬遼東]: 인터넷 〈국편위주〉042에서도 소개한 것처럼 중국 사서에서 "고구려가 요동군 또는 현토군에 속한다."라고 하는 것은 "고구려와 漢과의 '交涉을 주관하는 郡이 어디이냐' 하는 것을 의미한다". 즉, 백고의 고구려가 현토군에 병합되었다는 의미가 아니라 한나라와의 교섭 창구로 현토군을 선택했다는 의미로 이해해야 옳은 것이다. 이 경우 고구려가 현토와 요동 중 어느 군을 교섭 창구로 택하느냐는 물리적 거리도 고려 조건이 되었겠지만 무엇보다도 자국의 국익에 유리한 쪽을 택했을 가능성이 높다. 국내외 학계에서는 이때 고구려가 침범한 서안평을 지금의 요녕성 단동시(丹東市) 동북부, 즉 압록강 북안, 대방현을 황해도 사리원시(沙里院市) 동남부로 비정하고 있다. 그러나 고구려군의 이동 경로를 재구성해 볼 때 그 같은 고증은 합리적이라고 보기 어렵다. 이 문제에 대한 상세한 논의는 문성재, 《정역 중국정사 조선·동이전1》, 제226~227쪽의 해당 주석을 참조하기 바란다.

한중일 학계에서는 양평현을 지금의 요양시(검은 네모)로 비정하고 있다. 그러나 《후한서》 (남감본 1595) 〈원소전〉 이현 주석에는 평주 노룡현(빨간 동그라미)이라고 명시되어 있다. 따라서 양평현과 요동군의 좌표는 일률적으로 빨간 동그라미 쪽으로 이동시켜야 옳다.

공손도(公孫度)80)가 [발]해동[방](海東)에서 할거하자 백고는 그와 내왕

---

80) 공손도(公孫度, 150~204): 후한의 요동군 양평현(襄平縣) 출신의 군벌. 처음에는 현토군의 관리이다가 조정에 발탁되어 상서랑(尙書郞)을 지냈으며, 동탁(董卓, 132~192)이 정권을 장악하자 요동태수에 제수되었다. 황건적의 난으로 나라가 어지러워지자 '요동후(遼東侯)'를 자처하면서 자신의 관할지역이던 요동군을 요서(遼西)・중료(中遼) 두 군으로 나누고 스스로 태수를 임명하면서 요동지역에서 독자적인 정치세력을 형성하였다. 이어서 평주(平州)를 설치하고 '평주목(平州牧)'을 자처하는 한편, 발해 너머 산동반도까지 세력을 확장하여 동래(東萊) 등의 현들을 복속시키고 영주(營州)에 자사(刺史)를 두기도 하였다. 중국의 학자와 연구서들은 그의 출신지인 양평현의 위치를 요녕성 요양시(遼陽市)로 비정하고 있다. 그러나 16~18세기에 조선과 명・청대에 간행된 《후한서》〈원소전(袁紹傳)〉을 보면, 당대 초기의 장회태자 이현이 주석을 붙여 "요동군의 옛 성에 속하며, 지금의 평주 노룡현 서남쪽에 있다.(屬遼東郡故城, 在今平州盧龍縣西南)"라고 그 좌표를 분명하게 밝히고 있다. 그렇다면 기존의 비정과는 달리, 양평현은 처음부터 하북성 동북부 또는 산해관(山海關)을 넘어선 일이 없었던 셈이다.

하며 우호관계를 유지하였다.81)

○ 靈帝建寧二年, 玄菟太守耿臨討之, 斬首虜數百級, 伯固乃降屬遼東。公孫度之雄海東也, 伯固與之通好。

• 026

백고가 죽자 [그] 아들 이이모(伊夷摸)82)가 [왕으로] 옹립되었다.83) 이이모는 백고 때부터 요동[군]을 여러 차례 노략질했으며, 도망쳐 온 흉노를 오백 호84) 넘게 받아들이기도 하였다.

---

81) 우호관계를 유지하였다[與之通好]: 《삼국지》〈고구려전〉에는 이 뒤로 백고가 공손도를 도와 '부산의 도적들[富山賊]'을 격파한 일이 추가로 소개되어 있다.
82) 이이모(伊夷摸): 고구려의 제10대 국왕 산상왕(山上王)의 이름. 곽석량《한자고음수책》의 고대음에 따르면, '저 이(伊)'는 '영과 지의 반절[影脂切, ˇiei]', '오랑캐 이(夷)'는 '여와 지의 반절[余脂切, ʎiei]', '본보기 모(模)'는 '명과 어의 반절[明魚切, muɑ]'이어서 그 발음이 '에ㅣ예ㅣ뫄' 정도로 재구된다.
83) 아들 이이모가 옹립되었다[子伊夷摸立]: 인터넷〈국편위주〉045에 따르면, 이이모를 《梁書》에서는 제9대 故國川王인 男武와 혼동"하였다. 인터넷〈국편위주〉에서는 "'拔奇와 伊夷模'는 '發岐와 延優'와 同一한 人名으로 이들은 故國川王 死後에 王位繼承紛爭을 벌려 延優 즉, 伊夷模가 승리해 王位에 즉위한다. 山上王과 그의 兄嫂인 故國川王 妃 于氏와의 결합은 그 때까지 고구려 사회에 널리 행해져 오던 娶嫂婚의 구체적인 한 例"라고 보았다. 백고와 이이모의 왕위 계승을 둘러싼 논쟁에 관해서는 해당 주석을 참조하기 바란다.
84) 망명한 흉노를 오백 호 넘게[亡胡五百餘家]: "흉노" 부분은 원문에 '오랑캐 호(胡)'로 나와 있는데, 서역과의 교류가 활발해지는 당나라가 등장하기 전까지는 중국사에서 '호'는 일반적으로 중원 북부에서 활동하던 흉노를 일컫는 이름으로 주로 사용되었다. 《후한서》〈남흉노전〉에 따르면, ① 영제 희평 6년(177, 신대왕 13), 한나라가 남흉노 용병을 동원해 병주(幷州)·안문(雁門) 방면으로 나가 선비족 단석괴(檀石槐)를 공격했다가 대패하고, ② 영제 중평 4년(187, 고국천왕 9), 한나라가 선비족과 결탁하여 유주에서 반란을 일으킨 장순(張純, ?~189) 등을 토벌하기 위해 남흉노 용병을 동원했는데, 이에 반발한 흉노인들이 반란을 일으켜 선우 강거(羌渠)를 살해하는 사건이 발생하였다. 이 두 사건 모두 흉노 용병들이 고구려로 망명을 개연성을 시사해 준다. 그러나 당시 고구려의 활동무대와 결부시켜 볼

중국에서 출토된 흉노 유물

○ 伯固死, 子伊夷摸立。伊夷摸自伯固時已數寇遼東, 又受亡胡五百餘戶。

때 역시 후자였을 가능성이 훨씬 높다. 영제 중평 4년(187)에 유주 중산국(中山國)의 상(相)이던 장순은 조정 대신 장온(張溫)이 서량(西涼) 군벌인 마등(馬騰)·한수(韓遂)를 토벌할 때 장수로 자원했다가 거절당한 일에 앙심을 품고 계(薊) 땅에서 반란을 일으켰다. 이어서 당시 호오환교위(護烏桓校尉) 공기조(公綦稠)·우북평(右北平)태수 유정(劉政)·요동태수 양종(陽終) 등을 살해하고 10만 명이 넘는 무리를 모아 비여(肥如, 지금의 노룡현 인근)에 주둔하면서 유주·기주를 약탈하였다. 중평 5년(188)에는 기도위(騎都尉) 공손찬(公孫瓚)을 대파하는 등 기염을 토하니 영제가 남흉노 용병들을 징용해 장순 토벌을 명령하였다. 당시 한나라 종실로 유주 지역에서 명망이 높던 유주목(幽州牧) 유우(劉虞, ?~193)는 현지의 민심을 수습하고 상금을 걸고 장순 일당 체포에 나서고, 결국 장순은 그 부하 왕정(王政)에게 죽음을 당하였다. 당시 남흉노 선우이던 강거(羌渠)는 아들이자 좌현왕(左賢王)이던 어부라(於夫羅)에게 토벌을 맡겼다. 그러나 당시 남흉노 내부에서는 이 일로 한나라의 징용이 빈번해질 것을 우려하여 10만 명이 강거를 공격해 죽이고 수복(須卜) 골도후(骨都侯)를 새로 선우로 추대하였다. 이 사건으로 돌아갈 곳이 없어진 어부라는 결국 하동군(河東郡), 즉 지금의 산서성 운성시(運城市) 일대에 정착한 것으로 알려져 있다. 여기서의 "망명한 흉노 오백 호"는 남흉노 내부의 권력투쟁에서 밀려난 강거 지지세력의 일부였을 가능성이 있다. 참고로, 장순이 유주·기주를 공격한 사건은 그 자체가 '한대에 유주의 동쪽 경계가 어디까지였는지'를 잘 증명해 준다. 장순이 주둔했던 비여는 유주의 동쪽에 있었기 때문이다. 유주의 동쪽 경계가 한반도까지 이어진 것이 아니라 비여에서 일단 끝난다는 뜻이다.

• 027

건안(建安)[85] 연간에는 공손강(公孫康)[86]이 군대를 출동시켜 그들을 공격하여 그 나라를 격파하고 읍락들을 불태웠다.

항복했던 흉노는 흉노대로 이이모에 대해 반란을 일으키니, [결국] 이이모가 다시 새로운 나라(고구려)를 만들었다.[87]

---

85) 건안(建安): 후한의 제13대이자 마지막 황제인 헌제(獻帝) 유협(劉協, 181~234)이 196~220년까지 25년 동안 사용한 세 번째 연호. 역사소설인 나관중(羅貫中)의 《삼국연의(三國演義)》에도 생생하게 묘사된 관도(官渡)·적벽(赤壁)·위남(渭南)에서의 싸움이 모두 이 시기에 치러졌다. 고구려의 기년으로는 고국천왕(故國川王) 18년으로부터 산상왕(山上王) 23년까지에 해당한다.

86) 공손강(公孫康, 2~3세기): 후한대 요동지역의 군벌. 공손도의 아들로, 건안 9년(204)에 공손도가 죽자 그 지위를 승계하고, 건안 12년(207)에는 조조(曹操, 155~220)로부터 양평후(襄平侯)·좌장군(左將軍)의 작호를 받음으로써 요동에서의 기득권을 인정받았다. 나중에는 자신이 영유하고 있던 낙랑군 둔유현(屯有縣) 이남의 황무지를 떼어서 대방군(帶方郡)을 신설하였다. 앞서 언급한 《후한서》〈원소전〉의 이현 주석을 근거로 할 때, 공손씨의 연고지이자 근거지였던 양평은 지금까지 요령성 요양시(遼陽市) 인근으로 비정해 온 학계의 고증과는 달리 하북성 동북부 노룡현 일대였다. 그렇다면 둔유현이나, 그것이 확장되어 설치된 대방군, 나아가 요동속국 역시 좌표를 그 일대에서 찾는 것이 합리적이라고 본다. 참고로, 중국 학계에서는 과거에 대방군의 위치를 황해·경기 일대로 비정해 왔다. 그런데 2021년 현재 중국의 대표적인 검색 사이트인 빠이뚜의 설명에는 그 좌표가 더 내려와서 "경기도 및 충청도 일대(京畿道幷忠淸道之地)"로 소개하고, 공손강이 "한반도에서 무예를 떨쳤다.(揚威朝鮮半島)"라고 소개해 놓았다. 그러나 대방군의 위치를 확인할 수 있는 ① 양평현의 좌표가 하북성 동북부에서 확인되는 데다가, ② 중국 정사인 《삼국지》 및 《후한서》의 〈와전〉을 보더라도 "대방에서 구야한국(거제도)까지의 거리가 7천 리"라고 하므로 ③ 경기·충청설은 물론이고 기존의 황해·경기설도 파기되어야 옳다. 구야한국에서 7천 리 떨어진 대방의 위치에 관한 상세한 분석은 문성재, 《한국고대사와 한중일의 역사왜곡》, 제365~391쪽을 참조하기 바란다.

87) 다시 새로운 나라를 만들었다[更作新國]: 인터넷〈국편위주〉047에서는 "伊夷摸가 새로이 수도를 옮겼던 사실"을 가리키는 것으로 보았다. 그러나 이 대목은 단순히 천도 사실을 가리킨다기보다는 ① 고구려의 지배집단이 연노부에서 계루부로 재편되고, ② 발기 지지파와 이이모 지지파의 충돌 결과 권력투쟁에서 승리한 이이

○ 建安中, 公孫康出軍擊之, 破其國, 焚燒邑落, 降胡亦叛伊夷摸, 伊夷摸更作新國。

•028

그 뒤로 이이모가 또다시 현토[군]를 공격하자, 현토[군]에서는 요동[군]과 힘을 합쳐 반격하고 [그들을] 크게 무찔렀다.[88] 이이모가 죽고 [그] 아들 위궁(位宮)[89]이 [왕으로] 옹립되었다.

○ 其後伊夷摸復擊玄菟, 玄菟與遼東合擊, 大破之。伊夷摸死, 子位宮立。

•029

위궁은 용감하고 기운이 센 데다가, 말을 잘 타고 사냥에서 활을 잘 쏘았다.

[조]위나라 경초(景初)[90] 2년(238)에 [조정에서 당시] 태부(太傅)이던 사마

모가 천도를 통하여 고구려를 중흥한 것으로도 해석이 가능하다. ③ 기사에서 "다시 새로운 나라를 만들었다."라는 표현은 고구려의 정통성이 이이모 쪽으로 이동했음을 시사해 주는 셈이다. 인터넷〈국편위판〉에서는 "中國人이 遼東郡에 붙은 拔奇 쪽을 正統으로 보았을 때"라고 하여 두 개의 고구려가 병립한 것처럼 소개하였다. 그러나 발기 세력은 요동군에 편입되면서 중국에 동화되는 반면 이이모만 동쪽으로 천도하고 기존의 고구려 집단을 재편하면서 고구려를 재건한 것으로 이해해야 옳다.

88) 크게 무찔렀다[大破之]: 《삼국지》〈고구려전〉에는 이와 함께 형 "拔奇가 不肖하여 國人이 伊夷摸를 共立하였다는 내용과, 拔奇가 그 예하 세력과 더불어 이탈한" 일도 소개되어 있다.

89) 위궁(位宮): 곽석량《한자고음수책》의 고대음에 따르면, '자리 위(位)'는 '갑과 물의 반절[匣物切, ɣiwət]', '궁궐 궁(宮)'은 '견과 동의 반절[見冬切, kiwəm]'이어서 '휘ㅅ꾀ᇚ' 정도로 재구된다.

90) 경초(景初): 삼국시대 위(魏)나라 명제(明帝) 조예(曹叡)가 237~239년까지 3년

선왕(司馬宣王)⁹¹⁾을 파견해 무리를 이끌고 공손연(公孫淵)⁹²⁾을 토벌하

동안 사용한 세 번째 연호. "경초 2년"이라면 고구려의 기년으로는 동천왕(東川王) 12년으로, 서기로는 238년에 해당한다.

91) 사마선왕(司馬宣王): 삼국시대 위나라의 군사전략가인 사마의(司馬懿, 179~251)를 말한다. 자는 중달(仲達)이며, 하내군(河內郡) 온현(溫縣) 사람이다. 조조(曹操)·조비(曹丕)·조예(曹叡)·조방(曹芳) 4대에 걸쳐 황제를 보필하고 무군대장군(撫軍大將軍)·대장군(大將軍)·태위(太尉) 등의 요직들을 역임하면서 정치적 입지를 다졌다. 명제가 세상을 떠나면서 사마의와 조상(曹爽)에게 어린 황태자 조방의 보필을 부탁했으나 정적이던 조상의 견제에 불만을 품고 정시(正始) 10년(249)에 고평릉(高平陵)에서 정변을 일으켜 권력을 장악함으로써 서진왕조 개창의 기초를 다졌다. 나중에 진왕(晉王)이 된 아들 사마소(司馬昭)가 '선왕(宣王)'이라는 시호를, 진 왕조의 초대 황제로 즉위한 손자 사마염(司馬炎)에 의해 '선황제(宣皇帝)'로 추존되었다.

92) 공손연(公孫淵, ?~238): 삼국시대 요동지역의 군벌. 공손강의 아들. 공손강이 죽었을 때 나이가 어려서 숙부인 공손공(公孫恭)이 그 지위를 승계했으나 장성한 뒤인 228년에 그 지위를 빼앗았다. 위나라와 오나라 사이에서 등거리 외교를 펼치면서 요동지역에서 확고하게 세력을 다졌다. 232년 오나라가 그를 '연왕(燕王)'으로 봉하고 이듬해에는 1만 명의 군사와 엄청난 금은·물자를 보내는 호의를 보였으나 위나라를 의식하여 그 군대를 섬멸하고 사신들을 억류하였다. 237년에는 위나라의 유주 자사이던 관구검(毌丘儉)의 군대를 물리치고 위나라의 통제에서 벗어나 '연왕'을 자처하면서 기염을 토했으나 이듬해에 사마의가 이끄는 토벌군에 대패하고 살해되었다. 담기양(譚其驤, 1911~1992) 등의 중국 학계에서는 그동안 요동만(遼東灣) 안쪽 요동반도 서쪽의 요령지역을 공손씨의 '요동속국' 영역으로 비정해 왔다. 그러나 윤순옥·황상일 등의 지구과학자들의 연구를 통하여 '요동속국' 영역으로 당연시 되었던 해당 지역은 2천 년 전에 거의 전부가 바닷물에 잠겨 있었다는 사실이 과학적으로 확인되었다. 즉, 요령성의 북진(北鎭)-대안(臺安)-안산(鞍山) 라인 남쪽으로 요동만까지의 구역에 있는 반금(盤錦)·우장(牛莊)·영구(營口) 등 다수의 도시들이 포함된 거대한 면적의 땅이 2천 년 전 한·위·진대에는 바다 밑에 가라앉아 있었던 것이다. 윤순옥·황상일 (2017, 제56쪽)에 따르면, 이 지역은 "[북쪽 내륙의 수많은] 하천과 [남쪽 요동만으로부터의] 파도의 작용으로 하천 자연제방(自然堤防) 배후와 해안 부근에 소택지가 있고, 요하의 하류 쪽은 밀물과 썰물 사이의 조차(潮差)가 거의 4m나 나면서 하구와 해안을 따라 거대한 간석지(干潟地)가 길게 형성되어 있었다." 즉, 그동안 국내외 학계에서 '요동속국' 그리고 양평의 소재지로 확신되어 왔던 이 일대가 대부분 사람이 살 수 없는 불모지대였음이 지구과학적으로 입증된 셈

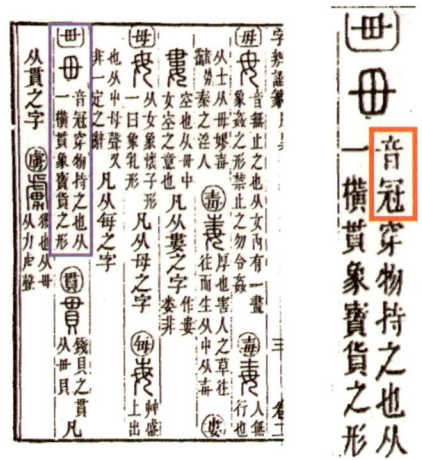

자전에 소개된 '꿸 관(毌)'. 발음이 '관'이라고 나와 있다.

게 하였다. [이때] 위궁이 주부(主簿)와 대가(大加)를 파견해 병사 천 명을 거느리고 [위나라] 군사를 도왔다.

○ 位宮有勇力, 便鞍馬, 善射獵。魏景初二年, 遣太傅司馬宣王率衆討公孫淵, 位宮遣主簿 · 大加將兵千人助軍。

• 030

정시(正始)⁹³⁾ 3년(242)에 위궁이 서안평(西安平)을 노략질하였다.⁹⁴⁾

이다. 요동속국과 양평현의 좌표는 이곳이 아닌 다른 곳에서 구할 수밖에 없다는 뜻이다. 윤순옥·황상일의 연구 및 요동속국과 양평현의 최적의 좌표에 관해서는 문성재, 《한국고대사와 한중일의 역사왜곡》, 제276~283쪽을 참조하기 바란다.

93) 정시(正始): 삼국시대 위나라의 제왕(齊王)이던 조방(曹芳, 232~274)이 240~249년의 10년 동안 사용한 연호. "정시 3년"은 고구려의 동천왕 16년으로 242년에 해당하며, "정시 5년"은 서기 244년에 해당한다.

94) 위궁이 서안평을 노략질하였다[位宮寇西安平]:《삼국지》〈고구려전〉에는 이 대목과

[그러자 정시] 5년, 유주 자사(幽州刺史) 무구검(毌丘儉)[95]이 만 명[의 군사]을 이끌고 현토[군]를 [통하여 고구려로] 나가 위궁을 공격하였다.

○ 正始三年, 位宮寇西安平, 五年, 幽州刺史毌丘儉將萬人出玄菟討位宮.

• 031

위궁은 보병과 기병 이만을 거느리고 [무구검의] 군대를 맞아[96] 비류(沸流)[수]에서 큰 싸움을 벌였다. [결국] 위궁이 [싸움에] 패해서 달아나자, [무구]검의 군대는 [그를] 추격해 고개까지 가서 수레를 달고 말을 묶어[97] [끌어올려] 환도산(丸都山)을 올라가 그 나라의 도읍에서 학살을 벌여[98]

함께 위궁이 그 증조부 궁(태조왕)처럼 눈을 뜨고 태어나서 같은 이름을 붙였고, 고구려어에서 서로 닮은 것을 '위'라고 했다는 내용도 포함되어 있다.

95) 무구검(毌丘儉): 삼국시대 위나라의 장수인 관구검(田丘儉, ?~255)을 말한다. 관구검의 성씨가 '관(毌)'인가 '무(毋)' 또는 '모(母)'인가에 대해서는 학계에서 논란이 많으나 문자학적 견지에서 보자면 '관'으로 읽어야 옳다. 이 기사에는 '무구검'으로 되어 있으나 400여 년 뒤의 양나라 사관들이 '관'을 '무'로 잘못 읽은 대표적인 오독 사례이다. 관구검에 관해서는《위서》의 "무구검" 주석을 참조하기 바란다.
96) 군대에 맞서서[逆軍]: 인터넷〈국편위판〉에서는 '역군(逆軍)'을 "[관구검의 군대를] 역습하다(counterattack)"로 번역하였다. 그러나 여기서의 '역(逆)'은 '맞이하다, 만나다(receive)'의 의미로 해석된다. 《국어(國語)》〈주어(周語)〉의 '상경역어경(上卿逆於境)'을 "상경이 그 지경에서 맞이하였다", 《손자병법(孫子兵法)》〈군쟁편(軍爭篇)〉의 '배구물역(背邱勿逆)'을 "언덕을 등진 적은 맞서지 마라"로 새기는 것이 그 증거이다. 따라서 이 대목은 "관구검의 군대에 맞서서"로 번역해야 옳다.
97) 수레를 달고 말을 묶어[懸車束馬]: 이 구절은 고구려의 환도성이 깎아지른 산 위 또는 산 너머에 자리 잡고 있었음을 시사해 준다. 〈동북아판2〉(제055쪽)에서는 이 부분을 "험한 산길을 헤치면서" 식으로 번역했으나 지나친 의역이 아닌가 싶다.
98) 환도산을 올라가[登丸都山]: 과거의 정사 기록에서는 고구려의 도읍인 환도성이 산 아래에 자리 잡고 있다고 알려져 있었다. 그런데 여기서는 관구검의 군대가 환도산을 올라간 다음에 고구려 도읍(환도성)에서 학살을 벌인 것으로 나와 있다. 이를 통하여 고구려 도읍이던 환도성이 [환도]산의 동쪽 산자락에 자리 잡고 있었음

만 명 넘게 목 베거나 사로잡으매 위궁은 처자식만 데리고[99] 멀리 달아나 버렸다.

○ 位宮將步騎二萬人逆軍, 大戰於沸流. 位宮敗走, 儉軍追至峴, 懸車束馬, 登丸都山, 屠其所都, 斬首虜萬餘級, 位宮單將妻息遠竄.

• 032

[정시] 6년(245)[100]에 [무구]검이 또다시 [위궁을] 토벌하였다.
위궁은 가벼운 차림으로 제가(諸加)만 데리고 옥저(沃沮)로 달아났다.
[그러자] 검은 장군 왕기(王頎)[101]를 보내 [위궁 일행을] 추격하게 하였다.

을 짐작할 수가 있다. 환도산의 지형은, 관구검 등 외적들의 방향인 서쪽이 험준한 반면에 그 반대쪽인 고구려 본국 방향인 동쪽이 상대적으로 낮고 완만하여 그곳에 도읍이 자리 잡고 있었을 것이라는 뜻이다. 그래야 "환도성이 산 아래에 자리 잡고 있었다."라는 중국 정사의 기존 기록과 "관구검의 군대가 수레와 말을 매달아 환도산을 올라간 다음에 도읍에서 학살을 벌였다."라는 이 기사 속의 정황이 모순 없이 부합될 수 있기 때문이다.

99) 처자식만 데리고 멀리 달아나 버렸다[單將妻息遠竄]: 인터넷〈국편위판〉에서는 '단장처식(單將妻息)'을 "홀로 처자식을 거느리고"로 번역하였다. 위궁 가족만 탈출한 것으로 이해한 셈이다. 물론 그랬을 가능성도 없지는 않다. 물론, '홀 단(單)'은 '혼자서(alone)', 즉 행위주체의 단일성을 나타내는 경우도 있다. 그러나 여기서는 행위객체의 단일성을 나타내는 부사인 '그저, 단지(only)'의 의미를 나타내는 것으로 이해해야 옳다. 위궁 가족 말고도 다른 수행원이나 동행인들도 포함되었을 가능성도 있다는 뜻이다.

100) 6년[六年]: 정시(正始) 6년, 즉 서기 245년을 말한다. 이병도는 《삼국지》〈고구려전〉의 "其五年, 爲幽州刺史毌丘儉所破, 語在儉傳" 기사에 대하여 "魏의 毌丘儉의 入寇는 正始 5년(東川王 18년) 秋冬間에 시작하여 다음 해에 丸都가 함락되었으니, 《三國志》의 年代는 잘못된 것인데, 《三國史記》에서 東川王 20년條에 기록한 것은 《三國志》의 기록에 의거한 때문"(《역주 삼국사기》, 제263쪽)이라고 보았다.

101) 왕기(王頎, 3세기): 삼국시대 위나라의 무장. 자는 공석(孔碩)이며, 청주(青州) 동래(東萊), 즉 지금의 산동성 래주시 사람이다. 정시(正始) 5년(244)에 행비장군·영현토태수(行神將軍領玄菟太守)의 신분으로 관구검의 고구려 정벌에 동참하였다. 이때 관구검의 명령에 따라 군량 확보를 위하여 부여에 사자로 파견되기

○ 六年, 儉復討之, 位宮輕將諸加奔沃沮, 儉使將軍王頎追之.

• 033

[왕기 등은] 천 리가 넘는 옥저 땅을 주파하여 숙신(肅慎)¹⁰²⁾의 남쪽 경계에까지 이르렀을 때 바위에 [글자를] 새겨 [자신들의] 공로를 기렸다.¹⁰³⁾ [이

도 하였다. 정시 6년(245)에는 고구려에 대승을 거두고 옥저의 땅 천여 리를 지나 숙신 땅 남쪽까지 가서 바위[산?]에 정벌의 업적을 기록한 글을 새겼다. 전사한 궁준(弓遵)에 이어 대방태수가 된 정시 8년(247)에는 왜국의 여왕 비미호(卑彌呼)가 사신을 보내 구노국(狗奴國)과의 분쟁을 해결해 주기를 요청하자 황제의 명령에 따라 중재에 나서기도 하였다. 경원(景元) 4년(263)에는 천수태수(天水太守)로 전보되어 등애(鄧艾)를 수행해 촉(蜀)나라를 정벌했고, 사마염이 진나라를 세운 뒤에는 여남태수(汝南太守)를 지냈다.

102) 숙신(肅慎): 중국 고대에 만주 북동쪽에서 수렵생활을 한 것으로 전해지는 북방민족의 한 갈래. 자세한 설명은 《진서》〈숙신씨전〉의 해당 주석을 참조하기 바란다.

103) 바위에 새겨 공로를 기렸다[刻石紀功]: 이 구절을 통하여 위나라 군이 관구검의 공로를 기리는 글을 남긴 곳이 비석이 아니라 바위임을 확인할 수 있다. 현재 중국의 요녕성 박물관에는 20세기 초인 1906년에 봉천성(奉天省, 지금의 요녕성) 집안현(輯安縣, 지금의 지안시) 판석령(板石嶺)에서 도로공사를 하는 과정에서 발견된 것으로 알려져 있는 이른바 '관구검기공비(毌丘儉紀功碑)'라는 비석 조각이 소장되어 있다. 조각은 길이가 25.8㎝, 너비가 26.4㎝, 글자 크기는 2.7㎝ 정도이며, 전형적인 한대 석비 형태인 규형(圭形)를 띠고 있다. 문제는 ① 공로를 새긴 지점이 "숙신의 강역 남쪽"이라고 했는데 발견된 지점은 한참 남쪽인 압록강 북안의 집안이라는 점, ② 공로를 새긴 곳이 "바위(자연석)"라고 했는데 발견된 것은 석비라는 점, ③ 1913년 일본인이 제2회 사료조사 당시 찍었다는 '관구검기공비' 발견 현장 사진(국립중앙박물관 e뮤지엄)을 보면 주변이 암석이 노출되지 않은 토산이어서 글자를 새길 만한 바위가 보이지 않고 입지조건 역시 비석을 세울 만한 장소가 아닌 점, ④ 해당 비석 조각의 재질 역시 적갈색의 규암(硅岩, quartzite)이어서 그런 곳의 노천에서 쉽게 구할 수 있는 돌이 아니라는 점, ⑤ 이 비석 조각을 일본인들 및 친일 성향의 중국 근대 학자 왕국유(王國維, 1877~1927)가 '관구검기공비'로 명명했지만 정작 관구검 관련 내용은 전혀 언급이 없다는 점, ⑥ 2천 년 전의 유물인데 산산조각으로 깨졌음에도 불구하고 글자가 새겨진 면은 별다른 손상이 없어서 글자가 너무 또렷하게 남아 있는 점 등, 현존하는 이른바 '관구검기공비'의 형제(形制)가 중국 정사의 기록과는 상당히

이른바 '관구검기공비'와 탁본. 사진은 1913년 일본인이 찍었다는 기공비 발견 현장의 모습. 후미진 산속이고 주변에 암석이 노출된 곳이 없어서 글자를 새길 만한 바위가 보이지 않고 비석을 세울 자리로도 어울리지 않는다.(국립중앙박물관 사진)

어서] 환도산에 이르러 부내성(不耐城)104)에도 글을 남기고105) 귀환하였다.

그 뒤로 [고구려는] 다시 중국과 내왕하였다.

달라서 조작된 유물이 아닌가 하는 생각을 갖게 한다.

104) 부내성(不耐城): 중국 삼국시대 무렵의 예국(濊國)의 도읍. 《한서》〈지리지〉 "낙랑군"조에는 '부이(不而)'로 되어 있으나, 《삼국지》〈관구검전〉과 〈예전〉에는 '부내(不耐)'로 나와 있다. 학계에서는 과거에 부내를 지금의 함경도 안변(安邊)·원산(元山) 일대로 비정했지만 현지에는 관련 흔적이 발견되지 않아서 부내와 발음이 비슷한 불내(弗奈)·불눌화(佛訥和) 등을 근거로 그 위치를 두만강 유역이나 호이합하(瑚爾哈河) 연안으로 비정하였다. 〈국편위판〉(제1권 제264쪽 주석11)에서는 《삼국사기》에 언급된 예왕인(濊王印)과 경북 영일군 북단에서 발견된 '진솔선예백장(晉率善穢佰長)'의 동인(銅印)을, '부내 예왕(不耐濊王)'의 경우처럼, 중원 왕조가 예의 군장에게 내린 인장으로 보았다.

105) 부내성에도 글을 남기고 귀환하였다[銘不耐城而還]: 인터넷〈국편위판〉에서는 '명부내성(銘不耐城而還)'을 "부내성이라고 명명하다."라고 번역하였다. 그러나 "이 번역은 역사적 사실과 부합되지 않는다. 그렇게 번역하면 부내성이라는 이름이 위나라 장군 왕기에 의해서 붙여졌다는 의미가 되기 때문이다. '부내'라는 이름은 왕기나 관구검으로부터 수백 년 전으로 동부도위(東部都尉)가 설치되던 한나라 무제 때부터 이미 존재하고 있었다. 따라서 여기서 '명(銘)'은 '명명하다(name)'가 아니라 '새기다(carve)'라는 뜻으로 해석해야 한다. '부내성'이라는 글자를 새긴 것이 아니라 부내성[문?]에 자신들의 전공을 새긴 것이다. 그렇다면 환도산에 이르러 부내성에 글을 새겼다고 했으므로 ① 환도산 안에 ② 부내성이 있고 ③

○ 絶沃沮千餘里, 到肅愼南界, 刻石紀功, 又到丸都山, 銘不耐城而還。其後, 復通中夏。

• 034

[서]진(晉)나라의 영가(永嘉)106) 연간의 난리 때에 선비(鮮卑) 출신의 모용외(慕容廆)107)가 창려(昌黎)108)의 대극성(大棘城)109)에서 할거하

거기에 그들이 남긴 글귀가 적혀 있었다는 말이 되는 셈이다. 국내외 학계에서는 환도산(환도성)을 지금의 중국 요녕성 환인현(桓仁縣)에 있는 이른바 '오녀산성(五女山城)'으로 비정해 왔다. 그렇다면 ④ 오녀산성의 지형과 유적을 확인해 보면 그곳이 정말 환도성인지 아닌지 확인할 수 있을지도 모른다.

106) 영가(永嘉): 서진의 제3대 황제인 회제(懷帝) 사마치(司馬熾, 284~313)가 307~313년까지 7년 동안 사용한 연호. 고구려의 기년으로는 미천왕 8~13년에 해당한다. 서진에서는 이 시기에 여덟 왕이 반란을 일으켜 전란이 잇따르는 바람에 국력이 쇠약해지면서 흉노·선비 등의 북방민족들이 경쟁적으로 중원으로 남하하여 정권을 세운다. 312년에 흉노 출신의 유연(劉淵)이 세운 한국(漢國)이 낙양을 공략하고 회제를 포로로 잡아가는 바람에 진 왕조는 유명무실해지고 중원의 한족들은 난리를 피하여 대거 강남으로 이주하게 된다. 역사적으로 이 시기의 혼란상을 '영가 연간의 난리[永嘉之亂]'라고 부른다.

107) 모용외(慕容廆, 269~333): 5호 16국의 하나인 전연(前燕)의 시조. 선비족으로, 자는 혁락괴(弈洛瑰), 또는 약락외(若洛廆)이며, 창려군(昌黎郡) 극성(棘城) 사람이다. 전연 정권의 토대를 마련한 모용부(慕容部)의 수령 모용섭귀(慕容涉歸)의 아들이자 토욕혼(吐谷渾)의 개국 군주 모용토욕혼(慕容吐谷渾)의 동생이며 전연의 개국 군주 모용황(慕容皝)의 부친이다. 진나라 회제의 영가 원년(307)에 [대]극성으로 천도하고 '대선우(大單于)'를 자처하면서 농업을 장려하고 인재를 등용하매 사대부와 백성들이 앞다투어 귀순했다고 한다. 당시 세력이 강하던 부여(扶餘)·우문선비(宇文鮮卑)·단부선비(段部鮮卑)·고구려 등 주변의 북방민족들과 각축을 벌이면서도 동진(東晉) 조정에 충성하였다. 동진 원제(元帝)의 태흥(太興) 4년(321), 산기상시(散騎常侍)·거기장군(車騎將軍)·도독유평이주동이제군사(都督幽平二州東夷諸軍事)·평주목(平州牧)에 임명되고 요동군공(遼東郡公)에 봉해졌다. 사마씨가 강남으로 천도하고 중원이 무주공산으로 변한 뒤로 동이교위(東夷校尉)이던 최비(崔毖)가 고구려·단부·우문부와 연합해 모용외를 공격하자 그들을 격파하고 세력을 확장하였다. 성제(成帝)

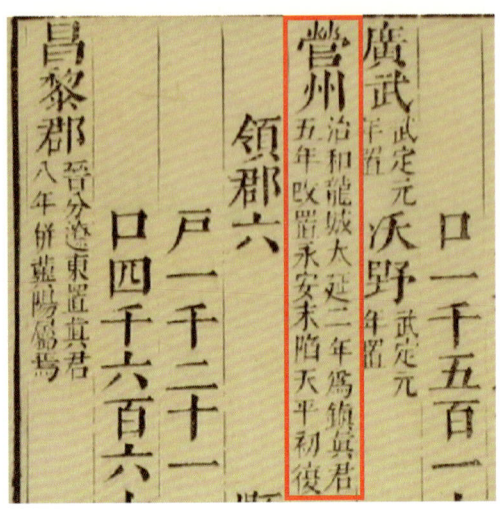

《위서》〈지형지〉 창려 영주 대목

고 있었다.

○ 晉永嘉亂, 鮮卑慕容廆據昌黎大棘城。

의 함화(咸和) 8년(333), 65세를 일기로 죽자 동진 조정에서 대장군(大將軍)·개부의동삼사(開府儀同三司)의 벼슬을 추증하고 '양(襄)'이라는 시호를 내렸다. 목제(穆帝)의 영화(永和) 8년(352), 그 손자인 모용준(慕容儁, 319~360)이 전연을 세우고 황제가 되자 황제로 추봉되고 '무선(武宣)'이라는 시호와 함께 '고조(高祖)'라는 묘호를 받았다.

108) 창려(昌黎): 삼국시대 위나라의 군 이름.《진서(晉書)》〈지리지(地理志)〉 "평주(平州)"조에는 당시의 창려군은 속현이 2개이고 민호가 9백 호였다고 소개되어 있다. 9백 호라면 세대당 7명으로 계산하더라도 6천 명 정도에 불과한 셈이다. 물론, 당시에 진나라는 내우외환으로 대단히 어지러운 상황이었다. 그래서 자국의 역사책조차 그로부터 수백 년 뒤인 서기 648년 당나라에 이르러 비로소 편찬작업이 완료되었다. 따라서 이 같은 통계의 신뢰도는 그다지 높다고 할 수 없다. 그러나 같은 맥락에서 당시의 정세가 혼란스럽고 선비·고구려·백제 등 주변 이민족들로부터 번갈아 침탈당하여 포로나 유랑 등의 이유로 현지의 인구가 급감했을 개연성도 높다.

109) 대극성(大棘城): 진 왕조 당시 모용씨의 근거지.《위서(魏書)》〈지리지(地理志)〉 "창려군(昌黎郡)"조에는 창려군 경내에 있었다고 소개되어 있다. 국내외 학계에

•035

[이에] 원제(元帝)110)가 [그에게] 평주자사(平州刺史)111)를 제수하였다. 112)

서는 창려군의 위치를 "遼寧省 義縣 西北"으로 비정하고 있다. 그러나 기존의 고증들은 요동·요수·양평의 좌표 설정이 잘못 되었기 때문에 정확한 고증이라고 하기 어렵다. 이에 관해서는 본서의 해당 주석을 참조하기 바란다. 아울러 중원으로 남하한 뒤로 창려의 대극성에서 할거하던 모용외가 동진의 황제로부터 '평주자사'에 임명되었다는 사실은 진대에 모용외가 거점으로 삼고 있던 창려군이 지금의 하북성 동북부인 창려현 인근 즉 평주지역이었음을 시사해 준다.

110) 원제(元帝): 동진의 개국 황제인 사마예(司馬睿, 276~323)의 시호. 자는 경문(景文)으로, 하내군(河內郡) 온현(溫縣), 즉 지금의 하남성 온현 사람이다. 낙양현에서 태어나 낭야왕(琅邪王)을 세습하고, 영가 원년(307)에는 안동장군(安東將軍)·도독양주강남제군사(都督揚州江南諸軍事)에 임명되었다. 도읍이던 장안(長安, 지금의 서안시)이 흉노에게 함락되자 건강(建康, 강소성 남경시)에서 진나라를 중흥시키니 이것이 바로 동진 정권이다.

111) 평주 자사(平州刺史):《진서》《지리지》"평주"조에 따르면 "한대에는 우북평군에 속했던 것을 후한 말기에 공손도가 '평주목'을 자처했고, … 위나라 때 동이교위를 두고 양평을 치소로 삼아 요동·창려·현토·대방·낙랑의 5개 군을 나누어 평주로 삼았으며, … 공손연이 멸망된 뒤에는 호동이교위가 설치되고 양평을 치소로 삼았으며, … 함녕 2년(276) 10월에는 창려·요동·현토·대방·낙랑 등의 5개 군·국을 나누어 평주로 삼았는데 속현이 26개, 인구가 1만 8,100호였다.(漢屬右北平郡. 後漢末, 公孫度自號平州牧. … 魏置東夷校尉, 居襄平, 而分遼東昌黎玄菟帶方樂浪五郡爲平州, … 及文懿滅後, 有護東夷校尉, 居襄平. 咸寧二年十月, 分昌黎遼東玄菟帶方樂浪等郡國五置平州. 統縣二十六, 戶一萬八千一百.)"라고 한다. '양평'의 위치와 관련하여 장회태자 이현은《후한서》《원소전(袁紹傳)》에 "지금의 평주 노룡현 서남쪽에 있었다.(在今平州盧龍縣西南.)"라는 주석을 붙였다. 양평이 요녕성이 아닌 하북성 동북부의 노룡현 경내에 있었다는 뜻이다. 따라서 양평 및 평주의 좌표에 대한 기존의 비정은 처음부터 재고되어야 옳다. 평주의 연혁과 위치 비정은《송서》및《남제서》의 "독평주제군사(督平州諸軍事)", "평주(平州)" 등의 주석을 참조하기 바란다.

112) 원제가 평주자사를 제수하였다[元帝授平州刺史]: 이 대목을 통하여 진나라 초기에는 부여국의 존립을 위태롭게 했다 하여 무제 사마염으로부터 "괘씸한 오랑캐"로 매도되었던 모용외가 이 무렵에는 진 왕조에 충성하고 있었음을 짐작할 수 있다. '영가'라는 연호는 서기 307~313년의 7년 동안 사용되었으므로, 모용선비의 귀순은 이 무렵에 이루어진 셈이다.

중국에서 주장하는 모용씨 전연과 고구려의 형세도. 고구려가 압록강 남쪽으로 밀려나 있는데 전연의 거점 창려를 의현으로 착각한 데서 비롯되었다.

[그런데 당시 고]구려의 왕 을불리(乙弗利)[113)]가 빈번하게 요동[군]을 침범하는데도 [모용]외가 [그들을] 제대로 막지 못하는 것이었다. [114)]

113) 을불리(乙弗利): 고구려 제15대 국왕인 미천왕(美川王)의 이름. 국내 사서들에서 전하는 이름에는 다소 차이가 있어서,《삼국사기》에는 '을불(乙弗)' 또는 '우불(憂弗)', 에는 '우불(漫弗)'로 나와 있다. 곽석량《한자고음수책》의 고대음에 따르면, '새 을(乙)'은 '영과 질의 반절[影質切, ˀĕt]', '아닐 불(弗)'은 '방과 물의 반절[幫物切, pĭwət]', '이로울 리(利)'는 '래와 질의 반절[來質切, lĭet]', '우(憂/漫)'는 '영과 유의 반절[影幽, ˀĕu]'이므로 '옛뻿롓' 정도로 재구된다. 다만, '옛뻿롓'의 세 종성이 약화/탈락되면서 '예뻐례' 식으로 읽혀졌을 것이다.

114) 외가 제대로 막지 못하는 것이었다[庶不能制]:《진서》《모용외전(慕容庶傳)》과《위서》《고구려전》에도 관련 내용이 소개되어 있다. 이 대목이 사실에 기초해 작성된 것이라면 모용외 당시만 해도 고구려는 모용씨가 저지할 수 없을 정도로 막강한 국력을 보유하고 있었던 셈이다.

○ 元帝授平州刺史。句驪王乙弗利頻寇遼東, 廆不能制。

• 036
[을]불리가 죽자 [그] 아들 유비(劉)115)가 대신 [왕으로] 옹립되었다.

강제(康帝)116) 건원(建元)117) 원년(343)에 모용외의 아들 [모용]황

---

115) 유(劉): 고구려 고국원왕의 이름인 '사람이름 쇠(釗)'를 잘못 쓴 것이다.《양서》를 제외한《진서》·《위서》·《북사》·《자치통감》등의 정사들에는 모두 '쇠'로 되어 있다.《삼국사기》에서는 "고국원왕['국강상왕'이라고도 부른다]은, 이름이 사유['유'라고도 한다]이다(故國原王[一云國岡上王], 諱斯由[或云劉])"라고 소개하였다. 이병도는《양서》에만 '유'로 나와 있는 것에 대하여 ① "字形이 비슷한 데서 온 訛誤"로 보고, ②《삼국사기》의 주석 "'유'라고도 한다"는《양서》의 오류를 답습한 것이며, ③ '쇠'는 '사유'의 발음을 한 글자로 합친 것이라고 해석하였다. 아울러 ④《수서》《고려전》에서 '쇠'를 '소열제'로 소개한 것은 "高句驪人의 書稱을 그대로 전재한 것"이라고 보았다. '베풀 류(劉)'는 고대음이 '래와 유의 반절[來幽切, līəu]'이지만 '힘쓸 쇠(釗)'는 '지와 소의 반절[知宵切, tīau]'이며, '광운(廣韻)》의 발음은 '지와 소의 반절[之少切, tɕīau]'이다. '사유'의 경우, '사'는 '심과 지의 반절[心支切, sīe]', '유'는 '여와 유의 반절[余由切, ɲīəu]'이어서 두 발음을 합치면 '셔ㅜ(s-īəu)' 정도로 재구된다. '류'와 '쇠'는 엄연히 발음이 다르다는 뜻이다. 사실 남조의《양서》를 제외한《진서》·《위서》·《북사》·《자치통감》등, 복수의 북조계 사서들에서 '쇠'로 소개했고, 이상의 중국 정사들 중 '쇠'로 소개한《위서》가 6세기에 편찬되었고 유일하게 '유'로 소개한《양서》는 7세기의 것이다. 그렇다면 '유'가 아니라 '쇠'가 옳으며, '쇠'가 '유'로 기재된 것은 두 글자의 모양이 비슷했기 때문일 가능성이 높다. 다만, '쇠'가 '사유' 발음을 합친 발음이라는 주장은 설득력이 박약해 보인다. '힘쓸 쇠'의 경우, 우리나라에서는 '쇠'로도 읽지만 중국에서는 '댜우' 또는 '제우' 식으로만 읽혀서 '사유'의 발음을 줄여 '쇠'로 불렀다는 증거를 찾기 어렵기 때문이다.

116) 강제(康帝): 동진의 제4대 황제인 사마악(司馬岳, 322~344)을 말한다. 성제(成帝)의 동생으로, 자는 세동(世同)이다. 처음에는 오왕(吳王)에 봉해졌다가 낭야왕(琅邪王)이 되었으며, 나중에는 시중(侍中)·사도(司徒) 등의 요직을 역임하였다. 함강 8년, 중병으로 위독해진 성제에 의해 후계자로 지명되어 제위를 계승하였다.

117) 건원(建元): 동진의 강제가 343~344년까지 2년 동안 사용한 연호. "건원 원년"은 고구려의 고국원왕 13년으로 서기로는 343년에 해당한다.

(晃)¹¹⁸⁾이 군대를 이끌고 [고구려를] 정벌하였다.

○ 弗利死, 子劉代立。康帝建元元年, 慕容廆子晃率兵伐之。

• 037
유는 맞서 싸우다 크게 패하고 말만 타고 도망쳐 달아났다. [그러자] 황

---

118) 황(晃): 5호 16국의 하나인 전연(前燕)의 개국 군주인 문명제(文明帝) 모용황(慕容皝, 297~348)을 말한다. 선비족 출신 군벌이던 요동군공 모용외(慕容廆)의 셋째 아들. 자는 원진(元眞)이며, 창려(昌黎)[군] 극성(棘城) 사람이다. 용맹스럽고 강인하며 지략이 출중하면서도 경학을 숭상하고 천문에 박식하여 요동공 세자(遼東公世子)로 책립되었다. 건무(建武) 연간 초기에 관군장군(冠軍將軍)·좌현왕(左賢王)·망평후(望平侯)로 배수되었으며, 태녕(太寧) 말기에는 평북장군(平北將軍)·조선공(朝鮮公)으로 배수되었다. 함화(咸和) 8년(333), 모용외가 죽자 요동군공의 작호를 세습하는 한편 평북장군(平北將軍)·평주자사(平州刺史)에 제수되어 요동지역을 실질적으로 지배하였다. 함화 9년(334)에는 군사를 파견해 선비의 목제(木堤)와 오환(烏丸)의 실라후(悉羅侯)를 공격해 죽였다. 함강(咸康) 2년(336)에는 얼음이 언 해로(해변길)를 통하여 정적이던 모용인(慕容仁)을 공격해 죽였다. 함강 3년(337) 10월, 중신이던 봉혁(封弈)의 권유로 '연왕(燕王)'을 자처하고 전연 왕조를 개창하였다. 재위기간 동안 내란을 평정하고 우문부·단부를 격파하고 후조(後趙)의 공격을 물리치고 고구려를 공략하는 등, 하북성 동북부를 제패함으로써 전연이 중원으로 진출하는 토대를 마련하였다. 함강 7년(341), 동진 조정에 의하여 연왕으로 책봉되는 한편 사지절·대장군·도독하북제군사·유주목·대선우(使持節·大將軍·都督河北諸軍事·幽州牧·大單于)에 제수되었다. 함강 8년(342)에는 용성(龍城)으로 천도하고 영화(永和) 4년(348)에 52세를 일기로 죽었다. 아들 모용준이 황제로 즉위한 뒤에는 황제로 추봉되고 '문명(文明)'이라는 시호와 '태조(太祖)'라는 묘호를 받았다. 국내외 학계에서는 '용성'을 지금의 요녕성 조양시 일대로 비정하고 있으나 이 부분에서는 모용외·모용황 부자가 평주자사·조선군공·연왕·도독하북제군사·유주목 등의 작호를 받은 일에 주목할 필요가 있다. 평주·유주·조선·창려·연 등의 모용씨의 발상지·근거지에 해당하는 지역의 자리들이 하북성 동북부와 정확하게 겹쳐지기 때문이다. 모용씨는 요녕지역과 인연이 없었다는 뜻이다. 따라서 용성의 좌표 역시 요녕성 조양시가 아니라 하북성 동북부에서 찾아야 옳다. 참고로, 모용황의 이름자의 경우, 《양서》에서는 '빛날 황(晃)'으로 나와 있지만 《진서》 등 다른 사서들에는 '엄숙한 모양 황(皝)'으로 되어 있다.

'쇠'와 '유'. 서체에 따라서는 얼핏 보면 글자 모양이 비슷해서 서둘러 읽거나 쓸 경우 혼동될 수도 있다.

은 이긴 기세를 타고 [그를] 추격하여 환도[성]까지 이르렀는데119), 그 나

119) 추격하여 환도까지 이르렀는데[追至丸都]: 이 사건과 관련하여 한 가지 주목해야 할 사실이 있다. 인터넷〈국편어주〉058에는 언급이 없지만, 모용황의 봉호에 '조선공(朝鮮公)'도 포함되어 있다는 사실이다.《진서》〈모용황전〉에서는 그가 "태녕 연간 말기에 평북장군에 배수되고 조선공으로 봉해졌다.(太寧末, 拜平北將軍, 進封朝鮮公)"라고 소개하고 있다. 이 사실은 북송 초기의 학자 이방(李昉, 925~996) 등이 편찬한 《태평어람(太平御覽)》이나 남송의 역사가 정초(鄭樵, 1104~1162)의 《통지(通志)》에서도 똑같이 확인할 수 있다. 모용황이 '조선군공'에 봉해진 시점은 진나라 태녕(太寧) 말기이다. '태녕'은 명제(明帝) 사마소(司馬紹)가 323년부터 326년까지 4년 동안 사용한 연호이다. 그러니 "태녕 말기"라면 325~326년 무렵일 것이다. 이때 그가 평북장군과 함께 조선공으로 봉해진 셈이다. 당시는 모용씨가 진나라의 용병으로 남하하는 다른 이민족 집단에 맞서 하북지역에서 동분서주하던 시점이었다. 그가 고구려를 침공하는 것은 서기 341년, 즉 동진 함강(咸康) 7년이다. 조선공으로 봉해진 때로부터 15년 쯤 지난 시점인 것이다. 이를 통하여 여기서의 '조선'이 고구려 또는 그 도성인 환도성이나 평양성과는 전혀 상관이 없는 곳임을 확인할 수가 있다. 조선군공에 봉해졌다는 것은 곧 동진 조정으로부터 해당 지역(조선지역)에 대한 영유권을 인정받고 그 지역을 실질적으로 지배하고 있었다는 뜻이다. 이 말은 곧 이때의 '조선'이 한반도 평안도(또는 평양시 일대)와는 다른 제3의 지역이었음을 방증해 주는 셈이다. ① 국내외 학계에서는 4세기에는 평안도 지역을 고구려가 실질적으로 지배하고 있었다고 보는 것이 통설이다. 평양지역이 모용씨의 전연의 근거지 또는 영지였던 적이 없다는 뜻이다. 게다가 ② 모용황이 고구려를 침공하기는 했으나 환도성을 유린하고 금방 철수했으며 고구려 영토를 장기적으로 점령한 일은 없다. ③ 동진 조정으로부터 평안도 지역에 대한 지배권을 주장하거나 인정받을 이유가 없는 것이다. 그렇다면 그의 봉호 '조선군공'에 등장하는 '조선'은 한반도 북부가 아니라 중국, 그것도 당시 모용씨가 본거지로 삼고 있던 하북성 동북부의 노룡현(盧

라의 궁실을 불태우고 오만 명이 넘는 남자를 노략질해서 [본국으로] 귀환하였다.

○ 劉與戰, 大敗, 單馬奔走。晃乘勝追至丸都, 焚其宮室, 掠男子五萬餘口以歸。

• 038

효무제(孝武帝)[120]의 태원(太元)[121] 10년(385)에 [고]구려가 요동군과 현토군을 공격하였다.[122] 후연(後燕)[123]의 모용수(慕容垂)[124]는 [그의]

龍縣) 일대뿐이다. 이처럼 모용황이 동진 조정으로부터 하사받은 '조선군공'이라는 단 네 글자의 봉호 하나만으로도 고조선 이래의 '조선'이라는 지역의 좌표가 한반도 북부가 아니라 중국 동북방에 있었음을 짐작할 수 있는 것이다.

120) 효무제(孝武帝): 동진의 제9대 황제인 사마요(司馬曜, 362~396)의 시호. 자가 창명(昌明)으로, 4살 때 회계왕(會稽王)으로 책봉되었다가 함안(咸安) 2년(372)에 11살의 나이로 황제가 되었다. 처음에는 대사마(大司馬) 환온(桓溫)이 보필하다가 영강(寧康) 원년(373)에 환온이 죽자 형수이던 숭덕태후(崇德太后) 저산자(褚蒜子)의 수렴청정을 거쳐 태원(太元) 원년(376)에 정식으로 친정에 나섰다. 그러나 실권은 사안(謝安)을 대표로 하는 진군 사씨(陳郡謝氏)에게 쥐어져 있었다. 태원 8년(383), 사안 등의 보좌로 비수(淝水) 싸움에서 전진(前秦)의 대군을 상대로 대첩을 거둠으로써 동진의 국운을 보전하였다. 그 뒤로는 귀족들의 문벌정치를 타파하고 사마씨의 권력을 회복함으로써 동진의 중흥 이래 최고의 권력을 누린 군주로 성장하였다. 그러나 사치와 주색에 탐닉하다가 총애하던 장귀인(張貴人)의 사주를 받은 나인에게 살해되었다.

121) 태원(太元): 효무제가 376~396년까지 21년 동안 사용한 두 번째 연호. "태원 10년"이라면 고구려의 고국양왕 2년이며, 서기로는 386년에 해당한다.

122) 요동군과 현토군을 공격하였다[攻遼東玄菟郡]: 4세기에 요동과 현토 두 지역은 영토를 확장하려는 고구려와 후연의 각축의 장소였다. 이때 고구려가 요동·현토를 점령하고 얼마 뒤에 다시 후연이 두 군을 탈환하는 공방이 벌어졌다는 것은 이 두 지역이 두 나라의 경계지역에 자리 잡고 있었다는 방증이 되는 셈이다. 여기서 문제는 학계에서는 현토군의 마지막 위치를 지금의 요녕성 무순시(撫順市) 일대로 비정하고 있다는 데에 있다. 현재 국내외 학계에서는 4세기 고구려 강역의 서계(西界)를 요동반도까지로 보고 있는데 무순시는 정반대쪽인 동계(東界)에

아우 [모용]농(農)125)을 파견해 [고]구려 정벌에 나서서 두 군을 회복하였
다.126)

더 가까운 곳이기 때문에 후연과의 각축이 벌어진 곳이라고 보기 어렵다. (이는 후연의 본거지인 창려군(昌黎郡)의 좌표와 함께 현토군의 좌표가 잘못 설정되면서 연쇄적으로 빚어진 오류이다.) 요동군의 위치는 둘째 치더라도 현토군의 위치에 대한 비정은 재고되어야 한다는 뜻이다.

123) 후연(後燕, 384~407): 5호 16국 시대에 선비족인 모용씨가 세운 나라의 하나. 개국 군주는 모용황(慕容皝)의 아들인 모용수이다. 형양(滎陽)에서 '연왕(燕王)'을 자처하면서 중산(中山)에 도읍을 정한 그는 처음에는 동진과 전진(前秦)을 격파하고 서연(西燕)을 멸망시킬 정도로 세력이 강성하였다. 그러나 395년에 참합피(參合陂) 싸움에서 북위의 도무제(道武帝) 탁발규(拓跋珪)에게 참패하고 396년 6월 도읍이던 중산을 잃으면서 나라가 둘로 분열되었다. 도읍을 당초의 연고지 용성(龍城, 화룡)으로 되돌리고 재기를 노렸으나 내란이 잇따르다가 개국 24년 만에 결국 고운(高雲)의 북연(北燕)에 대체되었다.

124) 모용수(慕容垂, 326?~396): 후연의 개국 군주. 처음에는 이름이 패(覇), 자가 도업(道業)이었으나 나중에 이름을 수(垂), 자를 도명(道明)으로 바꾸었다. 모용황의 다섯 번째 아들로, 선비식 이름은 아륙돈(阿六敦)이다. 13살이던 함강(咸康) 5년(339)에 모용황을 따라 고구려를 침공해 신성(新城)까지 진격했다가 고국원왕과 강화를 맺고 귀환하였다. 건원(建元) 2년(344)에는 우문부(宇文部)를 멸망시키고, 영화(永和) 5년(349)에는 유주(幽州)를 빼앗은 공로로 '오왕(吳王)'에 봉해졌다. 건희(建熙) 6년(365)에는 낙양(洛陽) 공략을 도와 정남대장군(征南大將軍) · 형주목(荊州牧)에 배수되었으며, 건희 10년(369)에는 동진의 대사마 환온(桓溫)을 격파하기도 하였다. 그러나 태부(太傅) 모용평(慕容評)과 태후(太后) 가족혼(可足渾)이 자신을 해치려 하자 전진의 부견(苻堅)에게 투신해 관군장군(冠軍將軍) · 빈도후(賓都侯)를 지냈다. 태원 7년(382)에는 부견을 도와 동진 정벌에 나섰다가 비수(淝水)에서 대패하였다. 그 뒤로는 전연의 부활을 꿈꾸며 전진 황제 부비(苻丕), 동진의 명장 유뢰지(劉牢之)와 각축을 벌이는 한편 고구려 · 정령(丁零)과의 전쟁에서도 대승하였다. 386년에 중산(中山)에서 후연을 세운 뒤로 적위(翟魏)와 서연(西燕)을 멸망시키고 전성기를 구가하였다. 그러나 건흥 11년(395), 북위 정벌에 나서 도무제 탁발규를 격퇴하고 귀환하다가 70살의 나이로 병사하였다. 시호는 성무(成武)이고 묘호는 세조(世祖)이다.

125) 농(農): 모용수의 셋째 아들 모용농(慕容農, ?~398)을 말한다. 건원 20년(384), 모용수가 하내(河內)에서 군사를 일으키자 부비(苻丕)의 통제를 벗어나 모용해(慕容楷)와 함께 기주(冀州) 열인현(列人縣)에서 전진에 반기를 들고 업성(鄴城)

모용수가 고구려에 점령당했던 요동·현토 두 군을 회복한 일을 기술한
《진서》〈모용수전〉(청대 무영전본)

[모용]수가 죽자 [그] 아들 [모용]보(寶)127)가 [왕으로] 옹립되었다.

> 아래에서 모용수와 합류하였다. 표기대장군(驃騎大將軍)에 임명되어 건원 21년(385), 용성의 반란을 진압하고 고구려를 격퇴했으며 평주 자사(平州刺史)로 임명된 뒤로는 용성에 주둔하였다. 건흥 원년(386), 모용수가 황제가 되자 요서왕(遼西王)에 봉해졌으며, 건흥 4년(389)에는 중원으로 남하해 적위·동진을 공격하고 서연을 멸망시켰다. 영강(永康) 원년(396), 태자이던 모용보를 따라 두 차례 북위 정벌에 참여하였다. 같은 해에 모용보가 즉위하자 병주목(并州牧)·도독육주군사(都督六州軍事)에 임명되어 북위와의 전쟁에 대비했으나 탁발규에게 격파되자 용성까지 도주하였다. 영강 3년(398)에는 3만의 군사로 남조 정벌에 나섰으나 병변(兵變)이 일어나자 모용보와 함께 용성까지 도주했다가 반군에게 살해되었다.

126) 두 군을 회복하였다[復二郡]: 이 사건과 관련하여 《진서》〈모용수전〉에서는 "고구려가 요동을 침범하매 모용수의 평북장군 모용좌(대방왕!)가 사마학경을 파견해 군사를 거느리고 구원하게 했으나 고구려군에 패하는 바람에 요동군과 현토군을 결국 빼앗기고 말았다. … 건절장군 서암이 무읍에서 반란을 일으켜 4천 명 넘는 사람을 끌고 북쪽의 유주로 달아났다. … [그러자] 모용농은 영지를 공격해 서암 형제의 목을 베었다. 그리고 이때 고구려를 정벌하여 요동·현토 두 군을 도로 회복한 뒤 용성으로 돌아와 주둔하였다.(高句驪寇遼東, 垂平北慕容佐遣司馬郝景率

○ 孝武太元十年, 句驪攻遼東·玄菟郡, 後燕 慕容垂遣弟農伐句驪, 復二郡。垂死, 子寶立。

衆救之, 爲高句驪所敗, 遼東玄菟遂沒. … 建節將軍徐岩叛于武邑, 驅掠四千餘人, 北走幽州. … 慕容農攻克令支, 斬徐岩兄弟. 時伐高句驪, 復遼東玄菟二郡, 還屯龍城.)"라고 기술하였다. 또, 《자치통감》《진기28(晉紀二十八)》"열종효무황제 태원 10년(烈宗孝武皇帝太元十年, 385)"조에서는 "윤달 … 경술일, 연왕 모용수가 … 대방왕 모용좌에게 명령을 내려 용성을 지키게 하였다. 6월, 고구려가 요동을 침범했을 때 모용좌가 … 고구려군에게 패하는 바람에 고구려가 마침내 요동·현토를 함락시켰다. … 연주 모용수는 … [업중에서!!] 모용농을 파견하여 열옹새(거용관)로 나가 범성(평천현)을 지나 용성으로 달려가 군사를 모아 여암을 토벌하게 하였다. … 겨울 10월, … 모용농은 용성으로 가서 군사를 열흘 넘도록 쉬게 하였다. … 이윽고 모용농이 보병·기병 3만을 거느리고 영지로 가니 서암은 계책이 다하자 성을 나와 항복하였다. 모용농은 그의 목을 베고 [그 길로] 고구려로 진격하여 요동·현토 두 군을 도로 회복하고 용성으로 귀환하였다.(閏月 … 庚戌, 燕王垂 … 命帶方王佐鎭龍城. 六月, 高句麗寇遼東, 佐 … 爲高句麗所敗, 高句麗遂陷遼東玄菟. … 燕主垂 … 遣慕容農出蠮螉塞, 歷凡城, 趣龍城, 會兵討餘巖 … 冬十月, … 慕容農至龍城, 休士馬十餘日. … 頃之, 農將步騎三萬至令支, … 巖計窮出降, 農斬之, 進擊高句麗, 復遼東玄菟二郡, 還至龍城.)"라고 소개하였다. 이에 관해서는 《삼국사기》《고구려본기》"고국양왕 2년"조에도 관련 기사가 보인다. "겨울 11월에 연나라의 모용농이 군사를 거느리고 [고구려를] 침범하여 요동·현토 두 군을 회복하였다.(冬十一月, 燕慕容農將兵來侵復遼東·玄菟二郡.)"

127) 보(寶): 후연의 제2대 황제 모용보(慕容寶, 355~398)를 가리킨다. 자는 도우(字道祐)로, 신도현(信都縣), 즉 지금의 하북성 형수시(衡水市)에서 모용수의 넷째 아들로 태어났다. 처음에는 전진 천왕 부견(苻堅)을 섬기면서 태자 세마(太子洗馬)·만년현령(晩年縣令)·능강장군(陵江將軍)을 지내다가 후연이 건국되면서 태자로 책립되었다. 건흥 11년(396), 모용수를 이어 황제가 되었으나 형벌과 법률을 엄격하게 시행하여 민심이 이반되면서 내우외환을 자초하였다. 영강 3년(398), 상서(尙書)이던 난한(蘭汗)을 따라 용성으로 갔다가 44살의 나이로 살해되었다.

• 039

[이때 모용보가 고]구려왕 [고]안(安)128)을 평주목(平州牧)으로 삼고, 요동[국]129)과 대방(帶方)130)[국] 두 속국131)의 왕으로 책봉하였다.132)

128) 안(安): 고구려 제19대 국왕 국강상광개토호태왕(國岡上廣開土好太王)의 이름. 《삼국사기》《고구려본기》"광개토왕"조에는 "이름이 담덕으로, 고국양왕의 아들이다(諱談德, 故國壤王之子)"라고 되어 있는 것을 보면 '담덕'은 고구려식 이름이고 '안'은 중국식 이름으로 보인다.

129) 요동(遼東)[국]: 후연의 국명. 원래 후한 안제(安帝, 107~125) 때에 요동군과 요서군의 땅을 떼어 속국(屬國)을 설치하고 창려현(昌黎縣)에 치소를 두었다. 후한 말기에 철폐되었다가 삼국시대 정시(正始) 5년(244)에 위나라에 다시 설치되었으나 곧 '창려군'으로 개칭되었다. 모용보 시기의 북위의 영토 현황을 담고 있는 《위서》《지형지》에는 앞서 《진서》에서는 8개 현을 거느렸던 요동국이 다시 군으로 재편되면서 태평(太平)·신창의 2개 현에 인구도 2,634명 수준으로 대폭 축소·해체되는 수순에 이른 것을 볼 수 있다. 국내외 학계에서는 요동군의 치소 창려현의 좌표를 지금의 요녕성 금주(錦州) 북쪽에 있는 의현(義縣)으로, 속국의 영역을 지금의 요령성 서부 대릉하(大凌河) 중하류 일대로 비정해 왔으나 재고가 필요하다. 이 문제에 관해서는 문성재, 《한국고대사와 한중일의 역사왜곡》을 참조하기 바란다. 중국의 검색 사이트인 빠이뚜의 소개에 따르면 동진을 전후한 시기에 진 왕조의 유주는 범양(范陽)·연(燕)의 2개 국과 북평(北平)·상곡(上谷)·광녕(廣寧)·대(代)·요서(遼西)의 5개 군만 거느렸을 뿐이며 요동군은 여기서 빠져 있다. 이를 통하여 요동지역은 그 이름이 변경되었거나 진 왕조가 아닌 제3의 정치 세력에 의해 장악되어 있었음을 알 수 있다. 그런데 이 기사에서 모용보가 고구려 국왕을 요동국과 대방국 두 속국의 왕으로 책봉했다고 한 것을 보면 5세기의 고구려가 이 두 지역을 실정적으로 지배하고 있었던 것으로 해석할 수밖에 없다(낙랑군은 이미 고구려의 영토에 속해 있었음).

130) 대방(帶方)[국]: 후연의 국명. 원래는 낙랑군의 25개 속현들 중의 하나였으나 낙랑군에 남부도위(南部都尉)가 설치되면서 7개 현을 관할할 정도로 규모가 커졌으며, 후한의 건안(建安) 연간(196~220)에 요동의 군벌 공손씨가 둔유현(屯有縣) 이남의 황무지까지 합쳐 [대방]군을 설치하였다. 이병도는 지금의 황해도 봉산군(鳳山郡) 사리원시(沙里院市) 일대를 대방군 소재지로 비정하고 당 토성(唐土城) 부근을 그 치소로 보았다. 그러나 고대사의 요수와 요동의 좌표를 지금의 산해관 인근으로 설정할 경우 대방군의 위치 역시 그 인근에서 찾는 것이 합리적이다. 예컨대, 전연의 모용수는 그 조카 모용좌(慕容佐)와 모용온(慕容溫)에게 차례로 대방왕(帶方王)·낙랑왕(樂浪王)의 왕호를 부여한 일이 있다. 이

○ 以句驪王安爲平州牧, 封遼東·帶方二國王.

역시 대방·낙랑의 좌표를 중국에서 찾아야 한다는 사실을 방증하는 대표적인 증거라고 할 수 있다.

131) 속국(屬國): 한대 이래로 중원 왕조에 귀순한 흉노·강(羌) 등 북방민족을 안치하기 위해 설치했던 일종의 중국내 자치구역. 〈한대 이전에는 '속방(屬邦)'이라고 부르다가 고조(高祖) 유방(劉邦)의 이름자를 피하여 '속국'으로 부르기 시작하였다.〉 그 영역은 일반적으로 중원 왕조에서 임의로 설정했으며, 각 민족이 고유한 풍속을 유지하게 해 주었다. 때로는 이보다 포괄적으로 사용하여 '속국노수호(屬國盧水胡)·속국황중월지제호(屬國湟中月氏諸胡)' 등과 같이, 한나라에 내속(內屬)해 온 부족이나 부락들을 일컫거나 조정에서 임명한 속국도위(屬國都尉)를 가리키기도 하였다. 한나라 무제 원수(元狩) 2년(BC121)부터 후한 말기까지 정안(定安)·천수(天水)·상군(上郡)·서하(西河)·오원(五原)·금성(金城)·북지(北地)·건위(犍爲)·광한(廣漢)·촉군(蜀郡)·장액(張掖)·거연(居延)·요동(遼東) 등, 북·서·동 세 방면의 군들에 속국이 설치되었는데, 규모가 큰 것은 5~6개의 성(城)을 영유했고 작은 경우에도 1~2개를 영유하였다. 큰 군들은 변두리의 현들을 떼어서 속국을 설치했는데, 광한 북부도위의 관할지를 떼어서 광한속국, 촉군 서부도위의 관할지를 떼어서 촉군속국, 건위 남부도위의 관할지를 떼어서 건위속국, 요동 서부도위의 관할지를 떼어서 요동속국, 낙랑 동부도위의 관할지를 떼어서 낙랑속국을 설치한 것이 그 예이다. 반면에 작은 군들은 속국을 해당 군의 경내에 설치하면서도 별도의 명칭을 부여하지 않았는데, 상군(上郡)에 속한 현의 하나로 존재한 구자속국(龜玆屬國)이 그 예이다. 속국에서는 공통적으로 도위(都尉)·승(丞)·후(侯)·천인(千人) 등의 관리들을 두었으며, 때로는 구역령(九譯令)·속국장사(屬國長史)·속국차거(屬國且渠)·속국기(屬國騎)·속국호기(屬國胡騎)·속국현군(屬國玄軍) 등의 관직을 운영하기도 하였다.

132) 요동과 대방 두 속국의 왕으로 책봉하였다[封遼東帶方二國王]: 이 대목을 통하여 요동과 대방이 당시에는 군현이 아니라 '속국'으로 존재하고 있었음을 알 수가 있다. 후연의 황제 모용보가 고구려 국왕을 요동·대방 두 속국의 왕으로 책봉했다고 소개한 이 기사의 내용은 ① 요동국과 대방국이 4세기에 후연의 영토였으며, ② 당시 해당 지역을 실정적으로 지배하고 있던 고구려에 정식으로 양도되었음을 시사한다. ③ 요동국이든 대방국이든 그 이전에는 고구려의 영토가 아니었다는 뜻이다. 그동안 국내외 학계에서는 대방군의 좌표를 지금의 황해도·경기도, 심지어 경기도·충청도 일대에서 찾아왔다. 그러나 4세기 고구려에서 지금의 황해나 경기도가 고구려의 영토였다는 것은 학계 내부에서조차 보편적인 지지를

• 040

[고]안은 [이때에 이르러] 처음으로 장사(長史)[133]·사마(司馬)[134]·참군(參軍)[135][등]의 관직을 설치했으며, 나중에는 요동군을 공략해 점유하였다.[136]

○ 安始置長史·司馬·參軍官, 後略有遼東郡。

받는 정설이다. 4세기는 물론이고 그 이전이라 해도 대방군의 좌표를 황해·경기·충청 일대에서 구하려는 시도는 재고되어야 한다는 뜻이다.

133) 장사(長史): 중국 고대의 관직명. '관리들의 수장[諸史之長]'이라는 뜻으로, 원래는 중국의 진(秦)나라에서 처음으로 두었던 관직이다. 자세한 내용은 《송서》의 해당 주석을 참조하기 바란다.

134) 사마(司馬): 중국 고대의 관직명. 서주(西周) 때에 설치되어 춘추·전국시대에도 그대로 인습되었는데 군정과 군부(軍賦, 군사 목적의 부역)를 관장하였다. 한나라 무제 때 태위(太尉)를 폐지하면서 대사마(大司馬)를 두고 궁정의 실권을 장악하게 되었다.

135) 참군(參軍): 중국 고대의 관직명. 후한 말기에 승상(丞相)이던 조조(曹操)가 군정을 총괄하면서 그 막료가 '참승상군사(參丞相軍事)'라는 이름으로 군정을 참모했는데 이를 줄여서 '참군'으로 불렀다. 자세한 내용은 《남제서》의 해당 주석을 참조하기 바란다.

136) 나중에는 요동군을 점유하였다[後略有遼東郡]: 인터넷〈국편위판〉에서는 '약유(略有)'를 '경략하다(conquer)'라고만 번역했으나 글자 그대로 풀이하자면 '공략해 점유하다(conquer and occupy)'라는 의미로 번역해야 옳다. 해당 지역을 고구려가 실정적으로 영유했다는 의미인 것이다. 모용수의 아들 모용보가 광개토대왕에게 평주목과 함께 '요동·대방이국왕'이라는 봉호를 부여했다는 것은 앞서 모용농에게 요동·현토 두 군을 상실했던 고구려가 요동·대방에 대한 영유 및 지배의 권리를 실질적으로 보장받았음을 짐작할 수 있다. 따라서 이 기사에 근거할 때, 광개토대왕이 개척한 영토 역시, 기존의 주장과는 달리, 그 서계(西界)를 하북성 동북부 일대로 조정해야 할 필요가 있다. … 이 시기에는 진 왕조가 쇠락하면서 북방의 이민족들이 대거 남하했으며, 그 결과 중원의 많은 지역이 그들에게 정복되었다. 모용보가 고구려 국왕에게 부여한 이 일련의 작호들은 고안, 즉 광개토대왕이 중원이 불안해진 틈을 노려 중원의 동북방이던 평주·요동·대방 등지를 실질적으로 점유했음을 보여 주는 증거들로 해석된다.

•041

[그] 손자인 고련(高璉)[137]은 [동]진 안제(安帝)[138]의 의희(義熙)[139] 연간에 이르러서야 표를 올리고 조공하는 사신이 내왕하기 시작하였다. 그는 [유]송(宋)과 [남]제(齊)를 거치면서 [두 왕조로부터] 나란히 작위를 받았으며, 나이가 백 살이 넘어서 죽었다.

○ 至孫高璉, 晉安帝義熙中, 始奉表通貢職, 歷宋·齊並授爵位, 年百餘歲死.

•042

그의 아들 [고]운(雲)은 [남]제(齊)의 융창(隆昌)[140] 연간에 [제나라가] 사지절·산기상시·도독영평이주[141]·정동대장군·낙랑공으로 삼았다.[142]

---

137) 그 손자인 고련[孫高璉]: '고련'은 고구려 제20대 국왕 장수왕(長壽王)의 이름이다. 자세한 내용은 《송서》《고구려국전》의 해당 주석을 참조하기 바란다. 다만, 장수왕은 광개토대왕의 아들로 알려져 있는데 《양서》에서는 어째서 "손자"로 기술했는지 알 수 없다.

138) 안제(安帝): 동진의 제10대 황제인 사마덕종(司馬德宗, 382~419)을 말한다. 효무제(孝武帝) 사마요(司馬曜)의 장자이자 공제(恭帝) 사마덕문(司馬德文)의 형으로, 자가 안덕(安德)이다. 황제로 즉위한 뒤로 내란이 빈번하여 나라가 어지럽다가 419년에 유유(劉裕)에게 살해되었다.

139) 의희(義熙): 안제 사마덕종이 405~418년까지 14년 동안 사용한 네 번째 연호. 고구려의 기년으로는 광개토대왕 15년으로부터 장수왕 6년까지에 해당한다.

140) 융창(隆昌): 중국 남북조시대에 [남]제나라의 욱림왕(郁林王) 소소업(蕭昭業)이 494년 정월~7월까지 반년 동안 사용한 연호. 여기서는 "융창 연간"으로 소개되어 있으나 이 무렵에 고구려 국왕이 책봉을 받은 것은 고구려의 문자왕 4년으로, 서기로는 493년에 해당한다.

141) 도독영평이주(都督營平二州): 남조 제나라의 관직명. '도독영평이주제군사(都督營平二州諸軍事)'를 줄여서 적은 것이다. 도독영평이주제군사는 원래 유송의 소제가 장수왕에게 내린 관직명으로, 글자 그대로 풀이하면 '영주와 평주의 군정 일체를 총괄하는 도독'이라는 뜻이다. 고운이 도독영평이주제군사와 낙랑공의 작호

[나중에] 고조(高祖)143)가 즉위하여 [고]운을 거기대장군(車騎大將軍)144)으로 올려 주었다.

○ 子雲, 齊隆昌中, 以爲使持節·散騎常侍·都督營平二州·征東大

를 받았다는 것은 고구려가 당시에 제나라로부터 영·평 2주와 낙랑지역에 대한 지배권을 인정받았음을 의미한다. 모용외는 도독유평이주제군사였다. 두 사람의 관직명을 통하여 평주가 유주와 멀지 않은 곳이었음을 추정할 수 있는 셈이다.

142) 운(雲): 고구려 제21대 국왕인 문자왕(文咨王)의 이름. 인터넷〈국편위주〉068에서는 "문자명왕['명치호왕'이라고도 부른다]은 이름이 나운으로, 장수왕의 손자이다(文咨明王, 一云明治好王, 諱羅雲, 長壽王之孫)"라는《삼국사기》〈고구려본기〉"문자명왕 원년"조 기사에 근거하여 이름이 나운이며 '운'은《양서(梁書)》의 기록이 誤記"라고 보았다. 그러나 '나운'은 고구려식 이름이고 '운'은 중국식으로 지은 이름이 아닌가 싶다.

143) 고조(高祖): 양나라의 개국 군주인 소연(蕭衍, 464~549)의 묘호. 자가 숙달(叔達)로, 남난릉군(南蘭陵郡) 동성리(東城里), 즉 지금의 강소성 단양시(丹陽市) 사람이다. 제나라에서 단양윤(丹陽尹)을 지낸 소순지(蕭順之)의 아들로, 제나라 명제(明帝) 때 옹주자사(雍州刺史)에 임명되면서 북위의 남침에 대응하였다. 영원(永元) 2년(500), 군사를 일으켜 동혼후(東昏侯) 소보권(蕭寶卷)을 토벌하고 남강왕(南康王) 소보융(蕭寶融)을 황제로 추대하고 이듬해에 건강(建康, 지금의 남경시)을 함락시켰다. 중흥(中興) 2년(502), 소보융의 선양을 받아들여 남량(南梁)을 건국하고 정사에 매진하면서 유송·남제의 폐정들을 바로잡았다. 군사적으로는 북위의 남하에 맞서 종리(鍾離) 싸움에서 승리하고 나중에 북벌에까지 나섰지만 성과를 얻지는 못하였다. 재능이 출중하고 학식이 풍부하여 '경릉팔우(竟陵八友)'의 한 사람으로 일컬어졌으며, 황제가 된 뒤에는《통사(通史)》600권을 편찬하게 해서 직접 찬서(贊序)를 짓기도 하였다. 시호는 무황제(武皇帝)이며, 묘호는 고조(高祖)이다.

144) 거기대장군(車騎大將軍): 중국 위·진대 이래의 관직명. 표기(驃騎)·거기(車騎)·위(衛)의 세 장군은 여타 장군들보다 그 위상이 높아서 나중에 장군의 분과가 증가하자 '대-'가 추가되어 '대장군'으로 일컬어지게 되었다. 원래 존경의 뜻으로 중신이나 원로들에게 하사했고 품계는 1품이었으나 별도의 막료나 병력은 두지 않았다. 그 뒤로 5호 16국 시대와 남북조 시기에도 그대로 인습되었다. 양나라 무제의 천감(天監) 7년(508)에는 무직 24반(武職二十四班) 중 최고반 24반, 대통(大通) 3년(529)에는 무직 34반 중 최고반 34반으로 제정하고 품급은 1품, 녹봉은 중 2천 석(中二千石)을 내렸다. 북위 효문제(孝文帝)의 태화(太和) 17년(493)에는 1품 중(一品中), 23년에는 종1품(從一品)으로 운영되었다.

將軍·樂浪公。高祖卽位, 進雲車騎大將軍。

• 043

천감(天監)¹⁴⁵⁾ 7년(508)에 [황제는] 이렇게 조서를 내렸다.
"고[구]려왕인 낙랑군공 [고]운은 정성이 지극하고 두드러져 공물과 사신이 줄을 이었으니 벼슬을 더 내려 우리 조정의 뜻을 널리 펴는 것이 옳소.
[고운은] 무동대장군¹⁴⁶⁾과 개부의동삼사로 적합하겠소. [그리고] 지절¹⁴⁷⁾·상시·도독·왕의 작호들은 일률적으로 이전과 같이 유지하도록 하시오."
천감 11년(512)과 15년(516)에 연거푸 사신을 파견하여 공물을 바쳤다. 17년(518)에 [고]운이 죽자 [그] 아들 [고]안(安)¹⁴⁸⁾이 [왕으로] 옹립되었다.

---

145) 천감(天監): 양나라 무제 소연이 502~519년까지 17년 동안 사용한 첫 번째 연호. "천감 7년"은 고구려의 문자왕 17년으로 서기로는 508년에 해당한다.
146) 무동대장군(撫東大將軍): 남북조시대의 관직명. 천감 7년(508)에 방위에 따라 '무동·무서(撫西)·무남(撫南)·무북(撫北)'으로 구분된 '4무 장군(四撫將軍)'이 국외의 무장·군주들에게 하사되었다. 그 지위는 '4진 장군'에 해당했으며, 이들 중 경력과 업적이 탁월한 이들에게 '–대장군' 직함이 부여되었다.
147) 지절(持節): 중국 고대의 관직명. 글자 그대로 풀이하면 '[사절이 아니면서 황제가 내린] 정절(旌節)을 지닌 자'라는 뜻이다. 정절의 형태나 재원에는 논란이 있지만 황제의 권위를 나타내는 상징물로 사용된 것은 분명하다. 따라서 부절을 지니는 것[지절]은 황제가 파견하는 칙사의 특권으로 그 권력이 상당히 컸다. '사지절(使持節)'이 '사절로서 부절을 지닌 자'라는 의미인 데 비하여 '지절'은 '[사절이 아니면서 황제가 내린] 부절을 지닌 자 정도로 번역할 수 있다.
148) 안(安): 고구려 제22대 국왕인 안장왕(安藏王)의 이름. 《삼국사기》〈고구려본기〉 "안장왕"조에서는 "이름은 흥안으로, 문자명왕의 장자이다(諱興安, 文咨明王之長子)"라고 소개하였다.

○ 天監七年, 詔曰:"高驪王樂浪郡公雲, 乃誠款著, 貢驛相尋, 宜隆秩命, 式弘朝典。可撫東大將軍·開府儀同三司, 持節·常侍·都督·王並如故。"十一年·十五年, 累遣使貢獻。十七年, 雲死, 子安立。

정절의 예시. 한나라 사신 장건(張騫)이 정절을 들고 서역으로 떠나는 모습을 묘사한 우표

• 044

보통(普通)149) 원년(520)에 [황제는 고]안에게 조서를 내리고 지절·독영평이주제군사·영동장군의 [책봉한] 작위를 세습하게 하였다. 150) [보통] 7년(526)에 [고]안이 죽자151), [그] 아들

---

149) 보통(普通): 양나라 무제 소연이 520~527년까지 8년 동안 사용한 두 번째 연호. "보통 원년"은 고구려의 안장왕 2년으로 서기로는 520년에 해당하며, "보통 6년"은 안장왕 8년으로 서기로는 526년이다.

150) 작위를 세습하게 하였다[纂襲封爵]: 양나라가 문자명왕에게 부여한 작호는 기사마다 편차를 보인다. 여기에는 '지절·독영평이주제군사·영동장군'으로 소개되어 있으나 〈무제본기(武帝本紀)〉에는 '영동장군·고려왕'으로 나와 있다. 《삼국사기》〈고구려본기〉 "안장왕 2년"조에서는 "양나라 고조가 왕을 영동장군·도독영평이주제군사·고구려왕으로 봉하고 사자 강주성을 파견해 왕에게 의관과 검·장신구들을 하사하였다.(梁高祖封王爲寧東將軍·都督營平二州諸軍事·高句麗王, 遣使者江注盛賜王衣冠劍佩)"라고 하였다. 《삼국사기》의 기사가 정확하다는 전제하에서 이때 관작과 함께 그에 걸맞은 위세품들이 전달된 셈이다. 이를 전후하여 양나라와 적대하고 있던 북위에서도 안장왕에게 '안동장군·영호동이교위·요동군개국공·고구려왕(安東將軍·領護東夷校尉·遼東郡開國公·高句麗王)'의 작호를 내리고 있다.

151) 안이 죽자[安卒]: 여기에는 안장왕이 보통 7년(526)에 죽은 것으로 소개되어 있다. 이에 대하여 《삼국사기》 "안장왕 13년"조에서는 "여름 5월, 왕이 돌아가시매 왕호를 '안장왕'으로 불렀다.(夏五月, 王薨, 號爲安臧王)"라는 기사와 함께 "이 해

[고]연(延)이 [왕으로] 옹립되었다.152) 사신을 보내 공물을 바치므로, 조서를 내려 연에게 작위를 승습케 하였다.

○ 普通元年, 詔安纂襲封爵, 持節·督營平二州諸軍事·寧東將軍。七年, 安卒, 子延立, 遣使貢獻, 詔以延襲爵。

• 045

중대통(中大通)153) 4년(532)과 6년(534)·대동(大同)154) 원년(535)과 7년(541)에 연거푸 표를 올리고 특산물들을 바쳤다. 태청(太淸)155) 2년(548)에 [고]연이 죽자156) 조서를 내리고 그의 아들157)로 하여금 [고]

는 양나라 중대통 3년이자 위나라 보태 원년이다. 《양서》에서는 '안장왕이 재위 8년째인 보통 7년에 죽었다'고 했으나 잘못이다.(是梁中大通三年, 魏普泰元年也. 梁書云, 安臧王在位第八年普通七年卒, 誤也.)"라는 주석을 붙였다. 중대통 3년이라면 서기로는 531년에 해당하므로, 보통 7년인 526년과는 5년의 편차가 발생하는 셈이다.

152) 연(延): 고구려 제23대 국왕인 안원왕(安原王)의 이름. 《삼국사기》〈고구려본기〉 "안원왕 원년"조에서는 "이름이 보연으로, 안장왕의 동생이다.(諱寶延, 安臧王之弟也)"라고 소개하였다. 인터넷〈국편위주〉075에서는 이 기사를 근거로 이름이 '연'이라는 《梁書》및 《魏書》高句麗傳의 記錄은 착오"라고 보았다. 그러나 이 역시 '보연'은 고구려식 이름이고 '연'은 중국식 이름이었을 가능성도 염두에 둘 필요가 있다.

153) 중대통(中大通): 양나라 무제 소연이 529~534년까지 5년 동안 사용한 네 번째 연호. "중대통 4년"이라면 고구려의 안원왕 2년으로 서기로는 532년에 해당하며, "중대통 6년"은 534년이다.

154) 대동(大同): 무제 소연이 535~546년까지 12년 동안 사용한 여섯 번째 연호. "대동 원년"은 고구려의 안원왕 5년으로, 서기로는 535년이며, "대동 7년"은 〈안원왕 11년으로 541년에 해당한다.

155) 태청(太淸): 무제 소연이 547~549년까지 2년 동안 사용한 일곱 번째 연호. "태청 2년"은 고구려의 양원왕 4년으로 서기로는 548년에 해당한다.

156) 연이 죽자[延卒]: 여기서는 양원왕이 태청 2년(548)에 죽었다고 소개하고 있다. 그러나 《삼국사기》"안원왕 15년"조에서는 "봄 3월, 왕이 돌아가시매 왕호를 '안

연의 작위를 세습하게 하였다. 157)

○ 中大通四年, 六年, 大同元年, 七年, 累奉表獻方物。太淸二年, 延卒, 詔以其子, 襲延爵位。

원왕'으로 불렀다.(春三月, 王薨, 號爲安原王)"라고 소개하면서 "이 해는 양나라 대동 11년이자 동위의 무정 3년이다.《양서》에는 '안원이 대청 2년에 죽으며, 그 아들을 영동장군·고구려왕·낙랑공으로 삼았다'고 되어 있으나 잘못이다.(是梁大同十一年, 東魏武定三年也. 梁書云, 安原以大淸二年卒, 以其子爲寧東將軍·高句麗王·樂浪公, 誤也)"라고 하였다. 대동 11년은 서기로는 545년이어서 3년의 편차가 발생한다.

157) 그의 아들[其子]: 고구려 제24대 국왕 양원왕(陽原王)을 말한다.《삼국사기》에서는 "양원왕['양강상호왕'이라고도 부른다]은 이름이 평성이고 안원왕의 장자이다.(陽原王[或云陽崗上好王], 諱平成, 安原王長子)"라고 소개하였다.

백제전(百濟傳)[158]

• 001

'백제(百濟)'[159]라는 나라는 그 선대의 동이 땅에 세 갈래의 한의 나라가 있었는데, 첫째가 마한(馬韓)이고, 둘째가 진한(辰韓)이며, 셋째가 변한(弁韓)이었다. 변한과 진한에는 저마다 열두 나라가 있었고 마한에는 쉰네 나라가 있었다. [그 나라들 중] 큰 나라는 만 가(家)[160]가 넘고

---

158) 백제전(百濟傳): 양나라 무제의 보통 2년(521)으로부터 태청 3년(549)까지, 즉 백제의 무녕왕 21년부터 성왕 27년까지 28년간의 백제와 양나라의 교류사를 소개하였다. 다만, 앞의 〈고구려전〉처럼, 양나라 당대의 교류 기사보다는 한·진·송·제 등 이전 왕조에서 발생하거나 기록된 사건들을 다룬 기사들이 압도적으로 많다. 이 밖에도 중간 중간에 백제의 연혁·제도·풍물·언어 등에 관한 정보들도 소개되고 있는데, 《삼국지》 등 선행 정사들의 정보들을 위주로 하면서도 고마·염로 등 백제어에 관한 소개 내용들이 추가되었다. 특기할 만한 것은 《송서》이래로 남조의 정사들에서 지속적으로 소개되어 온 고구려의 요동 경략 및 백제의 요서 경략, 백제군 설치 사실을 소개하고 있다는 점이다. 이 역사 사건에 관해서는 같은 시기에 양나라 원제 소역(蕭繹)이 그린 《양 직공도》의 "백제국사(百濟國使)"조에서도 비교적 상세하게 소개되어 있어서 양나라가 존속되던 6세기만 해도 이것이 기정사실로 받아들여졌음을 확인할 수 있다.

159) 백제(百濟): 학계 일각에서는 ① 두 백제의 발음이 유사하며, ② 마한의 백제국이 주변 소국들을 통합해서 '일백 백(百)'을 쓴 백제로 개칭했을 것이라고 주장하기도 한다. 그러나 삼국시대의 백제의 국호가 "100가를 데리고 바다를 건넜다"라는 의미에서 유래했다면 그 이름에서 키워드가 되는 '일백 백'이나 '건널 제'는 그 집단의 정체성을 상징하기 때문에 다른 글자로의 치환이나 대체가 불가능하다고 보아야 옳다. 이 문제에 관해서는 문성재, 《정역 중국정사 조선·동이전1》, 제318쪽의 해당 주석을 참조하기 바란다.

160) 가(家): 중국 고대의 호구 편제 단위. "10분의 1을 세금으로 걷으면 [백성들이] 칭송하는 소리가 자자해질 것이다.(什一行而頌聲作矣)"라는 《공양전(公羊傳)》 〈선공 15년(宣公十五年)〉의 기사에 대하여 후한의 학자 하휴(何休, (129~182)는 "5명이 1가이다.(五口爲一家)"라고 주석을 붙인 바 있다. 하휴의 주장이 동시

작은 나라도 몇천 가가 되어서 다 합치면 십여 만 호(戶)**161)**나 되었는

대 사람들의 인식에 근거한 것이라는 전제하에서 따져 볼 때, "수천 가"라면 1만
~4만 정도, "수백 가"는 1천~4천 정도에 해당한다. 이와는 별도로, '집 가'가 '가
문(lineage)'의 개념으로 사용되었을 가능성도 상정해 볼 필요가 있다. ①《수서
(隋書)》·《북사(北史)》에서 백제의 어원으로 소개한 "100가를 거느리고 바다를
건넜기 때문에 그 일이 계기가 되어 '백제'라고 일컫게 된 것이다.(以百家濟海, 因
號百濟)"라는 기사나, ② 양나라 무제 소연이 귀족들을 등용할 목적으로 엮은 '만
성보(萬姓譜)'의 제목이 《백가보(百家譜)》였던 점 등을 따져 보면 '가'가 단순히
'세대(home)'보다 규모가 훨씬 큰 '가문(lineage)'의 개념이었을 가능성도 있기
때문이다. 분명한 것은 인원 규모를 놓고 볼 때 '가'가 '호'보다 상대적으로 규모
가 컸을 것이라는 점이다. 〈동북아판3〉(제065쪽) 주석에서는 '가'를 설명하면서
"落은 유목민의 가구를 지칭하는 데에 사용되었다."라고 소개했으나 근거가 없는
소리이다. 고대 한문의 용례들을 모아 놓은 《고훈회찬(古訓匯纂)》에는 '락(落)'의
용법이 83가지 소개되어 있으나 그 같은 의미는 보이지 않는다.

161) 호(戶): 중국 고대의 편제 단위. 그 규모에는 시대·환경·밀도에 따라 다소 편차
가 발생한다. 먼저, 《진서(晉書)》〈지리지(地理志)〉에 따르면, 전한대 초·중기인
문·경(文景)~평제(平帝) 원시(元始) 2년(AD2)까지 민호(民戶)는 12,233,062
호, 인구는 59,594,978명(1:4.9)이고, 후한대 후기인 환제(桓帝) 영수(永壽) 3
년(157)에는 민호가 10,677,960호, 인구가 56,486,856명(1:5.3)이었다. 또,
삼국시대의 경우, 촉(蜀, 장무 원년)에는 200,000호, 900,000명(1:4.5)이고, 오
(吳, 적오 5년)에는 523,000호, 2,400,000(1:4.6)명이었으며, 중원을 통일한
서진의 태강(太康) 원년(265)에는 2,459,840호, 16,163,863명(1:6.6)이었다.
그리고 《송서(宋書)》〈주군지 2(州郡志二)〉'기주(冀州)'조에 따르면, 평원군(平原
郡)은 5,913호, 29,267명(1:4.9)이고, 청화군(淸和郡)은 3,794호, 29,274명
(1:7.7)이며, 악릉군(樂陵郡)은 3,103호, 16,661명(1:5.4)이고, 위군(魏郡)은
6,405호, 33,682명(1:5.3)이었다. 또, 《구당서(舊唐書)》〈지리지2·하북도(地理
志二·河北道)〉'유주(幽州)'조에 따르면 천보(天寶) 연간(742~756)을 기준으로
할 때 계주(薊州)는 5,317호, 28,521명(1:5.4)이고, 단주(檀州)는 6,054호,
30,246명(1:5)이며, 평주(平州)는 3,113호, 25,086명(1:8)이고, 귀덕주(歸德
州)는 1,037호, 4,469명(1:4.3)이었다. 이처럼, 중국 고대사에서 '호'의 규모는
시대·지역·환경·밀도에 따라 조금씩 편차를 보인다. 그렇다면, 다소 불완전한
통계이기는 하지만, 이상의 통계 수치들에 근거할 때, 고대 중국에서 한 '호'는 평
균 5(~6)명 정도로 수렴된다는 것을 확인할 수 있다. 〈동북아판3〉(제065쪽)에서
는 '호'를 설명하면서 "'初元 4년 호구부' 간독에 의하면 군치 조선현이 자리한 1
구역의 호당 평균 구수는 5.60명으로 전체 평균 6.85명보다 낮았다."라는 윤용

데, 백제는 바로 그중의 하나였다.162) [백제는] 나중에 차츰 강하고 커져서 여러 작은 나라들을 합쳤다.

○ 百濟者, 其先東夷有三韓國：一曰馬韓, 二曰辰韓, 三曰弁韓。弁韓·辰韓各十二國, 馬韓有五十四國。大國萬餘家, 小國數千家, 總十餘萬戶, 百濟卽其一也。後漸强大, 兼諸小國。

• 002

그 나라는 본래 [고]구려와 나란히 요동(遼東)[군]의 동쪽에 자리 잡고 있었다.163)

[동]진나라164) 때에 [고]구려가 요동지역을 공략해 영유하자165) 백제 역

구의 주장을 인용하였다. 그러나 ① 해당 '호구부'에는 근대에 위조되었을 가능성이 높으며, ② 군치 일대의 호구수가 외곽·산지보다 더 낮다는 것은 상식적이지 않다. 해당 '호구부'의 위조 의혹에 관해서는 문성재,《한사군은 중국에 있었다》, 제325~341쪽을 참조하기 바란다.

162) 백제는 바로 그 중의 하나였다[百濟卽其一也]:《양서》편찬주체의 이 같은 백제 인식은 백제의 기원을 마한의 54개국 중 하나인 백제국(伯濟國)에서 찾는 데서 비롯된 것으로 보인다. 그러나 ① 백제 건국세력은 고구려에서 남하했고, ② 그들 스스로 고구려와 마찬가지로 부여의 '별종(別種)'이라고 여러 차례 자처한 점 등을 볼 때 ③ 백제의 내력은 부여에서 찾아야 옳다. ④ 마한은 남하과정에서 정착한 땅이므로 백제의 내력을 마한에서 찾는 것은 무리이다.

163) 요동의 동쪽에 자리 잡고 있었다[在遼東之東]: 이 대목은 백제의 좌표를 구하는 데에 상당히 중요한 단서를 제공해 준다. 이 기사에 따르면《양서》의 편찬자들은 고구려와 백제가 나란히 요동지역에 자리 잡고 있었다고 믿고 있었던 셈이다. 만일 양나라 사람들의 이 같은 백제 인식이 사실에 근거한 것이라면 백제의 위치 역시 한반도 이북 또는 한반도 북부에 있었을 가능성도 상정할 수 있을 것이다.

164) 진나라 때[晉世]: 강성하던 진 왕조 초기가 아니라 이민족의 발호로 사마씨가 강남으로 남하하고 강북은 이민족들의 각축장으로 전락해 천하가 혼란에 빠져 있던 '영가의 난[永嘉之亂]' 이후를 가리킨다. 여기서의 "진나라 때[晉世]"가《양 직공도》에는 "진나라 말[晉末]"로 나와 있는 것이 그 증거이다. 진나라 말기에 황족들 간의 동족상잔인 '8왕의 난[八王之亂]'에 이어 영가(永嘉) 5년(311)에 흉노족

시 요서(遼西)166)와 진평(晉平)167) 두 군의 땅을 영유하고 [진 왕조의 설치와는 무관하게] 자체적으로 백제군을 설치하였다.168)

출신의 용병 장수이던 유총(劉聰)이 쿠데타를 일으켜 당시의 황제 사마치(司馬熾)를 살해하는 사건을 계기로 서진 왕조 3대만에 중원지역이 무정부상태의 난세로 변한다. 그리고 유총이 서진의 도읍이던 낙양에서 전조(前趙) 왕조를 세우자 '5호(五胡)'로 통칭되는 주변 이민족들이 경쟁적으로 중원으로 진출하여 왕조를 열면서 16국이 난립하게 된다. 고구려와 백제의 중원 경략도 이 무렵에 이루어졌을 것이다.

165) 구려가 요동지역을 공략해 영유하자[句驪旣略有遼東]: 〈동북아판3〉(제066쪽) 주석에서는 "520년 전후에 편찬되었을 것으로 추정되는 《양 직공도》에서는 백제가 아닌 낙랑이 요서지역을 영유한 주체"라고 주장했으나 아주 심각한 오독이자 곡해이다. 낙랑은 요서 경략의 주체가 아니라 고구려의 요동 경략의 객체일 뿐이기 때문이다. 이 부분의 상황에 관한 상세한 설명은 앞쪽 《송서》 부분에 역자가 붙인 "고려가 요동을 공략해 점유하자[高麗略有遼東]" 주석을 꼭 참조하기 바란다.

166) 요서(遼西): 남북조시대 북조(북위?)의 군 이름. 《진서》〈지리지〉 "요서군" 조에 따르면, 진대에는 양락(陽樂)·비여(肥如)·해양(海陽)의 세 현을 관할했으며, 민호는 2,800호였다. 또, 《위서》〈지형지(地形志)〉 "요서군" 조에 따르면, 북위 시기에는 비여(肥如)·양락(陽樂)·해양(海陽)의 세 현을 관할했으며, 민호는 537호, 인구는 1,905명이었다고 한다. 민호가 '2,800호 ⇒ 537호'로 대폭 줄어든 것은 "혜제 이후로 유주가 석륵에게 장악되고, 목제 영화 5년에 이르러 모용준이 계에서 황제를 참칭하는(惠帝之後, 幽州沒於石勒, 及穆帝永和五年, 慕容儁僭號於薊)" 등, 잦은 전란으로 인구의 유출이 많았기 때문일 것이다. 비여·양락·해양은 하북성 동북부에 해당하는데, 난하(灤河)를 기준으로 할 때 그 서안(西岸)에 자리잡고 있었다.

167) 진평(晉平): 백제가 영유한 북조의 군 이름. 그 위치에 대한 비정과 정확한 좌표에 관한 상세한 내용은 《송서》〈백제국전〉의 "진평군" 주석을 참조하기 바란다. … 백제의 요서·진평 영유 사실이 중국 측 정사에만 보이고 《삼국사기》·《삼국유사》 등 국내 사서에는 보이지 않는 데에 대하여 인터넷〈국편위주〉083에서는 "新羅 中心의 歷史서술에서 나타난 결과이거나 그렇지 않으면 자료의 누락으로 볼 수밖에 없다."라고 보았다. 어떤 학자는 '진평군'을 "진을 평정하고 설치한 군"으로 해석했는데 고대 한문에서 그런 의미를 담자면 어순이 '평진(平晉)'이 되어야 하므로 잘못된 해석이다.

168) 자체적으로 백제군을 설치하였다[自置百濟郡]: 이 구절은 《송서》〈백제국전〉에는 보이지 않으며 《양서》와 《남사》의 〈백제전〉에만 보인다. 앞의 구절 "백제 역시 요

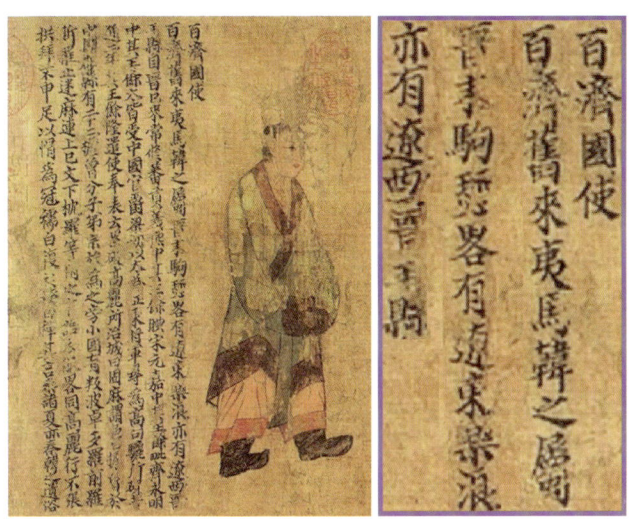

6세기에 그려진 《양 직공도》〈백제국사〉 부분에는 고구려가 요동·낙랑을 영유하고 백제가 요서를 영유했다고 명기되어 있다.

○ 其國本與句驪在遼東之東, 晉世句驪旣略有遼東, 百濟亦據有遼西·晉平二郡地矣, 自置百濟郡。

서와 진평 두 군의 땅을 점유하였다."라는 것이 백제의 요서 경략 사실을 명시하고 있다고 한다면 이 구절은 백제가 점유에서 한 걸음 더 나아가 자체적인 군·현까지 설치했음을 확인해 주고 있다. 원문의 '스스로 자(自)'는 백제가 남조(송)의 황제의 허락을 거치지 않고 임의로 군현을 설치했다는 것을 시사해 준다. 원래 중국 고대사에서 행정 관청의 설치는 반드시 황제나 조정의 명령에 따라 이루어지기 마련이었기 때문이다. 여기서는 요서·진평 두 군의 영유가 중원 왕조의 결정과는 무관하게 오로지 백제의 의지에 따라 이루어진 일임을 보여 주는 셈이다. 그 뒤에 나오는 "晉義熙十二年, 以百濟王餘映爲使持節·都督百濟諸軍事·鎭東將軍·百濟王"은 백제가 요서·진평 두 지역을 점거하자 진 왕조가 의희 12년(416)에 해당 지역에 대한 백제의 실질적인 통치권을 추인해 주었을 가능성을 상정하게 해 준다. 진나라에서 백제 왕 부여영에게 내린 '도독백제제군사'라는 작호 역시 백제라는 나라 본토에 대한 통치권을 인정한 것이 아니라 중국 경내에 새로 개척된 백제군에 대한 실질적인 지배권을 추인한 것으로 해석하는 편이 합리적이다.

• 003

[동]진의 태원(太元)169) 연간에는 [백제]왕 [부여]수(須)170)가, 의희(義熙)171) 연간에는 [백제]왕 [부]여영(餘映)172)이, [그리고 유]송(宋)의 원가(元嘉) 연간에는 [백제]왕 [부]여비(餘毗)173)가 저마다 [사신을] 파견하여 노예174)를 바쳤다.

○ 晉太元中, 王須, 義熙中, 王餘映, 宋元嘉中, 王餘毗, 並遣獻生口.

---

169) 태원(太元): 동진 효무제가 376~396년까지 21년 동안 사용한 두 번째 연호. 백제의 기년으로는 근구수왕 2년으로부터 아화왕 5년까지에 해당한다. 국내외 학계에서는 백제 국왕의 시호를 '아신왕'으로 새기고 있다. 그러나 '족도리풀 신(莘)'은 사실은 목공이 해당 대목을 목판에 새길 때 모양이 비슷한 '꽃 화(華)'를 '신'으로 오독해서 잘못 새긴 글자이다.

170) 수(須): 백제의 제14대 국왕인 근구수왕(近仇首王)의 이름.

171) 의희(義熙): 동진의 안제(安帝) 사마덕종(司馬德宗)이 405~418년까지 14년 동안 사용한 네 번째 연호. 백제의 기년으로는 전지왕 원년~14년에 해당한다.

172) 여영(餘映): 백제의 제18대 국왕인 전지왕(腆支王)의 이름. 《삼국사기》에서는 "전지왕['직지'라고도 부른다. 《양서》에는 이름이 영으로 나와 있다]은 아신의 맏아들이다.(腆支王[或云直支, 梁書名映], 阿莘之元子)"라고 소개하였다. 그러나 실제의 이름자는 연대나 원시성에서 가장 신뢰도가 높은 《양 직공도(梁職貢圖)》(547?)에 기록된 '넉넉할 전(腆)'일 가능성이 높다. 《양 직공도》는 양나라 원제(元帝) 소역(蕭繹)이 형주자사(荊州刺史) 시절에 그린 그림이다. 그는 태청 원년(547)에 형주자사가 되었으니 그림은 그 전후에 그려진 셈이다. 이름에 관한 문자학적 분석에 관해서는 앞의 《송서》 "여영" 주석 등을 참조하기 바란다.

173) 여비(餘毗): 백제 제20대 국왕인 비유왕(毗有王)의 이름. 자세한 내용은 《송서》의 해당 주석을 참조하기 바란다.

174) 노예[生口]: 중국 고대사에서 '생구(生口)'는 원래 전시에 사로잡은 포로를 가리킨다. 고대에는 포로를 노예로 부리는 경우가 많았기 때문이다. 인터넷〈국편위 주〉088에는 "포로를 生口라 한다."라고 소개했는데, 나중에는 '노예'를 뜻하는 말로 의미가 확장되어 사용되기도 하였다.

•004

[부]여비가 죽자 [그] 아들 [부여]경(慶)175)을 [왕으로] 옹립했으며, [부여]경이 죽자 [그] 아들 [부여]모도(牟都)176)가 [왕으로] 옹립되었다.
[부여모]도가 죽자 [그] 아들 [부여]모태(牟太)177)를 [왕으로] 옹립하였다.

○ 餘毗死, 立子慶。慶死, 子牟都立。都死, 立子牟太。

제나라 무제 소색의 초상

•005

[북]제(齊)나라의 영명(永明)178) 연간에 [황제는 모]태를 도독백제제군사·진동대장군·백제왕으로 제수하였다.
천감(天監)179) 원년(502)에는 [모]태에게 '정동장군'으로 작호를 올려 주었다.

○ 齊永明中, 除太都督百濟諸軍事·鎭東大將軍·百濟王。天監元年, 進太號征東將軍。

---

175) 경(慶): 백제 국왕의 이름. 자세한 것은 《송서》의 해당 주석을 참조하기 바란다.
176) 모도(牟都): 백제 국왕의 이름. 자세한 것은 《송서》의 해당 주석을 참조하기 바란다.
177) 모태(牟太): 백제의 제24대 국왕인 동성왕(東城王, ?~501)의 이름. 자세한 내용은 《송서》의 해당 주석을 참조하기 바란다.
178) 영명(永明): 제나라의 무제(武帝) 소색(蕭賾)이 483~493년까지 10년 동안 사용한 연호. 백제의 기년으로는 동성왕 5~15년에 해당한다. 재위기간에 선정을 베풀어서 역사적으로 '영명 연간의 통치[永明之治]'로 일컬어진다.
179) 천감(天監): 양나라 무제 소연(蕭衍)이 502~519년까지 17년 동안 사용한 첫 번째 연호. "천감 원년"은 〈백제의 무녕왕 2년으로〉 서기로는 502년에 해당한다.

• 006

[그러나] 얼마 뒤에 고구려에 격파되고 180) [그 세력이] 시들고 약해지기를 여러 해나 거듭하더니 [결국에는 도읍을] 옮겨 한의 남쪽 땅에 자리 잡기에 이르렀다. 181)

---

180) 얼마 뒤에 고구려에 격파되고[尋爲高句驪所破]: 인터넷〈국편위주〉094에서는 이 때 백제가 고구려의 공격을 받는 과정을 다룬 기사로《삼국사기》〈백제본기〉"개로왕 21년(475) 9월"조 기사와《일본서기》"웅략천황(雄略天皇) 20년(475) 겨울"조 기사를 끌어 놓았다. 그러나 두 기사 모두 백제와 고구려의 공방전을 소개했지만 전자는 9월, 후자는 겨울에 벌어진 사건이다. 두 기사가 동일한 사건을 다룬 것인지 단정하기 어려운 것이다. 또, 〈동북아판3〉(제067쪽)에서는《삼국사기》"개로왕 21년"조와《일본서기》"웅략 21년"조를 근거로 이것을 "475년에 일어난 고구려의 한성 공격"으로 보았다. 그러나 그것은《양서》의 기사를 오독한 데서 빚어진 착각이다. 우선, ①《양서》기사에 따르면, 이때 먼저 공세를 취한 쪽은 고구려가 아니라 백제이다. 백제가 고구려 변경을 침공했다가 격퇴당한 사건인 것이다. 고구려의 한성 공략은 장수왕 63년 가을 9월에 고구려 쪽이 선제적으로 백제를 침공한 사건이어서 공방의 주객이 전도된 셈이다. 또, ② 이 대목에서《양서》편찬주체는 "천감 원년(502)에 모태를 정동장군으로 올려 주었다."라는 기사 다음에 "얼마 뒤에 [백제가] 고구려에게 격파되었다."라고 기록하였다. 그렇다면 여기서 백제가 고구려에 격파된 시점은 천감 원년, 즉 서기 502년 전후라는 말이 된다. 문제는〈국편위판〉과〈동북아판3〉에서 이 대목을 고구려의 한성 공격 및 백제의 웅진 천도와 연결시키고 있다는 데에 있다. 고구려의 한성 공격과 백제의 웅진 천도는 475년에 이루어졌다. 천감 원년으로부터 27년 전의 사건들인 것이다. 바꿔 말하자면, 여기서의 고구려의 백제 격파 및 백제의 천도는 475년으로부터 27년 뒤인 502년 직후의 사건들이라는 말이다.《삼국사기》〈백제본기〉에 따르면, 서기 502년에 해당하는 백제 무녕왕 2년이자 고구려 문자명왕 11년에는 "겨울 11월에 군사를 보내 고구려의 변경을 침범하였다.(冬十一月, 遣兵侵高句麗邊境)". 백제와 고구려의 충돌은 이듬해(503)에도 이어져서 "가을 9월에 … [고구려가] 진격해 고목성을 공격하자 [무녕]왕이 군사 5천을 보내 격퇴하였다.(秋九月, 靺鞨 … 進攻高木城, 王遣兵五千擊退之)" 그렇다면《양서》의 이 기사에 언급된 "얼마 뒤에 [백제가] 고구려에 격파되었다."라는 사건은 무녕왕 2년(문자명왕 11년) 겨울 11월(양력 504년 1월경?)에 백제가 고구려를 공격했다가 격퇴된 일을 두고 한 말이 분명한 것이다. 백제는 이 무렵부터 ① 여러 해 동안 고구려의 침공을 받아 ② 시들고 약해지기를 여러 해 거듭하고 ③ 결국 도읍을 한의 남쪽으로 옮기게 되는데, 이 모든 일들은 무녕왕 재위기간에 차례로 이루어진 셈이다.

○ 尋爲高句驪所破, 衰弱者累年, 遷居南韓地。

•007
보통(普通)¹⁸²⁾ 2년(521)에 이르러 [백제의] 왕 [부]여융(餘隆)¹⁸³⁾이 다시

---

181) 한의 남쪽 땅에 자리 잡기에 이르렀다[遷居南韓地]: 인터넷〈국편위주〉094에서는 이를 "高句麗의 侵入으로 百濟가 漢城에서 公州로 遷都한" 경위로 이해하고 백제가 한성으로부터 천도한 곳이 지금의 충청도 공주인 것으로 기정사실화하였다. 학계의 통설에 따르면, 백제 최초의 천도는 문주왕(文周王) 원년(475)의 웅진(熊津) 천도이며, 두 번째 천도는 성왕(聖王) 16년(538)의 사비(泗沘) 천도이다. 백제가 천도한 곳은 웅진과 사비 두 곳이며, 그 주체는 문주왕과 성왕인 것이다. 통설에 따르면 무녕왕은 천도와는 무관한 셈이다. 흥미로운 점은 무녕왕의 아들인 성왕이 사비로 천도한 뒤에 국호를 '남부여'로 개칭했다는 사실이다. 그런데《양서》의 이 기사에 따르면, 천감 원년(502)에 백제가 고구려를 '선제공격'하고 이어서 고구려의 '반격'을 받은 이래 여러 해 동안 서로 공방을 주고받다가 결국 한의 남쪽 땅으로 천도한 것으로 기술되어 있다. 그리고 이 천도 기사 바로 다음에 양나라 보통 2년(521)에 무녕왕이 양나라에 사신을 보내기 시작한 일을 소개한 기사가 이어지고 있다. 그렇다면 백제에서의 천도가 502년과 521년 사이에 이루어졌다는 말인 셈이다. 이 기사의 앞뒤 대목은 모두 무녕왕 재위 시기에 일어난 일들이다. 그렇다면 여기에 언급된 무녕왕의 천도가 실제로 일어났을 가능성도 배제할 수 없는 셈이다.《삼국사기》등의 기사들에 따르면, 백제와 고구려 사이의 치열한 공방전은 실제로 있었던 일이므로 문제될 것이 없다. 문제는 여기에 언급된 천도의 경우 그 연대에 편차가 있다는 데에 있다. 만약《양서》의 이 기록이 역사 사실을 토대로 작성된 것이라고 전제할 때 백제의 천도는 역사적으로 두 번이 아니라 세 번이었다고 볼 수밖에 없는 셈이다.

182) 보통(普通): 양나라 무제 소연이 520~527년까지 8년 동안 사용한 두 번째 연호. "보통 2년"은 백제의 무녕왕 21년이며, 서기로는 522년에 해당한다. 천감 원년(502)에 양나라가 동성왕의 작호를 정동장군으로 격상시켜 준 때로부터 20년이 지난 시점인 셈이다.

183) 여융(餘隆): 백제의 제25대 국왕 무녕왕(武寧王)의 이름.《삼국사기》《백제본기》"무녕왕"조에서는 "이름이 사마['융'이라고도 부른다]로, 모대왕의 둘째 아들이다.(諱斯摩[或云隆], 牟大王之第二子也)"라고 하였다. 그 이름은 우리 한자음으로는 '사마'이지만 사실은 '시마'로 읽혀졌을 것이다. 그 증거는 ① 발음상으로 곽석량《한자고음수책》에서 '이 사(斯)'는 '심과 지의 반절[心支切, sïe]', '갈 마(摩)'

사신을 파견하기 시작하였다. [이때] 표를 올리고 이렇게 고하였다.
"[싸울 때마다] 번번이 [고]구려를 무찌른 끝에 이제서야 비로소 [귀국과] 사이 좋게 오가게 되었으니 184) 백제가 다시 강한 나라가 된 셈입니다."

○ 普通二年, 王餘隆始復遣使。奉表稱: "累破句驪, 今始與通好。而百濟更爲强國"。

• 008

그 해에 고조(高祖) 185)는 [이렇게] 조서를 내렸다.

○ 其年, 高祖詔曰:

는 '명과 가의 반절[明歌切, mua]'이어서 '셰마(시마)' 정도로 재구된다. 거기다가 ② 무녕왕의 이름을 '섬에서 태어난 군주'라는 뜻으로 '시마카시(嶋君)'라고 불렀다는 《일본서기》 웅략천황 5년"조의 기사도 그 증거가 된다. '사마'가 바로 '시마'의 의미를 나타내며 발음상으로도 서로 일치한다. 무녕왕이 '사마'라는 이름 이외에 별도로 사용한 '융'은, 앞서 '담덕' 등 고구려 국왕들의 경우와 마찬가지로, 자국식 이름과는 별도로 중국식으로 지은 이름일 가능성이 높다.

184) 비로소 사이좋게 오가게 되었으니[始與通好]: 여기서 백제가 우호적인 외교관계를 맺은 상대는 의심할 것도 없이 양나라이다. 사카모토 요시타네(坂元義種)는 그 상대를 고구려로 보았으나 이 구절 직전에서 "번번이 구려를 격파한 끝에"라고 주장했고,《삼국사기》등 다른 사서의 기사들에는 양국이 계속 적대한 것으로 기술되어 있는 점 등은 그것이 잘못된 해석임을 뒷받침해 준다. 〈동북아판3〉(제 068쪽)에서는 이 부분의 '비롯될 시(始)'와 관련하여 "502년 양의 수립에 따른 기념축하적인 백제왕의 책봉, 512년의 사신 파견이 있었다. 따라서 521년에 두 나라가 처음 통호관계를 맺었다는 것은 사실과 배치된다."라고 주장하였다. 물론, 고대 한문 문법에 따르면 '시'는 '처음으로(for the first time)'의 의미로 사용되는 경우가 많으며, 이 경우 그 뒤에 동사가 오면서 '~하기 시작하다' 식으로 새기는 것이 보통이다. 그러나 여기서는 '시'를 그 또 다른 용법인 '비로소, 그제야(at last)'의 의미로 해석해야 옳다. 이 의미로 새기면 512년으로부터 10년 만에 양국의 외교관계가 재개된 것을 두고 한 말임을 쉽게 눈치챌 수가 있다.

185) 고조(高祖): 양나라의 개국 군주인 무제(武帝) 소연(蕭衍, 464~549)의 묘호. 앞의 "고조" 주석을 참조하기 바란다.

• 009

"도독백제제군사·진동대장군·백제왕의 직무를 대행하는 [부]여융은 바다 너머에서 [우리 나라의] 울타리를 지키면서도 멀리서 조공의 예의를 갖추어 충심으로 찾아오니 짐이 그 일을 갸륵하게 여기는 바이오. [그래서] 이전의 관례에 따라 이에 영광스러운 관작을 내림이 옳은 바, 사지절·도독백제제군사·영동대장군186)·백제왕187)이 적합할 듯하오."

○ "行都督百濟諸軍事·鎭東大將軍百濟王餘隆, 守藩海外, 遠脩貢職, 迺誠款到, 朕有嘉焉。宜率舊章, 授玆榮命, 可使持節·都督百濟諸軍事·寧東大將軍·百濟王。"

• 010

보통 5년(524)에 [부여]융이 죽었다.188) [그래서 황제는] 조서를 내리고 그

---

186) 영동대장군(寧東大將軍): 영동장군(寧東將軍)은 양나라 무제의 천감(天監) 7년(508)에 설치되었으며, 방위마다 영동·영서·영북·영남의 '4녕장군(四寧將軍)' 체제로 운영되었다. 국외의 무관이나 외국 군주에 대한 작호로 주로 사용되었는데, 그 지위는 진동장군(鎭東將軍)에 상당했으며, 경험이 풍부하거나 공로가 큰 경우에는 '영동대장군'으로 격을 높였다고 한다.

187) 백제왕(百濟王): 무녕왕릉에서 '발견'된 매지권(買地券)의 명문에는 무녕왕의 작호가 "영동대장군·백제사마왕(寧東大將軍百濟斯麻王)"으로 적혀 있다. 그러나 남북조시대의 중국 정사들을 조사해 본 결과, 중국에서는 무녕왕에게 '백제사마왕' 또는 '사마왕'이라는 왕호를 내린 적이 없다. '사마왕'이라는 왕호와 무녕왕의 탄생설화는 오로지 일본 측 사서인 《일본서기》에만 등장할 뿐이다. 중국이나 국내의 정사에는 어디에도 보이지 않으며, "백제□□왕"식으로 일컬어진 사례가 없다는 뜻이다. 그 아들 성왕 역시 '백제왕'이라는 작호로만 기록되었을 뿐이다. 그런데 어째서 무녕왕릉의 매지권에 국내외 정사들에 소개된 '백제왕' 대신에 '백제사마왕'이라는 특이한 왕호가 적히게 된 것인지 의문이다. 그동안 《일본서기》의 내용을 두고 학계 안팎에서 조작 의혹이 빈번하게 제기되었던 점을 감안할 때 '백제사마왕'이라는 작호 역시 신중한 접근이 필요하다고 본다.

188) 융이 죽었다[隆死]: 여기서는 무녕왕이 "보통 5년"에 죽었다고 소개하였다. "보통

무녕왕릉의 내부와 부장 유물 배치도(국립공주박물관)

아들 [부여]명(明)[189]을 지절·독백제제군사·수동장군[190]·백제왕으로 삼았다.

> 5년"은 서기 524년으로, 백제의 기년으로는 성왕 2년에 해당한다. 그런데 ①《삼국사기》〈백제본기〉"무녕왕"조에는 "23년(523) 여름 5월, 왕이 돌아가시다.(二十三年夏五月, 王薨)"라고 소개되어 있다. 1년의 시차가 발생하는 것이다. 무녕왕이 죽은 해가 서기 523년임은 ② 무녕왕릉 매지권의 "나이 62세(年六十二歲)"라는 명문과, ③ 서기 461년 6월 1일에 태어났다는《일본서기》"웅략천황 5년(461)"조의 기사를 통해서도 증명된다. 그렇다면 복수의 증거들을 근거로 523년으로 보는 편이 합리적일 것이다.

189) 명(明): 백제 국왕의 이름. 인터넷〈국편위주〉100에서는 "이름이 명농으로, 무녕왕의 아들이다.(諱明穠, 武寧王之子也)"라고 한《삼국사기》〈백제본기〉"성왕 1년"조 기사를 근거로 동일 인물, 즉 성왕으로 보았다.

190) 수동장군(綏東將軍): 양나라의 관직명. 방위별로 설치한 '수동·수서(綏西)·수남(綏南)·수북(綏北)'의 '4수 장군(四綏將軍)'의 하나이다.

○ 五年, 隆死, 詔復以其子明爲持節‧督百濟諸軍事‧綏東將軍‧百濟王。

• 011
[백제는] 도[읍을 둔]성을 '고마(固麻)'¹⁹¹⁾라고 부르고 읍락을 '염로(檐

---

191) 고마(固麻): 인터넷〈국편위주〉102 및 국내 학계에서는 지금의 충청남도 "公州의 古名인 고마나루를 의미하며 熊津이 바로 이것"이라고 보는 것이 통설이다. 〈동북아판3〉(제069쪽)에서도 "한자 '熊'의 훈인 '곰'의 순우리말을 다시 한자어로 표기한 것으로, 웅진 즉 현재의 공주를 지칭하는 말"이라고 설명하였다. 그러나 ① 이 기사의 원문을 보면 "號所治城曰固麻"라고 되어 있다. 이것을 고대 한문 문법에 맞추어 번역하면 "[백제 국왕이] 다스리는 도성을 '고마'라고 부른다" 정도의 의미가 된다. ② 말하자면, '고마'는 '곰(bear)'이 아니라 '도성(capital)'을 일컫는 백제어인 것이다. 고유명사(웅진)가 아니라 일반명사(도읍)라는 뜻이다. ③ 웅진(공주?)이 '고마'의 하나일 수는 있지만 의미상으로 '고마=웅진'의 대등한 관계는 성립되지 않는 셈이다. ④ 그렇다면 백제어 '고마'는 의미상으로 '곰(bear)'이라는 뜻보다는 '크다(big)' 또는 '으뜸(head)'의 뜻을 나타낼 가능성이 높다. 그럴 경우, ⑤ 학계에서 '고마'를 '곰'이라는 의미를 내포하는 '웅진'이나 '고마나루'와 결부시키는 것은 정확한 접근이라고 하기 어렵다. ⑥ 웅진성을 공주시로 비정하기 시작한 것이 연대적으로 한참 나중인 조선시대부터라는 사실에도 유념해야 한다. '고마'가 웅진 또는 공주와 관련이 있다는 직접적인 증거는 어디에도 존재하지 않는 것이다. ⑦ '고마나루' 역시 '고마'에서 유래한 것이 아니라 '웅진'을 그 글자의 의미에 따라 우리말로 풀어 쓴 경우이므로 선후 관계를 혼동해서는 곤란하다. 인터넷〈국편위주〉102에서는 이와 함께 ⑧ '고마'가 《일본서기》 "웅략천황 21년"조의 "봄 3월, 천황이 '백제가 고려에게 격파되었다'는 소식을 듣고 구마나리를 문주왕에게 내려 그 나라를 구원해 중흥시키게 하였다.(春三月, 天皇聞百濟爲高麗所破, 以久麻那利賜文洲王, 救興其國)"에 등장하는 '구마나리'와 같은 지명이라는 전제하에서 '고마=구마나리=공주'로 보았다. 그러나 ⑨ "웅략천황 21년"조의 해당 대목에 붙여진 주석에서는 "'구마나리'라는 것은 임나국 하치호리현의 별읍(久麻那利者, 任那國下哆呼唎縣之別邑也)"이라고 소개하고 있다. 임나국의 위치를 확정할 수 없는 상황에서 단정할 수는 없지만, 임나 또는 임나일본부의 좌표를 가야연맹의 자리인 경남‧전남 해안으로 비정하는 기존 학계의 통설에 따를 때 구마나리와 공주의 지리적 거리상의 편차는 너무 크다. 이 역시 구마나리와 공주는 무관하다는 증거인 것이다. 또, ⑩ 당나라 정관(貞觀) 16년(642)에 저술

魯)¹⁹²⁾'라고 하는데, 중국에서 말하는 군현(郡縣)과 비슷하다.

된 지리서인《괄지지(括地志)》에서 "백제의 왕성은 사방 1리 반으로, 북면에 돌을 쌓아서 성[벽]으로 삼았다.(百濟王城方一里半, 北面累石爲之城)"라고 한 점에도 유념할 필요가 있다. 남쪽은 산지를 성벽으로 삼고 북쪽으로만 석벽을 쌓은 것이다. 그렇다면 이 백제 도읍(도성)은 지형적으로 남쪽은 높고 북쪽이 낮은 남고북저(南高北低)의 지형에 속한 곳이었던 셈이다. 학계 일각에서는《양서》·《주서(周書)》의〈백제전〉의 '고마성(固麻城)'은《북사》·《수서(隋書)》《백제전》에는 '거발성(居拔城)'으로 소개되어 있는 것을 근거로 고마성을 웅진성, 거발성을 사비성으로 해석하기도 한다. 물론, 글자나 발음만 보면 편차가 있어서 양자가 서로 다른 지명인 것처럼 보인다. 그러나 그런데《북사》에서 "그 나라 도읍은 거발성이라고 하는데 고마성이라고도 부른다.(其都曰居拔城, 亦曰固麻城)"라고 하였다.《주서》의 '고마성'을《북사》에서 '거발성'으로 부른 셈이다. 실제로 곽석량《한자 고대음수책》의 고대음에 따르면, '굳을 고(固)'는 '견과 어의 반절[見魚切, ka]', '삼마(麻)'는 '명과 가의 반절[明歌切, mea]'이어서 '까먀' 정도로 재구된다. 또, '살거(居)'는 '견과 어의 반절[見魚切, kĭa]', '뽑을 발(拔)'은 '병과 월의 반절[並月切, boăt]'이다. 다만, '발'의 경우 '-ㄹ' 종성을 공유하는 다른 글자들과 마찬가지로 실제로는 종성 'ㅅ'이 약화/탈락되면서 'boă'에 가까워지면서 '꺄봐' 정도로 발성되었을 것이다. … 말하자면 '까먀=꺄봐' 식으로 비음 'ㅁ(m)'가 부정음 'ㅂ(b)'로 변형되면서 다르게 읽힌 경우인 셈이다. 음운학적 견지에서 그 증거들을 찾아보면 ⓐ '거'와 '고'는 초성(ㄱ)과 중성(ㅓ/ㅗ)이 서로 대응되며, ⓑ '발'의 종성(ㄹ)은 때로 약화/탈락되는 경우가 많으므로 실제 발음은 '바'에 가까울 수도 있다. ⓒ '바'와 '마'는 북방민족의 경우 비음(ㅁ)과 장애음(ㅂ)을 혼동하는 경우가 많다. (영미권 사람들이 '물고기'와 '불고기'를 혼동하는 경우가 그 예이다.) 그렇다면 ⓓ '거발'과 '고마'는 한자자 다르기는 하지만 실제로는 같은 발음('고마')에 같은 의미('도성')를 나타내는 말('일반명사')인 것이다. 정리하자면, '웅진 ⇒ 고마나루 ⇒ 공주'라는 주장에는 별로 문제가 없다고 본다. 다만, '고마(거발)'를 '웅진'이나 '고마나루', 나아가 '공주'와 결부시켜 이해하는 것은 잘못된 추론이며, 이를 근거로 지리고증을 시도하는 것은 경우에 따라서는 잘못된 데이터를 산출할 가능성이 높다. '고마'는 특정 도시의 이름(고유명사)이 아니라 그저 한 나라의 '도읍'을 뜻하는 말(일반명사)일 뿐이기 때문이다. 참고로, 만주어의 '고마(goma)'는 '검다(black)'라는 의미를 나타낸다.

192) 염로(檐魯): '군현'에 해당하는 백제어. 국내 학계에서는 이 '염로'를 한결같이 '담로'로 읽는 경향이 있다. 그러나 고대사 연구과정에서 앞 글자를 '담'으로 읽는 것은 잘못이다. ① 중국의 경우, 후한대의 자전인《설문해자》에서는 "'염'은 평고대를 말한다. 여와 렴의 반절[jĭεm, 옘]이다.(檐, 槐也. 余廉切)"라고 소개하였다. 물

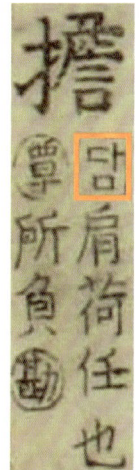 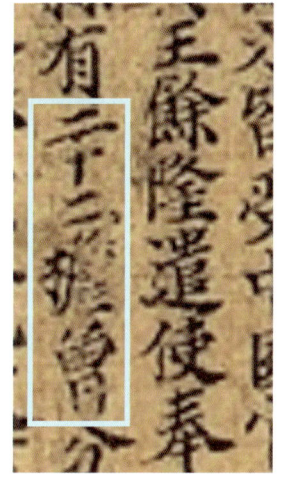 

《양 직공도》의 '담로' 부분. 200년 전의 《전운옥편》에는 발음이 '염'으로 나와 있다. 지금의 '담로'는 아마 '염'을 모양이 비슷한 '맡을 담'과 혼동한 결과일 것이다.

론, 한참 뒤인 11세기 송대가 되면 음운학 참고서인 《집운(集韻)》에서 "'염'은 도와 람의 반절로, 이때의 발음은 '담'이다.(檐, 都濫切, 音擔)"라고 하여 '담[dɑm]'이라는 발음이 등장한다. 그러나 '염로'가 소개된 7세기의 《양서》보다 400여 년 뒤에 이 발음이 등장하므로 이 경우에는 해당되지 않는다. ② 조선시대의 자전들에는 이 글자의 정식 발음은 '염', 속음은 '첨'만 소개되어 있다. 그러나 '첨'은 '처마 첨(簷)'의 발음과 혼동한 것으로 엄밀한 의미에서는 잘못된 발음이다. ③ 일본에서는 이 글자를 '엔(エン)'으로 주로 읽지만 더러 '탄(タン)'으로도 읽기도 한다. 다만, '염로'의 경우에는 '타모로(タモロ)'로 읽는다고 한다. 그렇다면 ④ 아마 《양서》의 이 기사를 읽은 누군가가 '염'자의 몸글자의 모양이 '쓸개 담(膽)'이나 '질 담(擔)'과 같은 것을 보고 그 발음을 '담'으로 잘못 읽은 것이 와전되어 읽히다가 최종적으로 '담'으로 발음이 고정되었을 가능성이 높다. ⑤ 말하자면 이 경우에는 '담로'가 아니라 '염로'로 읽어야 옳다는 뜻이다. 곽석량 《한자고음수책》에 따르면, 앞 글자인 '추녀 염(檐)'은 '여와 렴의 반절[余廉切, jiɛm]', 뒷글자인 '로(魯)'는 '래와 어의 반절[來魚切, lɑ]'이어서 '옘라' 정도로 재구된다. 이병도는 '檐魯'를 '담로'로 읽고 이것이 읍성을 뜻하는 백제어 '다라' 또는 '드르'를 음차(音借)한 것으로 추정한 바 있다. 그러나 그 정확한 발음이 '담로'가 아닌 '염로[옘라]'(또는 '첨로')인 이상 '다라' 또는 '드르'의 음차라는 그의 가설은 자동으로 논파되는 셈이다.

그 나라에는 스물두 개의 염로가 있는데, 한결같이 [왕의] 아들이나 아우들, 종실 왕족에게 나누어 주어193) 그곳을 거점으로 삼게 한다.

○ 號所治城曰固麻, 謂邑曰檐魯, 如中國之言郡縣也。其國有二十二檐魯, 皆以子弟宗族分據之。

그 나라는 사람 체구가 크고 의복은 깔끔하다. 그 나라는 와(倭)[국]194)에 가까이 있어서 [몸에] 무늬를 그린195) 사람들이 꽤 있다.

○ 其人形長, 衣服淨潔。其國近倭, 頗有文身者。

---

193) 아들이나 아우들, 종실 왕족에게 나누어 주어[以子弟宗族分據之]: 한대 흉노제국의 선우(單于)들이 자신의 아들이나 아우들에게 좌현왕(左賢王)·우현왕(右賢王) 등의 관작을 내리고 제국의 중요한 거점지역을 분할 통치하게 했던 것과 비슷한 경우로 이해하면 좋을 듯하다. 이는 담로의 수장들이 각자의 영지를 책봉받았다는 점에서는 서양이나 일본의 봉건제도에 가까운 모습을 보인다. 그러나 그 수장이 국왕의 혈족으로 채워졌다는 점에서는 중앙집권제도의 성격도 아우르고 있었다고 보아야 할 것이다.

194) 와(倭): 고대에 중국에서 일본 열도의 원주민을 일컫던 이름. 원래 중국에서는 이 글자의 중고음(수·당대)을 '워(ʔiue)'로 추정하고 있으며 일본에서는 '와(wa)'로 읽는다. 국내에서는 이 한자를 '왜'로 읽고 있지만 일종의 와전이다. 100년 전만 해도 '倭'가 명사로 사용된 경우에는 '와'로 읽었기 때문이다. '왜'라는 발음은 명사에 관형격 조사가 붙은 '와의~(~of Was)'라는 의미로 사용되었을 경우에만 해당된다. 그러던 것이 일제 강점기를 거치고 한자의 사용이 차츰 줄어들어 '와 ⇒ 왜'로 굳어지면서 '와'의 자리를 대체한 것으로 보인다. 이와 같은 발음의 왜곡은 '뇌 뇌(腦)'에서도 찾아 볼 수 있다. '뇌' 역시 100년 전만 해도 발음이 '노(no)'였기 때문이다. 그랬던 것이 '와'와 마찬가지로 명사 뒤에 관형격 조사가 붙은 '노의~(~of brain)'라는 의미의 '뇌'가 '노 ⇒ 뇌'의 왜곡을 거쳐 원래의 발음인 '노'를 대체한 것이다. 본서에서는 원래의 발음을 그대로 살려 '와·와국·와왕·와인' 식으로 읽었다.

195) 몸에 무늬를 그린[文身]: '문신'에 관한 자세한 설명은 문성재,《정역 중국정사 조선·동이전1》, 제357~359쪽의 해당 주석을 참조하기 바란다.

• 012

지금 [그 나라의] 언어나 복장 등의 제도는 고[귀]려와 대체로[196] 같다. [그러나 길을] 다닐 때 팔을 벌리지 않는다든지[197] 절을 할 때 한쪽 다리를 펴지 않는 것은 다르다.

[그들은] 모자를 '관(冠)'이라고 부르고, 저고리를 '복삼(複衫)', 바지를 '곤(褌)'이라고 한다.[198]

---

196) 대체로[略]: 고대 한문 문법에서 '다스릴 략(略)'은 주로 동사로 사용되지만 그 뒤에 또 다른 동사가 오면 '대체로(mostly)'라는 빈도부사로 전용된다. 인터넷〈국편위판〉000에서는 여기서의 '략(略)'을 '거의(nearly)'로 번역했는데 어감상 다소 편차가 있다.

197) 다닐 때 팔을 벌리지 않는다든지[行不張拱]~: 이 구문은 역으로 백제 사람들은 다닐 때 팔을 젖지 않고, 절을 할 때에도 중국처럼 두 무릎을 꿇는다는 의미로 해석된다.

198) 모자를 '관'이라고 부르고[呼帽曰冠]~: 이 대목은 언어적 실제와는 상당히 동떨어진 기술로 보인다. 백제는 고구려와 함께 부여의 한 갈래이고, 부여는 종족적·언어적으로 몽골계 또는 만주-퉁구스계에 속한다. ① 언어학인 견지에서 볼 때, 중국어(& 고대 한문)는 문법적 관계가 그 어순에 따라 결정되는 고립어이지만 한국어(& 우랄·알타이계 언어들)는 특정한 단어 뒤에 격조사를 붙여 문법 관계를 확정하는 교착어에 속한다. 어휘적인 측면에서도 마찬가지이다. ② 중국어에서는 아무리 복잡한 이름이나 현상이라도 그 의미를 한 글자로도 나타낼 수 있지만 한국어에서는 의미가 중첩되거나 현상이 복잡해질수록 그 의미를 나타내는 글자가 계속 늘어나기 마련이다. ③ 예컨대, 중국어에서는 '하느님'이라는 의미를 '하늘 천(天)' 한 글자로 나타낼 수 있지만 한국어는 '하느님', 몽골어는 '부르항(бурхан)', 만주어는 '압카(abka)', 튀르크어는 '야라단(Yaradan)' 식으로 다음절로 구현된다. 여기에 수식어가 추가될 경우도 마찬가지이다. 중국어에서는 '어진 하느님'이라는 의미를 '청천(靑天)' 두 글자로 충분히 나타낼 수 있지만 한국어는 '어지신 하느님', 몽골어에서는 '톤갈락 부르항(Тунгалаг бурхан)', 만주어는 '머르건 압카(mergen abka)', 튀르크어는 '아클리 야라단(akıllı Yaradan)' 식으로 어휘의 길이가 점차 길어지게 되어 있다. 그런데 ④ 이 기사에 소개된 백제들의 경우 복잡한 의미를 나타내는 단어들임에도 불구하고 2음절을 넘지 않으며 발음에서도 우랄·알타이계 언어들의 특징이 전혀 드러나지 않는 것이다. 이런 점들을 감안할 때, 여기에 소개된 어휘들은, 《삼국지》《동이전》의 경우와 마찬가지로, 순

《양 직공도》의 백제 사신의 옷차림. 착용한 모자는 색깔은 다르지만 일본의 관모인 '에보시(烏帽子)'와 비슷해 보인다.

○ 今言語服章略與高驪同, 行不張拱, 拜不申足則異。呼帽曰冠, 襦曰複衫, 袴曰褌。

수한 백제어가 아니라 당시 양나라의 사관들이 임의로 한자어로 재구성한 것(번안)일 가능성이 높다. ⑤ '모자[帽]'에 대응되는 백제어로 '관(冠)'을 제시한 것은 그 방증이다. 왜냐하면 '관'은 중국 고대로부터 근세까지 수천 년 동안 중원 왕조에서 '모자'를 뜻하는 글자로 지속적으로 사용되어 왔기 때문이다. 따라서 이 대목의 기술은, 진수《삼국지》〈동이전〉의 언어 비교와 마찬가지로, 당시 백제어의 실제를 반영한다기보다는 오히려《양서》집필자들이 현지조사나 진지한 언어비교도 거치지 않고 자의적으로 작성한 것일 가능성이 높다.

- **013**

그 나라 말에는 중원 각국의 것들이 섞여 있는 바[199], 이것 또한 '진한(秦韓) 때부터 남겨진 습속[200]'이라고 한다.

○ 其言參諸夏, 亦 '秦韓之遺俗' 云。

- **014**

중대통(中大通) 6년(534)과 대동(大同) 7년(541)에 차례로 사신을 보내 특산물들을 바쳤다. 아울러 《열반[경](涅盤[經])[201]》 등에 대한 의소

---

199) 그 나라 말에는 중원 각국의 것들이 섞여 있는 바[其言參諸夏]: 이 부분을 백제가 언어적으로 중국어와 유사하다는 의미로 오해해서는 안 된다. 오히려 중국어와 유사하게 느껴질 정도로 중국과의 교류 및 중국문화의 수용이 활발하게 이루어진 증거로 간주하는 편이 훨씬 합리적이다. 아마 백제에서는 고구려나 동쪽의 신라와는 달리 중국식 한자어와 표현들이 상대적으로 많이 사용되었을 것이다.

200) 진한 때부터 남겨진 습속[秦韓之遺俗]: 인터넷〈국편위판〉에서는 '진한지유속(秦韓之遺俗)'을 '진·한지유속'으로 끊고 "秦나라와 韓나라의 習俗"으로 번역해 놓았는데 오역으로 보인다. 또, 인터넷〈국편위주〉104에서는 "中國의 言語가 섞여 있다는 것은 이미《三國志》의 辰韓傳에서 그 내용이 나타난 바 있었다. 그러나 辰韓에 秦役을 피해서 온 사람들 때문에 中國의 言語가 있다는 것은 辰韓의 辰과 秦의 音이 유사하기 때문에 생긴 잘못"이라고 보았다. 물론, 관련 자료의 부족으로 삼한 시기의 고대어의 실제를 쉽게 예단하기는 어렵다. 다만, 《양서》 기사의 '진한(秦韓)'이 오기가 아니라면, ①《양서》에 앞서《삼국지》·《후한서》 역시 "진한(辰韓)"조에서 이미 "지금도 그들을 '진한'이라고 부르는 이들이 있다(今有名之爲秦韓者)"라고 소개하고 있는 데다가, ② '진한(辰韓)'을 때로는 '진한(秦韓)'으로 일컫기도 했다는 기록이 있는 이상 이를 ③ "秦나라와 韓나라"로 구분해서 번역하는 것은 무리라고 본다. '진한(秦漢)'은 글자대로 풀면 '진나라 때 삼한으로 건너 온 사람들' 또는 '진나라 출신 망명자들이 세운 한[국]' 정도의 뜻이다.

201) 《열반경(涅槃經)》: 불교 경전의 일종. 석가모니가 열반에 들기 전에 불법을 전수한 유언과 수양의 과정들을 소개하였다. 대표적인 판본으로는 대승(大乘)과 소승(小乘)의 두 가지가 있는데, 대승 편은 다시 북본(北本) 40권과 남본(南本) 36권으로 나뉜다.

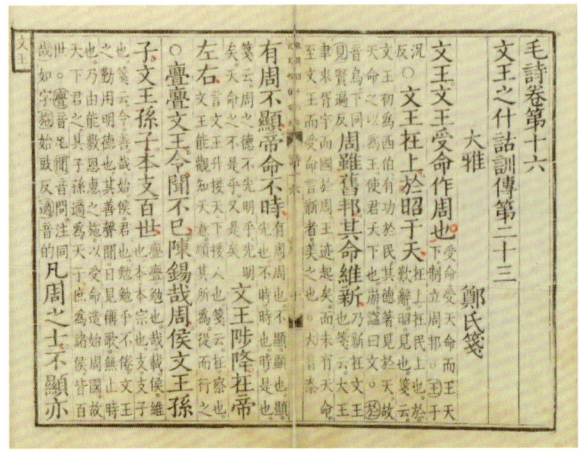

모시의 예시

(義疏)[202]와 모시 박사(毛詩博士)[203] 및 장인·화공 등을 요청하자 [황제가] 조서를 내려 전부 그들에게 주게 하였다.

○ 中大通六年·大同七年, 累遣使獻方物, 并請涅盤等經義·毛詩博士, 并工匠·畫師等, 敕並給之。

• 015

태청(太淸)[204] 3년(549)에는 [양나라의] 도읍이 도적들에게 유린당한 사

---

202) 의소(義疏): 중국 고대에 경전을 풀이한 주석서를 일컫는 이름. 남북조시대에 유래한 것으로, 원전과 원 주석의 의미를 고증하고 해석함으로써 해당 사상을 피력하는 데에 역점을 두었다. 양나라의 황간(皇侃, 488~545)이 엮은《논어의소(論語義疏)》는 '의소'의 대표적인 예이다.

203) 모시 박사(毛詩博士): 중국 한대의 관직명. 지금의 산동(山東)에 해당하는 노(魯) 지역에 유행한《시경(詩經)》을 전수하였다. 한대의《시경》해석은 크게 노·제(齊)·한(韓)·모(毛)의 4대 유파가 있었다. 이 중 당시의 문체를 내세운 앞의 세 유파는 전한대에 이미 박사를 두어 학생들을 양성하고 있었다. 반면에 전국시대의 고문체로 이루어져 다소 난해한 모씨의 해석은 후한대에 정현(鄭玄, 127~200)이 고증을 마친 뒤부터 유행하기 시작하였다.

실205)을 모른 채 전처럼 사신을 파견해 공물을 바쳤다. [사신들은 도읍에] 이르러 성과 대궐이 황폐하고 파괴된 것을 보고206) 다 같이 통곡하면서 눈물을 흘렸다. [그러자] 후경(侯景)207)은 벌컥 성을 내면서 그들을 [감옥에] 가두어 억류했으며, [후]경의 세력이 평정되고 나서야208) 본국으로 귀환할 수 있었다.

○ 太淸三年, 不知京師寇賊, 猶遣使貢獻, 旣至, 見城闕荒毁, 並號慟涕泣。侯景怒, 囚執之, 及景平, 方得還國。

---

204) 태청(太淸): 양나라 무제 소연이 547~549년까지 2년 동안 사용한 연호. "태청 3년"은 백제의 성왕 27년으로 서기로는 549년에 해당한다.

205) 도적들에게 유린당한 사실[京師寇賊]: 태청 2년(548)에 양나라 장수이던 후경(侯景)이 반란을 일으킨 일을 가리킨다.

206) 성과 대궐이 황폐해지고 파괴된 것을 보고[見城闕荒毁]~: 백제 사신이 양나라의 성과 궁궐이 파괴된 것을 보고 눈물을 흘렸다는 것은 곧 그 사신들이 양나라에 처음 사행을 나온 사람들이 아니라 최소한 두 번 이상 나와서 후경이 파괴하기 전의 도성의 모습을 자세하게 기억하는 사람들이었음을 시사해 준다.

207) 후경(侯景, 503~552): 양나라의 장군. 자는 만경(萬景)으로, 회삭진(懷朔鎭), 즉 지금의 내몽골 고양(固陽) 서북쪽 사람이다. 처음에는 북위의 이주영(爾朱榮)의 휘하에 있다가 고환(高歡, 496~547)을 섬기게 되면서 하남 방면에 주둔하였다. 중대동(中大同) 2년(547, 태청 원년), 고환의 아들 고징(高澄)이 자신을 살해하려 하자 양나라에 투항하고 하남왕(河南王)으로 봉해졌다. 그러나 그를 앞세워 북벌에 나섰다가 고징에게 참패한 양나라 무제가 동위(東魏)와의 화친을 위해 자신을 동위에 압송하려 하자 태청 2년에 반란을 일으켜 건강(建康, 지금의 남경시)을 점거하고 대대적인 파괴·살륙·약탈을 자행하였다. 자신을 팔아넘기려 한 데 대한 보복으로 태청 3년에 무제를 유폐하고 굶어 죽게 만들었다. 대보(大寶) 2년(551)에는 '한제(漢帝)'를 자처하는 기염을 토했으나 얼마 뒤에 양나라 관군에게 격파되어 도주하다가 부하 양곤(羊鯤)에게 살해되었다.

208) 경의 세력이 평정되고 나서야[及景平]: 태청 2년(548)에 일어난 후경의 반란은 승성(承聖) 원년(552) 4월에 휘하 장수이던 양곤(羊鯤)에게 죽음을 당하면서 4년 만에 평정되었다. 따라서 백제 사신들의 본국 귀환은 552년 4월 이후에 이루어졌을 것이다.

신라전(新羅傳)[209]

• 001

신라(新羅)[210]라는 나라는 그 선조가 본래 진한의 종족이었다.[211]

---

209) 신라전(新羅傳): 앞서의 〈고구려전〉·〈백제전〉처럼, 신라의 연혁·지리·풍물·언어 등에 관한 정보들의 경우 《삼국지》·《후한서》 등 선행 정사들에 소개된 진한(辰韓)·마한(馬韓) 관련 기사들이 전체 내용의 절반가량을 차지하고 있다. 다만, 신라 국명의 시대별 추이를 통하여 보통 2년(521), 즉 신라의 법흥왕 8년에 정식 교류가 이루어지기 전인 2세기부터 위·송 등 중원 왕조와 비공식적인 접촉이 이미 이루어지고 있었음을 짐작할 수 있다. 특기할 만한 것은 건모라·훼평·읍륵 등 신라어에 관한 내용들이 추가되었다는 점이다.

210) 신라(新羅): 삼한 시기 변·진한 24개국의 하나인 사로국(斯盧國)에서 유래한 나라. 그 이름은 역사적으로 초기에는 '사로(斯盧)·사라(斯羅)·서나(徐那)·서나벌(徐那伐)·서라(徐羅)·서라벌(徐羅伐)' 등 서로 다른 발음과 한자로 표기되었다. 국호가 지금까지 널리 알려진 '새 신(新)', '비단 라(羅)'로 굳어진 것은 5세기 지증왕(智證王, 437~514) 때부터이다. 《삼국사기》〈신라본기〉"지증마립간"조에 따르면, 이때 "덕업일신(德業日新)"에서 '새로와질 신', "망라사방(網羅四方)"에서 '망라할 라'에서 한 글자씩 따서 국호를 신라로 지었다고 한다. 물론, 이 국호('신라')는 '날마다 새로워진다[新]'와 '온 누리를 끌어안는다[羅]'라는 이상적인 유교국가를 건설하고자 하는 염원에 따라 매력적인 의미(슬로건)을 새로 부여한 것일 뿐으로, 적어도 발음상으로는 원래의 고유한 이름('시라')과는 다소 거리가 있다. 해당 기사는 국호를 한자로 표기할 때 항상 '신라(新羅)'로 통일하기로 결정한 시점이 지증왕 때임을 입증해 주는 문헌적 증거일 뿐이라는 뜻이다. … '신라'의 의미에 관해서는 그동안 학계에서 ① 새 나라(한진서), ② 동쪽 나라(양주동), ③ 산골 나라(전몽수), ④ 골짝 나라(안재홍), ⑤ 으뜸가는 나라(이병도), ⑥ 신의 나라(조지훈), ⑦ 쇠의 나라(스에마츠·미시나·이마니시·문경현), ⑧ 황금의 나라(김정위) 등, 다양한 주장들이 제시되었으나 어느 쪽도 확실한 근거는 제시하지 못하고 있다.

211) 그 선조가 본래는 진한의 종족이었다[其先本辰韓種也]: 인터넷〈국편위주〉109에 따르면 신라의 내력에 관한 주장은 ① 진나라의 국역을 피해 온 망명자 집단(《삼국지》·《양서》·《남사》·《북사》·《한원》), ② 관구검의 고구려 정벌 때 옥저로 피난한 고구려 유민 집단(《수서》·《통전》·《문헌통고》), ③ 삼한 시기 변한〈사로국〉

○ 新羅者, 其先本辰韓種也。

• 002
진한212)은 '진한(秦韓)'이라고도 하는데, [양나라와는] 서로 만 리나 떨어져 있다.213)

의 후신(《구당서》·《신당서》·《책부원구》) 등, 크게 세 가지로 대별된다. 고고적으로 볼 때는 "한반도 京畿·忠淸·全羅道 一帶에서 출토되는 유물은 거의가 鐵器를 伴出하지 않는 靑銅器가 중심이 된 반면에 慶尙道 一帶의 유물은 북방계의 영향과 鐵器가 큰 비중을 차지"하는 경향을 보인다고 한다(李賢惠, 제18~20쪽).

212) 진한(辰韓): 〈국편위판〉(제1권 제293쪽 주5)에서는 진한 사회의 모태가 "진나라의 망명인(秦之亡人)"이라는 기사에서 보듯이 북한(낙랑) 방면에서 남하한 유이민으로 형성된 나라라고 보았다. 이병도는 진(辰)의 동북계에 있던 유이민 사회가 한왕 준 이래로 '한'으로 일컬으며 '진왕(辰王)'의 보호·지배하에 있었기 때문에 낙랑의 한족들로부터 '진한'으로 일컬어지게 되었다고 보았다. 사실 준(準)부터가 북방에서 남하했으니 '삼한' 역시 종족적으로는 한반도 남부의 남방계 토착민 집단이 아니라 북방 이주민 집단이라는 데에는 이견이 있을 수가 없다. 다만, 위만에게 축출당한 준이 망명길에 나선 출발지가 낙랑지역(평양시?)이라는 주장은 재고가 필요하다고 본다. 평양은 중국 정사 속에 언급되는 마한의 좌표와는 부합되지 않기 때문이다.

213) 서로 만 리나 떨어져 있다[相去萬里]: 진한의 위치의 경우, 이병도는 "漢江 流域"으로 보았으나 "慶尙道의 洛東江 東쪽"에서 좌표를 구하는 것이 학계의 통설이다. 그러나 진한 및 신라를 처음 소개한 《삼국지》를 위시한 《남사》·《북사》·《한원》 등의 중국 사서들에서는 그 위치를 "마한의 동쪽(馬韓之東)"으로 소개하고 있다. 《양서》에서도 "[진한을] 마한은 동쪽 지경을 떼어 주고 그들을 살게 해 주었다.(割其東界居之)"라고 했을 뿐이다. 진한의 좌표에 관해서는 "마한 동쪽" 정도밖에 알지 못한 것이다. 그 위치와 관련하여 구체적인 지명이 등장하는 것은 고려시대의 《삼국사기》부터이다. "탈해니사금"조에서 "흰 비단으로 알을 싸서 보물과 함께 궤 속에 넣어 바다에 띄워서 그것이 이르는 대로 맡겼다. 그러자 처음에는 금관국 바닷가에 이르렀지만 금관국 사람들은 그것을 이상하게 여겨 거두지 않았으며, 이어서 진한의 아진포 어귀에 이르렀다.(以帛裹卵幷寶物 置於櫝中, 浮於海, 任其所往. 初至金官國海邊, 金官人怪之不取, 又至辰韓阿珍浦口)"라고 소개한 것이다. 그러나 그 좌표를 "경상도"로 특정하기 시작한 것은 1,000년이 넘게 지난 조선시대부터이다. ①《고려사》·《세종실록지리지》에서 "경상도는 삼한의

전하는 말에 따르면, 진(秦)나라 때 도망 온 사람들이 [진나라의] 노역을 피해 와서 마한으로 가니214), 마한은 [마한대로] 동쪽 지경을 떼어 주고 그들을 살게 해 주었는데 [그들이] 진나라 사람들이었기 때문에 그 나라를 '진한'이라고 부르게 되었다고 한다.

○ 辰韓, 亦曰秦韓, 相去萬里。傳言, 秦世亡人避役來適馬韓, 馬韓亦

진한에 해당하는데, 삼국시대에 이르러 신라가 되었다.(慶尙道在三韓, 爲辰韓, 至三國爲新羅)", ②《신증 동국여지승람(新增東國輿地勝覽)》에서는 "경상도는 본래 진한의 땅으로, 나중에 신라가 점유하였다.(慶尙道本辰韓之地, 後爲新羅所有)", ③《팔역지(八域志)》에서는 "전라도의 동쪽이 경상도이다. 경상도는 옛날의 변한·진한이다.(全羅之東則慶尙也, 慶尙則古卞韓辰韓地)"라고 하였다.

214) 진나라 때 도망 온 사람들이 노역을 피해 와서[秦世亡人避役來]: 〈동북아판4〉(제034쪽)에서는 신라의 기원을 소개하면서 최치원(崔致遠, 9세기)의 연나라 망명집단설을 소개하였다. 실제로《삼국유사》에서 일연(一然, 1206~1289)은 "최치원은 '진한은 본래 연나라 사람들이 그것(부역)을 피해 온 이들이다. 그래서 탁수의 이름을 가져다 [자신이] 사는 마을을 일컬어 사탁·점탁 등으로 불렀다'고 하였다.(崔致遠云, 辰韓本燕人避之者, 故取涿水之名稱所居之邑里云沙涿·漸涿等.)"라고 소개하면서 "신라인의 방언에서 '탁'의 발음을 '도'로 읽는데, 지금도 더러 '사량'이라고 쓰고 '량' 역시 '도'로 읽기도 한다.(羅人方言讀涿音爲道, 今或作沙梁, 梁亦讀道.)"라고 주석을 붙였다. 그러나 ① 최치원의 문집인《계원필경(桂苑筆耕)》에는 이 같은 내용이 보이지 않아서 사실 여부를 확인할 길이 없는 것은 둘째치고, ②《삼국지》등 중국 정사들에서 한결같이 신라(사로)가 진나라 망명집단에서 비롯되었다고 한 반면 연나라에서 왔다는 기록은 어디서도 찾아볼 수 없다는 점, ③ 마한으로 망명한 연나라 사람들이 탁수(涿水) 출신만 있는 것이 아니었을 텐데 자기 마을 이름을 '사탁·점탁' 식으로 붙였다는 것도 상식적이지 못하다. ④ 전부 탁수 출신이었다 치더라도 이름을 붙이자면 출신지를 앞세워 '탁사·탁점' 식으로 붙여야 정상이다. 음운상으로도 이상하기는 마찬가지이다. ⑤《설문해자》에 근거할 때, '물이름 탁(涿)'은 '단과 옥의 반절[端屋切, teok]'이고 '길 도(道)'는 '정과 유의 반절[定幽切, dəu]'이므로 '떠ㄱ'과 '더ㅜ'로, 초성·중성·종성이 모두 다르다. '효와 월의 반절[曉月切, xĭwat]'인 '부리 훼(喙)'나 '래와 양의 반절[來陽切, lĭɑŋ]'인 '다리 량(梁)'으로 범위를 넓혀 보아도 각각 '하ㅅ'과 '량'이어서 역시 서로가 대응되기는커녕 비슷한 발음조차 보이지 않는다. 따라서 ⑥ 이상의 근거들을 종합해 볼 때 연나라 망명집단설은 최치원 또는 일연의 착오일 가능성이 높다.

割其東界居之, 以秦人, 故名之曰秦韓。

• 003

그들의 언어와 명사들은 중국 사람들[이 쓰는 것]과 비슷한 데가 있다. 나라를 '방(邦)'이라고 하고, 활을 '호(弧)', 도적을 '구(寇)', 술잔 돌리는 것을 '행상(行觴)'이라고 하며, 서로를 부를 때에는 '도(徒)'라고 하는 식인데, 마한과는 같지 않다.215)

○ 其言語名物有似中國人, 名國爲邦, 弓爲弧, 賊爲寇, 行酒爲行觴。相呼皆爲徒, 不與馬韓同。

• 004

아울러, 진한의 왕은 언제나 마한 사람을 써서 맡게 했는데, [그 전통은] 대대로 계승되어서, 진한 사람들이 스스로 왕으로 추대할 수는 없었다. 분명히 그들이 [외지를] 떠돌다가 이주해 온 사람들이었기 때문이다. [그래서 진한은] 항상 마한의 견제를 받았다.216)

---

215) 언어는 마한과는 같지 않다[言語不與馬韓同]: 중국어와 진한어를 비교한 이 대목의 내용은 거의가 《삼국지》《동이전》 "한"조의 기사를 거의 끌어 놓은 것이다. 이 대목과 관련하여 박대제(2015)는 진한 언어의 계통을 추정하는 과정에서 '나라 방(邦)'이 선진시대에는 중국에서 널리 사용되었는데, 한나라에 이르러 개국 황제 유방(劉邦)의 이름자를 피하기 위하여 '방' 대신 '나라 국(國)'을 사용하게 되었으므로, '방'을 사용한 진한의 언어는 계통적으로 한대 이전의 상고 중국어에 속한다는 주장을 제시하였다. 이에 대해서는 심층적인 검증작업이 뒤따라야겠지만 어느 정도 일리가 있는 추론으로 보인다.

216) 항상 마한의 견제를 받았다[恒爲馬韓所制]: 인터넷〈국편위판〉에서는 이 부분을 "[辰韓은] 항상 마한의 지배를 받았다."라고 번역하였다. 그러나 여기서의 '제도 제(制)'는 문법적으로 '통제하다(control)' 또는 '견제하다(check)'의 의미로 해석된다. '지배하다(rule)'와는 어감상의 편차가 제법 크다는 뜻이다.

진한은 처음에는 여섯 나라였다. [그러다가] 차츰 나뉘어 열두 나라가 되었는데[217], 신라는 그중의 하나였다.

○ 又辰韓王常用馬韓人作之, 世相係, 辰韓不得自立爲王, 明其流移之人故也, 恒爲馬韓所制。辰韓始有六國, 稍分爲十二, 新羅則其一也。

• 005

그 나라는 백제 동남쪽으로 오천 리 넘게 떨어진 곳에 있다.[218]

[그 나라] 땅은 동으로 큰 바다 가까이에 있고, 남북으로는 [고]구려 · 백제

---

217) 차츰 나누어져 열두 나라가 되었는데[稍分爲十二]: 인터넷〈국편위주〉111에서는 진한(변진) 12국에 대한 학자들의 다양한 주장을 소개해 놓았다. 그러나 그 주장들은 신뢰도가 그다지 높아 보이지 않는다. 그 주장들은 공통적으로 언어 비교를 통하여 수립된 것인데 그 비교의 결과들이 정밀한 접근과 정확한 표본을 통하여 추출된 것이 아니라 학자들의 자의적인 억측의 결과물인 경우가 많기 때문이다. 진한 각국의 국호들에 대한 어원학·음운학적 분석은 문성재,《정역 중국정사 조선·동이전1》, 제364~369쪽의 해당 주석을 참조하기 바란다.

218) 백제 동남쪽으로 오천 리 넘게 떨어진 곳에 있다[在百濟東南五千餘里]: 이 기사가 착오가 아니라면 백제나 신라 둘 중 하나(또는 둘 다?)는 한반도 밖에 있었다는 이야기가 된다. ① "5천 리"라면 미터법으로는 대체로 2,500km에 해당한다. (남북조시대 1리 = 460m) 4~5세기 신라의 왕도 계림이 지금의 경상북도 경주시에 해당한다는 것은 역사적·지리적으로 공지의 사실이다. 그런데 경주시를 축으로 삼아 거리를 가늠해 보면 서북쪽으로 백제의 왕도로 여겨지는 웅진까지는 직선으로 대체로 229km, 한성(서울시?)까지는 290km 정도이다. 《양서》의 2,500km와는 거의 10갑절이나 차이가 나는 셈이다. 〈경주로부터 서북쪽으로 2,000km 떨어져 있는 곳은 공교롭게도 중국의 하북성 동북부 인근이다. 2,500km를 다 채우려면 산동성까지 내려가야 가능하다는 뜻이다. 그렇다면 《양서》가 제시하는 백제와 신라의 거리에는 문제가 있다고 볼 수밖에 없다.〉 또, 공주시에서 경주시까지는 해안선을 따라 연안항법으로 이동하더라도 1,000km, 즉 2천 리를 초과하지 않는다. 여기서의 "오천 리"는 착오일 가능성이 높은 것이다.

냉수리 신라비에 등장하는 '사라'

와 맞닿아 있다. [그 나라는 조]위나라 때[219)]에는 '신로(新盧)'라고 했고, [위]송나라 때에는 '신라(新羅)' 또는 '사라(斯羅)'라고 하였다.[220)]

219) 위나라 때[魏時]: 여기서는 탁발씨(拓跋氏)의 북위(北魏, 386~534)가 아니라 조조의 아들 조비(曹丕)가 세운 조씨(曹氏)의 위(魏, 220~266)를 가리킨다. 말하자면 3세기에는 신라를 '신로'라고 기록했던 셈이다. 당대의 역사가 두우(杜佑)의 《통전(通典)》에는 이 두 글자가 '처음 초(初)'로 나와 있다.

220) 위나라 때에는 '신로'라고 했고[魏時曰新盧]~: 신라는 그 이름이 역사적으로 초기에는 '사로(斯盧)·사라(斯羅)·설라(薛羅)·서나(徐那)·서나벌(徐那伐)·서라(徐羅)·서라벌(徐羅伐)' 등 서로 다른 발음과 한자로 표기되었다. (《삼국사기》일부 대목에는 '서야벌(徐耶伐)'로 나오는데 이는 글자 모양이 비슷한 '나(那)'를 '야(耶)'로 잘못 적은 경우이다.) 이 이름들의 경우, 우리 발음으로 읽으면 상당히 편차가 큰 편이다. 그러나 중국의 고문 사전 사이트인 《한전(漢典)》에서 중고음(수·당대)을 찾아보면 '이 사(斯)'는 '셰(sǐe)', '천천할 서(徐)'가 '슈(siu)'로 읽히고, '맑은대쑥 설(薛)'은 '셋(sǐɛt)'이지만 종성이 약화·탈락되면서 '셰'에 가깝게 읽혀져서 대체로 일치하는 편이다. 뒷글자의 발음의 경우, '비단 라(羅)'와 '어찌 나(那)'를 보면 대체로 '나(na)'로 추정된다. 간혹 '밥그릇 로(盧)'로 표기된 경우도 있지만 이 역시 고대음은 '라(lɑ)'여서 대체로 부합되는 셈이다. 실제로 일본에서 신라를 '시라기(しらぎ)'라고 부른 것을 보면 '로' 역시 '라'의 또 다른

○ 其國在百濟東南五千餘里。其地東濱大海, 南北與句驪・百濟接。魏時曰新盧, 宋時曰新羅, 或曰斯羅。

• 006

그 나라는 [크기가] 작은데, 자력으로는 사신이 [남조를] 오갈 수가 없었다. [예컨대] 보통 2년(521)에 성이 모(募), 이름이 진(秦)221)인 [신라의] 왕이 처음으로 사신을 파견하였다. 222) [그 사신은] 백제[사신]를 따라 와서 특산

표기의 사례로 유추할 수 있다. 신라의 정확한 발음은 '신라'가 아니라 '시라(sira)' 또는 '실라'였다는 뜻이다. 〈동북아판4〉(제037쪽)에서는 일본의 사서인 《고사기(古事記)》에 신라가 '신량(新良)'으로 소개된 것을 근거로 "[신라의] '盧'와 '羅'는 다시 '良'과도 음이 통한다."로 설명하였다. 그러나 '좋을 량(良)'이 '라(ra)'로 읽히는 것은 일본에만 한정된 음운현상으로, 국내나 중국의 사서들에는 해당되지 않으므로 유념할 필요가 있다. 〈동북아판4〉에서는《삼국지》를 인용하면서 '역음지전(譯音之轉)'을 "음을 옮기면서 바뀐 것이다."라고 다소 애매하게 번역했는데 "발음을 옮기는 방식이 바뀐 것이다."라고 번역하는 편이 좋을 것 같다.

221) 성이 모, 이름이 진인 왕[王姓募名秦]: 《양서》의 이 부분은 역사적 진실과 거리가 멀다. ① 신라 1천 년의 왕계에서 국왕을 배출한 씨족은 박(朴)・석(昔)・김(金)뿐이며, ② 모(募)라는 성씨는 삼국시대는 물론이고 위로는 고조선으로부터 아래로는 이씨조선에 이르기까지 5천 년 역사 속에서 단 1번도 등장한 적이 없다. ③ 역대 중국 정사의 경우에도《양서》를 제외하고는 신라 국성을 '모'로 소개한 예가 전무하다. ④ 비슷한 시기에 양나라의 황제가 그린《양 직공도》에서는 양나라에 사신을 보낸 신라 국왕의 이름을 '모태(募泰)'로 전하였다. 다만, ⑤ '나라이름 진(秦)'과 '클 태(泰)'는 모양이 비슷해서 혼동될 경우가 많으므로 둘 중 하나는 오기일 것이다. ⑥ 학계 일각에서는 봉평신라비(鳳坪新羅碑)와 천전리 각석(川前里刻石)에 등장하는 '모즉지(牟卽智)'를 법흥왕의 이름으로 추정하고 있다. 그러나 사부지(徙夫智)・미흔지(美昕智)・물력지(勿力智)・모심지(牟心智)・실이지(悉爾智)・내사지(內沙智)・모리지(牟利智) 등에서 볼 수 있듯이, 신라 금석문에서 '지혜 지(智)'가 특정 어휘 맨 끝에 '-지' 식으로 사용된 경우들은 특정 인물의 이름이 아니라 관직명일 가능성이 높다.

222) 처음으로 사신을 파견하였다[始使使]: 여기서 "처음으로"란 중원 왕조 전체를 통틀어서 한 말이 아니라 양나라에 한정해서 한 말이다. "보통 2년"은 서기 521년으로, 신라의 기년으로는 법흥왕 8년에 해당한다. 인터넷〈국편위주〉113에서는

당나라 염립본이 그린 《왕회도(王會圖)》 속의 삼국 사신의 모습 고구려 백제의 사신은 통이 큰 바지를 입고 있다.

물을 바쳤다.

○ 其國小, 不能自通使聘。普通二年, 王姓募名秦, 始使使, 隨百濟奉獻方物。

• 007

그 [나라는] 민간에서 성을 '건모라(健牟羅)'[223]라고 부른다.

신라의 이 같은 대중 교섭이 "奈勿王 26년(381)의 前秦 通交 이후 140년만의 일"이라고 하면서 "百濟使臣을 따라간 사실로 된 《梁書》의 기록은 사실과 다르다"고 보았다. 실제로 《진서》〈부견전(苻堅傳)〉을 보면 "사자를 파견하여 선비·오환·고구려·백제 및 설라(신라)·휴인 등 여러 나라로부터 군사를 징용하려 했으나 한결같이 [그 뜻을] 따르지 않았다.(分遣使者征兵于鮮卑烏丸高句麗百濟及薛羅休忍等諸國, 幷不從.)"라고 한 데서 볼 수 있듯이, 부견은 남조의 동진에 대하여 '비수 싸움[淝水之戰]'을 준비하기 전부터 신라와 교류하고 있다. '비수 싸움'이 건원(建元) 19년, 즉 서기 383년에 발발하므로 부견이 신라에 군사 지원을 요청한 시점은 이보다 빨랐을 것이며, 양국 간의 외교관계는 군사 지원 요청보다 적어도 몇 년 일찍 이루어졌을 것이다.

223) 건모라(健牟羅): '으뜸가는 성', 즉 도성(都城, capital)'을 뜻하는 신라어. 인터넷〈국편위주〉114에서는 "健은 크다(大)의 뜻이며, 牟羅는 모르·마을의 뜻으로

[또.] 그 [나라] 읍락들의 경우, [건모라의?] 안에 있는 것을 '탁평(啄評)**224)**'이
'큰 마을'이라고 할 수 있다."라고 해석하였다. '모르'에서 어떻게 '마을'의 뜻을 이끌어 냈는지는 알 수 없지만, '건'이 관형어, '모라'가 명사로 이해한 것은 정확한 해석이다. 물론, 전후 맥락을 따져 볼 때 여기서는 건모라가 도성임에 의심의 여지가 없다. 곽석량《한자고음수책》의 고대음에 따르면, '클 건(健)'은 '군과 원의 반절[群元切, gi̯ən]', '탐낼 모(牟)'는 '명과 유의 반절[明幽切, mi̯əu]', '비단 라(羅)'는 '래와 가의 반절[來歌切, lɑ]' 정도로 재구되므로, '갼뮤라' 식으로 읽혔을 것으로 보인다. 울진(蔚津)에서 발견된 〈봉평리 신라비(鳳坪里新羅碑)〉에는 거벌모라남미지(居伐牟羅男彌只)·거벌모라도사(居伐牟羅道使)·거벌모라이지(居伐牟羅異知) 등의 관직명이 등장하는데, 그렇다면 중국 정사들에 '건모라[갼뮤라]'는 여기서의 '거벌모라[꺄뱟뮤라]'의 발음이 와전된 것으로 보아야 한다. 즉, '거벌모라' 또는 종성 '-ㄹ'이 약화·탈락된 '거버모라[꺄봐뮤라]'를 양나라 사람들이 잘못 듣고 '건모라'로 잘못 기록한 것이 아닌가 싶다.《신당서》에는 건모라가 '침모라(侵牟羅)'로 나와 있는데 '클 건(健)'과 '침노할 침(侵, ts'i̯əm)'은 모양이 비슷한 반면 발음이 상당히 다른 것을 볼 때 후대의 역사가들이 모양이 비슷한 '건'을 '침'으로 잘못 읽었을 가능성이 높다.

224) 탁평(啄評): '도성 안(城內, inner capital)'을 뜻하는 신라어. 전후 맥락을 따져 볼 때 '중앙 정부'를 말하는 것으로 보인다. 곽석량《한자고음수책》의 고대음에 따르면, '쪼을 탁(啄)'은 '단과 옥의 반절[端屋切, teok]', '살필 평(評)'은 '병과 경의 반절[並耕切, bʰi̯ɐŋ]'으로 재구되므로, '똑뱅' 식으로 읽혔을 것이다. 다만, 여기서의 '탁'은 '부리 훼(喙)'를 잘못 표기한 것이다. ① 문자학적으로 두 글자가 모양이 비슷하여 쉬이 오독·오기될 가능성이 있다. ('량(梁)' 역시 마찬가지이다.) ② 〈동북아판4〉(제042쪽)에서도 지적한 바처럼, 남감본·무영전본·백납본·중화서국본에는 모두 '훼'로 되어 있는 반면 유일하게 민간에서 간행한 급고각본에만 '탁'으로 나와 있다. '탁'이 잘못된 글자임은 신라 금석문을 통해서도 확인된다. ③ 포항(浦項)에서 발견된 〈냉수리 신라비(冷水里新羅碑)〉에 '사라훼(斯羅喙)·사훼(沙喙)', 〈봉평 신라비〉의 '사훼부(沙喙部)·인훼부(人喙部)' 등에서 확인할 수 있듯이, 신라 금석문에는 한결같이 '훼'로 나와 있기 때문이다. ④ 〈중성리 신라비(中城里新羅碑)〉에 '쟁인훼평공사미(爭人喙評公斯彌)'라고 새겨져 있는 것을 보면 이 기사에 소개된 '탁평'은 '훼평'의 오기·오독이 분명한 셈이다. ⑤ 이 금석문들에 등장하는 '훼부'는 '성' 또는 '도시(부)'를 뜻하므로 '여섯 훼평'은 의미상으로 '6부'에 대응된다. 이용현(2010)은 〈중성리 비〉 단계에서 '훼'로 일컫던 것이 그 이후로 '6훼평'으로 확산·정착되다가 〈봉평 신라비〉 단계(524)에 이르러 '6부'로 확정된 것으로 추정하였다. 끝으로, ⑥ 〈동북아판4〉에서는《용감수감(龍龕手鑒)》에 '훼'가 '탁'의 이체자(異體字)로 소개되어 있다고 했지만 직

중국 정사들에는 '쪼을 탁(啄)'으로 기록되어 있지만 중성리 신라비에는 모두 '부리 훼(喙)'로 새겨져 있다. '탁평'이 아니라 '훼평'이 옳은 것이다.

라고 하고, [그] 밖에 있는 것을 '읍륵(邑勒)225)'이라고 하는데, 이 역시 중국의 군현(郡縣)과 같은 말이다. 나라 안에는 여섯 군데의 탁평과 쉰 두 군데의 읍륵이 있다.

○ 其俗呼城曰健牟羅, 其邑在內曰啄評, 在外曰邑勒, 亦中國之言郡縣也。國有六啄評, 五十二邑勒。

접 확인한 결과 그런 말은 보이지 않는다. 게다가 '훼'는 '효와 월의 반절[曉月切, xǐwat]'으로, '탁'과는 '똑'과 '핫' 식으로 초성·중성·종성에서 대응관계가 성립되지 않는다. 두 글자가 엄연히 다른 글자에 발음까지 다르다는 것 자체가 이체자가 아니라는 반증이다.

225) 읍륵(邑勒): '도성 밖(城外, outer capital)'을 뜻하는 것으로 보이는 신라어. 전후 맥락을 따져 볼 때 '지방 행정구역'을 말하는 것으로 보인다. 곽석량《한자고음수책》의 고대음에 따르면, '고을 읍(邑)'은 '영과 집의 반절[影緝切, ǐəp]', '굴레 륵(勒)'은 '래와 직의 반절[來職切, lək]' 정도로 재구되므로, '엽럭' 식으로 읽혀졌을 것으로 보인다. 다만, '럭'의 경우는 종성 '-ㄱ'이 약화/탈락되면서 '러'가 되면서 '엽러' 식으로 읽혀졌을 가능성도 염두에 둘 필요가 있다.

• 008

토지는 기름지고 좋아서 다섯 가지 곡물226)을 기르기에 적합하다. 뽕나무와 대마가 많으며227), 명주 천을 지을 줄 안다.228)

226) 다섯 가지 곡물[五穀]: 벼[稻] · 메기장[黍] · 차기장[稷] · 보리[麥] · 콩[豆]을 가리킨다. 이에 관해서는 문성재,《정역 중국정사 조선 · 동이전1》, 제142쪽과 제494쪽의 해당 주석을 참조하기 바란다.

227) 뽕나무와 대마가 많으며[多桑麻]: 현존하는 가장 오래 된 신라의 장부인 '신라 장적(新羅帳籍)'에는 신라 서원경(西原京, 지금의 청주시) 지역의 뽕나무 · 대마 등 상품작물 재배에 관한 기록이 소개되어 있다. 한국학중앙연구원에서 공유한 '신라 장적'에 소개된 대마 및 뽕나무의 작황을 살펴보면, 모 현의 사해점촌(沙害漸村)은 "대마 밭은 총 1결 9부, 뽕나무는 1,004그루. 3년간 거기에 추가로 심은 것이 90그루 … 이전에는 914그루](合麻田一結九負, 合桑千四[以三年間中加植內九十□…□(古有九百一十四)]"이고, 해당 현의 살하지촌(薩下知村)은 "대마 밭은 [1결 □] …[뽕나무는 1,]280그루. 3년간 거기에 추가로 심은 것이 189그루. 이전에는 1,091그루(合麻[田一結]□…□[合桑千]二百八十以三年間中加植內百八十九古有千九十一)"이며, 모 촌은 "대마 밭은 1결 □부, 뽕나무는 730그루. 3년간 거기에 추가로 심은 것이 90그루. 이전에는 640그루(合麻田一結□負, 合桑七百卅以三年間中加植桑九十古有六百卌)"이고, 서원경의 □□□촌은 "대마 밭은 1결 8부, 뽕나무는 1,235그루. 3년간 거기에 추가로 심은 것이 69그루. 이전에는 1,166그루(合麻田一結八負, 合桑千二百卅五以三年間中加植內六十九古有千百六十六)"인 것으로 기재해 놓았다. 마을마다 평균 1,000그루의 뽕나무를 보유하고 있었던 셈이다. 〈각 마을의 면적(둘레)을 보면 사해점촌이 "5,725보(周五千七百卄五步)", 살하지촌이 "12,830보(周萬二千八百卅步)", 서원경 □□□촌이 "4,800보(周四千八百步)"로 나와 있다. 면적이 제시되어 있는 이 세 마을만 놓고 볼 때, 마을의 면적(둘레)은 평균 7,785보 정도였던 셈이다. 국내의 상황은 확인할 수 없으나 중국의 경우 고대의 1보(步)는 대략 23.1cm로 추정된다. 면적(둘레)이 7,785보라면 대체로 179,833cm, 즉 1,798m 정도 되었던 셈이다. 이 면적에 대마 밭은 1결 7부, 뽕나무는 평균 116그루가 추가된 1,173그루 수준으로 재배되고 있었다는 이야기가 된다.

228) 명주 천을 지을 줄 안다[作縑布]: 인터넷〈국편위판〉에서는 이 부분을 인과관계로 보아 "뽕나무와 삼이 많아서 비단과 베를 생산한다" 식으로 번역하였다. 그러나《삼국지》·《후한서》 등에서도 볼 수 있었듯이, 앞부분(多桑麻)과 뒷부분(作縑布)을 맥락상으로는 무관한데 우연히 앞뒤로 연결된 별개의 두 상황으로 해석해야 옳다고 본다. 또, '겸포(縑布)'의 경우, 중국에서는 '겸(縑)'이 두 가지 명주실을

소를 부리고 말을 탈 줄 안다. 남자와 여자[사이에]는 구별이 있다.

○ 土地肥美, 宜植五穀。多桑麻, 作縑布。服牛乘馬。男女有別。

• 009

그 나라의 관직 이름으로는 자분한지(子賁旱支)229) · 제한지(齊旱支)230) · 알한지(謁旱支)231) · 일길지(壹吉支)232) · 기패한지(奇貝旱支)233)[

섞어서 짠 올이 가는 견직물을 가리키며, 일반적으로 겸포(縑布) · 겸백(縑帛) · 겸소(縑素) 등의 이름으로 일컬어진다. "비단과 베"라는 인터넷〈국편위판〉의 번역과는 달리 혼직으로 짠 한 가지 직물인 것이다. 편의상 여기서는 "명주 천"으로 번역하였다.

229) 자분한지(子賁旱支): 신라 17관등 중에서 으뜸가는 관직의 이름. 그 첫 글자가 어떤 곳에는 '아들 자(子)', 어떤 곳에는 '어조사 우(于)'로 적혀 있는 등, "文獻이나 金石文에 각각 다르게 표기되어 있어 통일성을 찾을 수 없다." 그래서 인터넷〈국편위주〉118에서는 "신라의 最高官等인 伊伐飡"으로 특정하면서 '자분한지'로 소개하였다. 인터넷〈국편위주〉의 설명대로 '자분한지'가 '이벌찬'과 동일한 관직명이라면 첫 글자는 '우'로 읽어야 옳다. '이벌찬'과 대응시켜 볼 때 '자'는 너무 동떨어진 발음이기 때문이다. 곽석량《한자고음수책》의 고대음에 따르면, '어조사 우(于)'는 '여와 어의 반절[余魚切, ʎǐu]', '클 분(賁)'은 '방과 문의 반절[幫文切, puən]', '가물 한(旱)'은 '갑과 원의 반절[曉元切, xɑn]', '가를 지(支)'는 '장과 지의 반절[章支切, tǐe]' 정도로 재구된다. 이 경우 첫 글자가 '우'이면 '유쀤한[떼]' 식으로 읽혀지지만 '자'라면 '쨔쀤한[떼]' 식으로 읽혀지게 되는 것이다. '자'와 '우'는 모양이 비슷하므로 '우'로 적혀 있는 것을 '자'로 오독했을 가능성이 높다. 그 증거는 다른 정사들의 사례들과 대조해 보면 쉽게 확인할 수가 있다. 즉,《수서》·《북사》·《책부원구》·《통전》에는 '이벌간(伊罰干)',《한원》에는 '이벌간(伊伐干)',《삼국사기》에는 '이벌찬(伊伐飡)',《진흥왕순수비》에는 '일벌간(一伐干)'으로 나와 있는 것이다. '벌(罰, 伐)'은 '분(賁)'에 대응되고, '간(干)' 또는 '찬(飡)'은 '한(旱)'에 대응된다. 그렇다면 '이(伊)' 또는 '일(一)'에 대응되는 글자는 '자'일 수가 없다.

230) 제한지(齊旱支): 신라의 관직명. 17관등 중에서 세 번째 관직으로, '잡찬(迊飡)'의 별칭이다. 곽석량《한자고음수책》의 고대음에 따르면, '가지런할 제(齊)'는 '종과 지의 반절[從脂切, dzieǐ]', '가물 한(旱)'은 '갑과 원의 반절[曉元切, xɑn]' 정도로 재구되므로, '제ㅣ 한[떼]' 식으로 읽혀졌을 것으로 보인다.《남사》에도 등장

뒤가 있다.

하는 이 관직명은《진흥왕순수비》에는 '잡간(迊干)',《수서》와《통전》에는 '영간(迎干)'이라는 명칭으로 등장한다. 물론, '맞을 영(迎)'은 '두루 잡(迊)'을 잘못 쓴 글자이다. 왜냐하면 ① 두 글자의 모양이 서로 비슷해서 '잡'을 '영'의 약자로 차용하기도 한다. 그런데 ② 이 관직명을 '제한지'로 소개한《양서》의 소개가 정확한 것이라면 '제'와 '잡'은 음운상으로 '영'보다 더 가깝다. 허신의《설문해자》에 따르면, '영'은 '의와 양의 반절[疑陽切, njɑŋ]'이어서 '냥' 정도로 재구된다. 반면에,《광운(廣韻)》에 따르면, '잡'은 '자와 답의 반절[子答切, tsɒp]'이어서 '잡' 정도로 재구되는 것이다. 인터넷〈국편위주〉119에서는 '소판(蘇判)'으로도 일컬어졌다고 하는데 그것은 아마 직무적 특성에 근거한 별칭일 것이다.

231) 알한지(謁旱支): 신라의 관직명. 17관등 중에서 여섯 번째 관직인 아찬(阿飡)이다. '알한'은 음운적으로 '아찬'과 서로 대응된다. 인터넷〈국편위주〉120에서는 '알한'이 "阿飡의 별칭"이라고 보았으나 정확하게 말하자면 '아찬'을《양서》의 집필자 또는 그 뒤의 편찬자들이 다른 한자인 '알한'으로 표기한 것일 뿐 본질적으로 같은 이름이다. 곽석량《한자고음수책》의 고대음에 따르면, '뵐 알(謁)'은 '영과 월의 반절[影月切, ǐet]', '가물 한(旱)'은 '갑과 원의 반절[曉元切, xɑn]' 정도로 재구되므로, '옛한' 식으로 읽혔을 것으로 보인다. 앞 글자인 '옛'은 종성이 약화/탈락할 경우 '예'로 읽혀진다.《남사》에도 소개된 이 관직명은 포항《냉수리 신라비》·울진《봉평 신라비》·단양《적성 신라비》에는 '아간지(阿干支)', 대구《무술명오작비(戊戌銘塢作碑)》및《수서》·《통전》에는 '아척간(阿尺干)', 창녕《진흥왕척경비(眞興王拓境碑)》및《삼국유사》에는 '아간(阿干)'으로 등장한다.《삼국사기》에서는 양상이 좀 복잡해서 '아찬(阿飡, 阿粲)' 또는 '아척간'으로 소개되었다.

232) 일길지(壹吉支): 신라의 관직명. 17관등 중에서 일곱 번째 관직인 일길찬(一吉飡)이다. 인터넷〈국편위주〉121에서는 "壹告支는 新羅官等의 제7위인 一吉飡의 별칭"이라고 소개하였다. 다만, ① 두 번째 글자의 경우, '알릴 고(告)'는 모양이 비슷한 '좋을 길(吉)'의 오기 또는 오독의 결과로 보인다. 또, '알한'과 '아찬'의 경우처럼, ② 별칭이 아니라 신라에서 '일길찬'으로 적는 것을《양서》의 집필자/편찬자들이 다른 한자인 '일길지'로 표기했을 뿐 본질적으로 동일한 이름이다. 곽석량《한자고음수책》의 고대음에 따르면, '한 일(壹)'은 '영과 질의 반절[影質切, ǐet]', '이를 고(告)'는 '견과 각의 반절[見覺切, kəuk]', '좋을 길(吉)'은 '견과 질의 반절[見質切, kǐet]' 정도로 재구된다. '일고'는 '옛꺽', '일길'은 '옛껫'에 가깝게 읽혔던 셈인데, 만약 종성의 약화/탈락을 고려하면 각각 '예꺽'와 '예계' 식으로 읽혀졌을 것이다. 이 관직명은《양서》에는 '일길지'로 되어 있지만《남사》에는 '일길지(壹吉支)', 그 뒤의《수서》와《통전》에는 '을길간(乙吉干)',《삼국유사》에는 '일길간(一吉干)' 등으로 소개되어 있다.

○ 其官名, 有子賁旱支・齊旱支・謁旱支・壹告支・奇貝旱支。

• 010

그들은 모자를 '유자례(遺子禮)²³⁴⁾'라고 하고, 저고리를 '위해(尉解)²³⁵⁾', 바지를 '가반(柯半)²³⁶⁾', 장화를 '세(洗)²³⁷⁾'라고 한다.

○ 其冠曰遺子禮, 襦曰尉解, 袴曰柯半, 靴曰洗。

---

233) 기패한지(奇貝旱支): 신라의 관직명. 17관등 중에서 아홉 번째 관직인 급찬(級飡)이다. '급찬'과 '기패한[지]'은 얼핏 발음에 공통점이 거의 없어서 "級飡의 별칭"이거나 서로 별개의 관직명처럼 보이낟. 그러나 '기패한'은 본질적으로 《양서》의 집필자/편찬자들이 다른 한자로 표기한 경우로, 발음도 실제로는 대체로 대응된다. 곽석량《한자고음수책》의 고대음에 따르면, '기이할 기(奇)'는 '군과 가의 반절[群歌切, gĭa]', '조개 패(貝)'는 '방과 월의 반절[幫月切, pɑt]', '가물 한(旱)'은 '갑과 원의 반절[曉元切, xɑn]', '등급 급(級)'은 '견과 집의 반절[見緝切, kĭəp]' 정도로 재구되므로, '갸빳한' 식으로 읽혀졌을 것으로 보인다. 이 관직명은 《진흥왕순수비》에는 '급척간(及尺干)', 《수서》에는 '급복간(及伏干)', 《통전》에는 '급벌간(級伐干)' 등으로 달리 표기되었지만 사실은 같은 이름들이다.

234) 유자례(遺子禮): '모자'를 뜻하는 신라어. 곽석량《한자고음수책》의 고대음에 따르면, '남길 유(遺)'는 '여와 미의 반절[余微切, ĭwei]', '아들 자(子)'는 '정과 지의 반절[精之切, tsĭə]', '예도 레(禮)'는 '래와 지의 반절[來脂切, liei]' 정도로 재구되므로, '이워ㅣ쪄례ㅣ' 식으로 읽혀졌을 것으로 보인다.

235) 위해(尉解): '저고리'를 뜻하는 신라어. 곽석량《한자고음수책》의 고대음에 따르면, '벼슬 위(尉)'는 '영과 물의 반절[影物切, ĭwət]', '풀 해(解)'는 '견과 석의 반절[見錫切, kek]' 정도로 재구되므로, '윗껙', 또는 종성이 약화/탈락되면서 '위께' 식으로 읽혀졌을 것으로 보인다.

236) 가반(柯半): '바지'를 뜻하는 신라어. 곽석량《한자고음수책》의 고대음에 따르면, '자루 가(柯)'는 '견과 가의 반절[見歌切, ka]', '반 반(半)'은 '방과 원의 반절[幫元切, puɑn]' 정도로 재구되므로, '까빤' 식으로 읽혀졌을 것으로 보인다.

237) 세(洗): '장화'를 뜻하는 신라어. 곽석량《한자고음수책》의 고대음에 따르면, '씻을 세(洗)'는 '심과 문의 반절[心文切, sĭən]', 즉 '션' 정도로 재구된다.

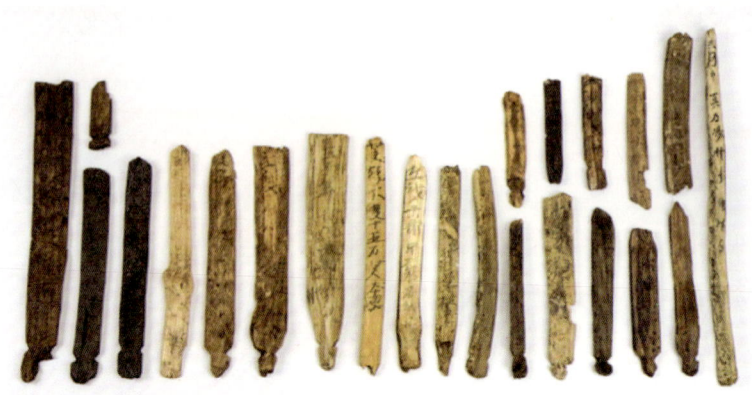

함안 성산산성에서 출토된 다양한 형태의 신라 목간들(쿠키뉴스 2017)

• 011

그 나라에서는 절을 하거나 다니는 자세가 고[구]려와 비슷하다. [그들에게는 고유한] 글자가 없기 때문에 나무[에 금?]을 새겨 신표로 삼는다. [그들의] 언어는 백제[가 통역을 해 주기]를 거쳐야만 소통할 수 있었다.[238]

---

238) 언어는 백제를 거쳐야만 소통할 수 있다[語言待百濟而後通焉]: 이 구절은 《양서》의 사관이 양나라 사람의 시각에서 한 말이다. 어떤 사람들은 이 말을 신라와 고구려 백제가 서로 민족과 언어가 달랐던 증거로 간주하기도 한다. 그러나 사실은 정반대이다. 이 《양서》의 기술주체는 양나라, 즉 남조의 한족이다. 한족의 시점에서 중국과의 교류가 잦았던 당시의 백제는 자기 나라 말, 즉 백제어는 물론이고 한자(漢字)와 한어(漢語)에도 능한 역관을 보유하고 있어서 양나라와 대화로든 필담으로든 기본적인 소통이 가능한 상태였을 것이다. 이에 비하여 신라는 고조선이 멸망하고 진한 유민들이 남하하여 한반도 동부에 정착한 후로 상당히 오랫동안 한자나 한어를 통한 중국과의 직접적인 교류가 이루어지지 않았고, 한동안 공부를 할 필요성도 느끼지 못했기 때문에 전혀 교습이 이루어지지 않았을 것이다. 신라와 백제가 과연 동일 계통의 민족이었는지 확인할 수는 없지만 같은 알타이계 북방민족 출신이었음은 분명하다. 또 그후로도 한반도 내에서 지속적으로 내왕, 전쟁, 교역이 이루어졌으므로 언어적으로 서로 모종의 접점을 공유하고 있었을 것이다. "신라 말은 백제를 거쳐야 통하였다."라는 말 자체가 ① 신라와 백제는 언어적 소통이 가능했고, ② 양나라와 백제는 소통이

○ 其拜及行與高驪相類。無文字, 刻木爲信。語言待百濟而後通焉。

• 012
편찬자의 평가
사관이 말한다.
"바다의 남쪽과 동쪽의 오랑캐들과 [중원] 서쪽과 북쪽의 오랑캐들의 나라는 [거리상으로 그] 땅이 멀리 떨어져 있는 변방의 종족으로, 저마다 영토를 가지고 있다.
[그러나?] 이를테면 산과 바다가 다르고 무리와 종자가 괴상하고 특이한 일은 일찍이 들어보지 못했으며 과거의 문헌들도 [어느 하나] 기록을 남긴 바가 없었다.239) 그래서 중국 너머 머나먼 이역의 산물과 풍토를 분별하여 그 사물의 지극히 미묘한 것을 궁구할 수 없었다.
○ 史臣曰: "海南東夷西北戎諸國, 地窮邊裔, 各有疆域。若山奇海異,

가능한 반면, ③ 양나라와 신라는 소통이 불가능해서, ④ 백제가 신라를 대신하여 양나라에 통역을 해 주었다는 사실을 함축적으로 시사해 주는 셈이다. 이를 통하여 언어적으로 ① 중국의 남조(송·제·량)는 백제와 소통이 가능했지만 ② 이제 막 사신을 보내기 시작한 신라와는 소통이 불가능했음을 알 수 있다. ③ 남조가 신라와 의사를 소통하려면 ④ 백제의 개입(통역)을 거쳐야만 가능했다는 뜻이다. 그렇다면 ⑤ 백제와 신라는 서로 언어적으로 소통이 어느 정도 가능했던 셈이다. 자세한 설명은 우리역사연구재단 판 정인보,《조선사연구》(상권, 제251~252쪽)를 참조하기 바란다.

239) 과거의 문헌들도 기록을 남긴 바가 없었다[往牒不記]: '부상국' 등의 나라들에 관한 소개 내용들이 추가된 것을 가리키는 것으로 보인다. 단적으로 〈동이전〉 부분만 하더라도 고구려·백제·신라 및 왜(倭) 이외에도 이전의 사서들에서는 보이지 않던 문신국(文身國)·대한국(大漢國)·부상국(扶桑國) 등의 나라들에 대한 민족지·풍물지 성격의 소개가 추가되었다. 그러나 그 나라의 좌표·습속·동식물 등을 따져 보면 실재하지 않는 허구적인 내용들이 많은데 어쩌면 무제의 업적을 미화하기 위해서 민간에 구전되는 허구적인 이야기들까지 실재하는 것처럼 부풀렸을 가능성도 있다.

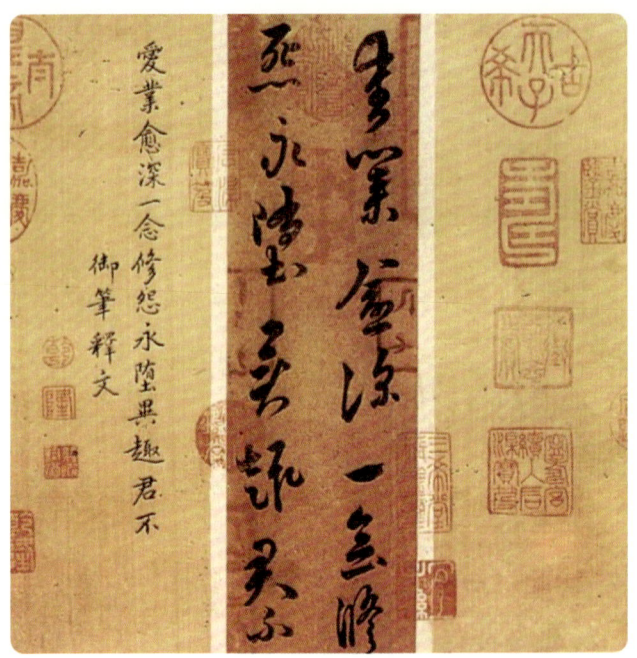

양나라 무제 소연의 초서. 왼쪽의 작은 글씨는 청나라 건륭제의 촌평이다.

怪類殊種, 前古未聞, 往牒不記, 故知九州之外, 八荒之表, 辯方物土, 莫究其極。

• 013

고조(高祖)[240]께옵서 은덕으로 그들을 품으시매 [그들이] 입조하고 공물을 바치는 행렬이 해마다 [중국으로] 찾아오기에 이르렀으니 [고조의 덕행이 참으로] 훌륭하시다고 하겠다!"

○ 高祖以德懷之, 故朝貢歲至, 美矣。"

---

240) 고조(高祖): 양나라 무제 소연(蕭衍)의 묘호.

주서-이역열전

이당(李唐) 예부시랑겸수국사(禮部侍郎兼修國史) 영호덕분(令狐德棻) 등찬(等撰)

주명(朱明) 남경(南京) 국자감 제주(國子監祭酒) 조용현(趙用賢) 등교(等校)

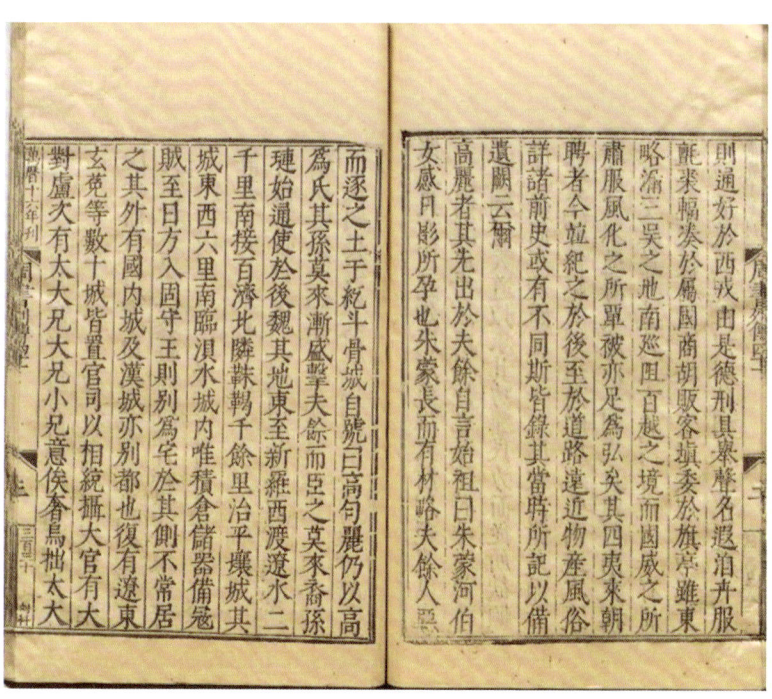

동위(東魏)의 천평(天平) 원년(534)에 동위와 서위(西魏)가 분열되고 대통(大統) 원년(535)에 우문태(宇文泰)가 원수(元修)를 죽이고 원보거(元寶炬)를 황제로 옹립해 서위를 거쳐 북주(北周)를 세우고 개황(開皇) 원년(581)에 양견(楊堅)이 수(隋)나라를 세울 때까지 47년간의 서위/북주의 역사를 다룬 기년체 단대사. 서위·동위에 관한 내용들이 대부분으로, 정작 북주 관련 분량은 많지 않다.《위서》가 북위-동위-북제의 승계를 전제로 편찬된 데 비하여, 북제의 기틀을 다진 우문태(宇文泰)가 서위의 정통성을 계승한 까닭에 북위-서위-북주를 중심으로 역사가 기술되어 있다.

영호덕분(令狐德棻, 583~666)은 의주(宜州) 화원(華原) 사람이다. 문학과 역사에 천착하여 당대 초기에 시문으로 명성을 얻었으며 관찬서의 편찬에 여러 차례 참여하였다. 승상부 기실(丞相府記室)·기거사인(起居舍人)·비서승(秘書丞)·예부시랑(禮部侍郎)·국자감 제주(國子監祭酒)·홍문관 학사(弘文館學士)·감수국사(監修國史) 등을 역임하였다. 무덕(武德) 5년(622)에 비서승으로 있을 때 고조(高祖) 이연(李淵)에게 양·진·제·주·수 다섯 왕조의 '정사'를 편찬할 것을 건의하였다. 그중에서 북주의 역사를 비서랑(秘書郎)인 잠문본(岑文本)과 함께 정관 10년(636)에 〈본기〉8권, 〈열전〉42권 등 총 50권으로 완성되었는데, 〈지〉나 표(表)는 빠져 있다. 《북제서》보다 덜하기는 하지만 전해지는 과정에서 제18·제24·제26·제31·제32 등 그가 집필한 것이 아닌 부분들은 일실되었는데 제31·제32권은 이연수(李延壽)의 《북사(北史)》, 제24·제26권은 고준(高峻)의 《소사(小史)》를 참고하여 보완되었다.

주요한 판본들로는 백납본, 명대의 남감본·북감본·급고각본, 청대의 무영전본, 근대의 금릉서국본, 현대의 중화서국본 등이 있다.

《주서》의 〈이역열전(異域列傳)〉은 상·하권으로 구성되어 있는데, 상권에 고구려·백제 등 북주(北周) 주변 10개국의 열전이 수록되어 있다. 동안 진나라 주변에 존재했던 24개국의 연혁·지리·풍물·제도 등을 소개한 열전으로, 당시의 이민족 국가들의 역사·문화를 이해하는 데에 유용한 정보들을 제공해 준다.

고려전(高麗傳)[1]

• 001

'고[구]려'라는 나라는 그 선조가 부여에서 나왔다.[2] [그들은] 자신들 스스로 [이렇게] 말한다. "시조는 '주몽'이라고 하는데[3], 하백의 딸이 햇빛에

---

1) 고려전(高麗傳): 서위(西魏)의 문제(대통)로부터 북주(北周)의 무제(건덕)까지, 즉 고구려의 양원왕·평원왕까지 30여 년간의 고구려와 북조(서위·북주)의 교류사를 소개하였다. 그러나 분량면에서 볼 때 고구려 시조 주몽(추모) 설화나 고구려-중원의 교섭 관련 기사는 간소한 반면 고구려의 연혁·지리·제도·언어 관련 내용들이 비교적 상세하게 반영되어 있는데, 《삼국지》·《후한서》·《위서》 등 선행 정사들의 기존의 관련 기사들을 재구성한 것으로 보인다. 주몽(추모) 설화의 경우, 그 이름을 '주몽'으로 소개한 것을 볼 때 《위서》 기사를 주로 참고한 것으로 보인다. 특기할 만한 것은 고구려의 부여신·등고신(고등신?) 신앙을 소개한 대목으로, 이를 통하여 고구려가 자신들의 역사적 정체성을 부여에서 찾고 있음을 확인할 수 있다.

2) '고려'라는 나라는[高麗者, 其先出於夫餘]: 고구려의 내력에 대해서는 《삼국지》·《후한서》의 〈고구려전〉에는 "부여의 또 다른 갈래(夫餘別種)", 《위서》〈고구려전〉에서는 "부여에서 비롯되었다.(出於夫餘)"라고 각각 소개하였다. 따라서 《주서》의 이 열전은 《위서》를 토대로 작성되었음을 알 수 있다. 참고로, 인터넷〈국편위주〉005에서는 고구려의 내력을 소개하면서 '출자(出自)'라는 표현을 쓰고 있는데 학계에서는 익숙한 용어인지 모르나 문법적으로는 잘못된 표현이다. 고대 한문에서 '출자'는 《위서》〈고구려전〉의 "부여에서 비롯되었다"에서도 사용된 '출어(出於)'와 같은 표현이다. 명사가 아니라 '동사+전치사' 구조의 동사구라는 뜻이다. 《한서》의 "양웅은 … 그 시조가 주백교라는 사람으로부터 비롯되었다.(揚雄 … 其先出自有周伯僑者)", 《동관한기(東觀漢記)》의 "세조 광무황제[의 세계]는 … 장사의 정왕[유]발로부터 비롯되었다.(世祖光武皇帝, … 出自長沙定王發)", 《후한서》의 "그 조상은 관중으로부터 비롯되었다.(其先出自管仲)" 등이 그 예이다. 따라서 앞으로는 잘못된 표현인 '출자'는 사용을 자제하는 것이 옳다.

3) 시조는 '주몽'이라고 하는데[始祖曰朱蒙]: 주몽 설화의 표현이나 표기는 대체로 《위서》〈고구려전〉을 따랐지만 분량은 축약되었다. 인터넷〈국편위주〉006의 지적처럼, 광개토대왕비에 등장하는 '추모(鄒牟)'는 '주몽(朱蒙)'과 동일한 이름을 비슷한 발음

감응되어 아이를 배었다. [그런데] 주몽이 자라면서 재주와 지략을 갖추자, 부여 사람들이 그를 미워하며 쫓아 버렸다. [그러자 주몽은] 흘두골성⁴⁾ 【교감1】에 정착하고 [국호를] 스스로 '고구려⁵⁾'라고 부르는 한편, 이를 근거로 [고구려의] '고'를 성씨로 삼았다.⁶⁾

의 다른 한자로 표기한 전형적인 음차(音借, 또는 音寫)의 사례이다. 다만, '추모'가 고구려식 표기라면 '주몽'은 북위식이므로 우리에게는 '추모'가 더 실제에 부합되는 표기임에 유념할 필요가 있다. '추모'의 각기 다른 표기들에 관해서는《위서》〈고구려전〉의 "주몽" 주석을 참조하기 바란다.

4) 흘두골성(紇斗骨城): 이 지명의 경우, ① 무영전본《북사》〈고려전〉에는 '흘승활성(紇升滑城)'으로 나와 있지만, ② 백납본《북사》〈고려전〉 및 《위서》〈고구려전〉, 《통전》 "고구려"조, 《책부원구》〈외신부(外臣部)〉 "종족(種族)"조에는 공통적으로 '흘승골성(紇升骨城)'로 나와 있다. ③ 〈교감기〉에서는 두 번째 글자에 대하여 "'升'과 '斗'의 隸書體는 서로 混用되고 있어 어느 것이 옳은지 알 수 없다."라고 다소 유보적인 입장을 취하였다. 그러나 계통이 서로 다른 복수의 사서들에서 '흘승골'로 전하고 있으므로 '두'는 '승'을 잘못 읽은 것으로 보는 것이 옳다.

5) 스스로 '고구려'라고 부르는 한편[自號曰高句麗]: 이를 통하여 추모를 포함한 고구려인들은 자신들의 나라를 '고구려'라고 일컬었음을 알 수 있다. 남북조시대의 중국 정사에서 고구려를 '고려'로 표기한 것은 고구려인들이 스스로 그렇게 일컬었다기보다는 이름자를 짝수로 맞추기 좋아하는 역대 중원 왕조에서 '고구려 ⇒ 고려'로 부르는 쪽으로 수렴되었음을 보여 준다. 참고로, '고구려'라는 국호의 경우, '높을 고(高)'를 ① '크다, 위대하다'로 보아 '위대한 구려', 또는 이 열전에서도 소개한 대로, ② 추모의 성이 고씨임을 감안하여 '고씨의 구려'로 해석하는 것도 가능하다.

6) '고'를 성씨로 삼았다[仍以高爲氏]:《삼국유사》〈왕력편〉의 고구려 왕계 표에서는 추모에 대해서는 "성은 고씨(姓高氏)"라고 소개하면서도 그 아들인 제2대 유리왕으로부터 손자인 제3대 대무신왕, 증손자인 제4대 민중왕까지는 모두 "성이 해씨(姓解氏)"라고 소개하였다. 이 점만 보면 얼핏 고씨인 개국군주 추모 사후로 2대부터는 해씨가 왕권을 찬탈해 왕계(王系)에 변동이 생긴 것 같아 보인다. 게다가, 그다음 왕부터는 성씨를 생략해서 해씨가 고구려 멸망 때까지 왕위를 계승한 것처럼 보인다. 그러나 유리왕은 추모의 친아들이고, 대무신왕은 유리왕의 아들, 민중왕은 또 대무신왕의 아들이므로 추모와 성씨가 다를 수가 없다. 추모 역시 성씨가 '해'라는 뜻이다. 이 점은 신화에서 추모의 아버지로 해모수(解慕漱)가 등장하는 것을 통해서도 충분히 눈치챌 수 있다. …《삼국유사》의 기록을 통하여 우리는 원래 성씨가 '해(解)'이던 추모가 고구려의 건국과 함께 '고(高)'로 성씨를 바꾸었을 것임을 짐작할

○ 高麗者, 其先出於夫餘. 自言始祖曰朱蒙, 河伯女感日影所孕也. 朱蒙長而有材畧, 夫餘人惡而逐之. 土于紇斗骨城【土于紇斗骨城, 北史殿本卷九四高麗傳作紇升滑城, 北史百衲本·魏書卷一〇〇高句麗傳·通典卷一八六高句麗條·册府卷九五六一一二四二頁都作紇升骨城, 按骨滑同音. 升斗隷書常相混, 不知孰是.】, 自號曰高句麗, 仍以高爲氏。

【교감1】 "흘두골성에 정착하고" 부분의 경우, 《북사》의 전본 권94의 〈고려전〉에서는 '흘승활성()'으로 되어 있지만, 《북사》의 백납본 및 《위서》의 권100 〈고구려전〉, 《통전》의 권186의 '고구려'조, 《책부원구》의 권956(~?) 11242쪽에서는 한결같이 '흘승골성'으로 쓰고 있다. 따져 보건대, '골'과 '골'은 발음이 같다.[7] '오를 승'과 '말 두'는 예서체에서 항상 서로 혼동되곤 하는 바, 어느 쪽이 맞는지 알 수가 없다.

수 있다. 《삼국유사》의 기록이 사실이라는 전제하에서 정리하자면, 원래 해씨이던 추모가 고구려를 건국하면서 그 국호의 첫 글자를 따서 고씨로 성씨를 바꾼 셈이다. … 《삼국사기》를 제외하고 중국 정사들 중에서 고구려 왕가의 성이 '고'라는 사실을 최초로 소개한 《송서》〈고구려국전〉에서 이미 "고구려 왕 고련(高句驪王高璉)"이라고 소개했고, 편찬 시점이 늦기는 하지만 진대의 역사서인 《진서》〈모용운전(慕容雲傳)〉에서도 "[모용운의] 조부 화는 고구려의 일족으로, 스스로 '고양씨의 후예여서 고를 성씨로 삼았다'고 하였다.(祖父和 高句驪之支庶 自云高陽氏之苗裔 故以高氏焉)"라고 증언하였다. 제20대 국왕인 장수왕(長壽王) 고련(394~491)은 광개토대왕의 아들이고, 모용운(?~409)의 조부는 고씨이다. 게다가 장수왕 이후로도 왕계의 변동은 없었으므로 4세기부터는 고씨가 고구려의 국성(國姓)이었음에는 틀림이 없다. 그렇다면 원래 '해씨'이던 추모가 고구려 건국과 함께 '위대하다'라는 의미를 담아 '고씨'로 성씨를 바꾼 것으로 이해할 수 있는 것이다.

7) '골'과 '골'은 발음이 같다[骨滑同音]: '뼈 골(骨)'과 '미끄러울 골(滑)'은 현대 중국어에서는 발음이 각각 '꾸(gu)'와 '화(hua)'로 초성과 중성이 서로 다르다. 그러나 곽석량의 《한자고음수책》에 따르면, 《광운(廣韻)》에서 전자는 '고와 홀의 반절[古忽切, kuət]'로 '궛', 후자는 '호와 팔의 반절[戶八切, ɤwæt]'로 '궷'으로 재구된다. 이 재구된 발음을 보면 "'골'과 '골'은 발음이 같다."라고 한 〈교감기〉의 설명처럼 양자 간의 차이는 그다지 크지 않았던 셈이다.

• 002

[그 뒤로] 그의 손자 막래[8]가 차츰 강성해지더니[교감2] 부여를 쳐서 그들을 신하로 만들었다. 막래의 한참 뒤의 후손 [고]련에 이르러 비로소 후위에 사신을 보내기 시작하였다.[9]

○ 其孫莫來漸盛【"其孫莫來漸盛", 魏書本傳稱: "朱蒙死, 閭達代立, 閭達死, 子如栗代立, 如栗死, 子莫來代立". 隋書卷八一高麗傳亦以莫來爲閭達孫, 則是朱蒙曾孫. 北史本傳百衲本·殿本缺閭達一代, 則莫來爲朱蒙孫, 與周書同, 而局本却又有閭達, 疑據魏書補.】, 擊夫餘而臣之. 莫來裔孫璉, 始通使於後魏.

【교감2】 "그의 손자 막래가 차츰 강성해지더니" 대목의 경우, 《위서》의 〈고구려전〉에서는 "주몽이 죽자 여달이 대신 옹립되었고, 여달이 죽자 아들 여율이 대신 옹립되었으며, 여율이 죽자 아들 막래가 대신 옹립되었다."라고 하였다. 《수서》의 권81〈고려전〉에서도 마찬가지로 막래를 여달의 손자, 즉 주몽의 증손자로 보았다. 《북사》〈고구려전〉의 백납본과 전본에는 여달 대의 일이 누락되고 막래가 주몽의 손자로 나와 있는데 《주서》의 기록과 동일하다. 그런데 중화서국본(?)에서는 뜻밖에도 '여달' 관련 기사가 나오는데 《위서》의 기사에 근거하여 보완한 것이 아닌가 싶다.

---

8) 막래(莫來): 고구려의 제3대 국왕인 대무신왕(大武神王)의 이름으로 추정된다. 그러나 인터넷〈국편위주〉008에 따르면, "《魏書》高句麗傳에서는 朱蒙의 曾孫으로 되어 있어 제4代 閔中王 또는 제5代 慕本王으로 보는 說도 있다." 일설에는 막래와 모본(慕本)의 모양이 비슷한 점을 같은 사람으로 보기도 한다.
9) 막래의 한참 뒤의 후손 련에 이르러[莫來裔孫璉]: 장수왕이 후위에 사신을 보낸 일은 《위서》〈세조기(世祖紀)〉의 "태연(太延) 원년(435) 6월 병오"조에서 처음으로 등장한다.

중국에서 설정한 부여국의 위치. 이 위치에서 동남방으로 남하하여 홀승골에 이르렀다면 지금의 환인현과는 방향이 정반대가 된다.

•003

그 땅은 동쪽으로는 신라에 이르고 서쪽으로는 요수[10)]를 건너니 [동서로] 이천 리요, 남쪽으로는 백제와 국경이 맞닿아 있고 북쪽으로는 말갈과 이웃해 있으니 [남북으로] 천 리가 넘는다.

도읍은 평양성[11)]이다. 그 성은 동서로 여섯 리[12)]이며, 남쪽은 패수[13)]

---

10) 요수(遼水): 중국 고대사에 등장하는 하천 이름. 그 위치와 지리비정에 관해서는 《양서》〈고려전〉 부분의 해당 주석을 참조하기 바란다.

11) 평양성(平壤城): 이 기사에는 그 연대가 명시되지 않았지만 《삼국사기》〈고구려본기〉에 따르면, "[장수왕] 15년에 평양으로 도읍을 옮겼다.(十五年, 移都平壤)"라고 적고 있다. 인터넷〈국편위주〉013에서는 "高句麗의 平壤城이나 長安城은 모두 지금의 平壤 地域에 비정되고 있으며, 좀 더 구체적으로는 처음의 平壤城은 현 平壤의 東北인 大城山下의 安鶴宮址로, 다음의 長安城은 현 平壤市로 비정하는 예가 있다."라고 보았다. 그러나 이 같은 주장은 '요동'이라는 지리개념을 요동반도 이동으로 국한시켰을 때에나 해당되는 것이다. 만약 '요동'의 범주에 지금의 요동반도

를 마주하고 있다. [그] 성 안에는 양식과 무기만 비축해 놓고 있다가 적들이 침범할 때에만 [성 안으로] 들어가서 굳게 지키곤 한다. 왕의 경우는 그 옆에 따로 거처를 지어 놓았으나 늘 거기서 지내는 것은 아니다.14) 그곳 말고도 국내성15) 및 한성16)이 있는데, [이 두 곳] 역시 또 다른 도읍이다. [여기에] 더하여 요동·현토 등 몇십 개의 성이 있는데, 한결같이 관청을 두고 서로 총괄해 다스린다.

이서, 산해관 이동까지 포함시키자면 그 좌표는 당연히 지금보다 서북방으로 수정되어야 옳다. 이 문제에 관해서는 문성재,《한국고대사와 한중일의 역사왜곡》, 제222~239쪽의 논의를 참조하기 바란다.

12) 동서로 여섯 리[東西六里]: 남북조시대에는 남조와 북조가 서로 다른 자[尺]를 사용하였다. 남조는 25.8cm 정도, 북조(북위)는 30.9cm 정도였다. 이를 리(里)로 환산하면 남조가 464.4m이고 북조는 556.2m 정도였다. 주나라는 북조에 속하므로 동서로 6리라면 대체로 3.34km 정도 되었던 셈이다.

13) 패수(浿水): 한중 고대사에 등장하는 하천의 이름. 인터넷〈국편위주〉014 및〈동북아판2〉(제093쪽)에서는 "高句麗의 首都 平壤城의 南쪽에 임한 浿水는 곧 지금의 大同江"이라고 보았다. 국내에서는 조선시대 이래로 그 위치와 관련하여 ① 대동강설, ② 청천강설, ③ 압록강설 등과 함께 ④ 난하설, ⑤ 혼하설 등이 제기되었다. 그러나 이 중에서 지구과학적으로 가장 유력한 후보는 하북성 동북부를 흐르는 난하이다. 무엇보다도 결정적인 근거는《사기》·《한서》의 편찬시점과 가장 가까운 후한대의 지리학자 상흠(桑欽)이《수경(水經)》에서 패수가 "동쪽으로 흘러 바다로 들어간다."라고 분명하게 언명한 데에서 찾을 수 있다. 이에 대한 보다 상세한 논의는 문성재,《한국고대사와 한중일의 역사왜곡》, 제32~38쪽을 참조하기 바란다.

14) 늘 거기서 지내는 것은 아니다[不常居之]: 인터넷판〈국편위판〉에서는 "평상시에는 거기에 살지 않는다.",〈동북아판2〉(제093쪽)에서는 "평소 거주하지는 않는다."라고 각각 번역했으나 뉘앙스에서 실제와는 편차가 있다. 고대 한문에서 빈도부사인 '늘 상(常)'이 부정사인 '아니 불(不)' 앞에 와서 "常+不+V" 구조가 되면 '언제나 ~하지 않는다'라는 완전부정(complete negation)의 의미를 나타낸다. 반면에 '상'이 '불' 뒤에 와서 "不+常+V" 구조를 이루면 '언제나 ~하는 것은 아니다'라는 부분부정(partial negation)의 의미를 나타낸다. 그런데〈국편위판〉이나〈동북아판2〉의 번역대로 이해하면 유사시에만 그곳에 머문 것이 되므로 정확한 번역이라고 할 수 없다. 여기서 말하고자 하는 것은 빈도상의 문제이므로, "항상 그곳에 머무는 것은 아니다" 식으로 번역해야 옳다.

○ 其地, 東至新羅, 西渡遼水二千里, 南接百濟, 北隣靺鞨千餘里。治平壤城。其城, 東西六里, 南臨浿水。城內唯積倉儲器備, 寇賊至日, 方入固守。王則別爲宅於其側, 不常居之。其外有國內城及漢城, 亦別都也, 復有遼東·玄菟等數十城, 皆置官司, 以相統攝。

• 004

[가장] 높은 벼슬로는 대대로[17]가 있다. 그다음으로는 태대형[18]·대형

---

15) 국내성(國內城): 고구려의 초기 도읍.《삼국사기》〈고구려본기〉"유리왕"조에서는 "28년에 國都를 國內로 옮겼다."라고 했으며, "고국원왕"조에서는 "12년에 王이 丸都城에 移居하였다."라고 하였다. 그렇다면 국내성은 유리왕 때부터 고국원왕 때까지 고구려의 도읍이었던 셈이다. 인터넷〈국편위주〉015에서는 그 좌표를 대체로 "지금의 滿洲 輯安縣 通溝 山城子"에서 구했으나 확실하지 않다.

16) 한성(漢城): 고구려의 또 다른 도읍. 인터넷〈국편위주〉016과 〈동북아판2〉(제094쪽)에서는 그 좌표를 "대략 지금의 載寧 地方"으로 비정했으나 확실하지 않다.

17) 대대로(大對盧): 고구려의 관직명.《한원》의《고려기》인용문에는 '토졸(吐捽)'로 소개되고 있는데, 품계는 1품에 해당하며 국사를 총괄하는 최고의 관직으로 추정된다.

18) 태대형(太大兄): 고구려의 관직명.《한원》의《고려기》인용문에 따르면 2품(二品)에 해당하는데, '막하하라지(莫何何羅支)'로 불리기도 했다고 한다. '태대형'이 '막하하라지'로도 불렸다면 '막하'는 '태'에 대응되어 '크다(great)'라는 의미를 나타내는 셈이다. 여기서 문제는 그 발음을 따져 볼 때 '막하(莫何)'는 '모허(mohe)'로, 산스크리트어에서 '크다'라는 의미를 나타내는 '마하(maha)'에 대한 음차(音借)라는 데에 있다. 불교 경전인《마하반야바라밀다심경(摩訶般若波羅蜜多心經)》이나《천수경(千壽慶)》의 유명한 진언인 '수리수리, 마하수리(修理修理 摩訶修理)'나, 대승 불교의 '대승(大乘)'에 해당하는 산스크리트어 '마하야나(Mahāyāna)' 등에 나오는 '마하'가 바로 그것이다. 산스크리트어 '마하'는 당대 이래로 한자로는 '마가(摩訶, moge), 마합(摩哈, moha)' 등으로 표기되었다. 불교의 유명한 경전인《육조단경(六祖壇經)》〈반야품 제2(般若品第二)〉에서 "무엇을 '마가'라고 하는가? '마가'는 크다는 뜻이다.(何名摩訶? 摩訶是大.)"라고 한 것이 그 증거이다. 한자는 다르지만 서로 발음이 비슷하고 의미도 일치하는 것을 보면 '막하-'는 산스크리트어 '마하-'의 또 다른 표기인 셈이다.《고려기》에서 '태대형'의 별칭으로 소개된 '막하하라지', 또는 최소한 '막하'만큼은 산스크리트어이지 고구려어가 아니라는 뜻이

19)·소형20)·의사사21)【교감1】·오졸22)·태대사자·대사자·소사자·욕사23)·예속24)·선인25)과 욕살26)이 있다. 이상의 열세 개의 관직27)은

다. 그렇다면 '막하하라지'를 고구려의 관직명 또는 고구려어로 소개한 《고려기》 또는 《한원》의 소개는 잘못된 정보일 가능성이 높다.

19) 대형(大兄): 고구려의 관직명. 《한원》의 《고려기》 인용문에 따르면, 품계가 정5품(正五品)에 해당하며 '힐지(纈支)'로 불리기도 했다고 한다.

20) 소형(小兄): 고구려의 관직명. 《한원》의 《고려기》 인용문에 따르면, 품계가 정7품에 해당하며 '실지(失支)'로 불리기도 했다고 한다.

21) 의사사(意俟奢): 고구려의 관직명. 인터넷〈국편위주〉022 및 〈동북아판2〉(제094쪽)에서는 《한원》의 《고려기》 인용문에서 ① "奢가 흔히 使者와 대응되고 있어 使者系 官位의 하나"이며, ② "意俟는 고유어의 위를 의미하는 것"이므로, ③ "意俟奢는 上位使者의 異稱"이라고 추정하였다. 그러나 그 같은 추론을 뒷받침해 줄 만한 근거가 박약하며 특히 '의사'가 고유어의 '위'를 뜻한다는 주장은 뒤의 주석의 고대음 재구에서 보듯이 그다지 설득력이 없어 보인다.

22) 조졸(鳥拙): 고구려의 관직명. 인터넷〈국편위판〉의 경우, 번역문에서는 '오졸(烏拙)', 원문에서는 '조졸(鳥拙)'로 서로 다르게 표기하고 주석에서는 "그 音을 보아 他書에서 보이는 鬱折의 異稱"으로 추정하였다. 그러나 음운학적 견지에서 볼 때, 이 관직명이 '울절(鬱折)'과 동일한 것이라면 그 이름은 '조졸'이 아니라 '오졸'이어야 옳다. '울절'과 대응되는 쪽은 '오졸'이기 때문이다. 곽석량 《한자고음수책》에 따르면, '새 조(鳥)'는 '단과 유의 반절[端幽切, tieu]', '검을 오(烏)'는 '영과 어의 반절[影魚切, a]', '서투를 졸(拙)'은 '장과 물의 반절[章物切, tɕiwet]'이어서 '아따ᇿ' 정도로 재구된다. '따ᇿ'의 경우, 종성인 '-ㅅ'이 약화/탈락되면서 '띠ᆔ' 식으로 읽혀졌을 가능성도 고려할 필요가 있다고 본다. 또, '울창할 울(鬱)'은 '영과 물의 반절[影物切, iwet]', '꺾을 절(折)'은 '장과 월의 반절[章月切, tɕiat]'이다. 따라서 '조졸'은 '뜌따ᇿ', '오졸'은 '아따ᇿ' 정도로 재구되는데 종성이 약화/탈락되면 각각 '뜌띠ᆔ'와 '아띠ᆔ' 정도로 읽혀진다. '울절'은 '윗따ᇿ'으로 재구되는데 종성이 약화/탈락되면 '워띠ᆔ' 정도로 읽혀지므로 '오졸'과 발음이 유사한 셈이다. 참고로, 인터넷〈국편위주〉023에서는 '오졸'을 "他書에서 보이는 鬱折의 異稱"으로 보았으나 보다 정확한 표현으로는 동일한 고구려어 명사를 서로 다른 한자로 표기한 경우이다.

23) 욕사(褥奢): 고구려의 관직명. 곽석량 《한자고음수책》에 따르면, '무늬놓을 욕(縟)'은 '일과 옥의 반절[日屋切, nʝwŏk]', '사치할 사(奢)'는 '서와 어의 반절[書魚切, ɕia]'이어서 '뇩샤' 정도로 재구된다. 다만, '뇩'의 경우, 종성인 '-ㄱ'은 약화/탈락된 채로 '뇨샤' 식으로 읽혀졌을 것이다. 《한원》의 《고려기》 인용문에서는 종5품의 발위사자(拔位使者)를 "'유사'로 부르기도 한다.(一名儒奢)"라고 소개하였다. 인터

[궁정] 안팎의 일을 나누어 담당한다.

그중에서 대대로의 경우는 [세력이] 강한 자와 약한 자가 서로 경쟁을 하는데, [이기면] 그 벼슬을 빼앗아 스스로 차지하며 국왕의 임명에 따르지 않는다.

○ 大官有大對盧, 次有太大兄 · 大兄 · 小兄 · 意侯奢【 "意侯奢", 隋書本傳作

넷《국편위주》027에서는 이에 대하여 "褥과 儒는 상통하는 것이며, 褥奢는 곧 拔位使者를 의미하는 것"으로 추정하였다. 실제로 '욕사'는 '유사'와 음운상으로 서로 대응된다. '선비 유(儒)'는 '일과 후의 반절[日侯切, nju̯wo]', 즉 '뉴ㅗ'로서, 종성 '-ㄱ'가 탈락된 '녹'와 발음이 유사하기 때문이다.

24) 예속(翳屬): 고구려의 관직명. 곽석량《한자고음수책》에 따르면, '일산 예(翳)'는 '영과 지의 반절[影脂切, ʔei]', '속할 속(屬)'은 '선과 옥의 반절[禪屋切, zi̯wok]' 또는 '장과 옥의 반절[章屋切, tji̯wok]'이어서 '예ㅣ자ㅝ' 또는 '예ㅣ따ㅝ' 정도로 재구된다. 다만, '자ㅝ/따ㅝ'의 경우, 종성인 '-ㄱ'은 약화/탈락된 채로 '예ㅣ지ㅝ' 또는 '예ㅣ띠ㅝ' 식으로 읽혀졌을 가능성도 고려할 필요가 있다.《한원》의《고려기》에서는 "제형은 '예속'이라고 부르기도 한다.(諸兄, 一名翳屬)"라고 하여 종7품 제형의 별칭으로 보았다.

25) 선인(仙人): 고구려의 관직명.《양서》에는 '선인(先人)'으로 소개되어 있다. '선인'과 '선인'은 발음은 대체로 일치하지만 앞 글자의 의미가 서로 판이하게 다른 것을 볼 때 '선인'은 고구려어를 비슷한 발음의 한자로 서로 다르게 표기한 경우였을 것이다.

26) 욕살(褥薩): 고구려의 관직명. 곽석량《한자고음수책》에 따르면, '요 욕(褥)'은 '일과 옥의 반절[日屋切, nji̯wŏk]', '보살 살(薩)'은 '상과 할의 반절[桑割切, sat]'이어서 '나ㅝ샷' 정도로 재구된다. 다만, '나ㅝ샷'의 경우, 두 글자의 종성인 '-ㄱ'과 '-ㅅ'가 약화/탈락되면서 '니ㅝ사' 식으로 변형되었을 수도 있다.《한원》의《고려기》 인용문에서 "大城에는 褥薩을 두었는데 都督에 비견된다."라고 소개한 것을 보면 각 지방의 군정장관에 해당하는 셈이다.

27) 열세 개의 관직[十三等]:《주서》를 편찬한 사관의 착오이다.《북사》나《수서》의〈고구려전〉을 보면 "~, 이상의 열두 개의 관직이 있고, 추가로 내평 · 외평 · 5부 욕살이 있다(凡十二等, 復有內評外評五部褥薩)"라고 소개되어 있다. 말하자면, ① 고구려의 관등제도는 욕살을 제외한 12개 관직을 원칙으로 하며, ② 여기에 경우에 따라서 내평 · 외평 · 5부 욕살이 별도로 추가되기도 했다는 이야기이다. 따라서 ③ 욕살은 12관등과는 구분해서 이해해야 옳다.

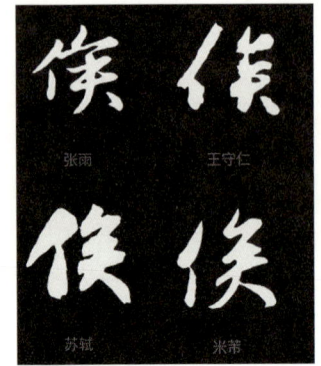

'사'와 '후'. 두 글자 모양이 비슷해서 서둘러 읽거나 쓸 경우 자칫 혼동될 수도 있다.

意侯奢, 北史作竟侯奢.】· 烏拙 · 太大使者 · 大使者 · 小使者 · 褥奢 · 翳屬 · 仙人幷褥薩凡十三等, 分掌內外事焉. 其大對盧, 則以彊弱相陵, 奪而自爲之, 不由王之署置也.

【교감1】 "의사사"의 경우 《수서》의 〈고구려전〉에는 '의후사'로 되어 있으며, 《북사》에는 '경후사'로 되어 있다.[28]

•005

그 나라 형법에서는 반란 및 반역을 꾀할 경우, 우선 [당사자의 몸을] 불로

---

28) 의사사(意侯奢) … 의후사(意侯奢) … 경후사(竟侯奢): 《수서》에는 '의후사(意侯奢)', 《북사》에는 '경후사(竟侯奢)'로 나와 있다면 정확한 명칭은 '의후사'일 가능성이 높다. ① 첫 글자의 경우 《수서》와 《주서》에 근거할 때 그보다 22년 뒤에 편찬된 《북사》의 '경'이 오자이다. ② 둘째 글자의 경우, 행서(行書)에서 '후'와 '사'의 모양이 흡사하고, ③ 《수서》와 《북사》에는 '후'로 나와 있다는 것이 그 증거이다. 두 글자가 모양이 비슷한 데서 비롯된 오독 또는 오기의 사례에 해당하는 셈이다. 곽석량 《한자고음수책》에 따르면, '뜻 의(意)'는 '영과 직의 반절[影職切, ʔɨk]', '기다릴 사(俟)'는 '숭과 지의 반절[崇之切, dʒɨə]', '후(侯)'는 '갑과 후의 반절[匣侯切, xo]', '사치할 사(奢)'는 '서와 어의 반절[書魚切, ɕia]'이므로 '의사사'는 '역져샤', '의후사'는 '역호샤' 정도로 재구된다.

태우며[29], 그런 다음에는 [그] 목을 베고, 그 가솔들은 호적을 박탈하였다. [또,] 도둑질을 할 경우 [훔친 물건의] 열 갑절이 넘게 배상하게 하였다[30]. 만약 가난하여 [비용을] 마련할 수가 없어서 공적·사적인 빚을 지는 경우에는 한결같이 그 자녀들[의 등급]을 평가한 결과에 따라[31] 노비로 삼아서 [빚을 준] 그 사람에게 변상하였다.

○ 其刑法, 謀反及叛者, 先以火焚爇, 然後斬首, 籍沒其家. 盜者, 十餘倍徵贓. 若貧不能備, 及負公私債者, 皆聽評其子女爲奴婢, 以償之.

• 006

사내는 소매가 긴 저고리에 통 넓은 바지, 흰 가죽 띠【교감1】, 누런 가죽

---

29) 우선 불로 태우며[先以火焚爇]: 〈동북아판2〉(제095쪽)에서는 '분설(焚爇)'을 "날카로운 도구로 죄수의 몸에 상처를 낸 다음 다시 불에 달군 쇠꼬챙이로 지지는 형벌"인 '자설(刺爇)'과 결부시켰으나 그렇지 않다. 동진의 역사가 습착치(習鑿齒, 317~384)의 《한진춘추(漢晉春秋)》에서 "발해군을 태워 버리다.(焚爇勃海)"라고 한 것이나 당나라 학자 소악(蘇鶚, 9세기 말)의 《두양잡편(杜陽雜篇)》에서 "상소문 중 남들에게 보이고 싶지 않은 것들은 일률적으로 모두 태워 없애었다.(章奏有不欲左右見者, 率皆焚爇)"라고 한 것이 그 증거이다.

30) 열 갑절이 넘게 배상하게 하였다[十餘倍徵贓]: 그 배상액의 경우, 《수서》에는 "열 배(十倍)", 《구당서》에서는 "열두 배(十二倍)"로 나와 있다. 다만, 그 편찬 시점을 기준으로 따지자면 전자가 636년, 후자가 945년으로 《구당서》가 300년이나 늦게 편찬되었기 때문에 전자의 기록을 따르는 편이 합리적이라고 본다.

31) 그 자녀들을 평가한 결과에 따라[聽評其子女]: 〈동북아판2〉(제095쪽)에서는 이 부분을 "[빚을 진 정도를] 살피고 따져"로 번역했으나 오역이다. 여기서 '살필 평(評)'은 사람에 등급을 매기는 것을 가리키며, '들을 청(聽)'은 등급을 매기는 사람들(평의회?)이 내리는 판결 또는 처분을 가리킨다. 살피고 따지는 대상이 빚의 규모가 아니라 채무자 자녀의 등급이라는 뜻이다. 즉, 빚을 진 사람의 자녀에게 등급을 매긴[評] 결과에 따라[聽] 채무자 자녀들에 상·중·하 식으로 등급을 매겨 노비로 처분하는 것을 가리키는 것이다.

고려전(高麗傳) **427**

신을 착용한다. 그들의 관은 '골소'【교감2】32)라고 부르는데, 자주색 비단[羅]으로 만들어 쓰는 경우가 많으며, 금이나 은으로 섞어서 장식으로 삼기도 하였다. 그 나라 사람들 중에서 벼슬을 가진 사람은 [거기에] 다시 새 깃 두 개를 그 위에33) 꽂음으로써 그의 신분이 남다름을 부각시키기도 하였다.

○ 丈夫衣同袖衫·大口袴·白韋帶【"白韋帶", 隋書·北史本傳作素皮帶.】.黃革履. 其冠曰骨蘇【"其冠曰骨蘇", 北史本傳倒作蘇骨.】, 多以紫羅爲之, 雜以金銀爲飾. 其有官品者, 又揷二鳥羽於其上, 以顯異之.

【교감1】 "흰 가죽 띠"의 경우 《수서》와 《북사》의 〈고려전〉에는 '물을 들이지 않은 가죽 띠(소피대)34)'로 되어 있다.

【교감2】 "그들의 관은 '골소'라고 부르는데"의 경우, 《북사》《고구려전》에는 순서가 뒤바뀌어 '소골'로 되어 있다.35)

---

32) 골소(骨蘇): 곽석량 《한자고음수책》에 따르면, '뼈 골(骨)'은 '견과 물의 반절[見物切, kuət]', '차조기 소(蘇)'는 '심과 어의 반절[心魚切, sɑ]'이어서 '꿧사' 정도로 재구된다. 다만, '꿧'의 경우 종성 '-ㅅ'이 약화/탈락된 채 '꿔'로 변하면서 '꿔사' 식으로 읽혀졌을 가능성도 고려할 필요가 있다. 《삼국사기》《지리지》를 보면, 고구려어에서 '구스'가 구슬을 뜻하는 말이었음을 알 수 있는 바, 이를 통하여 여기서의 '꿔수'가 구슬을 뜻하는 고구려어 '구스'일 가능성을 추정할 수 있다고 본다. 참고로 《태평어람》과 《문헌통고》에서는 이 부분을 '소골다(蘇骨多)'로 끊어 읽었다.

33) 그 위에[其上]: 《책부원구》에 인용된 이 대목에서는 '기상(其上)'이 '기두상(其頭上, 그 머리 위에)'으로 나와 있다.

34) 물을 들이지 않은 가죽 띠[素皮帶]: '흴 소(素)'의 경우, 일반적으로 '희다(white)'의 의미로 사용되지만 때로는 물을 들이기 전의 본래의 바탕색(natural color)을 뜻하기도 한다.

35) 소골(蘇骨): 《북사》를 위시하여 《문헌통고》·《태평어람》 등의 사서에는 '소골'로 나와 있다. 이는 ①《수서》의 기록에 오류가 많은 것, ②《북사》 등 복수의 문헌들에 근거할 때 소골이 정확한 명칭일 가능성이 높다.

•007

부녀자들은 치마와 저고리를 입는데, 옷자락이나 소매에는 테를 둘렀다. [그 나라의] 서적으로는 '오경'·'삼사36)'·《삼국지》·《진양추》37)가 있다.

병기로는 갑옷·쇠뇌·활·화살·미늘창·큰 창·장창·작은 쇠자루 창이 있다.38)

○ 婦人服裙襦, 裾袖皆爲襈。書籍有五經·三史·三國志·晉陽秋。兵器有甲弩弓箭戟矟矛鋋。

36) 삼사(三史): 중국 위·진·남북조시대에 사마천(司馬遷)의 《사기(史記)》, 반고(班固)의 《한서(漢書)》, 반고 등의 《동관한기(東觀漢記)》를 아울러 일컫던 이름.《동관한기》가 실전된 당대 개원(開元) 연간(713~741) 이후로는 그 대신 《사기》·《한서》와 함께 범엽(范曄)의 《후한서(後漢書)》를 추가하여 '삼사'로 불렀다.

37) 진양추(晉陽秋): 진(晉) 왕조의 역사를 다룬 편년체 단대사(斷代史). 총 32권으로, 동진(東晉)의 역사가 손성(孫盛, 302?~374?)이 편찬하였다. 서진과 그가 생존해 있을 때인 동진 애제(哀帝) 사마비(司馬丕, 341~365)까지의 역사를 편년체로 기술하였다. 당시의 권신이던 환온(桓溫)이 전연(前燕)에 공세를 펼칠 때 방두(枋頭)에서 참패한 일을 기술하자 환온이 그 일을 알고 삭제할 것을 강요하자 따로 판본을 엮어서 요동 땅에 보관했다고 전해진다. 지금은 원본은 사라지고 《광아서국총서(廣雅書局叢書)》로 수록된 청대 학자 탕구(湯球, 1804~1881)의 편집본 3권만 전해진다. 일설에는 원래 제목은 《진 춘추(晉春秋)》였는데 그 나라 사람들이 자국의 선정태후(宣鄭太后)의 어릴 적 이름인 아춘(阿春)을 피하기 위하여 비슷한 의미의 '볕 양(陽)'으로 고쳤다고 한다. 손성은 자가 안국(安國)으로, 태원(太原) 중도(中都), 즉 지금의 산서성 평요(平遙) 사람이다. 조부 손초(孫楚)는 풍익태수(馮翊太守), 부친 손순(孫恂)은 영천태수(穎川太守)를 지낸 명문가 출신으로, 여러 관직을 거쳐 장사태수(長沙太守)·비서감 가급사중(秘書監加給事中)에 이르렀다.

38) 병기로는[兵器有]~: 인터넷 〈국편위판〉에서는 "甲弩弓箭戟矟矛鋋" 부분을 "갑옷·쇠뇌·활·창붙이"로 번역하였다. 그러나 정확하게는 "갑옷·쇠뇌·활·화살·미늘창·큰 창·장창·작은 쇠자루 창" 식으로 구분해야 옳다.

• 008

조세[39)]로는 명주·베 및 조를 받는데, 당사자가 가진 현물[의 유형]에 따르되, [그 사람이] 가난한지 넉넉한지를 잘 따져서 등급에 차이를 두어 조세를 바쳤다.[40)]

[농사를 짓는] 땅은 [토질이] 메마르고 나쁜 편이며, [사람들이] 사는 집은 절제되고 검소한 편이다. 그렇지만 외모를 가꾸는 경향이 있고, [남을] 속이거나 [모양을] 꾸미는 경우가 많다.

말[투?]은 비속하고 거칠며, 가깝고 멀고를 가리지 않는다.[41)] 아버지와 아들이 한 강물에서 몸을 씻으며 한방에서 잠을 잔다.【교감1】

---

39) 조세[賦稅]: 인터넷〈국편위판〉에서는 '부세(賦稅)'를 "세금"으로 번역했는데 용어 선택에 문제가 있다. 여기에 "세금"으로 언급된 것들은 화폐가 아니라 현물들뿐임을 확인할 수 있다. 그러나 "세금(稅金)"이라는 표현은 조세를 화폐로 납부한다는 전제하에서만 사용이 가능하다. 여기서는 '조세'로 번역하는 편이 합리적이라는 뜻이다. 또, 〈국편위판〉에서는 '조 속(粟)'을 '곡식'으로 번역하였다. 물론, 조도 곡식의 일종이기는 하다. 그러나 여기서는 보다 정확한 번역을 위하여 원문대로 '조'로 번역하였다.

40) 등급에 차이를 두어 조세를 바쳤다[差等輸之]: 인터넷〈국편위판〉과 〈동북아판2〉(제096쪽)에서는 "量貧富差等輸之" 부분을 "量貧富差等l輸之"으로 파악하고 "貧富의 차등을 헤아려 받아들였다."라고 번역했으나 정확하게 따지자면 "量貧富l差等l輸之"으로 나누어서 파악하고 "가난한지 넉넉한지를 따져서 등급에 차이를 두어 거두었다" 식으로 번역해야 옳다.

41) 가깝고 멀고를 가리지 않는다[不簡親疎]: 두 구문은 얼핏 상관관계가 있는 것 같아 보인다. 그래서 기존의 역주서들은 모두 이 네 글자를 다음 구절에 붙여 해석하였다. 〈동북아판2〉(제097쪽) 역시 이 부분을 "친소를 가리지 않아 심지어 한 냇물에서 목욕하고 같은 방에서 잔다."라고 번역하였다. 그러나 아버지와 아들 사이는 가까운 사이이기 때문에 "가깝고 멀고를 가리지 않고" 식의 상황은 아무 의미가 없다. 반면에, 언어의 경우에는 존댓말과 예삿말, 존칭과 비칭(卑稱)의 관계처럼 나와의 관계가 가까우냐 머냐에 따라 표현이 달라지며, 관례에서 벗어난 표현을 쓰면 비난의 대상이 되기도 한다. 따라서 이 네 글자는 그 앞의 "말은 비속하고 거칠며"에 연결시켜 이해해야 옳다.

○ 賦稅則絹布及粟, 隨其所有, 量貧富差等輸之。土田塉薄, 居處節儉。然尙容止。多詐僞, 言辭鄙穢, 不簡親疎, 乃至同川而浴, 共室而寢【乃至同川而浴共室而寢, 隋書·北史本傳乃至作父子。】

【교감1】 "한 강물에서 목욕을 하며 한방에서 잠을 잔다"의 경우,《수서》와《북사》의〈고구려전〉에는 '내지(乃至)'가 '부자(父子)'로 되어 있다.[42]

• 009

[그 나라의] 풍속은 음란한 것을 좋아해서 [그것을] 부끄럽게 여기지 않는다. '유녀[바깥으로 나도는 여자]'라는 것이 있는데, 남편은 정해진 사람이 없다. 혼인을 하고 아내를 맞이할 때의 예법에 있어서는 재물이나 폐백을 갖추는 경우가 거의 없다.[43] 만약 재물을 받으면 당사자가 '계집종이라도 파느냐'고 말할 정도로 세간에서는 그런 짓을 무척 치욕스럽게 여긴다.

부모나 남편의 상을 당했을 경우, 그 나라에서 상을 치르는 제도는 중국과 같지만 형제인 경우에는 삼 개월로 제한한다.[44]

---

42) 내지(乃至): 문법적으로 따져 볼 때 '심지어 ~하기까지 한다(乃至)' 쪽보다는 '아버지와 아들(父子)'로 보아서 아버지와 아들이 사이좋게 같이 몸을 씻거나 한방에서 잠을 자기도 한다는 식으로 이해하는 것이 더 자연스럽다.

43) 거의 없다[略無]: 인터넷〈국편위판〉과〈동북아판2〉(제097쪽)에서는 '략(略)'을 '대체로(generally)'로 해석했으나 '략' 뒤에 '아닐 불(不)' 또는 '없을 무(無)' 같은 부정사가 올 경우에는 0에 가깝다는 '거의(almost)'의 의미로 사용된다. 게다가 뒤에서도 "재물을 받으면 '종을 판다'고 하면서 세간에서는 그것을 무척 치욕스럽게 여긴다."라고 했으므로 이 경우에는 '략'을 '거의'의 의미로 번역하는 편이 합리적이다.

44) 부모나 남편의 상을 당했을 경우[父母及夫喪]: 중국에서는 전통적으로 부모나 남편이 죽으면 3년상을 치렀다.《의례(儀禮)》《상복(喪服)》에서는 자식이 부모를 위해, 아내가 남편을 위해, 신하가 군주를 위해 3년상을 치렀다고 한다. (실제로는 27개월) 그 뒤로 한대 초기에 완성된《예기(禮記)》에서는 3년상을 치르는 상주의

○ 風俗好淫, 不以爲愧. 有遊女者, 夫無常人. 婚娶之禮, 畧無財幣, 若受財者, 謂之賣婢, 俗甚恥之. 父母及夫喪, 其服制同於華夏. 兄弟則限以三月.

• 010

불법을 경건하게 믿기는 하지만 [그보다는] 법도를 벗어난 제사45)를 더 좋아한다. 이 이외에도 신을 모시는 사당이 두 군데 [데] 있는데, 하나는 부여신46)으로, 나무를 깎아 부녀자의 모습으로 만들며, 하나는 등고신

언행·음식·의복·거처 등 세세한 부분까지 구체적으로 원칙을 정하였다. 그러나 공자(孔子)의 제자들이 공자의 상을 치른 경우를 제외하고는 춘추·전국시대부터 한대 초기까지 상주가 3년을 다 채운 적이 없으며, 입관해 매장하면 모든 장례절차를 끝낸 것으로 간주되었다고 한다. 그래서 효자로 유명한 안영(晏嬰)·섭정(聶政)조차 매장이 끝나고 대체로 3개월이나 백일이 되면 상복을 벗었다. 다만, 시간이 흐르면서 3년상을 제도·법률적으로 강제하기 시작하여 진대를 거쳐 남북조시대에 이르러서는 이를 어길 경우 형률로 다스리기까지 하였다. … 참고로, 중국 학자 오천명(吳天明: 2017.8)의 최근 연구 결과(〈공·맹이 창도한 '3년상'의 정치목적과 문화의도(孔孟倡導'三年之喪'的政治目的和文化考量)〉,《호북사회과학(湖北社會科學)》, 2017.8)에 따르면, 3년상은 원래 고대에 동이(은나라)의 전통이었는데, 그 후예이던 공자를 필두로 맹자(孟子) 등 유가에서 주나라의 전통 부흥과 정치권력의 안정을 목적으로 적극적으로 창도하면서 중원지역으로 확산되었으며 한대 이후에는 중국사회에서 보편화되었다고 한다.

45) 법도를 벗어난 제사[淫祀]:《예기》〈곡례(曲禮)〉에서는 "제사를 지낼 대상이 아닌데도 제사를 지내는 것을 '음사'라고 한다. 음사로는 복 받을 일이 없다.(非其所祭而祭之, 名曰淫祀, 淫祀無福.)"라고 하였다. 여기서는 나라에서 천지·사직에 지내는 공적인 제사의식이나 조상에 대한 제사를 제외한 제사행위들을 가리키는 것으로 이해할 수 있겠다.

46) 부여신(夫餘神): 인터넷〈국편위판〉에서는 "나무를 깎아 부녀자 모습으로 만든다.(刻木作婦人之象)"라고 한 구절에 착안하여 '朱蒙의 母인 河伯女神'으로 추정하였다. 그러나 '부여신'이라면 고구려는 물론이고 부여에서도 신봉하는 신이어야 하므로 부여에서 추방되다시피 한 주몽(추모)의 생모를 신격화 해 숭배할 리가 없다. 이는 기독교에서는 예수를 구세주로 숭배해 그 생모인 마리아를 '성모(聖母)'

⁴⁷⁾으로【교감1】 그들의 '시조인 부여신의 아들'이라고 하였다. [이 두 사당은] 나란히 [관련] 관청을 두고 관리를 파견해 지키게 하는데, '아마 하백의 딸과 주몽일 것'이라고 한다.⁴⁸⁾

○ 敬信佛法, 尤好淫祀. 又有神廟二所: 一曰夫餘神, 刻木作婦人之象, 一曰登高神, 一曰登高神【"一曰登高神", 北史本傳倒作高登神.】. 云是其始祖夫餘神之子. 竝置官司, 遣人守護. 蓋河伯女與朱蒙云.

【교감1】 "하나는 등고신으로"의 경우 《북사》〈고구려전〉에는 '고등신'으로 순서가 뒤바뀌어 있다.⁴⁹⁾

─

로 숭배하지만 그보다 더 역사가 오래된 유대교에서는 예수와 마리아를 평범한 인간으로 폄하하는 것과 비슷한 경우라고 하겠다.

47) 등고신(登高神): 인터넷〈국편위주〉842에서는 "高句麗의 始祖 朱蒙神"으로 추정했으나 확실하지는 않다. 인터넷〈국편위판〉에서는 바로 다음에 이어지는 "其始祖夫餘神之子" 부분을 "그들의 시조이며 夫餘神의 아들"로 번역하였다. 그러나 그 구절은 "그 시조인 부여신의 아들"로 번역할 수도 있다.

48) 신을 모시는 사당이 두 군데 있는데[又有神廟二所]: 인터넷〈국편위주〉043에서는 이 기사와 관련하여 《고려도경(高麗圖經)》〈사우(祠宇)〉"숭산묘(崧山廟)"조의 숭산신(崧山神) 및 "동신사(東神祠)"조의 동신성모(東神聖母)를 소개하여 숭산신과 동신성모가 각각 주몽과 하백녀인 것으로 추정하면서 "夫餘神의 전통은 高麗期까지 이어져 간 것"으로 보았다. 그러나 확인 결과, '숭산신'은 상부(祥符) 연간 즉 송나라 진종(眞宗)이 재위한 시기인 1008~1016년 사이의 거란(契丹)의 내침과 관계가 있는 신으로 밝혀졌다. '동신'의 경우, 해당 대목에서 "어떤 사람은 '[동신성모가] 부여[왕]의 아내인 하백의 딸로, 그녀가 주몽을 낳아 고[구]려의 시조가 되었기 때문에, 그를 사당에 모셨다'고 하였다.(或云, 乃夫餘妻河神女也. 以其生朱蒙爲高麗始祖, 故祠之.)"라고 소개되어 있다. 그래서 얼핏 동신성모가 주몽의 생모인 하백의 딸과 동일 인물인 것처럼 보인다.〈동북아판2〉(제097쪽)의 번역 역시 마찬가지이다. 그러나 《삼국유사》〈감통편(感通篇)〉에서 일연(一然)이 상세하게 소개하고 있듯이, ① 그 이야기에 등장하는 여신은 본래 중국 황실의 딸이고, ② 도착한 곳이 고구려가 아니라 진한이며, ③ 그녀가 낳은 성스러운 아들도 주몽이 아니라 혁거세라고 한다. 따라서 해당 기사는 고대사 연구에 또 다른 흥미로운 단서를 제공한다는 점에서는 긍정적이지만 하백의 딸 또는 그 아들 주몽과는 무관한 셈이다.

49) 고등신(高登神): 《북사》〈고구려전〉에는 '고등신'으로 되어 있다. 전후 맥락을 따져

• 011

[고]련의 5세손인 [고]성50)이 대통51) 12년(546)에 사신을 보내 그 나라의 특산물을 바쳤다. [고]성이 죽자 아들인 [고]탕52)이 옹립되었다.

건덕53) 6년(577)에 [고]탕이 또 사신을 보내 와서 공물을 바쳤다. [그래서] 고조54)가 [고]탕을 상개부의동대장군55) · 요동군개국공 · 요동왕에

보면 '고'주몽(추모)이 고씨의 시조이므로 '등고신'보다는 '고등신' 쪽이 더 가능성이 높다. 실제로 '등고신'으로 소개한 사서는 《주서》뿐이며 《북사》·《문헌통고》·《삼국사기》 등에는 '고등신'으로 나와 있다.

50) 성(成): 고구려의 제24대 국왕인 양원왕(陽原王)의 이름.
51) 대통(大統): 남북조시대 서위(西魏)의 문제(文帝) 원보거(元寶炬, 507~551)가 535~551년까지 16년 동안 사용한 연호. "대통 12년"이라면 고구려의 양원왕 2년으로 서기로는 546년에 해당한다.
52) 탕(湯): 고구려의 제25대 국왕인 평원왕(平原王)의 이름으로 보인다. 같은 해에 편찬된 것으로 알려져 있는 《수서》〈고조기(高祖紀)〉에는 '넘어질 탕(湯)'이 아닌 '볕 양(陽)'으로 소개되어 있으며, 국내 사서인 《삼국사기》〈고구려본기〉에는 '양성(陽成)'으로 나와 있다. '탕'과 '양'은 몸글자가 같으므로 둘 중 하나가 잘못 표기된 것으로 보이는데, 어느 쪽이 맞는지는 알 수가 없다. 다만, 《수서》와 《삼국사기》 두 사서에서 '양'으로 소개한 것을 보면 평원왕의 실제 이름은 '탕'이 아니라 '양'이었을 가능성이 높다.
53) 건덕(建德): 남북조시대 북주(北周)의 제3대 황제인 무제(武帝) 우문옹(宇文邕, 543~578)이 572~578년까지 6년 동안 사용한 연호. "건덕 6년"은 고구려의 평원왕 19년이며 서기로는 577년에 해당한다.
54) 고조(高祖): 북주의 무제 우문옹(宇文邕, 543~578)의 묘호. 선비족 출신으로 서위(西魏)의 대신이던 우문태(宇文泰)의 아들로, 자는 이라돌(禰羅突)이다. 12살 때 서위에서 보성군공(輔城郡公)에 봉해지고 나중에는 포주자사(蒲州刺史) · 대사공(大司空)을 거쳐 노국공(魯國公)에 봉해졌다. 즉위 초기에는 사촌형인 우문호(宇文護)가 국권을 농단하자 천화(天和) 7년(572)에 그를 시해하고 권력을 장악하였다. 경전 · 불상 · 사원을 파괴하고 불교를 탄압했으나 도가에는 호의적이어서 장자(莊子)의 '제일만물(齊一萬物)'의 주장을 지지하였다. 노비를 해방시켜 주는 한편 탐관오리들을 응징하고 치수에 힘쓰는 등 백성들에게는 선정을 베풀었으며, 건덕 6년(577)에 북제(北齊)를 멸망시키고 화북지방을 통일하였다.
55) 상개부 의동대장군(上開府儀同大將軍): 중국 고대의 관직명. '개부의동대장군'

배수하였다.

O 璉五世孫成, 大統十二年, 遣使獻其方物。成死, 子湯立。建德六年, 湯又遣使來貢。高祖拜湯爲上開府儀同大將軍·遼東郡開國公·遼東王。

은 글자대로 풀이하면 "독자적인 집무 관청과 함께 대장군에 준하는 의전 특혜를 누린다." 정도로 해석된다. 북주 무제의 건덕 4년(575)에 설치되었으며, 지위가 개부의동대장군보다 높아서 맨 앞에 '위 상(上)'자가 추가되었다. 품계는 구명(九命)으로, 장사(長史)·사마(司馬)·사록(司錄)·중랑(中郎)·연(掾)·속(屬)·참군(參軍) 등의 속관(屬官)들을 두었다. 주로 전장에서 공로를 세운 공신 또는 북제에서 투항한 관리들에게 부여되었으며, 정해진 직무는 없었다. 이 작호를 하사받는 사람에게는 '사지절·대도독·표기대장군·시중(使持節大都督驃騎大將軍侍中)'의 직함이 추가되곤 하였다. 수나라 문제(文帝) 개황(開皇) 원년(581)에 철폐되었다.

백제전(百濟傳)[56]

• 001

'백제'라는 나라는 그 선대가 아마[57] 마한의 속국이었던 것으로 보이는데[58] 부여의 또 다른 갈래이다.[59]

---

56) 백제전(百濟傳): 북주의 무제 건덕 6년(533)으로부터 선정 원년(578)까지, 즉 백제의 위덕왕(威德王) 시기의 백제와 북주의 2년간의 교류사를 소개하였다. 중간 중간에는 백제가 건국되는 시점부터 위덕왕 25년(BC18~AD578)까지의 일들을 다루었다. 사실이 기록되어 있다. 단편적이기는 하지만 정치·종교·학술·경제 등, 천도 이후의 백제를 이해하는 데에 아주 유용한 정보를 제공하기 때문에 역대 중국 정사 〈백제전〉들 중에서 사료적 가치가 가장 높다는 평가를 받고 있다. 특기할 만한 점은 북주와의 교섭 관련 내용보다는 백제의 행정·관등·통치·문화·언어에 관한 새로운 정보들이 상대적으로 비중 있게 다루어져 있다는 점이다. 특히, 도읍인 고마성 이외에도 중·동·남·서·북의 '5방' 체제가 가동되었다는 내용을 통하여 '고마'의 의미가 고유명사(웅진·공주)가 아니라 일반명사(도읍·수도)임을 확인할 수 있다.

57) 아마[蓋]: 인터넷〈국편위판〉에서는 이 부분을 "그 先代가 대체로 馬韓의 속국이며 夫餘의 별종인 듯하다"라고 번역하였다. 여기서 '덮을 개(蓋)'는 부사로 작동하고 있다. 다만, 여기서는 추정의 의미를 나타내며 범위를 설정하지 않는다. '대체로(generally)'가 아니라 '아마도(maybe)'의 의미를 나타내는 것이다. 따라서 이 부분은 "그 선대가 아마도 마한의 속국이었던 듯 한데, 부여의 또 다른 갈래이다" 식으로 번역해야 한다.

58) 마한의 속국[馬韓之屬國]: 《양 직공도(梁職貢圖)》〈백제국사(百濟國使)〉 설명에는 "夷馬韓之屬"으로 되어 있다. 일반적으로 '속할 속(屬)' 한 글자만 사용되었을 경우에는 '부류(group)'의 의미를 나타내는 경향이 보편적이므로 '마한지속(馬韓之屬)'을 '마한의 부류'로 해석하는 것도 가능하다. 다만, 이 "백제전"에서 '마한지속국(馬韓之屬國)'으로 소개한 것을 보면《양 직공도》의 '속'은 '속국'의 줄임말임을 짐작할 수 있다. 인터넷〈국편위주〉049에서는《삼국사기》"온조왕 10년 가을 9월"조와 "온조왕 18년 겨울 10월"조와 "온조왕 24년 가을 7월"조 기사의 비교를 통하여 백제가 마한의 속국에서 시간이 흐를수록 차츰 마한을 압도하는 양상을 포착하고 "여기에서 百濟國 成長의 한 側面을 볼 수 있다."라고 해석하였다. 다만, 인터넷〈국

○ 百濟者, 其先蓋馬韓之屬國, 夫餘之別種。

• 002

'구태'⁶⁰⁾라는 이가 있었는데, 처음에 대방의 옛 땅에 나라를 세웠다.⁶¹⁾

편위주〉049에서 "韓半島 南部에서 처음 형성된 國家였던 馬韓國"이라고 하여 마한의 위치를 한반도 남부로 단정한 것은 재고가 필요할 것 같다.

59) 부여의 또 다른 갈래[夫餘之別種]: 일본 학자 와타 세이(和田淸)는 《구당서》에서 대조영(大祚榮)의 내력을 '고려 별종(高麗別種)'으로 소개한 데 대하여 "'別'字를 붙이고 있는 것을 보면 그는 高句麗와는 同族이 아니라고 하였다." 그는 이 논리를 토대로 "韓國史에서 高句麗를 除外시켜야 한다."라는 주장까지 늘어놓았다.(《渤海國地理考》, 제24~25쪽) 그러나 그 같은 주장은 한문을 제대로 깨우치지 못한 데서 비롯된 무지의 소치이다. 후한대 학자 허신(許愼)은 《설문해자》에서 "'별'은 쪼개는 것을 뜻한다.(別, 分解也)"라고 설명하였다. 《고훈회찬(古訓匯纂)》에서도 '별'의 첫 번째 의미가 "나눈다는 뜻이다.(分也)"라고 소개하면서 호삼성(胡三省)이 《자치통감》《송기7(宋紀七)》에 붙인 "호와는 시조가 같지만 파가 갈린다.(與浩同宗而別族)" 등을 그 예로 들었다. 이 밖에도 여러 가지 뜻이 있지만 '별'의 의미들을 한마디로 요약하면 '쪼개[지]다(cut)', '나누[어지]다(divide)'이다. 쪼개거나 나눈다는 것은 곧 분리를 뜻하며 그 분리는 곧 분리의 근원인 본체의 존재를 상정한다. 본체로부터의 분리인 것이다. 따라서 본체이든 분신이든 선후나 상하의 관계는 존재할지 모르나 그 뿌리는 같을 수밖에 없다. '별종'의 '별'은 그 의미가 '다르다(different)'가 아니라 '나누[어지]다(divide)'라는 뜻이다. 그래서 빠이뚜(百度)를 위시한 중국의 거의 모든 온라인 사전에서 '별종'을 찾아보면 "동일한 종족의 갈래(同一種族的分支)"라고 소개하고 있다. 그것 말고는 다른 의미가 없다는 뜻이다. 실제로 중국 정사 "25사"를 뒤져 보면 그 사실을 금방 확인할 수 있을 정도로 관련 용례가 많다. 고구려에 대하여 "동이들 사이에서는 예전부터 부여의 또 다른 갈래라고 전해져 왔다. 언어나 제반 사항들은 부여와 같은 경우가 많다(東夷舊語以爲夫餘別種, 言語諸事, 多與夫餘同)"라고 《삼국지》《동이전》〈고구려전〉의 내용 역시 아주 좋은 용례이다.

60) 구태(仇台): 백제의 시조이자 건국자의 이름. 국내 학계에서는 온조[왕]과 구태를 서로 다른 인물로 간주하는 경향이 지배적인데 문제가 매우 크다. ① '온조(溫祚)'는 '광개토(廣開土)·장수(長壽)·무녕(武寧)·무열(武烈)' 등과 같이 그 왕을 규정하는 특징과 업적들을 함축한 시호(諡號)이자 왕호(王號)이며, '구태'야말로 아무 수식 없는 오롯한 이름이기 때문이다. ② 《북사》·《수서》에서 구태를 소개하면서 "동명[성왕]의 자손으로 구태라는 자가 있다.(東明之後有仇台)"라고 한 것이 그

○ 有仇台者, 始國於帶方故[地]。

증거이다. ③ 두 사서에서 "[백성들에 대한] 사랑과 [국정에 대한] 성실함이 각별하였다.(篤於仁信)"라고 한 것도 또 다른 증거이다. ④ 중국의 전통적인 시법(諡法)에서 자상함[仁]과 성실함[信]은 언제나 '따뜻함[溫]'과 동반되는 개념이었기 때문이다. 인터넷〈국편위주〉50~51에는 백제의 건국 시조가 누구냐에 관하여 대체로 ① 온조설, ② 비류설, ③ 도모설, ④ 구태설로 구분했고, 관련 논의가 상당히 복잡하고 다단하게 소개되어 있어서 참고할 만하다. 다만, 고구려를 벗어난 '구태'가 백제를 건국하고 통치하다가 사후에 신민들이 존경의 뜻을 담아 '따뜻하게 백성들을 보듬고 나라를 세우신 분'이라는 뜻에서 '온조[왕]'으로 일컬어지게 된 것이라는 점에 각별히 유념할 필요가 있다. 이와 함께, 백제의 개국군주의 이름 '구태'가 '구이'라는 또 다른 발음으로 읽혀졌을 가능성도 염두에 둘 필요가 있다. 곽석량《한자고음수책》에 따르면, '원수 구(仇)'는 '군과 유의 반절[群幽切, gi̯ə̯u]', '별 태(台)'는 '여와 지의 반절[余之切, ʎi̯ə]'와 '투와 지의 반절[透之切, tʻə]'이므로 '겨ㅜ여' 또는 '겨ㅜ터' 정도로 재구된다. 학계 일각에서는 '구태'의 또 다른 추정음인 '구이'가 '고이(古爾)[왕]'와 비슷한 점에 착안하여 구이를 고이왕으로 추정하는 경향이 있다. 그러나 ① '오랠 고(古)'는 '견과 어의 반절[見魚切, kɑ]', '너 이(爾)'는 '일과 지의 반절[日脂切, nʲei]'이어서 '까네ㅣ'로 읽히기 때문에 '겨ㅜ여'로 재구되는 '구이'와는 음운상으로 대응관계가 성립되지 않는다. 게다가 ② 굳이 온조왕(BC18~AD27)을 거론하지 않더라도, 백제의 건국은 서기전 18년에 이루어졌다는 것이 통설이어서, ③ 서기 234~286년까지 재위한 고이왕(?~286)과는 연대 차이가 200년 넘게 벌어져 있다.

61) 대방의 옛 땅에서 나라를 세웠다[始國於帶方故[地]]:《북사》와《수서》의 〈백제전〉에는 "대방 옛 땅에 그 나라를 세웠다.(始立其國于帶方故地)"라고 되어 있다. 고대 한문에서 '옛 고(故)'는 명사 앞에 사용되면 관형어로 작동하여 '옛날의(former)'라는 의미의 형용사로 사용된다. 반면에 구문의 맨 앞에 사용될 경우에는 앞뒤 두 구문을 인과관계로 연결해 주는 접속사로 작동하여 '그래서·따라서(therefore)'라는 의미를 나타낸다. 여기서 앞 구문과 뒷 구문은 인과관계로 연결된 것이 아니라 병렬적으로 연결되어 있다. 따라서 '그래서'(접속사)는 부자연스럽다.《북사》·《수서》에는 '땅 지(地)'자가 있는 것을 볼 때 '옛날의'의 의미로 해석해야 옳다. 이병도는 두 사서에서 '대방 옛 땅'이라고 한 것을 "百濟建國의 地가 곧 帶方郡의 前身인 舊眞番郡의 一部分이었기 때문에 특히 帶方의 故地라고 했다."라고 해석하였다. 그러나 ① 수나라 때에는 대방이 존재하지 않았기 때문에 '과거에 대방이 있던 땅'이라는 뜻에서 '대방 옛 땅'이라고 한 것일 뿐이다. 또, ② "帶方은 지금의 黃海道 一帶를 가리키며 이른바 '帶方故地'란 것은 帶方의 前身인 舊眞番의 一部(南半部=漢江 以北의 京畿道)라고 본 것도 문제가 많다. 대방의 좌표는 한반도가 아닌 중국에

• 003

그 나라 땅의 경계는 동쪽으로 신라까지 이르고 북쪽으로 고구려와 맞닿으며, 서쪽과 남쪽은 모두 큰 바다에 막혀 있다. [그 영토는] 동서로는 사백오십 리이고 남북으로는 구백 리가 넘는다.62) 도읍은 '고마성'63)이[라고 부른]다.

서 구해야 옳기 때문이다. 그 좌표에 관한 고증은 문성재,《한국고대사와 한중일의 역사왜곡》및《정역 중국정사 조선·동이전1의 해당 주석을 참조하기 바란다. 참고로, 중국 학계에서는 대방군의 위치를 과거에는 황해도 및 경기도 일대로 비정해 왔다. 그러나 2021년 현재 중국의 대표 사이트인 빠이뚜의 "공손강(公孫康)"조에서는 그 좌표를 한참 더 내려서 "경기도 및 충청도 땅(京畿道幷忠淸道之地)"으로 비정하고 있어서 '동북공정(東北工程)'에 대한 학계의 경각심이 요구된다.

62) 동서로는 사백오십 리이고 남북으로는 구백 리가 넘는다[東西四百五十里, 南北九百餘里]: 인터넷〈국편위주〉053에 따르면, "《括地志》의 '里'數(註 8의〈表〉參照)를 보면 扶餘時代 百濟의 北界인 牙山~天原 木川線이 扶餘에서 대략 300里, 그 南界인 珍島~海南線이 扶餘에서 대략 千里 이상이므로 百濟 全域의 南北은 대략 1,300里 이상"이다. 게다가 이 열전에서는 사비성(泗沘城) 천도 시기의 백제를 다루고 있으므로 남북의 길이는 1,300리보다 더 길었다는 이야기가 된다. 그렇다면 여기에 언급된 면적(450×900)보다 훨씬 넓은 곳인 셈이다. 이와 함께, 이 열전에 소개된 백제의 영토는 전성기인 근초고왕(近肖古王)의 한성백제 시기가 아니라 고구려의 남진정책으로 충남까지 밀려난 사비백제(泗沘百濟) 시기임에 유념할 필요가 있다.

63) 고마성(固麻城): 백제의 도읍. 곽석량《한자고음수책》에 따르면, '굳을 고(固)'는 '견과 어의 반절[見魚切, kɑ]', '삼 마(麻)'는 '명과 가의 반절[明歌切, mea]'이어서 '까마' 정도로 재구된다. 인터넷〈국편위주〉054에서는 "熊津은 '곰나루'의 漢字譯이며 지금의 公州"라고 보았으나 '고마'는 '도읍·도성(capital)'을 뜻하는 백제어를 한자로 표기한 음차(音借) 한자어로서, '곰(bear)'은 언어적으로 아무 상관이 없다. 이를 충청남도 공주시로 비정한 것도 조선시대부터여서 언어분석도 지리고증도 정확하다고 보기 어렵다. 여기서의 고마성은 연대만 놓고 보면 웅진성보다는 오히려 사비성일 가능성이 높다. 바로 뒤에 "그 북방은 '웅진성'이라고 한다.(北方曰熊津城)"라고 한 것이 그 증거이다. 따라서 이를 웅진성으로 보고 '곰=고마'의 도식을 대입하는 것은 무리이다. 이에 관한 상세한 논의는《양서》〈백제전〉의 "고마" 주석을 참조하기 바란다.

○ 其地界東極新羅, 北接高句麗, 西南俱限大海. 東西四百五十里, 南北九百餘里. 治固麻城.

• 004
그 [도읍] 바깥으로는 다시 오방(五方)이 있는데[64], 중방은 고사성[65] ·

---

64) 그 바깥으로는 다시 오방이 있는데[其外更有五方]: 이 대목은 당시 백제의 도읍 및 웅진성의 관계와 관련하여 중요한 단서를 제공한다. ① 바로 앞에서 '도읍이 고마성'이라고 한 데 이어 ② '그 바깥에 따로 5방이 있다'고 하였다. 따라서 중국 정사인 《주서》의 이 기사에서 소개한 백제의 지리정보들이 역사적 사실이라는 전제하에서 ③ 고마성은 5방과는 별개의 도시인 셈이다. 고마성 주변에 5방이 존재했다는 뜻이다. 따라서 ④ 마지막에 소개되는 '북방의 치성인 웅진성'은 고마성과 별도로 설치된 성이므로 도읍일 수가 없다. 그렇다면 ⑤ 고마성의 유일한 대안은 5방의 하나인 웅진성이 아닌 제3의 도시(사비?)뿐이다. ⑥ '고마'를 '곰'과 결부시켜 '웅진성'으로 해석하고 다시 '공주시'로 비정한 기존의 주장들은 《주서》의 기사를 제대로 이해하지 못한 데서 비롯된 오독·오해의 산물인 셈이다.

65) 고사성(古沙城): 사비백제 5방의 하나인 중방의 치성(治城). 당대 초기 태종의 아들이던 위왕(魏王) 이태(李泰, 620~652) 등이 엮은 지리서인 《괄지지(括地志)》에서는 "국성의 남쪽 260리 지점에 있으며, … [크기는] 사방으로 150보(國南二百六十里, … 方百五十步)"라고 하였다. 곽석량《한자고음수책》에 따르면, '옛 고(古)'는 '견과 어의 반절[見魚切, kɑ]', '모래 사(沙)'는 '산과 가의 반절[山歌切, ʃen]'이어서 '까센' 정도로 재구된다. 학계에서는 《삼국사기》〈지리지〉에서 "고부군은 본래 백제의 고묘부리군이다.(古阜郡 本百濟古眇夫里郡)"라는 기록과 《동국여지승람(東國輿地勝覽)》에 '애꾸눈 묘(眇)'자가 '모래 사(沙)'로 나와 있는 것을 근거로 "지금의 全羅北道 古阜郡"으로 비정하는 것이 통설이다. 그러나 ① '고사부리군'으로 소개된 《동국여지승람》보다 시기적으로 앞선 《삼국사기》에는 '고묘부리군'으로 되어 있다는 점, ② 《한자고음수책》에 따를 때, '묘'는 '명과 소의 반절[明宵切, mĭau]'인 반면 '사'는 '샨[ʃen]'여서 대응관계가 성립되지 않는다. ③ 기존의 고증이 현실과 동떨어진 주장이라는 데에는 정약용(丁若鏞)도 《아방강역고(我邦疆域考)》《팔도연혁총서(八道沿革總叙)》에서 다음과 같이 인정한 바 있다. "신이 삼가 따져보건대, 《북사》에 기술되기로는 백제에는 5부가 있고 그 중부를 고사성이라고 하는데 어떤 자들은 지금의 고부군(본래의 고사부리)과 비슷하다고 합니다. 그러나 그들(사관들)이 은진을 동부로, 금구를 남부로 보는 이상 고부는 중부가 될 수가 없습니다.(臣謹按, 北史所載, 百濟五府其中府曰古沙城, 或似今古阜郡(本古沙

동방은 득안성66) · 남방은 구지하성67) · 서방은 도선성68) · 북방은 웅

夫里), 然彼旣以恩津爲東府, 金溝爲南府, 則古阜不得爲中府也)". ④ 한진서(韓鎭書) 역시《해동역사(海東繹史)》《백제》"성읍(城邑)"조에서 "진서가 삼가 따져보건대, 고사성이 중방의 성이라면 당연히 부여 인근의 땅일 것입니다. 어떤 자들은 지금의 고부현(본래의 백제 고사부리군)으로 비정하지만 그것은 아님이 분명합니다. 고부는 바닷가에 외져 있으니 중방의 성이라고 할 수 없습니다.(鎭書謹按, 古沙城爲中方城, 當是扶餘近地也, 或以今古阜縣(本百濟古沙夫里郡) 當之非也. 古阜, 僻在海濱, 不可謂中方城也.)"라고 말한 바 있다. 지리학적으로 접근할 때 웅진성을 공주시로 비정하면 다른 5방의 좌표까지 헝클어지고 만다는 뜻이다.

66) 득안성(得安城): 사비백제의 동방 치성.《괄지지》에서는 "국성의 동남쪽 100리 지점에 있으며, … [크기는] 사방으로 1리이다.(國東南百里, … 方一里)"라고 하였다. 곽석량《한자고음수책》에 따르면, '얻을 득(得)'은 '단과 직의 반절[端職切, tək]', '편안할 안(安)'은 '영과 원의 반절[影元切, an]'이어서 '떡안' 정도로 재구된다.《삼국사기》《지리지》 "백제도독부 13현(百濟都督府十三縣)"조에는 "득안현은 본래 덕근지이다.(得安縣, 本德近支)"라고만 소개하였다. 득안현을 충청도 은진(恩津)으로 비정한 것은 조선시대부터이다.《동사강목(東史綱目)》·《아방강역고》·《해동역사》 등에서는 모두 "득안현은 본래의 덕근지로 … 지금의 은진이다.(得安縣, 本德近支, … 今恩津)"라고 보았다. 이 같은 지리고증은 지금도 학계에서 통설로 받아들여지고 있다. 그러나 중방인 고사성의 좌표부터가 정확하지 않으므로 동방 득안성을 은진으로 비정하는 것도 무리이다.

67) 구지하성(久知下城): 사비백제의 남방 치성.《괄지지》에서는 "국성 남쪽으로 360리 지점에 변성이 있는데 성이 사방으로 130보인데 이 성이 백제의 남방이다.(國南三百六十里有卞城, 城方一百三十步, 此其南方也)"라고 하였다. 여기서의 구지하성이 '변성(卞城)'인 셈이다. 정약용은 '구지하'를 '구지지(仇知只)[산]'으로 보아 전라도 김제(金堤)의 금구(金溝)로 비정하였다. 그러나 '구지-'까지는 음운상으로 양자가 서로 대응되지만 세 번째 글자는 '아래 하(下)'가 '갑과 어의 반절[匣魚切, ɣea]'인 반면 '다만 지(只)'는 '장과 지의 반절[章脂切, tǐe]'로 '햐'와 '떼'여서 초성-중성-종성 모두 대응관계가 성립되지 않는다. 이 밖에도 전라도 장성설(이마니시 류), 전라도 구례설(이기동) 등의 주장이 있으나 그 정확한 좌표는 확인할 길이 없다. 곽석량《한자고음수책》에 따르면, '오랠 구(久)'는 '견과 지의 반절[見之切, kǐwə]', '알 지(知)'는 '단과 지의 반절[端支切, tǐe]', '아래 하(下)'는 '갑과 어의 반절[匣魚切, ɣea]'이어서 고대음이 대체로 '끼궈떼햐' 정도로 재구된다.

68) 도선성(刀先城): 사비백제의 서방 치성.《괄지지》에서는 "국성 서쪽 350리 지점에 역광성이 있는데 사방으로 200보이며, 이것이 백제의 서방이다.(國西三百五十里, 有力光城, 城方二百步, 此其西方也)"라고 하였다. 정약용은 〈팔도연혁총서〉에서

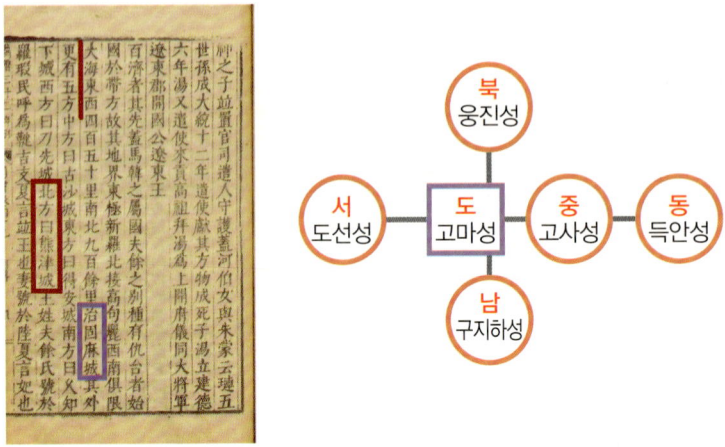

도성인 고마성 이외에도 5방성이 있는데 그 북방성이 웅진성이다. 그렇다면 '고마'는 웅진과는 동의어가 아닌 셈이다. 오른쪽은 고마성과 5방성의 개념도

진성이다.[69]

"도선성은 지금의 옥구 해상에 있는 것이 아닌가 싶다(.刀先城, 疑在今沃溝海上)"라고 보았으나 확실하지는 않다. 곽석량《한자고음수책》에 따르면, '칼 도(刀)'는 '단과 소의 반절[端宵切, tau]', '앞 선(先)'은 '심과 문의 반절[心文切, siən]'이어서 대체로 '따우선' 정도로 재구된다.

69) 웅진성(熊津城): 사비백제의 북방 치성. 일반적으로 충청남도 공주시(公州市)로 비정하는 것이 통설이다. 《괄지지》에서는 "국성의 동북방 60리 지점에 웅진성이 있는데 '고마성'이라고도 하며, 성은 사방 1리 반이다.(國東北六十里有熊津城, 一名固麻城, 城方一里半)"라고 하였다. ① 이 지리서는 황제의 아들(이태)이 당대 최고의 학자들과 그들을 통해 얻어진 최신의 정보들을 활용해 완성한 지리서이다. ② 편찬 시점은 정관(貞觀) 16년(642)으로, 백제가 멸망하기 18년 전에 해당한다. 그런데 그보다 100년 전인 성왕(聖王) 16년, 즉 서기 538년에 성왕은 사비성으로 천도하고 국호를 '남부여(南扶餘)'로 바꾼다. ③ 그렇다면《괄지지》에 소개된 당시 백제의 국성은 웅진성이 아닌 사비성일 수밖에 없다. 물론, 그렇다고 오류가 없는 것은 아니다. ④ 웅진성의 또 다른 이름이 '고마성'이라고 하여 두 지역이 동일한 도시인 것처럼 소개한 것이 그것이다. 그런데 ⑤《양서》에서 "도읍을 '고마'라고 하고 읍락은 '염로'라고 한다"고 한 것을 보면, '고마'는 고유명사가 아니라 일반명사, 즉 그 의미가 '도성(capital)'일 가능성이 높다. ⑥ 이보다 이른《북사》·《주서》에서는 웅진성이 도읍인 고마성을 제외한 5방의 하나이며 '북방의 성'이라고 소개하였

○ 其外更有五方, 中方曰古沙城, 東方曰得安城, 南方曰久知下城, 西方曰刀先城, 北方曰熊津城。

• 005
왕의 성은 부여씨70)로 '어라하'71)라고 부르고 백성들은 '건길지'72)라

다. ⑦ 그렇다면 고마성은 웅진성과 동의어일 수가 없다. 그 남쪽의 사비성이라는 뜻이다. 곽석량《한자고음수책》에 따르면, '곰 웅(熊)'은 '갑과 증의 반절[匣蒸切, ɣĭwəŋ]', '나루 진(津)'은 '정과 진의 반절[精眞切, tsĭen]'이어서 대체로 '하ᇰ젠' 정도로 재구된다.

70) 부여씨[夫餘氏]: 급고각본《주서》에는 '대여씨(大餘氏)',《북사》에는 '여씨(餘氏)'로 나와 있다. 의심할 것도 없이 ①《북사》《백제전》의 '여씨'는 중원 왕조가 백제의 국성(國姓)인 '부여'를 외자로 줄여 '여(餘)'로 일컬을 경우이다. 또, ② 급고각본의 '대여씨'는 '부여씨'를 잘못 새긴(오각) 경우이다. 따라서 여기서도 "부여씨"로 번역하였다.

71) 어라하(於羅瑕): 백제에서 '왕'을 부르던 호칭. 이병도 등 학계에서는 대체로 사비 백제에서 왕을 일컫는 칭호가 '어라하'와 백성들이 왕을 일컫는 '건길지'의 두 가지가 존재하는 것을 근거로 당시의 백제어가 언어적으로 이중구조(二重構造)를 이루고 있었다고 보았다. 즉, "百濟語는 夫餘-高句麗系의 支配族言語(於羅瑕・於陸)와 土着馬韓系統인 被支配族言語(鞬吉支)로 구성되었다."는 것이다. 이 같은 인식은 〈동북아판3〉(제092쪽)에서도 그대로 반영되고 있다. 그러나 단순히 왕에 대한 두 가지 호칭법을 근거로 백제어가 이중구조로 가동되었다고 단정하는 것은 곤란하다. 왜냐하면 '어라하'와 '건길지'의 관계는 '왕(王)'과 '킹(king)' 식의 서로 다른 두 가지 언어의 조합으로 볼 수도 있지만 '과인(寡人)'과 '전하(殿下)', 즉 겸칭(謙稱)과 존칭(尊稱)이라는 서로 다른 두 가지 호칭법의 조합일 가능성이 높기 때문이다. 곽석량《한자고음수책》에 따르면, '어조사 어(於)'는 '영과 어의 반절[影魚切, ĭa]', '비단 라(羅)'는 '래와 가의 반절[來歌切, la]', '티 하(瑕)'는 '갑과 어의 반절[匣魚切, ɣea]'이어서 대체로 '야라ᇹ' 정도로 재구된다.

72) 건길지(鞬吉支): 백제에서 백성들이 왕을 일컫던 존칭. 곽석량《한자고음수책》에 따르면, '동개 건(鞬)'은 '견과 원의 반절[見元切, kĭan]', '좋을 길(吉)'은 '견과 질의 반절[見質切, kĭĕt]', '가를 지(支)'는 '장과 지의 반절[章支切, tɕĭe]'이어서 대체로 '꺈껫뗴' 정도로 재구된다. 다만, 여기서 '껫'의 경우 종성인 '-ㅅ'이 약화/탈락되면서 '꺈꼐뗴' 식으로 읽혀졌을 것이다.

고 부르는데, 중국말로는 [두 경우] 모두 '왕'이라는 뜻이다. [왕의] 아내는 '어륙'73)이라고 부르는데, 중국말로 '왕비'라는 뜻이다.

[그 나라의] 관직으로는 열여섯 품계가 있다. 좌평74)은 다섯 명[교감1]으로, 제1품이다. 달솔75)은 서른 명[교감2]으로, 제2품이다. 은솔은 제3품, 덕솔은 제4품이며, 한솔은 제5품, 내솔은 제6품이다. 제6품 이상의 관리

---

73) 어륙(於陸): 백제에서 왕비를 부르던 호칭. 곽석량에 따르면, '어조사 어(於)'는 '영과 어의 반절[影魚切, ǐɑ]', '뭍 륙(陸)'은 '래와 각의 반절[來覺切, lǐeuk]'으로 '야륙' 정도로 재구된다. 〈동북아판3〉(제092쪽)에 따르면, 김방한(1982)은 《일본서기》에서 백제의 '왕비'에 대한 훈독(訓讀)이 '오리쿠(おりく)' 또는 '오로쿠(おろく)'임에 착안하여 '어(於)'를 '오리(ori-)' 또는 '오로(oro-)'로 읽은 것으로 보인다. 그러나 그것은 김방한의 착오가 아닌가 싶다. '오리쿠'나 '오로쿠'에서 '어'에 해당하는 부분은 '오(o-)'까지이며 '륙'이 '리쿠(-riku)'나 '로쿠(-roku)'로 읽혀야 하기 때문이다.

74) 좌평(左平): 백제의 고위 관직명. 《삼국사기》 "전지왕 4년"조에서는 "부여신을 상좌평으로 배수하여 군사·내정의 정사를 위임하였다. 상좌평의 직함은 이때 비롯되었는데 지금의 가재(가문내 집사?)와 같다.(拜餘信爲上佐平, 委以軍國正事. 上佐平之職始於此, 若今之家宰)"라고 소개하였다. 《일본서기》 "흠명(欽明) 4년"조 기사에 따르면, 좌평은 품계에 따라 상좌평·중좌평·하좌평으로 구분되어 있었던 것으로 보인다.

75) 달솔(達率): 백제의 관직명. 인터넷〈국편위주〉063에 따르면, 노중국은 "國語學에서 古語의 率을 고구려 관명인 意侯奢·褥薩·褥奢의 侯·薩·奢와 同一하게 '솔'·'시' 또는 '솔'·'술'·'수리'로 읽는데"에 착안하여 '-솔(率)'을 특정한 지역을 다스리는 족장(지배자)으로 추정하였다. 〈동북아판3〉(제093쪽)에서는 《수서》와 《책부원구》에는 달솔이 '대솔(大率)'로 소개되어 있는 점에 착안하여 "'달솔'은 '크다'라는 뜻의 백제어를 소리 나는 대로 한자로 옮겨 적은 것이고, '대솔'은 뜻을 살펴 한자로 번역한 것"이라고 보았다. 그러나 실제로는 '대'와 '달'은 똑같이 동일한 발음을 한자로 표기한 음차(音借)의 사례에 해당한다. '클 대(大)'는 '정과 월의 반절[定月切, dɑt]', '이를 달(達)'은 '당과 할의 반절[唐割切, dɑt]'로서, 그 고대음이 각각 '닷'과 '닷' 정도로 재구되는데, 이 중에서 '닷'은 종성(終聲) '-ㅅ'이 약화/탈락되면서 '다'에 가깝게 나는 경향이 있고, 실제로 현대음에서는 둘 다 '다(da)'로 발음되기 때문이다. '이끌 솔(率)'은 '산과 물의 반절[山物切, ʃiwət]'이므로, '달솔'은 '닷사ᇧ', 종성이 약화/탈락되면 '다시ᆑ' 정도로 재구될 것이다.

무녕왕의 왕관을 장식했던 금꽃 장식. 일반 관원들은 은꽃을 꽂았던 것으로 보인다.(국가문화유산포털 사진)

는 관[冠]을 은으로 만든 꽃으로 꾸몄다.

○ 王姓夫餘氏, 號於羅瑕, 民呼爲鞬吉支, 夏言竝王也。妻號於陸, 夏言妃也。官有十六品。左平五人【"左平五人", 通典卷一八五百濟條, 左平作左率。】一品, 達率三十人【"達率三十人", 隋書卷八一百濟傳, 達作大。】二品, 恩率三品, 德率四品, 扞率五品【"扞率五品", 隋書本傳殿本, 扞作杅, 隋書百衲本·北史卷九四百濟傳作杅。】, 奈率六品。六品已上, 冠飾銀華。

【교감1】 "좌평은 다섯 명"의 경우,《통전》권185의 '백제'조에는 '좌평'이 '좌솔'로 되어 있다.76)

【교감2】 "달솔은 서른 명"의 경우,《수서》권81의 〈백제전〉에는 '달'이 '대'

---

76) 좌솔(左率):《통전》"백제"조에는 '좌솔(佐率)',《구당서》·《신당서》·《삼국사기》 등에는 '좌평(佐平)'으로 나와 있다. 그러나《구당서》·《신당서》의 〈백제전〉과《삼국사기》《백제본기》에는 '좌평(佐平)'으로 되어 있는 것을 보면 둘째 글자는 '-솔'이 아니라 '-평'으로 보아야 옳다.

로 되어 있다.[77)]

【교감3】 "한솔은 제5품"의 경우, 무영전본《수서》〈백제전〉에는 '막을 한(扞)'이 '나무이름 간(杆)'으로 되어 있고, 백납본《수서》〈백제전〉 및《북사》〈백제전〉에는 '잔 우(杅)'로 나와 있다.[78)]

• 006

장덕은 제7품으로, 자주색 띠를 두르고, 시덕은 제8품으로, 검은색 띠를 두르며, 고덕은 제9품으로, 붉은색 띠를 두르고 이덕은 제10품으로, 파란색 띠를 둘렀다.[79)] 제11품인 대덕과 제12품인 문독[80)]은 둘 다 누런색 띠를 두르고, 제13품인 무독[81)]과 제14품의 좌군[82)] · 제15품

---

77) 대솔(大率): 백제의 관직명. 고대음으로 읽으면 '큰 대(大)'는 '정과 월의 반절[定月切, dat]'이다. '대'의 현대음은 '닷'에서 종성이 탈락된 '다(da)'이다. '이끌 솔(率)'은 '산과 물의 반절[山物切, ʃiwət]'이므로 '대솔'은 '닷시녓', 종성이 약화/탈락되면 '다시눠' 정도로 읽혀질 것이다.

78) 한솔(扞率): 백제의 관직명. 문자학적 견지에서 볼 때 이 관직명의 첫 글자는 '막을 한(扞)'이거나 '나무이름 간(杆)'이 분명하며 '물그릇 우(杅)'는 종이에 필사하거나 목판에 판각하는 과정에서 잘못 적었을 가능성이 높다.

79) 파란색 띠를 둘렀다[靑帶]: 〈동북아판3〉(제093쪽)에서는 이 색깔과 관련하여 "조선시대에 코발트 염료가 수입되기 전에는 靑色이 녹색(green)을 가리켰으나 조선 후기부터 점차 파란색(blue)을 가리키는 쪽으로 바뀌었다. 고대 그림 및 벽화 속의 청룡은 모두 녹색으로 그려져 있다."라고 소개하였다. 그러나 〈동북아판3〉이 간과한 것은 백제의 복식제도를 소개한 주체가《주서》편찬자, 즉 당나라 사람들이라는 사실이다. 중국에서는 일반적으로 검푸른 색, 즉 남색(藍色)을 가리킬 때 '청색(靑色)'이라는 표현을 쓴다. 따라서 여기서도 파란색은 녹색이 아니라 남색으로 이해하는 편이 합리적이다. 고대의 그림이나 벽화에 그려진 청룡이 녹색을 띠는 것은 원래 녹색 물감을 써서 그렇다기보다는 천 년이라는 긴 세월을 거치는 동안 남색이 바래져서 녹색으로 변했을 가능성도 배제해서는 안 된다.

80) 문독(文督): 백제의 관직명. 글자대로 풀이하자면 중국의 '어사(御史)'처럼, 문관들을 감찰하는 직무를 담당한 것이 아닌가 싶다.

81) 무독(武督): 백제의 관직명. 글자대로 풀이하자면 중국의 '도독(都督)'처럼, 군대를

의 진무 · 제16품의 극우【교감1】는 모두 흰색 띠를 둘렀다.

○ 將德七品, 紫帶, 施德八品, 皁帶, 固德九品, 赤帶, 李德十品【"李德十品", 宋本 · 南本及北史本傳 · 通典卷一八五 · 册府卷九六二一一三一五頁, 李都作季, 今據改.】 靑帶, 對德十一品, 文督十二品, 皆黃帶, 武督十三品, 佐軍十四品, 振武十五品, 克虞十六品【"克虞十六品", 隋書 · 北史本傳, 克作剋. 册府卷九六二一一三一五頁, 作克虞, 注云: 一作喪虞.】 皆白帶。

【교감1】 "이덕은 10품"의 경우, 송본 · 남감본《주서》및《북사》의〈백제전〉,《통전》·《책부원구》에는 '오얏 리(李)'가 모두 '끝 계(季)'로 되어 있다. 이제 그것에 의거하여 고쳤다.

【교감2】 "극우는 제16품"이라는 대목의 경우,《수서》및《북사》의〈백제전〉에는 '이길 극(克)'이 '이길 극(剋)'으로 되어 있다.《책부운구》권962의 제11315쪽에는 '극우'로 되어 있지만 "또는 '상우'라고 하기도 하였다."라는 주석이 붙어 있다.[83]

• 007

은솔[로부터?] 이하의 관원에는 정원이 없으며[84], 각자 [해당] 부서들이 있어서 여러 가지 업무들을 나누어 관장하였다.

감독하는 직무를 담당한 것이 아닌가 싶다.

82) 좌군(佐軍): 백제의 관직명. 글자대로 풀이하자면 중국의 '참군(參軍)'처럼, 군대에서 장군을 보필하는 보좌관이나 참모관 성격의 관직이 아닌가 싶다.

83) 상우(喪虞): 백제의 관직명. '극우'는 음차(音借)이므로 글자는 다르지만 '이길 극(克)'과 '잘할 극(剋)'은 같이 혼용되었던 것으로 보인다. 다만, 여기서의 '죽을 상(喪)'은 '극(克)'과는 발음이 완전히 달라서 대응되지 않는 것을 보면 '극'을 잘못 읽거나 잘못 적은 것이 분명하다.

84) 정원이 없으며[無常員]: 은솔은 품계가 3품이다. 따라서 이 구절을 통하여 사비백제 시기에는 3품 이하의 관리들에 대해서는 정원의 제한이 없이 필요에 따라 탄력적으로 임용했음을 짐작할 수 있다.

내부 관청85)으로는 전내부·곡부86)·육부·내략부87)·외략부88)·마부89)·도부·공덕부90)·약부91)·목부92)·법부93)·후관부【교감1】가 있

85) 내부 관청[內官]: 사비백제의 행정조직 명칭. 궁내의 업무를 관장하는 관청들을 두루 일컫는 이름으로 추정된다. 인터넷〈국편위주〉067에서는 "內官 12部, 外官 10部의 行政官署에서 內官은 宮中事務를, 外官은 府中의 一般庶政을 담당"한 것으로 이해하였다. 그러나 뒤에서 내관으로 소개하는 관서들을 보면 외략부(外掠部)·마부(馬部)·도부(刀部)·약부(藥部)·목부(木部)·법부(法部) 등과 같이 단순한 궁중 나인들보다는 그 성격이나 직무의 범위가 광범한 것을 확인할 수 있다.

86) 곡부(穀部): 백제의 관청명. 글자대로 풀이하면, 뒤의 '육부(肉部)'와 함께, 지금의 경제부 정도에 해당할 것으로 보인다.

87) 내략부(內掠部): 백제의 관청명. 두 번째 글자의 경우, 여기에는 '빼앗을 략(掠)'으로 되어 있지만 《한원》에는 '푸조나무 량(椋)', 《삼국사기》에는 '곳간 경(□)'으로 나와 있다. 《삼국사기》의 '경'이 정확한 글자라면 《한원》의 '량'은 역시 '곳간'을 뜻하는 '서울 경(京)'을 한대의 필사 관례에 따라 임의로 별개의 부수인 '나무 목(木)'를 추가하여 '경(椋)'으로 읽은 것이 분명하다. 그렇다면 여기서의 '략'은 모양이 비슷한 '경(椋)'을 잘못 쓴 것으로 보아야 옳다. '내경부(內椋部)'는 글자대로 풀이하면 궁내의 살림을 관장하는 관청이었을 것이다.

88) 외략부(外掠部): 백제의 관청명. 앞의 내경부에서 보았듯이, 두 번째 글자는 '곳간 경(椋)'을 잘못 적은 것이므로 '외경부(外椋部)'로 읽어야 옳다. 실제로 〈동북아판 3〉(제094쪽)의 소개한 박태우(2009)의 연구에 따르면, 충남 부여군 쌍북리에서 2008년에 '외경부'라는 글씨가 적힌 목간이 출토되었다고 한다. 궁내의 살림을 관장한 것이 내경부라면 '외경부'는 중앙정부(조정)의 살림을 관장한 관청이었을 가능성이 높다.

89) 마부(馬部): 백제의 관청명. 글자대로 풀이하면, 뒤의 '도부(刀部)'와 함께, 지금의 국방부 정도에 해당할 것으로 보인다.

90) 공덕부(功德部): 백제의 관청명. 글자대로 풀이하면, 지금의 보훈처 정도에 해당할 것으로 보인다.

91) 약부(藥部): 백제의 관청명. 글자대로 풀이하면, 지금의 보사부 정도에 해당할 것으로 보인다.

92) 목부(木部): 백제의 관청명. 글자대로 풀이하면, 지금의 건설부 정도에 해당할 것으로 보인다.

93) 법부(法部): 백제의 관청명. 글자대로 풀이하면, 지금의 법제처 정도에 해당할 것으로 보인다.

다. [또,] 외부 관청94)으로는 사군부95) · 사도부96) · 사공부97) · 사구부98) · 점구부99) · 객부100) · 외사부101) · 주부102) · 일관부103) · 도시부104)가 있다.

---

94) 외부 관청[外官]: 사비백제의 행정조직 명칭. 중앙정부(조정)의 행정조직을 두루 일컫는 이름으로 추정된다. 인터넷〈국편위주〉069에서는 여기서의 사군부 · 사도부 · 사공부 · 사구부가 "中國 古代의 周禮를 본뜬 天地春秋夏冬의 6官"의 명칭을 그대로 차용한 것으로 보았다. 이기동은 이 같은 명칭들을 근거로 백제가 "北周의 제도를 모방했을 蓋然性이 크다."라고 보았다.

95) 사군부(司軍部): 백제의 관청명. 글자대로 풀이하면 '군사 업무를 관장하는 부처'라는 뜻이므로, 당대 이래의 '6부'의 하나인 병부(兵部), 즉 지금의 국방부 정도에 해당할 것으로 보인다.

96) 사도부(司徒部): 백제의 관청명. 글자대로 풀이하면 당대 이래의 예부(禮部), 지금의 문화교육부 정도에 해당할 것으로 보인다.

97) 사공부(司空部): 백제의 관청명. 글자대로 풀이하면 당대 이래의 공부(工部), 지금의 건설부 정도에 해당할 것으로 보인다.

98) 사구부(司寇部): 백제의 관청명. 글자대로 풀이하면 지금의 법무부 정도에 해당할 것으로 보인다.

99) 점구부(點口部): 백제의 관청명. 글자대로 풀이하면 당대 이래의 호부(戶部), 지금의 경제기획처 정도에 해당할 것으로 보인다.

100) 객부(客部): 백제의 관청명. 글자대로 풀이하면 지금의 외교부 정도에 해당할 것으로 보인다.

101) 외사부(外舍部): 백제의 관청명. 이병도는 이를 왕실의 외척(外戚)을 관리하는 부처로 보았으나 확실하지는 않다. 일부 학자는 이 관청에서 인사를 담당했다고 보기도 하는데 그렇다면 당대 이래의 이부(吏部), 지금의 내무부에 해당하지 않을까 싶다.

102) 주부(綢部): 백제의 관청명. 글자대로 풀이하면 지금의 조달청 정도에 해당할 것으로 보인다.

103) 일관부(日官部): 백제의 관청명.《북사》에는 '일궁부(日宮部)'로 나와 있으나 '궁'보다는 '관(官)'이 더 가까워 보인다. '일관부'를 글자대로 풀이하면 지금의 기상청 정도에 해당할 것으로 보인다.

104) 도시부(都市部): 백제의 관청명.《북사》에는 '시부(市部)'로 나와 있다. 그렇다면 글자대로 풀이할 때 도성의 거리나 저자 관련 업무들을 총괄했을 가능성이 있다.

○ 自恩率以下, 官無常員, 各有部司, 分掌衆務. 內官有前內部・穀部・肉部・內掠部・外掠部・馬部・刀部・功德部・藥部・木部・法部・後官部『後宮部』, 北史本傳・册府卷九六二――三一五頁, 官作宮, 疑是.』. 外官有司軍部・司徒部・司空部・司寇部・點口部・客部・外舍部・綢部・日官部・都市部。

【교감1】 "후관부"의 경우 《북사》〈백제전〉 및 《책부원구》권962의 제11315쪽에는 '벼슬 관'이 '궁궐 궁'으로 되어 있는데 이것('후궁부')이 아닌가 싶다.[105]

• 008
도성 안에는 일만 가[106]가 사는데, 오부[107]로 나누고 '상부·전부·중

---

[105] 후궁부(後宮部): 백제의 관청명. 내관(內官)의 맨 앞 전내부(前內部)와 의미상으로 서로 대응된다. 그 전제하에서 본다면 후관부가 아니라 후궁부로 보는 편이 옳다. 즉, 전내부는 이씨조선의 궁내부(宮內府), 즉 궁궐의 관련 업무들을 총괄하는 부서로, 후궁부는 왕후비빈으로부터 궁녀들까지 후궁의 관련 업무들을 총괄하는 부서 정도로 이해할 수 있는 것이다.

[106] 일만가[萬家]: '가(家)'는 중국 고대의 호구 편제 단위이다. "10분의 1을 세금으로 걷으면 [백성들이] 칭송하는 소리가 자자해질 것이다.(什一行而頌聲作矣.)"라는 《공양전(公羊傳)》"선공 15년(宣公十五年)"조의 기사에 대하여 후한의 학자 하휴(何休, 129~182)는 "5명이 1가이다(五口爲一家)"라고 주석을 붙인 바 있다. 그의 주장이 동시대 사람들의 인식에 근거한 것이라면 "수천 가"는 1만~4만 정도에 해당하며 "수백 가"는 1천~4천 정도에 해당하는 셈이다. 이와는 별도로, '집 가'가 '가문(lineage)'의 개념으로 사용되었을 가능성도 상정해 볼 필요가 있다. ①《수서》·《북사》에서 백제의 어원으로 소개한 "100가를 거느리고 바다를 건넜기 때문에 그 일이 계기가 되어 '백제'라고 일컫게 된 것이다(以百家濟海, 因號百濟)"라는 기사나, ② 양나라 무제 소연(蕭衍)이 귀족들을 등용할 목적으로 엮은 '만성보(萬姓譜)'의 제목이 《백가보(百家譜)》였던 점 등을 따져 보면 '가'가 단순히 '세대(home)'보다 규모가 훨씬 큰 '가문(lineage)'의 개념이었을 가능성을 배제할 수 없다. 한 가지 분명한 사실은 인원 규모를 놓고 볼 때 '가'가 '호(戶)'보다 상대적으로 큰 개념이었을 것이라는 점이다. 중국의 초기 정사 기록들을 분석

부·하부·후부'라고 하며, [부마다] 군사를 오백 명[씩] 거느린다.【교감1】

○ 都下有萬家, 分爲五部, 曰上部·前部·中部·下部·後部, 統兵五百人【"統兵五百人", 北史本傳作: "部有五巷, 士庶居(馬)[焉], 部統兵五百人." 按: 本條統上當有部字.】

【교감1】 "군사를 오백 명씩 거느린다."의 경우 《북사》의 〈백제전〉에는 "부마다 다섯 골목(오항)이 있는데, 관리와 백성들이 그곳에 산다. 부마다 군사를 오백 명씩 거느린다."라고 되어 있다. 따져 보건대 이 대목에서 '거느릴 통(統)' 앞에는 '나눌 부'자가 있어야 옳다.

• 009

오방에는 저마다 방의 수령[108])이 한 명씩 있는데 달솔을 그 자리에 임명한다. [또] 군마다 장수가 세 명씩 있는데【교감1】 덕솔[109])을 그 자리에 임명한다. [각각의] 방에서는 일천 이백 명 이하 칠백 명 이상의 군사를 거느린다.【교감2】 [도]성 안팎의 백성들 및 그 밖의 작은 성들은 모두 각자 나뉘어 여기에 예속된다.【교감3】

○ 五方各有方領一人, 以達率爲之, 郡將三人【"郡將三人", 隋書·北史本傳上有

해 볼 때 한 세대를 뜻하는 '호'는 대체로 5~6명 정도였던 것으로 보인다.
107) 오부(五部): 사비백제 시기의 중앙 행정체제. 보통 상부(동부)·전부(남부)·중부·하부(서부)·후부(북부)로 구성되었다. 인터넷〈국편위주〉075에서는 그 부의 명칭이 무녕왕릉(武寧王陵)의 매지권(買地券) 명문에서 확인되는 것에 근거하여 이 같은 행정체제가 이미 웅진시기부터 가동되고 있었던 것으로 보았다.
108) 방의 수령[方領]: 인터넷〈국편위판〉에서는 '방령(方領)'을 고유명사로 해석하였다. 그러나 본서에서는 일반명사로 해석하여 "방의 수령"으로 번역하였다. 지금으로 따지면 대체로 각 지역의 지역[군] 사령관에 해당하는 것으로 보인다.
109) 덕솔을 그 자리에 임명한다[以德率爲之]: 《한원》의 《괄지지》인용문에는 이 구절이 "일률적으로 은솔을 그 자리에 임명한다.(皆恩率爲之)"로 되어 있다. '은(恩)'은 '덕'의 또 다른 글자인 '덕(悳)'을 잘못 읽거나 적은 것이 아닌가 싶다.

方有十郡四字. 周書無此四字, 語意不完, 疑誤脫.】以德率爲之. 方統兵一千二百人以下, 七百人以上【"方統兵一千二百人以下七百人以上", 北史本傳·册府卷九六二一一三一五頁, 無方字, 按: 無方字, 則是指郡將所統兵.】。城之內外民庶及餘小城, 咸分隷焉【"咸分肄焉", 北史本傳·通典卷一八五, 肄作隷是, 今據改.】。

【교감1】 "군마다 장수가 세 명씩 있는데" 부분의 경우, 《수서》·《북서》의 해당 열전에는 "방에는 군이 열 개가 있다.(方有十郡)" 부분이 들어 있다. 《주서》에는 이 부분이 없어서 의미 전달이 완전하지 못한데 착오로 누락된 것이 아닌가 싶다.

【교감2】 "방에서는 일천 이백 명 이하 칠백 명 이상의 군사를 거느린다."의 경우, 《북사》《백제전》 및 《책부원구》권962의 제11315쪽에는 '모 방(方)'자가 없다. 따져 보건대 '방'자가 없을 경우라면 군의 장수가 군사를 거느리는 것을 가리키는 셈이다.110)

【교감3】 "전부 각자 여기에 예속되었다."의 경우 《북사》《백제전》 및 《통전》권185에는 '익힐 이(肄)'가 '붙을 예(隷)'로 되어 있는바 그것('예')이 옳다. 이제 그것에 따라 고쳤다.

• 010

그[나라 사람들의] 의복의 경우, 남자는 고[구]려와 대체로 동일하다. [그러나] 만약 조정의 의례나 제사가 있을 때에는 그들의 관[모] 양쪽 옆111)에 새 깃을 꽂는데, 전시에는 그렇게 하지 않는다.112)

110) 방통병(方統兵): 여기서는 《북사》·《책부원구》의 경우처럼, 군의 장수 1명이 1,200~700명의 병력을 거느린 것으로 이해해야 옳다.
111) 양쪽 옆[廂]: '곁 상(廂)'은 '옆·측면(side)'의 의미를 나타낸다. 백납본에는 이 글자가 '상자 상(箱)'으로 나와 있으나 전후 맥락을 따져 볼 때 '곁 상'이 되어야 옳다.

절을 하고 알현할 때의 예법은 두 손으로 땅을 짚음으로써 존경의 뜻을 나타낸다. 부녀자의 옷은 두루마기와 비슷하면서도113)【교감1】 소매가 약간 큰 편이다.

규수인 경우에는 머리를 땋아114) 머리 위로 틀어 올린 다음 뒤로 한 가닥을 늘어뜨려 장식으로 삼으며, 시집을 간 경우에는 [늘어뜨린] 머리

---

112) 전시에는 그렇게 하지 않는다[戎事則不]: 〈동북아판3〉(제097쪽)에서는 이와 관련하여 "좋은 일[吉事]에는 모자에 새 깃털을 달지만 전쟁은 사람을 죽이는 나쁜 일[凶事]이므로 모자에 새 깃털을 달지 않는다는 뜻"이라고 해석하였다. 그러나 그것보다는 전시에는 모자에 깃털을 꽂고 다니는 것이 거동하는 데에 여러 모로 불편해서였을 개연성도 배제할 수 없다. 그것이 아니면 지금의 군인들이 평소에는 전투모를 착용하다가 전시에는 철모를 착용하는 것처럼, 평소에는 깃털을 꽂은 모자를 쓰지만 전시에는 투구를 쓰기 때문에 이렇게 말했을 가능성도 있다.

113) 두루마기와 비슷하면서도[似袍]: 여기에는 '써 이(以)'로 되어 있지만 《북사》나 《통전》에는 '닮을 사(似)'로 되어 있다. 문법적으로 따져 볼 때 이 글자는 이 구문에서 동사로 사용되었다. 그런데 '이'에는 특정한 행위를 지시하는 동사 용법이 존재하지 않는다. 반면에, '사'에는 '닮다(resemble), 비슷하다(similar)'라는 동사적 의미와 용법이 존재한다. 이로써 '써 이'는 '닮을 사'와 모양이 비슷한 데서 비롯된 오자임을 알 수가 있다. 〈동북아판3〉(제097쪽)에서는 이 부분을 '婦人衣以袍, 而袖微大'로 끊고 "부인은 도포를 입는데 소매가 조금 크다."라고 번역했으나 '닮을 사'가 옳으므로 '婦人衣似袍而袖微大'로 보아 "부녀자의 옷은 두루마기와 비슷하면서도 소매가 약간 큰 편이다."라고 번역해야 옳다. 말하자면 두루마기를 입는 것이 아니라 두루마기를 닮은 옷을 입는 것이다.

114) 머리를 땋아[編髮]: 인터넷〈국편위주〉076에서는 이 구절의 '편발(編髮)'에 대하여 "北方 騎馬民族의 머리모양" 또는 "夷狄의 머리모양인데, 轉하여 夷狄을 指稱하기도 하였다"고 설명했는데, 착오가 아닌가 싶다. 여기서 소개하고 있는 것은 남자가 아니라 여자의 헤어스타일이기 때문이다. 게다가 "머리를 땋은 뒤 그 머리를 위쪽으로 틀어 올리고 뒤로는 한 다발만 늘어뜨려 장식으로 삼는다."라고 했으므로 통상적으로 남자의 헤어스타일이라는 전제하에서 일컫는 "夷狄의 머리모양"과는 전혀 경우가 다르다. 〈동북아판3〉(제097쪽)에서는 '編髮盤於首, 後垂一道'를 "머리카락을 묶어 머리 뒤에서부터 한 갈래로 늘어뜨려" 식으로 번역하였다. 그러나 여기서 '반석 반(盤)'은 머리를 틀어 올리는 것을 가리키므로 "머리를 땋아 머리 위로 틀어 올린 다음 한 가닥만 뒤로 늘어뜨려 장식으로 삼는다" 식으로 번역해야 옳다.

《십이사녀도(十二仕女圖)》에 보이는 틀어 올린 뒤 한 가닥을 드리운 여성 두발. 물론 세부에서는 다소 편차가 있었을 것이다.

를 나누어 두 가닥으로 만든다.

○ 東其衣服, 男子畧同於高麗. 若朝拜祭祀, 其冠兩廂加翅, 戎事則不. 拜謁之禮, 以兩手據地爲敬. 婦人衣似 ["婦人衣以袍", 北史本傳·通典卷一八五, 以作似是. 今據改.] 袍, 而袖微大. 在室者, 編髮盤於首, 後垂一道爲飾, 出嫁者, 乃分爲兩道焉.

【교감1】 "부녀자의 옷은 두루마기와 비슷하면서도"의 경우 《북사》《백제전》 및 《통전》권185에는 '써 이(以)'가 '닮을 사(似)'로 되어 있는 바, 그것('사')이 옳다. 이제 그것에 따라 고쳤다.

• 011

병기로는 활·화살·칼·큰 창이 있다. [그 나라] 습속에서는 말타기와 활쏘기115)를 중요하게 여기면서도 고전과 역사책을 똑같이 즐긴다.

---

115) 말타기와 활쏘기[騎射]: '기사(騎射)'는 때로는 말을 탄 채로 활을 쏘는 행위를 일컫는 말로 사용되기도 하지만 고대 한문에서는 거의 예외 없이 '말타기[騎]'와 '활쏘기[射]'를 아울러 일컫는 말로 사용되었다.

그들 중에서 우수하고 특출한 경우는 제법 글월을 지을 줄 알며[116], 거기다가 음양과 오행의 이치까지 알 정도이다.[117]

○ 兵有弓箭刀矟. 俗重騎射, 兼愛墳史. 其秀異者, 頗解屬文. 又解陰陽五行.

• 012

[그 나라에서는] 유송의 원가 연간에 제정된 역법[118]을 쓰기 때문에 인월[119]을 한 해의 첫 달로 여겼다. [특출한 사람들은] 마찬가지로 의학·약학

---

116) 제법 글월을 지을 줄 알며[頗解屬文]: 이를 통하여 사비백제 시기의 백제인들이 한문을 이해하고 구사하는 능력이 상당히 탁월했음을 짐작할 수 있다. '속(屬)'은 일반적으로 자동사로 사용되어 '속하다(belong)'라는 의미를 나타내지만 여기서는 타동사로 전용되어 '짓다(write)'라는 의미를 나타낸다.

117) 거기다가 음양과 오행의 이치까지 알 정도이다[又解陰陽五行]: 인터넷〈국편위판〉에서는 앞의 "제법 글월을 지을 줄 알며"와 이 구절을 두 개의 독립된 구문으로 분리하여 "… 뛰어난 사람은 제법 문장을 엮을 줄도 알았다. 또한 陰陽·五行도 이해하였다" 식으로 두 개의 구문으로 분리시켜 번역하였다. 그러나 그 사이에 사용된 '또 우(又)'는 여기서 '덩달아, 거기다가(moreover)' 식으로 상황의 연결을 나타내는 접속사이다. 따라서 전후 맥락을 따져 볼 때 실제로는 하나의 복문(複文)으로 이해하여 앞뒤 구절을 연결하여 "뛰어난 사람은 제법 문장을 엮을 줄도 알고, 거기다가 陰陽·五行까지 밝았다" 식으로 번역하는 것이 바람직하다.

118) 원가 연간에 제정된 역법[元嘉曆]: 남북조시대 유송의 천문학자인 하승천(何承天, 370~447)이 문제(文帝) 원가(元嘉) 20년(443)에 창안한 역법으로, 원가 연간에 창안되었고 2년 뒤인 원가 22년(445)부터 시행되었다고 해서 '원가력(元嘉曆)'으로 불린다. 인터넷〈국편위주〉078에 따르면 "百濟에서 採用되고 있었음은 本文의 句節 및《隋書》·《北史》에도 보이거니와 武寧王陵의 買地券銘文에서 確認되었다." 이 역법은 백제에 전래된 뒤로 백제가 멸망한 뒤인 서기 661년까지 사용된 것으로 알려져 있으며, 백제에 의해 554년에 일본의 야마토(大和) 정권에까지 전해졌다고 한다.

119) 인월(寅月): 음력 정월, 즉 양력 2월을 가리킨다. '세수(歲首)'는 한 해가 시작되는 달로, 정월과 같은 의미를 가지고 있지만 '인월'과 구분하기 위하여 '한 해의 첫 달'로 번역하였다.

·거북점·톱풀점·점성술·관상술 같은 기술들120)도 안다. [오락에는] 투호121)며 저포122) 같은 이런저런 놀이들이 있지만 [그중에서도] 특히 바둑이나 장기를 더 높게 친다. 비구·비구니·절·탑은 아주 많지만 [도교의] 도사는 없다.123)

---

120) 의학·약학·거북점·톱풀점·점성술·관상술[醫藥卜筮占相]: 〈국편위판〉()에서는 이 부분을 "醫藥·卜筮 및 점치고 관상보는 법도 알고 있었다."라고 번역하였다. 그러나 여기서 '의(醫)'는 의학, '약(藥)'은 약학, '복(卜)'은 거북껍질로 치는 점, '서(筮)'는 톱풀[蓍草]로 치는 점, '점(占)'은 점성술, '상(相)'은 관상술을 각각 가리킨다.

121) 투호(投壺): 고대에 사대부(士大夫)들이 연회에서 즐기던 놀이. 화살을 항아리[壺]를 향해 던져서 넣는 사람이 이기며 넣지 못하면 벌주를 마셔야 하였다. 중국에서는 전국시대부터 유행하기 시작했으며 당대에 이르러 대대적으로 성행하였다. 지금은 우리나라에서만 그 흔적을 엿볼 수가 있다. 고대에는 놀이인 동시에 의례의 한 절차이기도 했는데《예기(禮記)》의 "투호"조를 보면 그 놀이 방법이 비교적 상세하게 소개되어 있다.

122) 저포(樗蒲): 고대의 놀이의 일종. 우리나라의 윷처럼 한쪽 면에 색을 칠한 다섯 개의 나무막대를 던져 나오는 색깔에 따라 점수를 매기고 승부를 겨루는 방식으로 놀이가 진행된다. 나중에는 나무막대가 주사위로 변형되고 도박으로 전용되는 일이 많았기 때문에 도박의 대명사로 일컬어지기도 한다. 우리나라의 윷놀이는 저포가 오랜 세월을 지나면서 변형되고 간소화되면서 나타났을 것이다.

123) 도사는 없다[無道士]: 이 구절을 통하여 백제에서는 도교보다는 불교에 더 관심이 많았음을 짐작할 수 있다. 인터넷〈국편위주〉081에서는《삼국사기》《백제본기》"근구수왕 원년"조에서 근구수(近仇首)에게 부하 장수 막고해(莫古海)가 "만족을 알면 수모를 당하지 않고, 멈출 줄 알면 위태로운 일을 당하지 않는다.(知足不辱, 知止不殆)"라고 설득한 일을 근거로 백제에 "4C 중엽 이전에 道家思想이 알려져 있었다."라고 보았다. 물론, 노자(老子)의《도덕경(道德經)》을 제외하고도 "방장선산(方丈仙山)","산경전(山景塼)", 부여에서 발굴된 봉래산(蓬萊山)을 형상화한 박산로(博山爐) 등과 같이 위진남북조시대에 유행한 도가사상에 입각한 신선사상(神仙思想) 관련 소품(objet)들이 유행한 일은 백제 지역의 고고 유물·유적들을 통하여 어느 정도 확인할 수 있다. 이처럼 도가적 오브제나 아이콘들이 많이 확인됨에도 불구하고, 불교와는 달리, 도사의 존재는 드러나지 않는 것은 백제가 신선사상과 도교문화를 신앙으로 수용하고 숭배하기보다는 일종의 문화상품으로 소비했다고 이해하는 편이 합리적이지 않을까 싶다.

의자왕이 일본에 선물한 것으로 전해지는 정창원의 바둑판과 바둑알(중앙일보 2013)

○ 用宋元嘉曆, 以建寅月爲歲首。亦解醫藥卜筮占相之術。有投壺‧樗蒲等雜戲, 然尤尙奕棊。僧尼寺塔甚多, 而無道士。

• 013

조세의 경우, 베‧비단‧명주‧삼베 그리고 쌀 따위를 그해가 풍년인지 흉년인지를 따지고 등급을 나누어서 납부하게 한다.
그 [나라의] 형벌로는 반란이나 반역을 저지르거나 전장에서 후퇴하거나 사람을 죽인 경우에는 목을 베며, [물건을] 훔친 경우에는 귀양을 보내는데, 그가 훔친 물건의 갑절을 징수한다. 부녀자가 간통을 저질렀을 때에는 호적을 박탈하고 남편 집에 편입시켜 여종으로 부리게 하였다. 혼인하고 아내를 들이는 예법은 중국의 습속과 대체로 같은 편이다.
○ 賦稅以布絹絲麻及米等, 量歲豊儉, 差等輸之。其刑罰, 反叛‧退軍

부여 능산리에서 출토된 백제의 금동 향로와 사수가 묘사된 세부. 봉래산의 신선들과 금수들을 자세하고 정교하게 묘사한 최고의 걸작품이다.(부여국립박물관 소장)

及殺人者, 斬, 盜者, 流, 其贓兩倍徵之, 婦人犯姦者, 沒入夫家爲婢. 婚娶之禮, 畧同華俗.

• 014
부모 및 남편이 죽었을 때에는 삼 년 동안 상을 치르고, 나머지 친척[의 상]일 경우에는 [관을 묘소에] 안장을 마치면 상복을 벗는다.
토지는 낮고 습하였으며 기후는 따뜻하다. 다섯 가지 곡물과 각종 과일·채소124) 및 술·음식·반찬·의약품은 거의 중국과 같고, 낙타·당나귀·노새·양·거위·오리 따위는 없다. 그 나라의 왕은 철마다 둘째

---

124) 채소[菜蔬]: 명대 판본인 급고각본에는 '소채(蔬菜)'로 나와 있으나 의미상으로는 큰 차이가 없다.

도교의 5제(오방상제)의 모습

달[125)]에 하늘과 오제(五帝) 같은 신들[126)]에게 제사 지내며, 아울러

125) 둘째 달[仲月]: 각 계절의 두 번째 달. 두 번째 달이 그 계절의 중간이라고 해서 '중월(仲月)'이라고 부르고 계절마다 '중춘(仲春)·중하(仲夏)·중추(仲秋)·중동(仲冬)'으로 일컬었다. 일반적으로 음력으로 2월·5월·8월·11월에 해당한다.

126) 오제 같은 신들[五帝之神]: 중국 고대 전설에 '동·서·남·북·중'의 다섯 방향을 주관하는 것으로 믿어진 신들. 일반적으로 오행설(五行說)에 입각해서 중앙신인 황제(黃帝)를 축으로 하여 동방신은 청제(靑帝, 또는 蒼帝), 남방신은 적제(赤帝, 또는 炎帝), 서방신은 백제(白帝), 북방신은 흑제(黑帝)로 받들어졌는데 그 화신이 중앙의 기린(麒麟)을 중심으로 청룡(靑龍)·주작(朱雀, 또는 朱鳥)·백호(白虎)·현무(玄武)로 형상화되어 오행(五行)·오방(五方)·오색(五色)을 상징하였다. 한대에는 도읍인 장안(長安, 지금의 서안시) 패릉(覇陵) 장문(長門)에 이들에게 제사를 지내는 제단이 있었다고 한다. 인터넷〈국편위주〉085에서는 "5帝를《史記》〈五帝紀〉에서는 黃帝·顓頊·帝嚳·堯·舜이라 하였다."라고 했는데, 오제신은 중국 역사에 등장하는 전설상의 '삼황오제(三皇五帝)'와는 관

그의 시조 구태의 사당에서 해마다 네 번 제사를 지낸다.[127]

O 父母及夫死者, 三年治服, 餘親, 則葬訖除之. 土田下濕, 氣候溫暖. 五穀雜果菜蔬及酒醴餚饌藥品之屬, 多同於內地. 唯無駝驢騾羊鵝鴨等. 其王以四仲之月, 祭天及五帝之神. 又每歲四祠其始祖仇台之廟.

• 015

[동]진·[유]송·제·량이 강동[128]에 자리 잡고 후위가 중원에 정착한 뒤로 [백제는 남조와 북조에] 나란히 사신을 보내어 [스스로] '변방의 신하'를 일컬으면서 양쪽으로부터 작호와 관직을 받곤 하였다. [그러다가] 북제[129]가

계가 없다.

127) 해마다 네 번 제사를 지낸다[每歲四祠]: 계절마다 한 번씩 네 번 백제의 시조 구태에게 제사를 지낸 것으로 보인다. 당대 초기의 지리서《괄지지》에서는 "백제의 성에서는 그 나라 조상 구태의 묘당을 세우고 철마다 그에게 제사를 지낸다.(百濟城立其祖仇台廟, 四時祠之也)"라고 소개하였다. 이도학(1995)은 '구태'를 동명과는 구분되는 "새로운 부여계의 신격"으로 해석했으나 앞서 설명한 대로 온조왕의 이름으로 보아야 옳다.

128) 강동[江左]: 중국 고대의 지역명. 강동(江東), 즉 지금의 강남지역을 가리킨다. 청대의 학자 위희(魏禧, 1624~1681)는《일록잡설(日錄雜說)》에서 이와 관련하여 "장강의 동쪽은 '강좌', 장강의 서쪽은 '강우'라고 일컫는다. 아마 장강의 북쪽에서 보았을 때 장강 동쪽은 왼편에 있고 장강 서쪽은 오른편에 있기 때문일 것이다.(江東稱江左, 江西稱江右, 蓋自江北視之, 江東在左, 江西在右耳)"라고 설명하였다.

129) 북제[齊氏]: '제씨(齊氏)'는 북조의 제(齊)나라를 두고 한 말이다. 탁발씨의 북위가 동위와 서위로 분열된 뒤에 동위의 권신이던 고환(高歡)의 둘째아들 고양(高洋, 526~559)이 동위를 멸망시키고 서기 550년에 세운 나라이다. 도읍은 업(鄴), 즉 지금의 하남성 안양현(安陽縣)이었으며 대체로 지금의 산동·산서·하남지역을 점유하였다. 초기에는 국력이 서위의 권신 우문태(宇文泰)가 세운 북주(北周, 557~581)를 압도했으나 고양 이후의 황제들이 무도하고 간신들이 득세하는 바람에 건국한 지 28년 만에 결국 북주에 멸망하였다. "중원의 동쪽에서 발

중원의 동쪽에서 발호하자 그 나라의 국왕 [부여]융130)이 [그 나라에도] 마찬가지로 사신을 보냈다. [그리고] 융이 죽자 [그] 아들 [부여]창이 옹립되었다.131) 건덕132) 6년(577)에 [북]제나라가 멸망하자, 창은 비로소 [이번에는 우리 북주에] 사신을 보내고 특산물을 바치기 시작하였다. 선정133) 원년(578)에 다시 사신을 보내 와서 특산물을 바쳤다.

○ 自晉·宋·齊·梁據江左, 後魏宅中原, 竝遣使稱藩, 兼受封拜。齊氏擅東夏, 其王隆亦通使焉。

隆死, 子昌立。建德六年, 齊滅, 昌始遣使獻方物。宣政元年, 又遣使來獻。

호했다."라고 한 것은 이 기사를 작성한 사관의 나라인 북주가 북제의 서쪽에 자리 잡고 있었기 때문이다. 고양의 제나라를 '북제'라고 부르는 것은 그보다 앞서 남조에서 20여 년간 존속했던 소씨(蕭氏)의 또 다른 제나라(479~502, '남제')와 구분하기 위해서이다.

130) 융(隆): 백제의 제25대 국왕 무녕왕(武寧王)의 이름. 자세한 내용은《송서》의 해당 주석을 참조하기 바란다. 인터넷〈국편위주〉091에서는 무녕왕이 서기 523년에 죽었고 북제는 그보다 27년 뒤인 550년에 건국되었기 때문에 "그 나라의 국왕 융도 사신을 보내왔다."라고 한 이 기사가 중대한 착오라고 보았다.

131) 융이 죽자 아들 창이 옹립되었다[隆死, 子昌立]: 부여창(扶餘昌)은 다음 국왕인 위덕왕(威德王)이다. 〈동북아판3〉(제098쪽)에서는 "무령왕[隆]은 성왕[明]의 아버지이자 위덕왕[昌]의 할아버지이다. 그러므로 '융의 아들 창'이라는 말을 틀린 것이다."라고 지적하였다. 무녕왕 이후의 백제 왕계에 관해서는 인터넷〈국편위주〉091의〈왕계표〉를 참조하기 바란다.

132) 건덕(建德): 북주의 제3대 황제인 무제(武帝) 우문옹(宇文邕)이 572~578년까지 6년 동안 사용한 연호. "건덕 6년"은 백제 위덕왕 24년으로 서기로는 577년에 해당한다.

133) 선정(宣政): 무제 우문옹이 578년 3월부터 12월까지 사용한 두 번째 연호. "선정 원년"은 백제 위덕왕 25년으로 서기로는 578년에 해당한다.

남사-동이열전

이당(李唐) 숭현관 학사(崇賢館學士) 이연수(李延壽) 찬(撰)
주명(朱明) 남경(南京) 국자감 제주(國子監祭酒) 조용현(趙用賢) 등교(等校)

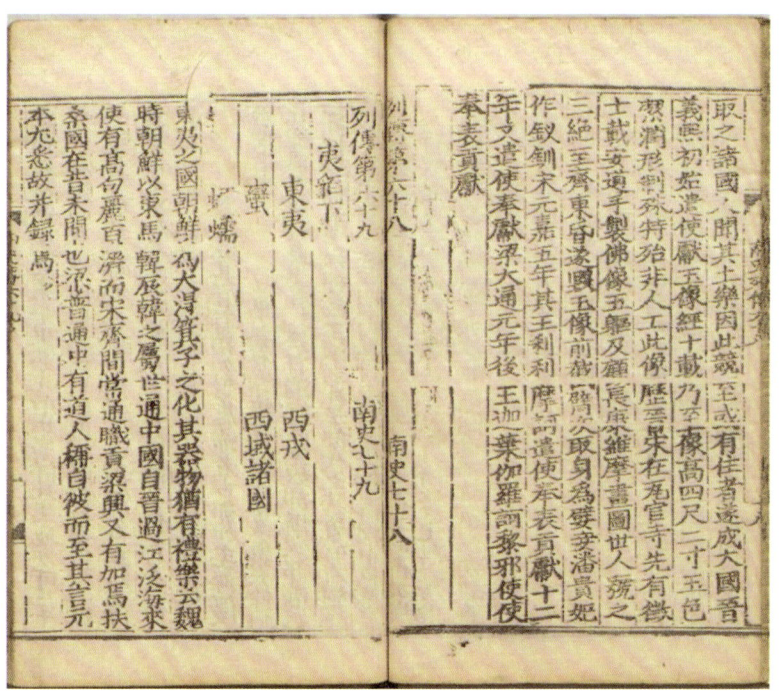

유송 무제(武帝) 유유(劉裕)의 영초(永初) 원년(420)으로부터 진(陳)나라 후주(後主) 진숙보(陳叔寶)의 정명(禎明) 3년(589)까지 5~6세기 170년간의 남조 송·제·량·진 4대 왕조의 역사를 다룬 기전체 통사(通史). 당대의 이대사(李大師)가 집필하던 남조의 통사를 그 아들 이연수가 선행 정사인 《송서》·《남제서》·《양서》·《진서》를 참조하여 〈본기〉10권, 〈열전〉70권 등 총 80권으로 완성하였다.
　이연수(李延壽, 6세기)는 서량(西凉) 무소왕(武昭王) 이고(李暠)의 9세손으로, 자는 하령(遐齡)이며, 상주(相州, 지금의 하남성 안양) 사람이다. 태종 정관(貞觀) 연간에 숭현관 학사(崇賢館學士)·어사대 주부(御史臺主簿)·부새랑 겸 수국사(符璽郞兼修國史)를 역임했으며, 저작랑(著作郞) 경파(敬播)와 함께 《수서(隋書)》10지(志)를 집필하였다.
　5~6세기 170년간의 남조의 역사를 〈송본기〉3권, 〈제본기〉2권, 〈양본기〉3권, 〈진본기〉2권으로 압축하는 등, 네 정사 총 251권을 80권으로 축약하고 각종 조서·상소·격문·책문 등을 간단명료하고 읽기 편하게 손질해서 선행 정사들의 인기를 압도했다고 한다. 〈열전〉부분은 시대 순서로 배치하되 각 왕조의 존속기간이 짧아 대상자의 사적이 여러 왕조에 걸친 경우가 많아 조·손·부·자·형·제를 모두 한 열전에서 다루는 파격적인 방식을 채택하였다.
　선행 정사들에서는 특정한 왕족·귀족의 행적을 미화 또는 은폐하는 경우가 많았지만 다양한 사료들을 참조해 원래의 모습으로 복원시켰다. 《남제서》에서 소도성(蕭道成)의 제나라 건국을 '선양'의 결과로 포장한 것을 유송의 순제(順帝)를 강제로 퇴위시키고 살해한 일까지 있는 그대로 상세하게 기술한 것이 그 예이다. 주요한 판본들로는 백납본, 명대의 남감본·북감본, 근대의 금릉서국본, 현대의 중화서국본 등이 있다.
　상·하권으로 구성된 《남사》의 〈이맥전(夷貊傳)〉은 남북조시대 송·제·량·진 4대 왕조 시기에 동·남·서북방에 존재하던 이민족 국가들의 연혁·지리·풍물·제도 등을 소개한 열전이다. 주로 《송서》〈이만열전〉, 《남제서》〈만·동남이열전〉, 《양서》〈동이전〉 등을 참조하여 작성되었으나 고구려·백제·신라 관련 정보들은 기존의 선행 남조 정사들을 거의 그대로 옮겨 놓은 수준에서 그쳐서 사료적으로는 참고가치가 높다고 보기 어렵다.

서(序)

• 001

동이의 나라들 중에서 조선¹⁾이 [가장] 컸다.
'기자²⁾의 교화를 받으매 그 [나라의] 기물들이 그래도 예악을 갖추었다' 고들 말한다. [조]위나라 때에 조선 동쪽의 마한·진한의 무리³⁾는 대대로 중국과 왕래하였다.

○ 東夷之國, 朝鮮爲大, '得箕子之化, 其器物猶有禮樂'云。 魏時, 朝鮮以東馬韓·辰韓之屬, 世通中國。

• 002

[서]진나라가 장강을 넘어 [옮겨] 온 뒤로⁴⁾ [배로] 바다를 건너 사신을 보낸

---

1) 조선(朝鮮): 자세한 내용에 관해서는 《양서》의 "조선" 주석을 참조하기 바란다.
2) 기자(箕子): 중국 역사상 3대 인자(仁者)의 한 사람. 은(殷)나라 주왕(紂王, BC1105~BC1046) 시기에 태사(太師)를 지냈다. 기자가 조선에 왔다는 이른바 '기자동래설(箕子東來說)'은 《사기》〈미자세가(微子世家)〉와 《한서》〈지리지〉, 복생(伏生)의 《상서대전(尙書大傳)》 등에 기록되어 있지만 이를 역사적 사실로 받아들이는 데에는 문제가 있다.
3) 조선 동쪽의 마한·진한의 무리[朝鮮以東馬韓·辰韓之屬]: 이 부분은 단 10자에 불과하지만 그 내용을 통하여 고조선과 마한·진한의 지리적인 좌표를 대체로 분명하게 가늠할 수 있다. 이 기록에 따르면 ① 마한과 진한은 고조선의 동쪽에 자리 잡고 있었으며, ② 고조선은 마한과 진한의 서쪽에 자리 잡고 있었다는 것이다. 그렇다면 ③ 고조선의 자리를 지금의 평양시를 중심으로 하는 평안도 일대로, 마한과 진한의 자리를 그 남쪽인 지금의 '삼남' 즉 충청도·전라도·경상도 지역으로 비정하는 것은 문제가 있다는 뜻이 된다.
4) 진나라가 장강을 넘어 온 뒤로[自晉過江]: 진(晉) 왕조의 회제(懷帝) 사마치(司馬熾, 284~313)의 영가(永嘉) 5년(311)에 흉노 출신의 용병이던 유총(劉聰)은 도읍이던

나라[5]로는 고구려와 백제가 있었고, [유]송·제 시기에도 늘 사신의 조공이 이어졌으며, 양나라가 일어났을 때에는 [왕래가 여기서] 더욱 늘어났다.

○ 自晉過江, 泛海來使, 有高句麗·百濟, 而宋·齊間常通職貢, 梁興又有加焉.

• 003

부상국[6]은 예전에는 듣지 못한 나라이다.

[그런데] 양나라의 보통 연간에 어떤 도인이 '그곳에서 왔다'고 주장하는데[7] 그의 말을 가만히 따져 보니 상당히 구체적이었다.[8] 그래서 여기

> 낙양(洛陽)을 함락시키고 대학살을 벌이는 한편 회제 등 왕공·대신들을 사로잡았다. 중원으로 남하한 다른 이민족들도 이에 질세라 중원을 정복하고 각자 나라를 세운다. 이 같은 대혼란이 벌어지자 황족이던 사마예(司馬睿, 276~323)는 흉노 등 북방민족들의 압박을 피해 장강(長江)을 넘어 강동(江東)으로 가서 진나라를 중흥(中興)하였다. 중국사에서는 이때를 기준으로 그 이전을 '서진(西晉)', 그 이후를 '동진(東晉)'으로 부른다.
>
> 5) 바다를 건너 사신을 보낸 나라[泛海來使]: 셋째 글자의 경우, 《양서》에는 '동녘 동(東)'으로 나와 있다. 문법적 견지에서 보자면 '범해동사(泛海東使)'는 '바다를 항해하는 동방의 사신'이라는 뜻이어서 '바다를 항해해 [중국으로] 온 사신'이라는 뜻의 '범해래사(泛海來使)' 쪽이 훨씬 자연스럽다.
>
> 6) 부상국[扶桑國]: 그 내력이나 풍물에 관해서는 《양서》《동이전》의 해당 주석을 참조하기 바란다. 참고로, 인터넷〈국편위주〉003에서는 《양서》《동이전》 기사에서 '부상국'이 포함된 "文身國 以下는 架空된 것"으로 보았다.
>
> 7) 어떤 도인이 '그곳에서 왔다'고 주장하는데[有道人稱自彼至]: 인터넷〈국편위판〉에서는 이 부분을 "어떤 道人이 스스로 그곳에서 왔다고 말하였다."라고 번역하여 '자(自)'를 '그 스스로(himself)'의 의미로 해석했으나 오역이다. 그 뒤에 이어지는 '피(彼)'가 부상국을 뜻하는 지시대명사이기 때문에 '자'는 '~로부터(from)'라는 의미의 전치사로 해석해서 "그곳으로부터 오다" 식으로 번역해야 옳다. 또, '일컬을 칭(稱)'은 "~라고 하더라" 식으로, 진실 여부와는 상관없이 도인이 일방적으로 주장한 것을 두고 한 말이다. 따라서 이 도인이 부상국 출신인지 아니면 주변 사람들을 현

에 함께 수록하였다.

○ 扶桑國, 在昔未聞也。梁普通中有道人稱自彼而至, 其言元本尤悉, 故并錄焉。

혹하기 위해서 되는 대로 지어 낸 이야기인지는 단정하기 어렵다. 다만, 부상국 관련 대목의 내용을 자세하게 따져 볼 때 풍습·풍물은 말할 것도 없고 그 지리적 거리도 실제와는 지나치게 편차가 크다. 도인의 도래 시점도 마찬가지이다. 여기서는 "보통 연간"으로 소개했으나 정작 〈부상국전〉에는 "齊 永元 元年(499)에 그 나라의 僧侶 慧深이 荊州에 왔다."라고 나와 있다. "보통 연간"은 서기로는 520~526년으로, 고구려 안장왕 2~8년에 해당한다. "영원 원년"과는 거의 20~30년이나 편차가 발생하는 것이다. 따라서 〈부상국전〉은 중국의 도인이 자기 마음대로 지어서 한 말로 이해하는 편이 합리적이라고 본다.

8) 상당히 구체적이었다[尤悉]: 인터넷〈국편위판〉에서는 '모두 실(悉)'을 '합당하다, 타당하다(right)'로 해석했으나《고훈회찬(古訓匯纂)》(제782~783쪽)을 찾아보면 용언으로는 '알다(know)', '상세하다(detailed)' 정도의 용법만 보일 뿐 '합당하다'라는 의미는 보이지 않는다. 여기서는 '상세하다'의 의미에 근거하여 '구체적이다(specific)', 입장이 '확고하다(definite)'의 의미로 해석해야 옳다.

고구려전(高句麗傳)[9]

• 001

고구려는 요동[㈜]의 동쪽으로 천 리 너머에 있다. 그 선조의 내력에 관한 일들은 《북사》에 상세하게 나와 있다.[10]

[그 나라는] 땅이 사방으로 얼추 이천 리이다. [그] 나라 안에는 요산이 있는데[11], 요수가 발원하는 산이다. [후]한·[조]위 때에는 남쪽으로는 조

---

9) 고구려전(高句麗傳): 주로 《송서》·《남제서》·《양서》 등 남조의 선행 정사들에서 다루어진 내용들을 정리해 소개한 것들로, 앞부분에서는 그 연혁·지리·제도·풍물 등을 소개하고 뒷부분에서는 고구려와 진대 이후 송·제·량 등 남조 왕조들의 교류사를 간략하게 다루었다. 다만, 그중 고구려 사회의 풍물들에 관한 소개 부분은 대체로 수백 년 전의 《후한서》의 기사들을 거의 그대로 재활용한 것들이다. 이처럼, 남북조의 기존 정사들의 〈고구려전〉들을 총정리한 것으로 새로운 내용이 적기 때문에 6세기 말 고구려의 상황을 고찰하는 데에는 사료로서의 참고가치가 그다지 높다고 할 수 없다. 특기할 만한 것은, 《송서》·《남제서》·《양서》 등의 경우와는 달리, 《남사》에서는 고구려를 일컬을 때 '검은말 려(驪)'를 쓰지 않고 '아름다울 려(麗)'를 써서 '고구려' 또는 '고려'로만 일컫고 있다는 점이다. 물론, 이는 《남사》와 《북사》가 북조(북주)의 정통성을 계승하고 역시 북방민족(선비)의 후예인 당나라에서 편찬되었기 때문일 것이다.

10) 《북사》에 상세하게 나와 있다[其先所出事詳北史]: 중국의 검색 사이트인 빠이뚜에는 두 정사의 편찬시점을 659년으로 소개하고 있다. 그러나 이 대목을 통하여 사실은 《북사》가 《남사》보다 조금 먼저 편찬되었음을 확인할 수가 있다. "그 선조의 내력에 관한 일들은 《북사》에 상세하게 나와 있다."라는 부분은 고구려의 지리적 위치를 설명하는 앞의 구문이나 그 뒤의 구문과는 색이 다른 내용을 담고 있다. 전후 맥락을 따져 볼 때 원래는 주석으로 붙인 내용이 나중에 본문으로 섞여 들어간 것이 아닌가 싶다.

11) 그 나라 안에는 요산이 있는데[中有遼山]: 한나라 역사가 반고(班固, 32~92)의 《한서》〈지리지〉"현토군"조에서는 "【고구려현】요산은 요수가 발원하는 곳으로, 서남쪽으로는 요대에 이르러 대요수로 흘러 들어간다. 또, 남소수가 있는데, 서북쪽으로 요새 너머를 지난다.(【高句驪】遼山, 遼水所出, 西南至遼隊入大遼水. 又有南蘇

고구려 고분 오회분(五盔墳) 4호묘 천정 모퉁이에 그려진 월신(좌)과 일신(우). 두꺼비가 깃든 달을 든 월신은 여신으로, 삼족오가 깃든 해를 든 일신은 남신으로 묘사되어 있다.(중국 길림성 집안시)

선·예맥12)과, 동쪽으로는 옥저와, 북쪽으로 부여와 맞닿아 있다.

○ 高句麗, 在遼東之東千里, 其先所出, 事詳北史。地方可二千里, 中

水, 西北經塞外.)"라고 하였다. 인터넷〈국편위주〉009에서는 "遼水란《水經注》에 나오는 小遼水로 오늘날의 渾河에 비정된다."라고 보았다. 그런데 문자학적 견지에서 따져 볼 때, 요수가 대요수로 흘러드는 지점인 요대(遼隊)는 그 지명 자체가 이미 고도가 높은 곳임을 상정하고 있다. (요대의 지형적 특징에 관해서는 문성재,《정역 중국정사 조선·동이전1》, 제218~221쪽 참조) 반면에, 혼하가 대요수로 비정하는 요하로 흘러드는 지점인 반산현(盤山縣)의 고성자(古城子) 일대는 해발고도가 20m도 되지 않는 저지대 평지에 속한다. 지형적으로《한서》·《수경》에 소개된 요수·대요수의 좌표나 특징과는 상당한 거리가 있다는 뜻이다.

12) 예맥(獩貊): 앞글자 '예'의 경우,《삼국지》·《후한서》등, 이전의 정사들에는 '깊은물 예(濊)'로 나와 있고,《양서》에는 '더러울 예(穢)'로 되어 있으나 여기에는 '오랑캐 예(獩)'로 나와 있다. 남북조시대에 남조의 왕조들은 이민족들이 중원으로 진출하여 세운 북조의 왕조들에 대한 적개심·인종차별·우월의식이 상당히 강렬하였다. 그래서 원래의 이름을 부정적인 의미를 담은 한자로 고친 경우가 많았다. 고구려의 '아름다울 려(麗)'를 '검은말 려(驪)', 예맥의 '깊은물 예(濊)'를 '더러울 예(穢)', 나아가 짐승을 뜻하는 부수를 붙여서 '오랑캐 예(獩)'로 적은 것도 그 예이다.

요녕성 집안시와 학계에서 환도산성으로 비정한 지점의 입지조건

有遼山, 遼水所出. 漢·魏世, 南與朝鮮·獩貊, 東與沃沮, 北與夫餘接.

• 002

그 나라의 국왕은 환도산 아래에 도읍을 두었다. 13) 【교감1】

○ 其王都於丸都山下【"其王都於丸都山下", 丸都各本作九都, 據梁書改. 按: 三國志魏志·梁書無山字.】.

【교감1】 "그 나라의 국왕은 환도산 아래에 도읍을 두었다"의 '환도'의 경

---

13) 환도산 아래에 도읍을 두었다[都於丸都山下]: 고구려의 도읍 환도성의 위치와 관련하여, 여기서는 고구려가 "환도산 아래에 도읍을 두었다."라고 소개하여 환도성이 산 아래에 건설되어 있었음을 짐작할 수 있다. 본문에서 "큰 산과 깊은 골짜기가 많다."고 한 점이나 "그 산세에 의지해 살면서 골짜기의 물을 마신다."고 한 것을 보면 환도성이 비교적 고도가 높은 지대에 자리 잡고 있었음을 알 수가 있다. 물론, 《남사》가 집필되던 시점 및 편찬되던 시점에는 도읍이 이미 평양성으로 옮겨간 뒤임에 유념할 필요가 있다.

우, 판본들마다 '구도'로 되어 있는 바,《양서》에 근거하여 고쳤다. 따져 보건대《삼국지》〈위지〉및《양서》에는 '산'자가 없다.14)

•003

[그 나라] 땅은 큰 산과 깊은 골짜기가 많은 반면 들판이나 늪지는 없다.15) 백성들은 거기에 의지하여 살면서 골짜기의 물을 [식용으로] 마신다.

현지에 정착해 살기는 하지만 좋은 농지가 없다. 그래서 그 [나라의] 민간에서는 먹는 것을 아낀다.

---

14) 환도(丸都): 이 구문에서는 '메 산(山)'자가 없어도 '~아래[下]'라는 표현 때문에 자연스럽게 '산자락에 도읍을 두었다'는 의미로 해석된다.《삼국지》〈관구검전〉에는 관구검이 고구려를 정벌할 때 "말을 묶고 수레를 매달면서 환도성에 올라가 고구려의 도읍에서 학살을 벌였다.(懸車束馬登丸都山, 屠其所都)"라고 소개하였다. 만약 그것이 역사적 사실이라면 ① 환도성은 환도산 속에 자리 잡고 있어서 ② 그 주변이 평지는 없고 산으로 둘러싸여 있어서 접근이 용이하지 않았을 것이며, ③ 환도성의 정확한 위치는 환도산을 넘어 간 건너편(동쪽) 자락이었을 것이다.

15) 들판이나 늪지는 없다[無原澤]: 이 부분은《삼국지》〈고구려전〉에 소개된 내용이다.《남사》가 집필되고 편찬되던 7세기 중기로부터 370년 정도 거슬러 올라간 3세기 후기 고구려 초기의 상황이라는 뜻이다. 광개토대왕·장수왕 등 역대 고구려 국왕들의 적극적인 정복활동을 통하여 영토가 크게 확장되면서 이 같은 기존의 국면에도 큰 변동이 발생했다고 이해하는 것이 상식적이다. 들판이나 늪지는 해발 고도가 낮은 지역의 지형적 특징이다. 그런데 그런 곳이 없이 큰 산과 깊은 골짜기만 있다고 했으니 초기 고구려의 좌표는 해발 고도가 높은 산지로만 이루어진 지역에서 찾아야 하는 셈이다. 중국 북부에서 들판이나 소택이 없이 험한 산지만 분포하는 지역은 크게 하북과 내몽골을 나누는 연산산맥(燕山山脈) 일대와 요녕성 동부의 요동반도 이남 정도이다. 전후 맥락을 따져 볼 때 여기서는 연산산맥과 요서지역으로 보아야 합리적이지 않을까 싶다. 인터넷〈국편위판〉에서는 이 구절을 "넓은 들판이 없어서"로 번역하였다. 그러나 고대 한문에서 '원(原)'은 '들판(fields)', '택(澤)'은 '소택(marshes)'을 뜻하므로 오역이다.

들판과 늪지가 많은 요녕 중부와 대부분 산지가 형성되어 있는 연산산맥-천산산맥 비교

[그 나라 국왕은] 궁전을 조성하는 것을 좋아해서 사는 집 왼편에16) 건물을 크게 짓고【교감1】 귀신에게 제사지내며, 또한 영성과 사직에도 제사를 지낸다.

사람들은 기질이 거칠고 급한 데다가 노략질하기를 좋아한다.17)

○ 地多大山深谷, 無原澤, 百姓依之以居, 食澗水. 雖土著, 無良田, 故其俗節食, 好修宮室. 於所居之左立大屋【"於所居之左立大屋", 立大屋各本

---

16) 사는 집 왼편에[於所居之左]: 명대의 급고각본 《남사》에는 첫 글자인 '어조사 어(於)'가 '어조사 우(于)'로 나와 있다. 근세에 이르러 '어'와 '우'의 발음이 같아지면서 같이 쓰는 경우가 많았는데 의미상으로는 별 차이가 없다.

17) 노략질하기를 좋아한다[喜寇鈔]: 이 구절에서 세 번째 글자는 《양사》에는 '빼앗을 초(抄)'로 나와 있다. 참고로, 한대 허신의 《설문해자》에서는 "'초'는 불쑥 손을 뻗어 낚아채는 것을 말한다.(鈔, 叉取也)"라고 설명하였다. 단옥재(段玉裁) 역시 "손을 갑자기 그 사이에 집어넣어 물건을 챙기는 것, 이런 경우를 '초'라고 한다.(手指突入其間而取之, 是之謂鈔)"라고 해석하였다. 강제로 빼앗아 간다는 뜻인 것이다. '초(抄)' 역시 고대에는 강제로 '빼앗다 · 약탈하다'의 뜻으로 사용되곤 하였다. 두 글자 어느 쪽이든 의미가 같기 때문에 여기서 문맥에는 큰 변동이 없다. 다만, '초(鈔)'는 글자 부수 '쇠 금(金)'에서 볼 수 있듯이, 값진 물건을 빼앗는 것을 가리킬 때 주로 사용되었다고 이해하면 좋을 듯하다. 《사기》·《한서》·《삼국지》·《후한서》에는 주로 '초(鈔)'로 쓰고 있으니 여기서도 똑같이 맞추기로 한다.

作大立屋, 據三國志魏志·梁書乙.], 祭鬼神, 又祠零星·社稷. 人性凶急, 喜寇鈔.

【교감1】 "사는 집 왼편에 건물을 크게 짓고"의 경우, 《남사》《고구려전》에는) '큰 건물을 짓고'가 판본들마다 '건물을 크게 짓고'로 되어 있는데, 《삼국지》《위지》 및 《양서》에 근거하여 고쳤다.[18]

• 004

그 [나라의] 관직으로는 상가·대로·패자·고추가·주부·우태·[사자?]·조의선인[교감1]이 있으며, 신분이 높고 낮음에 따라 각각 차등이 있다. [그들의] 언어나 제반 사항들은 부여와 같은 경우가 많지만 그 기질이나 의복에는 차이가 있다.

○ 其官有相加·對盧·沛者·古鄒加·主簿·優台·使者·皁衣先人【"皁衣先人", 皁衣各本作帛衣, 據三國志魏志·梁書改.】 尊卑各有等級. 言語諸事, 多與夫餘同, 其性氣衣服有異.

【교감1】 "조의선인"의 경우, '조의'가 판본들마다 '백의'로 되어 있는데, 《삼국지》《위지》 및 《양서》에 근거하여 고쳤다.[19]

---

18) 건물을 크게 짓고[大立屋]: 《남사》의 판본들에서는 이 부분의 세 글자가 '입대옥(立大屋)'이 아닌 '대립옥(大立屋)'으로 나와 있다. '대립옥'의 경우, '큰 대(大)'는 '크게·성대하게'의 의미로 사용되어 '건물을 성대하게 조성하다' 식으로 해석된다.

19) 조의선인(皁衣先人): 인터넷〈국편위주〉026에서는 "皁衣는 黑色衣를 입었던 데서 그 명칭이 비롯한 것"이라고 보았다. 그러나 검은 옷을 입은 데서 그 명칭이 유래했다는 인식에는 재고가 필요하다. 《삼국지》·《통전》·《양서》·《태평환우기》 등에는 '조의(皁衣)', 송대의 《통지(通志)》·《한원》에는 '조의(皀衣)'로 나와 있지만 《한서》·《후한서》·《남사》·《책부원구》·《자치통감》·《어정변자유편(御定騈字類編)》 등에는 '백의(帛衣)'로 소개되어 있기 때문이다. 말하자면, ① 이것이 고구려의 12관등 중에서 제4등에 해당하는 고위 관직명이고, ② 《삼국지》보다 200

• 005

[고구려에는] 본래부터 다섯 부[족]가 있어서, 소노부[20] · 절노부 · 신노부[21] · 관노부[22] · 계루부【교감1】가 그것이다.

○ 本有五族, 有消奴部 · 絕奴部 · 愼奴部 · 灌奴部 · 桂婁部【"本有五族有消奴部絕奴部愼奴部灌奴部桂婁部", 愼奴部, 三國志魏志 · 後漢書並作順奴部, 梁書避蕭衍父順之諱作愼奴部, 此仍之未回改.】

【교감1】"본래부터 다섯 부[족]가 있어서, 소노부절노부 · 신노부 · 관노부 · 계루부가 그것이다."의 경우, '신노부'가《삼국지》《위지》및《후한서》에서 나란히 '순노부'로 되어 있으며,《양서》에서는 소연의 아비 [소]순지의 휘(이름)를 피하여 '신노부'로 되어 있는데 그것을 그대로 쓰면서 미처 고쳐지지 않은 탓이다.

년 먼저 편찬된《한서》에서 '백'으로 소개해서 ③ 시대적 선후 관계를 따져 보더라도 '조'보다는 '백'이 먼저 제시되었다는 점, ④ 첫 글자를 '조'로 소개한 경우는 주로 송대 사서 · 문헌들에 집중되어 있는 점 등을 감안할 때, 아마도 후대의 학자들이 한대 이래의 필사본에 적힌 '백'자를 '조'로 오독 · 오기한 것으로 보는 것이 합리적이지 않을까 싶다. 이 문제에 대한 보다 상세한 논의는《양서》의 "조의선인" 주석도 참조하기 바란다.

20) 소노부(消奴部): 고구려 '5부'의 하나. 진수의《삼국지》《고구려전》에는 '연노부(涓奴部)'로 나와 있다.《후한서》《동이열전》《고구려전》을 위시하여《한원》등 다수의 사서들이 '소노부'로 소개했지만 여러 정황으로 볼 때 '연노부'로 보아야 옳다. 보다 자세한 설명은《양서》의 해당 주석을 참조하기 바란다.

21) 신노부(愼奴部): 고구려 '5부'의 하나. 다른 사서들에서는 '순노부(順奴部)'로 나와 있다.

22) 관노부(灌奴部): 고구려 '5부'의 하나. 다른 사서들에는 첫 글자가 모두 '물 댈 관(灌)'으로 되어 있으나《양서》에만 '황새 관(雚)'으로 나와 있다.《삼국사기》에는 '환나부(桓那部)'가 보이는데 이 역시 '관노부'의 또 다른 음차의 사례이다. '관'이 '환'으로 표기된 것을 통하여 고구려어에 몽골어의 전형적인 특징인 후음(喉音)이 존재했음을 확인할 수 있다. '환나'와 '관노'에 대한 상세한 음운학적 분석은《양서》의 "관노부" 주석을 참조하기 바란다.

•006

본래는 소노부가 왕이 되었으나 [그 세력이] 차츰 작아지고 약해져서 계루부가 그 자리를 대체하였다.23)

[고구려에서는] 관직을 설치할 경우에 대로가 있을 때에는 패자를 두지 않으며, 패자가 있을 때에는 대로를 두지 않는다.

○ 本消奴部爲王, 微弱, 桂婁部代之。其置官, 有對盧則不置沛者, 有沛者則不置對盧。

•007

[고구려의] 민간에서는 노래 부르고 춤추는 것을 좋아한다.

[그래서] 나라의 촌락마다 저녁나절만 되면 남녀가 무리를 지어 모여 서로 노래를 부르면서 놀이를 즐긴다.

그 나라 사람들은 깨끗한 것을 좋아하고, 술을 잘 빚는다.

무릎을 꿇고 절을 할 때에는 한쪽 다리를 펴며, 길을 다닐 때는 한결같이 빨리 걷는다.【교감1】

○ 俗喜歌儛, 國中邑落, 男女每夜羣聚歌戱。其人潔淨自喜, 善藏釀, 跪拜申一脚, 行步皆走【"行步皆走", 步字各本並脫, 據魏志·梁書補。】。

【교감1】"길을 다닐 때에는 한결같이 빨리 걷는다."의 경우, '걸을 보(步)'자가 판본들마다 전부 빠져 있는데, 《삼국지》〈위지〉 및 《양서》에 근거하여 보충하였다.

---

23) 그 자리를 대체하였다[代之]: 《남서》의 판본들 중에서 무영전본에는 이 구절의 첫 글자가 '대신할 대(代)'가 아닌 '정벌할 벌(伐)'로 되어 있다. 어느 쪽이든 맥락에는 큰 차이가 없다. 그러나 다른 판본들에는 '대'로 되어 있는 것을 보면 '벌'은 오기임을 알 수 있다.

•008

시월에는 하늘에 제사를 지내기 때문에 온 나라에서 큰 모임을 가지는데, 그 나라의 공식적인 모임에서는 의복을 어김없이 모두 비단에 수를 놓고 금과 은으로 장식하곤 한다.

[또] 대가와 주부가 머리에 쓰는 것은 책(幘)과 비슷하지만 뒤[에 가리개]가 없다. 소가는 절풍을 쓰는데, 모양이 변(弁)을 닮았다.

○ 以十月祭天大會. 其公會衣服皆錦繡金銀以自飾, 大加 · 主簿頭所著似幘而無後, 其小加著折風, 形如弁.

•009

그 나라에는 감옥이 없다.[24)]

죄를 지은 자가 생기면 [국왕이] 제가를 소집하여[25)] 논의를 거쳐 [죄가] 무

---

24) 그 나라에는 감옥이 없다[其國無牢獄]: 〈동북아판2〉(제104쪽)에서는 이 구문을 그 뒤의 "제가를 소집하여"와 연결시켜 "그 나라에 뇌옥은 없지만 죄를 지은 자가 있으면 제가들이 모여 평의하여, [죄가] 무거운 자는 죽이고 그 처와 자식을 적몰하여 [노비로] 삼는다."라고 번역하였다. 그러나 감옥이 없는 것과 사형수에 대한 처벌은 서로 별개의 문제이기 때문에 전후 맥락을 따져 볼 때 "그 나라에는 감옥이 없다."에서 일단 끊는 편이 자연스럽다.

25) 제가를 소집하여[會諸家]: 이 부분의 경우 인터넷〈국편위판〉에서는 "제가가 모여", 〈동북아판2〉(제104쪽)에서는 "제가들이 모여"라고 번역하였다. 그러나 문법적으로는 어감에 미묘한 차이가 존재한다. 국내 학자들이 혼동하는 경우가 많지만, 한국어와는 달리, 고대 한문에서 동사와 목적어가 사용될 때 그 어순은 영어의 제3형식과 유사하다. 즉, '주어+동사+목적어'식으로, 동사 앞에 오는 것이 주어(주체)이고 그 뒤에 오는 것은 목적어(객체)라는 뜻이다. "會諸家"의 경우는 주어가 생략된 '동사+목적어' 구조이다. 따라서 "제가가 모이다"가 아니라 "제가를 모으다"가 정확한 번역이다. 물론, 여기서 제가를 소집하는 주체는 서열이 제가보다 상위에 있는 고구려 국왕일 것이다. 참고로, '제가'의 경우, 의미상으로는 '부족장들' 정도로 해석되므로, 중국의 '제후(諸侯)'에 해당한다고 할 수 있다. 〈국편위판〉()에서는 '제가'를 "諸家들"이라고 번역했는데, '제(諸)-' 자체가 복수를 나타내는 한자 표현

거우면 즉시 당사자를 사형에 처하고[26] 그 처자식은 호적을 박탈해 관청에 편입시킨다.

○ 其國無牢獄, 有罪者則會諸加評議, 重者便殺之, 沒入其妻子.

•010

그 나라 습속에서는 분방한 것을 좋아하여, 남자와 여자가 서로 [마음이 맞아] 도망치거나 유혹하는 일이 많다.

장가를 들거나 시집을 가고 나면 그때부터 [자신의] 장례에 쓸 수의를 [미리부터] 조금씩 짓는다.

○ 其俗好淫, 男女多相奔誘. 已嫁娶便稍作送終之衣.

•011

그 나라에서는 [사람이] 죽어 장사를 지낼 때 덧널[27]은 쓰지만 속널은 쓰지 않는다.[교감1] 후하게 장례 지내 주기를 좋아하여[28] 금·은과 재

이기 때문에 여기에 복수를 나타내는 우리말인 '-들'까지 쓸 필요는 없다. 제가의 성격에 관한 논의는 문성재, 《정역 중국정사조선 · 동이전1》, 제144쪽, "제가" 주석의 설명을 참조하기 바란다.

26) 무거우면 즉시 당사자를 사형에 처하고[重者便殺之]: 《양서》의 같은 대목에는 '편할 편(便)'이 없다. 여기서 '편'은 조건관계를 나타내는 접속사로, 주절과 종속절 사이에서 앞의 조건이 충족되면 뒤의 상황이 발생한다는 것을 시사한다. 어감상으로는 '~하자마자(as soon as)'의 의미를 담고 있지만 그것 자체는 특별한 의미를 지니지 않기 때문에 생략하더라도 전체적인 의미나 맥락에는 차이가 없다.

27) 덧널[槨]: 무영전본 《남사》에는 '곽(槨)'으로 되어 있으나 의미상으로는 차이가 없다.

28) 후하게 장사 지내 주기를 좋아하며[好厚葬]: 급고각본 · 백납본 · 남감본에는 이 구절의 둘째 글자인 '두터울 후(厚)'가 빠져 있다. 그러나 '호장(好葬)'만으로는 '장사 지내기를 좋아한다'라는 의미밖에 나타내지 못한다. 따라서 '후'자가 들어가야 이 부분의 의미를 온전하게 나타낼 수 있다.

물·폐백을 망자의 장례를 치러 주는 데에[29] 남김없이 다 쓸 정도이다. 돌을 쌓아 봉분을 만들고 소나무·잣나무를 그 주위에 줄 지어 심는다.

형이 죽으면 형수를 아내로 삼는다.

○ 其死葬, 有槨無棺["其死葬有槨無棺", 死字下各本並脫葬字, 據梁書補.]. 好厚葬, 金銀財幣盡於送死. 積石爲封, 列植松柏. 兄死妻嫂.

【교감1】 "그 나라에서는 [사람이] 죽었을 때 덧널은 쓰지만 속널은 쓰지 않는다."의 경우, '죽을 사(死)'자 다음에 판본들마다 전부 '장사 지낼 장(葬)'자가 빠져 있는 바, 《양서》에 근거하여 보완하였다.[30]

• 012

그 [나라의] 말은 한결같이 작아서 산에 오르기에 수월하다.

[그] 나라 사람들은 기운[이 센 것]을 높이 쳐서, 활·화살·칼·장창을 잘 쓰고 갑옷이 있으며, 싸움[의 기술]을 익혀서 옥저와 동예[31]가 모두 [그들

---

29) 장례를 치러 주는 데에[於送死]: 급고각본에는 첫 글자 '어조사 어'가 '어조사 우(于)'로 나와 있으나 의미상으로는 별 차이가 없다.

30) 덧널은 쓰지만 속널은 쓰지 않는다[有槨無棺]: 중국에서는 서주(西周)시대부터 덧널과 속널의 사용이 제도화되어 있었다. 천자의 경우, 관을 네 겹으로 썼는데, 가장 안쪽 널을 비(椑), 다음 것을 지(地), 그다음 것을 속(屬), 가장 바깥 널을 대관(大棺)이라고 하였다. 천자 이하의 제후·대부(大夫)는 등급에 따라 관의 사용에 차등을 두었는데 사(士)는 대관만 쓸 수 있었다. 반면에 동이·북적 등 중원 바깥의 이민족들은 덧널과 속널의 개념 없이 관만 하나 쓰는 것이 일반적이었다. 따라서 여기서 "덧널은 쓰지만 속널은 쓰지 않는다."라는 것은 고구려의 장례 문화를 중국인의 시각에서 해석한 것일 뿐이다. 실제로는 관을 통상적인 규격으로 썼느냐, 위세를 드러내고 부장품들을 담기 위하여 큰 것을 썼느냐의 차이만 존재했다고 보는 것이 합리적이라는 뜻이다.

31) 동예(東濊): 급고각본·무영전본에는 '예'자가 '오랑캐 예(獩)', 《양서》에는 '더러울 예(穢)'로 나와 있다. 그러나 《삼국지》·《후한서》 등 초기 정사에는 '깊은물 예(濊)'

에게] 복속되었다.

○ 其馬皆小, 便登山。國人尙氣力, 便弓矢刀矛, 有鎧甲, 習戰鬪, 沃沮·東濊皆屬焉。

•013

[서]진나라 안제의 의희 9년(413)에 고[구]려 국왕 고련이 장사인 고익을 보내어 표를 올리고 붉은 바탕에 흰 얼룩이 있는 말을 바쳤다. [그러자] 진나라에서는 [고]련을 사지절·도독영주제군사[32]·정동장군·고[구]려왕·낙랑공으로 삼았다.

○ 晉安帝義熙九年, 高麗王高璉遣長史高翼奉表, 獻赭白馬, 晉以璉爲使持節·都督營州諸軍事·征東將軍·高麗王·樂浪公。

•014

[유]송나라 무제가 즉위하여 [고]련에게 정동대장군【교감1】의 직함을 추가

로 소개되어 있으므로 그 예를 따르는 것이 옳다.

32) 도독영주제군사(都督營州諸軍事): 진대의 관직명. 영주의 군사 업무를 총괄하는 지역 사령관에 해당한다. 전연의 모용준(慕容儁, 319~360) 때에는 고국원왕이 영주제군사로 임명되고 동진의 안제(安帝, 382~419) 때에는 장수왕이 도독영주제군사로 임명되었다. 〈동북아판2〉(제105쪽)에서는 '영주(營州)'를 "遼西 지역의 한 행정구역"으로 소개하고 도독영주제군사가 "營州 일대에 대한 제반 군사 권한을 행사할 수 있다는 의미이다. 都督은 지휘관이 군사권을 수행할 수 있는 자격을 말한다."라고 정의하였다. 만약 그렇다면 4~5세기의 고구려는 지금의 요서지역에 대한 군사적·정치적 기득권을 확보하고 있었다는 뜻이 된다. 학계에서는 일반적으로 영주를 지금의 요녕성 조양시(朝陽市)로 비정하는 것이 통설이기 때문이다. 최고 전성기 고구려의 서계가 요동반도에서 그쳤는데 거기서 한참 서쪽에 있는 조양(요서)에 대한 정치·군사적 지배권을 허용하는 작호를 주거나 받을 리가 없는 것이다. 따라서 고구려의 서계를 요동반도로 한정시켰던 기존의 통설은 재고되어야 할 필요가 있다고 본다.

해 주고, 나머지 작호들은 일률적으로 예전과 같이 인정해 주었다.33)

[영초] 3년(422)34)에는 [고]련에게 산기상시를 추가해 주고 독평주제군사를 더해 주었다.

○ 宋武帝踐, 加璉征東大將軍【"宋武帝踐阼加璉征東大將軍", 征東各本作鎭東, 據宋書改. 按: 鎭東大將軍, 時以之封百濟王, 見百濟傳.】, 餘官並如故. 三年, 加璉散騎常侍, 增督平州諸軍事.

【교감1】 "[위]송나라 무제가 즉위하여 [고]련에게 정동대장군의 직함을 추가해 주다."의 경우, '정동'이 다른 판본들에는 '진동'으로 되어 있는 바, 《송서》의 기사에 따라 고쳤다. 따져 보건대 '진동대장군'이 더러 백제왕을 봉하는 데에 사용된 일35)은 〈백제전〉에 보인다.

• 015

소제의 경평36) 2년(424)에는 [고]련이 장사이던 마루(馬婁) 등을 파견

---

33) 송나라 무제가 즉위하여[宋武帝踐阼]~: 이 대목에 대응되는 《송서》〈고구려국전〉 기사에는 고구려왕과 백제왕에 대한 봉작을 언급한 무제의 조서가 소개되어 있다.

34) 3년(三年): 유송의 무제 유유(劉裕)의 영초(永初) 3년을 말한다. 서기로는 422년으로, 고구려 장수왕 10년에 해당한다.

35) 더러 백제왕을 봉하는 데에 사용된 일[時以之封百濟王]: 〈국편위판〉의 교감017에서는 진동대장군을 소개하면서 "鎭東大將軍은 百濟王에게 封한 것"이라고 하여 '진동대장군'이 오로지 백제 국왕에게만 부여된 것처럼 설명해 놓았다. 그러나 원문의 교감기에는 동사 '봉하다' 앞에 빈도부사 '더러[時]'가 들어 있으므로 백제 국왕을 진동대장군에 봉하는 빈도는 낮았다고 보아야 옳다. 참고로, 품계로 따지면 정동대장군이 진동대장군보다 높았다고 한다.

36) 경평(景平): 유송의 소제(少帝) 유의부(劉義符)가 423년 정월부터 424년 8월까지 2년 동안 사용한 연호. "경평 2년"은 고구려 장수왕 12년이며, 서기로는 424년에 해당한다.

해 특산물을 바치매, 알자[37) 주소백(朱邵伯)과 왕소자(王邵子) 등을 보내어 그들의 노고를 위문하였다.[38)

○ 少帝景平二年, 璉遣長史馬婁等來獻方物, 遣謁者朱邵伯·王邵子等慰勞之.

• 016

원가 15년(438)[39)에 풍홍은 [북]위나라에 공격을 당하여 [싸움에서] 패하매 고[구]려 북풍성으로 달아나 [유송의 문제에게] 표를 올리고 '[자신을] 맞이해 데려가 줄 것'을 요청하였다.
[그러자] 문제는 사신 왕백구(王白駒)와 조차흥(趙次興)을 파견해 그를 맞이하였다. 아울러 고[구]려에 [풍홍을] 도와서 [송나라로] 보내 줄 것을 명령하였다.

○ 元嘉十五年, 馮弘爲魏所攻, 敗奔高麗北豊城, 表求迎接. 文帝遣使王白駒·趙次興迎之, 幷令高麗資遣.

---

37) 알자(謁者): 중국 고대의 관직명. 한대에는 궁정에 속한 알자는 낭중령(郎中令)에 소속되었으며, 알자복야(謁者僕射)를 수장으로 삼았는데, 인원이 70명이고 녹봉은 600석이었다. 위·진대에는 품계가 7품이고 정원이 10명으로 알자대(謁者臺)에 소속되어 의례를 거행하거나 명령을 출납하거나 사신으로 출행하는 일을 담당하였다.

38) 그들의 노고를 위문하였다[慰勞之]: 어떻게 노고를 위문했는지에 관해서는 《송서》〈고구려국전〉에서 비교적 상세하게 소개하고 있다.

39) 원가 15년(元嘉十五年): 서기438년으로, 고구려 기년으로는 장수왕 26년에 해당한다. 《송서》《고구려국전》의 이 대목에는 원래 후연(後燕)의 모용보(慕容寶)·모용희(慕容熙) 및 북연(北燕)의 풍발(馮跋)·풍홍(馮弘)과의 교섭 관련 내용이 끼어 있다.

•017

[그러나 고]련은 [풍]홍이 남쪽40)으로 가도록 내버려둘 생각이 없었다. [그래서] 손수(孫漱)·고구(高仇) 등을 파견해 그를 습격해 죽였다. [왕]백구 등은 휘하 병력을 칠천 명 넘게 이끌고 [손]수를 산 채로 사로잡고41) [고]구 등 두 명은 죽였다. [그러자 고]련은 '[왕]백구 등이 멋대로 사람을 죽였다' 하여 사자를 보내 그들을 체포해 [송나라로] 압송하였다. 황제는 '[고구려가] 멀리 있는 나라'라는 이유로 그 나라 국왕(장수왕)의 뜻을 거스르기를 바라지 않아 [왕]백구 등을 감옥에 가두었다가 용서해 주었다.42)

○ 璉不欲弘南, 乃遣將孫漱·高仇等襲殺之. 白駒等率所領七千餘人生禽漱, 殺仇等二人. 璉以白駒等專殺, 遣使執送之. 上以遠國不欲違其意, 白駒等下獄見原。

•018

[그러자? (아니면 새로운 단락?] [고]련은 해마다 사신을 파견하였다. [원가] 16년(439)에는 문제가 [북]위나라를 침공할 작정으로 [고]련에게 조서를 내려

---

40) 남쪽[南]: 여기서는 당시 북위와 대립하고 있던 남조의 유송(劉宋)을 뜻한다.

41) 산 채로 사로잡고[生禽]: 둘째 글자 '새 금(禽)'의 경우, 《태평어람》의 《남사》 인용문에는 '잡을 금(擒)'으로 나와 있으나 의미상으로는 별 차이가 없다. '새 금'은 《역경(易經)》〈정(井)〉의 "옛 우물에서는 얻을 것이 없다.(舊井無獲)"에서 볼 수 있듯이, 고대에는 '새 ⇒ 잡다'로 그 의미가 확장되면서 '잡다(catch)' 또는 '얻다(get)'의 의미로도 통용되었다. 그러다가 나중에는 '새'의 의미는 '금(禽)', '잡다'의 의미는 '금(擒)'으로 역할 분담이 이루어지게 된다.

42) 용서해 주었다[見原]: '견원(見原)'은 글자 그대로 풀이하면 '정상을 참작하였다'라는 뜻이다. 그러나 정상을 참작해 용서했다는 의미로 사용되었기 때문에 여기서는 "용서하였다"로 의역하였다.

무용총 수렵도에 묘사된 고구려 말과 '필'의 갑골문

말을 보내게 하니[43] [고련이 말] 팔백 필[44]을 바치기도 하였다.

○ 璉每歲遣使。十六年, 文帝欲侵魏, 詔璉送馬, 獻八百匹。

• 019

효무[제]의 효건[45] 2년(455)에 [고]련은 장사이던 동등(董騰)을 파견하여 표를 올리고, 국상 이 주기에 즈음한 조문을 하는 한편[46] 특산물을 바

---

43) 말을 보내게[送馬]: 《태평어람》의 《남사》 인용문에는 '바칠 헌(獻)'으로 나와 있다. 그런데 바로 뒤에 또 '헌'자가 나오므로 《태평어람》의 '헌'은 착오로 보아야 옳다.

44) 팔백 필[八百匹]: 급고각본·무영전본에는 '다리 필(疋)'로 나와 있다. 문자학적 견지에서 본다면 급고각본·무영전본의 '다리 필'이 옳다. 《설문해자》에 따르면 "필은 네 장을 말한다.(匹, 四丈也)" 반면에 "필은 다리를 말한다.(疋, 足也)" 말하자면, 전자는 베의 길이를 나타내는 단위, 후자는 말의 숫자를 세는 단위인 것이다. 참고로, 《고문회찬》에 따르면 고대의 한 필(匹)은 너비가 1척 8촌, 길이가 4장이었다고 한다. 한대의 1장은 대략 213.5~237.5cm 정도였다고 하므로 4장이라면 854~950cm 정도 되었던 셈이다.

45) 효건(孝建): 유송의 효무제 유준(劉駿)이 454~456년까지 3년 동안 사용한 연호. "효건 2년"이라면 고구려 장수왕 43년이며, 서기로는 455년에 해당한다.

46) 한편[並]: 급고각본·무영전본에는 '아우를 병(并)'으로 나와 있다. 《설문해자》에

쳤다.

대명 2년[47](458)에는 이어서 숙신씨의 호시와 석노[48]를 바쳤다.

[그래서 대명] 7년(463)[49]에 조서를 내려 [고]련을 거기대장군·개부의동삼사로 삼고 나머지 작호들은 모두 그대로 인정해 주었다.

○ 孝武孝建二年, 璉遣長史董騰奉表, 慰國哀再周. 並獻方物. 大明二年, 又獻肅愼氏楛矢石砮. 七年, 詔進璉爲車騎大將軍·開府儀同三司, 餘官並如故.

• 020

[유송의] 명제의 태시 연간으로부터 후폐제의 원휘 연간까지도 공물을 바치는 [고구려 사신의] 행렬이 끊이지 않았다. 제나라 때에 이르러서는 [남조와 북조 양쪽 모두 고련에게] 똑같이 작위를 주었는데, 백 살이 넘어서 죽으매[50] [그] 아들 [고]운이 옹립되었다.

○ 明帝泰始·後廢帝元徽中, 貢獻不絶, 歷齊並授爵位, 百餘歲死, 子

따르면 "'병'은 가지런한 것을 말한다.(並, 倂也)" 반면에 "'병'은 서로 따르는 것을 말한다.(幷, 相從也)" 여기서는 두 글자가 '이어서', '~하는 한편'의 의미를 나타내므로 '병(並)'이 '병(幷)'의 의미로 사용된 셈이다.

47) 대명 2년(大明二年): '대명'은 효무제 유준이 457~464년까지 8년 동안 사용한 연호이다. "대명 2년"은 서기 458년으로, 고구려의 기년으로는 장수왕 46년에 해당한다. 《송서》의 〈효무제본기(孝武帝本紀)〉와 〈고구려전〉에는 이 대목이 대명 3년의 일로 소개되어 있어서 1년의 편차가 발생한다.

48) 숙신씨의 호시와 석노[肅愼氏楛矢石砮]: 《태평어람》의 《남사》 인용문에는 '씨(氏)'가 '시급(矢及)' 두 글자로 바뀌어 있는데, 착오로 보인다.

49) 7년(七年): 대명 7년을 말한다. 서기 463년으로, 고구려 장수왕 51년에 해당한다. 《송서》〈고구려국전〉에는 이때 효무제가 내린 조서 내용이 소개되어 있다.

50) 명제의 태시 연간[明帝泰始]~: 태시(泰始) 연간은 465~471년으로, 고구려의 기년으로는 장수왕 53~59년에 해당한다. 또 그 뒤의 원휘(元徽) 연간은 473~476년으로, 장수왕 61~64년에 해당한다.

雲立。

• 021

[남]제나라의 융창51) 연간에 [황제는 고운을] 사지절·산기상시·도독영평이주[제군사]52)·정동대장군·고려왕·낙랑공【교감1】으로 삼았다.
[그리고] 양나라 무제는 즉위하자 [고]운을 거기대장군으로 격상시켜 주었다.

○ 齊隆昌中, 以爲使持節·散騎常侍·都督營平二州·征東大將軍·高麗王·樂浪公【"以爲使持節散騎常侍都督營平二州征東大將軍高麗王樂浪公", 二州下南齊書有諸軍事三字. 高麗王三字各本並脫, 據南齊書補. 按: 下云持節·常侍·都督·王並如故, 明此脫高麗王三字.】. 梁武帝卽位, 進雲車騎大將軍。

【교감1】 "[그를] 사지절·산기상시·도독영평이주·정동대장군·고려왕·낙랑공으로 삼았다."의 경우, '이주' 다음에 《남제서》에는 '제군사' 세 글자가 있는 반면 '고려왕' 세 글자는 각 판본들에서 한결같이 빠져 있는 바, 《남제서》에 따라서 보완하였다. 그 다음에서 "지절·상시·도독·왕은 일률적으로 이전과 같[이 인정해 주었]다."라고 한 것을 따져 보건대, 여기서의 '고려왕' 세 글자가 빠진 것이 분명하다.

---

51) 융창(隆昌): 남북조시대에 남조 제(齊)나라의 욱림왕(郁林王) 소소업(蕭昭業, 473~494)이 494년 정월~7월까지 반년 동안 사용한 연호.
52) 도독영평이주(都督營平二州): 남조 제나라의 관직명. '도독(都督)'은 군사 업무를 총괄하는 사령관급 무관직에만 해당하며 각 주의 행정을 총괄하는 문관직으로는 따로 자사(刺史)나 태수(太守)가 존재하고 있었다. 여기서의 '도독영평이주'는 영주와 평주의 군사 업무만 전담한다는 뜻에서 '도독영평이주제군사'의 착오로 보아야 옳다. '도독□주제군사' 식의 작호에 관한 보다 상세한 설명은 《송사》의 "도독영주제군사" 주석을, 그 의미와 고구려 강역 문제에 관해서는 《남사》의 "도독영주제군사" 주석을 각각 참조하기 바란다.

• 022

천감 7년[53)]에 [황제는] 조서를 내려 [그를] 무동대장군·개부의동삼사로 삼고, 지절·상시·도독·왕[의 호칭]은 전부 그대로 인정해 주었다. [천감] 11년(512)과 15년(516)에 [고구려는] 잇따라 사신을 파견해 공물을 바쳤다. 천감 17년(518)에 [고]운이 죽자 그 아들 [고]안이 옹립되었다.

○ 天監七年, 詔爲撫東大將軍·開府儀同三司·持節·常侍·都督·王 並如故. 十一年·十五年, 累遣使貢獻. 十七年, 雲死, 子安立.

• 023

보통 원년(520)[54)]에 [황제는] 조서를 내려 [고]안이 [선왕의] 봉작과 지절·독영평이주제군사·영동장군[의 직함]을 세습하게 해 주었다.[55)]

---

53) 천감 7년(天監七年): 서기로는 508년으로, 고구려 문자왕 17년에 해당한다. '천감(天監)'은 양나라 무제 소연(蕭衍)이 502~519년까지 17년 동안 사용한 첫 번째 연호이다. 이 뒤의 천감 11년, 15년, 17년은 각각 512년, 516년, 518년이며, 고구려 문자왕 21년, 25년, 27년에 해당한다. 《양서》〈고구려전〉의 이 대목에는 무제의 조서 내용이 소개되어 있다.

54) 보통 원년(普通元年): 서기 520년으로, 고구려 안장왕 2년에 해당한다. '보통(普通)'은 양나라 무제 소연이 520~527년까지 8년 동안 사용한 두 번째 연호이다. 뒤의 "보통 7년"은 526년으로 안장왕 8년에 해당한다.

55) 봉작[封爵]: 인터넷〈국편위판〉에서는 "詔安纂襲封爵持節督營平二州諸軍事寧東將軍" 부분을 "安에게 조서를 내려 持節·督營平二州諸軍事·寧東將軍의 봉작을 승습케 하였다."라고 번역하여 지절·독영평이주제군사·영동장군을 고구려 국왕이 세습한 봉작(封爵)과 동일한 것으로 해석하였다. 그러나 '봉작'은 말 그대로 정규적으로 설치된 관직과는 별도로 황제가 임의로 작호를 부여하는 것을 가리킨다. 고구려의 새 국왕이 세습한 선대 국왕의 봉작은 고려왕(高麗王)과 낙랑공(樂浪公)의 두 개이며, 나머지 직함들은 세습되는 봉작이 아니라 수시로 부여·박탈·승천이 변동되는 것들이다. 이는 '봉작'이라는 단어가 '지절·독영평이주제군사·영동장군'보다 앞에 제시되어 있다는 것만 보더라도 알 수 있는 일이다. 어순을 따져 볼 때 지절·독영평이주제군사·영동장군과 세습되는 봉작은 별개의 것이라는 뜻이다.

[보통] 7년(526)에 [고]안이 죽으매 그 아들 [고]연이 옹립되었다. [고연이] 사신을 파견해 공물을 바치매 조서를 내려 [고]연에게 [선왕의] 작위들을 세습하게 해 주었다.

○ 普通元年, 詔安纂襲封爵, 持節·督營平二州諸軍事·寧東將軍. 七年, 安卒, 子延立, 遣使貢獻。詔以延襲爵。

• 024

중대통 4년(532)과 6년(534)·대동 원년(535)과 7년(541)56)에 [고구려가] 연거푸 표를 올리고 특산물을 바쳤다.

태청 2년(548)57)에 [고]연이 죽으매 조서를 내려 그 아들 [고]성으로 하여금 [선왕 고]연의 작위를 세습하게 해 주었다.

○ 中大通四年·六年, 大同元年·七年, 累奉表獻方物。太淸二年, 延卒, 詔其子成襲延爵位。

---

56) 중대통 4년(四年)~: '중대통(中大通)'은 양나라 무제 소연이 529~534년까지 5년 동안 사용한 네 번째 연호이다. "중대통 4년"과 "6년"은 서기로는 532년, 534년으로, 고구려 안원왕 2년, 4년에 해당하며, "대동 원년"과 "7년"은 535년, 541년으로 안원왕 5년과 11년에 해당한다.

57) 태청 2년(太淸二年): '태청(太淸)'은 소연이 547~549년까지 2년 동안 사용한 일곱 번째 연호이다. "태청 2년"은 서기 548년으로 고구려 양원왕 4년에 해당한다.

백제전(百濟傳)[58]

• 001

'백제'의 경우, 그 [나라의] 선대에는 동이 땅에 한국이 세 군데 있었는데, 첫째가 마한이고, 둘째가 진한이며, 셋째가 변한이었다. 변한과 진한에는 각각 열두 나라가 있었으며 마한에는 쉰네 나라가 있었다. 큰 나라는 만 가(家)가 넘고 작은 나라는 몇천 가로서, 다 합치면 십몇만 호(戶)였는데, 백제는 바로 그 나라들 중의 하나였다. 나중에는 차츰 강하고 커져서 작은 나라들을 합치기에 이르렀다.

○ 百濟者, 其先東夷有三韓國: 一日馬韓, 二日辰韓, 三日弁韓. 弁韓・辰韓各十二國, 馬韓有五十四國. 大國萬餘家, 小國數千家, 總十餘萬戶, 百濟卽其一也. 後漸强大, 兼諸小國.

• 002

그 나라는 본래 [고]구려와 함께 요동[군?]의 동쪽으로 천 리 넘는 지점에 있었다. [그러다가 서]진나라 때에는 [고]구려가 요동[군]을 경략해 점유하더

---

58) 백제전(百濟傳): 앞의 〈고구려전〉처럼, 《양서》〈백제전〉을 거의 그대로 옮겨 놓았다고 해도 과언이 아닐 정도로 내용의 대부분이 《송서》・《남제서》・《양서》 등 남조의 선행 정사들의 〈백제전〉 기사들을 재활용한 것이어서 6세기 후기의 백제 상황을 고찰하는 사료로서는 참고가치가 그다지 높다고 할 수 없다. 분량면에서도 '엣센스 백제사'나 수험용 참고서 느낌이 들 정도로, 《송서》・《남제서》에 자세하게 소개된 백제 국왕의 표나 송・제 황제의 조서들은 내용이 모두 생략되고 사실 관계만 간략하게 소개한 수준으로 상당히 축약되어 있다.

니59), 백제 역시 요서와 진평의 두 군을 점거하기에 이르렀다.60) 자체적으로 백제군을 설치한 것이다.61)

59) 요동을 경략해 점유하더니[旣略有遼東]: 이 구절의 경우, 급고각본·백납본·남감본에는 "즉약유요동(卽略有遼東)", 무영전본에는 "기약유요동(旣略有遼東)"으로, 첫 글자가 다르게 되어 있다. 고대 한문에서 '즉(卽)'은 상황이 즉각적으로 발생하는 것을 나타내는 부사인 반면, '기(旣)'는 서로 별개의 두 가지 상황이 부대적으로 잇따라 발생하는 것을 나타내는 접속사이다. 전자는 '즉시(instantly)', 후자는 '~한 데 이어(following)' 정도의 어감을 나타내는 셈이다. 전후 맥락을 따져 볼 때 여기서는 고구려의 요동 점유와 백제의 요서·진평 점유를 차례로 기술하고 있으므로 '기'로 써야 옳다.

60) 요서와 진평 두 군을 점거하기에 이르렀다[據有遼西·晉平二郡地矣]: 근초고왕(近肖古王) 때(346~374)에 백제가 중원을 공략한 일을 말한다. 요서·진평 두 군의 점유에 관한 상세한 소개와 이를 부정하는 주장에 대한 반박은 《양서》〈백제전〉의 해당 주석을 참조하기 바란다. 참고로, 국내 학계에서는 《양 직공도》〈백제국사(百濟國使)〉의 "百濟舊來夷馬韓之屬" 부분을 "百濟는 원래 來夷였던~" 식으로 번역했는데, 명백한 오역이다. 여기서 "舊來夷"는 "舊|來夷"가 아니라 "舊來|夷[馬韓]"로 끊어서 번역해야 옳다. 왜냐하면 "舊|來夷"로 끊으면 '예전에 조공을 왔던 동이 마한의 속국'이 되어서 마한이 양나라에 조공을 왔'었다는 뜻으로 해석되므로 역사적 사실에 부합되지 않기 때문이다. 반면에, "舊來|夷[馬韓]"로 끊으면 '예전부터 동이 마한의 속국'이 되므로 어느 정도 사실에 부합된다.

61) 자체적으로 백제의 군을 설치한 것이다[自置百濟郡]: 이 구절은 《송서》〈백제국전〉에는 보이지 않으며 《양서》·《남사》의 〈백제전〉에만 보인다. 앞의 구절 "백제 역시 요서와 진평 두 군의 땅을 점유하였다"가 백제의 요서 경략 사실을 명시하고 있다고 한다면, 이 구절은 백제가 점유에서 한 걸음 더 나아가 자체적인 군·현까지 설치하여 지속적으로 해당 지역을 영유했음을 간접적으로 확인시켜 주고 있다. 원문의 '스스로 자(自)'는 백제가 진(晉) 왕조의 허락을 거치지 않고 임의로 군현을 설치했다는 것을 시사해 준다. 원래 중국 고대사에서 행정 관청의 설치는 반드시 황제나 조정의 명령에 따라 이루어지기 마련이었기 때문이다. 요서·진평 두 군의 영유가 중원 왕조(동진)의 결정과는 무관하게 오로지 백제의 의지에 따라 이루어진 일이라는 뜻이다. 그런 점에서 볼 때 동진 조정이 의희 12년(416)에 백제 국왕에게 부여한 '도독백제제군사(都督百濟諸軍事)'라는 관직명 역시 백제 본국이 아니라 백제가 요서지역에 개척한 백제군에 대한 통치권에 대한 동진 조정의 사후 추인으로 해석할 수 있을 것이다. 이에 관해서는 《양서》〈백제전〉의 해당 주석을 참조하기 바란다.

○ 其國本與句麗俱在遼東之東千餘里, 晉世, 句麗旣略有遼東, 百濟亦據有遼西·晉平二郡地矣. 自置百濟郡。

• 003

[서]진의 의희62) 12년(416)에 [황제는] 백제의 국왕 [부]여영63)을 사지절·도독백제제군사·진동장군·백제왕으로 삼았다. [유]송의 무제가 즉위하고 나서64) 진동대장군으로 직함을 격상시켜 주었다.
[그러자?] 소제의 경평 2년(424)65)에 [부여]영이 장사 장위(張威)66)를 파

---

62) (義熙): 동진의 제10대 황제인 안제(安帝) 사마덕종(司馬德宗)이 405~418년까지 14년동안 사용한 네 번째 연호. "의희 12년"은 백제의 전지왕 12년으로 서기로는 416년에 해당한다. 무영전본에는 시점이 '의희 13년'으로 나와 있으나 그해는 서기로 417년이 되므로 '의희 12년'이어야 옳다.

63) 여영(餘映): 백제의 제18대 국왕인 전지왕(腆支王)의 이름. 그 이름자의 경우, ①《송서》·《양서》·《남사》에는 '영(映)', ② 백납본《양서》에는 '앙(眏)', ③《양 직공도》와《한원》의《송서》인용문에는 '전(腆)', ④《통전》에는 '전(腆)'으로 나와 있다. 인터넷〈국편위주〉024에서는《삼국사기》의 전지왕(腆支王)을 근거로 "映은 腆의 誤記"라고 보고 그 이름을 '두터울 전(腆)'으로 보았다. 그러나 ①~④의 문헌기록들 중에서 가장 신뢰도가 높은 것은《양 직공도》(547?)일 것이다. 전지왕 재위 당시로부터 연대가 가장 가까운 문헌기록인 데다가, 양나라를 오가는 백제 사신들을 통하여 사실 확인이 이루어졌을 가능성이 높기 때문이다. 따라서 거기에 언급된 '넉넉할 전(腆)'이 올바른 이름이라고 보는 편이 합리적이다.

64) 즉위하고 나서[踐阼]: '조(阼)'는 대궐 궁전의 정면 동쪽에 난 계단으로 그 궁전의 주인(천자)만 다닐 수가 있었다. '천조(踐阼)'란 그 계단을 밟는다, 즉 그 계단을 다닌다는 뜻으로, 황제 자리에 오르는 것을 가리키는 말이다. 명대의 급고각본에는 '조'가 '복 조(祚)'로 나와 있는데, 의미상으로는 큰 문제가 없지만 여기서는 오자이다.

65) 경평 2년(景平二年): 서기 424년으로, 백제의 기년으로는 구이신왕 5년에 해당한다.

66) 장위(張威): 인터넷〈국편위판〉번역문에는 장사 장위의 성이 '길 장(長)'으로 되어 있는데, 그 앞의 관직명 '장사(長史)' 때문에 '펄 장(張)'을 잘못 적은 것으로 보인다.

견하여 대궐로 와서 공물을 바쳤다.

○ 晉義熙十二年, 以百濟王 餘映爲使持節·都督百濟諸軍事·鎭東將軍·百濟王。宋武帝踐阼, 進號鎭東大將軍。少帝景平二年, 映遣長史張威詣闕貢獻。

• 004

원가 2년(425)[67]에 문제는 조서를 내려 겸알자 여구은자(閭丘恩子)와 겸부알자 정경자(丁敬子) 등으로 하여금 [백제로] 가서 칙명을 전하고 [그들의] 노고를 위로하게 하였다. 그 뒤로 [백제는] 해마다 사신을 파견하여 특산물을 바쳤다.

○ 元嘉二年, 文帝詔兼謁者閭丘恩子·兼副謁者丁敬子等往宣旨慰勞, 其後每歲遣使奉獻方物。

• 005

[그러자 원가] 7년(430)에 백제의 국왕 [부]여비(餘毗)[68]가 다시 공물을 바치는 의무를 다하매 [선왕인 부여]영의 작호를 그에게 제수하였다.[69] [원가]

---

67) 원가 2년(元嘉二年): 서기 425년으로, 백제의 구이신왕 6년에 해당한다. '원가'는 유송의 문제(文帝) 유의륭(劉義隆)이 424~453년까지 29년 동안 사용한 연호이다. 뒤의 "7년"은 원가 7년을 가리키는데 서기 430년으로 백제 비유왕 4년에 해당하고, "원가 27년"은 450년으로 비유왕 24년에 해당한다.

68) 여비(餘毗): 백제 제20대 국왕인 비유왕(毗有王)의 이름. 자세한 내용은 《송서》의 해당 주석을 참조하기 바란다.

69) 영의 작호를 그에게 제수하였다[以映爵號授之]: 전지왕 부여영이 과거에 유송의 문제 유의륭으로부터 받은 작호는 '사지절·도독백제제군사·진동대장군·백제왕(使持節都督百濟諸軍事鎭東大將軍百濟王)'이었다.

요개노의 예시(명대 무비지)

27년(450)에는 [부여]비가 국서를 올리고 특산물을 바치면서 대사[70] 풍야부(馮野夫)로 하여금 서하태수(西河太守)의 직무를 임의로 수행하게 하였다.[71] [이어서] 표를 올려《역림》·《식점》과 요노(腰弩)를 요구하기에 문제가 전부 [바라는 대로] 그에게 주었다. [부여]비가 죽으매 그 아들 [부여]경[72]이 대신 옹립되었다.[73]

---

70) 대사(臺使): 남북조시대에 조정에서 파견한 사자를 높여서 부르는 이름.
71) 사사로이 임명하였다[私假]: 중국 고대 행정제도에서 '가(假)'는 중국 역대 정사에서 시간 등의 사유로 말미암아 정식 임면 절차를 거치지 않거나 임명장(발령장)을 정식으로 받기 전에 임의로 특정한 관직/직함을 부여하는 것을 나타내는 문구이며, '행(行)'은 결원이 생긴 관직에 대하여 적임자가 나올 때까지 다른 관원이 해당 업무를 대행 또는 겸임하게 한 것을 가리킨다. 인터넷〈국편위판〉에서는 "私假臺使 馮野夫西河太守" 부분을 "사사로이, 臺使 馮野夫를 西河太守로 삼을 것을 추인해 주자 …" 식으로 번역하였다. 그러나 여기서 '사(私)'는 부사로, 백제의 국왕이 황제의 인가나 위임 없이 임의로 특정 행위를 하는 것을 가리키며, '가'는 타동사로, 역시 황제의 인가 없이 특정한 관직을 부여한 것을 가리킨다. 따라서 이 경우는 백제 왕이 풍야부를 서하태수로 제수해 줄 것을 황제에게 요청한 것이라기보다는 백제 왕이 황제의 정식 임명을 기다리지 않고 미리 임의로 풍야부를 서하태수로 임명한 일을 가리킨다고 보는 편이 합리적이다. '가'와 '행'의 내용 및 사례들에 관해서는《송서》의 해당 주석들을 참조하기 바란다.

○ 七年, 百濟王餘毗復修貢職, 以映爵號授之。二十七年, 毗上書獻方物, 私假臺使馮野夫 西河太守, 表求易林·式占·腰弩, 文帝並與之。毗死, 子慶代立。

•006

효무[제]의 대명 원년(457)[74)]에 [백제의 국왕이] 사신을 파견해 [관작의] 제수를 요구하기에 [효무제가] 조서를 내려 그것을 허락하였다.

[이에?] [대명] 2년(458)에 [부여]경이 [사신을] 파견해 표를 올리고 '행관군장군·우현왕 [부]여기[75)] 등 열한 사람은 [황제에게] 충성스럽고 부지런하다.'고 말하고 [열한 사람에게] 일률적으로 그럴싸하게 [관작을] 높여 줄 것을 요청하였다.[76)]

---

72) 경(慶): 백제 국왕의 이름. 재위기간으로 따져 볼 때 제21대 국왕인 개로왕(蓋鹵王)인 것으로 보인다.
73) 그 아들 경이 대신 옹립되었다[子慶代位]: 이 구절의 경우 세 번째 글자가 급고각본·백납본·남감본에는 '대신할 대(代)'로 되어 있으나 무영전본에는 '칠 벌(伐)'로 나와 있다. '대'와 '벌'은 모양이 비슷하여 혼동되기 쉬운데, 전후 맥락을 따져 볼 때 '벌'은 '대'를 잘못 적은 것이다. 인터넷〈국편위판〉에서는 '대'를 '대를 이어(inherit)'로 번역했으나 여기서는 '대신하여(as a substitute)'의 의미로 해석하는 것이 옳다.
74) 대명 원년(大明元年): 서기로는 457년으로, 백제의 개루왕 3년에 해당한다. '대명'은 유송의 효무제 유준(劉駿)이 8년 동안 사용한 연호이다.
75) 우현왕(右賢王): 고대 흉노(匈奴)의 귀족에 대한 봉호. 모돈 선우(冒頓單于) 때에는 영토의 중앙부를 자신이 직접 통치하면서 자신의 아들이나 동생을 좌현왕이나 우현왕으로 임명했는데, 흉노족은 왼쪽을 중요하게 여겨서 좌현왕이 우현왕보다 서열이 높았다.
76) 나란히 그럴싸하게 높여 줄 것을 요청하였다[並求顯進]: 여기서는 간접화법이어서 "나란히 ~해 줄 것을 요청하였다."라고 되어 있으나 표의 내용이 소개되어 있는 《송서》〈백제국전〉에는 백제 국왕의 직접화법으로 "~그럴싸하게 높여 주심이 옳겠습니다.(宜在顯進)"라고 되어 있다. "言行冠軍將軍·右賢王餘紀十一人忠勤, 並求

그리하여 조서를 내려 모두에게 [관작을] 더 높게 더해 주었다.[77]

○ 孝武大明元年, 遣使求除授, 詔許之。二年, 慶遣上表, 言行冠軍將軍·右賢王餘紀十一人忠勤, 並求顯進。於是詔並加優進。

• 007

명제의 태시 7년(471)[78]에 다시 사신을 파견해 공물을 바쳤다. [부여]경이 죽으매 그 아들 모도[79]가 옹립되었다.

[모]도가 죽으매 그 아들 모대[80]가 옹립되었다.

顯進." 부분의 경우, 〈국편위판〉에서는 "말하기를, '行冠軍將軍 右賢王 餘紀 등 11인이 충성스럽고 부지런하므로, 모두 벼슬을 높여 줄 것을 구합니다.'라고 하였다." 식으로 번역하였다. 그러나 이 구문의 경우 앞의 동사는 '말하다[言]'이고 뒤의 동사는 '요구하다[求]'이다. 즉, 전후 맥락을 따져 볼 때 백제 국왕이 한 말은 그 앞 구절인 '行冠軍將軍 右賢王 餘紀 등 11인이 충성스럽고 부지런하다'까지이며, 그 뒷 구절인 '모두 벼슬을 높여 줄 것'은 백제 국왕의 요청 내용을 가리키는 것으로 해석하는 편이 합리적이다.

77) 모두에게 더 높게 더해 주었다[並加優進]: 이와 관련하여《송서》〈백제국전〉에는 우현왕 여기(餘紀)를 행관군장군(行冠軍將軍)에서 관군장군으로, 좌현왕 여곤(餘昆)과 행정로장군(行征虜將軍) 여훈(餘暈)을 정로장군으로, 여도(餘都)와 여예(餘乂)를 행보국장군(行輔國將軍)에서 보국장군으로, 목금(沐衿)과 여작(餘爵)을 행용양장군(行龍驤將軍)에서 용양장군으로, 여류(餘流)와 미귀(麋貴)를 행영삭장군(行寧朔將軍)에서 영삭장군으로, 우서(于西)와 여루(餘婁)를 행건무장군(行建武將軍)에서 건무장군으로 각각 높여 주었다고 기술하고 있다. 관군장군·정로장군·보국장군·용양장군·영삭장군·건무장군에 관해서는《송서》의 해당 주석들을, 유송의 무관 품계에 관해서는 국편위판《남사》〈백제전〉에 소개된 〈남송의 장군관품표(南宋將軍官品表)〉를 각각 참조하기 바란다.

78) 태시 7년(泰始七年): 서기 471년으로 백제의 개루왕 17년에 해당한다.

79) 모도(牟都): 백제 국왕의 이름. 문주왕(文周王)으로 추정되지만 확실한 증거는 없다. 자세한 것은《송서》의 해당 주석을 참조하기 바란다.《양서》에는 '큰 대'가 '클 태(太)'로 나와 있다.

80) 모대(牟大): 백제의 제24대 국왕인 동성왕(東城王, ?~501)의 이름. 일본에 머물다가 선왕인 문근왕(文斤王, 삼근왕)이 세상을 떠나자 귀국하여 왕위를 계승하였

○ 明帝泰始七年, 又遣使貢獻。慶死, 立子牟都。都死, 立子牟大。

• 008

제나라의 영명 연간[81)]에 [황제가 모]대에게 도독백제제군사·진동대장군·백제왕을 제수하였다.

[그리고] 양나라의 천감 원년(502)에 [모대를] '정동[대?]장군'으로 높여 주었다.[82)] [그러나] 얼마 뒤에 고구려에게 격파되더니 해가 갈수록 [국력이] 시들고 약해져서 [급기야] 남쪽의 한 땅으로 옮겨 갔다.[83)]

다. 이와 관련된 자세한 내용은 《송서》의 해당 주석을 참조하기 바란다.
81) 영명 연간[永明中]: 서기로는 483~493년이며, 백제의 기년으로는 동성왕 5~15년에 해당한다. '영명'은 남제의 무제(武帝) 소책(蕭賾)이 483~493년까지 10년 동안 사용한 연호이다. 《남사》〈제본기(齊本紀)〉 "영명 8년"조에 따르면, "봄 정월 정사일에 행백제왕이던 [부여]태를 진동대장군·백제왕으로 삼았다.(春正月丁巳, 以行百濟王泰爲鎭東大將軍百濟王)"라고 한다.
82) 정동대장군으로 높여 주었다[進大號征東將軍]: 원문에는 '진대호정동장군(進大號征東將軍)'으로 되어 있으나 '진호정동대장군(進號征東大將軍)'을 잘못 적은 것으로 보인다. 한문 문법에 따라 풀이할 때 '진대호□□장군'은 "큰 작호를 더하여 □□장군으로 삼았다." 식으로밖에 번역되지 않으며 25사를 통틀어 이와 같은 방식으로 사용된 사례를 찾기가 어렵다. 반면에 '진호□□대장군'은 문법적으로도 전혀 문제가 없는 데다가, 관련 용례도 25사에서 허다하게 많이 확인할 수 있다. 《양서》〈무제본기〉 "천감 원년"조에서 "거기장군·고려왕 고운을 벼슬을 높여 거기대장군으로 삼았다. 진동대장군·백제왕 여대를 벼슬을 높여 정동대장군으로 삼았다. … 진동대장군·와왕 무를 벼슬을 높여 정동장군으로 삼았다.(車騎將軍高麗王高雲進號車騎大將軍, 鎭東大將軍百濟王餘大進號征東大將軍 … 鎭東大將軍倭王武進號征東將軍)"라고 한 것이 그 증거이다. "천감 원년"은 서기 502년으로 백제의 무녕왕 2년에 해당한다.
83) 남쪽의 한 땅으로 옮겨 갔다[遷居南韓地]: 백제가 고구려의 공세에 밀려 웅진(熊津)으로 천도한 일을 가리킨다. 인터넷〈국편위판〉에서는 "爲高句麗所破衰弱累年遷居南韓地." 부분을 "高句麗에게 격파되어 날로 [국력이] 쇠약해지더니, 南韓 지방으로 도읍을 옮겼다."로 번역하였다. 인터넷〈국편위주〉040에서는 이와 함께 백제가 옮겨간 새 도읍 웅진을 지금의 충청남도 공주시로 보았다. 그러나 한성에서

○ 齊永明中, 除大都督百濟諸軍事・鎭東大將軍・百濟王. 梁天監元年, 進大號征東將軍。尋爲高句麗所破, 衰弱累年, 遷居南韓地。

• 009
보통 2년(521)에 [백제]왕 [부]여융84)이 다시 사신을 파견하기 시작하였다. [부여융은 이때] 표를 올려 이렇게 주장하였다.
"고[구]려를 연거푸 무찔러 이제야 [귀국과] 사이좋게 왕래할 수 있게 되었습니다. 백제가 다시 강한 나라가 된 것입니다.85)"

○ 普通二年, 王餘隆始復遣使奉表, 稱累破高麗, 今始與通好, 百濟更爲強國。

• 010
그해에 양나라 무제는 조서를 내려 [부여]융을 사지절・도독백제제군

공주로 천도한 것처럼 주장하고 있지만 "한 땅"이 공주라는 근거는 어디에도 없다. 실제로 중국의 역대 정사에는 웅진을 공주시에 비정한 사례가 보이지 않으며 조선시대에 이르러서야 국내 사서・지리서・연혁지에서 비로소 웅진을 공주시와 연결 짓기 시작하였다. 웅진을 공주시로 단정하기 어렵다는 점에 관해서는《송서》의 "고마" 주석을 참조하기 바란다.

84) 여융(餘隆): 백제의 제25대 국왕 무녕왕(武寧王)의 이름. 자세한 내용은《송서》의 해당 주석을 참조하기 바란다.

85) 백제가 다시 강한 나라가 된 것입니다[百濟更爲強國]: 인터넷〈국편위판〉에서는 이 구절을《남사》의 본문으로 이해하고 "百濟가 다시 강국이 된 것이다."라고 번역하였다. 물론, 전체적인 맥락이나 문법적으로 따져 볼 때 그렇게 해석하는 것도 큰 문제는 없다. 다만, 이것이 백제 무녕왕이 양나라 무제에게 올린 표에서 백제의 국력에 대하여 직접화법으로 강한 자신감을 드러낸 것이었을 개연성도 고려할 필요가 있다고 본다. "백제가 다시 강한 나라가 되었다."라는 것이 양나라 조정의 시각이 아니라 백제의 시각일 수도 있다는 뜻이다. 참고로 "보통 2년"은 서기 521년으로 백제 무녕왕 21년에 해당하며, 뒤의 "보통 5년"은 524년으로 성왕 2년에 해당한다.

사·영동대장군[86]·백제왕으로 삼았다.

[보통] 5년(524)에 [부여]융이 죽으매 조서를 내려 다시 그 아들 [부여]명[87]을 지절·독백제제군사·수동장군[88]·백제왕으로 삼았다.

○ 其年, 梁武帝詔隆爲使持節·都督百濟諸軍事·寧東大將軍·百濟王。五年, 隆死, 詔復以其子明爲持節·督百濟諸軍事·綏東將軍·百濟王。

• 011

[백제는] 도읍으로 삼은 성(도시)을 '고마[89]'라고 부르며, 읍락은 '염로[90]'라고 하는데, 마치 중국에서 말하는 '군·현'과 같은 경우이다. 그 나라 땅에는 스물두 곳의 염로가 있는데[91], 한결같이 [국왕의] 아들과

---

86) 영동대장군(寧東大將軍): 남조 양나라의 관직명. '4녕장군(四寧將軍)'의 하나인 영동장군(寧東將軍)들 중에서 경험이 풍부하거나 공로가 큰 경우에는 '영동대장군'으로 높여 주었다고 한다.

87) 명(明): 백제의 제26대 국왕인 성왕(聖王)의 이름. 선왕인 무녕왕의 작호는 사지절·도독백제제군사·영동대장군이었지만 성왕의 작호는 그보다 한 등급이 낮은 지절·독백제제군사·수동장군으로 시작되고 있는 것이 주목할 만하다. 《삼국사기》〈백제본기〉"무녕왕"조에는 '독백제제군사'가 '도독백제제군사'로 소개되어 있으나 전자가 옳다.

88) 수동장군(綏東將軍): 남조 양나라의 관직명. '4수 장군(四綏將軍)'의 하나.

89) 고마(固麻): 인터넷〈국편위주〉045 및 국내 학계에서는 지금의 충청남도 "公州의 古名인 고마나루를 의미하며 熊津이 바로 이것"이라고 보는 것이 통설이다. 그러나 '고마=고마나루=웅진=공주'로 보는 것은 다소 성급한 주장이 아닌가 싶다. 고마에 대한 상세한 어원학적 분석과 발음 재구에 관해서는 《송사》의 해당 주석을 참조하기 바란다.

90) 염로(檐魯): '군현'에 해당하는 백제어. 국내 학계에서는 이 '염로'를 '담로'로 읽는 경향이 있는데 사실은 잘못 읽은 것이다. 염로에 대한 음운학적 분석은 《송사》의 해당 주석을 참조하기 바란다.

91) 그 나라 땅에는 스물두 곳의 염로가 있는데[其國土有二十二檐魯]: 이 구절의 경우,

동생들 또는 [왕실] 종친들로 하여금 그곳들을 저마다 점유하게 하였다.

○ 號所都城曰固麻, 謂邑曰檐魯, 如中國之言郡縣也。其國土有二十二檐魯, 皆以子弟宗族分據之。

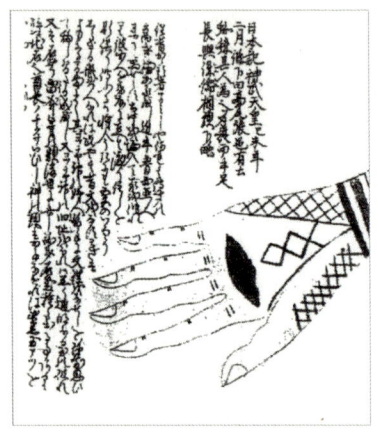

일본의 기록에 소개된 아이누 여성의 문신

• 012

그 [나라] 사람들 체구가 크고 옷차림은 깨끗하다. 그 나라는 와(倭)[92]에 가까이 있어서 몸에 무늬를 그린[93] 경우도 제법 있다. 언어와 복장은 대체로 고[구]려와 같아서, 모자를 '관', 저고리를 '복삼[94]', 바지를 '곤'이라고 한다. 그 [나라] 말에는 중국 여러 지역의 말이 뒤섞여 있는데, '[이]' 역시 진한

급고각본·백납본에는 세 번째 글자가 '흙 토(土)'로 되어 있지만 남감본·무영전본에는 '갈 지(之)'로 나와 있다. 문법적으로 따져 볼 때 해당 자리에 '지'가 들어가면 비문(非文)이 되어 뒤에 이어지는 구절과의 연결이 부자연스러워지므로 '토'로 써야 옳다.

92) 와(倭): 고대에 중국에서 일본 열도의 원주민을 일컫던 이름. 원래 중국에서는 이 글자의 중고음(수·당대)을 '워(ʔiue)'로 추정하고 있으며 일본에서는 '와(wa)'로 읽는다. 국내에서는 이 한자를 '왜'로 읽고 있지만 일종의 와전이다. 100년 전만 해도 '倭'가 명사로 사용된 경우에는 '와'로 읽었기 때문이다. 이에 관해서는 《송사》의 해당 주석을 참조하기 바란다.

93) 몸에 무늬를 그린[文身]: 원문에는 '문신(文身)'으로 되어 있다. '문신'은 글자 그대로 풀이하면 '몸에 무늬를 그린다'는 뜻이다. 문신의 종류나 고대의 분포지역에 관한 자세한 내용은 문성재, 《정역 중국정사 조선·동이전1》, 제357~359쪽의 해당 주석을 참조하기 바란다.

94) 복삼(複衫): 글자 그대로 풀이하면 '겹저고리'로 번역할 수 있다.

때 남겨진 습속[95])'이라고들 한다.

○ 其人形長, 衣服潔淨。其國近倭, 頗有文身者。言語服章略與高麗同, 呼帽曰冠, 襦曰複衫, 袴曰褌。其言參諸夏, 亦秦韓之遺俗云。

• 013

중대통 6년(534)과 대동 7년(541)[96])에 연거푸 사신을 파견해 특산물을 바쳤다. 동시에[97]) 《열반경》[98]) 등의 경전에 대한 해석서와 모시 박사 · 장인 · 화공 등을 [보내주기를] 요청하기에[99]) 그것들을 전부 주어 보내었다.

○ 中大通六年·大同七年, 累遣使

돈황 필사본 《대반열반경(大般涅槃經)》 부분도(대영박물관 소장)

95) 진한 때부터 남겨진 습속[秦韓之遺俗]: 〈국편위주〉048에서는 '진한지유속(秦韓之遺俗)'을 '진·한지유속'으로 끊고 "秦나라와 韓나라의 習俗"으로 번역해 놓았는데 오독·오역으로 보인다. 이 문제에 관해서는 《송서》의 해당 주석을 참조하기 바란다. 〈국편위판〉 번역문에는 진한의 '진'자가 '클 태(泰)'로 되어 있는데 오기로 보인다.
96) 중대통 6년(中大通六年)~: "중대통 6년"은 서기 534년으로 백제 성왕 12년에 해당하며, "대동 7년"은 541년으로 성왕 19년에 해당한다.
97) 동시에[並]: 급고각본 · 무영전본에는 '아우를 병(幷)'으로 나와 있다. 그런데 앞의 〈고구려전〉의 "한편[並]" 주석에서 보듯이, 여기서는 '이어서 · 아울러'의 의미로 해석해야 옳다.
98) 《열반경》 등의 경전에 대한 해석서[涅槃等經義]: 《열반경》의 두 번째 글자가 급고각본(양서)에는 '쟁반 반(槃)'으로 되어 있으나 백납본 · 남감본 · 무영전본(양서)에는 '대야 반(盤)'으로 나와 있다. 전후 맥락을 따져 볼 때 '쟁반 반'이 옳다.
99) 요청하기에[請]: 급고각본에는 '가질 취(取)', 《태평어람》의 《남사》 인용문에는 '여러 제(諸)'로 나와 있다. 문법적인 견지에서 본다면 이 글자는 동사여야 하므로 '요구하다'라는 뜻을 나타내는 '부탁할 청(請)'으로 써야 옳다.

獻方物。並請涅槃等經義·毛詩博士并工匠畵師等, 並給之。

• 014

태청 3년(549)¹⁰⁰⁾에 ^[백제 왕은 또] 사신을 파견해 공물을 바쳤다. ^[백제의] 사신들은 ^[도읍에] 이르러¹⁰¹⁾ 도성과 궁궐들이 황폐해지고 허물어진 광경을 보고 다 같이 소리 놓아 통곡하면서 눈물을 흘렸다. ^[그러자] 후경이 성을 내면서 그들을 가두어 억류하였다.¹⁰²⁾

^[그 뒤로 후]경^[의 세력]이 평정되고 나서야 본국으로 귀환할 수 있었다.

○ 太淸三年, 遣使貢獻。及至, 見城闕荒毀, 並號慟涕泣。侯景怒, 囚執之, 景平乃得還國。

후경의 초상

---

100) 태청 3년(太淸三年): 서기 549년으로 백제 성왕 27년에 해당한다.

101) 이르러[及至]: 첫 글자의 경우, 《양서》에는 '이미 기(旣)'로 나와 있다. '이를 급(及)'과 '이미 기'는 특정 행위의 완성 또는 종료를 나타내는 전치사와 부사에 해당한다. 따라서 '급지(及至)'와 '기지(旣至)'는 각각 '도착했을 때'와 '도착하고 나서' 정도의 어감으로 해석할 수 있다.

102) 그들을 가두어 억류하였다[囚執之]: 이 구절의 첫 번째 글자는 판본마다 차이가 있다. 급고각본에는 '밭 전(田)'으로 되어 있으나 백납본·남감본·무영전본에는 모두 '가둘 수(囚)'로 나와 있다. 여기서는 백제 사신들을 억류하는 상황을 언급하고 있으므로 전후 맥락을 따져 볼 때 '전'이 아닌 '수'로 보아야 옳다.

신라전(新羅傳)[103]

• 001

신라[104]의 경우, 그 선대의 일들은 《북사》에 상세하게 소개하였다.[105] [그 나라는] 백제의 동남쪽으로 오십여 리 너머에 있다.[106] 그 [나라] 땅은

---

103) 신라전(新羅傳): 중국 정사들 중에서 최초로 신라를 소개한 《양서》〈신라전〉의 기사를 거의 그대로 축약·정리해 놓은 수준으로, 특별히 새로운 내용이 보이지 않아서 6세기 후기 신라의 상황을 고찰하는 데에는 참고자료로서의 가치가 그다지 높다고 할 수 없다.

104) 신라(新羅): 그 정확한 발음은 '실라' 또는 '시라'였을 것이다. 신라는 그 이름이 역사적으로 초기에는 '사로(斯盧)·사라(斯羅)·서나(徐那)·서나벌(徐那伐)·서라(徐羅)·서라벌(徐羅伐)' 등 서로 다른 발음과 한자로 표기되었다. 이 이름들의 경우, 우리 발음으로 읽으면 상당히 편차가 큰 편이다. '신라'라는 국호의 변천과 그 발음에 관해서는 《송서》의 해당 주석을 참조하기 바란다.

105) 그 선대의 일들은 《북사》에 상세하게 소개하였다[其先事詳北史]: 이 구절을 통하여 《북사》〈신라전〉의 저술이 《남사》보다 먼저 이루어졌음을 알 수 있다. 또, "신라전"에서 그 첫 마디인 "新羅"와 세 번째 구절인 "在百濟東南五千餘里."의 맥락을 따져 볼 때 그 중간에 끼어 있는 "其先事詳北史" 부분은 다소 부자연스럽다. 원래는 주석으로 붙인 내용이 본문에 섞여 들어간 것일 가능성도 염두에 둘 필요가 있다.

106) 백제의 동남쪽으로 오십여 리 너머에 있다[在百濟東南五十餘里]: 인터넷〈국편위판〉에서는 이 부분의 원문을 "在百濟東南五千餘里"로 소개하고 "신라는 百濟의 동남쪽 5천여 리 밖에 있다."라고 번역해 놓았다. 그런데 백제의 동남쪽으로 5천여 리라면 동해 바다를 지나 일본 열도를 관통해 태평양까지 이르는 먼 거리이므로 앞뒤가 맞지 않다. … 기존의 《남사》 원문에서는 판본의 구별 없이 모두 양국의 거리가 5천여 리가 아니라 "50여 리"인 것으로 소개되어 있다. 양국의 거리에 관한 지리정보는 중국의 사서들마다 차이를 보인다. 《남사》에서는 50여 리("五十餘里") 떨어져 있다고 소개했지만, 당대 중기(8세기)·송대 문헌인 《통전》·《문헌통고》·《책부원구》·《통지》 및 청대의 관찬 연혁지인 《대청일통지》 등에서는 5백여 리("五百餘里") 떨어져 있다고 소개한 반면, 《양서》에서는 5천여 리("五千餘里") 떨어져 있다고 소개하는 등, 그 편차가 상당히 크다. 정황

동쪽으로는 큰 바다를 끼고 있고 남쪽과 북쪽은 [각각 고]구려·백제와 맞닿아 있다. [그 나라는 북조의 북]위나라 때에는 '신로'라고 했고107), [남조의 유]송나라 때에는 '신라'라고 했으며 더러 '사로'라고 부르기도 하였다.108)

○ 新羅, 其先事詳北史, 在百濟東南五千餘里。其地東濱大海, 南北與句麗·百濟接。魏時曰新盧, 宋時曰新羅, 或曰斯羅。

• 002

그 나라는 작은 까닭에 자력으로는 사신이 왕래할 수가 없었다. [그러다가] 보통 2년(521)109)에 성이 모, 이름이 태인 왕110)이 처음으로 사신

을 따져 볼 때 《양서》의 편찬자가 '열 십(十)'을 '일천 천(千)'으로 오독해서 벌어진 해프닝임이 분명하다. '5백여 리'로 소개한 경우는 아마 50여 리는 너무 가깝다고 생각해서 수정했을 것이다.

107) 위나라 때에는 '신로'라고 했고[魏時曰新盧]~: '신라(新羅)'라는 국호가 정식으로 사용되기 시작한 것은 "덕업일신(德業日新)"과 "망라사방(網羅四方)" 두 구절로 자국의 미래 청사진을 제시한 지증왕(智證王) 4년(503)부터이다. 신라가 자국을 '신로'로 일컬었다는 것은 곧 그 시점이 지증왕에 의해 정식 국호가 선포되기 이전, 즉 503년 이전임을 시사한다.

108) 송나라 때에는 '신라'라고 했으며[宋時曰新羅]: 유송은 서기 420~479년까지 존속한 왕조이다. 그런데 이 시기에 신라가 자국을 '신라'라고 일컬었다는 것은 지증왕 4년에 정식으로 국호로 선포되기 이전에도 비공식적으로는 '신라'라는 표기가 사용되기도 했음을 뜻하는 셈이다. "더러 '사로'라고 부르기도 하였다.(或曰斯盧)"라는 구절이 그 증거이다.

109) 보통 2년(普通二年): 서기 521년이며, 신라의 기년으로는 법흥왕 8년에 해당한다.

110) 성이 모, 이름이 태인 왕[王姓募名泰]: 《양서》에는 "성이 모, 이름이 진인 왕(王姓募名秦)"으로, 왕의 이름이 '클 태(泰)'가 아닌 '나라이름 진(秦)'인 것으로 소개되어 있다. 그러나 … 이름에도 문제가 있지만 국왕의 성씨가 '모(募)'라고 한 《양서》의 기사 내용은 역사적 사실과는 거리가 멀다. 이에 대한 보다 상세한 내용은 《양서》의 해당 주석을 참조하기 바란다.

을 보내어 백제를 따라서 특산물을 바쳤다.【교감1】

○ 其國小, 不能自通使聘。梁普通二年, 王姓募名泰, 始使使隨百濟奉獻方物〔"王姓募名泰始使使隨百濟奉獻方物", 泰, 汲古閣本‧金陵書局本及梁書作秦, 使下從梁書疊一使字.〕。

【교감1】 "성이 모, 이름이 태인 왕이 처음으로 사신을 보내어 백제를 따라서 특산물을 바쳤다."의 경우, '태'는 급고각본‧금릉서국본《남사》 및 《양서》에는 '진'으로 되어 있다. '사' 다음 글자의 경우, 《양서》에 의거하여 '사'자를 하나 더 추가하였다.111)

• 003

그 [나라의] 민간에서는 성을 '건모라'112)라고 한다. [그리고] 그 [나라의] 읍락의 경우 [성의] 안에 있는 것을 '탁평113)'이라 하고 밖에 있는 것을 '읍륵'

---

111) 처음으로 사신을 보내어[始使使]: 원문에는 이 부분이 '시사사(始使使)'로 되어 있다. 이때 '사사(使使)'는 '동사+목적어' 구조이므로, 앞의 '사'는 동사, 뒤의 '사'는 목적어(명사)로 보아야 옳다. 급고각본과 무영전본에는 '사'가 하나 빠져 있는데, 그 빠진 글자는 뒤의 목적어에 해당하는 명사 성분으로, 목적어를 생략한 경우이다.

112) 건모라(健牟羅): '으뜸가는 성(都城, capital)'을 뜻하는 신라어. '건모라'는 신라 금석문에 자주 보이는 '거벌모라(居伐牟羅)'의 발음이 와전된 경우가 아닌가 싶다. 곽석량의 《한자고음수책》에 따르면, '살 거(居)'는 '견과 어의 반절[見魚切, kǐɑ]', '정벌할 벌(伐)'은 '병과 월의 반절[並月切, bǐwat]'이므로 '거벌모라'는 '꺄봣뮤라', 또는 종성 '-ㄹ'이 약화‧탈락된 '꺄봐뮤라' 정도로 재구될 것이다. 즉, 원래의 신라어는 '꺄봐뮤라'인 것을 양나라 사람들이 잘못 듣고 '꺄봐뮤라 ⇒ 꺄ㅂ뮤라 ⇒ 갼뮤라' 식으로 와전된 것이 아닌가 싶다. 이에 대한 어원학적 분석에 관해서는 《양서》의 해당 주석을 참조하기 바란다.

113) 탁평(啄評): '도성 안(城內, inner capital)'을 뜻하는 것으로 보이는 신라어. '탁'은 모양이 비슷한 '훼(喙)'를 잘못 적은 경우로 보인다. 이에 대한 어원학적 분석은 《양서》의 해당 주석을 참조하기 바란다.

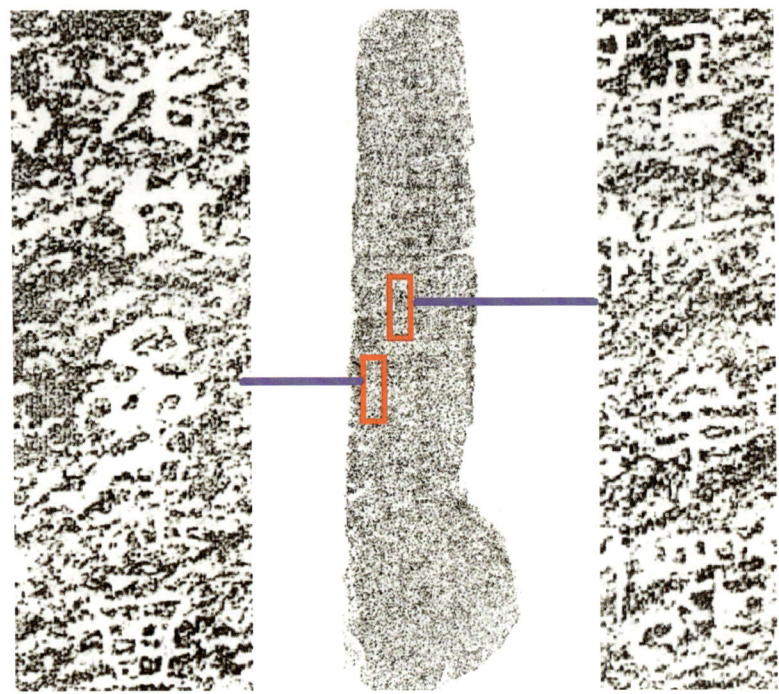

건모라는 울진 봉평리 신라비에 등장하는 거벌모라일 것이다.(국사편찬위원회 금석문)

이라고 하는데[114], 역시 중국에서 '군·현'을 일컫는 말[과 같은 것]이다. [그] 나라에는 여섯 탁평[115]과 쉰두 읍륵이 있다.

○ 其俗呼城曰健牟羅, 其邑在內曰啄評, 在外曰邑勒, 亦中國之言郡縣也。國有六啄評·五十二邑勒。

---

114) 읍륵(邑勒): '도성 밖(城外, outer capital)'을 뜻하는 것으로 보이는 신라어. 이에 대한 어원학적 분석은 《양서》의 해당 주석을 참조하기 바란다.

115) 여섯 탁평[六啄平]: 백납본 《남사》 및 《태평어람》의 《남사》 인용문에는 '여섯 륙(六)' 뒤에 '집 가(家)'가 추가되어 '육가 탁평(六家啄評)'으로 나와 있으나 의미·맥락상으로는 둘 다 큰 차이가 없다.

• 004

토지는 기름지고 좋아서 다섯 가지 곡물을 심기에 적합하다. 뽕나무와 삼이 많으며, 명주 천을 지을 줄 안다.116) 소를 다룰 줄 알고 말을 탈 줄 안다. 남자와 여자는 [역할에] 구별이 있다.117)

○ 土地肥美, 宜植五穀。多桑麻, 作縑布。服牛乘馬。男女有別。

• 005

그 [나라의] 관직 이름으로는 자분한지118) · 일한지119) · 제한지120) · 알한

---

116) 명주 천을 지을 줄 안다[作縑布]: 국편위판《삼국지》에서 "비단과 베"로 번역한 '겸포(縑布)'의 경우, 중국에서 '겸(縑)'은 일반적으로 두 가지 명주실을 섞어서 짠 올이 가는 견직물을 가리키며, 일반적으로 겸포(縑布) · 겸백(縑帛) · 겸소(縑素) 등의 이름으로 일컬어진다. 즉, 비단과 베의 두 가지 직물이 아니라 혼직으로 짠 한 가지 직물인 것이다. 편의상 여기서는 "명주 천"으로 번역하였다.

117) 남자와 여자는 구별이 있다[男女有別]: 인터넷〈국편위판〉에서는 이 구절을 "남녀간의 구별이 엄격하다."라고 번역했으나 어감상으로는 "남녀간에 구별이 있다" 정도로 해석된다. 즉, 이 부분은 남녀가 각자 맡은 역할이 다르다는 것을 중립적 · 객관적으로 기술한 것이지 위상의 차별을 염두에 둔 말이 아닌 것이다.

118) 자분한지(子賁旱支): 신라의 관직명. 17관등 중에서 으뜸가는 관직이다. 첫 글자의 경우 어떤 곳에는 '아들 자(子)' 어떤 곳에는 '어조사 우(于)'로 적혀 있는 등, "文獻이나 金石文에 각각 다르게 표기되어 있어 통일성을 찾을 수 없다." 그러나 인터넷〈국편위주〉057의 설명대로 '자분한지'가 '이벌찬'과 동일한 관직명이라고 전제할 경우 그 첫 글자는 '자'가 아닌 '우'로 읽어야 옳다. 이 문제에 관해서는 《양서》의 해당 주석을 참조하기 바란다.

119) 일한지(壹旱支): 신라의 관직명. 17관등 중에서 두 번째 관직으로, 상대등(上大等)이나 집사부(執事部)의 중시(中侍), 병부(兵部) 등 중앙 관청의 수장을 담당하였다. 때로는 '이찬(伊飡) · 이간(伊干) · 예찬(翳飡) · 일척간(一尺干) · 이척간(伊尺干)' 등으로 일컬어지기도 했는데, 여기서 이찬 · 이간 · 예찬은 음운학적으로 '일한'과 대응된다. '일척간 · 이척간'도 글자수 때문에 얼핏 별개의 명칭 같지만 여기서의 '척(尺)'은 일종의 종성 역할을 하는 촉음(促音, 사잇소리)이므로 무시해도 무방한 요소이다. 실제로, 곽석량《한자고음수책》의 고대음에 따르면, '저 이(伊)'는 '영과 지의 반절[影脂切, ˈiei]', '일산 예(翳)'는 '영과 지의 반절

지[121]·일길지【교감1】[122]·기패한지[123]가 있다.

그 나라에서는 관을 '유자례'라 하고 저고리를 '위해', 바지를 '가반', 장화를 '세'라고 한다.

○ 其官名有子賁旱支·壹旱支·齊旱支·謁旱支·壹吉支【"壹吉支", 梁書作壹告支】·奇貝旱支. 其冠曰遺子禮, 襦曰尉解, 袴曰柯半, 靴曰洗.

【교감1】 "일길지"의 경우, 《양서》에는 '일고지'로 되어 있다.[124]

[影脂切, ĭei]', '한 일(一/壹)'은 '영과 질의 반절[影質切, ĭĕt]', '자 척(尺)'은 '창과 탁의 반절[昌鐸切, tʃʰĭak]'에 해당해서 '예ㅣ-예ㅣ-옛-딱'으로 서로 음운적으로 유사성을 보인다. 또, '방패 간(干)'은 '견과 원의 반절[見元, kan]', '먹을 찬(飡)'은 '청과 원의 반절[淸元切, tsʰan]'이어서 '깐'과 '찬' 역시 초성(자음)을 제외한 중성(모음)과 종성(받침)이 모두 음운적으로 대응된다. '찬'의 경우, 현재 발음이 '찬'으로 읽히지만 언제나 '간' 또는 '한(汗, 旱)'과 대응되는 것을 보면 삼국·고려시대에는 그 발음이 '찬'보다는 '간' 또는 '한'에 가까웠을 가능성이 높다. 《남사》에 앞서 편찬된 《양서》〈신라전〉에서는 다른 관직명들은 그대로 보이지만 유독 일한지만 보이지 않는데, 아마 실수로 누락된 것으로 보인다.

120) 제한지(齊旱支): 신라의 관직명. 17관등 중에서 세 번째 관직으로, '잡찬(迊飡)'의 별칭이다. 이에 관한 어원학·음성학적 접근에 대해서는 《양서》의 해당 주석을 참조하기 바란다.

121) 알한지(謁旱支): 신라의 관직명. 17관등 중에서 여섯 번째 관직인 아찬(阿飡)이다. 발음으로 따져 볼 때 '알한'은 '아찬'과 대응된다. 인터넷〈국편위주〉120에서는 '알한'이 "阿飡의 별칭"이라고 보았으나 정확하게 말하자면 '아찬'을 《양서》의 집필자 또는 그 뒤의 편찬자들이 자신들의 기준에서 '알한'이라는 다른 한자로 표기한 경우일 뿐 본질적으로 같은 이름이다. 이에 관해서는 《양서》의 해당 주석을 참조하기 바란다.

122) 일길지(壹吉支): 신라의 관직명. 17관등 중에서 일곱 번째 관직인 일길찬(一吉飡)이다. 인터넷〈국편위주〉121에서는 "壹告支는 新羅官等의 제7위인 一吉飡의 별칭"이라고 소개하였다. 이에 관해서는 《양서》의 해당 주석을 참조하기 바란다.

123) 기패한지(奇貝旱支): 신라의 관직명. 17관등 중에서 아홉 번째 관직인 급찬(級飡)이다. 얼핏 보기에는 '급찬'과 '기패한[지]'은 발음상으로 공통점이 거의 없어서 "級飡의 별칭"이거나 서로 별개의 관직명인 것처럼 보이지만 〈'기패한'은 본질적으로 《양서》의 집필자/편찬자들이 자신들의 기준에 따라 달리 표기한 것으로,〉

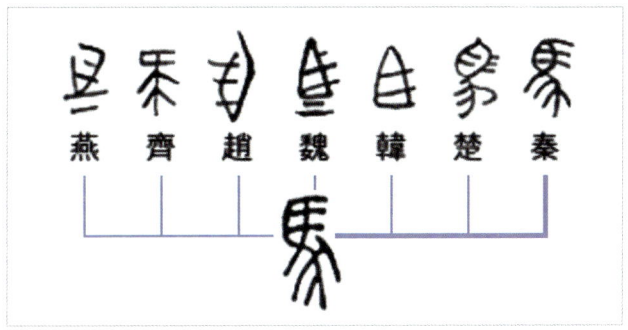

진시황제가 중원을 통일하기 전의 전국시대 각국의 한자 사용 양상(위쪽). 신라인들에게 문자(한자)가 없었다는 것은 곧 그들이 중국인이 아닌 제3의 이주집단이었을 가능성을 시사한다.

•006

그 나라에서는 절을 하거나 다니는 방법이 고[구]려와 서로 비슷하다. 125)

실제로는 서로가 대체로 대응된다. 이에 관해서는 《양서》의 해당 주석을 참조하기 바란다.

124) 일고지(壹告支): 일길지를 '일고지'로 쓴 것은 '고할 고(告)'가 '좋을 길(吉)과 글자 모양이 비슷한 데서 비롯된 오류이다. 신라의 제7 관등의 또 다른 명칭이 일길찬(一吉湌)이므로 일길지는 그 또 다른 명칭임이 증명된다. 일고지가 잘못된 명칭이라는 뜻이다.

125) 절을 하거나 다니는 방법이 고려와 서로 비슷하다[拜及行與高麗相類]: 이 부분의 경우 《삼국지》〈고구려전〉에는 "무릎을 꿇고 절을 할 때에는 한쪽 다리를 끌며, 다닐 때에는 한결같이 달린다.(跪拜曳一脚, 行步皆走)", 《후한서》〈고구려전〉에는 "무릎을 꿇고 절을 할 때에는 한쪽 다리를 펴며, 다닐 때에는 한결같이 달린다.(跪拜申一脚, 行步皆走)"라고 소개되어 있다. 두 정사의 세 번째 글자가 '끌 예(曳)'와 '펼 신(申)' 두 글자 중 어느 쪽이 오기인지는 확인할 방법이 없다. 다만, ① 두 정사 중에서 편찬 시점이 《삼국지》가 《후한서》보다 150년 정도 앞선다는 점에서 전자의 기록의 신뢰도가 더 높다고 본다. 그리고 무엇보다도 상식적으로 ② 인체의 특성으로 볼 때 무릎을 꿇은 상태에서는 한쪽 다리를 펴는 것보다 끄는 것이 더 자연스럽다. ③ 그렇다면 '끌 예'가 정확한 표현인 셈이다.

[그들에게는] 글자가 없기 때문에 나무에 [기호를] 새겨서 신표로 삼곤 한다. [그들의] 언어는 백제[사신이 우리에게 통역해 주기]를 기다려야만 소통할 수 있다.[126)]

O 其拜及行與高麗相類。無文字, 刻木爲信。語言待百濟而後通焉。

---

126) 언어는 백제를 기다려야만 소통할 수 있다[語言待百濟而後通焉]: 이 구절은 양나라 사람들의 시각에서 한 말이다. 이를 통하여 백제와 신라가 언어적으로 기본적으로 소통이 가능했음을 짐작할 수 있는 셈이다. 보다 상세한 논의는《양서》〈신라전〉의 해당 주석을 참조하기 바란다.

찾아보기

ㄱ

가라국(加羅國) 183
가반(柯半) 411
가산기상시 230
각궁(角弓) 84
《간명 만한사전(簡明滿漢辭典)》 323
강(康) 235
강동[江左] 460
강제(康帝) 361
개부의동삼사 120
객부(客部) 449
거기대장군(車騎大將軍) 120, 372
거란 299
거룩한 하늘님의 아들[皇天之子] 199
거벌모라(居伐牟羅) 503
《거연 한간(巨延漢簡)》 147
건강(建康) 319
《건강실록(建康實錄)》 174
건길지(鞬吉支) 443
건녕(建寧) 345
건덕(建德) 434, 461
건모라(健牟羅) 405, 503
건안(建安) 349
건원(建元) 361
경(慶) 493
경초(景初) 350
경평(景平) 480
계루부(桂婁部) 332
고구려국(高句驪國) 95
고구려 바다 130
고구려왕 99, 235, 236
《고금음대조수책(古今音對照手冊)》 115, 163, 197, 200, 203, 207, 211
고달(高達) 164
고등신(高登神) 433

〈고려기(高麗記)〉 220
《고려도경(高麗圖經)》〈사우(祠宇)〉"숭산묘(崧山廟)"조 433
고련(高璉) 98, 142, 371
고루국(庫婁國) 304
고리(高離) 319
고리(槀離) 319
고마(固麻) 10, 389, 497
고마성(固麻城) 439
고복진국(庫伏眞國) 305
《고사기(古事記)》 404
고사성(古沙城) 440
고운(高雲) 153
고익(高翼) 98
고조(高祖) 101, 231, 372, 434
고추가(古鄒加) 327
《고훈회찬(古訓匯纂)》 83, 192, 378, 467
곡부(穀部) 448
골디족(Goldis) 80
골소(骨蘇) 428
공덕부(功德部) 448
공손강(公孫康) 349
공손도(公孫度) 346
공손연(公孫淵) 351
《공양전(公羊傳)》 377, 450
과하(果下) 223
곽박(郭璞) 70
관구검(毌丘儉) 205
관군장군(冠軍將軍) 252
관노부(灌奴部) 474
관노부(雚奴部) 332
《괄지지(括地志)》 390, 440, 442
〈광개토대왕비(廣開土大王碑)〉 197, 199
〈광개토호태왕비(廣開土太王碑)〉 321
《광아서국총서(廣雅書局叢書)》 429

《광아(廣雅)》〈석지(釋地)〉 240
《광운(廣韻)》 208, 410, 419
광주(光州) 231
교구(郊丘) 237
《구당서(舊唐書)》〈지리지2·하북도(地理志 二·河北道)〉'유주(幽州)'조 378
구려후(句驪侯) 340
구루 96
구만한국(寇漫汗國) 69
구불복국(具弗伏國) 304
구야한국(狗邪韓國) 168
구양순(歐陽詢) 322
구이(九夷) 241, 274
구지하성(久知下城) 441
구태(仇台) 9, 437
《국어(國語)》〈노어하(魯語下)〉 278
《국어(國語)》〈노어(魯語)〉 85
《국어(國語)》·《사어(史語)》 281
《국어(國語)》〈주어(周語)〉 353
《국어(國語)》〈주어 상(周語上)〉 268
국휘(國諱) 213
궁(宮) 210
궤(几) 222
규(葵) 289
금관가야(金冠加耶) 185
급벌간(級伐干) 411
급복간(及伏干) 411
급찬(級飡) 506
급척간(及尺干) 411
《급취편(急就篇)》 150
기려산(祁黎山) 286
기미(羈靡) 309
기미(羈縻) 275
기생성음(奇生聖音) 256
기자 313
기자동래설(箕子東來說) 313
기주(冀州) 43

기패한지(奇貝旱支) 409, 506

ㄴ

낙랑공 100, 142
낙랑군공 373
낙랑제군(樂浪諸郡) 259
낙랑태수 179
낙상(雒常) 74
낙양(洛陽) 284
《낙양가람기 교주(洛陽伽藍記校注)》 240
난하(難河) 298
남부상서 148
《남사》〈제무제본기(齊武帝本紀)〉 163
《남제서》 11
《남제서》〈백관지(百官志)〉 170
남협(南陜) 212
내략부(內掠部) 448
〈냉수리 신라비(冷水里新羅碑)〉 406
노아진(奴兒眞) 66
노합하(老哈河) 299
녹(傉) 88
《논어(論語)》〈안연편(顏淵篇)〉 91
《논어(論語)》〈자한(子罕)〉 242, 274
《논형(論衡)》 197, 318
눈강(嫩江) 298
능순성(凌純聲) 67

ㄷ

단궁(檀弓) 83
단수(丹水) 262
단옥재(段玉裁) 282
단조(檀朝) 191
달솔(達率) 444
당요(唐堯) 262
《당운(唐韻)》 198
대가(大加) 337
대극성(大棘城) 357
대대로(大對盧) 423
대동(大同) 375

대로(對盧) 327
대막로국(大莫盧國) 304
대명 원년(大明元年) 493
대방(帶方) 368
대방태수(帶方太守) 253
대사(臺使) 492
대솔(大率) 446
《대청일통지》 501
대통(大統) 434
대행령(大行令) 236
대형(大兄) 220, 424
대홍려(大紅臚) 236
대홍려경(大鴻臚卿) 236
도독영주 99
도독영주제군사(都督營州諸軍事) 479
도독영평이주(都督營平二州) 371
도선성(刀先城) 441
도시부(都市部) 449
도태산(徒太山) 287, 295
《독단(獨斷)》〈제시(帝諡)〉 236
독평주제군사 103
《동관한기(東觀漢記)》 429
《동국여지승람(東國輿地勝覽)》 440
《동국왕 시편(東國王詩篇)》 193
동규(冬葵) 289
동당(東堂) 238
동도(東都) 284
동등(董騰) 117
동락(東洛) 284
동래(東萊) 278
동래국(東萊國) 278
동명(東明) 318, 336
《동명왕시편》 197, 198
《동사강목(東史綱目)》 441
동예(東濊) 478
동이 95
동이교위 57

〈동이전(東夷傳)〉 312
동이집단(東夷集團) 95
동해여진(東海女眞) 323
동호(東胡) 299
두막루(豆莫婁) 283
《두양잡편(杜陽雜篇)》 427
두우(杜佑) 125
득안성(得安城) 441
등고신(登高神) 433

ㄹ

락고수(洛孤水) 299
로루국(魯婁國) 305

ㅁ

마루(馬婁) 105
마부(馬部) 448
《마하반야바라밀다심경(摩訶般若波羅蜜多心經)》 423
마하야나(Mahāyāna) 423
마한(馬韓) 45, 314
마합(摩哈) 423
막다회국(莫多回國) 304
막래(莫來) 204, 420
《만주원류고(滿洲源流考)》 68, 295, 323
《만한대사전(滿漢大詞典)》 334
말갈(靺鞨) 67
매라왕 177
맥(貊) 147
맹상(孟嘗) 262
면중후 179
명(明) 497
모대(牟大) 163, 494
모도(牟都) 170, 383, 494
〈모두루 묘지명(牟頭婁墓誌銘)〉 193
모시 박사(毛詩博士) 396
모용보(慕容寶) 109
모용수(慕容垂) 364
모용씨(慕容氏) 208

모용외(慕容廆) 37, 357
〈모용외재기(慕容廆載記)〉 37
모용원진(慕容元眞) 208
모태(牟太) 383
목간나(木干那) 173
목부(木部) 448
목저(木底) 212
무구검(毌丘儉) 205, 353
무구리(畝俱里) 95
무독(武督) 446
무동대장군(撫東大將軍) 373
《무비지(武備志)》 133
무정(武定) 308
무제(武帝) 37
문독(文督) 446
문명태후(文明太后) 226
문자명왕(文咨明王) 고운(高雲) 236
《문헌통고》 428
물길(勿吉) 67, 240
물길국(勿吉國) 281
미야와키 준코(宮脇淳子) 12

ㅂ

바지 150
박(狛) 147
《박물지(博物志)》 129
발대하국(拔大何國) 305
방통병(方統兵) 452
배송지(裴松之) 223
배숙령(裵叔令) 146
《백가보(百家譜)》 378, 450
백고(伯固) 343
백산 295
백제국(百濟國) 123, 247
〈백제국사(百濟國使)〉 125
백제군 380
《백제신찬》 163
백제전(百濟傳) 436

범상옹(范祥雍) 240
법부(法部) 448
《법원주림(法苑珠林)》 318, 319
벽중왕 178
변(弁) 337
변진(弁辰) 59
변한(弁韓) 46
보(寶) 366
보술수(普述水) 200
보통(普通) 374
복삼(複衫) 498
복종국(覆鍾國) 304
본국왕 186
《본초강목(本草綱目)》〈개부·가(介部·珂)〉 240
봉발(封撥) 225
〈봉평리 신라비(鳳坪里新羅碑)〉 406
뵈클리(Bökli) 95
부내성(不耐城) 356
부도(浮屠) 55
부마도위(駙馬都尉) 252
부상국(扶桑國) 316
부세(賦稅) 430
부여(夫餘) 191, 247
부여국 29
부여신(夫餘神) 432
부여씨[夫餘氏] 443
부절 172
《북사》 239, 295
북이(北夷) 319
북제[齊氏] 460
북풍(北豊) 115
《북풍양사록(北風揚沙錄)》 82
불사후(弗斯侯) 162, 252
불중후 178
불함산(不咸山) 68

ㅅ

사공부(司空部) 449
사구부(司寇部) 449
사군부(司軍部) 449
《사기》 281
《사기》〈미자세가(微子世家)〉 314
《사기정의(史記正義)》 230
《사기》〈화식열전〉 197
사도부(司徒部) 449
사라(斯羅) 403
사력귀(俟力歸) 308
사마(司馬) 370
사마비(司馬丕) 429
사마선왕(司馬宣王) 350
사마염(司馬炎) 37
사법명(沙法名) 173
사자(使者) 328
사주(司州) 43
사지절 99
사직(社稷) 327
사하(sacha) 319
산기상시 103
산융(山戎) 147
《산해경》〈대황북경〉 70
《산해경》〈해내동경〉 325
《삼국사기》 193
《삼국사기》〈고구려본기〉"고국양왕 2년"조 367
《삼국사기》〈고구려본기〉"고국원왕 41년"조 256
《삼국사기》〈고구려본기〉"안장왕 2년"조 374
《삼국사기》〈백제본기〉 163, 173
《삼국사기》〈신라본기〉"지증마립간"조 398
《삼국사기》〈지리지〉 178, 428, 440
《삼국사기》〈최치원전(崔致遠傳)〉 126, 218
《삼국유사》 193
《삼국유사》〈감통편(感通篇)〉 433
《삼국유사》〈왕력편(王曆篇)〉 163

《삼국지》〈관구검전〉 356
삼사(三史) 429
《삼조북맹회편(三朝北盟會編)》 73
상가(相加) 327
상개부 의동대장군(上開府儀同大將軍) 434
《상서대전(尚書大傳)》 314
상우(喪虞) 447
상장(上將) 241
새서(璽書) 278
색로(索虜) 110
색리(索離) 319
《서경(書經)》〈우공(禹貢)〉 308
서안평(西安平) 204, 352
서하 태수(西河太守) 132
석계룡(石季龍) 89
석구운(石久雲) 308
〈석로지(釋老志)〉 190
《석명(釋名)》 281
선비(鮮卑) 29
선옥산(善玉山) 285
선우 176
선우영(鮮于嬰) 39
선인(仙人) 425
《설문해자(說文解字)》 147, 192, 281, 289, 240
《설문해자주(說文解字注)》 282
《설문해자(說文解字)》〈초부(艸部)〉 233
섭라(涉羅) 240
《성경통지(盛京通志)》 68
성왕(成王) 85
성제(成帝) 89
세(洗) 411
세조(世祖) 225
세종(世宗) 238
소골(蘇骨) 428
소노부(消奴部) 331, 474

찾아보기 513

소도(蘇塗) 55
소도성(蕭道成) 231
소량(蕭梁) 312
소석산(小石山) 264
소수(小豎) 266
소연(蕭衍) 244
소위모(素委貌) 234
소형(小兄) 220, 424
소화국(素和國) 304
속말수(速末水) 287
손성(孫盛) 429
손예양(孫詒讓) 99
《손자병법(孫子兵法)》〈군쟁편(軍爭篇)〉 353
《송서》 11
《송서》〈백제전〉 380
《송서(宋書)》〈주군지 2(州郡志二)〉'기주(冀州)'조 378
송화강(松花江) 298
쇠(釗) 207
수(須) 382
수동장군(綏東將軍) 497
수리수리, 마하수리(修理修理 摩訶修理) 423
《수서》〈말갈전〉 293, 295
《수신기(搜神記)》 318
숙신(肅愼) 66, 355
숙신국(肅愼國) 281
순노부(順奴部) 332
순제(順帝) 344
슬(瑟) 63
《시경》〈국풍·주남(國風周南〉 256
《시경》〈대아·판(大雅·板)〉 233
시라도리 구라키치(白鳥庫吉) 319
시라무렌 강[西拉木倫河] 286
시로코고로프 282
시엄수(施掩水) 197, 321
시중(侍中) 245

《식점(式占)》 133
신구(神龜) 243
신노부(愼奴部) 474
《신당서》 283
《신당서》〈고려전〉 330
《신당서》〈말갈전(靺鞨傳)〉 287
《신당서》〈발해전〉 216
《신당서》〈북적전(北狄傳)〉 287
《신당서》〈흑수말갈전〉 290
신라(新羅) 398, 501
신로(新盧) 403
《신론》 293
신릉(信陵) 265
신서(申胥) 270
신주(申舟) 265
《신증 동국여지승람(新增東國輿地勝覽)》 400
신찬(臣瓚) 49
《신찬성씨록(新撰姓氏錄)》 193
《신찬성씨록초(新撰姓氏錄抄)》 163
심약(沈約) 94
심의(深衣) 234
심흠한(沈欽韓) 286
쓰다 소키치(津田左右吉) 286

○

아라가야(阿羅加耶) 185
《아방강역고(我邦疆域考)》〈팔도연혁총서(八道沿革總叙)〉 440
아욱 289
아찬(阿湌) 506
아찬(阿湌) 410
안(安) 243, 373
안락왕(安樂王) 228
안사고(顔師古) 99
안제(安帝) 98, 371
알사(謁奢) 220
알자 복야 235

알한지(謁旱支)　409, 506
액현(掖縣)　278
야율아보기(耶律阿保機)　299
약부(藥部)　448
약수(弱水)　29, 70
양무(楊茂)　164
《양서》　11, 312
《양서》〈무제본기〉"천감 원년"조　495
《양서》〈백제전〉　10, 163
《양 직공도》　11, 125
《양 직공도(梁職貢圖)》〈백제국사(百濟國使)〉　436
어라하(於羅瑕)　443
어륙(於陸)　444
《어정변자유편(御定騈字類編)》　330, 473
언어의 섬(言語島, language island)　283
언어지리학　283
엄리대수(掩利大水)　197
엄수(淹水)　197, 321
엄우(嚴尤)　340
엄체수(淹滯水)　321
엄체수(掩㴲水)　197
《에조 망가(蝦夷漫畵)》　295
여경(餘慶)　250
여곤(餘昆)　135
여노(餘奴)　231
여달(閭達)　202
여락괴수(如洛瓌水)　286
여례(餘禮)　253
여루(yeru)　68
여비(餘毗)　132, 382
《여씨춘추(呂氏春秋)》〈소류(召類)〉　263
《여씨춘추(呂氏春秋)》〈심대(審臺)〉　230
여영(餘映)　127, 382, 490
여율(如栗)　203
여융(餘隆)　385, 496
여직(女直)　67

여진(女眞)　66
여해(䦢諧)　202
여훈(餘暈)　135
《역림(易林)》　133
연솔(連率)　242
연연(蠕蠕)　262
연왕(燕王)　112
《열반경(涅槃經)》　395
염로(簷魯)　389, 497
영가(永嘉)　357
영금하(英金河)　286, 299
영동대장군(寧東大將軍)　497
영동장군(寧東將軍)　244
영명(永明)　383
영명 연간[永明中]　495
영성(靈星)　327
영유　124
영제(靈帝)　345
영태후(靈太后)　243
영품리(寧稟離)　319
영호덕분(令狐德棻)　416
영호동이교위(領護東夷校尉)　243
영호동이중랑장　214, 236
《예기》〈곡례(曲禮)〉　195
《예문유취(藝文類聚)》　322
예속(翳屬)　425
예실불(芮悉弗)　239
예왕지인(穢王之印)　35
오경(五經)　150
오로(Oro)　67
오복(五服)　267
오부(五部)　451
오위(烏遠)　197
오인(烏引)　197
옥저(沃沮)　323
《옥편(玉篇)》　240
와(倭)　392, 498

찾아보기　515

왕국유(王國維) 355
왕기(王頎) 354
왕망(王莽) 339
왕소자(王邵子) 108
외략부(外掠部) 448
외사부(外舍部) 449
외효(隗囂) 261
요노(腰弩) 133
요동(遼東) 123, 322, 368
요동군(遼東郡) 95
요동군개국공 235, 236
요락수(饒樂水) 286
요사렴(姚思廉) 312
《요사(遼史)》〈지리지〉 217
요산(遼山) 325
요서(遼西) 124, 380
요수(遼水) 325, 421
욕사(褥奢) 424
욕살(褥薩) 425
《용감수감(龍龕手鑑)》 406
용양장군(龍驤將軍) 253
우진후국(羽眞侯國) 306
우태(優台) 328
우현왕(右賢王) 134, 493
욱우릉국(郁羽陵國) 305
웅상 74
웅진성(熊津城) 442
원제(元帝) 359
위궁(位宮) 211, 350
《위략(魏略)》 318
《위략집본(魏略輯本)》 338
《위서》 193
《위서》〈거란전(契丹傳)〉 262
《위서(魏書)》〈두막루국전(豆莫婁國傳)〉 284
《위서》"백제전" 279
《위서》〈오락후전(烏洛侯傳)〉 298

《위서》〈지형지〉 368
《위서》〈지형지(地形志)〉"요서군"조 380
위해(尉解) 411
유비(劉) 361
유씨(劉氏) 233, 261
유의부(劉義符) 128
유자례(遺子禮) 411
유주 자사 205
유철(劉澈) 324
유희(劉熙) 281
육궁(六宮) 226
《육도(六韜)》 263
《육조단경(六祖壇經)》〈반야품 제2(般若品第二)〉 423
융(隆) 461
융창(隆昌) 371
을길간(乙吉干) 410
을력지(乙力支) 297, 298, 302
을불리(乙弗利) 207, 360
읍락(邑落) 281
읍루(挹婁) 66
읍륵(邑勒) 407, 504
의려(依慮) 37
《의례(儀禮)》〈상복(喪服)〉 431
의사사(意俟奢) 424, 426
의소(義疏) 396
의희(義熙) 371, 382
이규보《동명왕시편》 198, 199
이노우에 히데오(井上秀雄) 12
이루(Iru) 67
〈이만전(夷蠻傳)〉 94
〈이맥전(夷貊傳)〉 464
이백(李白, 701~ 762)의 시〈고구려(高句驪)〉 150
이부(李敷) 228
이사충(李思沖) 148
이시진(李時珍) 240

이안상(李安上) 235
〈이역열전(異域列傳)〉 416
이연수 464
이이모(伊夷摸) 347
이조(李朝) 191
일고지(壹告支) 507
일관부(日官部) 449
일길간(一吉干) 410
일길지(壹吉支) 409, 506
일길찬(一吉飡) 410, 506
《일본서기》 147, 163
일한지(壹旱支) 505
《입이사찰기(廿二史札記)》 94

ㅈ

자분한지(子賁旱支) 409, 505
《자치통감(資治通鑑)》 238
《자치통감》〈송기7(宋紀七)〉 192
《자치통감》〈진기28(晉紀二十八)〉 "열종효무황제 태원 10년(烈宗孝武皇帝太元十年, 385)"조 367
잡찬(迊飡) 506
장강(長江) 315
장무(張茂) 253
장붕일(張鵬一) 338
장사(長史) 98, 253, 370
장위(張威) 128, 490
저포(樗蒲) 456
전객(典客) 236
전악(典樂) 236
《전운옥편(全韻玉篇)》 207
절노부(絶奴部) 331
절풍(折風) 150, 220, 337
점구부(點口部) 449
정동장군 99, 236
정시(正始) 352
정준(程駿) 230
정현(鄭玄) 99, 274

제가(諸加) 337
제군사 99
제한지(齊旱支) 409, 506
조(俎) 222
조서 101
조선(朝鮮) 313
조의선인(皁衣先人) 328
조이(鳥夷) 95
《조자변략(助字辨略)》 293
조졸(鳥拙) 424
좌군(佐軍) 447
좌솔(左率) 445
좌평(左平) 444
좌현왕 135
주객랑(主客郞) 146
주공(周公) 85
《주례(周禮)》 195
《주례(周禮)》〈지관·장절(地官·掌節)〉 99
주[르]첸(Ju[r]chen) 66
주리진(朱里眞) 66
주몽(朱蒙) 192, 196
주부(主簿) 328
주부(綢部) 449
주소백(朱邵伯) 108
주신(朱申) 66
《중국역사지명》 111, 126
중대통(中大通) 375
〈중성리 신라비(中城里新羅碑)〉 406
중화 147
지절(持節) 373
진동대장군 128
진동장군 102
진명(陳明) 180
《진서》〈모용수전〉 366
《진서》〈모용황전〉 363
《진서》〈부견전(苻堅傳)〉 405
《진서》〈숙신씨전〉 281

《진서(晉書)》〈지리지(地理志)〉 378
《진서》〈지리지〉 "요서군"조 380
《진서(晉書)》〈지리지(地理志)〉 "평주(平州)"
  조 358
진숙보(陳叔寶) 464
진양추(晉陽秋) 429
《진 춘추(晉春秋)》 429
진평(晉平) 380
진평군(晉平郡) 125
진평현(晉平縣) 126
진한(秦韓) 59
진한(辰韓) 46, 314, 399
진한지유속(秦韓之遺俗) 395
《진흥왕순수비》 411
《집운(集韻)》 299, 391
짜하로프 282

ㅊ

〈차운전목부증송선(次韻錢穆父贈松扇)〉
  334
찬수류(贊首流) 173
참군(參軍) 370
채풍(蔡風) 343
책(幘) 150, 337
책구루(幘溝婁) 334
《책부원구》 163, 164, 428, 444
《책부원구》〈외신부(外臣部)〉 297
책성(柵城) 216
천감(天監) 373, 383
천군(天君) 54
《천수경(千壽慶)》 423
천제의 아들[天帝之子] 199
천평(天平) 245
철아적(徹兒赤) 67
《청사고(淸史稿)》 299
추(騶) 340
추모(鄒慕) 193
추모(鄒牟) 192

축(筑) 63
《춘추위원명포(春秋緯元命苞)》 205
춘추좌전(春秋左傳) 66
출제(出帝) 244

ㅌ

탁리(橐離) 319
탁발예괴(拓跋翳槐) 208
탁평(啄評) 406, 503
탕(湯) 434
탕구(湯球) 429
태대형(太大兄) 423
태려하(太河) 298
태로수(太魯水) 287
태백산 295
태부 235
태사(太奢) 220
태원(太元) 364, 382
태청(太淸) 375, 396
《태평어람(太平御覽)》 363, 428
《태평어람》 "고구려"조 338
《태평환우기(太平寰宇記)》 298
《통전》 11, 125, 184, 285
《통전(通典)》〈악지·사방악(樂志·四方樂)〉
  150
《통지(通志)》 363

ㅍ

파비(婆非) 307
〈팔도연혁총서〉 441
《팔역지(八域志)》 400
패수 421
패자(沛者) 327
편발(編髮) 453
평양(平壤) 272
평양성 421
평주자사(平州刺史) 359
표기대장군 143
풍문통(馮文通) 224

풍발(馮跋) 112
풍씨(馮氏) 257
풍야부(馮野夫) 132
피휘(避諱) 213
필려이국(匹黎尒國) 305

ㅎ

하감(何龕) 39, 57
하구려(下句驪) 341
하박(河泊) 193
하백(河伯) 193
하백의 손자요 해와 달의 아들[河泊之孫, 日月之子] 199
태양의 아들[日子] 199
하지(荷知) 184
하휴(何休) 377, 450
《한서》〈지리지〉 314
《한서》〈지리지〉 "낙랑군"조 356
《한서》〈지리지〉 "현토군"조 468
《한서》〈흉노전〉 176
한솔(扞率) 446
《한원》 220
《한원》 "고려(高麗)"조 330
《한위남북조 묘지휘편(漢魏南北朝墓誌彙編)》 157
《한자고음수책》 66, 68, 162, 178, 184, 207, 216, 220, 240, 241, 284, 287, 295, 305, 319, 341, 350, 385, 391, 411, 428, 438, 440, 503, 505
《한전(漢典)》 88, 171, 274, 403
《한진춘추(漢晉春秋)》 427
《한청문감》 306
한현도(韓顯度) 165
《해동역사(海東繹史)》〈백제〉 "성읍(城邑)"조 441
해례곤(解禮昆) 173
행관군장군 134
행정로장군 135, 177
험윤(獫狁) 176

혁차(赫車) 323
혁철(赫哲) 323
혁철족(나나이족) 79
현조(顯祖) 226, 267
현토군(玄菟郡) 322
형사취수(兄死娶嫂, Levirate) 338
호공(楉貢) 275
호동이교위(護東夷校尉) 38, 39
호부 172
호삼성(胡三省) 173, 192, 238
호시(楛矢) 83, 307
호태후(胡太后) 243
홀 96
화룡(和龍) 285, 299
〈화식열전(貨殖列傳)〉 191
환도(丸都) 209, 326
환제(桓帝) 344
황(晃) 362
황룡(黃龍) 111
황외지국(荒外之國) 268
황정견(黃庭堅) 334
회이(淮夷) 95
효무제(孝武帝) 364
후경(侯景) 397
후궁부(後宮部) 450
후니지(侯尼支) 303
후연(後燕) 364
《후한서 집해》 286
훈도시 79
흑국(黑國) 319
홀두골성 418
흘승골성(紇升骨城) 201
흥화(興化) 308

정역 중국정사 조선·동이전 2

2021년 12월 30일 1쇄 발행

지은이 | 이세민 외
옮긴이 | 문성재
펴낸이 | 이세용
펴낸곳 | 우리역사연구재단
주　간 | 정재승
교　정 | 배규호
디자인·편집 | 배경태
출판등록 | 2008년 11월 19일 제321-2008-00141호

주　소 | 서울시 서초구 서초동 1689-2번지 서흥빌딩 401호
전　화 | 02-523-2363
팩　스 | 02-523-2338
이메일 | admin@koreahistoryfoundation.org

ISBN | 979-11-85614-08-3　93910

잘못된 책은 구입하신 서점에서 바꾸어 드립니다.
이 책의 저작권은 우리역사연구재단에게 있습니다.
우리역사연구재단의 허락 없이 내용을 인용하거나 발췌하는 것을 금합니다.

정　가 | 25,000원